Werner Rau

MOBIL REISEN
SKANDINAVIEN
Reiseziel Nordkap

Die schönsten Reiserouten.
Touring mit Auto, Motorrad,
Caravan oder Wohnmobil
in Dänemark, Norwegen,
Finnland, Schweden.

Rau's Reisebücher
Band 1

RAU'S REISEBÜCHER
Band 1

MOBIL **REISEN**

SKANDINAVIEN
REISEZIEL NORDKAP

Die schönsten Reiserouten.
Touring mit Auto, Motorrad,
Caravan oder Wohnmobil in

DÄNEMARK
NORWEGEN
FINNLAND
SCHWEDEN

WERNER RAU VERLAG STUTTGART

Idee, Text, Layout, Karten und Fotos (falls nicht anders gekennzeichnet): Werner Rau.
Titelfoto: Mitternachtssonne bei Hammerfest, Norwegen.

6. überarbeitete Auflage 2004/05

Herstellung: Druckerei Steinmeier, 86720 Nördlingen
Printed in Germany

ISBN   3-926145-14-5
GeoNr. 663 10115

INHALT

Kurzessays

Karten und Stadtpläne

EIN WORT ZUM BUCH

Individuell reisen, mehr erleben! Nicht suchen, sondern finden, erleben
und genießen. *Rau's Reisebücher* sagen konkret wo's langgeht.

Reisebücher aus der neuen Reihe MOBIL REISEN sind handliche, praktische Reiseführer, maßgeschneidert sowohl fürs Reisemobil- und Auto-Touring als auch fürs
Motor Biking.

Zusammen mit ihren bewährten Tourenvorschlägen bilden Rau's Reisebücher eine
gelungene Mischung aus zeitgemäßer Informationsvielfalt, Kultur und aktuellen Tipps
für täglich neue Reiseerlebnisse.

Gehen Sie mit dem vorliegenden Band *„MOBIL REISEN: SKANDINAVIEN"* auf
Ihre ganz individuelle Entdeckungsreise. Dieser Reiseführer bietet Ihnen ausgewählte
Auto-Touren, Routenvorschläge, Ausflüge, Stadtspaziergänge, Tipps zu Radl- oder
Wandertouren und vieles mehr.

Jeden Tag gibt es neue, liebliche und dramatische Landschaften zu erkunden,
Reisehöhepunkte zu erleben. Und jeden Abend können Sie in behaglichen Hotels übernachten oder auf naturnahen Campingplätzen Station machen. Denn auf jeder Etappe
finden Sie in diesem Band ausgesuchte Hotels und Campingplätze aufgeführt.

☑ *neu!* Neu aufgenommen wurden Angaben über Stellplätze für Wohnmobile –
so weit das für den Bereich Skandinavien möglich ist. Näheres zu Stellplätzen in Skandinavien finden Sie weiter hinten im Buch in der Rubrik „Praktische und nützliche Informationen von A bis Z – Camping".

Alle Angaben in diesem Reiseführer sind mit größter Sorgfalt nach dem zum Zeit-
punkt der Manuskripterstellung aktuellsten erreichbaren Stand zusammengestellt. Änderungen sind aber nicht auszuschließen, leider auch nicht Irrtümer. Und obwohl wir
natürlich auf die Richtigkeit der Informationen achten, können wir für die gemachten
Angaben keine Haftung übernehmen. Und alle genannten Preise sollten nur als Anhaltspunkte verstanden werden.

Zuschriften mit reiserelevanten Neuigkeiten aus Skandinavien und Informationen
zu neuen Stellplätzen sind immer sehr willkommen, unterstützen sie doch mein Bestreben, Rau's Reisebücher aus der Reihe MOBIL REISEN immer auf dem neuesten
Stand zu halten.

Gute Reise!
Ihr Werner Rau

Werner Rau Verlag, Feldbergstraße 54, D–70569 Stuttgart.
Fax 07 11 / 68 22 47. E-mail: RauVerlag@aol.com
Internet: http://www.rau-verlag.de

KURZPORTRAIT SKANDINAVIENS

DÄNEMARK

Dänemark, ältestes Königreich Europas, liegt zwischen Nord- und Ostsee und grenzt im Süden mit der Halbinsel Jütland an Schleswig-Holstein.

Größe des Landes: 43.080 qkm, davon entfallen auf die Halbinsel Jütland etwa 30.100 qkm (70%), der Rest verteilt sich auf gut 470 Inseln, von denen etwa 100 bewohnt sind. Die größten Inseln sind Seeland (7.025 qkm), Fünen (2.980 qkm), Lolland (1.245 qkm), Bornholm (590 qkm) und Falster (515 qkm). Ebenfalls zu Dänemark gehören – wenn auch unter autonomer Verwaltung – die Färöer Inseln und Grönland.

Die Länge der dänischen Küste mißt 7.500 km! Die Landgrenze hingegen nur 67 km.

Bevölkerung: Dänemark hat gut 5,1 Mio. Einwohner. Die Bevölkerungsdichte beträgt etwa 118 Menschen pro qkm (im Vergleich: BR Deutschland dagegen rund 218 Einwohner pro qkm).

Der ganz überwiegende Teil der Bevölkerung (ca. 97%) gehören der evangelisch-lutherischen Glaubensrichtung an.

Hauptstadt ist Kopenhagen mit ca. 1,4 Mio. Einwohnern, inklusive der Außenbezirke.

Staatsform: Parlamentarische Monarchie. Demokratische Regierungsform seit 1849 mit Einführung des Grundgesetzes. Ein-Kammer-Parlament (Folketing) mit 179 Abgeordneten, inkl. je zwei Parlamentariern aus Grönland und von den Färöern. Staatsoberhaupt seit 1972 ist Königin Margrethe II.

Landesnatur: Dänemark besteht aus der großen Jütischen Halbinsel, sowie aus den Inseln Seeland, Fünen, Lolland, Falster, Møn, Langeland, Ærø, Alsen, Bornholm und diversen kleineren Insel. Geologisch gesehen bildet Dänemark mit seinem tiefen Kreideuntergrund einen Übergang von Mitteleuropa zu Nordeuropa. Deutlich zutage treten die Kreideschichten z.B. am Limfjord oder an den Klippen auf Møn (Mønsklint).

Das recht dicht besiedelte und landwirtschaftlich intensiv genutzte Land weist kaum nennenswerte Erhebungen auf. Lediglich einige aus der Eiszeit übriggebliebenen Endmoränen bilden „Berge" um 170 m Höhe.

Wirtschaftliche Schwerpunkte: Landwirtschaft mit ausgezeichneter Viehzucht und ausgedehntem Getreideanbau; verarbeitende Industrie landwirtschaftlicher Produkte; metallverarbeitende und Textilindustrie; Fischfang und damit verbundene Industriezweige. Exportiert werden vor allem Fleisch-, Milch- und Fischprodukte und Erzeugnisse der Maschinenindustrie. Dänisches Design im Bereich des Kunsthandwerks und der Innenarchitektur wird weltweit geschätzt. Führend im Bereich der Technologie von Windenergie.

Die **Nationalflagge „Danebrog"** ist ein querliegendes weißes Kreuz auf rotem Grund.

Längster Fluß ist mit 160 km Länge die Gudenå in Jütland. Im Osten Mitteljütlands, südwestlich von Skanderborg, findet man auch die **höchsten Erhebungen** Dänemarks: Yding Skovhøj 173 m hoch und Ejer Bavnehøj, 171 m hoch.

NORWEGEN

Norwegen (norw. *Norge*), das mit alten Namen auch als *Noregi, Nåri, Thule* oder *Nuruniak* bezeichnet wurde, liegt am Westrand der skandinavischen Halbinsel und grenzt im Westen an die Nordsee (Atlantik), im Norden ans Eismeer, im Osten an Rußland (200 km Grenze), an Finnland (700 km Grenze) und an Schweden (1.600 km Grenze) und im Südosten an den Skagerrak.

Größe des Landes: Die Gesamtfläche (ohne Svalbard und Jan Mayen) beläuft sich auf 323.878 qkm (BRD 357.050 qkm). Davon sind nur rund 4% bebaut oder anderweitig genutzt, z.B. durch Landwirt-

9

schaft. Die Nord-Süd-Ausdehnung des norwegischen Territoriums beträgt 1.752 km, die Ost-West-Ausdehnung beläuft sich auf rund 430 km, wobei die schmalste Stelle des Landes nur ca. 6 km breit ist.

Küstenlänge: Luftlinie 2.650 km, mit allen Fjorden und Buchten rund 21.347 km, und zusätzlich mit allen Inseln 57.009 km.

Einwohnerzahl: 4,2 Mio. (BRD rund 78 Mio.).

Hauptstadt: Oslo, 483.500 Einwohner.

das norwegische Parlament in Oslo

Staatsform: Konstitutionelle Monarchie (seit 1905) mit demokratischer Verfassung. In ihrer noch heute gültigen Form wurde Norwegens Verfassung in Eidsvoll von der Nationalversammlung beschlossen und am 17. Mai 1814 verkündet. Norwegens Verfassung ist eine der ältesten in Europa und wurde bei ihrer Entstehung von den Leitgedanken der Französischen Revolution beeinflußt.

Dem Monarchen (seit 1991 König Harald V.) – er ist auch Oberhaupt der Staatskirche und oberster Befehlshaber der Streitkräfte – obliegt die ausübende, vollziehende Gewalt (Exekutive). Die gesetzgebende Gewalt (Legislative) liegt beim Parlament, dem „Storting", und die richterliche Gewalt (Jurisdiktion) beim Rechtswesen. Der König ernennt mit Zustimmung des Parlaments den Ministerrat.

Das Parlament wird alle vier Jahre als Ein-Kammer-Parlament in geheimer Wahl neu gewählt und setzt sich aus 165 Mitgliedern zusammen. Das Parlament wählt aus seiner Mitte 38 Abgeordnete, die das „Lagting" bilden. Die restlichen Abgeordneten stellen das „Oldesting" dar.

Die meisten Norweger (ca. 95%) gehören der evangelisch-lutherischen Staatskirche an.

Landesnatur: Zu drei Vierteln besteht Norwegen überwiegend aus Gebirgen, Gletschern und Tundra. Das restliche Viertel ist in erster Linie Wald, der sich in der Südostecke des Landes (Östlandet) konzentriert. Im **Südosten** und östlich des Oslofjords wird die Landschaft geprägt von Flußtälern, wie das Österdal mit dem Fluß Gláma oder das weiter nordwärts führende Gudbrandsdal mit grünen, fruchtbaren Talgründen und waldreichen Höhen. An der Übergangsstelle des Tallandes in die verzweigte Küstenregion des weit ins Land reichenden Oslofjordes liegt die Hauptstadt des Landes.

Die **Südküste** Norwegens vom Oslofjord bis Stavanger ist eine Fels- und Schärenküste, mit kaum nennenswerten größeren Buchten oder gar ins Land reichenden Fjorden. Norwegens südlichster Punkt, das **Kap Lindesnes**, ist westlich von Mandal zu finden. Viele Täler, wie das schöne Setesdal, streben vom gebirgigen Inland hauptsächlich südwärts zur Küste.

Das **südnorwegische Hochland** ist das Gebiet der Fjells, der Hochflächen (Hardangervidda), Berge und Gletscher. Ein wunderbares Gebiet übrigens, für handfeste Wandertouren. Die wichtigsten Gebirgszüge hier sind das **Dovrefjell** mit dem 2.286 m hohen *Snöhetta* und **Jotunheimen**. Jotunheimen ist Skandinaviens größtes zusammenhängendes Hochgebirge. Hier findet man Norwegens höchste Erhebung, den 2.469 m hohen

Galdhøpigen und den Jostedalsbreen, mit 486 qkm größter europäischer Gletscher. Noch dramatischer wird das ohnehin schon imposante Landschaftsbild des südnorwegischen Hochlandes durch die ungeheuer tief ins Land schneidenden, steilen und tiefen Arme des **Nordfjords**, des **Sognefjords** oder des **Hardangerfjords**. Die **westnorwegische Schären- und Fjordküste** umfaßt den größten Teil der überaus zerklüfteten und zerrissenen Westküste des Landes. Zum einen ist dieser Küstenstrich das Hauptgebiet der norwegischen Heringsfischerei, zum anderen aber ist er das Land der bezaubernden Fjordwelt, mit Landschaftsbildern, die jede Reise lohnen.

Mittelnorwegen mit den Provinzen **Sør-Trøndelag** und **Nor-Trøndelag** ist ein Mittelgebirgsland am hier abgeflachten westskandinavischen Gebirgsrücken, mit weiten Wäldern, aber auch mit Wiesenflächen und Feldern. Das Gebiet um die alte Königsstadt **Trondheim** am Trondheimsfjord ist uraltes norwegisches Kulturgebiet.

Nordnorwegen schließlich, mit den Provinzen **Nordland, Troms** und **Finnmark**, ist das Land der Mitternachtssonne und der Polarlichter, der Samen und der menschenleeren Weiten der Tundra. Hier findet man die Inselgruppen der Vesterålen und Lofoten, Zentren der Kabljaufischerei und des Dorschfangs, die Hafenstädte Bodø, Narvik, Tromsø, Alta, Hammerfest und Kirkenes und das **Nordkap**, den nördlichsten per Straße erreichbaren Punkt Europas.

Wirtschaftliche Schwerpunkte: Die Bedeutung der klassischen Erwerbszweige wie Landwirtschaft und Fischerei nehmen im Vergleich zu den anderen Wirtschaftssektoren mehr und mehr ab.
Die in erheblichem Umfang aus Wasserkraft gewonnene Elektrizität ermöglicht eine extensive Herstellung und Verarbeitung energieintensiver Produkte auf den Gebieten Metall und Chemie. Export von Nickel, Magnesium, Mangan, Kupfer und Zink. Ausgeprägte Forstwirtschaft, holzverarbeitende Industrie und Papierindustrie. Unter norweqischer Flagge fährt die viertgrößte Handelsflotte der Welt.
Seit etwa 1970 spielt die Off-Shore-Exploration in der Nordsee für Norwegens Wirtschaft eine herausragende Rolle. Große Erdöl- und Gasvorkommen machten das Land zu einem wohlhabenden Öl- und Gasexportland. Begleitet wird die Öl- und Gasförderung von einer wachsenden Off-Shore-Industrie. Darunter sind Werften, die der Welt größte Ölbohrplattformen bauen.
Die **Nationalflagge** ist ein querliegendes blaues, weiß umrandetes Kreuz auf rotem Grund.

Südlichster per Auto erreichbarer Punkt: Kap Lindesnes 57°57'31" nördlicher Breite.
Nördlichster Punkt: Nordkap 71°10'21" nördlicher Breite.
Längster Fjord: Sognefjord, ca. 200 km lang und bis 1.308 m tief.
Größter See: Mjøsa, 368 qkm (von insgesamt über 200.000 Binnenseen im Lande).
Tiefster See: Hornindalsvatnet, 604 m tief, Europas tiefster See.
Höchster Berg: Galdhøpiggen, 2.469 m.
Größter Gletscher: Jostedalsbreen 486 qkm (von insgesamt fast 1.700 Gletschern in ganz Norwegen, gleichzeitig Europas größter Gletscher).
Größte Insel: Hinnøya (Vesterålen), 2.198 qkm.
Längster Fluß: Glomma, ca. 600 km.
Nationalfeiertag: 17. Mai, Tag der Verfassung.
Norwegens Nationalhymne beginnt mit den Worten: „Ja, wir lieben dieses Land...".

SCHWEDEN

Schweden (schwedisch: *Konungariket Sverige* – Königreich Schweden, oder in der feierlich-literarischen Form *Svea Rike* – Reich der Svear) nimmt den östlichen Teil der skandinavischen Halbinsel ein, die von einer von Norden nach Süden verlaufenden, bis 2.500 m (in Schweden über 2.100 m) hohen Gebirgskette durchzogen wird. Schweden grenzt im Norden an Finnland, im Westen an Norwegen, im Südwesten an den Kattegatt und im Osten an die Ostsee und den Bottnischen Meerbusen.

Größe des Landes: Flächenmäßig ist Schweden nach Rußland, Frankreich und Spanien das viertgrößte Land Europas. Insgesamt umfaßt das schwedische Territorium eine Gesamtfläche von 449.964 qkm, davon entfallen 411.615 qkm auf Land-, der Rest auf Wasser-, sprich Seeflächen.

Die größte Ausdehnung des Landes beträgt in Nord-Süd-Richtung 1.575 km, in Ost-West-Richtung 499 km.

Mit allen Buchten und Einschnitten mißt Schwedens Küste nicht weniger als über 7.600 km!

Bevölkerung: Schweden hat rund 8,5 Millionen Einwohner. Gemessen an der Größe des Landes zählt Schweden mit durchschnittlich 20 Einwohnern pro Quadratkilometer zu den dünnbesiedelten Ländern Europas. Rund 83% der Bevölkerung leben in den Ballungszentren in den südlichen Landesteilen mit entsprechend höherer Bevölkerungsdichte (rund 140 Einw. pro qkm). Im Norden des Landes (durchschnittliche Bevölkerungsdichte 1,2 Einw. pro qkm) leben rund 15.000 Schweden, die sich der Volksgruppe der Sami (Lappen) zurechnen.

Über eine Million schwedische Bürger sind Einwanderer, oder stammen von Einwanderern ab. Bis in die Nachkriegszeit kamen die meisten Einwanderer aus Finnland. Seit Mitte der 60er Jahre aber suchen vor allem Jugoslawen, Türken, Äthiopier, Iraner, Lateinamerikaner u.a. in Schweden eine neue Heimat.

Hauptstadt: Stockholm, mit rund 1,6 Mio. Einwohnern im Raum Groß-Stockholm und ca. 690.000 Einwohner im engeren Stadtgebiet.

Religion: Rund 92% der Bevölkerung bekennen sich zur evangelisch-lutherischen Kirche, Schwedens Staatskirche.

Staatsform: Schweden ist eine konstitutionelle Monarchie mit parlamentarischer Regierungsform. Staatsoberhaupt ist der König, seit 1973 *König Karl XVI. Gustav* aus dem Hause Bernadotte. Laut Verfassung hat der König der lutherischen Kirche anzugehören. Ihm stehen seit der Verfassungsreform von 1974 nur noch zeremonielle Aufgaben und Funktionen zu. Die wichtigste staatstragende Institution ist der regierungsbildende *Reichstag* (seit 1969 Ein-Kammer-Parlament). Dem Reichstag steht der Reichstagspräsident vor. Zur Zeit hat der Reichstag 349 Sitze, von denen 178 Sitze von den Sozialdemokraten und 171 Sitze von anderen Parteien eingenommen werden. Eine Legislaturperiode beträgt drei Jahre, dann stehen erneut Reichstagswahlen an.

Landesnatur: Das Land läßt sich in drei große Landschaftsregionen gliedern – in die sich nach Südosten neigenden, überaus wald- und flußreichen Ausläufer des *westskandinavischen Gebirgsrückens*, die *mittelschwedische Senke* mit den größten Seen des Landes und schließlich das fruchtbare *südschwedische Hügelland* bis zur Halbinsel Schonen. Grob stimmt diese Gliederung auch mit den alten schwedischen Regionen **Norrland**, **Svealand** und **Götaland** überein.

Bei genauerer Betrachtung lassen sich folgende Kulturlandschaften definieren:

Schonen (Skåne) ist Schwedens südlichste Landschaftsregion. Dank seiner überaus günstigen Bodenverhältnisse und seines schon mitteleuropäischen Klimas ist Schonen wesentlich fruchtbarer als die übrigen Landesteile. Die abwechslungsreiche Landschaft der „Kornkammer Schwedens" wird geprägt von ausgedehnten Agrarflächen, großen Gehöften, weiten Laubwäldern und sehr schönen Küstenabschnitten mit Fels- und Sandstränden.

Die Handels- und Industriestadt Malmö, der bedeutende Fährhafen Helsingborg, die alte Bischofsstadt Lund mit ihrer Universität und das einst wehrhafte Landskrona sind die wirtschaftlich und kulturgeschichtlich bedeutendsten Städte dieser Region.

Südwestschweden mit den Provinzen

Halland und **Bohuslän** wird geprägt von fruchtbaren Küstenebenen, die von Felsriegeln durchsetzt sind. Der Küste sind zahllose Felsinseln vorgelagert. Einzelne felsgesäumte Meeresarme reichen kilometerweit ins Land. Hier liegt Göteborg, Schwedens wichtigste Hafenstadt und ein Zentrum der Schwerindustrie, des Schiffs, Maschinen- und Automobilbaus.

Als **südschwedisches Hochland** bezeichnet man das Gebiet um Jönköping am Vättersee und südlich davon, inklusive der Småländischen Seenplatte. Das Gebiet umfaßt Teile **Smålands** und **Väster-Götlands** und liegt durchschnittlich 350 m hoch. Höchster Punkt ist der 378 m hohe Tomtabacken.

Südostschweden mit der Küste am Kalmarsund unterscheidet sich stark von der Westküste. Aufgrund seiner geologischen Vorgeschichte ist es als sog. Tafelland ausgebildet. Die karstigen Ebenen setzen sich auf den Inseln Öland *(alvar)* und Gotland *(hällmark)* fort.

Das **Seentiefland Mittelschwedens** umfaßt das Gebiet um die großen Seen Vänern, Vättern, Hjälmaren und Mälaren mit den Provinzen **Öster-Gotland**, Teile **Väster-Gotlands, Dalsland, Närke** und **Södermanland** und reicht bis hinauf nach **Uppland** (Uppsala) und **Västmanland**. Es ist das Kulturland und die historische Wiege Schwedens schlechthin. Hier findet man Schwedens Hauptstadt Stockholm, die alte Bischofs- und Universitätsstadt Uppsala, die Industriestädte Norrköping und Linköping ebenso wie die prächtigen Schlösser Tullgarn, Läckö, Gripsholm oder Skokloster. Die Region mit ihren sanften Landschaften wird von der historischen Wasserstraße des **Göta-Kanals** durchzogen.

Das **mittelschwedische Bergland**, bildet geographisch den Übergang von der mittelschwedischen Seensenke zum Norrland. Große Teile umfassen die alte, historische und kulturell eng mit den weiter südlich gelegenen Landschaften verbundene Provinz **Dalarna** und Teile **Värmlands**. Erz- und Kupferbergbau

(Grängesberg, Falun) bilden den Reichtum der Region.

Norrland, Schwedens nördliche Landeshälfte mit einer Nord-Süd-Ausdehnung von annähernd 1.000 km, umfaßt die Bezirke **Hälsingland, Härjeland, Medelpad, Jämtland, Ångermanland, Västerbotten, Norrbottn, Südliches** und **Nördliches Lappland**. Die weite Ausdehnung nach Norden bedingt starke klimatische Unterschiede zwischen den südlichen und nördlichen Gebieten Norrlands. Der wirtschaftliche Wert des nördlichen Teils Norrlands ist kaum abschätzbar. Alleine die Vorkommen an hochwertigem, überdurchschnittlich reinem Eisenerz in Lappland werden auf weit über 1.000 Million Tonnen geschätzt!

Die **Nationalflagge** ist ein querliegendes gelbes Kreuz auf blauem Grund.

Schwedens höchster Berg, der 2.114 m hohe Kebnekaise, liegt in Nordschweden, rund 75 km westlich von Kiruna.

Größter See: Vänersee, 5585 qkm.

Längster Fluß: Torneälven, ca. 570 km

Wirtschaftliche Schwerpunkte: Bedingt durch die klimatischen Gegebenheiten konzentriert sich die Landwirtschaft auf den Süden des Landes. Schwerpunkte der Agrarproduktion sind Kartoffel- und Getredeanbau, Rinder- und Schweinezucht. Fischerei wird – mit schwindender Bedeutung für die Volkswirtschaft – vornehmlich an der Süd- und Westküste betrieben. Mitte des 18. Jh. lebten noch mehr als 90% der Bevölkerung von der Landwirtschaft und der Fischerei. Obwohl die schwedische Agrarwirtschaft sehr fortschrittlich und effizient ist, ist Schweden längst kein Agrarstaat mehr. Weit über zwei Drittel der Beschäftigten des Landes sind heute in den Bereichen Industrie und Handel tätig. Die reichen Waldbestände im Norden werden intensiv genutzt. Rund 56% der Landfläche sind von Wald bedeckt. Entsprechend groß ist Schwedens Bedeutung weltweit in Bezug auf Holz-, Zellstoff- und Papierindustrie. Aufgrund der weitreichenden Nutzbarmachung seiner reichen

Wasserkraftreserven zur Stromerzeugung, ist Schweden in der Lage, den Bedarf an Elektrizität des Landes weitgehend selbst zu decken. Der Anteil des durch Kernkraftwerke erzeugten Stroms, derzeit rund 40%, soll zurückgedrängt werden. Dank des reichen Vorkommens hochwertiger Eisenerze im Norden des Landes wurde Schweden zum größten Eisenexporteur der Welt. Gleichzeitig konnte sich eine hochqualifizierte Eisen-, Stahl- und Maschinenbauindustrie entwickeln. Die Verarbeitung der Rohstoffe zu hochwertigen Endprodukten wird durch die reichen Energiereserven aus Wasserkraft unterstützt. In Sachen Schiffbau z.B. nimmt Schweden eine führende Rolle auf dem Weltmarkt ein. Schwedens größter Industriekonzern ist Volvo.

Besonders nach dem 2. Weltkrieg formte sich Schweden unter dem Einfluß seiner sozialdemokratischen Regierungen zum vielbewunderten *Wohlfahrtsstaat*. Der Lebensstandard der schwedischen Bevölkerung ist der höchste in Europa und die sozialen Einrichtungen und Leistungen müssen auf fast allen Gebieten als vorbildlich bezeichnet werden. Natürlich haben die fortschrittlichen Sozialeinrichtungen und deren Verwaltungsaufwand auch ihren Preis. So stammen 56 Prozent des schwedischen Sozialprodukts aus Steuern (EG rund 40 Prozent).

FINNLAND

Finnland (finnisch: *Souomi*) ist das am weitesten östlich gelegene der vier nordischen Länder. Es grenzt im Osten an Rußland, im Norden und Nordosten an Norwegen, im Westen an Schweden und an den Bottnischen Meerbusen und im Süden an den Finnischen Meerbusen der Ostsee.

Größe des Landes: Die Landfläche Finnlands umfaßt ein Gebiet von 337.800 qkm. Somit ist Finnland das siebtgrößte Land Europas. Die größte Ausdehnung in Nord-Süd-Richtung beläuft sich auf annähernd 1.160 km, in Ost-West-Richtung auf gut 540 km. Das Land hat eine Küstenlänge von etwas mehr als 1.100 km. Die längste Grenze hat Finnland mit seinem östlichen Nachbarn Rußland. Sie mißt fast 1.270 km. Nahezu ein Zehntel des finnischen Territoriums, ca. 31.700 qkm, ist von Seen bedeckt. Wie man ließt sollen es 187.888 Seen sein. Außerdem weist Finnland nicht weniger als 179.584 Inseln auf.

Bevölkerung: Finnland hat rund 5,15 Mio. Einwohner, das entspricht theoretisch einer Bevölkerungsdichte von 17 Menschen pro qkm. Tatsächlich aber lebt die überwiegende Mehrheit der Bevölkerung in den wirtschaftlich stark entwickelten Regionen um die großen Städte des Landes wie Helsinki, Lahti, Tampere, Turku oder Kuopio, also im Südteil des Landes. Beispielsweise leben im Süden bis zu 90 Einwohner pro qkm, während sich in Lappland rein rechnerisch gerade mal 2 Menschen einen Quadratkilometer teilen müssen.

Die größte Bevölkerungsgruppe stellen mit 92 % natürlich die Finnen dar, 7 % der Bevölkerung sind Schweden und nur eine verschwindende Minderheit von etwa 2.000 Einwohnern zählen sich zur Volksgruppe der Samen (Lappen).

Von der finnischen Bevölkerung bekennen sich fast 92 % zur evangelisch-lutherischen und rund 1% zur orthodoxen Kirche.

Landessprache ist Finnisch, das von 93,5 % der Bevölkerung gesprochen wird. Zweite Landessprache ist Schwedisch, das etwa 6,3 % der Einwohner sprechen. Finnisch ist eine Sprache, die zum finnisch-ugrischen Sprachstamm gehört, der wiederum zur Gruppe der Osteuropäischen und Westsibirischen Sprachen zählt. Ungarisch und Estnisch z. B. gehören auch zum ugrischen Sprachstamm.

Hauptstadt ist seit 1812 Helsinki mit ca. 510.000 Einwohnern. Davor war Turku (ca. 158.000 Einw.) Hauptstadt von Finnland.

Staatsform: Finnland hat die Staatsform einer parlamentarischen Republik gewählt. In der Verfassung des Landes von 1919, die zwischenzeitlich allerdings mehrfach Änderungen erfuhr, ist das Staatsoberhaupt der Staatspräsident. Er wird von 300 Wahlmännern auf sechs Jahre gewählt. Die Staatsgewalt wird vom Reichstag, einem Einkammerparlament, ausgeübt. Es besteht aus 200 Abgeordneten, die auf vier Jahre gewählt sind. Regierungsoberhaupt ist der Ministerpräsident. Er wird, ebenso wie die Minister der Regierung (Staatsrat), vom Staatspräsidenten ernannt.

Traditionsgemäß spielte im Finnland lange die von Moskau protegierte Kommunistische Partei Finnlands eine wichtige Rolle im Parlament. Nach den Zwischenfällen in der Tschechoslowakei im Jahre 1968 allerdings zersplitterte die Partei und 1990 wurde sie sogar aufgelöst. Seitdem konnte noch keine andere Partei eine absolute Mehrheit für sich verbuchen. Minderheitenregierungen oder Koalitionen kleinerer Parteien sind die Folge.

Landesnatur: Es lassen sich fünf große Landschaftsregionen erkennen.

Die **südfinnische Küstenebene** erstreckt sich entlang der Küste des Finnischen Meerbusens etwa zwischen Turku und der Russischen Grenze. Die Küste ist geprägt von vielen vorgelagerten, baumlosen Felsinseln. Bemerkenswert ist, daß in diesem Landstrich – der historischen Landschaft *Nyland* – die sonst in Finnland allgegenwärtigen Seen fast vollständig fehlen. Ackerbau, vor allem aber Industrie (Holzverarbeitung, Zellstoffgewinnung) sind die wichtigsten Erwerbszweige. An der Küste liegt auch Finnlands Hauptstadt Helsinki.

Die bottnische Küstenebene ist von ähnlicher Natur wie die südfinnische Küstenebene. Der etwa 100 km breite Landstreifen zieht sich von Turku bis hinauf zur schwedischen Grenze. Zahlreich sind auch hier die der Küste vorgelagerten Schären, diese kahlen Felsinseln. In diesem beson-

ders im Süden stark landwirtschaftlich genutzten Landesteil liegt im Südwesten die historische Landschaft Varsinais-Souomi, die eigentliche Wiege Finnlands. Von hier aus verbreitete sich einst das Christentum und die europäische Kultur über das Land. Die wichtigsten Städte in der Region sind Turku (schwed. Åbo, ca. 147.000 Einw.), Finnlands drittgrößte Stadt und bedeutender Winterhafen des Landes, dann Pori (Björnborg, ca. 73.000 Einw.), das vornehmlich als Ausfuhrhafen für die Industrieregion um Tampere fungiert und die Hafenstadt Vaasa (Vasa, ca. 62.000 Einw.).

Die Landschaft nördlich von Vaasa ist weniger wirtlich. Weite Wälder und Moore bestimmen das Landschaftsbild. Die Kü-

der Dom in Helsinki

ste und ihre Häfen sind im Winter oft zugefroren und durch Eis blockiert. Oulu (Uleåborg, 88.000 Einw.) ist ein wichtiger Holzexporthafen und Kemi (31.000 Einw.) schließlich, Finnlands nördlichste Hafenstadt am Bottnischen Meerbusen, hat sich zu einem wichtigen Verkehrsknotenpunkt entwickelt.

Die Finnische Seenplatte, etwas höher gelegen als die Küstenebenen, ist die typisch finnische Landschaft, wie sie in zahllosen Bildern schon gezeigt worden ist. Unendlich sind die Wälder, zwischen denen immer wieder hellglänzend die weiten Flächen der Seen auftauchen. Urige Seenwildnis und weitgehend fast unberührte

Natur sind hier durchaus noch zu finden. Diese Landschaft des westlichen und des Saimaa-Seengebiets ist es, die Finnland seinen Beinamen „Land der tausend Seen" eingebracht hat. Tatsächlich findet man im Südosten des Landes sage und schreibe annähernd 62.000 Seen die eine Fläche von etwa 53.000 qkm bedecken und eine Uferlinie von weit über 4.700 km bilden, kleine Inseln und Klippen nicht mitgerechnet. Nach letzten offiziellen Zählungen sind in gesamt Finnland nicht weniger als 188.000 Seen zu finden! Größter der südlichen Seen ist mit ca. 1.400 qkm der Saimaasee (Bodensee rund 540 qkm) und der Päijännesee mit ca. 1.110 qkm. Viele der Seen sind durch Wasserläufe mit Stromschnellen, Kaskaden und Wasserfällen verbunden, die heute vielfach zur Gewinnung von Elektrizität genutzt werden. Die wichtigste Stadt im Seengebiet ist Tampere (Tammerfors, 190.000 Einw.), ein bedeutendes Industriezentrum des Landes und – neben Helsinki natürlich – die modernste Stadt des Landes.

Die Entstehung des gigantischen Labyrinths der Seenplatte begann mit der Eiszeit. Die Gletscher gruben auf ihrer Wanderung tiefe Mulden in die weicheren Gesteinsmassen. Als das Eis schließlich zu den Erdpolen hin abschmolz, wurde das Land vom nachdrängenden Meerwasser überspült. Nach der Entlastung vom Eis hob sich das Terrain, die Wasser flossen ab und nur die Mulden, die heutigen Seen also, blieben gefüllt zurück. Im Laufe der Jahrhunderte wandelte sich das Salzwasser in Süßwasser.

Der mittelfinnische Rücken im Nordosten des Landes ist ein sehr dünn besiedeltes Waldgebiet und Hügelland mit Höhen um 400 m. Große Teile des Gebietes, dessen größter Reichtum die Holzwirtschaft ist, werden von Hochmooren bedeckt.

Das Fjellgebiet im lappländischen **Nordfinnland** dehnt sich vom Polarkreis an nordwärts. Das Gebiet nimmt zwar etwa ein Drittel des finnischen Territoriums ein, ist aber überaus dünn besiedelt. Die Landschaftsform ist unterschiedlich. Prägen im südlichen Teil noch tiefe Wälder aus denen die Höhen der Tunturis ragen, das Landschaftsbild, dominieren weiter im Norden die offenen Moor-, Heide- und Tundralandschaften. Im Nordosten prägt der Inarisee ca. (1.100 qkm) mit seiner zerrissenen Uferlinie die Landschaft, während der nach Westen reichende Arm Finnlands bis ans Gebirge an der norwegischen Grenze mit Gipfeln über 1.300 m reicht.

Die **Nationalflagge** ist ein querliegendes blaues Kreuz auf weißem Grund.
Längster Fluß: Kemijoki, ca. 494 km lang.
Größter See: Saimaa-See, ca. 1.460 qkm.
Höchster Berg: Haltiatunturi, 1.324 m.

Wirtschaftliche Schwerpunkte: Nach wie vor sind Holz-, holzverarbeitende, Zellstoff- und Papierindustrie die wichtigsten Wirtschaftszweige des Landes und mit einem Anteil von 80% von entscheidender Bedeutung für den Außenhandel Finnlands. Trotz des 1947 geschlossenen, die Industrialisierung des Landes beeinträchtigenden finnisch-sovjetischen Friedensvertrages, konnte sich die metallverarbeitende Industrie und der Maschinenbauindustrie zu einem bedeutenden Wirtschaftsfaktor entwickeln. Im Vergleich zu den eben erwähnten Industriezweigen spielen Agrarwirtschaft oder Fischfang eine untergeordnete Rolle.

KUNST UND GESCHICHTE – IN STICHWORTEN

Mit dem Rückgang der Eismassen am Ende der Eiszeit vor 10.000 bis 15.000 Jahren drängten die ersten Menschen, wahrscheinlich aus osteuropäischen Gegenden, auf die skandinavische Halbinsel vor.

Um 8000 – 2000 v. Chr. – Erste Jäger und Sammler besiedeln die Küsten der dänischen Inseln. Norwegen ist – wenn auch recht spärlich und nur an den Küsten – bis in die hohen Norden von Menschen der **Steinzeitkultur** bewohnt.

Spuren aus jener Zeit sind in Form von Felsgravuren (Felszeichnungen – norw. „*helleristninger*") vom Süden des Landes bis hinauf nach Alta in der Finnmark heute noch zu besichtigen. Dargestellt sind jagende Menschen, Tiere (Rentiere, Elche, Bären etc.), Boote und die wohl erste Skizzierung eines skifahrenden Menschen. Eine Kopie davon ist vor dem Skifahrtmuseum an der Holmenkollenschanze in Oslo zu sehen. Diese Felszeichnungen zählen mit zu ersten Objekten in der europäischen Kunstgeschichte.

In der jüngeren Steinzeit wird auch im Landesinneren mit der Kultivierung des Bodens und mit einer bescheidenen Landwirtschaft begonnen.

Um 1000 v.Chr. – Sog. finnisch-ugrische Volksstämme wandern aus dem Gebiet der Wolga und des Urals nach Westen und Nordwesten und siedeln u.a. auch in Finnland. Von Westen und Süden ziehen germanische Stämme in das Gebiet des heutigen Staates Finnland. Sie siedeln vornehmlich an den südlichen und südwestlichen Küsten des Landes. Schon früher hatten sich Samen (Lappen) weiter nördlich niedergelassen. Sie waren von nordöstlichen Regionen auf die skandinavische Halbinsel gekommen.

In der Bronzezeit werden die alten Steinwerkzeuge und Waffen rasch von der widerstandsfähigeren Bronze verdrängt. Erste eherne Gebrauchs- und Ziergegenstände gefertigt. Als Zeugen aus der Vorgeschichte sind Felsritzungen, Hünengräber und Dolmen erhalten.

5. Jh. v. Chr. – Erstmals wird Eisen verwendet. Einblick in die Lebensweisen der Menschen in der Epoche der Bronze- bzw. der Eisenzeit bieten die rekonstruierten Vorzeitdörfer Lejre auf Jütland in Dänemark oder Tanumshede in Südwestschweden.

Ca. 3. Jh. v. Chr. – ca. 5. Jh. n. Chr. – Kimbern und Teutonen wandern von Jütland aus südwärts. Völkerwanderung. Später siedeln Dänen in den frei gewordenen Zonen Jütlands. Es bilden sich Kleinkönigreiche.

1. – 6. Jh. n. Chr. – In Norwegen beginnen sich Siedlungen und Stammesgemeinschaften zu bilden. Am Trondheimsfjord formt sich das erste von einem König regierte Reich.

Die Zeit um das 5. Jh., die Zeit der Völkerwanderung, bringt Bewegung in die norwegischen Stammesgebiete. Von Süden kommende Stämme drängen die Ansässigen nach Westen und Norden. Die Zeit ist geprägt von kriegerischen Auseinandersetzungen zwischen den zahlreichen Sippen, Stämmen und Kleinkönigreichen, die sich in den vielen Tälern etabliert haben.

Um 500 n. Chr. – Die germanischen Stämme der *Svear*, die zunächst am Mälarsee siedeln und der *Gauten* (Goten) aus Götaland, gründen ein Reich, dessen Metropole *Uppsala* ist. Aus jener frühen Zeit sind Felsritzungen erhalten.

8. – 9. Jh. n. Chr. – Es ist die Zeit der **Wikinger**, eine Zeit, in der sich das Augenmerk der Bevölkerung vor allem aufs Meer richtet. Wikinger bestimmen das Geschehen im nord- und mitteleuropäischen Raum.

Dänemark wird ein wichtiges Siedlungsgebiet der Wikinger. Viele ihrer Eroberungszüge in den Mittelmeerraum, in die Normandie und nach England gehen von Dänemark aus. Erster dänischer König wird *Godfred*, der 810 stirbt.

Zeugen aus der Wikingerzeit sind in Norwegen (z.B. Wikingerschiff-Museum, Oslo), in Schweden und in Dänemark noch erhalten bzw. rekonstruiert (z.b. Wikingerfestung Trelleborg bei Slagelse/Korsør, Fyrkat bei Hobro, Ausgrabungen eines Wikingergrabes bei Ladby nordöstlich Odense auf Fünen oder das Wikingerschiff-Museum in Roskilde).

In ihren bewundernswerten, meisterlich konzipierten und gebauten Holzbooten erkunden die Wikinger die Meere. Auf Handels- und Raubzügen dringen sie nach Frankreich, bis an den Bosporus, nach England, Island, Grönland, ja bis nach Nordamerika vor.

Zwischen dem 9. und 11. Jh. erobern Waräger, einerseits handels- und geschäftstüchtige, andererseits kriegslüsterne Wikinger aus Schweden, Teile des Baltikums und segeln bis Byzanz. Viele Runen- und Bildsteine (z.B. auf Gotland) erinnern an die Kriegs- und Beutezüge und deren Heerführer.

Im 9. Jh. beginnt mit dem norddeutschen Bischof *Ansgar* (801 – 865), dem „Apostel des Nordens", die Christianisierung Schwedens und Dänemarks. Die mit vielen Kriegen und Auseinandersetzungen verbundene Missionierung ist im 11. Jh. abgeschlossen.

872 – König *Harald Harfagre* (Schönhaar) versucht das in viele Kleinkönigreiche zersplitterte Norwegen zu einem Reich zu einen, ohne Erfolg.

Um 1000 – Wikingerschiffe unter *Leif Erikson* erreichen die Küste Nordamerikas. Im norwegischen Nidaros (heute Trondheim) regiert König *Olav Tryggvason*, ein Nachfahre Harald Schönhaars. Er versucht erneut, Norwegen zu einen.

Unter König Olavs Schutz beginnt die Christianisierung des Landes. Olav Tryggvason fällt bei der Insel Rügen in der Schlacht gegen die Truppen Dänemarks und Schwedens.

Sein Nachfolger, König *Olav Haraldsson* (der Heilige), verhilft dem Christentum in Norwegen zum Durchbruch. Der König fällt am 29. Juli 1030 beim norwegischen Stiklestad (alljährlich St. Olav Festspiele) im Kampf für die neue Religion, die zur Staatsreligion ernannt wird. König Olav wird Norwegens Nationalheiliger.

Der Dänenkönig *Gorm der Alte* (gest. 950) eint sein Land und befestigt es im Süden (Schleswig) durch den Wall „Danewerk". Harald Blauzahn herrscht anschließend über Dänemark und Norwegen.

11. Jh. – Der Dänenkönig *Knut der Große* (1018 – 1035) dehnt das Dänenreich aus. 1028 erobert er Norwegen. 1042 wird König *Magnus Olavsson* aus Norwegen durch einen Erbvertrag auch König von Dänemark.

In Finnland haben sich verschiedene Volksgruppen etabliert. So wohnen im Süden und Südwesten die sog. „eigentlichen" *Finnen*, die sich stark nach Schweden orientieren, in der Mitte des Landes leben die *Tavasten* oder *Häme*, im Osten die *Karelier*, die sich traditionsgemäß starke Bindungen nach Rußland bewahrt haben, während im Norden vor allem *Samen* siedeln.

Die Kunstepoche der **Romanik** (1060 – 1265) manifestiert sich in Dänemark und Schweden vor allem in Sakralbauten. Viele Dorfkirchen sind da eine Fundgrube. Besonders erwähnenswert sind die Dome von Ribe und Viborg.

1035 – 1047 – In Norwegen regiert König *Magnus Olavsson* (der Gute). Ihm gelingt es, die Eigenständigkeit und Geschlossenheit des jungen norwegischen Königreichs gegenüber Schweden und Dänemark zu festigen und zu sichern.

1048 – oder 1050 wird Oslo von König *Harald Hårdråde* („der Harte") gegründet. 1066 fällt König Harald Hårdråde in England im Kampf um den englischen Thron. Mit ihm geht die große Zeit der Wikinger zu Ende.

1070 – Bergen wird gegründet. Die norwegische Hafenstadt entwickelt sich rasch zu einem wichtigen Handelsplatz und wird nach Trondheim, damaliger Sitz des einflußreichen Klerus und Residenzstadt, zur wichtigsten Stadt des Königreichs.

12. Jh. – *Valdemar I.* von Dänemark, der

Große (1157 – 1182) eint nach den dänischen Nachfolgekriegen (1146 – 1157) das Reich. Kopenhagen wird gegründet.

In Norwegen nehmen die christlichen Kreise um den Erzbischof von Trondheim mehr und mehr Einfluß auf die politischen Geschehnisse am Königshof. Sie festigen ihren Rückhalt bei wichtigen Familien des Landes und verlangen schließlich ein Mitspracherecht bei der Vergabe der Königswürde.

Uppsala, die alte schwedische Königsresidenz, wird 1164 erster Sitz eines Erzbischofs.

Der Handelsbund der norddeutschen **Hanse** erlangt Macht und Einfluß im südlichen Schweden, u.a. in Stockholm und auf Gotland.

Finnland gerät mehr und mehr unter die Vorherrschaft der schwedischen Könige.

Das 11. und 12. Jahrhundert waren die Blütezeit der **Stabkirchen-Architektur** in Norwegen. Die älteste noch erhaltene Stabkirche des Landes ist die von Urnes. Sie entstand um 1090.

1154 – Der Schwedenkönig Erik IX. führt einen sog. „Kreuzzug" nach Südfinnland und vereinnahmt den Südwesten des Landes für die schwedische Krone. Es folgen noch weitere solcher Eroberungszüge, die neben Landgewinn auch zum Ziel haben, die orthodoxe Kirche zurückzudrängen.

13. Jh. – Nicht zuletzt durch die Politik der Kirche kommt es zu Rivalitäten bei der Erbfolge am norwegischen Königshof.

1217 – *Håkon Håkonsson* wird zum König von Norwegen gekrönt. Die Königswürde wird von nun an an den ältesten Sohn des Königs vererbt.

Mitte des 13. Jh. wird das Königreich Norwegen um die Inseln Island und Grönland erweitert. 1276 werden erstmals für das ganze Königreich geltende Gesetze eingeführt.

Die deutsche Hanse herrscht im Ostseeraum und festigt ihre Position als Handelsmacht in Bergen.

Dänemark verliert einen Teil seiner Ostseeküste.

1252 – *Birger Jarl* legt den Grundstein zur Stadt Stockholm. Er festigt die Herrschaft Schwedens über Finnland und gründet die Königsdynastie der *Folkunger*, die zwischen 1250 und 1363 über das Land herrscht.

Es bilden sich mehrere zerstrittene Fraktionen des schwedischen Adelsstandes, der sich uneins ist über die Wahl zukünftiger Könige.

Höhepunkte des **gotischen Baustils** (1265 – 1550) in Dänemark sind die Dome von Aarhus, Haderslev, Maribo und Roskilde, sowie die St.-Knuds-Kirche in Odense.

Zeugen mittelalterlicher Baukunst in Norwegen sind die 1261 fertiggestellte Håkonshalle und die Marienkirche aus dem 12. Jh. in Bergen. Auch die Domkirche von Stavanger zählt zu den Baudenkmälern aus jener Zeit. Sie entstand im 12. Jh., wurde aber später des öfteren restauriert und umgebaut, wobei Stilelemente der Gotik und später des Barock hinzugefügt wurden. Das wohl bedeutendste gotische Kirchenbauwerk Norwegens stellt der Nidarosdom zu Trondheim dar.

Die bildenden Künste entfalteten sich im Mittelalter in erster Linie auf dem Gebiet der Kirchenkunst. Altartafeln, Schnitzwerk und Holzplastiken sind erhalten.

Aus dem frühen 13. Jh. ist das erste Werk norwegischer Literatur bekannt. *Snorre Sturlason* schrieb auf Island die *Königs-Sagas*. Sie vermitteln ein Bild der Sitten und der Geschichte des 12. Jh.

Mitte des 13. Jh. entstand der sog. „*Königsspiegel*", der Einblick in das Leben an den nordischen Höfen der damaligen Zeit gibt.

1319 – *Magnus Eriksson* wird König von Norwegen und Schweden.

Bei den Bestrebungen um eine skandinavische Union der drei Königreiche Norwegen, Schweden und Dänemark gerät Norwegen mehr und mehr ins Hintertreffen.

1320 – Der Bau des Nidarosdoms in Trondheim wird abgeschlossen. Der im 12. Jh. im romanischen Stil begonnene Monumentalbau ist Krönungskirche und Norwegens bedeutendster Sakralbau.

Finnland ist de facto eine schwedische Provinz geworden. Mitte des 14. Jh. erhält es das Recht, sich an den schwedischen Königswahlen zu beteiligen.

1350 – Verheerende Pestepidemie in Norwegen. Nahezu die Hälfte der Bevölkerung des Landes stirbt. Norwegen wird wirtschaftlich von der Hanse, politisch von Schweden und 1380 mit *Olav Håkonsson*, der in Personalunion König von Dänemark und Norwegen ist, auch von Dänemark abhängig.

1380 – Island und Gotland gehören zu Dänemark.

1397 – Die „**Kalmarer Union**" wird auf Betreiben und unter Vorsitz der dänischen *Königin Margrethe* unterschrieben. Beabsichtigt ist, Schweden, Dänemark und Norwegen unter einem dänischen Unionskönig zu vereinigen. Bald aber versucht Schweden, sich der dänischen Vorherrschaft zu entziehen. Es gibt Aufstände, die der Bauernführer Engelbrekt nutzt und sich zum Reichsvorsteher Schwedens ernennen läßt. Es entsteht ein Reichstag, zu dem Adel, Geistlichkeit, Bürgertum und Bauern ihre Vertreter entsenden.

Dänemark erlebt eine Blütezeit. Burgen und Kirchen aus jener Zeit geben Einblick in die Kulturgeschichte.

Norwegen bleibt bis 1814 mit Dänemark verbunden. Während der gesamten Unionszeit mit Dänemark findet eine eigenständige Entfaltung der Künste in Norwegen kaum statt. Lediglich im 17. Jh. treten zwei Literaten hervor, *Peter Dass*, ein Kirchenmann, der zwischen 1647 und 1708 lebte und mit seiner „*Nordland-Trompete*" das Leben in Nordnorwegen beschrieb, und *Ludvig Holberg*. Er wurde zwar in Bergen geboren (1684), lebte aber bis zu seinem Tod 1754 in Dänemark. Er schrieb u.a. Komödien.

15. Jh. – Norwegen muß die Orkney- und Shetland-Inseln an die schottische Krone abtreten.

1477 – In Uppsala wird die erste skandinavische Universität gegründet.

16. Jh. – Finnland, das mehr denn je von Schweden dominiert wird, wird nun als *Herzogtum Finnland* bezeichnet. Finnische Soldaten kämpfen in den Reihen der schwedischen Truppen.

1520 – *König Christian II.* von Dänemark (1481 – 1559) versucht mit Angriffen auf Stockholm Schweden in die Union zurückzuzwingen. Am 8. November 1520 läßt er alle seine Gegner hinrichten („Blutbad von Stockholm"). Das Massaker aber schwächt die Position des Monarchen, der 1523 Dänemark sogar verlassen muß.

1521 – *Gustav Eriksson Wasa* ruft die Männer von Dalarna (Schweden) zum Aufstand gegen den Dänenkönig auf.

1523 – Gustav Wasa wird zum schwedischen *König Gustav I.* gewählt. Er tritt aus der Kalmarer Union aus und stellt Schwedens Unabhängigkeit wieder her. Gesamtschweden hatte damals weniger als eine Million Einwohner. Nach dem Vorbild Schwedens faßt auch in Finnland die Reformation Fuß.

1524 – Ende der Union von Kalmar durch den „Frieden von Malmö".

1527 – König Gustav I. fördert die lutherische Reform in Schweden und verhilft ihr zum Durchbruch. Die gewaltigen Latifundien der katholischen Kirche werden konfisziert und dem Staat einverleibt.

1536 – König *Christian III.* (1534 – 1559) bringt die Reformation nach Dänemark. Während der Reformation werden die katholischen Bischöfe in den nordischen Ländern entmachtet. Dem dänischen und dem schwedischen Königshaus fallen riesige Ländereien zu, die ehemals im Besitz des Klerus waren.

1537 – Durch die von Dänemark erzwungene Abschaffung des Reichsrates wird Norwegen faktisch der Status eines eigenständigen Königreichs (bis 1814) genommen. Aufstände gegen die dänische Krone scheitern.

1548 – *Mikael Agricola*, ein Lutherschüler, übersetzt das Neue Testament ins Finnische.

1560 – 1568 – *König Erich XIV.* wird Nachfolger Gustavs I. Unter seiner Herrschaft fällt 1561 Estland an Schweden.

1563 – 1570 – Im Siebenjährigen Krieg wird Norwegen als Reichsteil Dänemarks in die Kriegshandlungen gegen Schweden verstrickt.

Nachdem um 1550 die Vormachtstellung der Hanse in Norwegen durch Dänemark gebrochen worden war, konnte Norwegen langsam einen zunächst bescheidenen Auslandshandel beginnen. Dabei nutzte man den natürlichen Reichtum des Landes – Holz und Fisch. Die Erfolge auf dem Gebiet des Handels weckten auch den Wunsch nach nationaler Selbständigkeit.

1588 – 1648 – In Dänemark regiert König *Christian IV.*, der versucht – allerdings ohne Erfolg – in den Dreißigjährigen Krieg einzugreifen.

Unter Christian IV. entstehen viele schöne Bauwerke im Stil der Holländischen Renaissance. Beispiele der dänischen **Renaissance** (1550 – 1660) findet man vor allem in den großen dänischen Schlössern wie Frederiksborg in Hillerød oder Kronborg am Sund in Helsingør. In Kopenhagen sind bedeutende Renaissancebauten Schloß Rosenborg, der Runde Turm und die Börse. Das wohl schönste Privatpalais im Renaissancestil steht in Aalborg. Es ist dies das Jens Bangs Stenhus.

Aus der Kunstepoche der Renaissance gilt in Norwegen der Rosenkrantzturm in Bergen aus der Mitte des 16. Jh. als schönes Beispiel.

17. Jh. – Die erste Hälfte des Jahrhunderts ist geprägt von Kriegen zwischen Dänemark und Schweden (1611 – 1614 und 1643 – 1645), in die auch Norwegen verwickelt ist. Norwegen verliert die Provinzen Härjedalen, Jämtland und 1658 auch Bohuslän.

1611 – 1632 – *König Gustav II. Adolf* regiert. Unter seiner Herrschaft wird Schweden die dominierende Macht im Ostseeraum und zur Großmacht in Europa. Er führt Krieg mit Rußland (1614 – 1617) und gewinnt Karelien und Ingermanland und erbeutet im Krieg mit Polen (1621 – 1629) Livland. Durch siegreiche Schlachten beeinflußt Gustav II. Adolf den Verlauf des Dreißigjährigen Krieges (1618 – 1648). Der König fällt 1632 in der Schlacht gegen den kaiserlichen Feldherrn Wallenstein bei Lützen.

Mitte des 17. Jh. ist der Schwede *Per Brahe* Gouverneur in Finnland, das zum Großherzogtum erhoben worden war. Hauptstadt des Großherzogtums Finnland ist Turku.

1632 – 1654 – *Christine*, Tochter Gustav II. Adolf, ist Schwedens letzte Königin aus dem Hause Wasa. Sie regiert mit Hilfe des Kanzlers *Axel Oxenstierna*, der schon Berater ihres Vaters war. 1634 arbeitet Oxenstierna eine neue Verfassung aus.

1640 – In Turku/Åbo wird Finnlands erste Universität gegründet.

1645 – Schweden übt auf Dänemark solange Druck aus, bis die Dänen Gotland und die norwegischen Provinzen Jämtland und Halland an Schweden abtreten.

1648 – Mit dem *Westfälischen Frieden* am 24. Oktober in Münster und Osnabrück, beenden das Kaiserreich, Frankreich und Schweden und deren Verbündete den Dreißigjährigen Krieg. Schweden erhält Vorpommern und Stettin, die Insel Rügen, Usedom, Wollin, Wismar, Bremen und Verden.

1654 – 1660 – 1654 tritt die schwedische Königin Christine zugunsten ihres Vetters, *König Karl X. Gustav* aus dem Hause Pfalz-Zweibrücken, ab. Christine konvertiert zum katholischen Glauben und läßt sich in Rom nieder. Karl X. Gustav führt Kriege mit Polen und Dänemark und erringt 1658 Blekinge, Schonen und Bohuslän. Schweden ist auf dem Höhepunkt seiner territorialen Ausdehnung und politischen Macht in Europa.

Seit 1660 ist in Dänemark die Souveränität der Könige erblich. Bauernbefreiung. Landreform.

Die Zeit des **Barock** (1660 – 1760) hinterließ in Dänemark nur wenig Spuren. Die wichtigsten in diesem Stil errichteten und dekorierten Bauten sind in Kopenhagen Schloß Amalienborg und die Erlöserkirche, sowie Schloß Fredensborg, die königliche Sommerresidenz nahe Hillerød.

1660 – 1697 – *König Karl XI.*, Sohn von Karl X. Gustav, regiert. Schweden ist als Verbündeter Frankreichs in Kriege verstrickt.

1697 – 1718 – *König Karl XII.* regiert. Dem König gelingt es nicht, Schweden von den Auseinandersetzungen im Nordischen Krieg (1700 – 1721) zwischen Polen, Rußland, Preußen und Hannover zu distanzieren. Die Folge sind empfindliche Gebietsverluste (u.a. Livland, Estland, Karelien, Bremen, Verden, Stettin). Schweden verliert seine Stellung als europäische Großmacht. Rußland ist der große Gewinner und nimmt nun die Rolle einer Großmacht ein.

18. Jh. – Das politisch erstarkte Zaren-Rußland dehnt seine Machtsphäre nach Westen aus. Es kommt häufiger zu Konflikten mit Schweden-Finnland. Schließlich wird in St. Petersburg von Zar Alexander I. ein Abkommen mit Napoleon I. geschlossen, das Rußland keine Hemmnisse bei seinem Expansionsbestrebungen auferlegt. Und tatsächlich gelingt es Rußland im Krieg von 1808/09 Finnland zu erobern. Finnland wird ein autonomes Großfürstentum von Zar Alexanders Gnaden. Allerdings gesteht der Zar Finnland eine eigene Armee, eine eigene Regierung und Rechtsprechung zu.

1716 – Schwedische Truppen besetzen kurzzeitig Oslo (damals Christiania). Nach den Kriegswirren verschaffen Handelsmonopole zu Gunsten Norwegens dem Land die Möglichkeit, seine Exportgeschäfte auszubauen. Vor allem die Handelsschiffahrt und der Schiffsbau erleben eine Blütezeit.

1718 – 1720 – *Königin Ulrike Eleonore* regiert. Mit ihr sterben die schwedischen Regenten aus dem Hause Pfalz-Zweibrücken aus.

1719 – Eine neue schwedische Verfassung soll durch Erweiterung der Machtkompetenzen der Volksvertretung die fast uneingeschränkte Regierungsgewalt des Königs einschränken. Zwei Parteien tun sich hervor, die konservativen *Hüte*, die vor allem von der Kaufmannschaft unterstützt wurden und die eher liberalen *Mützen*.

1720 – 1751 – *Friedrich I.* aus dem Hause Hessen-Kassel ist König von Schweden.

1751 – 1818 – Könige aus dem Hause Holstein-Gottorf regieren in Schweden (*Adolf Friedrich* 1751 – 1771, *Gustav III.* 1771 – 1792, *Gustav IV. Adolf* 1792 – 1809, *Karl XIII.* 1809 – 1818). Karl XIII. bleibt kinderlos. Er ernennt 1810 den französischen Marschall *Jean Baptiste Bernadotte* (1763 – 1844) zum Kronprinzen.

1754 – Die 1754 gegründete „Königliche Akademie der schönen Künste" bringt neue Impulse in das Kunstleben Dänemarks. Vor allem die Maler N. A. Abildgaard und Jens Juel setzen Maßstäbe (historische -, Landschafts- und Portraitmalerei). Unter den Bildhauern tritt Bertel Thorvaldsen (170 – 1884) hervor. Thorvaldsen-Museum in Kopenhagen.

1783 – 1853 – *C. W. Eckersberg*, „Vater der dänischen Malerei".

1792 – Während eines Komplotts des Adels wird König Gustav III. von Schweden ermordet.

1807 – 1814 – Während des Krieges Englands und Schwedens mit Dänemark/Norwegen verhängt England zwischen 1809 und 1812 eine Blockade, die die Verbindungen Norwegens mit Dänemark sehr stört und Norwegens Handelsschiffahrt hart trifft.

Schon 1807 hatten die Engländer Dänemarks Flotte beschlagnahmt. Dänemark verbündet sich daraufhin mit Napoleon I.

1809 – Norwegen schließt Frieden mit Schweden.

1812 – Helsinki löst Turku als finnische Hauptstadt ab.

1814 – Kieler Frieden. Nach den Wirren der napoleonischen Kriege – Dänemark hatte während dieser Zeit mit Frankreich sympathisiert – muß sich Dänemark gegenüber England geschlagen geben und Helgoland an England und Norwegen an Schweden abtreten. Norwegen erklärt sich mit den Resultaten des Kieler Friedensvertrages nicht einverstanden, fordert seine nationale Eigenständigkeit und beruft am 10. April 1814 in Eidsvoll eine Nationalversammlung ein, die am **17. Mai 1814** eine neue Verfassung verkündet. Zum neuen König wird der dänische Kronerbe *Christian Frederik* gewählt.

Schweden und auch England sind mit diesem Akt nicht einverstanden und bestehen auf die Einhaltung des Kieler Friedensvertrages. Es kommt im Juli und August 1814 zum Krieg mit Schweden.

Schon am 14. August 1814 aber wird ein Waffenstillstand mit Schweden geschlossen. König Christian Frederik dankt ab und geht außer Landes. Das Storting in Oslo akzeptiert die Union mit Schweden und die Weisungen der schwedischen Krone in außenpolitischen Fragen. Innenpolitisch aber kann die in Eidsvoll verkündete Verfassung angewandt werden. Die Union mit Schweden dauert bis 1905.

Island, Grönland und die Faröer werden von Dänemark annektiert. Der Versuch Dänemarks ganz Schleswig einzugliedern, führt zu den deutsch-dänischen Kriegen 1848, 1850 und 1864.

1818 – 1844 – Marschall Bernadotte, Begründer der heutigen schwedischen Königsdynastie, besteigt als *König Karl XIV. Johan* den schwedischen Thron.

1844 – 1859 – *Oskar I.*, Sohn König Karls XIV. Johan und dessen Gemahlin Désirée Clary, ist schwedischer König. Er beginnt mit der Liberalisierung der Regierung.

Mitte des 19. Jh. – 1849 wird in Dänemark die erste freie Verfassung proklamiert und eine demokratische Regierungsform gewählt.

„Nynorsk", eine aus den verschiedenen Dialekten (Landsmål) entstandene Sprache, wird offizielle Landessprache in Norwegen. Erneute Blütezeit der norwegischen Handelsschiffahrt. Industrialisierung des Landes. Starke Landflucht und 1882 Auswanderungswelle nach Amerika.

1859 – 1872 – *König Karl XV.* von Schweden. Während seiner Regierungszeit wird der Reichstag der Stände durch ein damals neuzeitliches Zweikammersystem ersetzt.

1860 – Bis etwa 1914 zwingen soziale und wirtschaftliche Umstände über eine Million Schweden zur Auswanderung, vor allem

nach Nordamerika.

1872 – Am 3. August 1872 wird als zweitältester Sohn des dänischen Königs Frederik VII., *Prinz Carl*, der spätere norwegische König *Håkon VII.* geboren. In Schweden regiert König *Oskar II.* (1872 – 1907).

Nach der Trennung Norwegens von Dänemark und der Wiedererlangung einer gewissen staatlichen Souveränität, entwickelte sich in Norwegen nach und nach wieder ein eigenständiges Geistes- und Kunstleben. Das 19. Jh. wurde zu einer Zeit der kulturellen Blüte in Norwegen.

1903 – Am 2. Juli 1903 wird Olav, Kronprinz von Norwegen und späterer König von Norwegen bis 1991, geboren.

1905 – Das norwegische Parlament tritt zurück und erklärt am 7. Juni die Personalunion mit Schweden für beendet. In einer Volksabstimmung am 13. August distanzieren sich die Norweger mit überwältigender Mehrheit von der Union mit Schweden. Eine fast ebenso große Volksmehrheit stimmt für eine parlamentarische Monarchie als Staatsform für das nun endgültig unabhängige Norwegen. Am 18. November 1905 wird der dänische *Prinz Carl* als *Håkon VII.* zum norwegischen König gewählt.

Im gleichen Jahr durchsegelt *Roald Amundsen* als erster mit seinem Schiff „Gjøa" die schon lange gesuchte Nordwestpassage.

1906 – Am 22. Juni 1906 wird König Håkon VII. in der Domkirche zu Trondheim zum König von Norwegen gekrönt.

In Finnland regen sich Bestrebungen, sich von Rußland, das seit Zar Nikolai II. einen harten Kurs gegen Finnland fährt, zu trennen. Ein erster Schritt zu mehr Selbständigkeit Finnlands ist eine neue Volksvertretung, die als wahrscheinlich einziges Land im damaligen Europa das aktive und passive Wahlrecht sowohl für Männer als auch für Frauen vorsieht.

1907 – 1950 – In Schweden regiert *König Gustav V.* Unter ihm finden 1909 und 1921 Wahlrechtsreformen statt. Die Sozialdemokratische Partei wird unter Per Albin

Hansson stärkste Partei in Schweden und stellt bis in jüngste Zeit in fast ununterbrochener Folge die Ministerpräsidenten (*P. A. Hansson* 1932 – 1946, *Tage Erlander* 1946 – 1969, *Olof Palme* 1969 – 1986). In den beiden Weltkriegen bleibt Schweden neutral.

1911 – Der Norweger Roald Amundsen erreicht am 4. Dezember als erster Mensch den Südpol, rund vier Wochen vor dem Engländer Scott.

1912 – Die Frauen Norwegens erhalten das Wahlrecht.

Stockholm ist Austragungsort der Sommerspiele der 5. Olympiade.

1914 – 1918 – Erster Weltkrieg. Dänemark und Norwegen bleiben neutral. 1918 wird Island selbständiges Königreich.

1917 – Im März muß der russische Zar abdanken. Die Oktoberrevolution schafft völlig neue Machtstrukturen in Rußland. Finnland nutzt die Chance und erklärt sich am 6. Dezember für unabhängig. Leider kommt es daraufhin im Frühjahr 1918 zu blutigen Bürgerkriegen in Finnland. Das Land spaltet sich in ein linkes (die Roten) und ein rechtes (die Weißen) Lager. Die Weißen behalten die Oberhand. Finnland wird eine Demokratie nach „westlichem Muster".

1919 – *K. J. Ståhlberg* wird erster Präsident Finnlands.

1919 – 1940 – Nordschleswig fällt 1920 durch den Versailler Vertrag und durch Volksabstimmung an Dänemark.

Die Weltwirtschaftskrise um 1930 wird auch in Norwegen spürbar. Arbeitslosigkeit und die schlechte Situation der Bauern stärkt die sozialistische Arbeiterpartei, die ab 1935 schließlich die Regierung bildet.

1939 – Im November kämpft Finnland im sog. „Winterkrieg" gegen Stalins Truppen. Stalin verlangte von Finnland Gebietsabtretungen an die Sowjetunion zum „Schutze Leningrads". Die Rote Armee siegt. Finnland wird gezwungen größere Teile Kareliens abzutreten.

Der 1939 zwischen Deutschland und Dänemark geschlossene Nichtangriffspakt wird 1940 von Deutschland gebrochen.

Deutsche Truppen besetzen Dänemark bis 1945.

Ab 9. April 1940 beginnen Truppen der deutschen Wehrmacht Norwegen zu besetzen. Oslo wird eingenommen und andere wichtige Städte, darunter Narvik, das mit seinem Verschiffungshafen des aus Kiruna in Schweden stammenden Erzes natürlich von besonderer Bedeutung war. Die norwegische Regierung und König Håkon VII. fliehen nach England und setzen von dort aus den Kampf gegen Hitlers Truppen fort.

Während der fünfjährigen deutschen Besetzung führt der Norweger *Vidkun Quisling* eine den Besatzern genehme Regierung.

1941 – Finnland startet mit Marschall Mannerheim und mit Hilfe deutscher Truppen den sog. „Fortsetzungskrieg" gegen die Sowjetunion in der Hoffnung, Karelien zurückzuerhalten. Es kommt 1944 zu einem Waffenstillstandsabkommen. Darin wird Finnland allerdings verpflichtet, Nordfinnland von deutschen Truppen zu säubern. In diesem sog. „Lapplandkrieg" wird der Norden des Landes stark in Mitleidenschaft gezogen. Mannerheim wird finnischer Staatspräsident.

1945 – Im Mai kapitulieren die deutschen Truppen in Norwegen. Der König kehrt im Juni nach Oslo zurück. Vidkun Quisling wird zum Tode verurteilt. Im November wird Norwegen Mitglied der Vereinten Nationen (UN).

1946 – Der Norweger *Trygve Lie* wird erster UN-Generalsekretär. Er amtiert bis 1952. Schweden wird Mitglied der Vereinten Nationen.

In Finnland löst J.K. Paasikivi Marschall Mannerheim im Amt des Staatspräsidenten ab.

1947 – Finnland schließt einen Friedensvertrag mit der Sowjetunion, darin wird der Verlust von Karelien festgeschrieben und es werden von Finnland hohe Reparationsleistungen gefordert.

Trotz der Belastungen und trotz der Aufnahme von 400.000 Kareliern schafft Finnland den Aufstieg zu einem hochentwikkelten, sozial sicheren demokratischen Land. Und die Finnen sprechen in diesem Zusammenhang nicht ohne Stolz vom „Finnischen Wunder". Außenpolitisch handelte Finnland klug und überlegt und konnte sich mit seiner Neutralitätspolitik und friedlichen Koexistenz mit dem mächtigen Nachbarn UdSSR seine Souveränität erhalten.

1949 – Dänemark und Norwegen werden Mitglieder der NATO.

1950 – Das 1933 begonnene Rathaus von Oslo wird vollendet.

In Schweden regiert König *Gustav VI. Adolf* (1950 – 1973).

1952 – Der Nordische Rat wird gegründet. Ihm gehören alle fünf Nordischen Länder Dänemark, Norwegen, Schweden, Island und Finnland an. Es beginnt eine enge Kooperation und Annäherung der Gesetzgebung der Nordischen Länder (Sozialabkommen, Arbeitsrecht, Paßrecht, Entwicklungs- und Handelspolitik u.a.).

1953 – Verfassungsreform in Dänemark, die weibliche Thronfolge wird erlaubt, das Einkammerparlament wird geschaffen.

Der Schwede *Dag Hammarskjöld* ist von 1953 bis 1961 Generalsekretär der Vereinten Nationen (UN).

1956 – 1982 – *Urho Kekkonen* ist finnischer Staatspräsident. Seine kluge aktive Außenpolitik nutzt der Sache Finnlands sehr.

1957 – Im Alter von 85 Jahren stirbt der norwegische König *Håkon VII.* Er war verheiratet mit der englischen Prinzessin *Maud* (gest. 1938). Nachfolger auf dem Thron wird der 1903 geborene einzige Sohn des Königspaares, *Olav V.*

Aus der Ehe König Olavs V. mit der schwedischen Prinzessin *Märthe* (gest. 1954) gingen drei Kinder hervor, die 1930 geborene Prinzessin *Ragnhild*, die 1932 geborene Prinzessin *Astrid* und der 1937 geborene Thronfolger Kronprinz *Harald*.

Zu den norwegischen Künstlern moderner Prägung zählen u.a. Bildhauer wie *Lunde, Rasmussen, Emil Lie* oder *Anne Grimdalen*, die das Reiterstandbild König Harald Hårdrådes an der Westseite des Rathauses schuf. Namhafte norwegische Komponisten der Zeit sind u.a. *Klaus Egge* oder *Ludvig I. Jensen.*

1966 – Norwegen beginnt mit der Off-Shore-Exploration, der Suche nach Öl und Gas in der Nordsee.

1971 – Erste Ölförderung auf norwegischen Ölfeldern.

1972 – In einem Volksentscheid votiert die Mehrheit der Norweger gegen einen Beitritt zur Europäischen Gemeinschaft (EG). In den folgenden Jahren verhelfen die reichen Öl- und Gasvorkommen und die mit deren Erschließung und Förderung verbundenen Industrien Norwegen zu wirtschaftlichem und sozialem Wohlstand.

Margrethe II. besteigt den dänischen Thron.

1973 – Dänemark tritt der Europäischen Gemeinschaft (EG) bei.

Seit 1973 – *König Karl XVI. Gustav* ist König von Schweden. SM Karl XVI. Gustav wurde 1946 als einziger Sohn von Prinz Gustav Adolf und Prinzessin Sibylla von Sachsen-Coburg-Gotha geboren. Ein Jahr später kommt sein Vater bei einem Flugzeugabsturz ums Leben. Karl Gustav wird Kronprinz. 1973 folgt er seinem Großvater Gustav VI. Adolf auf dem schwedischen Königsthron nach.

1975 – Auf finnische Initiative findet in Helsinki die Unterzeichnungsrunde der Konferenz über Sicherheit und Zusammenarbeit in Europa (KSZE) statt, ein wichtiger Schritt zur Friedenssicherung in Europa.

A. Jorgensen wird dänischer Ministerpräsident.

1976 – Nach jahrzehntelanger sicherer Position im Regierungslager verlieren die schwedischen Sozialdemokraten die Reichstagswahlen. Eine Koalition mit Konservativen und Liberalen unter Ministerpräsident Thorbjörn Fälldin von der Zentrumspartei wird gebildet.

Hochzeit König Karl XVI. Gustav mit *Silvia Sommerlath* in Stockholms Kathedrale Storkyrkan. *Königin Silvia* wurde 1943 als Tochter eines Heidelberger Geschäftsmanns und dessen brasilianischer Ehefrau geboren. Während der Olympischen Sommerspiele in München 1972 lernt sie den schwedischen Thronerben kennen.

1982 – Die Sozialdemokratische Partei Schwedens gewinnt die Reichstagswahlen. *Olof Palme* wird erneut Ministerpräsident. *Paul Schlüter* wird Ministerpräsident in Dänemark. In Finnland wird *Mauno Koivisto* Staatspräsident.

1985 – In Dänemark beeinträchtigt im April eine landesweite, tagelange Streikwelle stark das öffentliche Leben.

1986 – Am 1. März wird Olof Palme, damaliger schwedischer Ministerpräsident der sozialdemokratischen Regierung, in Stockholm auf offener Straße erschossen. Die Mordtat, die damals die Welt erschütterte, ist bis heute nicht eindeutig aufgeklärt. Tat und Aufklärungsprozess werden von einer Reihe von Ungereimtheiten überschattet. Palmes Nachfolger im Amt des Ministerpräsidenten wird *Ingvar Carlsson*.

1989 – Am 7. April 1989 sinkt im Eismeer nördlich der norwegischen Küste ein atomgetriebenes sowjetisches U-Boot.

1991 – Am 18. Januar stirbt der norwegische König Olav V. Thronfolger wird sein Sohn Harald.

In Finnland wird die Zentrumspartei bei den Wahlen am 17. März stärkste Partei des Landes.

Am 1. Juli 1991 stellt der schwedische Ministerpräsident Carlsson in Den Haag beim turnusmäßig amtierenden EG-Ratsvorsitzenden den Antrag zur Aufnahme Schwedens in die EG.

Am 15. September 1991 finden in Schweden Parlamentswahlen statt.

1992 – Finnland beantragt am im März die Mitgliedschaft in der EG.

Schweden gibt mit Parlamentsbeschluß vom 26. Mai 1992 seine uneingeschränkte Neutralität teilweise auf.

Am 2. Juni Volksabstimmung in Dänemark über den Beitritt zur Europäischen Union. Mit einer knappen Mehrheit von 50,7% sprechen sich die Dänen gegen die Union aus. Dadurch geraten die im Dezember 1991 ausgehandelten Maastrichter Verträge zur Union Europas in Gefahr.

1993 – Erneute Abstimmung in Dänemark über die Maastrichter Verträge. Diesmal spricht sich eine große Mehrheit von 56,8 % für die Europäische Union aus.

1994 – Am 6. Februar 1994 wird der Sozialdemokrat Achtisaari zum neuen finnischen Staatspräsidenten gewählt. Es war die erste Wahl der Finnen, in der sie ihren Staatspräsidenten direkt wählen konnten.

In einer Volksabstimmung spricht sich eine knappe Mehrheit der schwedischen Bevölkerung für die Europäische Union aus.

Am 2. Dezember 1994 stimmen die Norweger erneut über den Beitritt zur EU ab. 52,2% der Wahlberechtigten sprechen sich gegen einen Beitritt aus.

1995 – Am 1. Januar 1995 wird Schweden Mitglied der Europäischen Union.

1998 – Kulturhauptstadt Europas ist in diesem Jahr Stockholm.

2000 – Helsinki ist ein Jahr lang Kulturhauptstadt Europas.

Die 56-jährige Sozialdemokratin Tarja Halonen wird am 7. Februar mit 51,6% der Stimmen zum ersten weiblichen Staatspräsidenten Finnlands gewählt. Frau Halonen war seit 1995 finnische Außenministerin und löste am 1. März 2000 Präsident Achtisaari ab.

Nach dem Rücktritt der norwegischen Regierung unter *Kjell Magne Bondevik* am 17. März 2000 übernimmt der 40-jährige *Jens Stoltenberg* das Amt des norwegischen Ministerpräsidenten an. Er bildet eine sozialdemokratische Minderheitsregierung.

2001 – *Anders Fogh Rasmussen*, Chef der dänischen rechtsliberalen Venstre-Partei, gewinnt die Parlamentswahl am 20. November. Deutlicher Rechtsruck.

2002 – Am 28. Januar stirbt die beliebte schwedische Kinderbuchautorin Astrid Lindgren im Alter von 94 Jahren.

2003 – Die schwedische Außenministerin Anna Lindh fällt am 11. September einem Messerattentat zum Opfer. Der Tod der beliebten Politikerin erschüttert nicht nur ganz Schweden.

WIE KOMMT MAN HIN

DÄNEMARK

Mit dem Auto

Bei der Anreise per Auto nach Dänemark führen so gut wie alle Wege über Hamburg, ob man nun auf die dänischen Inseln oder nach Jütland will.

Ist **Jütland** das Ziel, nimmt man ab Hamburg die Autobahn E45/A7, passiert **Neumünster, Schleswig** und **Flensburg** und reist bei **Padborg** nach Dänemark ein. Entfernung Hamburg – Grenze etwa 165 km.

Von eben dieser E45/A7 zweigt nördlich von Neumünster die Autobahn A215 nach **Kiel** ab. Von dort verkehren Autofähren nach Bagenkop auf Langeland. Entfernung Hamburg – Kiel rund 93 km.

Reist man dagegen über die **„Vogelfluglinie"** nach Seeland, bedient man sich ab Hamburg der Autobahn E22/A1 Richtung **Lübeck**. Die Autobahn (ab Lübeck E47/A1) endet bei Oldenburg/Holstein und führt als zweispurige Bundesstraße B207 über die markante **Fehmarnsund-Brücke** auf die Ostseeinsel Fehmarn und dort zum Fährhafen **Puttgarden**. Entfernung Hamburg – Puttgarden ca. 154 km.

Den Hafen **Lübeck-Travemünde** erreicht man zunächst ebenfalls über die E22/A1, muß dann aber bei Lübeck die Autobahn verlassen und über die Bundesstraße B75 Travemünde ansteuern. Entfernung Hamburg – Travemünde rund 80 km.

Mit der Bahn

Wichtiger Knotenpunkt für Bahnreisen nach Dänemark ist Hamburg. Von dort verkehren bis zu 10 mal täglich Schnellzüge nach Kopenhagen. Außerdem bestehen in Hamburg Anschlüsse zu vielen Schnellzugverbindungen nach Jütland.

Eine schnelle Verbindung stellt z.B. der Intercity „Merkur" zwischen Karlsruhe und Kopenhagen dar. Die Fahrzeit beträgt hier rund 12 Stunden.

Andere Direktverbindungen bestehen von Basel nach Kopenhagen mit Umsteigen in Mannheim und Hamburg. Hier beträgt die Reisedauer etwa 18 Stunden.

Eine andere quer durch Deutschland führende tägliche Verbindung stellen der „Alpen"- und der „Tirol-Express" von München über Hamburg nach Kopenhagen her. Fahrzeit ca. 15 Stunden.

Von Köln gibt es Direktverbindungen nach Kopenhagen (12 Stunden) und nach Frederikshavn und Fredericia auf Jütland. **Autoreisezüge** verkehren zwischen Mai und Oktober von Lörrach oder München-Ost nach Hamburg-Altona. Auf Autoreisezügen können in der Regel keine Wohnmobile oder Caravans befördert werden.

Mit dem Flugzeug

Von fast allen großen deutschen Flughäfen (außer Bremen, Köln und Nürnberg) bestehen bis zu fünf tägliche direkte Flugverbindungen. Zielpunkt in Dänemark ist immer der **Flughafen Kopenhagen-Kastrup**. Die Flugzeit beträgt z.B. von Frankfurt nach Kopenhagen 1 1/2 Stunden, von München 2 Stunden und von Hamburg eine halbe Stunde.

Verbilligte Wochenendflüge werden das ganze Jahr über angeboten. Zudem gibt es Sondertarife.

Vom Flughafen Kopenhagen-Kastrup besteht ein Pendelverkehr zur Stadtmitte, etwa 10 km entfernt. Busse fahren alle 15 Minuten. Die Fahrt dauert 20 Minuten.

Mit dem Schiff

Die wohl am meisten frequentierte Fährverbindung auf einer Reise Richtung Kopenhagen ist sicher die zwischen **Puttgarden** und **Rødbyhavn** auf der Insel Lolland. Die Schiffe verkehren zumindest in den Sommermonaten Tag und Nacht. Die Überfahrtsdauer beträgt knapp 1 Stunde.

Diese Strecke kann, da sie auch eine ganz wichtige Anreiseroute für Schweden-, Norwegen- und Finnlandurlauber ist, in der Ferienzeit zeitweise überlastet sein. Das bedeutet lange Wartezeiten am Fährhafen. Wer seinen Reiseplan also sehr knapp kalkuliert, sollte während der Hauptreisezeit in den Urlaubsmonaten eine Reservierung für einen Autoplatz vornehmen. Einzelheiten siehe unter „**Fährverbindungen nach Skandinavien**". Endlich auf der Fähre, ist man gut beraten, sein Fahrzeug ordentlich zu verschließen. Es gibt kaum eine Reederei, die für das Gepäck im, am oder auf dem Auto haftet. Selbstverständlich sind gasbetriebene Aggregate (z.B. Kühlschrank im Wohnmobil) während der Überfahrt abzuschalten und der Haupthahn am Gastank zu schließen.

Gerade in der betriebsamen Hochsaison werden die Autos auf den Fähren sehr, sehr dicht geparkt. Es ist deshalb wirklich kein Fehler, die Handbremse gut anzuziehen (eingelegter Gang genügt nicht), um die Bewegungen des Autos während der Überfahrt so gering wie möglich zu halten. Sehr hilfreich für die Reiseplanung sind die Broschüren über Autofähren der einzelnen Verkehrsämter.

☑ *Mein Tip!* Alle Utensilien die man während der Überfahrt zu brauchen glaubt (Fotoapparat und Filme, Lesestoff, Pullover etc.), nimmt man gleich aus dem Auto mit, denn während der Überfahrt ist das Autodeck in aller Regel nicht mehr zugänglich.

NORWEGEN

Mit dem Auto

Bei der Anreise nach Norwegen führen alle einigermaßen direkten Wege über Hamburg. Der weitere Weg wird von dem Fährhafen bestimmt, von dem aus man nach Norwegen, bzw. über Dänemark und/oder Schweden nach Norwegen einreisen will.

Wichtig für die Wahl des Anreiseweges ist auch, ob z.B. Oslo oder Kristiansand als Ausgangspunkt für eine Reise durch Norwegen vorgesehen ist.

Abgesehen vom direkten und schnellen, wenn auch nicht unbedingt billigsten Weg über die **Direktfähre Kiel – Oslo**, bietet sich der recht schnelle und bequem zu bewältigende Weg über **Flensburg** und

Jütland nach **Hirtshals** (viel Autobahnanteil) an der dänischen Nordseeküste an. Dort nimmt man die Fähre z.B. nach **Kristiansand**. Die Straßenkilometerentfernung von Hamburg nach Hirtshals beträgt rund 500 km.

Nur kurze Fährabschnitte (die bei Reisen mit dem Auto immer kostenintensiv sind), dafür aber der längste Anteil an Straßenkilometern sind zu bewältigen auf dem Weg über die „**Vogelfluglinie**" (Fähre Puttgarden – Rødbyhavn), weiter über die dänischen Inseln Lolland und Seeland (siehe auch „MOBIL REISERN: DÄNEMARK"), vorbei an Kopenhagen nach **Helsingør**, dort mit der Fähre nach **Helsingborg** und weiter an der schwedischen Westküste entlang (E6) über **Göteborg** nach **Oslo**. Der Straßenkilometeranteil Hamburg – Oslo beträgt auf diesem Wege ca. 850 km.

Mit der Bahn

Wichtige Knotenpunkte für Bahnreisen nach Norwegen sind Hamburg und Kopenhagen. Fernschnellzüge mit Kurswagen oder Anschlußverbindungen nach Oslo sind der Euro City „Alfred Nobel" (Frankfurt – Hamburg – Göteborg – Oslo) mit Umsteigen in Hamburg, Fahrzeit rund 22 Stunden, oder der „Nord Express" (Köln – Hamburg – Kopenhagen) mit Umsteigen in Oslo.

Eine tägliche, durchgehende Verbindung zwischen Hamburg und Oslo stellt auch der „Skandia Express" dar, Fahrzeit rund 15 Stunden.

Nach den südlichen Landesteilen in Norwegen bieten sich Bahn/Schiffsverbindungen über Dänemark an, z. B. Hamburg – Hirtshals – Kristiansand oder Hamburg – Frederikshavn – Larvik.

Bahnreisende in nördliche Regionen Norwegens haben (außer über Oslo natürlich) ab Stockholm direkte Zugverbindungen nach Trondheim (bis zu 2 mal täglich, Fahrzeit ca. 14,5 Stunden) und über Kiruna nach Narvik (bis zu 3 mal täglich, Fahrzeit ca. 22 Stunden).

Spezialtarife und Sonderfahrscheine sind die „Interrailtickets" für alle unter 26 Jahre, oder die Netzkarte „Scanrail-Paß", die

die Paßstraße Trollstigveien in Norwegen

für die 1. oder 2. Klasse gekauft werden kann und während einer bestimmten Gültigkeitsdauer, z.B. 15 Tage, für unbegrenzte Bahnfahrten auf allen skandinavischen Strecken berechtigt.

Autoreisezüge bis Hamburg, siehe oben unter Dänemark.

Mit dem Bus

Fernbuslinien der *Deutschen Touring GmbH* in Zusammenarbeit mit dem norwegischen Unternehmen *NOR-WAY Bussekspressen* stellen ganzjährige Verbindungen her, von München, Karlsruhe, Frankfurt, Kassel oder Hamburg durch Jütland zum dänischen Fährhafen Hirtshals (Fähre nach Kristiansand) und ab Kristiansand weiter über Mandal, Lyngdal, Flekkefjord und Sandnes nach Stavanger.

Mit dem Flugzeug

Direkte Flugverbindungen bestehen täglich ab Frankfurt, Düsseldorf Berlin und Hamburg nach Oslo. Ab München, Stuttgart, Köln/Düsseldorf, Nürnberg, Dresden und Leipzig bestehen Verbindungen über Frankfurt, Hamburg und/oder Kopenhagen nach Oslo.

Andere norwegische Flughäfen wie Stavanger, Kristiansand, Bergen oder Trondheim sind nur von Oslo, Kopenhagen oder Hamburg aus direkt mit dem Flugzeug zu erreichen.

Die Flugzeit beträgt z.B. zwischen Frankfurt und Oslo ca. 1 Stunde 50 Minuten.

Der **Flughafen Oslo Lufthavn Gardermoen** liegt ca. 50 km nordöstlich des Stadtzentrums. Flughafen-Zubringerbahn **Flytog** ab Oslo Sentralstasjon, Flytogterminalen. Der Zug verkehrt alle 10 Minuten. Fahrzeit 20 Minuten. Außerdem verkehren Zubringerbusse zum Flughafen.

Mit dem Schiff

Zahlreiche Fährverbindungen bestehen zwischen deutschen, dänischen und norwegischen Häfen. Überlegenswert sind auch die Anfahrtsmöglichkeiten über schwedische Häfen. Man kann wählen zwischen einer ausgedehnten Seereise von Kiel nach Oslo und kurzen Sprüngen über die „Vogelfluglinie" (kürzeste Fährpassage, dafür längster Straßenkilometeranteil). Bei Reisen während der Ferienzeit empfehlen sich Platzreservierungen fürs Auto und ggf. für eine Kabine. Einzelheiten siehe unter **„Fährverbindungen nach Skandinavien"** und oben unter „Dänemark".

SCHWEDEN

Mit dem Auto

Die Wahl des Anreiseweges mit dem Auto wird sich nach dem Fährhafen richten, von dem aus nach Skandinavien übergesetzt werden soll. Da die Möglichkeiten vielfältig sind (siehe unter „Fährverbindungen nach Skandinavien"), kann eine Abwägung zwischen Kosten und Aufwand evtl. weiterhelfen. Da Fähren für den Auto-, Wohnwagen- oder Reisemobilurlauber wegen der relativ hohen Frachtraten für Fahrzeuge stark zu Buche schlagen, wird man u.U. eine längere Anfahrt und dafür geringere Fährkosten in Kauf nehmen. Hier bietet sich vor allem die Strecke über die „Vogelfluglinie" und weiter von Helsingør nach Helsingborg an. Andererseits kann eine Nachtfahrt auf einer längeren Seepassage Zeit sparen und dank des Komforts und Unterhaltungsangebots auf vielen der Fähren den Urlaub schon dort beginnen lassen. Ein intensiver Preisvergleich ist zu empfehlen!

Die Entfernung z. B. von München über Helsingør nach Stockholm beträgt rund 1.700 km.

Seit Eröffnung der großen **Tunnel-Brücken-Verbindung über den Øresund** zwischen Kopenhagen und Malmö im Juli 2000 hat sich die Anreise mit dem Auto nach Schweden zwar nicht verbilligt, aber sie wird wohl um ein paar Minuten schneller werden, da das Ein- und Ausschiffen auf und von den Fähren und die Wartezeit in den Häfen entfallen.

Der Bau der neuen, rund 16 km langen Straßenverbindung nach Schweden hat über 2 Milliarden Euro (man las auch schon von fast 3 Mrd.) verschlungen. Die Mautgebühren belaufen sich für einen Pkw auf ca. EUR 30,-, für ein Motorrad auf ca. EUR 17,- und für ein Wohnwagen-Gespann oder ein Wohnmobil (sechs bis neun Meter) auf ca. satte EUR 70,-.

Mit der Bahn

Die allermeisten Bahnverbindungen aus dem Bundesgebiet nach Schweden führen in aller Regel über Hamburg, Puttgarden, Kopenhagen, Helsingborg und weiter nach Göteborg oder über Hässleholm nach Stockholm Central.

Die Züge führen gewöhnlich Speisewagen, auf Nachtfahrten Schlaf- und Liegewagen, aber nicht immer durchgehend 1.-Klasse-Abteile. Für Reisende im Schlaf- oder Liegewagen entfällt das Umsteigen in Kopenhagen.

Die Fahrzeit, z.B. von Frankfurt/Main nach Stockholm Central, beträgt je nach Verbindung zwischen rund 18 und 21 Stunden.

Autoreisezug bis Hamburg, siehe unter Dänemark.

Mit dem Bus

Aus dem Raum Basel, München, Nürnberg, Stuttgart, Frankfurt, Köln und Berlin verkehren bis zu viermal wöchentlich Touring-Busse über Hamburg nach Rødby. Von dort hat man Busanschluß nach Kopenhagen, Göteborg und Stockholm. Eine Fahrt z.B. von München nach Stockholm dauert rund 27 Stunden.

Mit dem Flugzeug

Direkte Flugverbindungen bestehen ab Berlin, Düsseldorf, Frankfurt, Hamburg und München und von den wichtigen Flughäfen in Österreich und der Schweiz nach Stockholm, Göteborg und Malmö und im Sommer außerdem zwischen Hamburg und Visby/Gotland. Die Flugzeit von Frankfurt nach Stockholm beträgt zwei Stunden.

Mit dem Schiff

Zahlreiche Autofährverbindungen bestehen zwischen Häfen in Deutschland, Dänemark und Schweden. Die kürzeste Seestrecke, dafür aber die längste Landstrecke bietet der Weg über die „Vogelfluglinie" nach Dänemark (siehe oben) und weiter von Helsingør nach Helsingborg in Schweden. Für Anreisende aus dem nordostdeutschen Raum bietet sich auch die Strecke von Rostock oder Sassnitz nach Trelleborg an.

Bei Reisen während der Ferienzeit empfehlen sich Platzreservierungen fürs Auto und ggf. für eine Kabine. Einzelheiten siehe unter **„Fährverbindungen nach Skandinavien"**.

FINNLAND

Mit dem Auto

Schnell und bequem ist die Anreise mit dem Auto, wenn man sich ab Travemünde der komfortablen Direktfähre nach Helsinki bedient. Ansonsten wird man über Schweden anreisen (siehe oben).

Relativ neu ist die Möglichkeit, Finnland per Auto über Polen und die baltischen Staaten Litauen, Lettland und Estland (Fähre Tallin – Helsinki) oder über St. Petersburg und Vyborg in Rußland und über die Grenzübergänge Vaalimaa oder Nuijamaa anzufahren. Eine langfristige und präzise Reisevorbereitung wird in diesem Falle notwendig sein. Es sind Visa und Bescheinigungen über Routenführungen, Übernachtungsmöglichkeiten, besondere Autoversicherungen zu besorgen. Eine sicher komplizierte, aber von Anfang bis Ende bestimmt ganz neue Reiseerfahrung und eher etwas für reiseerfahrene Urlauber.

Die Entfernung von Berlin über Warschau und St. Petersburg nach Helsinki beträgt fast 3.000 km.

Mit der Bahn

Der direkteste Weg mit der Bahn nach Finnland führt über Hamburg, Kopenhagen und Stockholm nach Turku. Umsteigen in Kopenhagen (außer Reisende in Schlaf- oder Liegewagen) und in Stockholm vom Bahnhof zu den Fährschiffen nach Turku. Es gibt Zubringerbusse.

Etwas einfacher macht man es sich, wenn man mit dem Zug nach Travemünde reist und von dort die direkte Fähre nach Helsinki nimmt.

Für reiseerfahrene Urlauber bietet sich auch die Möglichkeit per Bahn über Polen, durch die baltischen Länder und über St. Petersburg nach Finnland zu reisen. Hierfür sind aber Visa erforderlich.

Mit dem Bus

Es besteht die Möglichkeit, mit Bussen und Fähren nach Stockholm zu reisen (siehe oben unter Schweden). Dort nimmt man die Fähre nach Turku oder Helsinki.

Aus dem Raum München, Stuttgart und

Color Line Fähre Frederikshavn – Larvik

Köln werden mehrmals wöchentlich Busverbindungen über Berlin, Kaunas (Litauen) und Riga (Lettland) nach Tallin (Estland) angeboten. Ab Tallin verkehren Fähren nach Helsinki.

Mit dem Flugzeug

Direkte Flugverbindungen bestehen von allen großen Flughäfen in Deutschland, Österreich und der Schweiz nach Helsinki Vantaa. Zudem besteht ein Direktdienst zwischen Hamburg und Turku. Die Flugzeit beträgt z. B. von Frankfurt/Main nach Helsinki rund 2 1/2 Stunden.

Zubringerbusse verkehren zwischen dem Flughafen Helsinki Vantaa und dem Finnair-Terminal im Hotel Intercontinental bzw. dem Hauptbahnhof. Die Busse verkehren alle 30 Minuten. Die Fahrt vom/zum Flughafen dauert rund 30 Minuten.

FÄHRVERBINDUNGEN NACH SKANDINAVIEN

DEUTSCHLAND – DÄNEMARK

„Vogelfluglinie" Puttgarden – Rødbyhavn/Lolland,

Scandlines – Ganzjähriger Verkehr, im

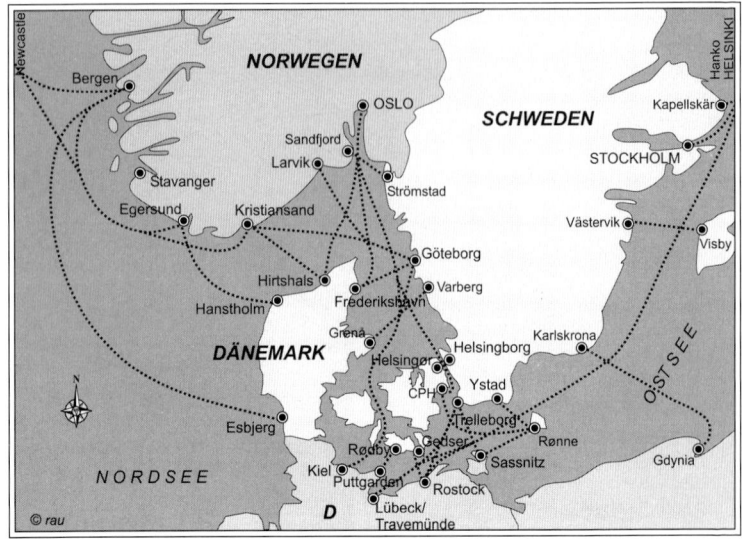

Sommer bis über 40 Abfahrten täglich. Fahrtdauer knapp 1 Stunde. Achten Sie darauf: Scandlines bietet günstige **Kombinationstarife** für die Strecken Puttgarden – Rødby / Helsingør – Helsingborg bzw. Stockholm – Turku oder Helsinki!

Sassnitz/Rügen – Rønne/Bornholm
Scandlines, Bornholmstrafikken – Bis zu 9 Abfahrten pro Woche. Fahrtdauer ca. 3 Stunden 30 Minuten.

Rostock – Gedser/Falster
Scandlines, www.scandlines.com – Im Sommer bis zu 9 Abfahrten täglich. Fahrtdauer ca. 2 Stunden 10 Minuten, Schnellfähren 70 Minuten.

DEUTSCHLAND – SCHWEDEN
Kiel – Göteborg
Stena Line, www.stenaline.de – Ganzjährig, tägliche Abfahrten. Fahrtdauer ca. 14 Std.

Rostock – Trelleborg
Scandlines, TT-Line-Clipper – Bis zu 6 Abfahrten täglich, Fahrtdauer 6 Stunden, TT-Line-Clipper 2 bis 3 Stunden.

Sassnitz/Rügen – Trelleborg
Scandlines, www.scandlines.com – Im Sommer bis 5 Abfahrten täglich. Fahrtdauer ca. 4 Stunden.

Travemünde – Trelleborg
TT-Linie, www.TTLine.de – *Ganzjährig*, bis zu 6 Abfahrten täglich. Fahrtdauer 7 Stunden auf Tagesfahrten, 9 Stunden auf Nachtfahrten.

DEUTSCHLAND – NORWEGEN
Kiel – Oslo
Color Line, www.colorline.com – Tägliche Abfahrten in der Hochsaison, sonst mehrmals wöchentlich, Fahrtdauer ca. 19 Stunden.

DEUTSCHLAND – FINNLAND
Rostock – Tallinn (Estland) – Helsinki
Silja Line GmbH, www.Siljaline.de – Ganzjährig 2, von Anfang Juni bis Ende August 3 Abfahrten wöchentlich. Fahrzeit 22 und 38 Stunden, ja nach Abfahrt.

Lübeck/Travemünde – Helsinki
Finnlines, www.finnlines.de – Ganzjährig, tägliche Abfahrten. Fahrzeit ca. 36 Stunden.

Rostock – Hanko
Superfast Ferries, www.superfast.com – täglich a. So. eine Abfahrt, Fahrtdauer ca. 21 Stunden.

DÄNEMARK – NORWEGEN

Hirtshals – Kristiansand

Color Line, www.colorline.de – Ganzjährig, bis zu 6 Abfahrten täglich. Fahrtdauer Normalfähre ca. 4 ½ Stunden. Fahrtdauer Schnellfähre 2 ½ Stunden. Höhere Wochenendpreise.

Hirtshals – Oslo

Color Line – Ganzjährig, 1 Abfahrt täglich in der Sommersaison. Fahrtdauer ca. 8 ½ bis 13 Stunden, je nach Abfahrt. An Wochenenden höhere Preise.

Hanstholm – Egersund – Bergen

Fjord Line, www.fjordline.com – Ganzjährig. Im Sommer bis zu 3 Abfahrten wöchentlich nach Bergen und bis zu 7 Abfahrten wöchentlich nach Egersund. Fahrtdauer ca. 6 ½ Stunden bis Egersund und ca. 15 ½ Std. bis Bergen.

Frederikshavn – Larvik

Color Line – Ganzjährig, bis zu 2 Abfahrten täglich. Fahrtdauer ca. 6 Stunden, Nachtfahrten 8 bis 11 Stunden.

Frederikshavn – Oslo

Stena Line, www.stenaline.de – Ganzjährig, bis zu 2 Abfahrten täglich. Fahrtdauer ca. 9 bis 12 Stunden, je nach Tag- oder Nachtfahrt.

Kopenhagen – Helsingborg – Oslo

DFDS Seaways, www.dfdsseaways.com – Mitte März bis Ende Oktober 1 Abfahrt täglich. Fahrtdauer ca. 12 Stunden.

DÄNEMARK – SCHWEDEN

Helsingør – Helsingborg

H-H Ferries, Scandlines – Ganzjährig von 0.00 Uhr bis 24.00 Uhr laufend Abfahrten. Fahrtdauer ca. 25 Minuten.

Achten Sie darauf: Scandlines bietet günstige **Kombinationstarife** für die Strecken Puttgarden – Rødby / Helsingør – Helsingborg!

Grenå – Varberg

Stena Line, www.stenaline.de – Ganzjährig, im Sommer bis zu 3 Abfahrten. Fahrtdauer ca. 4 Stunden.

Frederikshavn – Göteborg

Stena Line, Hoverspeed – Ganzjährig, im Sommer bis zu 8 Abfahrten täglich. Fahrtdauer ca. 3 Stunden 15 Minuten.

SCHWEDEN – FINNLAND

Stockholm – Helsinki

Silja Line, www.Siljaline.de, Viking Line, www.vikingline.de – Ganzjährig, täglich bis zu 2 Abfahrten. Fahrtdauer ca. 14 Stunden.

Stockholm – Turku

Silja Line, Viking Line – Ganzjährig, 2 Abfahrten täglich, morgens und abends. Fahrtdauer ca. 11 Stunden.

Achten Sie darauf: Scandlines bietet günstige **Kombinationstarife** für die Strecken Puttgarden – Rødby / Helsingør – Helsingborg / Stockholm – Turku oder Helsinki!

Kappelskär – Mariehamn/Åland – Turku

Viking Line, www.vikingline.de – Ganzjährig, 2 Abfahrten täglich, morgens und abends: Fahrtdauer 8 Stunden, mit Stop in Mariehamn 11 Stunden.

Zudem gibt es im Sommer täglich Fährverbindungen zwischen **Umeå** und **Vaasa** (Silja Line, bis 2 Abfahrten täglich, Fahrtdauer ca. 3 Stunden).

ESTLAND – FINNLAND

Tallinn – Helsinki

Silja Line – Ganzjährig, bis 2 Abfahrten täglich. Fahrtdauer ca. 3 1/2 Stunden.

MOBIL REISEN: SKANDINAVIEN
DIE ROUTEN
DÄNEMARK

1. KRUSÅ – RIBE

⊙ **Entfernung:** Rund 180 km, ohne Abstecher.
➔ **Strecke:** Über die Straße 8 bis **Sønderborg** – Straße 41 bis **Åbenrå** – Straßen 42 u. 8 bis **Tønder** – Straße 25 bis **Løgumkloster** – Straßen 401 u. 11 bis **Ribe**.
⏱ **Reisedauer:** Mindestens ein Tag.
⌘ **Höhepunkte:** Die **Kirche von Broager** – das sehenswerte **Tønder *** – die reizvolle Slotsgade in **Møgeltønder **** – die Kirche von **Løgumkloster** – die historische **Innenstadt von Ribe ****.

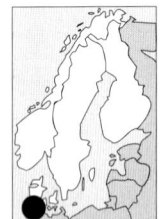

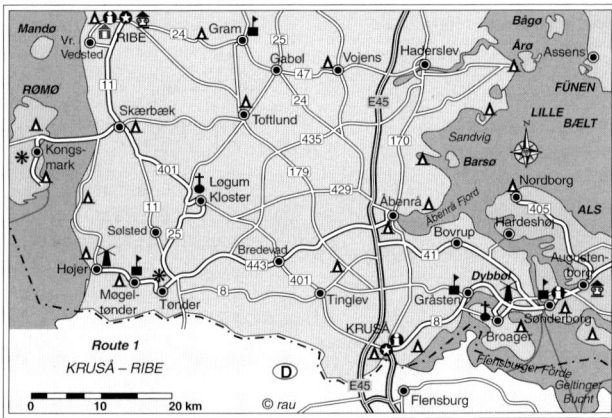

Route 1
KRUSÅ – RIBE
© rau
0   10   20 km

➔ **Route: Kruså** erreicht man entweder über Padborg und über die Autobahn E45/A7 (Ausfahrt 75) oder über Flensburg und die B200. ●

Das Städtchen **Kruså**, dicht an der deutsch-dänischen Grenze gelegen, bietet neben einer ungewöhnlich großen Ansammlung von Tankstellen und einer Parade von Souvenirgeschäften nichts was den Reisenden aufhalten könnte. Gut bestückt mit Informationsmaterial über fast ganz Dänemark ist das *Touristen-Informationsbüro* in Kruså.

Kruså
Hotels

Praktische Hinweise – Kruså

☎ **Kruså Information**, Flensborgvej 11, 6340 Kruså, Tel. 74 67 21 71, Fax 74 67 14 67.

⌂ Hotels: **Hotel Herregårdshotellet Krusågård *** 57 Zi., Flensborgvej 13, Haus der einfacheren Kategorie, Tel. 74 67 15 57, Fax 74 67 56 55. – Und andere Hotels.

▲ – **Kruså Camping** ***, Tel. 74 67 12 06; Anf. Mai – Ende Okt.; am nördl. Ortsrand nahe Kreuzung Straßen 8 und 170; weitläufiges Wiesengelände, durch Baumgruppen und kleine Waldstücke aufgelockert und windgeschützt; ca. 8 ha – 300 Stpl. + Dau.; Standardausstattung, Schwimmbad. 3 Miethütten.

Camping

➜ **Route:** Bevor man nach Norden weiterfährt, bietet sich ein kleiner Umweg auf der Straße 8 über **Rinkenæs** und **Gråsten** an. ●

In **Rinkenæs** sollte man zur **Dorfkirche** abzweigen. Die weiße Kreuzkirche steht, von Wiesen umgeben, oberhalb der Förde. Das besonders reizvolle ist der schöne Blick über den Meeresarm nach Broager mit seiner markanten Kirche mit den beiden Turmspitzen.

Besonders Ende Juli zur Zeit des **Ringreiterfestes** lohnt der Weg über **Gråsten**.

Ringreiterfeste – ein aus dem Mittelalter überkommener Brauch – werden in Südjütland und besonders im Alssundgebiet alljährlich noch veranstaltet. Der Höhepunkt dieser Volksfeste sind die Reiterspiele, bei denen oft mehr als 400 Reiter mit lanzenartigen Stangen vom galoppierenden Pferd aus kleine Ringe treffen müssen. Und das Ringreiterfest in Gråsten, das immer am dritten Wochenende im Juli stattfindet, gehört zu den großen Festen dieser Art.

Traditionsfeste

Gråsten heißt auf deutsch *Gravenstein*. Der Obstfreund der wird Name vertraut vorkommen. Aus den Treibhausanlagen, der Orangerie, des Schlosses in Gråsten stammt die bekannte Apfelsorte „Gravensteiner". Dort wurde sie erstmals gezüchtet.

Das **Gråstener Schloß** ist seit 1935 königliche Sommerresidenz. Die Anlage stammt aus dem 17. Jh. und wurde von den Ahlefeldts errichtet, die sich hier ihren Wohnsitz schufen. Im Laufe der Zeit entstand dann um das Schloß herum der Ort.

Schloß Gråsten *
Park: ganzjährig 7 Uhr bis Sonnenuntergang

Die Jahre brachten dem Anwesen aber mehrere Eigentümer. In der Mitte des 18. Jh. gehörte es z.B. dem Herzog von Augustenburg, Christian August. Schließlich zerstörte ein Brand den größten Teil des Bauwerks. Nur der Westflügel und die Schloßkirche sind erhalten geblieben. 1935 kam das Anwesen zum Königshaus. Der damalige Kronprinz Frederik und Königinmutter Ingrid erhielten es als Hochzeitsgeschenk.

Im herrlichen Schloßpark mit See und angrenzenden großen Wäldern findet man markierte Spazierwege. Die prächtig im barocken Stil dekorierte Schloßkirche kann man besichtigen – wenn man Glück hat. Denn der Öffentlichkeit ist das Anwesen nur bei Abwesenheit der Königsfamilie zugänglich.

Praktische Hinweise – Gråsten

☎ **Gråsten Turistbureau**, Banegården, Kongevej 71, im Bahnhof, 6300 Gråsten, Tel. 74 65 09 55.

▣ Hotels: **Hotel Axelhus**, 36 Betten, Borggade 16, Tel. 74 65 06 15. – Und andere Hotels.

Gråsten Hotels

➜ **Route:** Auf der Weiterfahrt lohnt der Umweg über **Broager**. ●

Den Turm mit den Zwillingsspitzen der hochgelegenen **Ortskirche** von **Broager** sieht man schon von Rinkenæs aus. Das Innere des um 1200 erbauten Gotteshauses ist wegen seiner gut erhaltenen Kalkmalereien und der alten Holzplastik „St. Georg mit dem Drachen" einen Besuch wert.

In Grenzgebieten, was Nordschleswig oder Südjütland nun einmal sind, findet man auch andere Denkmäler. Neben den Soldatengräbern auf und bei dem Broager Friedhof erinnert die **Dybbøler Schanze** – rund 6 km östlich Broager an der Straße 8 kurz vor Sønderborg – an den deutsch-dänischen Krieg von 1864. Die Windmühle dort auf dem 68 Meter hohen Moränenhügel ist zum dänischen Symbol für Willenskraft und Standhaftigkeit geworden. Schöne Aussicht von der Anhöhe. Informationszentrum mit Gedenkpavillon und Multivisionspräsentation der Kriegsgeschehnisse.

schöne Aussicht von der Dybbøler-Schanze

Camping zwischen Kollund und Sønderborg

Kollund
▲ – **Frigård Camping** ***, Tel. 74 67 88 30; 1. Jan. – 31. Dez., oberhalb der Küstenstraße; ausgedehntes Wiesengelände; ca. 13 ha – 400 Stpl. + Dau.; 12 Miethütten; gute Standardausstattung.
– **FDM-Camping Kollund** **, Tel. 74 67 85 15; Anf. Apr. – Mitte Okt.; an der Küstenstraße, Wiesengelände teils zur Straße hin abfallend, ca. 3 ha – 150 Stpl.; 7 Miethütten; zur Förde über die Straße; Komfortausstattung.
Rinkenæs
– **Lærkelunden Camping** ***, Tel. 74 65 02 50; Ostern – Mitte Okt.; zwischen Straße 8 und Förde; Wiesengelände; ca. 5 ha – 250 Stpl.; 7 Miethütten; Bademöglichkeit; Standardausstattung.
Dynt bei Broager
– **Gammelmark Camping** ***, Tel. 74 44 17 42; Anf. Apr. – Ende Sept.; östlich Dynt am Strand von Gammelmark; an drei Seiten von hohen Bäumen umgebenes Wiesengelände; ca. 3 ha – 150 Stpl. + Dau.; Komfortausstattung.
Skeldebro bei Broager
– **Spar Es Camping** **, Tel. 74 44 14 18; Anf. Jan. – Ende Dez.; über Dynt zum Strand östlich von Skeldebro; Wiesengelände; ca. 2 ha – 90 Stpl. + Dau.; Standardausstattung.

Über die 324 Meter lange Christian X.-Brücke aus dem Jahre 1930, die den Alssund als seefahrtsgerechte Klappbrücke überspannt, kann man nach **Sønderborg** auf der **Insel Als** gelangen. Die Stadt mit großer Seefahrertradition ist stolz darauf, Sitz der ältesten Seefahrerzunft Dänemarks zu sein.

Schon von der Brücke aus sieht man rechterhand am Ende des Kais den viereckigen Block des **Sønderborger Schlosses** auf einem Landvorsprung liegen. Ein Besuch lohnt, denn im Schloß ist heute das größte **landeskundliche Museum** außerhalb Kopenhagens untergebracht. Begonnen wurde mit dem Schloßbau 1160. König Valdemar der Große wollte damals den Alssund durch eine Feste gesichert wissen. Langsam begann sich dann um das Schloß die Stadt Sønderborg zu entwickeln. Später besaßen Herzöge und Könige Schloß Sønderborg, aber eine bedeutende Rolle spielte es nie. Außer im 16. Jh. vielleicht. Da kam der Bau ins Gerede, weil dort ab 1532 König Christian II. 17 Jahre lang gefangen saß.

Ausgangs des 16. Jh. wurde von Königin Dorothea die **Schloßkapelle** hinzugefügt. Der Kirchenraum gilt als eine der ältesten und schönsten

Sønderborg Schloß und Museum *
Sommer tgl. 10 - 17 Uhr, Winter tgl. 12 - 16 Uhr. Eintritt.

Renaissancekapellen in Nordeuropa. Aber der älteste noch original erhaltene Raum im Schloß ist der Drabantsaal aus dem 15. Jh.

Im frühen 18. Jh. wurden – bis auf einen – alle Ecktürme abgerissen, was den nüchternen und strengen Charakter des äußeren Erscheinungsbildes des Schlosses noch mehr hervorhob. 1920 ging Schloß Sønderborg in den Besitz des Staates über.

Von baugeschichtlichem Interesse in Sønderborg ist die **St. Marienkirche**. Sie liegt nördlich der Auffahrtsrampe zur Christian X.-Brücke. Der wuchtige, etwas gedrungen wirkende Kirchenbau stammt aus dem späten 16. Jh. Er erhielt 1962 wieder sein ursprüngliches Aussehen. Beachtenswert sind Altar, Kanzel, Taufbecken und der Herzogstuhl. Glockenspiel 8, 12 und 16 Uhr.

Praktische Hinweise – Sønderborg

☎ **Turistbureau**, Rådhustorvet 7, 6400 Sønderborg, Tel. 74 42 35 55, Fax 74 42 57 47.

❖ Feste, Folklore: **Ringreiterfest**, zweites Juliwochenende.

Sønderborg

Hotels

🏨 Hotels: **Arnkilhus**, 13 Zi., Arnkildegade 13, Tel. 74 42 23 36, Fax 74 42 23 39.
City, 13 Zi., Domhuset, Kongevej 64, Tel. 74 42 16 26, Fax 74 42 16 36.
Garni, 15 Zi., Kongevej 96, Tel. 74 42 34 33, Fax 74 43 61 73.
Interscan Hotel, 102 Zi., Ellegårdsvej 27, Tel. 74 42 26 00, Fax 74 42 76 00, zeitgemäßes Haus der gehobenen Mittelklasse, teuer.
Scandic, 95 Zi., Rosengade 2, Tel. 74 42 19 00, Fax 74 4219 50; gutes Mittelklassehotel, teuer.

▲ – **Sønderborg Camping *****, Tel. 74 42 41 89; Anf. Apr. – Mitte Sept.; im südöstl. Stadtbereich über Ringgade, Strandvej; dreieckige Wiese in Buchtnähe; ca. 2 ha – 150 Stpl.; Standardausstattung.
– **Madeskov Camping *****, Tel. 74 42 13 93; 15. März – 25. Okt.; zwischen Sønderborg und Augustenborg abseits der Straße 8; Wiese zwischen Wald und Bucht; ca. 1,5 ha – 70 Stpl.; einfache Standardausstattung.

Camping

→ **Route:** Von Sønderborg fahren wir in nordwestlicher Richtung und folgen der Straße 41 über Bovrup bis **Åbenrå**. ●

Die Landschaft zwischen Alssund und dem See Nybøl Nor ist für Dänemark von historischer Bedeutung. Diese Region, die in etwa dem Gebiet der Großgemeinde Sundeved entspricht, war Mitte des vorigen Jahrhunderts Schauplatz verschiedener Schlachten zwischen dänischen und preußischen Streitkräften. Schanzanlagen und Denkmäler, wie die bei Dybbøl, erinnern an die Kämpfe von 1848 – 1851 und 1864. Und man erzählt sich, daß der Mohn, den man im Frühsommer am Wegesrand blühen sieht, noch von Mohnsamen stammen soll, den österreichische Söldner 1848 in ihrem Verpflegungstroß mitbrachten.

Åbenrå, am gleichnamigen Fjord gelegen, ist ein hübsches altes Schifferstädtchen, das seine Handelstradition bis ins 14. Jh. zurückverfolgen kann. Später dann, im 17. Jh., erwarb der Ort seinen guten Ruf als Silberschmiedestadt. Wer in die Innenstadt fährt, findet vor allem in der Slotsgade noch einige schöne alte Stadthäuser.

Im *Stadtmuseum* wird u.a. die Seehandelsgeschichte von Åbenrå dokumentiert. Schöne Sammlung von Bottleschiffen.

Åbenrå
Hotels

Camping

Stellplatz

Praktische Hinweise – Åbenrå

☎ **Turistbureau,** H.P. Hanssens Gade 5, 6200 Åbenrå, Tel. 74 62 35 00, Fax 74 63 07 44.

◫ Hotels: **Europa,** 50 Zi., H.P. Hanssens Gade 10, Tel. 74 62 26 22, Fax 74 62 04 16, gutes Haus der Mittelklasse.
Lundsbjerg Kro, 8 Zi., Flensborgvej 260, Tel. 74 61 35 95, 74 61 44 01, relativ preiswerter Gasthof.
Missionshotellet, 20 Zi., Klinkebjerg 20, Tel. 74 63 00 91, Fax 74 63 00 91.
Sølyst Kro, 10 Zi., Flensborgvej 164, Styrtom, Tel. 74 62 11 63, Fax 74 63 10 85. – Und andere Hotels.

▲ – **Aabenraa Camping** **, Tel. 74 62 26 99; 1. Jan. – 31. Dez.; über Straße 170 am südl. Stadtrand, bei der Jugendherberge; ca. 1,5 ha – 70 Stpl.; Standardausstattung. 5 Miethütten.
Stellplatz: Am **Lystbådehavn**, Sportboothafen, am Søndre Havnevej 2.

➜ **Route:** Zur Weiterreise nehmen wir ab Åbenrå die Straße 443 nach Südwesten über **Bredevad** und stoßen nach gut 30 km bei Bov auf die Hauptstraße 8. Ihr folgen wir westwärts und kommen nach 13 km nach **Tønder.** ●

sehenswertes
Tønder *

Tønder, früher Tondern, ist eine alte Stadt. Schon im 12. Jh. wurde sie urkundlich erstmals erwähnt. Das Stadtwappen enthält u.a. ein Schiff, ein Hinweis darauf, daß Tønder früher eine Hafenstadt gewesen sein muß. Einigermaßen erstaunlich, denn heute ist die Küste immerhin etwa 14 km von der Stadt entfernt. Dies wiederum ist das Resultat eines früher bitter nötigen Deichbauprogramms, das einerseits zwar die Auswirkungen der Sturmfluten etwas erträglicher machte, andererseits aber auch die Verlandung des Watts rasch fortschreiten ließ.

Museum
Di. - So. 10 - 17
Uhr. Eintritt.

Wer den Weg über Tønder macht, wird dort vor allem die **hübschen alten Straßenzüge** um den Marktplatz (bunter Wochenmarkt jeden Dienstag und Freitag), in der Storgade, vor allem aber in der **Uldgade** bewundern und im kulturhistorischen **Tønder Museum** (Kongevej 55) die umfangreiche Sammlung von Trachten, Möbeln, Klöppelspitzen, Silberschmiedearbeiten und die bemerkenswerte Sammlung alter flandrischer Kacheln bestaunen, die zu den größten ihrer Art in Nordeuropa zählt.

Sehenswert ist außerdem die **Christuskirche** mit gotischem Turm aus dem 16. Jh. mit kunstvoll gearbeitetem Inventar, darunter ein Altaraufsatz aus dem Jahre 1696, weiter eine mit Schnitzereien geschmückte Kanzel und schön gearbeitetes Renaissancegestühl.

Tønder
Hotels

Camping
QuickStop

Praktische Hinweise – Tønder

☎ **Turistbureau,** Torvet 1, 6270 Tønder, Tel. 74 72 12 20, Fax 74 72 09 00.

◫ Hotels: **Hostrups,** 23 Zi., Søndergade 30, Tel. 74 72 21 29, Fax 74 72 07 26, Restaurant.
Tønderhus, 47 Zi., Jomfrustien 1, Tel. 74 72 22 22, Fax 74 72 05 92, Restaurant. – Und andere Hotels.

▲ – **Tønder Camping** ***, Tel. 74 72 18 49, Anf. Apr. – 30. Sept.; östl. Stadtrand, Nähe Straße 11; gut eingerichteter Platz der Gemeinde; ca. 1,5 ha – 75 Stpl.; 9 Miethütten, Jugendherberge; Hallenbad 200 m. **QuickStop.**

Ein lohnender Abstecher führt von Tønder ins nur knapp 6 km westlich gelegene **Møgeltønder**. Das überaus reizvolle, denkmalgeschützte **Straßenbild** an der kopfsteingepflasterten Slotsgade, mit ihren nostalgischen Laternen und den Alleebäumen, hinter denen sich die strohgedeckten Häuser aufreihen, hat Møgeltønder wohl das stolze Prädikat eingebracht, die „schönste Dorfstraße Dänemarks" zu haben .

Sehenswert auch **Schloß Schackenborg** und die **Kirche** des Ortes. Sie enthält die Grabkapelle der Grafen Schack und eine Orgel aus dem 17. Jh., die als die älteste noch „diensttuende" Orgel in Dänemark gilt. Das historische Schloß Schackenborg, das im wesentlichen aus dem 17. Jh. stammt, ist seit 1993 Residenz des jüngsten Sohnes der dänischen Königin, Prinz Joachim und dessen Gemahlin Prinzessin Alexandra. Im Sommer werden von Montag bis Samstag Führungen durch den Schloßpark angeboten.

in Møgltønder

🏠 Hotels: **Schackenborg Slotskro**, 11 Zi., Slotsgaden 42, in Møgeltønder, Tel. 74 73 83 83, gepflegtes Restaurant.

▲ – **Møgeltønder Camping ****, Tel. 74 77 84 60; Anf. Jan. – Ende Dez.; gut eingerichteter Gemeindeplatz am südöstl. Ortsrand; ca. 3,5 ha – 185 Stpl. + Dau.; gute Standardausstattung, Laden, Schwimmbad, 15 Miethütten.

Møgeltønder Hotels, Camping

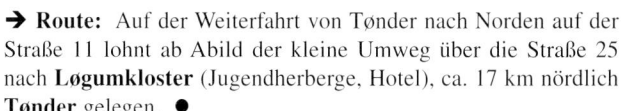

➔ **Route:** Auf der Weiterfahrt von Tønder nach Norden auf der Straße 11 lohnt ab Abild der kleine Umweg über die Straße 25 nach **Løgumkloster** (Jugendherberge, Hotel), ca. 17 km nördlich **Tønder** gelegen. ●

Sehenswert in **Løgumkloster** ist die im Stil einer nüchternen Backsteingotik errichtete **Kirche des Zisterzienserklosters** aus dem 13. Jh. In der Kirche mit ihrer gestuften Giebelfassade verdient vor allem der herrliche Flügelaltar aus dem 15. Jh. Beachtung. Man rechnet ihn mit zu den schönsten seiner Art in ganz Dänemark.

sehenswerte Kirche in Løgumkloster

➔ **Route:** Nach weiteren 17 km erreichen wir **Skærbæk** (Abzweig zur Insel Rømø). Im weiteren Verlauf unserer Route folgen wir weiter der Straße 11 nordwärts, die zwischen Tønder und Brokær/Gredstedbro nördlich Ribe auch „Grüne Küstenstraße" genannt wird, und erreichen nach 22 km die Stadt **Ribe**. ●

auf der „Grünen Küstenstraße" nach Ribe

ABSTECHER AUF DIE INSEL RØMØ

Wer vor allem Badeurlaub machen will, zweigt in Skærbæk nach Westen ab und erreicht nach 15 km über einen breiten Fahrdamm die **Insel Rømø**. Mit fast 100 qkm Ausdehnung ist sie die größte dänische Insel in der Nordsee und zählt noch zur Gruppe der Nordfriesischen Inseln. Berühmt und bei Sommerurlaubern beliebt ist Rømø aber vor allem wegen des unvergleichlich breiten **Sandstrandes**, der zudem extrem flach ist.

ROUTENALTERNATIVE ÜBER HADERSLEV

➔ **Route:** Alternativ zu unserem Reiseweg über Tønder kann man von Åbenrå auch auf der Straße 170 nach Norden fahren und erreicht dann nach 25 km **Haderslev**. ●

Haderslev (Hotels, Camping), ein alter Fürsten- und Bischofssitz am Haderslev Fjord, erlangte schon ausgangs des 13. Jh. Stadtrechte. Der sehenswerte historische Stadtkern wird überragt vom hohen Backsteinbau der **Domkirche**. Der Bau wurde im 14. Jh. im gotischen Stil errichtet. Im bis zu 22 Meter hohen Kirchenschiff mit schönem Taufbecken und beachtenswerter Barockkanzel hatte Martin Luther seine Lehre erstmals in Dänemark verkündet.

Dem *Heimatmuseum* von Haderslev ist ein interessantes Freilichtmuseum mit alten Fachwerkhöfen, Windmühle und Ziehbrunnen angeschlossen.

Man kann Spaziergänge entlang oder Bootsfahrten auf dem Haderslev-Dam unternehmen. Dieser größte Binnensee in Nordschleswig liegt westlich der Stadt.

➔ **Route:** Wir verlassen Haderslev auf der Straße 47 westwärts, stoßen in **Gabøl** auf die Straße 24 und folgen ihr über **Gram** (Schloß Gram aus dem 17. Jh.) nach **Ribe**. ●

Ribe**
Dänemarks
älteste Stadt

RIBE nimmt für sich in Anspruch, die älteste Stadt Dänemarks zu sein, denn schließlich hatten schon zu Beginn des 9. Jh. Wikinger hier einen wichtigen Umschlagplatz für Waren eingerichtet. Und Handel und Schiffahrt waren es auch noch im 12. Jh., die der Stadt Wohlstand brachten. Saxo, der dänische Historiker jener Zeit, berichtet, die Geschäfte seien voll mit allen nur erdenklichen Gütern gewesen.

Bis weit ins Mittelalter behielt Ribe seine Bedeutung als Seehandelsstadt, als Warenumschlagplatz zwischen Nord und Süd, sowie zwischen England, Nordeuropa und dem Ostseeraum. Als jedoch der Hafen an der Flußmündung zu versanden begann, sank auch der Stern Ribes als Handelsstadt.

Große Bedeutung erlangte Ribe als Bischofssitz und Residenzstadt. Seit 948 schon ist Ribe Bischofssitz, der die ersten christlichen Bauten Dänemarks aufweist. Von Ribe aus betrieb der Apostel Ansgar die Christianisierung Dänemarks. Das Ansehen der Stadt wuchs noch, als um 1200 das Königsgeschlecht der Valdemars sich Ribe als Residenz wählte. Unübersehbares Symbol dieser Glanzzeit ist noch heute der mächtige Dom von Ribe.

Selbst als 1417 Kopenhagen Hauptstadt des dänischen Königreiches wurde, behielt Ribe viele seiner Privilegien. Erst mit der Reformation 1536 und späteren Naturkatastrophen, darunter Sturmfluten, Pest und Feuersbrünste, wurde Ribe seines Glanzes beraubt. Und als schließlich mit dem Absolutismus 1665 alle Macht nach Kopenhagen verlagert wurde, war das Ende der Blütezeit Ribes gekommen.

Für das kleine Städtchen sollten Sie sich ein bißchen Zeit nehmen, denn ein Bummel durch die malerische Innenstadt lohnt.

Da das Parken in der verkehrsberuhigten, historischen Altstadt so gut wie unmöglich ist, beginnt man einen Stadtrundgang am einfachsten an einem der beiden großen öffentlichen, gut ausgeschilderten Parkplätze (WC's), entweder im Norden der Stadt bei der Jugendherberge oder im Südwesten am Tøndervej, nahe dem Abzweig von der Umgehungsstraße 11.

Wir beginnen unseren **Stadtrundgang** am Parkplatz am

in Ribe, Blick zur Domkirche

Tøndervej. Von hier gehen wir bis zum markanten Dom von Ribe, der sich mitten im Zentrum am Stadtplatz Torvet erhebt.

Ein Fußweg führt über das Flüßchen Stampemølle Å, links am Friedhof vorbei zur Gravsgade und weiter über die Sviegade. Rechts sieht man die Kathedralschule, deren Anfänge ins 12. Jh. zurückreichen. Weiter über die Gråbrødregade. In der stadteinwärts führenden **Sønderportsgade** stehen einige sehr schöne alte Fachwerkhäuser. Schließlich führt uns die Grydergade, vorbei am **Restaurant Backhaus** (7 Betten, Tel. 75 42 11 01) auf den Dom zu.

lohnender Spaziergang durch die malerische Innenstadt von Ribe **

Bevor wir aber über die Grydergade auf den Domplatz Torvet kommen, verdient das Gebäude rechts, Grydergade/Ecke Skolegade, Beachtung. Es ist die alte **Lateinschule**, die 300 Jahre lang vom 16. bis ins 19. Jh. ihre Zöglinge nicht nur in Latein unterrichtete. Hier wurde 1849 Jacob A. Riis geboren, der später nach Amerika auswanderte, dort durch sein soziales Engagement in den Elendsvierteln von New York von sich reden machte, daß in sogar Präsident Roosevelt als „nützlichsten Bürger Amerikas" bezeichnete.

Torvet, der zentrale Stadtplatz, wird beherrscht vom **Dom**. Angeblich ließ Ansgar, der Apostel des Nordens, hier im Jahre 860 eine Holzkapelle errichten. Der Sakralbau, so wie er sich uns heute darbietet, entstand zwischen 1117 und 1225. Der teils aus Ziegeln teils aus Tuffstein errichtete Dom zählt zu den schönsten fünfschiffigen romanischen Kirchen-

Dom zu Ribe *
1.6. - 31.8. tgl. 10 - 18 Uhr; Mai + Sept. bis 17 Uhr, übrige Zeit bis 16 Uhr. Eintritt.

Ribe
Stadtspaziergang

bauten in Dänemark. In späteren Um- und Anbauten sind aber auch Stilelemente der Gotik erkennbar. Denkmale erinnern an den dänischen Reformator Hans Tausen, der von 1491 bis 1561 lebte und an den Dichter und Bischof Adolf Brorson, der im 18. Jh. in Ribe wirkte.

Der imposante viereckige, fast 50 Meter hohe Turm des Doms, Bürgerturm oder „Store Tårn", entstand im 14. Jh. und diente sowohl als Wach- und Sturmglockenturm als auch als Landmarke für die Schiffahrt. Der

Aussicht vom
Turm *

Turm kann bestiegen werden. Die Mühe wird mit einem weiten Blick über die Marsch belohnt.

Das Glockenspiel des Doms ertönt täglich um 8, 12, 15 und 18 Uhr.

In der Skolegade an der Südseite des Doms, liegt das Haus **Tausens Hus**, eine der ältesten Bischofsresidenzen in Ribe aus dem 16. Jh. Hier lebte der Bischof und Reformator *Hans Tausen* von 1551 bis zu seinem Tode 1561.

altes Gasthaus
Weis' Stue **

Östlich vom Dom, in der Straße Overdammen, finden wir **Weis' Stue**, eines der urigsten und ältesten Gasthäuser der Stadt. Stilgerecht in einem schon etwas windschiefen, niederen Fachwerkbau untergebracht, findet man alte Gaststuben aus dem frühen 18. Jh. mit Balkendecken, flandrischen Kacheln, Wandtäfelung und alten Öfen. Das Haus fungiert nach wie vor auch als Herberge. Es gibt fünf Gästezimmer, Tel. 75 42 07 00.

Gegenüber der Weis' Stue liegen am alten Markt, einem idyllischen Platz, das **Hotel Dagmar** in einem repräsentativen Patrizierhaus und der alte Handelshof „Porsborg" aus dem 16. Jh. Am alten Markt vor dem Hotel Dagmar findet sich auch das **Touristenbüro**.

Wir gehen nun am Touristenbüro vorbei und folgen ein Stück der nach Westen führenden Grønnegade. Schon wenig später führen mehrere kleine Gassen nach rechts. Wir folgen einer der schmalen, von niederen Gebäuden gesäumten Gassen und kommen kurz darauf zur Fiskergade, eine der idyllischsten Straßen in Ribe. Schon um 1400 wurde diese Straße angelegt. 1580 wütete hier ein verheerendes Feuer, dem der größte Teil der Stadt zum Opfer fiel. Wir folgen der Fiskergade nach links (westwärts), die wenig später in die **Skibbroen** am Wasser. Hier am Ribe Å war früher der Hafen von Ribe.

Ganz in der Nähe wo die Fiskergade auf die Skibbroen stößt, sieht man am Ufer die **Sturmflutsäule**. Eisenringe markieren die Hochwasserstände und erinnern daran, wie weit der „Blanke Hans" bei Sturmflut ins Land dringen kann. Bei der Flutkatastrophe 1634 stieg das Wasser auf unvorstellbare 6 Meter über Normal. Der oberste Eisenring zeigt es an.

Man könnte nun flußabwärts gehen und käme nach etwa 200 Meter zum linkerhand gelegenen ehemaligen **Schloß Riberhus**. Nur noch spärliche Ruinenreste, der Schloßgraben und ein Standbild von Königin Dagmar sind heute vorhanden. Die Büste erinnert an die Gattin König Valdemars des Siegers, der 1241 starb. Schloß Riberhus entstand im 12. Jh. auf Geheis von König Nils. Etwa 300 Jahre lang war es Königsresidenz.

Auf die schöne alte Häuserzeile an der Skibbroen mit dem urig gemütlichen Gasthaus „Værtshuset Sælhunden" hat man vom gegenüberliegenden Ufer nahe des dortigen Parkplatzes oder von der etwas weiter östlich gelegenen Brücke einen sehr schönen Blick.

Von der Skibbroen gehen wir wieder stadteinwärts bis zur Brücke am Overdammen, wenden uns rechts und biegen gegenüber der schon bekannten Fiskergade in die Sortebrødregade ein.

in Ribe an der Skibbroen

Interessant ist **Quedens Gaard**, gleich an der Ecke Sortebrødregade/ Overdammen. Der vierflüglige Fachwerkbau eines reichen Kaufmanns stammt aus dem 16. Jh. Heute *Stadtmuseum*.

Museum im Quedens Gaard
1. 6. - 31.8. tgl. 10 - 17 Uhr. Sonst bis 15 Uhr und Mo. geschl., Eintritt.

Am Ende der Sortebrødregade erkennen wir auf der anderen Straßenseite die **St. Katharinenkirche** und das **Dominikanerkloster**. Das Kloster wurde 1228 gegründet. Der jetzige Kirchenbau stammt aus dem 15. Jh. Im mittelalterlichen Klosterhof ein Kreuzgang. Kloster und Kirche sind – neben dem Dom – die letzten Zeugen der zahlreichen Kirchen aus der Zeit vor der Reformation.

St. Katharinenkirche
1. 5. - 30. tgl. 9. 10 - 12, 14 - 17 Uhr. Eintritt für Garten.

Überquert man die Stege und hält sich Richtung Postamt, kommt man zum **Ribe Kunstmuseum** in der St. Nicolaj Gade. Ausgestellt sind in erster Linie Werke heimischer Künstler aus dem 19. und 20. Jh. Schöne Sammlung von Ribe-Motiven.

Kunstmuseum
15. 6. - 31. 8 tgl. 11 - 17 Uhr. Übrige Zeit Di. - Sa. 13 - 16 Uhr. Eintritt.

Wir gehen die St. Nicolaj Gade nach rechts (südostwärts) bis zum Odins Plads am Bahnhof. Rechts liegt das **Museum Ribes Wikinger**. Das Haus präsentiert anhand seiner Exponate, vor allem auch aus der Wikingerzeit und dem Mittelalter, die Geschichte Ribes von 700 bis 1700.

Wikinger Museum
1. 6. - 14. 9. tgl. 10 - 17 Uhr. Übrige Zeit bis 16 Uhr. Eintritt.

Vom Dominikanerkloster gehen wir zurück Richtung Dom und wenden uns am Støkkens Plads links in die Sønderportsgade. Gleich rechts am Eck das **alte Rathaus**. 1496 wurde es als Handelshaus errichtet und diente von 1709 bis 1966 als Rathaus der Stadt. Im Ratssaal, der Ende des 19. Jh. angebaut wurde, tagt heute gelegentlich noch der Gemeinderat. Der Dichter und erste dänische Zeitungsverleger Anders Bording wurde im alten Rathaus 1619 geboren.

Ribe
Spielzeug-
museum
1. 6. - 31. 8. tgl. 10
- 12, 13 - 17 Uhr.
Übrige Zeit nur
nachmittags.
Eintritt.

Schräg gegenüber am Støkkens Plads findet man das **Legetøjmuseum**. In dem Spielzeugmuseum mit weit über tausend Exponaten sind z.B. über 500 Puppen ausgestellt. Außerdem sieht man seltene Modellautos, Teddys, Holzspielzeug, alte Spiele u. ä. Videopräsentation über alte Dampfmaschinen.

Auf dem Weg durch die Sønderportsgade kann man an der Ecke zur Bispegade eine Gedenktafel sehen. Sie erinnert an *Maren Splid*, die am 9. November 1641 „blev braendt for Trolddom", also wegen Hexerei auf dem Galgenberg verbrannt wurde. Sehr **schönes Häuserensemble** an der Ecke mit der Puggårdsgade mit Gebäuden zum Teil aus dem 16. Jh. Der weiter Verlauf unseres Stadtspaziergangs führt durch die Puggårdsgade stadtauswärts, passiert den linkerhand gelegenen ehemaligen Domherrensitz **Tårnborg** aus dem 16. Jh., kommt an einer mittelalterlichen Reihenhaussiedlung in Fachwerkbauweise vorbei und stößt schließlich auf die Gravsgade.

Wir gehen rechts bis zum rechterhand gelegenen **Puggård**, Domherrensitz und Schulstift aus dem 14. Jh. Wenige Meter weiter biegen wir links zum Friedhof ab, gehen an seiner Westseite entlang, überqueren den Damvej und kommen über den Fußweg zurück zu unserem Parkplatz am Tøndervej.

Rundgang mit
dem Nachtwäch-
ter

Wer Geschichte und Geschichten über Ribe aus erster Hand (Dänisch und Englisch) erfahren will, kann sich in der Zeit vom 1. Mai bis 15. September dem **Rundgang des Nachtwächters** anschließen. Zünftig gekleidet und mit Morgenstern und Laterne versehen, macht er allabendlich seine Runde, die um 22 Uhr an der Weis' Stue am Torvet beginnt (vom 1. 6. bis 31. 8. auch um 20 Uhr).

Ribe
Vikingecenter
Mitte Mai - Ende
Sept. tgl. a. Mo. 11
- 16 Uhr. Eintritt.

Rund 2 km südlich von Ribe findet man das **Ribe Vikingecenter**. Die Anlage wurde nach Ausgrabungsfunden, die nahe von Ribe gemacht wurden, rekonstruiert. Freilichtmuseum u.a. mit nachempfundenem *Marktplatz aus dem Jahre 720*, großer *Gutshof aus dem Jahre 980* und einem *Stadtmilieu aus dem Jahre 1050*. Außerdem sieht man Handwerker, die sich mit Korbflechten, Töpfern, Schmieden, Gerben, Strohflechten und anderen so gut wie ausgestorbenen Handwerken beschäftigen.

Ribe
Hotels,
Jugendherberge

Camping

Praktische Hinweise – Ribe

☎ **Turistbureau,** Torvet 3 - 5, 6760 Ribe, Tel. 75 42 15 00, Fax 75 42 40 78.

⌂ Hotels: **Dagmar,** 50 Zi., Torvet 1, Tel. 75 42 00 33, Fax 75 42 36 52, zentral am Dom, in einem historischen Gebäude aus dem Jahre 1581, eine der besten Adressen am Platz, gepflegte Restaurants u.a. „Vægterkælderen".
Den Gamle Arrest, 11 Zi., Torvet 11, Tel. 75 42 37 00, Fax 75 42 37 22, zentral am Dom, im alten Stadtgefängnis eingerichtet, recht rustikale, einfache Zimmer, nur zwei Zimmer mit eigenem Bad, Restaurant, Café, Atriumgarten.
Frau Mathies, 6 Zi., Saltgade 15, Tel. 75 42 34 20, Fax 75 41 02 44.
– Und andere, meist kleinere Hotels.
Jugendherberge: **Danhostel Ribe Vandrerhjem „Ribehallen" ****,** Sct. Pedersgade 16, Tel. 75 42 06 20, Feb. – Ende Nov.; 140 Betten, 34 Familienzimmer. Lt. Angabe auch für Rollstuhlfahrer gut geeignet.

▲ – **Ribe Camping** ***, Tel. 75 41 07 77; 1. März – 31. Okt.; 1 km nördl. Ribe und westl. der Straße 11/24; ebene Wiese, von Bäumen umgeben; ca. 5 ha á 200 Stpl. + Dau; Standardausstattung; 16 Miethütten.

2. RIBE – VIBORG

⊙ **Entfernung:** Rund 240 km, ohne Abstecher.

➔ **Strecke:** Über die Straße 11/24 bis **Esbjerg** – Straße 463/431 bis **Oksbøl** – Landstraße bis **Henne** – Straße 181 bis **Søndervig** – Straße 15 bis **Herning** – Straße 12 bis **Viborg.**

🕐 **Reisedauer:** Mindestens ein Tag, mit allen Abstechern und Besichtigungen besser zwei Tage.

⌘ **Höhepunkte:** Küste und **Dünen bei Blåvand ** – der **Ringkøbing Fjord *** – der **Dom in Viborg **.

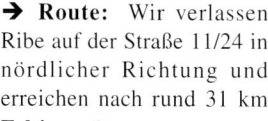

➔ **Route:** Wir verlassen Ribe auf der Straße 11/24 in nördlicher Richtung und erreichen nach rund 31 km **Esbjerg.** ●

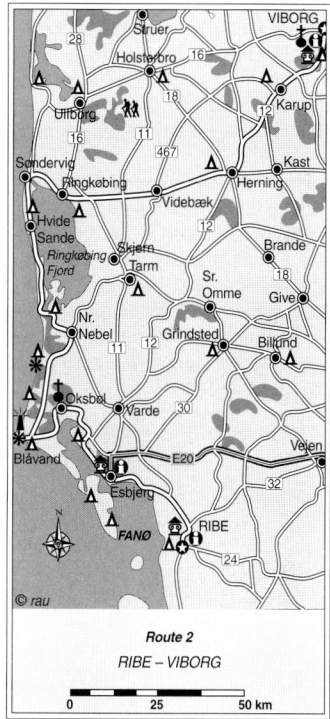

Route 2

RIBE – VIBORG

0   25   50 km

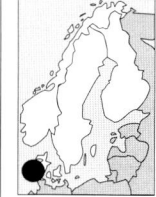

ESBJERG, Dänemarks wichtigste Hafenstadt an der jütländischen Westküste, ist eine sehr junge Stadt. Erst 1868 begann man unter der Regentschaft von König Christian IX. – sein Reiterstandbild steht auf dem Marktplatz – einen Hafen zu bauen. Damals, nach dem deutsch-dänischen Krieg, sah sich Dänemark genötigt, einen eigenen Nordseehafen anzulegen. Bis dahin lebten an diesem Küstenstrich gegenüber der Insel Fanø kaum eine handvoll Familien. Schon kurz nach der Fertigstellung des Hafenbeckens florierte die Handelsschiffahrt vor allem mit England ausgezeichnet. Schnell entstand um den geschäftigen Hafen eine rapide wachsende Stadt. 1910 lebten bereits knapp 20.000 Menschen in den schachbrettartig angelegten Straßenzügen Esbjergs. Heute, fast 120 Jahre nach der Stadtgründung, wohnen fast 80.000 Menschen in der Stadt, deren Hafen sich zum größten Containerhafen, zum bedeutendsten Fischereihafen Dänemarks mit über 400 Kuttern und zum wichtigsten Stützpunkt für die Offshore-Aktivitäten des Landes im Nordseeölgeschäft entwickelt hat.

Wen wundert es da, daß bei soviel Handel und Wandel touristisch wenig nennenswertes geboten wird. Eine Fußgängerzone mit Geschäften – die Kongensgade in Esbjerg mit über 150 Geschäften, Restaurants, Cafés

Esbjerg

gilt als längste Fußgängerzone in Dänemark – gibt es schließlich auch anderswo. Wer das nicht glaubt, kann von Anfang Juli bis Mitte August täglich außer samstags und sonntags an einer knapp zweistündigen Stadtrundfahrt teilnehmen. Abfahrt am Marktplatz. Außerdem werden Hafenrundfahrten angeboten. Infos im Touristenbüro.

Fischerei und
Seefahrtsmuseum
**
tgl. 10 - 17,
Sommer bis 18
Uhr. Eintritt.

Interessante **Museen:** Das *Fischerei- und Seefahrtmuseum* am Tarphagevej nahe des Fischereihafens, mit großem Seeaquarium, einer schönen Sammlung von Fischereiwerkzeugen, Schiffsmodellen und Gegenständen aus der langen Seefahrtstradition Westjütlands. Großes Seehundbecken, Fütterung tgl. 11.00 und 14.30 Uhr. Neueste Attraktion ist die Off-Shore-Ausstellung, die anschaulich Auskunft über die Ölförderung gibt.

Das *Esbjerg Museum* in der Torvegade 45; Kulturhistorisches Heimatmuseum und Bernsteinmuseum.

Das *Buchdruckermuseum* in der Borgergade 6; Ausstellungen zum Buchdruckerhandwerk durch fünf Jahrhunderte.

Der **Kunstpavillon** im Stadtpark am Wasserturm, Havnegade; Werke dänischer Maler und Bildhauer nach 1915. Eine Auswahl neuer dänischer Kunst.

Und im Nordwesten der Stadt findet man in der Nähe der Straße nach Hjerting die „**Menschen am Meer**", mehrere neun Meter hohe, sitzende, weiße Gestalten, von Jörn Utzon entworfen.

Das ausgediente **Motorfyrskib Nr. 1** (Motorfeuerschiff) im Hafen der Fähren nach Fanø, das heute als Museumsschiff dient und an die Zeit der Feuerschiffe in den Gewässern vor Esbjerg erinnert.

Ein interessantes Erlebnis für Frühaufsteher ist die Fischauktion in der 225 m langen Versteigerungshalle am Hafen. Die Auktion findet von Montag bis Freitag jeweils um 7 Uhr morgens statt.

Praktische Hinweise – Esbjerg

☎ **Esbjerg Turistkontor,** Skolegade 33, 6700 Esbjerg, Tel. 75 12 55 99, Fax 75 12 27 67.

Esbjerg
Hotels

⌂ Hotels: **Ansgar,** 55 Zi., Skolegade 36, Tel. 75 12 82 44, Fax 75 13 95 40, Restaurant, Garage.
Bell-Inn, 30 Zi., Skolegade 45, Tel. 75 12 01 22, 75 13 16 40, Restaurant, Garage.
Britannia, 79 Zi., Torvet, Tel. 75 13 01 11, Fax 75 45 20 85, Rest.

Jugendherberge

Jugendherberge: **Esbjerg Vandrerhjem** Gl. Vardevej 80, Tel. 75 12 42 58, ganzjährig geöffnet; 122 Betten.

Camping
QuickStop

▲ – **ÅdalensCamping** ***, Tel. 75 15 88 22; 1. März – 31. Dez.; nordwestlich der Stadt, über die Küstenstraße Strandvejen Richtung Hjerting; im Stadtteil Sædding; städtischer Platz, fast ebenes Wiesengelände, teils von Büschen und Bäumen begrenzt; ca. 4,5 ha – 200 Stpl.; gute Standardausstattung. 4 Miethütten. **QuickStop.**

ABSTECHER ZUR INSEL FANØ

Ab Esbjerg verkehren ganzjährig und in halbstündlichem Abstand **Fähren nach Nordby** auf der „Ferieninsel" **Fanø**. Die Überfahrt dauert knapp 15 Minuten. Reservierungen sind nicht möglich. Wartezeiten in der Hauptreisezeit einkalkulieren!

Fanø, die nördlichste der Nordfriesischen Inseln, ist rund 55 qkm groß und wird im 13. Jh. erstmals in Chroniken erwähnt. Bis zur Mitte des 18. Jh. war Fanø Kronbesitz. Im 18. und 19. Jh. machte sich Fanø einen Namen durch seine bedeutende Handelsflotte, die zeitweise mehr als 150 stolze Segler zählte.
Ab dem 19. Jh. wuchs der Ruf der Insel als renommiertes Seebad. Damals entstanden z.B. die Badehotels in Fanø-Vesterhavsbad. Und noch heute erlebt Fanø jeden Sommer eine wahre Invasion von Gästen.
Vor allem an der Westküste der Insel findet man kilometerlange, breite **Sandstrände**. Campingplätze und Ferienhäuser findet man vor allem im Süden bei Sønderho und in Fanø Vesterhavsbad.

➜ **Route:** Der weitere Weg unserer Route Richtung Viborg führt von Esbjerg auf der Straße 12 zunächst nach Norden Richtung **Varde**. Unterwegs passiert man das interessante Fischereimuseum s.o. Aber schon nach wenigen Kilometern zweigen wir nach Nordwesten ab und erreichen nach 16 km **Billum** und gleich darauf **Oksbøl** (Camping). ●

Wer sich sehr für Kirchenbaukunst interessiert, wird sich die **Aal Kirke**, am Nordrand von **Oksbøl** gelegen, ansehen. Die Kirche stammt aus dem 12. Jh., ist somit eines der ältesten Gebäude der Region und weist interessante Fresken und ein weit über Oksbøl hinaus bekanntes Reiterfries auf.

Es bietet sich ein **Abstecher** auf der Straße 431 nach **Blåvand** und zum westlichsten Punkt Dänemarks „**Blåvands Huk**" an. Blåvands Huk wird markiert von einem schlanken, 39 m hohen Leuchtturm, der von den weißen Dünen aus sein Licht gut 50 km weit auf die Nordsee schickt. Der Leuchtturm, der 1900 erbaut wurde, warnt die Schiffahrt vor den Untiefen eines 40 km langen Riffs.
Macht man den kleinen Umweg über **Ho** (Camping), kann man in der dortigen Kirche aus dem 15. Jh. das älteste Kirchen-Schiff in Dänemark bewundern.
Südlich von Ho erstreckt sich die **Halbinsel Skallingen**. Sie steht als Vogelreservat unter Naturschutz.

Abstecher zu Dänemarks westlichstem Punkt *

➜ **Route:** Von Blåvand fahren wir über **Oksby, Vejers, Børsmose** und **Henne** bis **Nymindegab**. ●

Auf dem Wege nach Nymindegab durchquert man ausgedehnte militärische Übungsgebiete, die mit Warnschildern deutlich markiert sind.
Kilometerlange **Sandstrände** und hohe Dünengürtel findet man westlich davon zwischen **Vejers Strand** und **Henne Strand**. Gelegentlich kann der Feriengast hier durch übendes Militär in seiner Ruhe gestört werden. Der höchste Dünenhügel ist der 64 m hohe „Blåbjerg". Er liegt etwa 3 km nördlich von Henne.

ausgedehnte Sanstrände und Dünen *

▲ **Blåvand**
– **Blåvand Camping ****, Tel. 75 27 90 40; Ende März – Anf. Sept.; ca. 1 km östl. Oksby; recht einfacher, dafür sehr strandnaher Platz; ca. 1 ha – 80 Stpl. + Dau.; einfache Standardausstattung; zum Meer kaum 100 m.
– **Hvidbjerg Strand Camping *******, Tel. 75 27 90 40; Ende März – Mitte Okt.; südl. Oksby; ansprechender Ferienplatz, weitläufiges, überwiegend ebenes

Camping zwischen Blåvand und Nymindegab

Camping und
QuickStops
zwischen
Blåvand und
Nymindegab

Gelände, teils direkt hinter der Düne; ca. 25 ha – 580 Stpl. + Dau.; gehobene Komfortausstattung; Laden, Imbiß, Restaurant, Tennis; Freibad, großes Hallenbad; Fahrradverleih; zum Meer ca. 300 m, schöner Strand.

Vejers Strand
– **Vejers Strand Camping** ***, Tel. 75 27 70 50; Ende März. – 15. Sept.; Dünengelände, relativ ruhige Lage; ca. 20 ha – 440 Stpl. + Dau.; Standardausstattung; Laden, Imbiß; Fahrradverleih; zum Meer ca. 300 m, „Autostrand".
– **Schlüters Camping** **, Tel. 75 27 70 36; Anf. Apr. – Ende Sept.; an der Straße zum Strand; ca. 2 ha – 100 Stpl. + Dau.; gute Standardausstattung; zum Meer ca. 1 km, „Autostrand". **QuickStop.**

Børsmose
– **Børsmose Strand Camping** ***, Tel. 75 27 70 70; Ende März – 15. Sept.; ca. 3 km westl. Børsmose; ausgedehntes Dünengelände; ca. 25 ha – 400 Stpl. + 180 Dau.; Standardausstattung; Laden, Imbiß; zum Meer ca. 500 m.

Henne
– **Henneby Camping** ***, Tel. 75 25 51 63; Ende März – 1. Nov.; südl. Henne, nahe der Straße nach Varde; in typ. westjütischer Landschaft; ca. 3,5 ha – 100 Stpl. + Dau.; Komfortausstattung; 5 Miethütten.
– **Henne Strand Camping** ***, Tel. 75 25 50 79; Ende März – 1. Nov.; Heide und Dünengelände unter Naturschutz; ca. 4 ha – 200 Stpl.; Standardausstattung; Laden, Hallenbad, Tennis; zum Meer ca. 800 m.

Houstrup (Nørre Nebel)
– **Houstrup Camping** ***, Tel. 75 28 83 40; Ende März – 15. Sept.; südl. Lønne Kirke; ca. 6 ha – 200 Stpl. + Dau.; Standardausstattung; Laden, Schwimmbad, Fahrradverleih, Tennis. **QuickStop.**

Nymindegab
– **Nymindegab Camping** ***, Tel. 75 28 81 83; Ende März – 1. Okt.; an der Straße nach Nørre Nebel; ausgedehnt, mit Waldstücken; ca. 7 ha – 270 Stpl. + Dau.; Standardausstattung; Laden, Schwimmbad; zum Meer ca. 2 km.

➜ **Route:** Von Nymindegab führt unser Weg auf der Straße 181 und über die Landenge „Holmsland Klit", die den Ringkøbing Fjord von der Nordsee trennt, nach Norden bis **Søndervig.** ●

Strand und Dünen
„Holmsland Klit" *

Die schmale Landzunge **Holmsland Klit** ist 40 km lang und bietet gute Strände und breite Dünengürtel. „Klit" ist übrigens das dänische Wort für Dünen.

Bei **Sønder-Havrig** lohnt ein Abstecher zum **Abelines Gård**, einem alten Strandvogtshof aus dem Jahre 1871, mit Strohdach und interessanter Inneneinrichtung.

Wir kommen nach **Hvide Sande**. Hier wurde die Landzunge 1931 durchstochen. Ein Kanal mit Schleuse verbindet seitdem den relativ seichten, lagunenartigen **Ringkøbing Fjord** mit der Nordsee.

Hvide Sande weist einen großen Fischerei- und Jachthafen auf. Außerdem gibt es herrliche, weiße **Strände** und windschützende Dünen.

Windsurfrevier
Ringkøbing Fjord
*

Der ganze Ringkøbing Fjord ist ein beliebtes Revier für Windsurfer mit fast immer vorhandener Brise aus Westen und dennoch ruhigem Gewässer.

Die höchste Düne auf Holmsland Klit liegt knapp 3 km nördlich von Hvide Sande und ist 24 m hoch.

Bei **Nørre-Lyngvig** ragt an der Nordseeküste ein 36 m hoher Leuchtturm auf. Wenn er gerade zugänglich ist, sollte man ihn besteigen. Die Belohnung ist ein herrlicher Rundblick.

Søndervig (Elvis Presley Museum),
14 km nördlich von Hvide Sande, liegt
am Ende der Landzunge Holmsland
Klit und ist wegen der schönen **Strände** als Badeort beliebt.

**Camping zwischen Nymindegab
und Søndervig**

▲ **Bjerregård**
– **Fiskerögeriets Camping** *****; Ende
März – 31. Okt.; 5 km nördl. Nymin-
degab; ebene Wiese am Nymindegab
Ström; ca. 6 ha – 150 Stpl. + Dau.;
Standardausstattung.; Laden; Hütten;
zur Nordsee ca. 1 km. **QuickStop.**

Hvide Sande
– **Nordsø Camping** *******, Tel. 97 31 17
22; Ende März – Ende Okt.; 5 km südl.
Hvide Sande; ebene, sandige Wiese,
durch hohe Dünen von der Nordsee
getrennt; ca. 5 ha – 300 Stpl.; Kom-
fortausstattung; Laden, Imbiß, Restau-
rant, Freibad, Hallenbad, Tennis,
Fahrradverleih; 41 Miethütten.
– **FDM-Camping Holmsland Klit**, Tel.
97 31 13 09; Apr. – Mitte Sept.; 3 km
südl. Hvide Sande; ebene sandige
Wiese, durch hohe Dünen von der
Nordsee getrennt; ca. 5 ha – 150 Stpl.;
Standardausstattung; Laden; 7
Miethütten.

*in den Dünen bei
Nørre-Lyngvig*

– **Beltana Camping** ******, Tel. 97 31 12 18; Apr. – Mitte Okt.; ca. 1 km südl. Hvide
Sande; Strandwiese hinter Dünen; ca. 2 ha – 140 Stpl. + Dau.; Standard-
ausstattung 15 Miethütten.
– **Nørre Lyngvig Camping** ******, Tel. 97 31 12 31; 1. Jan. – 31. Dez.; ca. 4 km
nördl. Hvide Sande; riesiges, unübersichtliches Heide- und Dünengelände mit
Hügeln; ca. 50 ha – 800 Stpl. + Dau.; einfache Standardausstattung; 19 Miethüt-
ten, Fahrradverleih, über die Dünen zum langen Sandstrand. **QuickStop.**
Søndervig
– **Søndervig Camping** *******, Tel. 97 33 90 34; Ende März – 31. Okt.; südl.
Søndervig; sandige Wiese; ca. 3 ha – 200 Stpl. + Dau.; Standardausstattung.

➔ **Route:** In Søndervig zweigen wir auf die Straße 15 ab, die uns
ostwärts ins Landesinnere von Jütland führt. Nach 9 km erreichen
wir **Ringkøbing.** ●

Ringkøbing ist der Hauptort Westjütlands. Das Stadtzentrum am Marktplatz „Torvet" wird markiert vom trutzigen, viereckigen Backsteinturm der
spätmittelalterlichen **Kirche**. Kurioserweise ist der Turm oben breiter
als am Fundament. Ebenfalls am Marktplatz steht das älteste Gebäude
der Stadt, ein Fachwerkhaus aus dem 17. Jh. Es beherbergt heute das
Hotel „Ringkøbing". Daneben der „Bürgermeisterhof", ein Patrizierhaus
aus dem Jahre 1807.

Das *Stadtmuseum* stellt Funde aus dem Altertum aus, zudem gibt es
eine kulturhistorische Abteilung und eine Grönlandausstellung. Die Figur
vor dem Museum stellt den Grönlandforscher Mylius Erichsen dar.

**Ringkøbing
Stadtmuseum**
10 - 17 Uhr. Eintritt.

49

Ringkøbing
Hotels
Jugendherberge

Camping
QuickStop

Praktische Hinweise – Ringkøbing

☎ **Turistbureau**, Torvet, 6950 Ringkøbing, Tel. 97 32 00 31, Fax 97 32 49 00.

⌂ Hotels: **Fjordgården**, 98 Zi., Vesterkær 28, Tel. 97 32 14 00, Fax 97 32 47 60, Restaurant, Erlebnisbad, Sauna.

Jugendherberge: **Ringkøbing Vandrerhjem ******, Kirkevej 28, Tel. 97 32 03 50, 58 Betten.

▲ – **Ringkøbing Camping** ***, Tel. 97 32 08 38; Ende März. – 1. Nov.; am südöstl. Stadtrand am Ringkøbing Fjord; ca. 3,5 ha – 150 Stpl. + Dau.; Standardausstattung; Laden, Cafeteria, 16 Miethütten. **QuickStop.**
– **Æblehavens Camping** ***, Tel. 97 32 04 20; Ende März – 30. Sept.; 5 km östl. Ringkøbing nahe der Straße 15; windgeschützt im Waldgebiet; ca. 1,5 ha – 90 Stpl. + Dau.; Standardausstattung; Miethütten. **QuickStop.**

Auf der Weiterreise kann man einen kleinen Umweg über **Hee** machen. Der Ort liegt an der Straße 16, kaum 8 km nördlich von Ringkøbing. Grund des Umwegs ist die **Kirche von Hee**, ein großer Granitbau im romanischen Stil. In der Nähe von Hee liegt *Sommerland Vest*, ein Freizeit- und Tierpark.

➜ **Route:** Unser nächstes Ziel ist **Herning** an der Straße 15, 45 km östlich von Ringkøbing gelegen. ●

Auf dem Wege nach Herning passiert man nach ca. 37 km den Ort **Havnstrup** mit „Jyllands Minizoo".

Stellplatz

In **Herning** (Touristinformation, Hotels, Jugendherberge, Camping, Stellplätze auf dem Parkplatz der Nørlund Plantage, Harrild Hede) gibt es außer einem volkskundlichen **Museum**, dem Skulpturenpark mit modernen Metallplastiken und zwei Kunstgalerien nichts touristisch Interessantes.

➜ **Route:** Der weitere Verlauf unserer Route führt von Herning auf der Straße 12 zunächst nach Nordosten. Über Landstraßen und über **Hald Ege** gelangen wir schließlich nach **Viborg**. ●

Etwa 10 km vor Viborg sollte man von der Hauptstraße 12 nach **Dollerup** am Hald See abzweigen. Der Weg entlang des Sees durch Laubwälder und Heide ist abwechslungsreicher als der auf der Hauptstraße.

Wir passieren den 61 m hohen Aussichtspunkt „**Dollerup Bakker**" und kommen gleich darauf zum **Schloß Hald**. Schon Mitte des 14. Jh. stand hier ein befestigtes Rittergut, das aber zum Ende des Jahrhunderts zerstört wurde. Etwa 150 Jahre später ließ der Bischof von Viborg, Jörgen Friis, hier eine richtige Burg erbauen, die aber auch zerstört wurde. Um 1700 entstand eine neue Feste und erst 1789 wurde Schloß Hald in der Form umgebaut und ergänzt, wie wir es heute sehen.

Von den früheren Bauten und Anlagen sind nur noch Reste übrig. Die Ruinen der Bischofsburg liegen auf einer Landzunge am See östlich von Schloß Hald. Im Schloß ist ein **Geologisches Museum** eingerichtet. Restaurant am See.

VIBORG verdankt seine Entstehung wahrscheinlich einer heidnischen Kultstätte, die in alter Zeit einmal im Jahr von den Wikingern aufgesucht wurde. Der Stadtname weist darauf hin. Nach einer alten Stadtbeschreibung hieß Viborg früher *Wibjerg*. „Wi" bedeutet soviel wie Heiligtum und „bjerg" heißt Hügel oder Berg. Wibjerg war also der Heilige Berg.

Die Stadtgründung wird im 8. Jh. angesiedelt. Viborg ist demzufolge eine recht alte Stadt und macht der Stadt Ribe unverhohlen den Rang streitig, älteste Stadt Dänemarks zu sein. *in Viborg sieht man noch viele der alten Backsteinfassaden*

Über den alten Heerweg, der von Nord nach Süd mitten durch Jütland führt, kamen früh die ersten Missionare nach Viborg und brachten das Christentum in die Stadt. Rasch etablierte sich hier ein Zentrum des Christentums. Schon 1065 war Viborg bedeutender Bischofssitz mit Dom, sechs Klöstern und zwölf Kirchen.

Viborg war bis ins 17. Jh. größte Stadt Jütlands und erlangte Bedeutung auch als Thingstätte (Gerichtsort) und als Stadt der Königswahl.

Heute ist Viborg mit 39.000 Einwohnern Sitz der Kreisverwaltung, des Landgerichts und anderer wichtiger Verwaltungen.

Größte Sehenswürdigkeit ist zweifellos der **Dom** im Stadtzentrum. Schon **Viborgs Dom **** 1130 wurde über einer Krypta eine Kirche errichtet. Nach Bränden ent- 11 - 16 Uhr schied man sich 1870 zum Wiederaufbau der Kirche im romanischen Stil. Sieben Jahre später war der Dom aus Granitblöcken in der Form vollendet, wie wir ihn heute sehen. Im Inneren sind vor allem die Fresken mit biblischen Motiven von Joakim Skovgård, sehenswert. Sie entstanden bald nach der Jahrhundertwende. Angeschlossenes Skovgård-Museum. Der Turm des Doms kann bestiegen werden. Eintritt.

Nur ein paar Straßenzüge weiter südlich steht die **Søndre Sogns Kirche**. Sie entstand um 1250 als Klosterkirche einer Dominikanerabtei. Im Inneren kostbarer, vergoldeter Altar von 1520 und etwa 200 Malereien am Gestühl.

Geht man an der Søndre Sogns Kirche über die Sct. Mikkeles Gade wieder stadteinwärts, kommt man zum linkerhand gelegenen Platz Hjultorvet. Dort ist im alten Rathaus das **Stiftsmuseum** eingerichtet. Kulturhistorische Sammlungen.

**Viborg
Hotels**

Jugendherberge

Camping

Praktische Hinweise – Viborg

☎ **Turistbureau**, Nytorv 9, 8800 Viborg, Tel. 86 61 16 66, Fax 86 60 02 38.

🏠 Hotels: **Golf Hotel**, 133 Zi., Randersvej 2, Tel. 96 61 02 22, Fax 86 61 31 71, Restaurant, Sauna, Schwimmbad.
Palads Hotel, 80 Zi., Sct. Mathiasgade 5, Tel. 86 62 37 00, Fax 86 62 40 46, Restaurant, Sauna, Garage.
Viborg Motel, 22 Zi., Århusvej 5, Tel. 86 63 96 11, Fax 86 63 95 89, Cafeteria. – Und andere Hotels.

Jugendherberge: **Viborg Vandrerhjem ****,** Sondersø, Vinkelvej 36, Tel. 86 62 14 81, März – Nov.; 130 Betten; beim Campingplatz

▲ – **DCU Viborg Sø Camping** ***, Tel. 86 67 13 11; Ende März – Ende Sept.; am Ostufer des Sees zwischen Waldstücken, zentrumsnah, ca. 3 ha – 150 Stpl. + Dau.; Standardausstattung; 5 Miethütten; Jugendherberge.

3. VIBORG – RANDERS

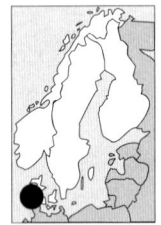

⊙ **Entfernung:** Rund 250 km.

➔ **Strecke:** Über die Straße 52 bis **Silkeborg** – Straße 455 bis **Skanderborg** – Straße E45 bis **Århus** – Straßen 15/21 und Landstraßen bis **Auning** – Straße 16 bis **Randers.**

🕐 **Reisedauer:** Mindestens ein Tag, ohne Ausflüge.

⌘ **Höhepunkte:** Die **Museen in Silkeborg** * – Ausflug zum **Himmelbjerget** * – **Kanuwandern** auf der Guneå * – **Radwandern** im Seengebiet – Freilichtmuseum „**Den Gmale By**" in **Århus** *** – **Schloß Rosenholm** bei Hornslet * – die Innenstadt von **Randers.**

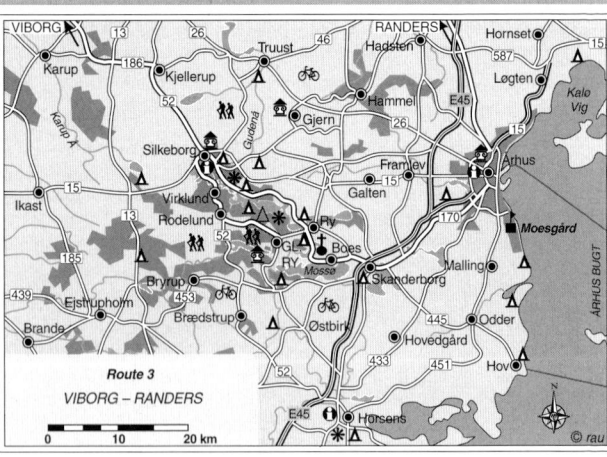

Route 3
VIBORG – RANDERS
0   10   20 km
© rau

➔ **Route:** Wir verlassen Viborg zunächst in südöstlicher Richtung auf der Straße 26 Richtung Århus und folgen nach rund 8 km der direkten Straße 52 über **Kjellerup** nach **Silkeborg.** ●

Diese Route führt hinein in ein herrliches, seendurchsetztes Gebiet, das mit Fug und Recht zu den schönsten Landschaften Dänemarks gezählt wird.

Dänemarks Seendistrikt **

Die ganze Region zwischen Skanderborg und Silkeborg ist ein wahres Eldorado zum Kanuwandern. Aber ebensogut kann man per Fahrrad oder zu Fuß ausgedehnte Touren unternehmen. Wer sich entschließt einige Tage in der Gegend zu bleiben, findet zahlreiche Hotels, Gasthöfe und Campingplätze.

SILKEBORG am Silkeborg Langsø, eine relativ junge Stadt, entwickelte sich Mitte des letzten Jahrhunderts um eine Papierfabrik. Heute ist die Stadt mitten in den Himmelbergseen zwar ein Ort mit Industrie, aber dennoch auch Kurbad und günstiger Ausgangspunkt für Touren in die reizvolle Hügel- und Seenlandschaft.

Silkeborgs große Attraktion findet man im **Kulturhistorischen Museum**, das im Hovegarden, dem ältesten Haus der Stadt, untergebracht ist. Es ist dies der sog. **„Tollundmann",** eine durch das Moor mumifizierte, 2200 Jahre alte Leiche. Der Tollundmann, der bis zur Entdeckung von „Ötzi" weltweit als der besterhaltene Urmensch galt, wurde 1950 im Tollund-Moor ausgegraben. Kaum 100 m daneben entdeckte man damals die Moorleiche des *„Elling-Mädchens"*, ebenfalls im Museum zu sehen. Außerdem zeigt das Museum eine schöne Glassammlung und Exponate zur Stadtgeschichte.

Moorleiche im Museum * 10 - 12, 13 - 17 Uhr. Eintritt.

Das **Kunstmuseum** stellt Grafiken und Gemälde moderner Künstler aus, besonders auch von Asger Jorn. Das Großgemälde „Stalingrad" bildet das zentrale Werk im Museum und im Werk Jorns.

Darüber hinaus gehören zu den Attraktionen der Stadt **AQUA,** das angeblich das größte Süßwasseraquarium in Nordeuropa, dann das Glokkenspiel in der 1876 im romanischen Stil erbauten Kirche – es erklingt täglich um 8, 12 und 18 Uhr – und die große Fontäne im Silkeborg Langsø.

Praktische Hinweise – Silkeborg

 Turistbureau, Åhavevej 2 A, 8600 Silkeborg, Tel. 86 82 19 11.

 Hotels: **Diana**, 47 Zi., Torvet 5 – 7, Tel. 86 82 01 11, Fax 86 80 20 04; zentral, Restaurant, Garage.
Impala, 60 Zi., Vestre Ringvej 53, Tel. 86 82 03 00, Fax 86 81 40; Restaurant, Sauna, Schwimmbad.
Louisiana, 27 Zi., Christian VIII's Vej 7, Tel. 86 82 18 99, Fax 86 80 32 69; Restaurant, Sauna.
Scandic, 117 Zi., Udgårdsvej 2, Tel. 06 80 35 33, Fax 86 80 35 06; Restaurant, Sauna, Schwimmbad. – Und andere Hotels.

Silkeborg Hotels

Jugendherberge: **Silkeborg Vandrerhjem „Åbo" *****, Åhavevej 55, Tel. 86 82 36 42, März bis Nov.; 90 Betten.

Jugendherberge

▲ – **Silkeborg Sø Camping *****, Tel. 86 82 28 24; Ende März – Mitte Sept.; am östl. Stadtrand am Langsø; Wiesen am Wald, städtischer Platz; ca. 3 ha – 150 Stpl. + Dau.; Standardausstattung; Laden, Imbiß, 12 Miethütten.

Camping

– **Indelukkets Camping *****, Tel. 86 82 22 01; Ende März – Mitte Okt.; nahe der Straße nach Virklund; Platz im Waldgebiet mit Fluß Gudenå; ca. 3 ha – 150 Stpl.; Standardausstattung, 12 Miethütten.

– **FDM-Camping Jyllands-Ring *****, Tel. 86 85 31 76; April – Mitte Okt.; bei **Resenbro**, nordöstl. Silkeborg; Wiesengelände in schöner Lage, nahe dem Rennkurs; ca. 10 ha – 400 Stpl. + Dau.; Standardausstattung; Laden, Imbiß, Schwimmbad.

RADELN, WANDERN UND PADDELN IM SEENHOCHLAND

Das abwechslungsreiche, landschaftlich überaus reizvolle **Søhøjland**, das mitteljütländische Seenhochland mit den Zentren Skanderborg, Ry und Silkeborg ist geradezu ein Eldorado für Wanderer, Radler und vor allem für Wassersportler. Entlang der Gudenå, mit 160 km das längste Flüßchen in Dänemark, erstreckt sich eine Landschaft, die den Reiz einer Kanuwanderung noch erhöht. Zwischen Torring im Süden und Randers zieht sich der Fluß durch Heidelandschaft und Wälder, bildet Seen und durchfließt Städte und Gemeinden, die

touristische Einrichtungen, Einkaufsmöglichkeiten und Übernachtungsplätze bieten.

Man muß nicht unbedingt das eigene Kanu mitbringen, um an den Wasserfreuden teilhaben zu können. Vielerorts werden Boote vermietet, so z.B. in Torring, Skanderborg, Ry und Silkeborg, ob nur für ein paar Stunden zum Ausprobieren oder für Tage oder gar Wochen. Sogar „package trips" werden angeboten, sorgfältig vorausarrangierte Touren inklusive Routenplan, Ausrüstung und Übernachtungen. Überall entlang der Wasserwanderwege gibt es Campingplätze. Wer auf eigene Faust lospaddelt, findet also ohne weiteres auch einen Lagerplatz.

Für eine Kanutour von Silkeborg nach Randers muß man mit 6 Tagen rechnen. 7 Tage muß man paddeln (täglich im Durchschnitt nur drei bis vier Stunden), um von Torring nach Silkeborg zu kommen. Genaue Karten, Details, Preise und Adressen gibt's bei den Touristenbüros.

Wer das mitteljütländische Seenhochland auf Schusters Rappen durchstreifen will, dem stehen **kilometerlange Wanderwege** durch Wälder und entlang idyllischer See- und Flußufer oder zu höher gelegenen Aussichtspunkten zur Verfügung.

Der alte **Prampfad** ist einer dieser Wanderwege. Noch bevor die Stadt Silkeborg entstanden war, wurde Holz aus den Wäldern der Umgebung auf Leichtern die Gudenå hinunter transportiert. Pferde und Knechte zogen die Kähne und so entstand zwischen Silkeborg und Kongsbro der Treidelpfad „Pramdragerstien", der sich heute als ausgezeichneter Wanderweg anbietet. Die Strecke ist 23 km lang und an einem Tag zu bewältigen. In Kongsbro bei Truust (Camping) sorgt ein Gasthof für Unterkunft und

AUSFLÜGE AB SILKEBORG

Bootsausflug (bis zu 8 Abfahrten täglich) mit dem über 120 Jahre alten Raddampfer „Hjejlen" (und mit neuzeitlichen Schiffen) zum **Aussichtsberg Himmelbjerget**. Die 147 m hohe Erhebung am Südostufer des Julsees wurde lange Zeit als die höchste Erhebung Dänemarks angesehen, bis mit moderneren Meßmethoden festgestellt wurde, daß die Ejer Bavnehøj, südlich von Skanderborg, 24 m höher ist.

Speis und Trank, so daß man am nächsten Tag ausgeruht und gestärkt den Rückweg antreten kann.

60 km lang ist ein Naturpfad durch den südlichen Teil der Region. Über Virklund, Them und Vrads erreicht man Bryrup (Hotels, Camping) und wandert am nächsten Tag an

Vinding, Sønder-Vissing und Tønning vorbei nach Yding oder gar weiter bis Horsens.

Fast ideale Bedingungen finden Radler vor. Auf den geteerten und wenig befahrenen Nebenstraßen ohne nennenswerte Steigungen läßt es sich ganz ausgezeichnet **Radwandern**.

Auch wer kein eigenes Rad dabei hat, kann in jedem größeren Ort, auf jeden Fall in Skanderborg, Ry und Silkeborg, Räder ausleihen.

Das Dänische Fremdenverkehrsamt in Hamburg und die Fremdenverkehrsämter der Orte im Seengebiet haben einen Prospekt herausgebracht, der viele schöne Radwanderwege beschreibt. Es werden auch fertig geplante Paschalarrangements angeboten, inklusive Fahrrad, Packtaschen, detaillierter Routenbeschreibung, Kartenmaterial und Übernachtungen in Hotels oder Jugendherbergen.

Vorschlag zu einer 3 bzw. 6 Tage dauernden **Radtour** ab und bis Silkeborg:

1. Tag: – Silkeborg – Kongensbro – Rødkærsbro, 38 km. An der Gudenå entlang auf dem Pramsti bis zum Gasthaus Kongensbro Kro, hier Mittagspause. Übernachtung im Rødkærsbro Kro.

2. Tag: – Rødkærsbro – Bjerringsbro – Ulstrup – Laurbjerg – Hammel – Fårvang, 57 km. Übernachtung im Fårvang Kro oder Truust Camping.

3. Tag: – Fårvang – Gjern (Automuseum, Gjern-Hügel) – Sminge – Resenbro (Mittagspause u. evtl. zurück nach Silkeborg) – Sejs – Svejbäk – Laven, 43 km. Übernachtung in Gl. Rye Kro oder Camping.

4. Tag: – Ry – Emborg (Øm Kloster) – Boes – Alken – Skanderborg (Mittagspause) – am Mossø entlang – Voervadsbro, 42 km. Übernachtung im Voervadsbro Kro oder Camping in Hem.

5. Tag: – Voervadsbro – Östbirk – Brædstrup (Mittagspause) – Davding – Löve – Vrads, 41 km. Übernachtung im Motel Lystruphave oder Camping in Bryrup.

6. Tag: – Vrads – Tømmerby – Salten – Gamle Rye (Mittagspause) –Himmelbjerget – Virklund – Silkeborg, 42 km.

Nach 75-minütiger Bootsfahrt legt man am Fuße des Berges an und spaziert über den sog. „Schlangenweg" hinauf zum Gipfel. Die Höhe wird von einem 25 m hohen Aussichtsturm gekrönt. Er wurde 1875 zum Gedenken an Frederik VII. errichtet. Vom Turm genießt man eine herrliche Aussicht über die Seen und bewaldeten Hänge.

Ausflug nach Gjern, ca. 20 km nordöstlich von Silkeborg. Wer sich in ruhiger, ländlicher Umgebung wohlfühlt, gerne durch herrliche Natur streift, wird sich auf diesem Ausflug wohl fühlen.

Zwischen Gjern und Svostrup liegen die unter Naturschutz stehenden **Hügel Gjern Bakker** (104 m). Vom Troldhöj aus bieten sich schöne Ausblicke auf das Gudenåtal.

Schnauferl-museum

Sommer 10 - 18 Uhr. Eintritt.

Sehenswert ist nicht nur für Technikfreunde das Schnauferlmuseum *„Veteranbilmuseet"* in Gjern. Es ist das größte Automobilmuseum in ganz Jütland und stellt etwa 95 Fahrzeuge aus, deren Baujahre zwischen 1900 und 1942 liegen. Motorradfans werden sich über die 14 glänzend instandgehaltenen Motorräder freuen, darunter u.a. Harley Davidson, Indian und eine französische Motobecane aus dem Jahre 1922 mit Riemenantrieb.

Auf der Weiterreise von Silkeborg Richtung Skanderborg kommt man durch **Ry** am Ostausläufer des Julsø, der hier von der Gudenå gebildet wird.

Hier bietet es sich an, eine Schiffspartie über die Gudenå und die von bewaldeten Hügeln eingerahmten Seen zum Aussichtsturm auf dem **Himmelbjerget** zu unternehmen. Im Sommer gibt es zwischen 10 und 14 Uhr drei bis vier Abfahrten. Fahrtdauer ca. 40 Minuten.

In Ry gibt es Fahrrad- und Kanuverleihs. Eine schöne **Wandertour** führt um den Knudsø herum, oder zum Himmelbjerget.

In der St. Sørens Kirche in **Gamle Rye** wählten Adel und Klerus 1543 Christian III. zum König. In der Nähe findet man die schon seit dem Mittelalter bekannte St. Sørens-Quelle.

Einige Kilometer südlich liegt das **Gudenå-Museum** an der Brücke über das Flüßchen Salten. Sammlungen zur Gudenåkultur.

Ry
Hotels

Jugendherberge

Camping
Quick Stop

Praktische Hinweise – Ry

☎ **Turistbureau**, Klostervej 3, 8680 Ry, Tel. 86 89 34 22, Fax 86 89 35 52.

⌂ Hotels: **Gammel Rye Kro**, 33 Zi., Ryesgade 8, Tel. 86 89 80 42, Fax 86 89 85 46, Restaurant, Schwimmbad.
Himmelbjerget, 19 Zi., Himmelbjergvej 20, Tel. 86 89 80 45, Fax 86 89 87 93, Restaurant.
Ry Park, 78 Zi., Kyhnsvej 2, Tel. 86 89 19 11, Fax 86 89 12 57, Restaurant, Sauna, Schwimmbad. – Und andere Hotels.

Jugendherberge: **Ry Vandrerhjem „Knudhulen"** ***, Randersvej 88 - 90, Tel. 86 89 14 07; 102 Betten.

▲ – **Holmens Camping** ***, Tel. 86 89 17 62; Ende März – Ende Sept.; südl. Ry Richtung Øm Kloster; Wiese am Gudensø; ca. 6 ha – 270 Stpl. + Dau.; gute Standardausstattung; Laden, 13 Miethütten. **Quick Stop** (20 – 10 Uhr).
– **Sønder Ege Camping** ***, Tel. 86 89 13 75; Apr. – Sept.; am Nordrand von Ry; Wiesen am Knudsø; ca. 3 ha – 150 Stpl. + Dau.; Standardausstattung.
– **Birkhede Camping** ***, Tel. 86 89 13 55; Mai – Mitte Sept.; zwischen der Straße nach Silkeborg und dem Westufer des Knudsø; bewaldeter Hang am See; ca. 10 ha – 200 Stpl. + Dau.; Komfortausstattung; Laden, Imbiß; Schwimmbad; 7 Miethütten. **QuickStop.**
Weitere Plätze bei Laven; besonders schöne Lage von **Terrassen Camping** ***, 1. Mai – 1. Sept..

➜ **Route:** Der weitere Verlauf unserer Route führt von Ry südwärts, zunächst nach **Emborg**, dann weiter nach **Boes** und schließlich über **Alken** nach **Skanderborg.** ●

In **Emborg** gibt es die historischen Ruinen des **Øm Ziserzienserklosters** aus dem 13. Jh., mit Arzneikräutergarten und Mönchsgräbern (tgl. a. Mo. 9 – 18 Uhr) zu besichtigen. **Boes** ist ein hübsches Dorf mit strohgedeckten Häusern am Nordufer des Mossø.

Skanderborg liegt landschaftlich sehr reizvoll zwischen Wäldern und den Gewässern des Sees von Skanderborg. Viel ist von der ehemaligen Königsresidenz nicht geblieben. Nur die **Schloßkirche** mit ihrem festungsartigen Turm erinnert noch daran, daß Skanderborg bis ins 18. Jh. hinein wichtige Residenzstadt war. Die Kirche entstand auf den Mauerresten des von König Valdemar I. im 12. Jh. erbauten Schlosses.

Das **Skanderborg Museum** in der Adelgade 5 ist in einem ehemaligen Richterhof untergebracht. Neben heimatkundlichen Gegenständen werden auch Ausstellungsstücke zur Stadt- und Schloßgeschichte gezeigt.

Praktische Hinweise – Skanderborg

☎ **Turistbureau,** Adelgade 105, 8660 Skanderborg, Tel. 86 52 21 36, Fax 86 52 13 53.

Skanderborg Hotels

🛏 Hotels: **Skanderborghus**, 46 Zi., Dyrehaven 3, Tel. 86 52 09 55, Fax 86 52 18 01; Restaurant, Sauna, Garage.
Slotskroen, 19 Zi., Adelgade 23, Tel. 86 52 00 12, Fax 86 52 27 58; Restaurant. – Und andere Hotels.
Jugendherberge: **Skanderborg Vandrerhjem** ***, Dyrehaven 9, Tel. 86 52 06 73; 15, April – 30. Sept.; 120 Betten.

▲ – **Skanderborg Sø Camping** ***, Tel. 86 51 13 11; Ende März – Mitte Okt.; südöstl. der Stadt zwischen Straße 170, Bahnlinie und See; ausgedehntes Wiesengelände mit Baumbestand, an ein Wäldchen grenzend; ca. 6 ha – 150 Stpl. + Dau.; Standardausstattung; 9 Miethütten; zum See ca. 200 m.

Camping

AUSFLUG AB SKANDERBORG

Ausflug zur 10 km südwestlich von Skanderborg gelegenen **Ejer Bavnehøj**, mit 171 m die höchste Erhebung Dänemarks. Bis 1849 war man der Meinung, der Himmelbjerget am Julsø sei der höchste Berg Dänemarks. Auf der Höhe Bavnehøj – von der man bis zum Samsø sieht und bei klarem Wetter die beiden Brücken über den Kleinen Belt bei Kolding erkennt – wurde 1924 ein 13 m hoher, triumphbogenartiger Turm errichtet. Der Turm wurde zum Gedenken an Christian X. und die Wiedervereinigung mit Südjütland 1920 erbaut.

➜ **Route:** Über die E45 erreicht man schnell die Stadt **Århus**, die nur rund 23 km weiter nordöstlich liegt. ●

ÅRHUS, eine Wikingergründung, Bischofssitz seit 928 und Stadt mit Handelsrechten seit 1441, entwickelte sich mit heute rund annähernd 270.000 Einwohnern zu Dänemarks zweitgrößter Stadt und zur wichtigen Hafenstadt. Nach der Reformation stagnierte die Stadtentwicklung, die erst zu Beginn des 18. Jh. wieder einsetzte. Heute ist Århus eine der wichtigsten Kultur-, Industrie- und Universitätsstädte Dänemarks.

Die Sehenswürdigkeiten der Stadt liegen etwas zu weit auseinander, als daß man sie alle auf einem Rundgang besichtigen könnte. Man wird also sein Auto oder öffentliche Verkehrsmittel dazu benützen.

Das Touristeninformationsbüro ist im Rathaus auf der Turmseite eingerichtet. Das Rathaus ist ein nüchternes, modernes Gebäude mit einer Fassade aus grönländischem Marmor. Der Turm kann im Sommer gegen Eintritt bestiegen werden.

Wikingermuseum, Søndergade/Clemenstorv. Reste einer Wehranlage und Hausfragmente aus der Wikingerzeit wurden hier unter dem Gebäude der Handelsbank ausgegraben.

Etwas weiter sieht man den Turm mit der spitzen Haube des **St. Clemens Doms** am Bispetorvet aufragen. Der ursprünglich romanische Bau aus dem 13. Jh. erfuhr durch Umbauten soviel Veränderungen, daß der Besucher heute eigentlich einen Dom im spätgotischen Stil vorfindet.

Im Inneren des mit 93 m überaus langen Kirchenschiffs (angeblich das längste in Dänemark) viele Fresken, eine bemerkenswerte Kanzel (16. Jh.), ein altes Taufbecken (15. Jh.) und eine große Orgel aus dem 18. Jh. Beachtung verdient vor allem der dreiflügelige Altaraufsatz, geschaffen von einem Lübecker Künstler im 15. Jh. und das alte Chorgestühl.

Westlich des Doms in der Vestergade liegt die **Vår Frue Kirke**. Die Kirche Unserer Lieben Frau ist die alte Stadtkirche von Århus und wurde im 11. oder frühen 12. Jh. über einem noch älteren, dreischiffigen Kirchengewölbe angelegt. Reste der ersten Kirche wurden 1956 gefunden. Im 13. Jh. entstand daneben ein Dominikanerkloster.

sehenswertes
Freilichtmuseum
„Den Gamle By"
***
Jun. - Aug. tgl. 9 -
18, Mai + Sept. bis
17 Uhr. Übrige Zeit
kürzer. Eintritt.

Mit zu den größten Sehenswürdigkeiten der Stadt zählt zweifellos das Freilichtmuseum *„Den Gamle By"*, die „Alte Stadt".

1914 begann man im westlich vom Stadtzentrum gelegenen Botanischen Garten damit, alte historische Häuser aus allen Teilen Dänemarks hier naturgetreu wieder aufzubauen. So entstand in wenigen Jahren eine der interessantesten Sammlungen erhaltenswerter Baudenkmäler vom frühen 17. Jh. bis ins späte 19. Jh. Darunter sind Werkstätten, Bürgerhäuser, Höfe, ja sogar Apotheken und Theater.

Im nördlichen Stadtteil, in der Nähe der Ausfallstraße nach Randers, liegt im Vennelystparken das **Kunstmuseum**, mit Werken dänischer Künstler vom 18. Jh. bis heute.

Relativ neu ist das erst 1993 in der Kunsthalle von Århus eröffnete **Plakatmuseum**. Zu sehen sind rund 90.000 Plakate, die der Kunstmaler Peder Stougaard in 25 Jahren zusammengetragen hat. Das älteste Plakat stammt aus den 80er Jahren des vergangenen Jahrhunderts.

Ein paar Straßenzüge weiter nördlich ist im Park der Universität das **Naturgeschichtliche Museum** zu finden. Ausstellungsgegenstände zu Themen der Geologie und Zoologie.

naturhistorisches
Steno Museum *
im Sommer tgl.
geöffnet

Ebenfalls im Universitätspark liegt das **Steno Museum**. Dieses erst 1994 eingerichtete Museum befaßt sich übrigens nicht etwa mit der Geschichte der Stenographie, sondern widmet sich dem Lebenswerk des Naturwissenschaftlers und Arztes *Niels Stensen*. Entsprechen sind Ausstellungen von der Astronomie bis zur Zahnmedizin zu sehen.

Im Süden der Stadt liegt die königliche Sommerresidenz **Marselisborg**. Der Park des Anwesens ist der Öffentlichkeit allerdings nur zugänglich, wenn das Schloß gerade unbewohnt ist.

Dafür ist der in der Nähe liegende Vergnügungspark **Tivoli-Friheden** von Mai bis August täglich zwischen 14 und 23 Uhr geöffnet. Eintritt.

Prähist. Museum *
10 - 17 Uhr. Eintritt.

Noch weiter südlich ist in einem Waldgebiet der ehemalige Gutshof Moesgård gelegen. In ihm ist das vorgeschichtliche Museum **Forhistorisk**

Sehenswert: Das Freilichtmuseum „Den Gamle By" in Århus

Museum Moesgård untergebracht. Zu den Exponaten zählen Runensteine, Gegenstände aus der Eisenzeit, Sammlungen zur Eskimokultur und der annähernd 2.000 Jahre alte „Grauballemann", eine mumifizierte Moorleiche. Freilandabteilung mit prähistorischen Hünengräbern und Dolmen.

Praktische Hinweise – Århus

☎ **Århus Turistbureau**, Rådhuset, Park Allé, 8000 Århus C, Tel. 86 12 11 77, Fax 86 12 95 90.

⌂ Hotels: **Atlantic**, 102 Zi., Europaplads 12 - 14, Tel. 86 13 11 11, Fax 86 13 23 43, Restaurant, Garage.
Marselis, 101 Zi., Strandvejen 25, Tel. 86 14 44 11, Fax 86 11 70 46, Restaurant, Sauna, Schwimmbad, Garage.
Plaza, 168 Zi., Banegårdsplads 14, Tel. 86 12 41 22, Fax 86 20 29 04, Restaurant, Garage.
Royal, 106 Zi., Store Torv 4, Tel. 86 12 00 11, Fax 86 76 04 04, Restaurant, Sauna.
– Und andere Hotels.
Jugendherberge: **Århus Vandrerhjem** ***, Marienlundsvej 10, in Ålborg-Risskov, Tel. 86 16 72 98; Mitte Jan. – Mitte Dez.; 126 Betten.
City Sleep In, Havnegade 20, Tel. 86 19 20 55, 43 Zimmer.

▲ – **Århus Nord Camping** ***, 1. Jan. – 31. Dez.; ca. 8 km nördl. der Stadt an der Straße 180 in **Lisbjerg**; ausgedehntes, unebenes, fast hügelige Wiesen, mit teils dichtem, hohem Baumbestand; ca. 7 ha – 160 Stpl.; + Dau.; Standardausstattung; Laden, Imbiß, Schwimmbad; 26 Miethütten. **QuickStop.**
– **Blommehaven** ***, Tel. 86 27 02 07; Apr. – Mitte Sept.; städtische Anlage rund 4 km südl. der Stadt an der Århus Bucht; von der Bucht leicht ansteigendes Wiesengelände, teils am Wald; ca. 8 ha – 400 Stpl.; gute Standardausstattung; Laden, Imbiß; zum Meer ca. 100 m.

Århus Hotels

Jugendherberge

Camping QuickStop

➜ **Route:** Steht ausreichend Zeit zur Verfügung, sollte man von Århus nach Randers nicht den direkten und schnelleren Weg über die E45 nehmen, sondern einen **Umweg** über die Straßen 15/563 und über **Hornslet** machen. ●

Schloß Rosenholm *
Mitte Juni – Anf. Aug. 10 – 17 Uhr. Führungen. Eintritt.

In **Hornslet** loht **Schloß Rosenholm** eine Besichtigung.
Rosenholm, das wasserumgebene Stammschloß des Rosenkrantz-Adelsgeschlechts seit mehr als vierhundert Jahren, liegt nördlich der Stadt. Kostbares Mobiliar, sowie Gemälde- und Gobelinsammlung. Großer Park mit See und Pavillon.

Schloß Clausholm
Ende Juni - 30. Sept. tgl. 11 - 16 Uhr. Sonst nur Park zugänglich. Eintritt.

Etwa auf halbem Wege zwischen Hornslet und Randers trifft man nördlich von Voldum auf **Schloß Clausholm**.
Das heutige Schloß entstand um die Wende vom 17. zum 18. Jh. Es wartet mit interessanten Ausstattungsdetails auf. Dazu gehören unverändert erhaltene Stuckdecken im Salon, Rokokomöbel und die älteste Orgel Dänemarks in der Kapelle. Im Park Wasserspiele. Eng verbunden mit der Schloßgeschichte ist die „Affäre" der Anna Sophia Reventlow, der Tochter des königlichen Kanzlers, später zweite Frau König Frederik IV. und Königin. König Frederik entführte 1712 die Kanzlerstochter, heiratete sie ungehörig kurze Zeit nach dem Tode seiner ersten Frau, um Anna Sophia schließlich selbst zur Königin zu krönen. Als Witwe lebte Anna Sophia später – vom Hofe verbannt – bis 1743 wieder auf Schloß Clausholm.

RANDERS, mit annähernd 60.000 Einwohnern Dänemarks sechsgrößte Stadt, liegt an einer Stelle an der Mündung des Gudenå-Flusses in den Randers Fjord, die schon in früher Zeit an einer seichten Furt die bequeme Querung des Wasserlaufs erlaubte und somit den Warenstrom ungehindert in Nord-Südrichtung fließen ließ. Natürlich entwickelte sich hier rasch eine Siedlung, eine Warenniederlassung, eine Stadt des Handels. Erstmals wird Randers auf Münzen aus dem Jahre 1086 erwähnt, der Zeit König Erik Ejegods.
Auch in Randers sind es alte Fachwerkhäuser und Handelshöfe, die in einigen Straßenzügen noch etwas vom Flair der alten Tage verbreiten und zu einem Stadtbummel einladen.

Stadtspaziergang durch Randers

Ausgangspunkt unseres Stadtrundgangs ist das **Helligandshuset** am Erik-Menveds-Platz, hinter der St. Morten Kirche. Dieser alte Steinbau mit Stufengiebel und Storchennestern auf dem Dach, wurde gegen 1500 von Mönchen des Heiliggeistordens gebaut. Das Heiliggeisthaus diente bis zur Reformation als Alten- und Siechenheim. Heute wird es von der Stadtverwaltung genutzt. Der Erik-Menved-Platz ist nach dem König benannt, der 1302 als erster der Stadt Handelsrechte verlieh.
Durch die **Houmeden**, eine der ersten Fußgängerzonen des Landes mit einem interessanten alten Fachwerkbau (1560) mit vorspringenden Etagen, gehen wir links (westwärts) bis zur Store Voldgade (Große Wallstraße), dann rechts die Borgergade hinauf. Am Ende der Straße an der Kreuzung gegenüber, die Vognmandsgade, die Fuhrmannstraße. Sie lag früher ganz außerhalb der Stadt. Damals mußten sich hier alle Fuhrleute und Schmiede niederlassen. Aus Furcht von Bränden durften sie nicht in der Stadt wohnen.
Wir machen eine scharfe Linkskehre in die Von Hatten Stræde. In der gepflasterten Straße ist das Von Hatten-Haus aus dem Jahre 1779 be-

*Schloß
Rosenholm*

achtenswert. Nun kommen wir in die Vestergade. Haus Vestergade Nr. 1
wird auch **Voldbrohus**, also Wallbrückenhaus genannt. Es erinnert daran, daß hier früher der Wallgraben begann. Ganz in der Nähe stand das
westliche Stadttor. Schräg gegenüber **Randers Hospital** oder Randers
Kloster. Der älteste Gebäudeteil liegt in der Hospitalsgade. Es ist ein sehr
schöner Fachwerkbau mit geschnitzten Holzbalken aus dem Jahre 1620.
Die Kirkegade hinunter. Die nächste Querstraße rechts ist die Store
Kirkestræde, eine Fußgängerzone mit Fachwerkhaus. Auf der anderen
Seite der Kirkegade ragt die **St. Mortenskirche** auf. Gegen 1500 erbaut,
sollte sie den Heiliggeistmönchen als Klosterkirche dienen. Geschnitzte
Portale und Kanzel.
Wir gehen die Kirkegade weiter Richtung Gudenå-Fluß. Später heißt die
Straße Middelgade, dann Storegade. **Haus Storegade 13** ist ein drei-
geschossiger Fachwerkbau aus dem Jahre 1643, der zu den schönsten
seiner Art aus der Renaissance gezählt wird. Geschnitztes Fachwerk,
Innenhof mit Laubengang. Eine Geschichte wird erzählt, die besagt, daß
im Haus der ruhelose Geist des Grafen Gert des Kahlen umgeht, den
einstmals Niels Ebbesen meuchelte. Und damit der Geist des „Kahlen
Grafen" auch immer freien Zu- und Ausgang habe, müsse eine der Luken
unter dem Dach immer geöffnet sein. Andernfalls würde das Haus ein
Raub des „roten Hahns" werden.
Den gleichen Weg zurück bis zur Brødregade, die rechts stadteinwärts
führt. Am Eck Brødregade 25, ein ehemaliger **Kaufmannshof**, von dem
nur noch die Fassade und das Eingangstor aus dem Jahre 1663 erhalten
ist. Solche Kaufmannshöfe hatten früher Stallungen für 100 Pferde.
Nach ein paar Gehminuten kann man rechts in die Geschäftsstraße
Dytmaersken neben dem Busbahnhof einbiegen und weiter bis zur
Östervold gehen. Auf der anderen Seite, in der Fischersgade, liegt das

Randers
Stadtspaziergang

Kulturhaus. Im Erdgeschoß Bibliothek, im 1. Stock das *Kulturhistorische Museum* und im 2. Stock das *Kunstmuseum* mit Werken dänischer Maler von 1780 bis in unsere Zeit.

Auf der Brødregade gehen wir weiter. Beachtenswert ist das schöne Fachwerkhaus der Familie Brack aus dem späten 16. Jh., Brødregade 24-26. Brødregade oder Brüderstraße heißt diese deshalb, weil hier früher zur Slotsgade hin ein Mönchskloster (Brüderkloster) des Franziskanerordens stand.

Am Ende der Brødregade biegen wir rechts in die Slotsgade ein und gehen wenig später die Østervold (Ostwall) links hinauf. Wir passieren die Statue eines schweren, muskulösen Hengstes. Der „Jütische Hengst", geschaffen von Helen Schou, erinnert an die lange Tradition des Pferdehandels in Randers. Noch heute ist jedes Jahr im Mai Pferdemarkt.

Die nächste Querstraße links ist die Provstegade. Ihr folgen wir bis zur Nygade (Neue Straße). Haus Nr. 4 dort ist das älteste Fachwerkhaus von Randers. Sein Ursprung geht in die erste Hälfte des 15. Jh. zurück. Die Nygade links bis zur Rosengade und rechts durch das ehemalige Judenviertel zum Radhus-Torv, dem Rathausplatz, dem alten Zentrum der Stadt.

An der Ostseite des Rathaus- und Marktplatzes steht das alte **Rathaus** von 1778. Der ganze wohlproportionierte Bau mit seinem Uhrtürmchen wurde 1930 auf Schienen 3 Meter nach Norden versetzt, um Platz für den Verkehr zu schaffen. Das Denkmal vor dem alten Rathaus stellt den sagenumwobenen Heißsporn Niels Ebbesen dar. 1340 erschlug er den holsteinischen Grafen Gert und erwarb sich den Ruf, der erste Freiheitskämpfer Dänemarks zu sein.

Seit einigen Jahren verfügt Randers über eine besondere Attraktion, den

Randers'
Regenwald *
1. 5. - 31. 8. tgl. 10
- 18 Uhr,
Winterhalbjahr bis
16 Uhr. Eintritt.

Randers Regnskov, den Regenwald von Randers. Unter zwei riesigen, recht futuristisch wirkenden Glaskuppeln nahe der Durchgangsstraße am Südrand der Innenstadt findet man einen üppigen tropischen Garten, mit exotischen Pflanzen und Tieren, Felsgruppen und Wasserfällen. Es wird permanent ein tropisches Klima erzeugt mit 99% relativer Luftfeuchtigkeit und einer Temperatur von 25 Grad.

Praktische Hinweise – Randers

📞 Turistbureau, Erhvervenes Hus, Tørvebryggen 12, 8900 Randers, Tel. 86 42 44 77, Fax 86 40 60 04.

Randers
Hotels

🏠 Hotels: **Gudenå**, 16 Zi., Østervold 42, Tel. 86 40 69 22, Fax 86 40 62 75, östlich der Innenstadt.

Kronjylland, 33 Zi., Vestergade 51-53, Tel. 86 41 43 33, Fax 86 41 43 95, verkehrsgünstig am westlichen Stadtrand in Bahnhofsnähe, Restaurant.

Randers, 79 Zi., Torvegade 11, Tel. 86 42 34 22, Fax 86 40 15 86, sehr zentral, Restaurant, Garage.

Scandic Kongens Ege, 120 Zi., Tel. 86 43 03 00, zeitgemäßes Haus der oberen Preisklasse mit internationalem Standard, Restaurant, Sauna, Garage. – Und andere Hotels.

Jugendherberge

Jugendherberge: **Randers Vandrerhjem ***, Gethersvej 1, Tel. 86 42 50 44, Mitte Feb. – Ende Nov.

Camping

▲ – **Fladbro Camping ***, Tel. 86 42 93 61; Apr. – Ende Okt.; ca. 5 km südwestl. Randers, E45 Ausfahrt Randers C, Straße 16 Richtung Viborg, dann Richtung Fladbro, beschildert, noch 3 km; weitläufiges, ruhig gelegenes Gelände, in waldreichem Gebiet; ca. 8 ha – 100 Stpl. + Dau.; Standardausstattung; 21 Miethütten.

4. RANDERS – FREDERIKSHAVN

⊙ **Entfernung:** Rund 110 km, ohne Abstecher.

➔ **Strecke:** Über die Straße 180 über **Hobro** bis **Aalborg** – Straße E45 bis **Frederikshavn.**

⏱ **Reisedauer:** Mindestens ein Tag.

⌘ **Höhepunkte:** Die Wikingerburg **Fyrkat** – **Aalborgs** Sehenswürdigkeiten – **Schloß Voergård** – **Bangsbo Museum** in Frederikshavn.

➔ **Route:** Von Randers auf der Straße 180 über **Hobro** nach **Aalborg**. ●

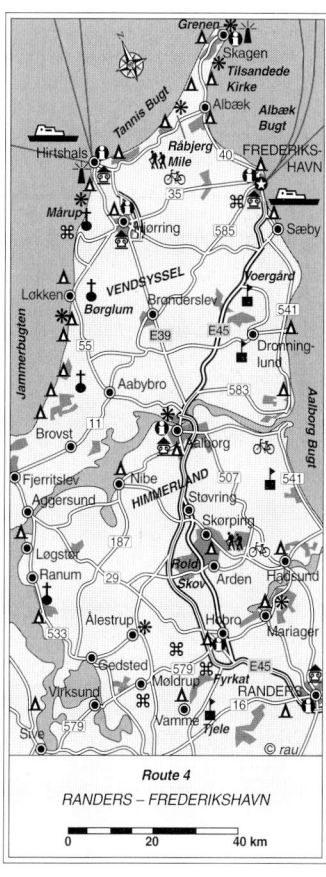

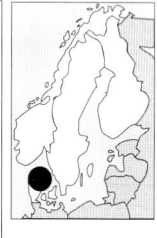

Hobro, das 10.000-Seelen-Städtchen am Ende des Mariager Fjords, hat eine seltene Sehenswürdigkeit zu bieten. Ca. 3 km südwestlich liegt **Fyrkat**, Reste einer rund 1000 Jahre alten Wikingerburg in Form eines Ringforts. Die hier gemachten Grabungsfunde sind im Museum in Hobro zu sehen.

9 km westlich von Hobro, bei **Snæbum**, ist ein anderes Zeugnis aus der frühen Geschichte Dänemarks zu sehen, ein **Ganggrab** aus der jüngeren Steinzeit. Es zählt zu den eindrucksvollsten und besterhaltenen des Landes. Taschenlampe nicht vergessen!

Auf der Weiterfahrt auf der Straße 180 und über **Støvring** nach Norden durchquert man die Landschaft „Himmerland" und passiert dabei zwischen Rold und Gravlev das größte Waldgebiet Dänemarks. **Rold Skov**, so der dänische Name des Waldgebiets, begrenzt den **Nationalpark Rebild**, ein hügeliges Heidegelände mit einer dänisch-amerikanischen Gedenkstätte, der *„Lincoln Log Cabin".* Das Museum, ein Blockhaus, ist ein originalgetreuer Nachbau des Geburtshauses Abraham Lincolns. Jährlich am 4. Juli dänisch-amerikanisches Freundschaftsfest.

Route 4
RANDERS – FREDERIKSHAVN

0   20   40 km

Bei **Oplev** liegen die **Kalkgruben Thingbæk**, die heute ein Bildhauer-museum beherbergen.

Am Südrand des quellen- und seenreichen Waldgebietes Rold Skov liegt der tiefblaue Quelltopf „Stor Blåkilde" des Villestrup-Baches, mit einer täglichen Schüttung von ca. 35.000 Kubikmeter Wasser.

➔ **Route:** Am Stadtrand von **Aalborg** verlassen wir die Stadtumgehungsautobahn und fahren ins Stadtzentrum. Zentrumsnahe Parkplätze findet man u.a. an der Nyhavnsgade zwischen Hafen und Altstadt. ●

AALBORG, 157.000 Einwohner, ist eine über 1000 Jahre alte Stadt und von jeher wichtiger Handels- und Wirtschaftsplatz. Die günstige Lage am Limfjord förderte die Entwicklung des Hafens, der Wohlstand in die Stadt brachte. Aber nicht nur wirtschaftlich, auch kulturell ist Aalborg noch heu-te das Zentrum Nordjütlands schlechthin.

Im Zentrum der Stadt sind viele alte Gebäude aus der Zeit der Großkauf-leute des 16. und 17. Jh. erhalten. Ein Rundgang durch die Innenstadt mit ihren Fußgängerzonen lohnt.

Stadtspaziergang durch Aalborg

Wir beginnen am **Turisteninformationsbüro** an dem kleinen Platz an der Østerågade.

Schräg gegenüber erhebt sich unverkennbar das mächtige, fünfstöckige, mit reichem Giebelschmuck versehene Haus des Großkaufmanns Jens Bang. Der als **Jens Bang's Stenhus** bekannte Bau stammt aus dem Jahre 1624 und gilt als eines der größten und schönsten Bürgerhäuser im Renaissancestil Nordeuropas.

Daß Jens Bang ein erfolgreicher Kaufherr und reichster Mann weit und breit war, glaubt man angesichts des Prachtbaus ohne weiteres. Sieht man sich aber die Köpfe, Masken und Fratzen an den Giebeln etwas genauer an, glaubt man auch, daß Jens Bang keineswegs ein allseits geliebter Bürger war. Seine Feinde und Gegner ließ er darum in wenig schmeichlerischer Weise in Stein porträtieren. Obwohl reich, wurde der einflußreiche Kaufmann doch nie in den Rat der Stadt berufen. Wie Jens Bang darüber dachte, geht wohl aus der Maske am Giebel zum Rathaus hin eindeutig hervor – er streckt den Ratsherren die Zunge heraus.

In dem Prachtbau ist seit 300 Jahren die „Svane Apothek" eingerichtet, die älteste Apotheke in Aalborg. Außerdem findet man dort den „Duus vinkjelder", einen alten Weinkeller mit historischem Inventar.

Geradezu bescheiden sieht daneben das **Alte Rathaus** aus. Allerdings ist dieses Rathaus nicht dasselbe wie das zu Zeiten von Jens Bang. Der schöne Spätbarockbau den wir heute sehen, entstand erst 1762. An der Hauptfassade zum Platz Gammel Torv hin sieht man das schöne, von den letzten Gaslaternen Aalborgs flankierte Portal, darüber das Reichs-wappen und das Bildnis König Frederiks V. mit den königlichen Wahl-spruch: „Solo Deo Gloria" (Gott allein die Ehre). Über dem Eingang noch eine Devise: „Prudentia et Constantia" (Klugheit und Festigkeit).

rund um den alten Marktplatz

Gammel Torv, der Platz vor dem Rathaus, ist der alte Marktplatz der Stadt. Früher war hier die Thing- und Richtstätte und bis auf den heutigen Tag werden von hier aus die Straßenkilometer ab Aalborg gemessen. Ein Stein auf dem Platz markiert den Nullpunkt.

Die Südseite des Platzes wird begrenzt durch die **Budolfi Domkirche**.
Wir gehen um die Ostseite der Kirche herum, um zum Eingang in der
Algade zu kommen. Die ältesten
Mauerreste sind fast 1000 Jahre alt.
Der größte Teil der Kirche, die kurioserweise dem englischen Heiligen
der Seeleute „Butolph" geweiht ist,
entstand im 13. und 14. Jh. und erfuhr mehrmalige Um- und Anbauten.
Die schöne barocke Turmspitze kam
erst 1779 dazu.

Im Inneren des Kirchenschiffs wertvolle Fresken, z.B. die vier Evangeli-
sten in der Vierung, sowie Motive aus
dem Alten und Neuen Testament.
Bemerkenswert auch der Altar, die
geschnitzte Kanzel, der barocke
Marmortaufstein und die Empore mit
Stilelementen der Renaissance und
Motiven der Zehn Gebote.

Etwas westlich vom Domturm liegt
das Postamt, untergebracht in einem
Gebäude, das einem alten Herrensitz
nachempfunden ist. Daneben findet
man in der Algade Nr. 48 das **Histo-
rische Museum**. Exponate aus der Steinzeit, Funde von Lindholm Høje
aus der Wikingerzeit, Ausstellungen zur Stadtgeschichte, schöne Glä-
ser- und Silbersammlung. Hervorzuheben ist das getäfelte Aalborg-Zim-
mer von 1602 mit prächtigem Renaissance-Interieur.

*Jens Bang's
Stenhus in
Aalborg, ein
sehenswertes
Renaissancepalais*

Jetzt gehen wir nördlich der Domkirche die Adelsgade entlang, bis gleich
darauf linkerhand der **C. W. Obels Plads** auftaucht. Der Platz ist benannt
nach dem gleichnamigen Tabakfabrikanten, dessen Fabrik bis 1896 hier
stand. Heute wird hier im Sommer Samstag vormittags ein Trödelmarkt
abgehalten.
Zur Rechten sieht man ein rotes Fachwerkhaus, das aus dem Jahre 1580
erhalten blieb.
Linkerhand das **Heiliggeist-Kloster** mit schönen Stufengiebeln. Das Haus
ist eine Stiftung des „ehrbaren Weibes Maren Hemmings" aus dem Jahre
1431. Das Kloster widmet sich traditionell der Pflege Alter und Kranker.
Im Hof schöner Springbrunnen mit gewundenen Drachenleibern. Führungen nur in der Ferienzeit Mo. – Fr. 14 Uhr, Mo. Mi. u. Fr. auch in deutscher Sprache. Eintritt.
Zurück in die Adelsgade und an der Klostermauer entlang durch das
schmale romantische Treppengäßchen Latinergyden in die Gravensgade.
Hier verlief früher der Graben der Stadtbefestigung. Heute ist die Straße
Fußgängerzone, Aalborgs erste übrigens.
Nun links bis zur Algade und rechts bis zur Hauptstraße Vesterbro. Auf
der anderen Straßenseite das Hotel Phönix, untergebracht in einem Adels-

Stadtspaziergang
durch Aalborg

palais, das sich 1783 der durch obskure Indienfahrten reich gewordene William Halling errichten ließ.

Schaut man links die Hauptstraße Vesterbro hinab, erkennt man die „Gänsemagd", eine von der Tabakfabrik Obel gestiftete und 1937 von Gerhard Henning geschaffene Plastik.

Soviel Spenderlaune steckte offenbar an. Denn auf unserem Weg die Vesterbro rechts hinauf, kommen wir zum „Kimbrer-Stier". Diese Plastik wurde von A. J. Bundgaard geschaffen und von der Dänischen Spirituosenfabrik gestiftet.

Aalborgs
„Schlemmer-
meile"

Beim Kimbrer-Stier nun rechts ab in die Bispensgade bis zur Jomfru Ane Gade, die links abzweigt. Die Fußgängerzone **Jomfru Ane Gade** ist Aalborgs bekannte Schlemmermeile. Viele sagen auch es ist „die längste Theke des Landes". Jedenfalls findet man hier über 20 Kneipen, beliebte Speiserestaurants, aber auch Discos und Musikunterhaltung. Auf halber Höhe rechts der Sildepaladset (Heringspalast) von 1813, die ehemalige Domschule mit markanter Giebelfassade.

Wir gehen die Jomfru Ane Gade weiter am Parkhaus vorbei bis zur Straße Ved Stranden. Hier wenden wir uns rechts und gehen vorbei am Haus Nr. 7. Das Gebäude war ehemals das Anwesen eines Weinhändlers, erkenntlich an dem Weinrebenfries und einer Bacchus-Darstellung. Wenig später biegen wir in die Maren Turisgade ein. Durch Haus Nr. 6 gelangen

alter Kaufmanns-
hof

wir in den **Jørgen Olufsens Gård**, einen alten, gut erhaltenen Kaufmannshof mit hohen Speichern und Luken zu den Kellern. Am Tor zur Østeragade sieht man noch den Eisenhaken, an dem früher die große Waage hing. Die Fassade in der Østeragade hat einen schönen Giebel und ein Sandsteinportal.

Jørgen Olufsen, der Erbauer des Anwesens, war weitläufig verwandt mit Jens Bang. Als dieser Olufsens Haus sah, soll er geäußert haben, er werde ihm nun einmal zeigen, was ein standesgemäßes Kaufherrenpalais sei und begann mit seinem schon erwähnten Prachtbau.

Nun überqueren wir die Østeragade – früher war dies übrigens ein Flußlauf und die Frachtkähne konnten direkt bis zu den Handelshäusern hier

Aalborgs Schloß
Wallanlage
ganzjährig 8 - 21
Uhr. Verlies 1. 5. -
31. 10. tgl. 8 - 15
Uhr.

fahren – und gehen bis zum **Schloß Aalborghus**, erkenntlich an seinem Stufengiebel. Vom Slotspladsen am Hafen kann man durch einen Torweg in den Innenhof gelangen.

Mitte des 16. Jh. legte König Christian III. das Schloß an, um es zu einem Verteidigungsposten bei evtl. Aufständen auszubauen. Vielleicht wollte man auch nur den zu selbstgefällig werdenden Kaufherren Macht demonstrieren. Jedenfalls wurde der Plan zum Ausbau des Schlosses fallen gelassen. Aalborghus wurde statt dessen Sitz des Königlichen Lehensmannes und ist heute Amtssitz des Landrats. Zu sehen sind ein Verlies und unterirdische Gänge und Fluchtwege, sowie Kasematten.

Wir gehen ein Stück zurück, um die Westseite des Schlosses herum und links durch die Lille Kongensgade zum Nytorv, einem ehemaligen Platz zur Musterung von Pferden (1604) die König Christian IV. erwerben ließ.

Vår Frue Kirke
Mo. - Fr. 9 - 14,
Sa. 9 - 12 Uhr.

Weiter bis zur Slotsgade und über sie rechts (Fußgängerzone) bis zur Bredegade und zur **Vår Frue Kirke** (Liebfrauenkirche). In diesem Viertel findet man viele alte, gut erhaltene Häuserensembles, z.B. Ecke Fjordgade/ Nørregade, dann südlich der Kirche in der Klokkestøbergade, von der

man über die Sct. Peders Straede in die Peter Barkes Gade mit einer Reihe kleiner, einstöckiger Häuschen kommt.

der hübsche Gammel Torv in Aalborg

Westlich der Kirche gehen wir durch die abgewinkelte Hjelmerstald, deren altes Straßenbild erhalten wird, zur Møllegade und über Algade und Østergade zurück zum Ausgangspunkt am Informationsbüro.

Je nach persönlicher Neigung können auch folgende Sehenswürdigkeiten besuchenswert sein:

Nordjütlands Kunstmuseum, Kong Christians Allee 50, untergebracht in einem modernen Bau der Architekten Aalto (Finnland) und Baruel (Dänemark). Dänische und internationale Kunst des 19. und 20. Jh. Einen Schwerpunkt bilden Werke von Künstlern der COBRA-Gruppe.

Kunstmuseum tgl. a. Mo. 10 - 17 Uhr. Juli + Aug. auch montags. Eintritt.

Tivoliland, Vergnügungspark mit 80 Attraktionen, 15 Gaststätten, Blumenpark und Musikveranstaltungen.

Vergnügungspark Apr. - Sept. 13 - 23 Uhr. Eintritt.

Zoologischer Garten, Mølleparkvej. Angrenzend Park mit Campingplatz.

Aalborg Turm, Aussichtsturm auf dem 105 m hohen Skovebakken oberhalb des Kunstmuseums. Schönster Blick auf Stadt und Limfjord. Restaurant.

Aussichtsturm Sommer tgl. 10 - 19 Uhr. Sonst kürzer. Eintritt.

Lindholm Høje gegenüber von Aalborg auf der nördlichen Fjordseite, nordwestlich der Vorstadt Nørresundby. Größter Begräbnisplatz in Jütland aus der Eisen- und Wikingerzeit. Ca. 700 Gräber, davon 150 sog. Schiffssetzungen. Dazu wurden große Gesteinsquader in der ovalen Form eines Schiffes aufgestellt, wohl in der Hoffnung, daß der Verstorbene magische Kraft genug haben würde, mit diesem symbolischen Schiff ins Reich der Toten segeln zu können. Mächtigen Wikingern wurden dagegen echte Holzschiffe als Grabbeigabe mitgegeben.

*Begräbnisplatz aus der Wikingerzeit * tgl. a. Mo. 10 - 17 Uhr. Eintritt.*

Aalborg Hotels

Praktische Hinweise – Aalborg

☎ **Aalborg Turistbureau**, Østerågade 8, 9100 Aalborg, Tel. 98 12 60 22, Fax 98 16 69 22.

⌂ Zentrumsnahe Hotels: **Chagall,** 72 Zi., Vesterbro 36 – 38, Tel. 98 12 69 33, Fax 98 13 13 44, Restaurant, Sauna.
Hvide Hus, 200 Zi., Vesterbro 2, Tel. 98 13 84 00, Fax 98 13 51 22, Restaurant, Sauna, Schwimmbad, Garage.
Limfjordshotellet, 180 Zi., Ved Stranden 14 – 16, Tel. 98 16 43 33, Fax 98 16 17 47, Restaurant, Sauna, Garage.
Park, 81 Zi., Boulevarden 41, Tel. 98 12 31 33, Fax 98 13 31 66, Rest., Garage.
Phønix, 220 Zi., Vesterbro 77, Tel. 98 12 00 11, Fax 98 16 31 66, Rest., Sauna.
Prinsens, 40 Zi., Prinsensgade 14 – 16, Tel. 98 13 37 33, Fax 98 16 52 82, Restaurant, Sauna.
Slotshotellet, 144 Zi., Rendsburggade 5, Tel. 98 10 14 00, Fax 98 11 65 70, Restaurant, Sauna. – Und andere Hotels.

Jugendherberge

Jugendherberge: **Aalborg Vandrerhjem „Fjordparken" ****,** Skydebanevej 50, Tel. 98 11 60 44, 144 Betten. Recht moderne Anlage beim Jachthafen am Limfjord, nordwestlich des Stadtzentrums. Campingplatz 500 m entfernt.

Camping

▲ – **Aalborg Camping „Fjordparken"** ***, Tel. 98 11 60 44; 15. Mai – 31. Okt.; am nordwestl. Stadtrand nahe Trabrennbahn und Limfjord; weitläufiges, ebenes Wiesengelände, nahe Strandparken Camping; ca. 7 ha – 270 Stpl.; gute Standardausstattung; Laden, Imbiß; 30 Miethütten; Jugendherberge nebenan.
– **Strandparken Camping ***,** Tel. 98 12 76 29; Apr. – 1. Sept.; am nordwestl. Stadtrand nahe Freibad und Limfjord; kleineres, parkähnliches Gelände mit hohem Baumbestand, nahe „Fjordparken" Camping; ca. 2,5 ha – 150 Stpl.; einfache Standardausstattung, 15 Miethütten.

➔ **Route:** Auf der Weiterreise nach Norden folgen wir zunächst der E45 Richtung Frederikshavn. Nach knapp 20 km kann man die Hauptstraße verlassen und ostwärts auf die Straße 559 ins 9 km entfernte **Dronninglund** abzweigen. ●

Am westlichen Stadtrand von **Dronninglund** findet man **Schloß Dronninglund**, ein ehemaliges Nonnenkloster, seit 1581 in adligem Besitz. Die Schloßkirche ist Besuchern zugänglich. Interessante Fresken, Gestühl und Empore stammen aus dem 16. Jh.

prächtiges Renaissanceschloß nur an einzelnen Tagen der Öffentlichkeit zugänglich!

Gut 13 km weiter nördlich von Dronninglund liegt **Schloß Voergård**. Voergård wird zu den prächtigsten Renaissanceschlössern Jütlands gezählt. U.a. wertvolle Gemälde u.a. von Goya, El Greco, Rubens. Da das Schloß recht unregelmäßig und nur an einzelnen Tagen der Öffentlichkeit zugänglich ist, empfiehlt es sich, sich vorher nach den aktuellen Zeiten zu erkundigen.

➔ **Route:** Der weitere Verlauf unserer Route führt von Dronninglund auf der Straße 559 weiter ostwärts an die Küste bei Asaa. Dort folgen wir der küstennahen Straße 541 nordwärts, die uns über **Sæby** an der Küste des Kattegat mit schönen Sandstränden bringt. ●

Ca. 2 km nördlich der Stadt **Sæby** (mehrere beschilderte Campingplätze am Strand) liegt **Sæbygård**, ein herrschaftliches Gut aus dem 16. Jh.

➜ **Route**: Auf der Weiterfahrt ins nur 12 km weiter nördlich gele- gene Frederikshavn, das man über die Straße 180/E45 rasch errei- chen kann, lohnt ein kleiner Umweg über Landstraßen nach Nord- westen nach Gærum an der Straße 585. ●

Umweg über Gærum

Kaum 2 km südwestlich von **Gærum** liegt nahe der Hauptstraße nach Øster Vrå **Blakshøj**, eines der größten Hünengräber der jüngeren Stein- zeit.

Schließlich passiert man auf dem Weg über die Straße 585 nach Frederikshavn den 122 m hohen Aussichtspunkt „Kig-ud" und den 60 m hohen Aussichtsturm **Cloostårnet**.

Aussichtsturm
Sommer tgl. 10 - 17 Uhr. Frühjahr + August 13 - 17 Uhr.

FREDERIKSHAVN hieß bis ins vorige Jahrhundert gar nicht Frederikshavn, sondern *Fladestrand*. Erst 1818 erhielt es zu Ehren König Frederiks IV. seinen heutigen Namen. Mit der Namensänderung wurden Frederikshavn Stadt- und Handelsrechte verliehen. Seitdem entwickelte sich der Ort zu einem der wichtigsten dänischen Handels- und Fischerei- häfen.

Regelmäßige **Autofähren** verbinden Frederikshavn mit Larvik, Moss und Oslo in Norwegen und mit Göteborg in Schweden. Außerdem bestehen Verbindungen zur Insel Læsø.

Der älteste Teil der Stadt liegt nur wenig nördlich des Fischereihafens. In dem alten Viertel, das die Frederikshavener *„Fiskerklyngen"* nennen, findet man noch niedere, getünchte Fachwerkhäuser mit roten Ziegeldä- chern an kopfsteingepflasterten Straßen und manchen romantischen Winkel. Die meisten Gebäude stammen aus der Zeit um 1800. Am Meer sind Reste der alten Schanzanlagen **Nordre Skanse** zu sehen, die im frühen 17. Jh. angelegt worden sind. Frederikshavn war ja lange eine befestigte Stadt, die den Schiffsverkehr im Kattegat überwachte. Unweit des Klyngen-Viertels liegt eine der ältesten Kirchen der Stadt, die **Fladestrand Kirche** aus dem Jahre 1690.

Ein anderes Relikt aus der Zeit der frühen Festungsanlage ist der mäch- tige, runde, weiße Pulverturm **Krudttårnet** am Platz vor dem Fährhafen. Man kann es sich kaum vorstellen, aber der ganze 4.500 Tonnen schwe- re Turm wurde vor Jahren mit Hydraulik-Hebern und Gleitschienen an seinen jetzigen Platz versetzt, als sein alter Standort für Hafenerweite- rungen benötigt wurde. Heute ist im Pulverturm ein *Museum* eingerich- tet, das alte Waffen und Kriegsgerät ausstellt.

Museum im Pulverturm
1. 5. - 30. 9. tgl. 10.30 16.30 Uhr.

Gegenüber, zur Stadtseite hin, ragt die 1892 erbaute **Stadtkirche** auf. Das Altarbild wurde von Michael Anker gemalt, der sich den Dichter Hol- ger Drachmann als Modell für einen dargestellten Jünger nahm. Aus nicht mehr bekannten Gründen wurden aber vom Kirchenrat kritische Stim- men gegen das Modell laut und der Maler Anker sah sich gezwungen, die Gesichtszüge der Apostelfigur zu ändern. Anker änderte aber angeb- lich nicht den Schatten des Kopfes, so daß die Züge Drachmanns den- noch erkennbar blieben.

Unweit westlich der Kirche findet man im Kulturzentrum (u.a. städtische Bibliothek, Schwimmbad, Cafés) an der Hauptstraße Rådhusallé das *Kunstmuseum*. Spezialität: Kleingrafik. Wechselnde Ausstellungen, z.B. moderne Maler.

Kunstmuseum
Di. - Sa. 10 - 16 Uhr.

der „weiße Turm"
in Frederikshavn

Schließlich kann man das etwas nördlich der Stadt nähe Nordre Strandvej gelegene **Bunkermuseet** (1. 5. – 30. 9. tgl. 10.30 – 16.30 Uhr) besichtigen. Das Bunkermuseum gibt Einblick in die „Verteidigungstechnik des Zweiten Weltkriegs", wie es heißt.

Weitere Sehenswürdigkeiten liegen südlich, etwas außerhalb der Stadt:
Pikkerbakken, 71 m hoher Aussichtspunkt mit Blick auf die Stadt.
Bangsbo Museum (tgl. 10.30 – 17 Uhr. Im Winter Mo. geschlossen), Frederikshavns wichtigstes Museum, untergebracht in einem idyllisch in einem Park gelegenen alten Gutshof aus dem 14. Jh. Steinzeitliche Sammlung, umfangreiche Schiffahrtsabteilung mit großer Gallionsfigurensammlung, mittelalterliches Schiff nach Wikingerbauart, Exponate aus dem landwirtschaftlichen Milieu, sowie Freiheits- und Widerstandsausstellung aus der Zeit des 2. Weltkrieges. Der **Tierpark** grenzt an das Gelände von Bangsbo Museum.

Etwas westlich der Stadt liegt am Broderslevvej der sog. „**Eisenzeitkeller**", Reste eines keltischen Bauwerks, und noch etwas weiter der **Cloostårn**, ein über 60 m hoher Aussichtsturm.
Dem Turm gegenüber erhebt sich die **Flade Kirke** aus dem 13. Jh., die später aber mehrfach umgebaut wurde. Sie ist Frederikshavns ältestes Gotteshaus.

Frederikshavn
Hotels

Jugendherberge

Camping

Praktische Hinweise – Frederikshavn

☎ **Frederikshavn Turistbureau**, Brotorvet 1, 9900 Frederikshavn, Tel. 98 42 32 66. Fax 98 42 12 99. Geöffnet: 1. 6. - 16. 8. Mo. - Sa. 8.30 - 20.30, So. 11 - 20.30 Uhr. Übrige Zeit Mo. - Fr. 9 - 16, Sa. 11 - 14 Uhr.

⌂ Zentrumsnahe Hotels: **Jutlandia**, 104 Zi., Havnepladsen 1, Tel. 98 42 42 00, Fax 98 42 38 72, Restaurant, Garage.
Mariehønen, 32 Zi., Skolegade 2, Tel. 98 42 01 22, Fax 98 43 40 99, Restaurant.
Park, 31 Zi., Jernbanegade 7, Tel. 98 42 22 55, Fax 98 42 20 36, Restaurant.
Stena Line Hotel Frederikshavn, 215 Zi., Tordenskjoldsgade 14, Tel. 98 43 32 33, Fax 98 43 33 11, Restaurant, Sauna, Schwimmbad, Garage. – Und andere Hotels.
Jugendherberge: **Frederikshavn Vandrerhjem „Flatstrand" *****, Buhlsvej 5, Tel. 98 42 14 75; Feb. – 15. Dez.; 146 Betten.

▲ – **Nordstrand Camping** ****, Tel. 98 42 93 50; 1. Apr. – 15. Sept.; im nördl. Stadtbereich, beschildert; ausgedehnte, gepflegte Anlage, eben, durch Hekken unterteilt; ca. 11 ha – 400 Stpl. + Dau.; Komfortausstattung; Laden, Imbiß, Tennis, Fahrradverleih. 23 Miethütten; Strand und Sporthafen ca. 200 m.

Bei ausreichend zur Verfügung stehender Zeit und schönem Wetter lohnen sich **Bootsausflüge zu den Inseln Hirsholmene** und **Læsø**.
Der weitere Verlauf unserer Reise durch Skandinavien führt per Fähre von Frederikshavn nach Göteborg in Schweden.

SCHWEDEN

5. GÖTEBORG

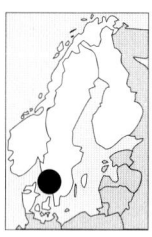

⏱ **Reisedauer:** Mindestens ein halber Tag.

⌘ **Höhepunkte:** Das **Ostindien-Haus** und seine Museen – das **Kronhuset** – **das Seefahrtsmuseum** ** – eine **Bootsfahrt** durch die Kanäle Göteborgs.

Göteborg, mit annähernd 450.000 Einwohnern zweitgrößte Stadt des Landes, ist nun wirklich alles andere als eine Touristenstadt. Aber, und das ist ebenso wahr, es hat seine Ecken und Sehenswürdigkeiten, die einen Stadtbesuch durchaus lohnen. Die Stadt wird geprägt von ihren Häfen, Werft- und Industrieanlagen. Über die Docks und Güterschuppen wird rund ein Drittel des gesamten Exports des Landes und der größte Teil des schwedischen Hochseefischfangs abgewickelt. In Göteborg haben Konzerne wie der Kugellagergigant SKF und der Automobilhersteller Volvo ihre Hauptverwaltungen und – Fotobegeisterte werden es wissen, in Göteborg werden die legendären Hasselblad-Kameras gebaut.

Göteborgs Einwohner hörten es nicht ungern, wenn ihre Stadt früher gelegentlich als „Klein London" bezeichnet wurde, wußten sie doch, daß damit nicht nur auf die große Kolonie von Engländern in der Stadt im 18. und 19. Jh., sondern auch auf die Banken, Handelshäuser, die breiten Geschäftsstraßen und auch auf das Nachtleben der Hafenstadt hingewießen werden sollte.

*Göteborgs Hafen
und Marina*

Göteborgs Geschichte

Göteborg ist eine relativ „junge" Stadt. Erst 1621 wurde sie offiziell gegründet, als Gustav II. Adolf ihr Stadtrechte verlieh. Der Ursprung der Stadt allerdings reicht zurück bis ins 14. Jh., als am Götaelv, der lange die Grenze zu Norwegen bildete, eine Siedlung namens *Lödöse* existierte. Lödöse wurde zerstört, weiter flußabwärts aber – und nun beiderseits des Götaelv – wieder aufgebaut und erhielt von König Gustav II. Adolf den Namen Göteborg. Der König war es auch, der holländische Städtebauer nach Schweden rief, um das Marschland, auf dem Göteborg entstand, durch Kanäle zu entwässern und Straßen und Plätze anzulegen. Bald spielte Göteborg nicht nur eine Rolle in der Handelspolitik. Karl X. rief 1659 das Parlament nach Göteborg, das im Kronhuset, dem heute ältestens Gebäude der Stadt, tagte. Man konnte den Eindruck gewinnen, daß Göteborg sich anschickte, Stockholm den Rang abzulaufen. Als gar Karl XI. im Kronhuset gekrönt wurde, stieg das Ansehen der Stadt noch weiter. Und eine gewisse, wenn auch nicht sehr ernst gemeinte Rivalität besteht zwischen den Städten noch heute. Ganz Gehässige sagen ja auch, das schönste an Stockholm ist der Zug nach Göteborg.

Großen Profit zog die Stadt durch ihren Hafen auch zu Beginn des 19. Jh. während der Blockade (Kontinentalsperre) Napoleons gegen die Engländer, die ihren Handel mit Nordeuropa nun über Göteborg abwickelten. Weiteren Aufschwung versprach die Anbindung der Stadt ans Hinterland durch den 1832 eröffneten Götakanal. So expandierend die Entwicklung Göteborgs im vergangenen Jahrhundert auch anmutet, die allgemeine wirtschaftliche Situation in Schweden spiegelt sie nicht wieder. Göteborg war vor allem Mitte des 19. Jh. der größte Auswanderungshafen des Landes, über den zig-tausende von Schweden nach Amerika auswanderten, um der allgemeinen Not im eigenen Lande zu entgehen.

Heute ist Göteborg Verwaltungshauptort der Regionen Göteborg und Bohuslän und nicht nur Schwedens sondern ganz Skandinaviens größter Seehafen.

SEHENSWERTES IM ALTEN STADTKERN

Mittelpunkt des alten Stadtkerns von Göteborg, der einerseits von Kaianlagen, andererseits von einem Kanal eingefaßt wird, ist der **Gustav Adolfs Torg (2)**, auf dem sich ein Denkmal des Stadtgründers mit typischem Hut und Federbusch erhebt. Umgeben wird der Platz von öffentlichen Gebäuden wie dem Rathaus, Stadtverwaltung, alter Börse etc. Unweit östlich des Platzes findet man am Nordstadstorget eine der beiden **Touristeninformationen (1)** (das andere Touristenbüro liegt weiter südlich am Kungsportplatsen). Einige der bedeutendsten Sehenswürdigkeiten befinden sich hier im alten Stadtviertel.

Geht man vom Gustav Adolfs Torg über die Norre Hamngatan am Kanal entlang nach Westen, gelangt man – vorbei an der **St. Kristine kyrkan (3)**, auch Deutsche Kirche genannt, die 1648 kurz nach der Stadtründung entstand und nach dem Großbrand von 1748 wiederaufgebaut wurde – zum **Ostindiska huset (4)**, dem Ostindien-Haus. Heute ist in dem ehemaligen Handelskontor, das einen ganzen Häuserblock einnimmt, das **Göteborg Stadtmuseum** untergebracht. Das Haus selbst stammt aus der Mitte des 18. Jh., als Göteborg Sitz der Svenska Ostindiska Kompaniet (Schwedischen Ostindischen Kompagnie), einer wohlhabenden Reede-

Ostindiska Huset, Göteborgs Stadtmuseum ** (4); Mai - Aug. Mo. - Sa. 12 - 16, Mi. auch 18 - 21, So. 11 - 17, Sept. - Apr. Di. - Sa. 12 - 16, So. 11 - 17. Eintritt.

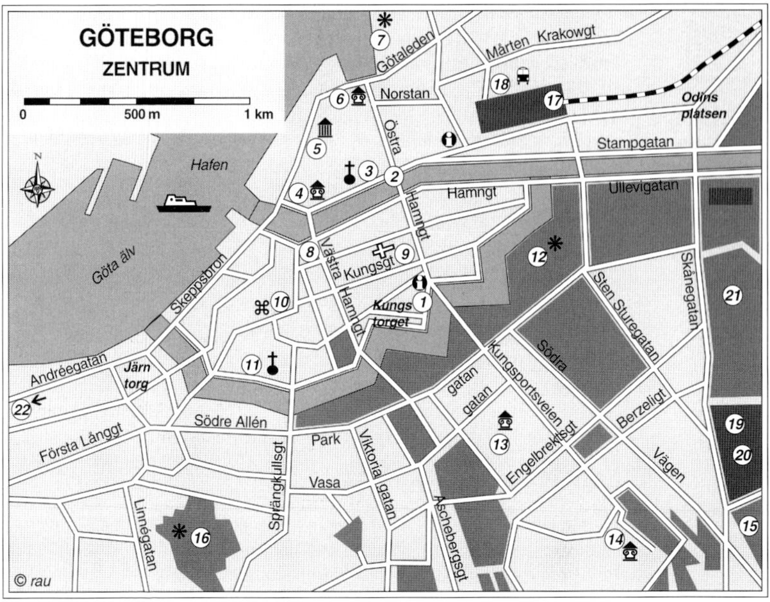

GÖTEBORG
ZENTRUM

0   500 m   1 km

Hafen

Göta älv

Skeppsbron

Andréegatan   Järn
                torg

Första Långgt

Linnégatan

Götaleden

Mårten Krakowgt

Norstan

Östra

Hamngt

Västra Hamng

Kungsgt

Kungs
torget

Andréegatan

Södre Allén

Sprängkullsgt

Vasa

Park

Viktoriagatan

Ascnebergst

Stampgatan

Ullevigatan

Sten Sturegatan

Kungsportsveden

Södra

gatan

gatan

Engelbrektsg

Berzeligt

Vägen

Skånegatan

Odins
platsen

© rau

GÖTEBORG	7 Maritimzentrum	13 Kunstgewerbe	19 Skandinavium,
1 Information	8 Antikhallarna	Museum	Valhallabadet
2 Gustav Adolfs Trg	9 Dom	14 Götaplatz	20 Messegelände
3 St. Kristine Kyrkan	10 Drottning Kristinas	15 Liseberg	21 Burgårdsparken
4 Ostindien-Haus	Jagdschloß	16 Skansenkronan	22 zum Seefahrt-
5 Kronhuset	11 Feskekörka	17 Zentralbahnhof	museum
6 Medizinisches Mus.	12 Palmenhaus	18 Busterminal	

rei und Handelsgesellschaft war. Das Gebäude, nach Entwürfen des Göteborger Stadtarchitekten Bengt Wilhelm Carberg und des Oberintendenten Carl Hårleman errichtet, diente bis zu Beginn des 19. Jh. als Speicher, Kontor und Auktionshaus. Nach Auflösung der Handelsgesellschaft wurde das Haus Museumszwecken zugeführt. 1861 konnte das erste Museum der Stadt Göteborg hier eingeweiht werden.

Man kann nun von der Norra Hamngatan rechts um das Ostindien-Haus in die Smedjegatan gehen, dieser zwei Straßenzüge weit folgen und sich dann rechts in die Kronhusgatan wenden. Dort findet man rechterhand das **Kronhuset (5)**, den ältesten Profanbau der Stadt. Dieses alte Zeughaus und Artilleriemagazin wurde zwischen 1642 und 1654 errichtet. 1660 diente es den Bürgerständen als Versammlungsort des Reichstags in Göteborg. Damals wurde hier – nach dem überraschenden Tode Karls X. Gustav – der junge Karl XI. zum König von Schweden proklamiert. Zwischen 1680 und 1883 diente das Kronhus als Gotteshaus. Heute ist hier das *Museum für Stadtgeschichte* eingerichtet, in dem man anhand von Dokumenten, alten Stichen, Karten, Ausgrabungsfunden etwas über die Entwicklung Göteborgs von seiner Entstehung bis heute erfährt. Rund um den hübschen Innenhof des Gebäudeensembles liegen Handwerks-

Kronhuset (5) *
Mai - Aug. tgl.,
Sept. - Apr. Di. -
Sa. 12 - 16 Uhr.
Eintritt. Tram 1 - 7
bis Brunnsparken.

räume, Gaststätten und kleine Krämerlädchen, die sog. „Kronhusbodarna". Geht man über die Kronhusgatan weiter ostwärts (stadteinwärts) gelangt man schließlich zur Östra Hamngatan. Wenige Schritte links findet man das **Medizinische Museum (6)**, das sich mit der Geschichte der Volks- und der akademischen Medizin, mit der Heilkunde, Chirurgie u.ä. im Laufe der Jahrhunderte befaßt.

Maritim Zentrum (7)
Juni – Aug. tgl. 11 – 17, sonst Sa. + So. 11 – 17 Uhr. Eintritt.

Man sollte der Östra Hamngatan weiter nach Norden folgen und kommt dann zum Gästehafen am Lilla Bommens Torg. Zu besichtigen ist hier das **Maritim Zentrum (7)** mit diversen historischen Schiffstypen, Feuerschiffe, Fähren, Schlepper u.a.

Weiter nördlich führt die 933 m lange und 45 m hohe Hängebrücke Älvsborgsbron über den Götaelv. Weite Aussicht auf den Hafen.

Auf dem Weg zurück in die Stadt kann man einen kleinen Umweg über **Nordstan** machen, ein Stadtviertel östlich vom Zentralbahnhof und dem Drottning Torget. Nordstan gilt als eines der modernsten und größten überdachten Einkaufszentren in Schweden. Neben Geschäften aller Art findet man hier auch eine ganze Reihe von Restaurants.

WEITERE SEHENSWÜRDIGKEITEN:

Antikhallarna (8), Västre Hamngatan 6, am Lilla Torget, der vielleicht größte Antiquitätenmarkt in ganz Skandinavien. Sammler und Liebhaber alter Stücke finden hier alles von antiken Möbeln, über Münzen, Waffen, Bücher bis hin zu altem Gold- oder Silberschmuck.

Domkyrkan (9), in der Kyrkogatan, unweit südlich des Lilla Torget. Göteborgs Dom wurde zwischen 1815 und 1825 auf den Mauern früherer Kirchenbauten, die allerdings Opfer von Stadtbränden wurden, nach Plänen des Architekten C. W. Carlberg erbaut. 1985 erfuhr der Bau umfassende Renovierungsarbeiten.

Drottning Kristinas Jaktslott (10), Otterhällegatan 16. Das ehemalige Jagdschlösschen der Königin Kristina stammt aus dem 18. Jh. und wirkt heute in der Schlucht der umliegenden Hochhäuser etwas deplaziert und verloren. Tatsächlich entging das historische Häuschen, eines der ältesten Gebäude der Stadt immerhin, 1971 nur knapp der Abrißbirne. Heute kann man hier im Ambiente des 18. Jh. Kaffee trinken und Waffeln essen.

Feskekörka (11), die „Fischkirche" am Kanal in der Rosenlundsgaten, ist Göteborgs Fischhalle. Hier ist alles frisch zu haben, was das Meer an Fisch und Schalentieren bietet. Fischlokal auf der Galerie. Das Gebäude entstand 1874 und mutet durch seine hohen, dem gotischen Stil nachempfundenen Fensterbögen außen tatsächlich eher wie eine Kapelle an. Dienstag bis Freitag 9 bis 17, Samstag 9 bis 13 Uhr.

Das **Palmenhaus (12)** im Park des Gartenbauvereins *Trädgårds Föreningen*, unweit des Kungsportplats, lohnt bei längerem Aufenthalt einen Besuch (Eintritt). Das riesige Glashaus in der Manier eines Wintergartens aus dem vergangenen Jahrhundert liegt inmitten wunderschöner Park- und Gartenanlagen. Berühmt ist der Park außerdem für sein Rosarium, in dem angeblich mehr als 3.500 verschiedene Rosenarten gezüchtet werden.

SEHENSWERTES AUSSERHALB DES ALTEN STADTKERNS

Hasselblad Center, Parkgatan 25. 1989 von der Erna und Victor Hasselblad Stiftung eingerichtetes Fotografiezentrum mit Ausstellungen zur Geschichte der Fotografie, große Fachbibliothek. Geöffnet Mittwoch und Donnerstag 16 bis 20, Samstag und Sonntag 12 bis 16 Uhr.

Röhsska Museum (13), Vasagatan 37 – 39, Tram 1, 4 oder 5 bis Valand. Dieses interessante Museum für Kunst, Kunsthandwerk und Industriedesign ist einmalig in Schweden. Neben Designmöbeln, Textilien, Keramik, Glas- und Silberarbeiten sieht man Kunstsammlungen aus Japan, Vorderasien und antike Exponate aus Griechenland.

*Röhsska Kunstgewerbemuseum (13) ** geöffnet wie Ostindien-Haus.*

Über die elegante Kungsportsavenyen, die flankiert wird von noblen Geschäften, Restaurants und Kaufhäusern kann man bis zum **Götaplatsen (14)** am Ende der Avenue gehen. Der Platz, in dessen Mitte sich der Neptunsbrunnen von Carl Milles erhebt, ist einer der repräsentativsten Stadtplätze Göteborgs. In seiner Umgebung liegen das **Stadttheater**, das **Theaterhistorische Museum**, das **Konzerthaus** und an der Südostseite das besuchenswerte **Kunstmuseum**. Gemälde und Skulpturen von den alten Meistern des 15. Jh. bis zur Neuzeit sind zu sehen. Zu den Kostbarkeiten zählen u.a. „Der Ritter mit dem Falken" von Rembrandt von Rijn, Arbeiten von Rubens oder van Gogh, Werke flämischer Maler, französischer Impressionisten oder moderner Künstler u.a. Picasso, Skulpturen von Henry Moore (1898 – 1986) wie „Die Familie" und natürlich von Carl Milles. Aus der Reihe der skandinavischen Künstler sind u.a. Arbeiten von Carl Larsson, Anders Zorn, P. S. Kröer oder Zeitgenossen der Skagener Schule zu sehen.

*Kunstmuseum ** Mai – Aug. Mo. – Sa. 12 – 16, Mi. auch 18 – 21, So. 11 – 17, Sept. – Apr. Di. – Sa. 12 – 16, So. 11 – 17. Eintritt. Bus 40 bis Götaplatsen*

Übrigens, von der Freitreppe, die hinauf zum Kunstmuseum führt, hat man einen schönen Blick auf den Platz und die Kungsportavenyen.

Liseberg (15) ist Göteborgs großer Freizeit- und Vergnügungspark, der mit seinen Attraktionen und Fahrgeschäften turbulente Abwechslung für Groß und Klein bietet. Restaurants, Open-Air Bühnen mit Sommertheater oder Konzerten u.a. Zu erreichen mit Tram 4 oder 5 bis Liseberg.

Skansenkronan (16), die Kronenschanze im Südosten der Stadt ist Teil der Festungsanlage aus dem Ende des 17. Jh. Von den Bastionen hat man einen sehr schönen Blick auf Stadt und Hafen. Im Festungsturm ist heute ein Militärmuseum eingerichtet (nur Sa. + So. 12 – 15 Uhr. Eintritt). Tram 1, 3, 4 bis Skolgatan

Naturhistorisches Museum. Das Museum am Nordrand des Slottsskogen, Göteborgs größtem Park, eine umfangreiche Sammlung zur Fauna und Flora der Erde. Spektakulär sind die Schaustücke aus dem Lebensraum der Wale oder der Elefanten. Ein spezielle Abteilung befaßt sich mit den Themen „Mensch und Umwelt, Ökologie". Geöffnet wie Ostindien-Haus. Tram 1, 2 bis Linnéplatsen.

Seefahrtsmuseum, Karl Johansgatan 1–3. Das 1917 gegründete Museum liegt auf dem Gelände der „Gamla Varvet" der Alten Werft von Göteborg, in der bis Ende des 19. Jh. die schnellsten schwedischen Segler auf Kiel gelegt wurden. Das letzte hier gebaute Schiff, die „Sigyn", lief 1887 von Stapel. Markant und schon weitem sichtbar ist der Turm des Seefahrerdenkmals beim Museum. Vom Turm hat man einen schönen Blick auf Stadt und Hafen.

**Seefahrtmuseum und Aquarium ** Mai – Aug. tgl. 9 – 16 Uhr, übrige Zeit Di. – So. 9 – 16, Do. 9 – 21 Uhr. Aquarium 10 – 16 Uhr. Eintritt. Tram 3, 4 bis Stigbergstorget.

Das Museum befaßt sich mit der langen Seefahrtstradition in Göteborg und in Schweden. Anhand von wunderschönen Schiffsmodellen von den frühen Drachenbooten der Wikinger bis zu den schnellen Ostindienfahrern, über Gemälde und Bilder, bis hin zu Navigationsgeräten, der Geschichte der Küstenbefeuerung und der Hochseefischerei, seemännischen Gerätschaften, Seekarten und einer sehr interessanten Sammlung von Gallionsfiguren u.v.a erlangt der Besucher einen sehr anschaulichen Überblick über die schwedische Seefahrt. Sehr beeindruckend z.B. ist das rund fünf Meter lange Großmodell (Maßstab 1:12) des Ostindien-Seglers „Finland" in der Zentralhalle der zweiten Etage oder das erste Auswandererschiff, das die ersten Schweden nach „New Sverige" am Delaware an der amerikanischen Ostküste brachte.

Im Erdgeschoß des Museums findet man ein besuchenswertes Seeaquarium, das Meerestiere aller Art aus Süß- und Salzwasser-, Kalt- und Warmwasserregionen zeigt. Große Abteilung tropischer Fische.

Masthugg's Kyrkan, Storebacksgatan, Bus 85 bis Fjällskolan. Die nicht weit östlich vom Seefahrtsmuseum gelegene Kirche wurde erst 1914 vollendet. Durch ihre etwas erhöhte Lage hat man von der Kirche aus einen schönen Blick auf Hafen und Stadt.

An den Kaianlagen westlich vom Seefahrtsmuseum liegt Göteborgs **Fischereihafen**. Wen's interessiert, kann hier an Werktagen morgens um 7 Uhr der Fischauktion zusehen.

Ein gutes Stück nordöstlich vom Götaplatsen liegt hinter der gigantischen Mehrzweckhalle **„Scandinavium"** (14.000 Sitzplätze) das **Etnografiska Museet**. Das völkerkundliche Museum befaßt sich mit Geschichte, Kultur und Sitten fremder Völker und mit der historischen Entwicklung dieser Kulturen. Schwerpunkte der Sammlungen und Exponate sind u. a. Volkskunst aus Südamerika, Anschauungsmaterial über den Reisanbau in Indochina, die Kultur der Sami, der Islam, die Turkvölker, die Kulturen Chinas, Tibets und Indiens.

Rundfahrten, Ausflüge

Hafeninsel, Göteborg

Bootsrundfahrt mit den offenen „Paddan"-Booten durch die Kanäle Göteborgs und zum Hafen werden von Anfang Mai bis Mitte September täglich zwischen 10 und 17 Uhr (Juni und Juli bis 18 Uhr) durchgeführt. Dauer knapp eine Stunde. Abfahrt ab Anlegestelle Nähe Kungsportsplatsen. Eine Bootsfahrt durch die Kanäle von Drottningstorget (Nähe Zentralbahnhof) zum Vergnügungspark Liseberg wird ebenfalls angeboten. Fahrtdauer 30 Minuten.

Schiffsausflug durch den Hafen zur **Festungsinsel Nya Elfsborg**. Die historische Festung aus der Mitte des 17. Jh. liegt auf einer Insel in der Mündung des Götaelv und hatte einst die Hafeneinfahrt zu kontrollieren. Führungen durch die Festungsanlagen. Museum. Cafeteria.

Praktische Hinweise – Göteborg

☎ Telefon-Vorwahl: 0 31

Göteborgs Turistbyrå, Kungsportsplatsen 2, 41110 Göteborg, Tel. 10 07 40, Fax 13 21 84. Mitte Juni bis Mitte August 9 – 20, sonst 9 – 18 Uhr.
Turistbyrå, Nordstan, ganzjährig Montag bis Freitag 9.30 bis 18, Samstag 9.30 bis 15 Uhr.
Internet: www.goteborg.com

Mit der **Göteborgskortet** wird dem Besucher von Göteborg Gelegenheit ge-boten, Stadtrundfahrten per Bus oder Boot, die öffentlichen Verkehrsmittel (Straßenbahn, Busse, Boote), mehrere Schärenboote und die Fähren für ei-nen Tagesausflug nach Frederikshavn in Dänemark kostenlos zu benutzen. Der Eintritt in die Museen und in den Liseberg-Vergnügungspark ist mit der Göteborgskortet frei. Außerdem können Autofahrer auf den städtischen Park-plätzen, die entsprechend gekennzeichnet sind, umsonst parken.
Die Göteborgskortet kann man in den Touristeninformationsbüros oder an den Rezeptionen der Hotels kaufen.

Göteborg-Karte

✕ Restaurants: „**Bräutigams**", bekanntes Café nach Wiener Art, Östra Hamngatan 50, Tel. 13 60 46.
„**Fiskekrogen**", ausgezeichnetes Fischlokal, teuer, Lille Torget 1, Tel. 112184.
„**Gabriel**" bekanntes Fischlokal auf der Galerie in der Fischhalle „Feskekörka", Tel. 13 90 51. – Und viele andere Restaurants.

Restaurants

⌂ Hotels: Nahezu alle genannten Hotels bieten Nichtraucherzimmer an.
Liseberg Heden, 90 Zi., Sten Sturegatan, Tel. 750 69 00, Fax 750 69 30, gute Mittelklasse, Nähe Liseberg, Restaurant, Sauna, Parkplatz.
Quality Panorama, 340 Zi., Eklandagatan 51 - 53; Tel. 767 70 00, Fax 767 70 70, zentral gelegenes Haus der Oberklasse, Parkmöglichkeit, Restaurant.
Radisson SAS Park Avenue, 318 Zi., Kungsportsavenyn 36 - 38, Tel. 17 65 20, Fax 16 95 68, Luxusklasse, zentral, diverse Rest., Garage, Parkplatz.
Royal, 86 Zi., Drottningsgatan 67, Tel. 80 61 00, Fax 15 62 46, sehr zentral und relativ preiswert.

Hotels

STF Vandrarhem Mölndal, Torrekulla, 430 50 Kållered, Tel. 95 14 95, ganz-jährig geöffnet, ca. 140 Betten.
STF Vandrarhem Ostkupan, Mejerigatan 2, 412 76 Göteborg, Tel. 40 10 50, geöffnet Anfang Juni bis Mitte August, 220 Betten, rund 3 km außerhalb.
STF Vandrarhem Partille, Landvettervägen, 433 24 Partille, Tel. 44 61 63, ganzjährig geöffnet, ca. 140 Betten.

Jugendherbergen

▲ – **Lisebergs Camping Kärralund** ****, Tel. 84 02 00; 1. Jan. – 31. Dez.; ca. 5 km östl. des Stadtzentrums von Göteborg; Nähe Valhalla-Bad und Liseberg-Park; Wald- und Wiesengelände; ca. 5 ha – 250 Stpl.; Standardausstattung; Laden, Imbiß; 40 Miethütten; ins Stadtzentrum Straßenbahn Nr. 5.
– **Camping Askim Strand** ****, Tel. 28 62 61; Anf. Mai –. Ende Aug.; ca. 10 km südl. Göteborg und ca. 2 km westl. der Hauptstraße 158; ebene Wiesen an einer schönen Meeresbucht, umgeben von Wald, Felsriegeln und Sommer-häusern; ca. 5 ha – 350 Stpl.; Standardausstattung, Laden, Imbiß.
Mölndal
– **Krono Camping Åby** ***, 0 31/87 88 84; Anf. Jan. – Ende Dez.; Zufahrt über E6 nach Mölndal; gegenüber Good Morning Hotel; ebenes, parzelliertes Wiesengelände, von der Trabrennbahn Åby umschlossen, Industrieanlagen in Sichtweite; ca. 15 ha – 500 Stpl.; gute Standardausstattung; Supermarkt, Ten-nis, Fahrradverleih; 45 Miethütten, **Quick Stop!** Hallen- u. Freibad in der Nähe.

Camping bei Göteborg

Quick Stop

6. GÖTEBORG – OSLO

⊙ **Entfernung:** Rund 350 km, ohne Abstecher.

➔ **Strecke:** Über die E6 und über **Udevalla** bis **Herrestad** – Straße 161 und Fähre bis **Lysekil** – Straße 162 Richtung **Munkedal** und Straße 171 bis **Smögen** – Straßen 174 und 163 über **Hunnebostrand** und **Hamburgsund** bis **Tanumshede** – E6 bis **Oslo.**

⊙ **Reisedauer:** Mindestens ein Tag, besser zwei Tage.

⌘ **Höhepunkte:** Die **Schärenküste** *** bei Smögen – die **Felszeichnungen** * bei Tanumshede**.**

Diese Route führt in die westschwedische Schärenwelt der **Provinz Bohuslän** mit ihren tief ins Land schneidenden felsgesäumten Fjorden.

➔ **Route:** Wir verlassen Göteborg über die E6 in nördlicher Richtung. Nach 20 km passiert man **Kungälv.** ●

Kungälv, eine alte Grenz- und Handelsstadt an der schwedischen West-küste, wurde schon vor 1000 Jahren in den Landeschroniken erwähnt und ist vielleicht sogar die älteste Stadt an der Bohuslän-Küste. Kungälv, das früher norwegische *Kunghälla*, liegt am Nordufer des alten Grenz-flusses Göta-älv. Die mittelalterliche **Bohus-Festung**, die noch heute das Stadtbild beherrscht, wurde zu Beginn des 14. Jh. von den Norwe-gern errichtet, um den Zugang zum damals norwegischen Bohuslän zu kontrollieren. Hübsche Altstadt.

➔ **Route:** Weiterfahrt über die E6 nordwärts. Nach rund 20 km kann man nach **Stenungsund,** eine Industriestadt mit viel Petro-chemie an der Schärenküste, abzweigen. Weiter nördlich passiert man **Uddevalla.** ●

Uddevalla zählt zu den bedeutendsten Städten in Bohuslän. Die Stadt mit annähernd 50.000 Einwohnern ist heute ein wichtiger Industriestand-ort für Textilien, Papier, Holzverarbeitung und Schiffsbau. Besondere Se-henswürdigkeiten bietet die Stadt nicht, außer vielleicht den *Kungstorget* mit einem Denkmal Karls X. und das **Bohusläns Museum** am Hafen.

Uddevalla

Hotels

Jugendherberge

Praktische Hinweise – Uddevalla

☎ Telefon-Vorwahl: 05 22

Uddevalla Forum/Turistbyrå, Bussterminalen, Kampenhof, 451 81 Uddevalla, Tel. 51 17 87, Fax 1 49 81. Ganzjährig geöffnet.
BohusTurist, Box 182, 451 16 Uddevalla, Tel. 1 40 55, Fax 51 17 96.

▢ Hotels: **Ritz**, 23 Zi., Lagerbergsgatan 10, Tel. 1 42 25, Fax 1 43 04, garni, Parkplatz.
Viking, 20 Zi., Strömstadsvägen 25, Tel. 1 45 50, garni, zentral, Bahnhofsnä-he, Parkmöglichkeit. – Und andere Hotels.

Jugendherberge: **STF Vandrarhem**, Gustafsberg, Tel. 1 52 00, Mitte Juni – Ende August.

▲ – **Unda Camping** ***, Tel. 8
63 47; Anf. Apr. – Ende Sept.; ca.
6 km westl. Uddevalla; ausgedehntes Wiesengelände mit
Baumbestand, teils gestuft am
Byfjorden; ca. 18 ha – 300 Stpl.
+ 100 Dau.; Standard-
ausstattung; Laden, Freizeiteinrichtungen, Sand- und Fels-
strand. **Quick Stop!**

→ **Route:** Steht ausreichend
Zeit zur Verfügung, ist ein
Umweg ab **Herrestad** (E6)
durch die **Schären-
landschaft** um **Lysekil** und
Smögen dem direkten Weg
über die E6 vorzuziehen.
Auf dem Wege von Herrestad
auf der Straße 161 nach
Lysekil überquert man auf
einer laufend verkehrenden,
kostenfreien Fähre den
Gullmarn-Fjord, Fahrtdauer
10 Minuten. ●

Lysekil mit seiner markanten
Kirche ist ein hübscher kleiner
Fischerort am Ende der Halbinsel Stängenäset, der heute aber
längst von Sommerferiengästen
und Seglern erobert worden ist.
Bootsausflüge z.B. hinüber ins
hübsche **Fiskebäckskil**, Was-
sersport oder Hochseeangeln
sind die beliebtesten Freizeitbe-
schäftigungen hier.

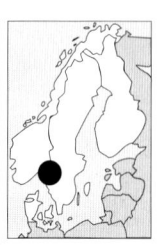

Map: Route 6, GÖTEBORG – OSLO, with locations OSLO, Drammen, Ski, Askim, Moss, Sparsborg, Frederikstad, Halden, Strömstad, Tanumshede, Grebbestad, Munkedal, Smögen, Lysekil, Uddevalla, Grundsund, Stenungsund, Kungsälv, GÖTEBORG. © rau

Route 6
GÖTEBORG – OSLO
0   30   60 km

Praktische Hinweise

☎ Telefon-Vorwahl: 05 23
Lysekils Turistbyrå, Södre
Hamngatan 6, 453 00 Lysekil,
Tel. 1 30 50, Fax 1 25 85.

Lysekil

⌂ Hotels: **Lysekil**, 28 Zi., Rosvikstorg 1, Tel. 61 18 60, Fax 1 55 20,
Nichtraucherzimmer, Restaurant, Parkplatz.
Stadshotellet, 28 Zi., Kungstorget, Tel. 1 40 30, Fax 1 27 40, garni. – Und
andere Hotels.

Hotels

▲ – **Siviks Camping** ****, Tel. 61 15 28; 1. Mai – 1. Sept.; ca. 3 km nordwestl.
Lysekil; ausgedehntes Wiesengelände; ca. 12 ha – 250 Stpl. + 75 Dau;
Standardausstattung; in Meeresnähe, Felsküste, Sandstrand. **Quick Stop!**

Camping
Quick Stop
Stellplätze

➔ **Route:** Der weitere Verlauf unserer Route führt nun nordwärts über die Straße 162 und über **Brastad** zunächst Richtung Munkedal. Bei der ersten sich bietenden Möglichkeit wenden wir uns aber nach Westen und erreichen wenig später über die Straße 171 **Kungshamn** und über die hohe Smögen-Brücke das gegenüberliegende **Smögen**. ●

schön gelegenes Smögen *

Smögen, ein sehr malerisches Hafenstädtchen, liegt mitten in den Schären am Ende der Halbinsel Sotenäset.

Smögen/ Kungshamn Hotels

Camping

Quick Stop Stellplätze

Praktische Hinweise – Kungshamn

☎ Telefon-Vorwahl: 05 23

Sotenäs Turistbyrå, Hamngatan 6, 456 22 Kungshamn, Tel. 66 55 50, Fax 66 55 59. Ganzjährig geöffnet.
Touristeninformation in Smögen nur im Sommer.

⌂ Hotels: **Smögens Havsbad,** 20 Zi., Hotellgatan 26, in Smögen, Tel. 3 10 35, Fax 7 01 74, Restaurant.
Kungshamn, 61 Zi., Hotellgatan 6, in Kungshamn, Tel. 3 09 10; Fax 7 03 87, Restaurant, Sauna.

▲ – **Johannesvik Camping ****,** Tel. 3 23 87; 1. Mai – 15. Sept.; Zufahrt von der Straße 171 Richtung Hovenäset; langgestreckte Wiese zwischen Felsriegeln in Meeresnähe; ca. 5 ha – 250 Stpl. + 100 Dau.; gute Standardausstattung; Laden, Imbiß, Fahrradverleih. **Quick Stop!**
– **Wiggersviks Familjecamping ****,** Tel. 3 26 35; Ende Apr. – 15. Sept.; ca. 1 km südl. Kungshamn; Wiesengelände zwischen Felsriegeln; ca. 6 ha – 150 Stpl. + 75 Dau.; Standardausstattung; Laden, Imbiß, naher Strand. **Quick Stop!**
– **Solvik Camping ****,** Tel. 3 15 50; Ende Apr. – Mitte Sept.; Zufahrt von der Straße 174 etwa 3 km nördl. der Smögen-Brücke; langgestrecktes, fast ebenes Wiesengelände, bis an die Felsbucht reichend, eingerahmt von hohen Felsriegeln, teils Blick auf Smögenbrücke; ca. 7 ha – 250 Stpl; Standardausstattung; Laden; Miethütten und angrenzende Sommerhaussiedlung. **Quick Stop!** – Und andere Campingplätze.

sehr empfehlenswerte Fahrt durch herrliche Schärenlandschaft *

➔ **Route:** Von Smögen über die Straße 174 und über **Hunnebostrand** und **Bovallstrand**, zwei weitere bekannte Badeorte an Schwedens Westküste mit Stränden, Hotels und Campingplätzen, nordwärts, zunächst Richtung **Dingle.** Ab Bovallstrand weiter entlang der Küste und über **Hamburgsund** und später auf der Straße 163 nach **Grebbestad.** Diese Küstenfahrt ist sehr zu empfehlen, da sie durch wunderschöne Schärenlandschaft führt. ●

Grebbestad (*Tanum Strand Hotel,* 77 Zi., Tel. 05 25/1 90 00) ist ein hübscher Hafenort mit einer großen Anzahl frühgeschichtlicher **Grabhügel** rechts der Straße.
Das **Greby Gravfält,** das Gräberfeld von Grebbestad, besteht aus ca. 200 Grabhügeln und Hinkelsteinen. Funde von Graburnen, Reste von Feuerstellen, Kämmen aus Knochen oder Glasperlen sprechen für die Annahme, daß das Gräberfeld aus der Zeit der Völkerwanderung (3. – 6. Jh. n. Chr.) stammt. Die Funde sind heute im staatlichen *Historischen Museum* von Stockholm ausgestellt.

Sandstrand an der Schären-küste bei Hunne-bostrand

Fjällbacka

▲ – **Långsjö Familjecamping** ***, Tel. 05 25/1 21 16; 1. Mai – 15. Sept.; ca. 4 km nördl. Fjällbacka; Wiesengelände an der Felsküste; ca. 6 ha – 180 Stpl. + 90 Dau.; Standardausstattung. Laden, Imbiß.

Grebbestad

– **Grebbestads Familjecamping** ***, Tel. 05 25/6 12 11; 1. Jan. – 31. Dez.; knapp 1 km südl. des Ortes; ausgedehntes Wiesengelände, teils von Felsen begrenzt, am Meer; ca. 9 ha – 220 Stpl. + 250 Dau.; gute Standardausstattung; Laden.

Zahlreiche weitere Campinganlagen findet man weiter nördlich bei **Strömstad**.

Camping zwischen Hunnebostrand und Grebbestad

Wenige Kilometer weiter östlich von Grebbestad liegt an der E6 **Tanumshede**. In der Umgebung des Ortes findet man eine ganz Reihe sehr gut erhaltener **Felszeichnungen** (Hällristningar) aus der Bronze-zeit. Die Felszeichnungen entstanden vor rund 3.000 Jahren zwischen 1000 und 500 vor Christus. Man findet sie in aller Regel auf vom Eis blankgeschliffenen Felsrücken in waldreicher Landschaft, die in jener Zeit sehr wahrscheinlich an einem See- oder Flußufer lagen. Die in den Fels geritzten Abbildungen stellen die einzigen bildlich überlieferten Darstel-lungen aus der jüngeren Bronzezeit dar. Völlig enträtselt sind die Bilder und Figuren noch keineswegs. Und wie so oft in solchen Fällen, werden die Darstellungen in den Bereich religiöser Kulte verwiesen. Welcher Art die Kulte aber waren, ist auch noch nicht einwandfrei nachgewiesen. Sonnenkult, Totenkult und Fruchtbarkeitskult werden diskutiert. In unse-ren Tagen wurden die Darstellungen von Fachkundigen mit rotbrauner Farbe ausgemalt – so wie sie es vor 3.000 Jahren sehr wahrscheinlich auch waren – da man sonst die nur millimetertiefen, sehr flach aus dem Fels geschlagenen Zeichnungen nicht erkennen würde.

Eine der größten Ansammlungen von Felszeichnungen findet man bei

bronzezeitliche Felszeichnungen *

Vitlycke etwa zwei Kilometer südlich vom Kirchdorf Tanum mit seiner weißen Kirche von 1826 auf einem bequem zugänglichen Felsen rechts (westlich) der Straße. Der Weg ist ab Tanum mit „Hällristningar, Museum" beschildert. Hier sieht man zahlreiche Schiffe, Menschen mit Äxten und Lanzen, eine Schlange, ein Liebespaar oben u.a. In der Nähe der Felszeichnungen, auf der anderen Straßenseite, gibt es Parkplätze, ein Informationsbüro mit *Museum* und ein Café. Hinter dem Museum ist ein interessantes **bronzezeitliches Dorf** aufgebaut worden (Eintritt).

Hällristningmuseet und Bronzezeitdorf
Mai - 15. Sept. 10 - 17, 1. Jul. - 14. Aug. bis 20 Uhr. Eintritt.

Weitere Felszeichnungen findet man bei **Aspeberget**, rund einen halben Kilometer weiter südlich links der Straße, noch etwas weiter nach Südwesten bei **Litsleby**. Die Stellen sind beschildert.

Tanumshede

Praktische Hinweise – Tanumshede

☎ Telefon-Vorwahl: 05 25

Tanum Turist, Stora Oppen 5, 457 91 Tanumshede, Tel. 2 04 00, Fax 2 98 60. Ganzjährig geöffnet.

Hotels

⌂ Hotels: **Tanums Gästgivari**, 29 Zi., Apoteksvägen 7, Tel. 2 90 10, Fax 2 95 71; altes, traditionsreiches Haus, Gasthaus seit 1663, gut und teuer.

Camping

▲ – **Tanums Camping *****, Tel. 2 00 02; 1. Apr. – 30. Sept.; ca. 1 km südwestl. Tanumshede und rund 500 m westl. der E6; ca. 2 ha – 60 Stpl.; Standardausstattung; Laden, Restaurant; 9 Miethütten.

➔ **Route:** Die E6 führt im weiteren Verlauf in Küstennähe nordwärts und passiert bei **Svinesund** die schwedisch-norwegische Grenze. Vielfältige touristische Informationen findet man in der ganzjährig geöffneten **SveNo E6 Touristinformation**, Svinesund, Tel. 05 26/4 00 35.

Touristeninformation SveNo an der E6

Die erste norwegische Stadt **Halden** mit ihrer mächtigen Festungsanlage, liegt östlich der Schnellstraße. Über **Sarpsborg** und den Fährhafen **Moss** erreicht man schließlich **Oslo**. ●

Oslo, Norwegens Hauptstadt

NORWEGEN

7. OSLO

🕐 **Reisedauer:** Mindestens zwei, besser drei Tage.

⌘ **Höhepunkte:** Blick von der **Festung Akershus** zum Hafen
** – die Museen auf der **Insel Bygdøy** *** – das **Munch-Museum** ** – die **Vigeland Skulpturen im Frognerpark** ** –
Stadtblick von der **Holmenkollenschanze **.

Zu Zeiten reisender Chronisten Mitte des 17. Jh. wurde Oslo bereits als
eine Stadt mit 600jähriger Geschichte geschildert. Kurz zuvor hatte die
Stadt 1624 einen katastrophalen Großbrand erlitten und wurde bald danach umgetauft in **Christiania**.

Gegründet wurde Oslo Mitte des 11. Jh. von Harald Hårdråde, genannt **Oslos Stadtge-**
„der Harte", als der König 1048 oder 1050 (über das genaue Datum sind **schichte**
sich die Geschichtsforscher noch nicht einig geworden) im Ostteil der
heutigen Stadt einen befestigten Handelsplatz einrichten ließ, um den
sich dann rasch ein lebhaftes Gemeinwesen mit annähernd 3.000 Einwohner entwickelte.

Klöster wurden gegründet und Kirchen errichtet, darunter die St.-Halvards-
Kirche (heute Ruinenreste in Gamleby), in der 1299 König Håkon V. gekrönt wurde.

Håkon V. wählte Oslo zu seiner Residenz, machte die Stadt zur Hauptstadt des Reiches (bis dahin war Bergen Hauptstadt) und begann um
1300 mit dem Bau der Feste Akershus.

In der Mitte des 14. Jh. suchte eine Pestepidemie das Land heim und traf
in verheerendem Maße die Bevölkerung der Stadt.

Oslos Bedeutung als Handelsstadt sank in gleichem Maße, wie die mächtiger werdende Hanse ihre Position festigte. Auch die „Union von Kalmar"
ausgangs des 14. Jh. und die Einführung der Reformation Mitte des 16.
Jh. hemmten die Entfaltung der Stadt Oslo mehr, als sie diese förderten.
Ein drastischer Einschnitt in die Stadtentwicklung war die Feuersbrunst
am 17. August 1624. Drei Tage lang brannte die Stadt. Danach lag ganz
Oslo in Schutt und Asche.

Auf Geheiß des dänisch-norwegischen Königs Christian IV. (1588 – 1648)
wurde Oslo nun am Westufer des Akerselva und im Schutz der Festung
Akershus völlig neu aufgebaut. Alle wichtigen Bauten errichtete man in
Stein. Die Hauptstraßen legte man mindestens 15 m breit an, um das
Ausbreiten evtl. neuer Brände zu erschweren. Zu Ehren des Erbauers
des neuen Oslo wurde die Stadt umbenannt in *Christiania* (ab 1877
Kristiania). Dieser Name wurde bis 1925 beibehalten. 1811 entstand Os-
los Universität.

Mit der Einführung der Industrialisierung nach dem Kieler Frieden von
1814 und mit der Erstarkung eines neuen Nationalgefühls, begann auch
für Oslo wieder eine prosperierende Entwicklung. Die Einwohnerzahl stieg
von rund 8.000 zu Beginn des 19. Jh. auf über 40.000 in der Mitte des 19.
Jh. Und als der norwegisch-schwedische König Karl Johan XIV. während

der Union mit Schweden den Bau des Königspalastes und die Anlage des Hauptboulevards Karl Johansgate veranlaßte, war Oslo auf dem Wege zu einer repräsentativen Landeshauptstadt ein gutes Stück weiter.

Oslos Bausubstanz blieb von den kriegerischen Einflüssen im Zweiten Weltkrieg verschont. Die Stadt konnte sich in der Nachkriegszeit erheblich erweitern.

Heute hat Norwegens Metropole rund eine halbe Million Einwohner und ist die wichtigste Hafenstadt, sowie ein bedeutendes Handels- und Industriezentrum des Landes mit beachtlichen kulturellen Aktivitäten.

TIPS ZUR STADTBESICHTIGUNG

Oslos Sehenswürdigkeiten verteilen sich im Wesentlichen auf drei Regionen – auf den **Innenstadtbezirk**, auf die **Insel Bygdøy** und auf die **Außenbezirke**, vor allem im Nordwesten der Stadt.

Stehen nur einige Stunden für eine Stadtbesichtigung zur Verfügung, sollte ein Besuch in einem der Museen (etwa Wikingerschiffe oder Freilichtmuseum) auf der Insel Bygdøy Priorität erhalten.

Besonders an Werktagen während der Geschäftszeiten (ca. 10 – 17, Sommer 16 Uhr) ist es in der Innenstadt schwierig, einen **Parkplatz** zu finden. Erwischt man einen Parkplatz am Straßenrand wird man feststellen, daß Parken (außer in Parkhäusern und am Hauptbahnhof Oslo Sentralstasjon) auf max. drei Stunden begrenzt ist.

Außerhalb der City wird die Höchstparkdauer durch Farben an den Parkuhren signalisiert: Gelb = 1 Stunde, Grau = 2 Stunden. Braun = 3 Stunden. Die Zufahrt nach Oslo ist mautpflichtig, zuletzt NOK 22,-.

Parkmöglichkeiten **Parkhäuser in der City** findet man u.a. im Munkedamsveien (2 x) westlich vom Rathaus, in der St. Olavsgate (Scandinavia Hotel) östlich vom Schloßpark oder in der Prinsensgate beim Bahnhof Sentralstasjon. Dort gibt es in der Havnegate auch einen Parkplatz. Parkmöglichkeiten gibt es bislang außerdem bei der Nationalgalerie in der Kristian August Gate, bei der Akershus Festung, am Bankplassen in der Kongsgate oder am Südende der Aker Brygge.

Es empfiehlt sich – falls man es einrichten kann – auf Stadtbesichtigungen öffentliche Verkehrsmittel zu benutzen. U-Bahn, Straßenbahn und Busse (teils auch Schiffe) verkehren zu allen bedeutenden Sehenswürdigkeiten.

Wichtige Knotenpunkte des öffentlichen Nahverkehrs sind der Bahnhof und der Bahnhofsvorplatz (*Oslo Sentralstasjon* und *Jernbanetorget*, ab hier verkehren Züge, Straßenbahn und Busse), das *Terminal Nationaltheater* (Busse, Straßenbahn) oder das U-Bahn *Terminal am Stortinget*.

die Oslo Karte Oslo bietet seinen Besuchern die **Oslo Kortet** an. Diese Pauschalkarte hat eine Gültigkeit von ein, zwei oder drei Tagen. Zuletzt kostete sie pro Erwachsener 180, 270 oder 360 Kronen, Familien 395 NOK (2 Erw. + 2 Kinder). Die Karte bietet freie Benutzung der öffentlichen Verkehrsmittel und der NSB-Lokalzüge innerhalb Oslos (bis Zone 4), freien Eintritt in die meisten Museen, in die städtischen Freibäder Tøenbadet und Frognerbadet und zu Sehenswürdigkeiten, eine kostenlose kurze Bootsrundfahrt im Oslofjord und freies Parken auf städtischen Parkplätzen sowie diverse weitere Ermäßigungen. Die Karte gibt es in den Touristeninformationen, in vielen Hotels oder auf den Osloer Campingplätzen.

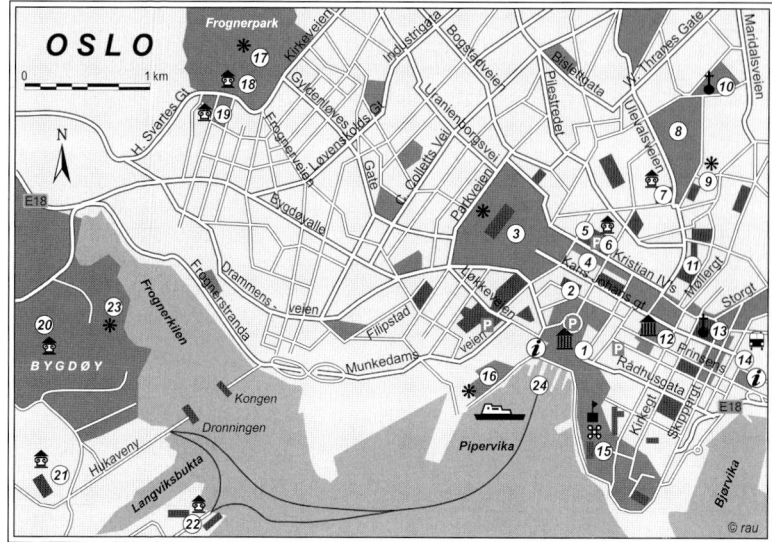

OSLO
1 Rathaus
2 Nationaltheater
3 Königliches Schloß
4 Universität
5 Historisches
   Museum
6 Nationalgalerie
7 Kunstgewerbemus.

8 Vår-Frelsers-Fried-
   hof
9 Damstredet
10 Gamle Aker Kirke
11 Regierungs-
   gebäude
12 Parlament
13 Domkirche
14 Zentral- u. Busbhf.

15 Akershus Festung
16 Aker Brygge
17 Frogner/Vigeland
   Park
18 Stadtmuseum
19 Vigeland Museum
20 Norsk Folkemuseum
21 Wikingerschiffe-
   Museum

22 Fram-, Kon-Tiki- u.
   Seefahrtmuseum
23 Schloß Oskarshall
24 Rundfahrten,
   Fjordfahrten, Fähre
   nach Bygdøy

WAS BESICHTIGT MAN?

Als Anhaltspunkt hier einige Besichtigungsvorschläge, die in zwei, drei oder vier Tagen bewältigt werden können. Bei intensiverem Studium der einzelnen Sehenswürdigkeiten, häufigeren Museumsbesuchen und Ausflügen kann leicht ein einwöchiger Aufenthalt ausgefüllt werden.

1. Tag: Innenstadt, Schloß und Wachablösung, Karls Johans Gate, Rathaus und Festung Akershus.

2. Tag: Rundfahrt per Auto oder öffentlichen Verkehrsmitteln nach Holmenkollen (Schanze und Skimuseum), zum Frognerpark mit den Vigeland-Plastiken und dem Osloer Stadtmuseum, dann Vigeland-Museum und später evtl. eines der Museen auf Bygdøy.

3. Tag: Die Museen auf Bygdøy.

4. Tag: Ausflüge oder Museumsbesuche, z.B. Munch-Museum, Kunstgewerbemuseum, Nationalgalerie, Stadtmuseum, Bogstad Gård, Aussichtsturm „Tryvannstarnet „etc.

Bei sehr gedrängtem Zeitplan sollten wenigstens eines der Bygdøy-Museen (evtl. Folke Museum oder Wikingerschiffe-Museum), die Karl Johans Gate, der Frognerpark und möglichst das Munch Museum besichtigt werden.

Stadtspaziergang

Norwegisches Informationszentrum
Sommer tgl. 9 - 18,
Winter Mo. - Fr. 9 - 16 Uhr.

Rathaus * (1)
1.5. - 31.8. Mo. - Sa. 9 - 17, So. 12 - 17 Uhr. Eintritt. 1.9. - 30.4. Mo. - Sa. 9 - 16, So. 12 - 16 Uhr. Eintritt frei. Führungen ganzjährig (im Winterhalbjahr kostenlos) Mo. - Fr. 10 , 12, 14 Uhr.

1. INNENSTADT UND FESTUNG AKERSHUS

Ausgangspunkt dieses Stadtrundgangs ist der Rådhusplassen (Rathausplatz). An der Südseite des Platzes liegen die Hafenkais. Ab Kai 3 verkehren die Boote zur Insel Bygdøy.

An der nördlichen Hauptfront des Rathauses liegt der Fridtjof Nansens Plass. Dort findet man das **Touristeninformationsbüro Norges Informasjonssenter**, das ausführliche Informationen über Oslo, aber auch über alle Regionen Norwegens bietet. Tel. 23 11 78 80, Fax 22 83 81 50. Web: www.oslopro.no

Düster, kahl und abweisend erscheint der Backsteinbau des **Rathauses (1)**. Mit seinen beiden ungeschlachten Türmen gleicht es mehr einer Trutzburg, bereit, alle neugierigen Touristen gleich hier wieder zur Umkehr zu bewegen. Selbst durch die Wasserspiele auf dem Rathausplatz davor kann man sich dieses Eindrucks nicht ganz erwehren.

Das Osloer Rathaus, das Wahrzeichen und eine der Sehenswürdigkeiten der Stadt, wurde zwischen 1931 und 1950 von den Architekten Arnstein Arneber und Magnus Poulson erbaut. Es soll angeblich einen Stil „neuer Sachlichkeit" verkörpern.

Das äußere Erscheinungsbild des Rathausbaus sollte nicht von der Besichtigung seines Inneren abhalten (Führungen Mo. – Fr. 10, 12, und 14 Uhr). Die namhaftesten Künstler des Landes haben daran mitgewirkt, das Gebäude mit Skulpturen, Gemälden, Wandbehängen u.ä. auszuschmücken. Beeindruckend ist vor allem die 21 m hohe **Rathaushalle**, die der Stadt bei festlichen Empfängen und anderen Feierlichkeiten als Repräsentationsraum dient, z.B. bei der alljährlichen Verleihung des Friedensnobelpreises am 10. Dezember, dem Todestag des Nobelpreisstifters Alfred Nobel. Im Innenhof ist eine große astronomische Uhr zu sehen.

Wir folgen der Roald Amundsens Gate, westlich vom Rathaus, stadteinwärts bis zur Stortings Gate. Dort sieht man weiter rechts (östlich) das **Nationaltheater (2)**. Wir gehen links, vorbei am Verkehrsterminal Nationaltheater bis zu Oslos Hauptboulevard Karl Johans Gate. Nach Westen führt er durch Parkanlagen auf das **Königliche Schloß (3)** zu.

Auf dem freien Platz vor dem Schloß sieht man das Reiterstandbild des schwedisch-norwegischen Königs Karl Johan. Das Denkmal wurde von Brynjulf Bergslien gefertigt und 1875 eingeweiht.

Det Kongelige Slott, das Königliche Schloß, liegt etwas erhöht mitten in einem ausgedehnten Park. Auf Veranlassung von König Karl Johan wurde es zwischen 1825 und 1848 erbaut. Der Baustil ist klassizistisch. Im großen und ganzen wirkt der Schloßbau eher schlicht, verglichen mit den Residenzen englischer, ehemaliger französischer oder österreichischer gekrönter Häupter etwa.

Wachablösung am Königlichen Schloß

Von der Öffentlichkeit kann das Schloß, die Residenz des norwegischen Königs, nicht besichtigt werden. Lediglich dem Aufmarsch der Königlichen Garde zur **Wachablösung**, begleitet vom Gardemusikcorps, kann man beiwohnen. Die Wachablösung findet täglich pünktlich um 13.30 Uhr statt, sofern seine Majestät anwesend ist.

Oslos Hauptboulevard

Im weiteren Verlauf unseres Rundgangs durch die Innenstadt gehen wir den breiten, gut einen Kilometer langen Hauptboulevard Oslos, die **Karl**

das Königliche Schloß in Oslo

Johans Gate hinunter fast bis zu ihrem Ostende am Jernebanetorget (Bahnhofsplatz) am Zentralbahnhof (14). Nehmen Sie sich Zeit für den Weg. Besonders die östliche Hälfte des Boulevards (Fußgängerzone) ist voller Leben. Man findet jede Menge Kaufhäuser, Geschäfte, Restaurants, Hotels, fliegende Händler, Straßenmusikanten etc., aber auch gepflegte Grünanlagen und historische Gebäude, wie das **Storting** (Parlament – 12), etwa auf halbem Weg.

Nachdem man den Schloßpark verlassen hat, sieht man zunächst linkerhand, an der Nordseite der Karl Johans Gate also, den Komplex der **Oslo Universität (4)**. Sie wurde 1811 gegründet, der Bau nach einem Entwurf des vor allem in Berlin tätigen Baumeisters Karl-Friedrich Schinkel (1781 –1841) ausgeführt.

Der alte Festsaal der Uni verdient durch die von Edvard Munch geschaffenen Gemälde besondere Aufmerksamkeit. Der Saal kann im Juli (Mo. – Fr. 12 – 14 Uhr) besichtigt werden.

Zwei Straßenzüge nördlich der Universität findet man zwei interessante Museen:

Historik Museum (5), Frederiksgate 2, Ecke Kristian Gate. Neben umfangreichen Sammlungen aus dem Altertum bis in unser Jahrhundert, von der frühen Wikingerkultur bis zu Amundsens Polexpeditionen, beherbergt das Museum u.a. das **Münzkabinett** der Universität.

Nasjonalgalleriet (6), Universitets Gata 13. Hier ist die größte Kunstsammlung des Landes untergebracht. In der den Arbeiten norwegischer Künstler vorbehaltenen Abteilung findet man natürlich Werke von Edvard Munch, Christian Dahl u.a., während in den anderen Abteilungen Meisterwerke von El Greco, Goya, Rembrandt, über Renoir, Cezanne, Van Gogh, Gauguin u.a. bis Picasso zu sehen sind. Außerdem gibt es Ausstellungen über zeitgenössische Kunst und Bildhauerei, eine interessante Ikonensammlung sowie Grafiken und Zeichnungen.

Nationalgalerie **
(6)
Mo., Mi. + Fr. 10 - 18, Do. bis 20, Sa. bis 16, So. 11 - 15 Uhr.

87

Stadtspaziergang

Es bietet sich an – je nach Interessenlage – ab der Nationalgalerie einen Umweg nach Norden zu machen. Man geht dann über die Universitets Gata ein gutes Stück bis zur St. Olavs Gate am gleichnamigen Platz, folgt ihr rechts (ostwärts) bis zur St. Olavs Kirche. Ihr gegenüber liegt das **Kunstgewerbe-Museum (7)**, St. Olavs Gate 1. Ausgestellt ist norwegi-

Kunstgewerbe-
Museum * (7)
Di. - Fr. 11 - 15,
Sa. + So. 12 - 16
Uhr. Eintritt.

sches und ausländisches Kunstgewerbe vom Mittelalter bis in die jüngste Zeit. Neben Porzellan, Glas und Möbeln ist vor allem der *Baldisholteppich* aus dem 12. Jh. ein Glanzstück des Museums, neben einer Sammlung königlicher Garderobe. Separate Abteilung über skandinavisches Design.

An der Ostseite der St. Olavs Kirche vorbei kann man über den Akersveien weiter nach Norden gehen. Wenig später beginnt linkerhand das Gelände des Friedhofs **Vår Frelsers Gravlund (8).** Hier sind u.a. namhafte Bürger der Stadt beigesetzt, darunter Bjørnstjerne Bjørnson, Henrik Ibsen und Edvard Munch.

Auf dem Weg zum Osteingang an der Friedhofskapelle passiert man kurz vorher die **Damstredet (9)**, die nach rechts abzweigt. In dieser hübschen alten Wohngasse sind – wie im ganzen hiesigen Viertel „Bergfjerdingen" zwischen Friedhof und Maridalsveien – noch viele alte Holzhäuser erhalten.

Ab Maridalsveien kann man Busse der Linie 17 zurück in die Stadt (Stortorvet) nehmen.

Folgt man dem Akersveien vollends bis zum Ende, kommt man zur **Gamle Aker Kirke (10).** Sie stammt aus der Zeit um 1100, gilt als die älteste Steinkirche in ganz Skandinavien und dient heute noch als Gotteshaus. Die Kirche ist nur zwischen 12 und 14 Uhr für Besucher geöffnet.

Unser Abstecher nach Norden führt ab St. Olavs Kirche wieder südwärts, über die Akersgata, vorbei an der Trefoldighetskirke (Dreifaltigkeitskirche) und dem hohen Regierungsgebäude (11) bis zur Karl Johans Gate in Höhe des Parlamentsgebäudes (12).

Verzichtet man auf diesen nördlichen Umweg, geht man ab Universität (4) die Karl Johans Gate weiter nach Osten, passiert die Grünanlage Eidsvolls Plass, rechts, und erreicht bald das markante Parlamentsgebäude **Stortingsbygningen (12).** Das imposante Bauwerk mit seinen beiden Seitenflügeln und dem rotundenähnlichen Zentralteil, zu dem vom Eidsvoll Platz her eine breite Freitreppe hinaufführt, entstand zwischen 1861 und 1866. Das Innere ist mit Kunstwerken dekoriert, darunter ist ein monumentales Wandgemälde von Wergeland, das die Unterzeichnung der Verfassung in Eidsvoll im Jahre 1814 zeigt.

Oslos Domkirche
(13)
tgl. 10 - 16 Uhr.
Bus 37, Tram 11,
13, 17, 18 bis
Stortorget, U-Bahn
bis
Jernebanetorget.

Weiter östlich liegt links der Karl Johans Gate die **Oslo Domkirke (13).** Der Dom mit seinem massiven Ziegelturm und der dreigeschossigen, vielfach durchbrochenen Turmhaube entstand ausgangs des 17. Jh., wurde aber zwischen 1848 und 1850 sowie zwischen 1939 und 1950 mehrfach restauriert, was allerdings die Harmonie des Erscheinungsbildes des Inneren nicht fördern konnte. Sehenswert dagegen sind einzelne Kunstwerke, wie Altartafel und Kanzel, die beide noch aus dem Jahre 1699 stammen, dann die Glasmalereien von Emanuel Vigeland und die Bronzetore am Hauptportal von Dagfin Werenskiold (entstanden vor dem Zweiten Weltkrieg), sowie die Deckenmalereien von Hugo Lois Mohr.

An der Südseite des Domplatzes, Ecke Dronningens Gate, liegen die sog.

Basarhallen. Sie stammen aus der Mitte des 19. Jh., dienten damals als Markthallen und sind heute ein Zentrum des Kunsthandwerks.

Der Hauptbahnhof **Oslo Sentralstasjon (14)** und Bahnhofsvorplatz schließen die Karl Johans Gate im Osten ab.

Wir gehen die Dronningensgata ganz nach Süden, vorbei an der Hauptpost, bis zur Myntgata, folgen dieser nach Westen bis zur Kongensgate, die nach Süden auf die **Akershus Festung (15)** zuführt.

Eine Brücke über die Kongensgate führt zum Haupteingang, der von Osten her durch die Festungsmauer in die Burganlage führt. Ein weiterer Zugang führt Ecke Mynt/Akers Gata von Norden her auf das Gelände der Akershus Festung.

Akershus Festung * (15)
Gelände: tgl. 6 - 21 Uhr. Museen: 2.5. - 15.9. Mo. - Sa. 10 - 16, So. 12.30 - 16 Uhr. 15.4. - 1.5. u. 16.9. - 31.10 nur So. 12.30 - 16 Uhr. Bus 29 bis Bankplassen. Tram 10, 15 bis Christiania torv.

Von den Mauern der etwas erhöht gelegenen Festung hat man einen sehr schönen Blick auf die Stadt, das Rathaus und den Hafen, Heimathafen übrigens des wunderschönen Windjammers „Christian Radich".

Der Kern der mittelalterlichen Festung stammt aus dem späten 13. Jh. und wurde unter König Håkon V. Magnusson auf einem Felsrücken über der Bucht Pipervika errichtet. Jahrhundertelang widerstand die befestigte Königsresidenz allen Wirrnissen und Angriffen, bis sie im August 1624 ein Raub der Flammen wurde.

Mitte des 17 Jh. ließ König Christian IV. Akershus als Renaissanceschloß wieder aufbauen. Die gesamte Befestigung wurde dabei erweitert und mit neuen Bastionen und Bollwerken versehen. Im großen und ganzen erhielt die Anlage damals das Aussehen, wie es sich uns heute bietet. 1716 wurde Akershus zum letztenmal belagert. Später verlor sie an Bedeutung und begann schließlich zu zerfallen.

Während des Zweiten Weltkrieges diente Akershus als Gefängnis für politisch unbequeme Zeitgenossen. Nach dem Kriege wurde die Festungsanlage bis 1963 umfassenden Restaurierungsarbeiten unterzogen. Heute beherbergt sie zahlreiche staatliche Einrichtungen. Die Krypta unter der Schloßkirche dient als Königliches Mausoleum. Im Sommer finden sonntags in der Schloßkirche Konzerte statt.

In einem beachtenswerten Fachwerkgebäude aus dem Jahre 1774 links vom Zugang in die Festungsanlage findet man ein **Informationszentrum**. Und ganz in der Nähe kann man – nach Voranmeldung im Informationszentrum – im ehemaligen Pulvermagazin das **Gefängnismuseum** besichtigen. Die Zellen dienten vor allem im 19. Jh. der Verwahrung besonders schwerer Jungs.

Im Høymagasinet, dem Gebäude 025 der Festung Akershus an der Rathausseite, ist das Christiania Stadtmodell zu besichtigen. Das Modell zeigt das Bild der Stadt im 17. und 18. Jh. Die Ausstellung ist Teil einer 20-minütigen Tonbildschau über die Geschichte Oslos.

Stadtmodell
1.6. - 31.8. tgl. a. Mo. 10 - 16 Uhr. Eintritt.

In einem Gebäude unweit nördlich des Schloßkomplexes, auf einer Anhöhe innerhalb des Festungsareals, ist das **Norges Hjemmefront Museum** (Norwegisches Widerstandsmuseum) eingerichtet. Es dokumentiert fast ausschließlich die Zeit während der deutschen Besetzung 1940 bis 1945.

Ein Denkmal erinnert an die gefallenen Widerstandskämpfer.

Widerstandsmuseum
15.6. - 31.8. Mo. - Sa. 10 - 17, So. 11 - 17 Uhr. Übrige Zeit Mo. - Sa. 10 - 16, So. 11 - 16 Uhr.

Östlich der Kongensgate liegt am Südrand des Festungsplatzes das **Forsvarsmuseet**, das Norwegische Armee- oder Verteidigungsmuseum.

Akershus Festung

Es gibt anhand von Kriegsgerät Einblick in die norwegische Militärgeschichte vom 17 Jh. bis in die Zeit nach dem Zweiten Weltkrieg.

Unweit östlich der Akershus Festung findet man am Bankplassen das **Museum für Gegenwartskunst**. In dem Granitbau, der zu Beginn unseres Jahrhunderts im Jugendstil für die Norges Bank errichtet worden ist, werden – teils in wechselnden Ausstellungen – Arbeiten norwegischer und internationaler Künstler nach dem Zweiten Weltkrieg gezeigt.

Von der Akershus Festung zurück zum Ausgangspunkt am Rathausplatz. An der Westseite der Hafenbucht Pipervika liegt das Einkaufszentrum **Aker Brygge (16)**. In diesem modernen Zentrum findet man neben Geschäften, Modeboutiquen, Restaurants und Cafés auch Theater und ein wechselndes Unterhaltungsangebot.

Ibsen Museum
Di. - So. 12 - 15 Uhr. Eintritt. Führungen obligatorisch.

Ein gutes Stück weiter nördlich findet man in der Arbins gate Nr. 1 südlich des Schloßparks das **Ibsen Museet**. Hier hatte der Dramatiker Henrik Ibsen von 1895 bis zu seinem Tod im Jahre 1906 seinen letzten Wohnsitz in Oslo. Die Wohnung wurde im Stil des 19. Jh. restauriert.

2. RUNDFAHRT HOLMENKOLLEN, FROGNERPARK, MUSEEN.

Benutzt man für die Rundfahrt nicht das Auto, sondern öffentliche Verkehrsmittel, bedient man sich am einfachsten zunächst der Holmenkollen Bahn Linie 15. Die verkehrt regelmäßig in kurzen Abständen ab U-Bahnstation Nationaltheater. Ab Station Holmenkollen muß man bis zur Schanze und zum Skimuseum noch ein Stück zu Fuß gehen (ca. 15 Min.). Die Holmenkollenschanze liegt nordwestlich vom Stadtzentrum und ist gut ausgeschildert. Noch schneller kommt man zum Holmenkollen mit der U-Bahn Linie 1 bis Holmenkollen.

Fährt man mit der Bahn noch fünf Stationen weiter bis zur **Endstation Frognerseteren**, kann man den Ausflug mit Wanderungen und einem

Besuch des Aussichtsturms „Tryvannstårnet" (siehe auch „4. Weitere interessante Sehenswürdigkeiten") verbinden.

Auf der **Holmenkollen Skisprungschanze** werden jedes Jahr im März die Internationalen Skisprung Meisterschaften ausgetragen. Die Teilnahme an diesem weltweit bekannten Springen gilt als Höhepunkt in dieser Sportdisziplin. Abertausende von Zuschauern kommen jedes Jahr zu diesem Weltsportereignis.

Ein Aufzug bringt Sie auf den etwa 60 m hohen Turm der Sprungschanze und wer schwindelfrei ist und zu Fuß weiter hoch bis zum Anlauf gehen kann, wird mit einer einzigartigen **Aussicht** auf Oslo und die Bucht belohnt. Aber es genügt schon ein Blick von der Nähe des Schanzentisches hinab in die im Sommer teils von einem See bedeckte Auslaufmulde, um den Mut der Skispringer respektvoll zu bewundern. Im Sommer zeigen gelegentlich Skiakrobaten ihr Können an eben erwähntem See.

Stadtblick von der Holmenkollen-schanze **

Sehr lohnend ist ein Besuch des gleich neben der Schanze teils in den Berg gebaute **Skimuseum**. Beachten Sie am Eingang die etwa 4.000 Jahre alte Felszeichnung des „ersten Skiläufers der Welt". Die Geschichte des Skilaufs, von der Zeit, als lediglich ungeschlachte Holzbohlen den Menschen vor etwa 1.400 Jahren nicht im Schnee untergehen ließen, bis zu den supermodernen Brettern aus Kunstfaser samt stromlinienförmig gestylter Kleidung, ist in ihren vielfältigen Facetten ausgezeichnet dargestellt. Die Exponate werden in den modernen Museumsräumen sehr übersichtlich präsentiert.

Skimuseum **
tgl. 10 - 17, Juni bis 20. Juli + Aug. bis 22 Uhr. Eintritt.

Von besonderem Interesse sind Skiausrüstungsgegenstände von Fridtjof Nansens Grönlandüberquerung 1888 und Roald Amundsens Südpolexpedition 1910 – 1912, gleich im Eingangsbereich. Im Obergeschoß des Museums sind u.a. Skier der Königlichen Familie zu sehen.

Auf dem Weg vom Parkplatz zur Schanze passiert man ein Denkmal, das König Olav V. auf Skiern zeigt.

Falls Sie mit der Bahn unterwegs sind, fahren Sie zurück bis Station Majorstuen, verlassen dort die Holmenkollenbahn, gehen ein kurzes Stück stadteinwärts bis zur Querstraße Kirkeveien und nehmen dort die Straßenbahn Linie 12 o der 15 bis Haupteingang Frogner Parken.

Wenn Sie von der Haltestelle Majorstuen nur ein kurzes Stück zurückgehen, können Sie – aber nur am Wochenende – noch einen kurzen Sprung ins **Sporveismuseet**, das Straßenbahnmuseum, Ecke Selmdalsveien und Gardeveien, machen. Das Museum beherbergt die einzige Sammlung öffentlicher Verkehrsmittel in Norwegen.

Der ausgedehnte **Frogner Park (18)** mit seinen beiden Seen, ist berühmt für seine Freilichtsammlung von Bronze- und Steinplastiken des Bildhauers Gustav Vigeland.

Gustav Vigeland, 1869 in Mandal geboren, war Zeit seines Lebens erfüllt von einem glühenden Schaffensdrang. 1884 kam er aus seinem sehr ernsten, strengen Elternhaus nach Oslo zur Ausbildung als Holzschnitzer. Später lebte und arbeitete er in Kopenhagen, Paris, Berlin, Florenz und London und kehrte Anfang unseres Jahrhunderts wieder zurück nach Oslo. Vigeland starb 1943. In seinem unbändigen Arbeitseifer schuf er weit über tausend monumentale Skulpturen, rund 800 plastische Skizzen und nicht weniger als 12.000 Zeichnungen und Skizzen.

Frogner Park (17) ** und Vigeland Skulpturen **
Bus 20, Tram 12, 15 bis Frogner plass

*Frognerpark,
Steinplastik von
Gustav Vigeland*

Zeit seines Lebens waren seine Motive Mann und Frau, Menschendarstellungen in allen Lebensaltern. Fast immer strahlen Vigelands Plastiken Ernst und Wehmut aus.

Alle Werke überließ der Meister der Stadt Oslo als Entgelt für das Gebäude, das die Stadt dem Bildhauer errichtete, in dem sich Vigelands Atelier und Wohnung befand. Heute beherbergt es das Vigeland Museum (siehe dort).

Schon das große schmiedeeiserne Tor mit seinen sieben Flügeln am Haupteingang zum Frogner Park (Kirkeveien) ist eine sehenswerte Arbeit Vigelands.

Als nächstes erreicht man die Brükke, die über die Parkseen führt. Hier stehen zahlreiche Steinplastiken. Insgesamt findet man im Park, dessen Anlage von Vigeland selbst konzipiert wurde, annähernd 200 Skulpturen. Man kommt zur Bronzefontäne. Der Lebensweg des Menschen vom Kind bis zum Greis wird anhand von Bronzeplastiken dargestellt. Treppen führen schließlich hinauf zum großen **Monolithen „Lebenssäule"**, der erhöht auf einer Steinterrasse steht. Die 17 m hohe Steinsäule ist mit 121 Leibern geschmückt, die sich wild verschlungen bis zur Spitze des Obelisks gruppieren. Der Monolith besteht aus einem einzigen Granitblock.

Beachtung verdienen natürlich auch die Monumentalplastiken, die sich um den Monolithen gruppieren.

Kunsthistoriker sind sich nicht ganz einig über den künstlerischen Wert von Vigelands Schöpfungen. Sicher dürfte aber sein, daß Vigelands Lebenswerk alleine schon durch die enorme Vielzahl seiner Arbeiten ein hervorragender Stellenwert zukommt.

Im Sommer kann man den Besuch des Frogner Parks mit einer willkommenen Abwechslung verbinden, mit einem Abstecher ins Frognerbad, dem größten Freibad der Stadt, das in der Nordostecke der Parkanlage beim Stadion und den Tennisplätzen liegt.

Wir setzen unsere Tour durch den Südteil des Frogner Parks fort und erreichen kurz darauf das **Oslo Bymuseet**, das Stadtmuseum (19) mit Sommerrestaurant beim See. Das Museum ist untergebracht im Frogner Hovegard, einem ehemaligen Gutshof aus dem Jahre 1790. Im Inneren ist eine Gemäldesammlung zu sehen, außerdem interessante Einrichtungs- und Gebrauchsgegenstände aus verschiedenen Epochen der Stadt.

Man verläßt den Frogner Park am Südeingang an der Halvdan Svartes Gate. Fast genau auf der anderen Straßenseite steht das Gebäude des Vigeland Museums (19). Hier kann man sich einen ganz ausgezeichneten Überblick über die unzähligen Arbeiten des Bildhauers Gustav Vigeland verschaffen. Der größte Teil des Lebenswerks des Künstlers ist hier untergebracht. Darunter sind Tausende von Zeichnungen, Holzschnitten und Plastiken in Marmor, Granit oder Bronze.

Ist man mit öffentlichen Verkehrsmitteln unterwegs, geht man vom Vigeland Museum ein kurzes Stück nach Osten zurück bis an die Südecke des Frogner Parks am Frogner Plass (Taxistand) und nimmt die Straßenbahn 12 oder 15 zurück ins Stadtzentrum (Rathausplatz).

Je nach zur Verfügung stehender Zeit, kann man nun noch einen Ausflug zur Museumsinsel Bygdøy unternehmen oder aber man nimmt die Straßenbahn Linie 18 oder 19 oder Bus 24, 45, 71, 74 oder 85 ins östliche Stadtgebiet zum Oslo Ladegård (siehe 4., Weitere interessante Sehenswürdigkeiten).

3. BYGDØY ***

Bygdøy, die „**Museumsinsel Oslos**" erreicht man bequem mit dem Auto ab E18 (Oslo – Drammen). Parkmöglichkeiten am Folke Museum, am Wikinger-Schiffe-Museum und am Kon-Tiki-Museum. In der Sommerferienzeit gibt es gelegentlich Engpässe bei den Parkplätzen.

Mit öffentlichen Verkehrsmitteln erreicht man Bygdøy mit Bussen der Linie 30 ab Nationaltheater oder mit den Personenfähren Nr. 91 ab Rathauskai 3. Die Boote verkehren zwischen April und September regelmäßig über Restaurant Dronningen zur Anlegestelle beim Fram-Museum, von dort auf direktem Weg zurück.

Folgende Museen sind auf Bygdøy zu finden: **Norsk Folkemuseum (20), Wikinger-Schiffe-Museum (21), Kon-Tiki-Museum (22), Fram Museum (22)** und das **Norwegische Seefahrtsmuseum (22).**

Die letzten drei genannten Museen liegen vom Wikinger-Schiffe-Museum ca. 15 Geh-Minuten entfernt. Und vom Wikinger-Schiffe-Museum zum Norsk Folkemuseum geht man nochmals gut 5 Minuten. Man kann aber auch den Bus 30 für Fahrten zwischen den Museen benutzen.

Außerdem liegt auf der Insel Bygdøy das **Schlößchen Oskarshall (23).** Dieses Mitte des 19. Jh. von König Oscar I. erbaute Lustschloß kann allerdings nur von Ende Mai bis Ende September an Sonntagen zwischen 11 und 16 Uhr gegen Eintritt besichtigt werden.

☑ *Mein Tip!* **Norsk Folkemuseum (20).** Ein Gang durch dieses ausgedehnte Freilichtmuseum kommt einem Gang durch die Architektur-, Kunst- und Kulturgeschichte Norwegens vom Mittelalter bis in das 19. Jh. gleich. Der Besuch lohnt sehr und sollte nicht ausgelassen werden. Das Gezeigte ist so vielfältig, daß man sich für die Besichtigung viel Zeit (mindestens einen halben Tag) nehmen sollte!
Insgesamt sind hier 170 alte Gebäude, meist bäuerliche Anwesen, aus allen Teilen Norwegens zusammengetragen und mit größter Sorgfalt und bis ins Detail genau wieder aufgebaut worden. Die Gehöfte, Wohnhäuser, Stallungen, Scheunen, Speicher, Mühlen, Sennhütten, Badestuben etc. sind entsprechend ihrer Herkunftsregion zu Gruppen zusammenge-

Vigeland Museum (19)
Mai - Sept. Di. - Sa. 10 - 18 Uhr, So. 12 - 19 Uhr.
Winterhalbjahr Di. - So. 12 - 16, So. 12 - 18 Uhr. Eintritt.

die Museen auf Bygdøy *

Norsk Folkemuseum * (20)**
15.5. - 14.6. u. 1. 9. - 14.9. tgl. 10 - 17 Uhr. 15.6. - 31. 8. tgl. 10 - 18 Uhr.
Übrige Zeit: Mo. - Sa. 11 - 15, So. 11 - 16 Uhr. Eintritt.
Restaurant, Cafeteria, Souvenirs.

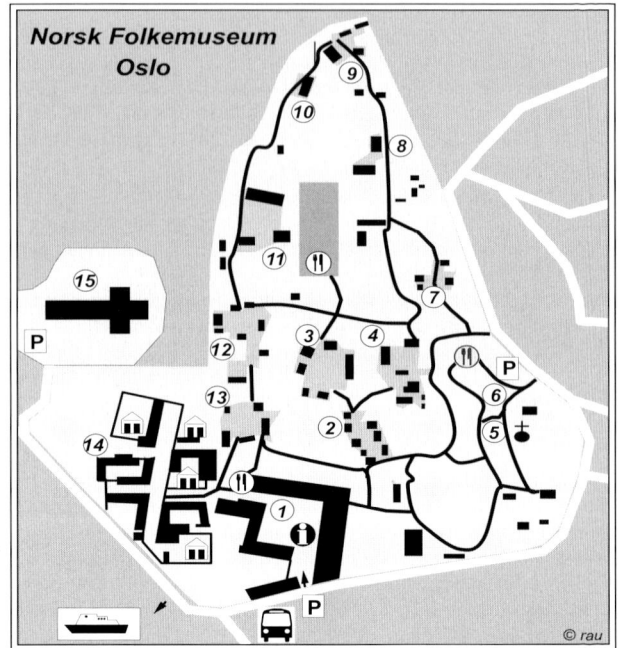

NORSK FOLKEMUSEUM

1 Innenhof, Museum, Verwaltung
2 Setesdal-Gehöft
3 Numedal-Gehöft
4 Glåmdal-Gehöft
5 Stabkirche von Gol
6 Hove-Gehöfte
7 Oppdal-Gehöfte
8 Fjordane-Gehöft
9 Hordaland-Gehöfte
10 Lende-Gehöfte
11 Ostnorwegen-Gehöfte
12 Hallingdal-Gehöfte
13 Telemark-Gehöfte
14 „Die Altstadt"
15 Wikingerschiffe-Museum

faßt. Museumsführer, in Kostüme und Trachten der jeweiligen Landschaftsregion gekleidet, geben Auskünfte oder demonstrieren alte Arbeits- oder Herstellungsmethoden aus dem landwirtschaftlichen oder handwerklichen Bereich.

Geht man aus dem großen, von Verwaltungs- und Museumsgebäuden umgebenen Hof (Beschilderung) und wendet sich nach links, kommt man zunächst zu einem Häuserensemble aus dem *Setesdal*. Im wesentlichen besteht es aus einem Gehöft aus dem frühen 18. Jh., mit Wohnhaus und diversen Speichern, Scheunen und Ställen.

Unweit nördlich davon eine Gruppe von Gehöften aus der Region *Glåmdal/ Østerdal*.

Wege, an denen alte Meilensteine zu sehen sind, führen durch einen Waldpark hinauf zur wieder aufgebauten **Stabkirche von Gol**. Sie stammt aus dem 12. Jh. und ist vom Fundament bis zum Giebel ein herrliches Beispiel früher norwegischer Kirchenbaukunst. König Oscar II. ließ die Kirche 1885 von Gol im Hallingdal hierher bringen und neu errichten.

Beachten Sie u.a. das reich mit Schnitzereien versehene Portal und die tragenden Holzsäulen im Inneren, mit den kunstvoll gearbeiteten Verstrebungen oben. Kaum auszumachen sind im Dunkel unter dem Giebel die Köpfe am obersten Abschluß der Säulen. Chor und Apsis sind mit Malereien aus der Mitte des 17 Jh. ausgeschmückt.

Dem Kirchenportal gegenüber steht ein sehr schönes Bauernhaus, das aus der ersten Hälfte des 18. Jh. stammt und aus der Heddalgegend in der Telemark hierher gebracht wurde. Schauen Sie sich hier den großen

Wohnraum an mit seiner Feuerstelle, den Wandbänken, Schränken, Pfostenbetten etc. Gleich hinter diesem Telemarkhaus liegt das Restaurant.

Zurück zu den Setesdalhäusern und weiter zu den Gehöften aus dem *Numedal*. Hier steht u.a. eines der ältesten Holzhäuser des Landes (Haus Nr. 21). Es stammt aus dem 13. Jh.

Ein Rundweg führt nun um den sog. Festplatz (mit Café). Folgt man ihm gegen den Uhrzeigersinn, sieht man Gebäude aus dem Gudbrandsdal, aus Nordfjord und Sunnfjord, aus Hordaland, Ostlandet, Hallingdal und schließlich aus der Telemark mit den markanten Speichern (z.B. Gebäude Nr. 133).

Es schließt sich die sog. „**Altstadt**" an. Hier sind einige Straßenzüge und Stadthäuser aus dem 17., 18. und 19. Jh. wieder aufgebaut worden. In den **Museumsgebäuden** beiderseits des Hauptplatzes sieht man u.a. Kunsthandwerk, Trachten, Möbel aus städtisch-bürgerlichem und ländlich-bäuerlichem Milieu, des weiteren sakrale Kunstwerke und eine sehr interessante Ausstellung aus dem Kulturbereich der samischen Bevölkerung.

Vikingskiphuset (21). Hier sind u.a. drei Wikingerschiffe aus dem 9. und 10. Jh. ausgestellt, die – nach mühsamer und langwieriger Restaurierung – nun zu den schönsten Beispielen alter Schiffsbaukunst zählen. Alle drei Schiffe, das **Osebergschiff**, das **Gokstadschiff** und das **Tuneschiff** wurden im Küstenbereich des Oslofjords gefunden. Die Schiffskörper, die als Gräber gedient hatten, wurden zwar von den Erdmassen, die sie bedeckten, völlig zerdrückt. Holz, Metallteile, Knochen und sogar Textilien aber waren dank der hermetisch luftdichten Abschottung durch die Erdlagen in recht gutem Zustand. In monatelangen Arbeiten wurden die oft in Tausende von Einzelteilen zerfallenen Schif-

Setesdalgehöft im Norsk Folkemuseum, Bygdøy, Oslo

Wikingerschiffe-Museum * (21)**
Apr. + Okt. tgl. 11 - 16 Uhr. 2.5. - 31.8. tgl. 9 - 18 Uhr. Sept. tgl. 11 - 17 Uhr. Sonst 11 - 15 Uhr. Eintritt. Bus 30 oder Boot 91 ab Pier 3 Rathausplatz und Fußweg.

fe und Grabbeigaben geborgen. Größtes Problem dabei war, die Funde permanent feucht zu halten. Andernfalls wären sie ausgetrocknet und unwiederbringlich zerbrochen. Nach einer akkuraten Katalogisierung aller Teile, wurden vor allem die empfindlichen Holzstücke in einer jahrelangen Prozedur mit Speziallösungen, die man auch erst erproben mußte, dauerhaft konserviert. Nun konnte mit dem Geduldspiel des Wiederzusammenfügens der Schiffe begonnen werden. Aus den Schiffen wurden noch einmal Meisterwerke, diesmal welche der erhaltenden Archäologie.

Schaut man sich nur die Bordbeplankung an, erahnt man schon – auch ohne einschlägiges Wissen – daß an diesen Wikingerschiffen vor fast tausend Jahren Meister ihres Handwerks tätig gewesen sein müssen. Alle Bauelemente waren durch Nägel und Taue so kunstvoll und vor allem so elastisch miteinander verbunden, daß Fachleute von der ganz erstaunlichen Seetüchtigkeit, die Wikingerschiffen eigen gewesen sein muß, heute noch begeistert sind. Mit originalgetreuen Nachbauten wurden ganz erstaunliche Resultate erzielt.

Decksaufbauten gab es gewöhnlich nicht. Die Besatzung saß auf ihren Seekisten, die gleichzeitig als Ruderbänke dienten. Man war Wind und Wetter ohne besonderen Schutz ausgesetzt. Lediglich auf Reiseschiffen standen wichtigen Personen zusammenlegbare Bordzelte und sogar Betten zur Verfügung.

Gleich nach dem Eingangsbereich des kreuzförmig angelegten Museumsgebäudes kommt man in die gewölbte Halle mit dem Osebergschiff, das schon durch seine Proportionen, die überaus elegante Linienführung des Rumpfes und die kühn geschwungenen Steven mit herrlichen Schnitzereien, auf Anhieb besticht.

Das **Osebergschiff** wurde 1904 ausgegraben. Es diente als Grabstätte einer hochgestellten weiblichen Person. Es wird angenommen, daß diese Frau Königin Asa war. Ganz besonders reich war der Fund an Grabbeigaben. Zu den Prachtstücken zählen ein überaus seltener Wagen, ein Schlitten, Truhen, Betten und allerlei Kleingerät. Diese Gegenstände sind im hinteren Raum zu sehen.

Im Flügel links ist das **Gokstadschiff** wieder aufgebaut worden, das man 1880 entdeckte. Vergleicht man das Osebergschiff mit dem Gokstadschiff, fällt der etwas gedrungene Schiffskörper auf und man stellt fest, daß die Bordwand beim Gokstadschiff um zwei Bordplanken höher ist, was dem Schiff wohl eine bessere Eignung für Fahrten bei rauher See verlieh. Außerdem sind zwei kleine Beiboote zu sehen, die als Grabbeigaben dienten. Die Grabkammer ist wieder aufgebaut, die einst auf dem Schiff stand.

Im rechten Seitenflügel sind die Reste des **Tuneschiffs** zu besichtigen. Es sind leider nur noch Fragmente des Schiffsrumpfes vorhanden.

Fram Museum ***
(22)
1.5. - 30.9. tgl. 10 - 16.45 Uhr,
Sommer bis 18.45 Uhr. Übrige Zeit kürzer. Eintritt.

Fram Museum (22). Das Polarschiff „Fram" wurde nach speziellen Angaben des Polarforschers *Fridtjof Nansen* für extreme Bedingungen bei Fahrten in den Polarmeeren von Collin Archer erbaut und 1893 in Dienst gestellt. Das Schiff hat eine Wasserverdrängung von 800 Tonnen, eine Länge von 39 m, eine Breite von 11 m und einen Tiefgang von 5 m. Seine hervorragende Konstruktionsweise hat sich auf all seinen Fahrten bewährt.

Die Grundidee Nansens war es ein Schiff zu bauen, das so stark und dessen Rumpf so geschickt geformt war, daß es, eingefroren im Packeis, nicht von den gigantischen Eismassen zerdrückt (Schicksal vieler früherer Polarschiffe), sondern aus dem Eis gehoben wurde und so „gefahrlos" mitdriften konnte.

Seine erste Expedition mit der „Fram" unternahm Nansen im Sommer 1893. Kapitän war *Otto Neumann Sverdrup*. Es war geplant, soweit wie möglich Richtung Nordpol zu segeln, sich dort einfrieren zu lassen und mit der Eisdrift zum Nordpol zu gelangen. Am 16. Oktober 1895, fast zweieinhalb Jahre nach Beginn der Reise, hatte man die nördlichste Position von 85° 57' nördl. Breite erreicht. Nansen erkannte, daß die „Fram" nicht näher zum Pol driftete und verließ mit *Hjalmar Johansen* das Schiff. Beide machten sich mit Hunden und Schlitten auf den Weg zum Nordpol. Das Ergebnis einer weiteren Expeditionsreise der „Fram" sollte zu einem Meilenstein in

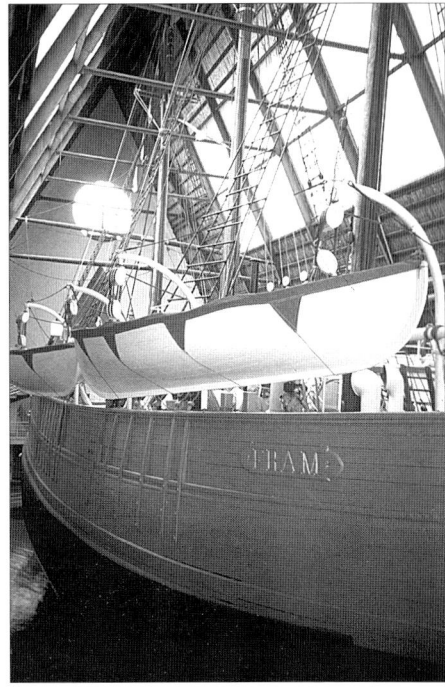

der norwegischen und internationalen Geschichte der Polarforschung werden.

das Polar-Expeditionsschiff „Fram"

Roald Amundsen verließ mit der „Fram" am 10. August 1910 Kristiansand mit „unbekanntem" Ziel, wie es anfangs hieß. Tatsächlich waren Amundsen und seine Mannschaft auf dem Weg zum Südpol. Die anfängliche Geheimniskrämerei hatte Gründe. Im Juni des gleichen Jahres nahm nämlich auch der Engländer Robert Falcon Scott Kurs auf den Südpol. Von der Walfischbucht im Rossmeer, unmittelbar an der Eisbarriere, machte sich Amundsen mit drei Begleitern, Schlitten und Hunden auf den Marsch zum Südpol, den die Gruppe am 11. Dezember 1911 glücklich erreichte. Amundsen hatte als erster den Südpol erreicht. Scott kam am 18. Januar 1912 am Südpol an. Er und seine Leute überlebten den Rückweg nicht. Die „Fram" mit Amundsen, Kapitän Nilsen und seiner Mannschaft, kehrte am 16. Juli 1914 nach Norwegen zurück.

Norwegisches Seefahrtsmuseum (22). Die lange, erfolgreiche Seefahrtstradition des Landes wird hier anhand von Modellen, Schiffsteilen, Booten, Schaukästen, Gemälden und vielen nautischen Gegenständen dokumentiert. Im Museumsgebäude befindet sich außerdem das *Restaurant Najaden*, sowie eine Cafeteria mit Fjordterrasse.

Kon-Tiki Museum (22). Die bedeutendsten Exponate sind einmal Thor Heyerdahls weltberühmtes Balsafloß „Kon-Tiki" und zum anderen Heyerdahls Papyrusboot „Ra II".

Kon-Tiki Museum
**** (22)**
1. 4. - 31. 5. + 1. 9.
- 30. 9. tgl. 10. 30 -
17 Uhr. 1. 6. - 31. 8.
tgl. 9. 30 - 17. 45
Uhr. Übrige Zeit
10.30 - 17 Uhr.
Eintritt.

Munch-Museum
******
1.6. - 15.9. tgl. 10 -
18 Uhr. Übrige Zeit
tgl. a. Mo. 10 - 16
Uhr. Eintritt.

Mit dem „Kon-Tiki" fuhren Heyerdahl und fünf Kameraden 1947 8.000 km weit über den Pazifik von Peru bis Polynesien. Mit der „Ra II" segelte er 1970 über den Atlantik. Fotodokumentationen schildern Vorbereitungen und Durchführung der Reisen. Außerdem Ausstellungen von Kunst- und Kultgegenständen von den Osterinseln.

4. WEITERE INTERESSANTE SEHENSWÜRDIGKEITEN

Edvard Munch Museum. Das Museum liegt im Osten der Stadt, gegenüber dem Botanischen Garten. Es ist mit Bus 29 ab Jernebantorget oder mit der U-Bahn ab Stortinget bis Tøyen zu erreichen.

Das moderne Museumsgebäude beherbergt den größten Teil des Lebenswerks des Malers *Edvard Munch*. Insgesamt vermachte der Künstler der Stadt Oslo 1940 annähernd 24.000 Objekte, darunter Graphiken, Zeichnungen, Plastiken, Aquarelle und andere Gemälde. Im Museum finden Filmvorführungen, Konzerte und Vorträge statt.

Edvard Munch wurde am 18. Dezember 1863 geboren und starb im Alter von 81 Jahren im Januar 1944. Munch war Maler und Graphiker und gehörte mit zu den Begründern des Expressionismus. Themenmittelpunkt seiner Arbeit war stets der Mensch im Spannungsfeld der zwischenmenschlichen Beziehungen.

Universitets Naturhistoriske Museer. Die Naturgeschichtlichen Museen liegen im Botanischen Garten im Osten der Stadt. Zu erreichen mit Bus 29 ab Jernebantorget oder mit U-Bahn ab Stortinget bis Tøyen.

Auf dem Gelände des sehr ansprechend angelegten Botanischen Gartens mit seiner artenreichen Flora nördlicher Provenienz und Treibhäusern mit südlicher Pflanzenwelt, gibt es außerdem zu besichtigen das *Botanische Museum*, das *Zoologische Museum*, das *Mineralogische Museum* und das *Paleontologische Museum*. Freier Eintritt in Park und Museen.

Norsk Teknisk Museum. Das Technische Museum von Norwegen liegt weit im Norden der Stadt am Akerselva, unweit des Sees Maridalsvannet. Man erreicht das Museum mit der Bahn ab Nationaltheater bis Station Kielas, oder mit der Straßenbahn Linie 11 ab Storgatan. Gezeigt wird die Entwicklung der Technik von der Frühzeit bis heute, von der Dampfeisenbahn bis zum Düsenjet.

Das **Henie-Onstad Kunstzentrum** liegt in Høvikodden, rund 12 km westlich vom Stadtzentrum von Oslo. Dank der Initiative und Stiftung des Ehepaares Sonja Henie und Niels Onstad konnte 1968 dieses moderne Kunstzentrum eingeweiht werden. Sonja Henie war in den Zwanziger Jahren die Eislaufkönigin schlechthin, während Niels Onstad sportliche Meriten im Rudern errang.

Zu sehen ist eine Sammlung moderner Malerei des 20. Jh. sowie ein Skulpturen-Park. Zeitgenössische Kunst wird auch auf den Gebieten Literatur, Musik, Tanz, Theater u.a. bei wechselnden Ausstellungen, Vorträgen, Ausstellungen und Veranstaltungen gezeigt. Ein Terrassencafé ist angeschlossen.

Mit öffentlichen Verkehrsmitteln erreicht man das Henie-Onstad Kunstzentrum ab Sentralstasjon (Hauptbahnhof) mit den Busse 151, 161, 251, 252, 261.

Tryvannstårnet. Der Fernseh-turm liegt nordwestlich der Stadt in über 500 m Höhe. Der Turm selbst ist fast 120 m hoch. Von der Aussichtsplattform hat man bei klarem Wetter einen präch-tigen Rundblick.

Man erreicht den Turm per U-Bahn ab Station Nationaltheater (siehe auch Holmenkollen Schanze) bis Station Voksenkollen und hat von dort noch etwa 15 Min. zu gehen. Mit dem Auto folgt man zunächst der Beschilderung Holmenkollen, dann weiter bis Frognerseteren bzw. Tryvannstårnet.

Blick vom Holmenkollen Park Hotel Rica auf Oslo und den Oslofjord

Besonders bei schönem Wetter lohnt es sich, den Ausflug zum Aussichts-turm mit einem Abstecher zum nahen **Frognerseteren Höhenrestaurant** zu verbinden. Man hat von dort nicht nur einen weiteren schönen Blick auf Oslo, sondern es bieten sich auch viele Möglichkeiten zu Wald-spaziergängen.

Ein weiterer Ausgangspunkt für Spaziergänge und Wanderungen in der Nähe Oslos liegt im Norden der Stadt am See **Sognsvannet**. Mit der Bahn Linie 3 fährt man ab U-Bahnstation Nationaltheater bis Endstation Sognsvann. Bademöglichkeit. Parkplätze.

Praktische Hinweise – Oslo

☎ – **Norges Informasjonssenter**, Touristeninformationszentrum, Fridtjof Nansens Plass 5, Eingang Roald Amundsen Straße, N-0160 Oslo, Tel. 24 14 77 00, Fax 22 42 92 22. Geöffnet 1. Mai – 30. Juni Mo. – So. 9 – 18, im Juni So. nur bis 16 Uhr. 1. Juli – 31. Aug. Mo. – Sa. 9 – 20 Uhr. Übrige Zeit Mo. – Fr. 9 – 16 Uhr. E-mail: info@visitoslo.com. Internet: www. oslopro.no
– **Trafikanten**, Touristeninformation am Zentralbahnhof gibt Auskunft über die öffentlichen Verkehrsmittel in Oslo und Umgebung, außerdem Reservierung und Auskünfte über NSB-Dienste (Norwegische Staatsbahnen); Oslo Sentralstasjon, Jernebanetorget 1, N-0154 Oslo, Tel. 22 17 70 30. Telefon-dienst tgl. 7 – 23 Uhr. Publikumsverkehr Mo. - Fr. 7 - 20, Sa. + So. 8 - 18 Uhr.

Oslo Information

NAF Alarmsentral (Autopannendienst) – (00 47) 81 00 05 05 (Tag und Nacht). **Notarzt** – 113. **Polizei** – 112. **Feuerwehr** – 110.

Notruf Nummern

NAF Norwegischer Automobilverein, Storgata 2, 0105 Oslo, Tel. 22 34 14 00, Fax 22 33 13 72.
KNA Königlich Norwegischer Automobilclub, Drammensveien 20 c, 0255 Oslo, Tel. 22 56 19 00.

Automobilclubs

Oslos neuer internationaler **Flughafen Oslo Lufthavn Gardermoen** liegt rund 50 km nordöstlich Stadt. Am schnellsten erreicht man den Flughafen mit der Flughafen-Zubringerbahn **Flytog** ab Oslo Sentralstasjon, Flytogterminalen. Der Zug verkehrt alle 10 Minuten, Fahrzeit 20 Minuten.
Außerdem verkehren Zubringerbusse zum Flughafen.

Flughafen

Oslo Sentralstasjon (Hauptbahnhof), Jernebanetorget 1, 0154 Oslo, Tel. 22 36 80 00. – Internationaler Zugverkehr, sowie alle Züge Richtung Kristiansand und Stavanger, Bergen, Trondheim, Bodö, Åndalsnes.
Ein anderer wichtiger Zentralbahnhof in Oslo ist der Bahnhof **Nationalthea-ter.**

Bahnhof

Stadtrundfahrten

H.M. Kristiansens, Hegdehaugsvn. 4, 0167 Oslo, Tel. 22 20 82 06. Internet: www.hmk.no. Mehrere 3-stündige Stadtrundfahrten täglich, zu den großen Sehenswürdigkeiten der Stadt. Hotel-Abholung oder ab Rathaus Seeseite 10 und 13.30 Uhr.

Restaurants

✕ Restaurants: **Restaurant Engebret Café**, Bankplassen, Tel. 22 33 66 94, beim Kunstmuseum, traditionsreiches Lokal, in dem schon Henrik Ibsen speiste; die Küche wird gelobt, auch Fischgerichte und norwegische Spezialitäten; hübsche Terrasse; gehobene Preisklasse. Sonntags geschlossen.
Theatercaféen, Stortingsgata 24, Hotel Continental; stadtbekannte Adresse im Wiener Kaffeehausstil der Jahrhundertwende, gehobene Preisklasse. – Und andere Restaurants.

Hotels

⌂ Hotels: Von den zahlreichen Hotels im Großraum Oslo sind nur einige der zentral gelegenen Häuser erwähnt. Alle aufgeführten Hotels bieten auch Nichtraucherzimmer an.

☑ *Mein Tipp!* Von Mitte Juni bis Ende August bieten viel Hotels sog. "**Sommerpreise**" an, die in aller Regel erheblich unter den Normalpreisen liegen. Fragen Sie danach!

Anker, 230 Betten, Storgata 55, Tel. 22 99 75 00, Fax 22 99 75 20, Parkplatz. Internet: www.anker.oslo.no
Bondeheimen Best Western, 136 Betten, Rosenkrantz gata 8, Tel. 23 21 41 00, Fax 23 21 41 01, Cafeteria, Sauna, Solarium.
Bristol, 225 Betten, Kristian IV's gt. 7, Tel. 22 82 60 00, Fax 22 82 60 01, Restaurant, Garage. Internet: www.bristo.no
Cecil Tulip Inn Rainbow 196 Betten, Stortingsgt. 8, Tel. 23 31 48 00, Fax 23 31 48 50, zeitgemäßes, zentral gelegenes Mittelklassehotel, Restaurant, Garage.
Fønix, 99 Betten, Dronningens gt. 19, Tel. 22 42 59 57, Fax 22 33 12 10, Rest.
Scandic Hotel KNA, 320 Betten, Parkveien 68, Tel. 23 15 57 00, Fax 23 15 57 10, gepflegtes Firstclass Hotel, Restaurant, Solarium, Sauna, Garage.
Vika Atrium Golden Tulip Rainbow, 170 Betten, Munkedamsvn. 45, Tel. 22 83 33 00, Fax 22 83 09 57, Restaurant, Solarium, Garage. – Und andere Hotels.

☑ *Mein Tipp!* **Holmenkollen Park Hotel Rica** ****, 195 Zi., Kongeveien 26, Tel. 22 92 20 00, Fax 22 14 61 92; nicht in der Innenstadt, sondern außerhalb unterhalb der Holmenkollenschanze hoch über Oslo gelegen, prächtiger Blick auf die Stadt und den Oslofjord, komfortables, renommiertes Firstclass Hotel, das Haupthaus mit dem Restaurant ist im traditionellen Holzbaustil gehalten.

Jugendherberge

Oslo Vandrerhjem Haraldsheim, Haraldsheimveien 4, 0409 Oslo, Tel. 22 22 29 65; Anf. Jan. – Ende Dez.; Straßenbahn Linie 1 ab Nationaltheater oder Storgatan. Internet: www.haraldsheim.oslo.no

Wohnmobil-stellplatz

❒ – **Sjølyst Bobilpark**, Drammensveien 160, 0273 Oslo, Tel. 22 50 91 93, www.bobilparkering.no. Anfang Juni – 15. Sept.; ca. 3 km westlich Oslo, Zufahrt von der E18 (Oslo – Drammen). Stellplatz für etwa 250 Wohnmobile am Kai des Sjølyst Bootshafens an der Westseite von Bygdøy, Strom- u. Wasseranschluss, Toiletten, Chemicaltoilettenausguss, Radverleih, Busse 31, 32, 33 ins Zentrum. Geschäfte und Restaurant ca. 5 Gehminuten entfernt.

Camping

▲ – **Camping & Turistsenter Bogstad** ****, Tel. 22 51 08 00; 1. Jan. – 31. Dez., im nördl. Stadtgebiet, über E18 (Oslo – Drammen) beschildert, nahe Holmenkollenschanze; weitläufiges, teils abfallendes Wiesengelände mit Baumgruppen; im Sommer stark frequentiert; ca. 15 ha – 1.000 Stpl.; Standardausstattung; Laden, Restaurant; 36 Miethütten. Bus 32 ab/bis Nationaltheater
– **Camping Ekeberg** ***, Tel. 22 19 85 68; Ende Mai – 31. Aug.; im östl. Stadtbereich, über E6 beschildert; Wiesengelände oberhalb Oslos mit schönem Blick auf die Stadt, im Sommer oft drangvolle Enge; ca. 5 ha – 500 Stpl.; Standardausstattung; Laden, Restaurant. Busse 23 und 34 zur Stadtmitte. – U. a.

8. OSLO – KRISTIANSAND

⊙ **Entfernung:** Rund 330 km, ohne Abstecher.

➔ **Strecke:** Über die Straße E18 bis **Kristiansand**.

🕐 **Reisedauer:** Mindestens ein Tag.

⌘ **Höhepunkte:** Die Hafenstädtchen **Risør, Arendal, Grimstad** und **Brekkestö** – die **Fels- und Schärenküste **** bei Risør und nördlich von Kristiansand bei **Høvåg**.

➔ **Route:** Wir verlassen Oslo über die E18 in südwestlicher Richtung. Nach 41 km erreichen wir **Drammen**. ●

Drammen (Hotels, Camping) ist Verwaltungshauptstadt der *Provinz Buskerud.* Die aus den Gemeinden Bragemes und Strømso am Ende des Drammenfjords entstandene Stadt kann zwar auf über 4.000 Jahre alte Siedlungsspuren verweisen, zu einem lebhaften Hafenort entwickelte sich Drammen aber erst Anfang des 17. Jh. und erhielt hundert Jahre später Stadtrecht.

Heute ist Drammen eine wichtige Industrie- und Hafenstadt und der fünftgrößte Industriestandort des Landes mit rund 50.000 Einwohnern. Wirtschaftsschwerpunkte sind neben dem Hafenbetrieb vor allem Metall- und Papierindustrie.

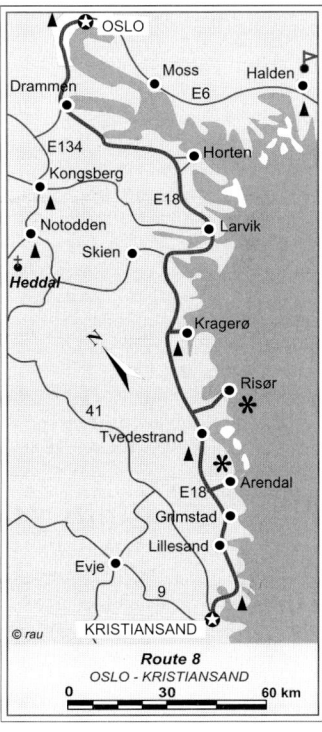

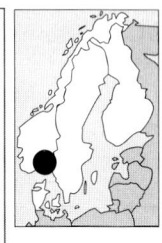

Route 8
OSLO - KRISTIANSAND
0   30   60 km

Von touristischem Interesse ist die sog. **Spiralstraße** (mautpflichtig), die am Westrand der Stadt von der E76 auf den Berg Bragemeasen führt. Dieses Unikum von Straße ist dem Bemühen, Landschaft zu schützen, zu verdanken. Anstatt einen Steinbruch an der Bergflanke anzulegen, der nicht nur das Landschaftsbild, sondern auch das Stadtpanorama beeinträchtigt hätte, holte man den Stein aus dem Berg. So entstand von 1953 an im Laufe von etwa 10 Jahren ein 1.650 m langer, spiralenförmiger Tunnel, der in sechs Kehren auf die Bergspitze zum **Aussichtspunkt Bragernes** führt. Oben bietet sich eine herrliche Aussicht.

Straßenunikum „Spiralstraße"

Außerdem sehenswert in Drammen sind das **Freilichtmuseum** mit alten Gehöften aus der Region und die **Kirche** von 1667 im Stadtteil Strømsø.

→ **Route:** Ab Drammen über die E18 südwärts. Nach etwa 40 km passiert man bei Kopstad den Abzweig nach **Horten** (Wohnmobilstellplatz; Camping Rørestrand). Später erreicht man den Abzweige nach **Sandefjord** (Hotels, Walfangmuseum), **Larvik** (Hotels, Fährhafen, Industriestadt, Mineralquellen, Stadt- und Seefahrtsmuseum) und **Porsgrunn**. Wenn genügend Zeit zur Verfügung steht, sollte man zwischen Horten und Larvik die küstennahen Straßen 310 und 303 wählen. Sie führen näher an reizvollen Bade- und Hafenstädtchen wie **Åsgårdstrand** (Edvard Munchs ehemaliges Sommerhaus) vorbei. ●

Tønsberg (Hotels, Camping), Hauptverwaltungsort der *Provinz Vestfold* mit fast 10.000 Ein., liegt knapp 20 km südlich von Horten. Die im 9. Jh. gegründete Stadt gilt als die älteste Gemeinde in Norwegen. Auch wenn Tønsberg heute nicht mehr wichtigster Handelshafen des Landes ist, sind Handel und seit dem späten 19. Jh. verstärkt auch Stahl- und Schiffsbauindustrie die maßgeblichen Wirtschaftszweige der Stadt. Der Walfang hingegen, dem Tonsberg nach seinem Niedergang im 16. Jh. 300 Jahre später seinen neuen Aufschwung mitverdankt, spielt heute keine Rolle mehr.

Die lange Tradition der Handelsseefahrt und des Walfangs lebt in Tønsberg nur noch im *Vestfold Landesmuseum* weiter. Dem Museum ist eine Freilichtabteilung angeschlossen.

Weitere Sehenswürdigkeiten sind die **Festung Tunsberg** aus dem 13. Jh. auf der Anhöhe Slottsfjellet mit Aussichtsturm nordwestlich der Stadt und die **Hünengräber** von Mollebakken.

Nur wenige Kilometer nördlich von Tonsberg liegt **Oseberg**. Dort wurde das Osebergschiff, eines der schönsten bisher wiederentdeckten Wikingerschiffe, 1904 ausgegraben. Es steht heute im Wikingerschiffemuseum auf Bygdøy/Oslo.

Lohnend ist ein Abstecher auf der Straße 308 nach Süden auf die **Insel Tjøme** (Hotels) bis Verdens End (Ende der Welt). Bootsausflug zur Leuchtturminsel Ferder im Sommer.

An der Küste zwischen Sandefjord und Larvik gelten **Kjerringvik** und **Ula** als gute Badeorte mit Strand. Weitere **Badestrände** und **Campingplätze** findet man zwischen **Stavern** und **Helgeroa**.

Badestrände

Wohnmobilstellplatz und Camping zwischen Stavern und Helgeroa

Stavern

❐ – Gebührenpflichtiger **Wohnmobilstellplatz,** ohne Einrichtungen, zentral am Bootshafen.

▲ – **Camping Rakke *****, Tel. 33 19 92 82; 1. Jan. – 31. Dez.; ca. 2 km südl. Stavern; Wiesengelände mit Baumbestand am Meer mit Badegelegenheit; ca. 5 ha – 300 Stpl.; Standardausstattung; Laden, Imbiß, 39 Miethütten.

– **Camping Lydhusstranda **** (Jun. – Aug.), **Camping Kjærstranda ***** (Mai – Aug.), **Camping Anvikstranda ***** (Mai – Aug.) und **Camping Stolpestad ***** (Mai – Sept.) liegen ca. 7 km südwestl. von Stavern an einer Bucht. Wegen ihrer guten Bademöglichkeiten werden diese Plätze stark frequentiert!

Nevlunghavn

– **Camping Oddanesand *****, Tel. 33 18 82 70; Anf. Apr – Ende Sept.; ca. 13

km südwestl. von Stavern; Wiesengelände am Meer mit Badegelegenheit; ca. 12 ha – 500 Stpl.; Laden, Imbiß; 20 Miethütten.
in Risør

Helgeroa
– Camping Blokkebukta *,** Tel. 33 18 80 94; Ende Mai – Ende Aug.; ca. 11 km westl. von Stavern; Wiesengelände mit Baumbestand am Meer mit Badegelegenheit; ca. 5 ha – 300 Stpl.; Standardausstattung; Laden, Imbiß; Miethütten. – Und andere Campingplätze.

Sehenswert zwischen Nevlunghavn und Helgeroa sind die **„Gravrøyser"**, Gräber aus der Bronzezeit bei Mølen.
Bronzezeitgräber

➜ Route: Auf der Weiterfahrt über die neu trassierte, streckenweise mautpflichtige und mit zahlreichen Tunneln versehene E18 Richtung Kristiansand lohnen Abstecher an die Küste, z.B. nach **Risør**. Man verläßt die E18 bei **Akland**, kurz nach dem Sørlandsporten Tunnel und folgt der R416 14 km nach Osten. ●

Risør mit seinem reizvollen Hafen und den gepflegten alten Patrizierhäusern zählt zweifellos zu den einladendsten Küstenstädtchen in Sørland. Sehenswert ist neben dem Stadtkern mit seinen strahlend weißen Häusern, die **Heilig-Geist-Kirche** aus dem 17. Jh. mit barocker Innenausstattung.
Risør, die „Weiße Stadt am Skagerrak"

Praktische Hinweise – Risør

☎ **Info Sør** für Risør und Tvedestrand, 4993 Sundbru, Tel. 37 15 85 60.

▢ Hotels: **Risør Hotel**, 60 Betten, Tangengt. 16, Tel. 37 15 07 00, Fax 37 15 20 93, einladendes **Restaurant „Inger Johanne"**, Parkmöglichkeit. – Und andere Hotels.
Risør Hotels

Camping bei Risør	**Moen/Akland**
	▲ **– Camping Moen** ***, Tel. 37 15 50 91; 1. Apr. – 31. Okt.; ca. 12 km westl. Risør, in Moen an der Straße 416; ca. 1,5 ha – 60 Stpl.; Standardausstattung, 3 Miethütten.
Sandnes Wohnmobil- stellplatz und Camping	**Sandnes**
	☐ **– Sandnes Wohnmobilstellplatz,** nördlich beim Busterminal.
	▲**– Camping Sørlandet og Fritidssenter** ****, Tel. 37 15 40 80; Anf. Jan. – Ende Dez.; südl. von Risør am Südufer des Sandnesfjord, ab Båssvika über die R411 südwärts bis Laget und ostwärts ca. 6 km; abseits, dafür schön gelegenes, gestuftes, von Felsen durchsetztes Wiesengelände in waldreicher Umgebung am Fjord, mit Sandstrand und Felsküste; ca. 7 ha – 250 Stpl.; einfache Standardausstattung; Laden, Imbiß; 21 Miethütten; kleiner Bootshafen.

Tvedestrand ist ein weiteres dieser anziehenden kleinen Sørlandstädtchen. Es liegt an einem steilen Hang oberhalb seines reizvollen Hafens, was eine recht winkelige Straßen- und Gassenführung bedingt. Das wiederum macht den Ort an manchen Ecken noch malerischer und führte zu kuriosen Hausformen, wie z.B. das „Bügeleisenhaus" (Strykejernet). Es wird als „schmälstes Haus Norwegens" bezeichnet. Sehenswert ist auch das Rathaus. Zumindest bei längerem Aufenthalt lohnt eine Bootsfahrt durch die Schären und Inseln mit dem Ausflugsschiff „Søgne".

Tvedestrand Hotels	⌂ Hotels: **Tvedestrand Hotell**, 32 Betten, Brygga, Tel. 37 16 26 55, Restaurant, Parkmöglichkeit. – Und andere Hotels.
Camping	
	▲ **– Camping Holt** ***, Tel. 37 16 02 65; 1. Juni – 31. Aug.; ca. 5 km südwestl. von Tvedestrand, an der E18 bei Holt; ca. 2,5 ha – 100 Stpl.; Standardausstattung; 15 Miethütten.

ARENDAL, ca. 12.000 Einwohner, ist die Hauptstadt der *Provinz Aust-Agder*. Als die Stadt vor rund 350 Jahren als Hafen und Seefahrtsstützpunkt für die damals rasch expandierende Segelschiffahrt gegründet wurde, erstreckte sie sich über mehrere Inseln. Im Lauf der Jahre wurden die Kanäle zwischen den Inseln zugeschüttet und durch Straßen ersetzt. Die lange Seefahrtstradition von Arendal wird in der renommierten Seemannsschule, eine der größten des Landes, fortgesetzt.

Recht idyllisch wirken die Straßenzüge im **alten Stadtviertel Tyholmen** noch heute. Das Viertel liegt westlich vom zentralen Bootshafen „Pollen", hinter der **Dreifaltigkeitskirche** (Trefoldighetskirke) aus dem Jahre 1888, die durch ihren 86 m hohen Turm auffällt. Der neugotische Backsteinbau kann im Juli und August zwischen 10 und 14 Uhr besichtigt werden.

Am Südrand von Tyholmen liegt an der Uferpromenade das **Rathaus** aus dem frühen 19. Jh. Es wird als der zweitgrößte Holzbau des Landes bezeichnet.

Im Sommer werden Führungen durch Tyholmen mit Rathausbesuch veranstaltet. Näheres über Zeiten und Preise im Touristenbüro.

Zu den Sehenswürdigkeiten der Stadt zählt auch das **Aust-Agder Museum**. Es liegt nördlich der Stadt an der Ausfallstraße zur E18. Zu sehen sind kulturhistorische Sammlungen zur Geschichte der Stadt und der Region sowie eine Seefahrtsabteilung.

Die Schönheit der Schärenküste offenbart sich erst richtig auf einer Bootsfahrt. Ab Arendal bieten sich mehrere Möglichkeiten dazu. Im Sommer verkehren ab Hafen Pollen, die „Pelle Pan" regelmäßig rund um die **Insel**

Hisøy, sowie eine Fähre zu den **Inseln Merdø** (*Merdøgård Museum*, altes Schifferhaus aus dem 18. Jh., Mitte Juni – Mitte Aug. geöffnet) und **Hove**. Montags, mittwochs und freitags (Tage und Uhrzeit können sich ändern) legt die „MS Søgne" um 12.30 Uhr ab zu einer dreieinhalbstündigen Fahrt durch die herrlichen Sørlandsschären nach **Lyngør/Gjeving**. Rückfahrt gewöhnlich mit Bussen.

Segeltörns werden mit dem alten englischen Segler *„Ekstrand"* angeboten. Auskunft im Touristenbüro.

Praktische Hinweise – Arendal

☎ **Arendals og Sørlands Turistkontoret,** Frihomsgata 1, 4801 Arendal, Tel. 37 00 55 44, Fax 37 02 52 12.

✕ Restaurants: **Madame Reiersen**, Nedre Tyholmsvei 3, Tel. 37 02 19 00, bei schönem Sommerwetter sitzt man auf der Terrasse am Hafen besonders schön; teuer; Sonntag geschlossen.
Restaurant 1711, Nedre Tyholmsvei 9, Tel. 37 02 45 55, gemütliches „Wohnstuben"-Ambiente; teuer; Sonntag geschlossen. – Und andere Restaurants.

Arendal
Restaurants

△ Hotels: **Arendal,** 100 Betten, Vestregate 11, Tel. 37 02 53 00, Fax 37 02 55 51, Restaurant, Parkplatz.
E 18 Motorhotell, 68 Betten, Harebakken, Tel. 37 03 62 00, verkehrsgünstig an der Ausfahrt der E18 gelegen, Cafeteria, Sauna, Parkplatz.
Inter Nor Tyholmen Hotel, 120 Betten, Teaterplassen 2, Tel. 37 02 68 00, Fax 37 02 68 01, gepflegtes, komfortables Haus, schön am Fjord gelegen, Nähe Bootsanlager, Nichtraucherzimmer; renommiertes, aber teures **Restaurant „Bryggekanten",** Sauna, Fahrradverleih, Garage.
Phønix Arendal, 155 Betten, Friergangen 1, Tel. 37 02 51 60, Fax 37 02 67 07, Nichtraucherzimmer, Restaurant, Sauna, Fahrradverleih, Garage. – U. a.

Hotels

⬚ – **Arendal Wohnmobilstellplatz,** knapp 2 km südwestl. von Arendal, Zufahrt von der Straße 420 (Vesterveien) Richtung Fevik zur Strømsbubukt, gebührpflichtiger, geteerter Parkplatz am Sportboothafen.

▲ – **Nidelv Brygge og Camping ***,** Tel. 37 02 94 25; Anf. Juni – Ende Aug.; ca. 5 km südwestl. Arendal an der R420 in Hisøy; ca. 2 ha – 120 Stpl.; Standardausstattung; Laden, Imbiß; 12 Miethütten. – Und andere Campingplätze.

Wohnmobil-
stellplatz und
Camping bei
Arendal

Grimstad (ca. 15.000 Einwohner), eine alte Handelsstadt, weist, wie viele andere Orte an der Sørlandsküste einige hübsche Straßenzüge im Stadtkern auf. Viele der herrschaftlichen Bürgerhäuser stammen aus dem Anfang des 19. Jh., als Grimstad Sitz reicher Schiffseigner, Werft- und Reedereibesitzer war.

Besonderer Erwähnung bedürfte Grimstad nicht unbedingt, hätte nicht *Henrik Ibsen* seine Jugendjahre in der Stadt verbracht. Ibsen (1828 – 1906), der große norwegische Dichter und Dramatiker, war einige Jahre lang Lehrgehilfe in der alten Stadtapotheke. Dort schrieb er auch sein erstes Drama „Catalina".

Ibsen in Grimstad

Später war Ibsen als Theaterdirektor tätig und lebte danach mehr als zwanzig Jahre in Italien und Deutschland, bevor er nach Norwegen zurückkehrte. Einige seiner gesellschaftskritischen Werke, mit denen Henrik Ibsen Weltgeltung als Dramatiker errang, waren „Peer Gynt", „Nora oder ein Puppenheim", „Hedda Gabler", „Gespenster" u.a.

Im **Stadtmuseum** von Grimstad ist heute die Apotheke eingerichtet in der Ibsen einst lernte. Außerdem ist hier sein Wohn- und Arbeitszimmer

Stadtmuseum

zu sehen. Angeschlossen sind eine Seefahrtsabteilung sowie landeskundliche Sammlungen.

Nördlich von Grimstad liegen zwischen **Vik** und Bie die mittelalterliche **Kirche von Fjære** mit dem obeliskartigen *Terje Vigens Bautastein*, sowie bronzezeitliche Gräber.

Praktische Hinweise – Grimstad

☎ **Grimstad Turistkontor,** Smith Petersenssgt., 4890 Grimstad, Tel. 37 04 40 41.

Grimstad
Hotels

⌂ Hotels: **Grimstad Hotell**, 74 Zi., Kirkegt. 3, Torvet, Tel. 37 04 47 44, Fax 37 04 47 33, zentral, Restaurant, Sauna, Garage.
Helmershus Hotell, 58 Betten, Vesterled 23, Tel. 37 04 10 22, Fax 37 04 11 03, Restaurant, Sauna, Solarium, Parkplatz. – Und andere Hotels.

Camping

▲ – **NAF-Camping Bie *****, Tel. 37 04 03 96; Anf. Jan. – Ende Dez.; an der E18, knapp 2 km nordöstl. Grimstad; ca. 1 ha – 75 Stpl.; Standardausstattung; 8 Miethütten.
– **NAF-Camping Morvigsanden *****, Tel. 37 04 36 36; Mitte Juni – Mitte Aug.; ca. 6 km südl. Grimstad, nahe der E18; Wiesengelände mit Baumbestand an einer Meeresbucht mit Bademöglichkeit; ca. 1,5 ha – 70 Stpl.; Standardausstattung; Laden; 14 Miethütten.
– **Camping Marivold *****, Tel. 37 04 08 46; 1. Jan. – 31. Dez.; ca. 4 km südl. von **Vik**; Wiesengelände an waldreicher Felsküste, abgeschieden, in sehr reizvoller Lage, gute Badegelegenheit; ca. 7 ha – 300 Stpl.; Standardausstattung; Laden, Imbiß; 5 Miethütten.
– **Familiecamping Moysand *****, Tel. 37 04 02 09; Mitte Juni – Mitte Aug.; ca. 6 km nordöstl. Grimstad, über R420; weitläufiges Wiesengelände zwischen teils dichtem Baumbestand, an der Küste mit guter Badegelegenheit; ca. 10 ha – 500 Stpl.; Standardausstattung; Laden, Imbiß. – Und andere Campingplätze.
Die Campinganlagen in der Region werden stark von Naherholern frequentiert!

➔ **Route:** Weiterfahrt von Grimstad über die E18 nach Südwesten.

●

Hamsun-Museum

In **Nörholm** kann der ehemalige Wohnsitz des Schriftstellers und Literaturnobelpreisträgers (1918) *Knut Hamsun* besichtigt werden. Im Haus ist heute ein Museum eingerichtet, das vor allem Erinnerungsgegenstände an Hamsun, aber auch Gemälde, alte Möbel etc. zeigt.

Die E18 umgeht **Lillesand**, eine kleine, hübsch gelegene Hafenstadt mit einigen reizvollen alten **Bürgerhäusern**. Lillesand ist dafür bekannt, daß es seine Industrie „versteckt". Gemeint ist, daß kleine Betriebe ihre Fabrikationsstätten äußerlich dem alten Baustil angleichen und somit das Stadtbild nicht stören. Im Carl-Knudsen-Haus aus dem 19. Jh. ist heute das **Stadtmuseum** eingerichtet.

Zwischen Lillesand und Kristiansand verkehrt im Sommer täglich um 14.15 Uhr das Ausflugsschiff „MS Øya" durch den vorgelagerten, herrlichen Schärengürtel. Rückfahrt mit Bus.

Lillesand
Information

Praktische Hinweise – Lillesand

☎ **Lillesand Touristkontor**, Strandgate, 4790 Lillesand, Tel. 37 27 23 77.

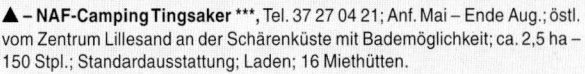 Hotels: **Gryten Motel,** 22 Betten, Nygårdsg. 34, Tel. 37 27 24 44, Restaurant, Parkplatz.

Høvåg Gjestehus, 50 Betten, Vestre Vallesverd, Tel. 37 27 53 35.

Norge Hotel, 45 Betten, Strandgt. 3, Tel. 37 27 01 44, Fax 37 27 30 70, Restaurant, Parkplatz. – Und andere Hotels.

**Lillesand
Hotels
Camping**

▲ – NAF-Camping Tingsaker ***, Tel. 37 27 04 21; Anf. Mai – Ende Aug.; östl. vom Zentrum Lillesand an der Schärenküste mit Bademöglichkeit; ca. 2,5 ha – 150 Stpl.; Standardausstattung; Laden; 16 Miethütten.

Homborsund
– Camping Breivik **, Tel. 37 24 64 06; Anf. Mai – Ende Aug.; ca. 12 km nordöstl. von Lillesand, ab E18 noch ca. 4 km teils unbefestigt; zwei gestufte Wiesen, teils mit Baumbestand, teils mit Felsen, in schöner, abgeschiedener Lage an einer Fels- und Sandbucht, gute Bademöglichkeit; ca. 5 ha – 200 Stpl.; einfache Standardausstattung; Laden, Imbiß. – Und andere Campingplätze.

Eine bezaubernd schöne, abgeschiedene Küstenszenerie erlebt man in dem kleinen Hafenort **Brekkestö**. Man zweigt dazu in Sangereid von der E18 nach Süden ab und erreicht nach knapp 8 km den Ort mit seinen idyllischen Seemannshäusern. Brekkestö hatte seine große Zeit im 19. Jh., als die geschützten Gewässer hier als Winterhafen für einen Teil der norwegischen Kauffahrtseglerflotte diente.

Auf den letzten 25 km über die E18 bis Kristiansand – landschaftlich reizvoller, aber auch länger ist der südliche Umweg über die R401 – passiert man Norwegens größten Tier- und Freizeitpark **Dyreparken** (siehe auch Kristiansand) und kommt dann über die *Varoddbrua* in das Stadtgebiet von Kristiansand. Die fast 620 m lange Hängebrücke gilt als eine der längsten ihrer Art in Nordeuropa. 30 m über dem Wasser überwindet die Fahrbahn den Topdalsfjord, der hier die Grenze zwischen den *Provinzen Aust-Agder* und *Vest-Agder* bildet.

KRISTIANSAND, die Hauptstadt der Provinz Vest-Agder, ist mit rund 62.000 Einwohnern Norwegens fünftgrößte Stadt. Kristiansands Fährhafen ist einer der bedeutendsten im Süden des Landes, mit Verbindungen nach Dänemark (Hirtshals) und nach Großbritannien (Harwich). Die Zufahrtsstraßen nach Kristiansand sind mautpflichtig.

Gegründet wurde Kristiansand 1641 vom dänisch-norwegischen König Christian IV. an der Mündung des Otra-Flusses. Es sollte eine Festungsstadt zum Schutz der südnorwegischen Küste werden. Ihre große wirtschaftliche Blütezeit erlebte die Stadt im 19. Jh. durch die Aktivitäten ihrer bedeutenden Segelschifffflotte. Heute ist Kristiansand eine Handels- und Industriestadt von Bedeutung für ganz Südnorwegen (Metallverarbeitung, Schiffsbau).

Auffallend am Stadtbild ist die schachbrettartige Anlage der Straßenzüge im alten Stadtzentrum. Hier, in den sog. **Kvadraturen** mit ihren belebten Geschäftsstraßen, sind nur noch wenige der für die Sørlandküstenstädte so typischen Holzhäuser erhalten. Die meisten wurden bei einem großen Stadtbrand vor etwa hundert Jahren ein Raub der Flammen.

Überragt wird das alte Stadtzentrum vom Turm der **Domkirche** am Markt, die nach dem großen Stadtbrand 1885 neu errichtet wurde.

Die **Festung Christiansholm** liegt am Osthafen. Sie wurde 1674 von König Frederik III. von Dänemark angelegt.

Bei längerem Aufenthalt lohnt ein Besuch der **Kirche von Oddernes**, mit Barockkanzel von 1704 und Runenstein, die ihren Ursprung im 11.

Freilichtmuseum
Juni - Aug. 10 - 18 Uhr. So. 12 - 15 Uhr. Eintritt.

Jh. hat, sowie des **Vest-Agder-Fylkemuseums**. Im Bezirksmuseum für Vest-Agder sind insgesamt 28 alte Gebäude zu sehen, darunter Bauernhöfe aus Vest-Agder, aus dem Setesdal und aus Kristiansand, sowie Möbel und Gebrauchsgegenstände aus dem bäuerlichen Alltag im 18. und 19. Jh.

Beide Sehenswürdigkeiten, Kirche und Freilichtmuseum, liegen nordöstlich des Stadtzentrums – Oddernes Kirche ca. 2 km, Fylkenmuseum ca. 4 km.

Freizeitpark u. Zoo
tgl. 9 - 19 Uhr. Eintritt.

Im **Naturpark Ravnedalen** nordwestlich der Stadt, zu erreichen über die Straße 39, bieten sich von den Aussichtspunkten *Baneheia* und *Artillerivollen* (Geschützbastion, zwischen 1875 und 1878 von Oscar Wergeland angelegt) sehr schöne Ausblicke auf die Stadt und die Schärenküste.

Norwegens größter Freizeitpark

Ca. 11 km östlich von Kristiansand liegt an der E18 der **Kristiansand Dyrepark**. Der Zoo und Freizeitpark wird als größter seiner Art in ganz Norwegen bezeichnet. Zum Freizeitpark gehört auch das Oldtimermuseum **Automuseum Monte Carlo**.

Praktische Hinweise – Kristiansand

Kristiansand

🖼 **Destinasjon Sørlandet**, Dronningensgt. 2, 4601 Kristiansand S, Tel. 38 12 13 14, Fax 38 02 52 55.
Zur besseren Unterscheidung der leicht zu verwechselnden Stadtnamen *Kristiansand* und *Kristiansund* (an der Westküste), wird den Stadtnamen ein S bei Kristiansand und ein N bei Kristiansund angefügt.

Restaurants

✂ Restaurants: **Luihn**, Rådhusgata 15, Tel. 38 02 40 20, gute Küche, angenehmes Ambiente, obere Preisklasse. Sonntag geschlossen. – Und andere Restaurants.

Hotels

⌂ Hotels: **Bondeheimen,** 49 Betten, Kirkegt. 15, Tel. 38 02 44 40, Fax 38 02 73 21, einfach, dafür zentral gelegen, Cafeteria, Parkplatz.
Christian Quart, 250 Zi., Markensgt. 39, Tel. 38 02 22 10, Fax 38 02 44 10, Restaurant, Garage.
Ernst Park, 250 Betten, Rådhusgt. 2, Tel. 38 02 14 00, Fax 38 02 03 07, komfortables, traditionsreiches Haus mit Atmosphäre, zentrale Lage, Restaurant, Solarium, Garage.
Norge Rainbow, 230 Betten, Dronningensgt. 5, Tel. 38 12 00 00, Fax 38 02 35 30, Cafeteria, Fahrradverleih, Parkplatz.
Radisson SAS Caledonien, 400 Betten, V. Strandgt. 7, Tel. 38 02 91 00, Fax 38 02 59 90, zeitgemäßes Firstclass Hotel, Restaurant, Solarium, Garage.
Rica Travel, 71 Betten, Dronningensgt. 66 – 68, Tel. 38 02 15 00, Fax 38 02 01 19, Restaurant, Garage. – Und andere Hotels.

Jugendherberge

Jugendherberge: **Kristiansand Vandrerhjem**, Tangen, Skansen 8, 4610 Kristiansand, Tel. 38 02 83 10; 15. Jan – 15. Dez.

Camping

▲ – **Tangen Bobilplass,** spezielles Gelände für Wohnmobile, auf der Tangen Halbinsel Nähe Stadtzentrum, 65 Stellplätze ausschließlich für Wohnmobile. Duschen, Toiletten, Stromanschlüsse, Abwasserentsorgung.
– **Camping Roligheden ****,** Tel. 38 09 67 22; 1. Juni – 15. Sept.; stadtnächster

Platz, im östl. Stadtbereich beschilderter Abzweig von der E18, Zufahrt durch eine Bootswerft des Yachthafens; weitläufiges, felsdurchsetztes, hügeliges Gelände, für Wohnmobile wenig ebene Stellflächen; ca. 4 ha – 300 Stpl.; Standardausstattung, wenig gepflegte Sanitärs.

die „Sørlandet"
im Hafen von
Kristiansand

– Camping Dvergsnestangen Senter **,** Tel. 38 04 71 55; Anf. Jan – Ende Dez.; südöstl. von Kristiansand bei Randesund, beschilderter Abzweig von der R401; stark gegliedertes Wiesengelände mit Baumbestand, an der Felsküste; ca. 10 ha – 300 Stpl.; Standardausstattung; Laden, Imbiß; 23 Miethütten.

Camping bei
Kristiansand

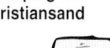

– Camping Skottevig ***,** Tel. 38 07 46 00; Anf. Jan. – Ende Dez.; ca. 15 km südöstl. von Kristiansand, von der E18 Abzweig zur R401 Richtung Høvåg, beschildert; von Felsen umrahmte Wiesenmulden an schöner Schärenküste, abseits gelegen; ca. 25 ha – 350 Stpl.; Komfortausstattung; Laden, Imbiß; 31 Miethütten; zum Meer ca. 200 m.

– Und andere Campingplätze.

AUSFLÜGE AB KRISTIANSAND

Bei längerem Aufenthalt lohnt eine Bootstour durch die **Blindleia-Schären** nach **Lillesand**. Täglicher Betrieb von Anfang Juli bis Anfang August. Rückfahrt ab Lillesand per Bus möglich.

Schiffsausflug
nach Lillesand **

Nachmittagstour im Sommer per Schiff nach **Mandal**. Außerdem werden von Mitte Juni bis Mitte August täglich zweistündige Bootsrundfahrten mit „MS Maarten" ab Fiskebrygge angeboten.

Die **Setesdalbahn**, eine dampfbetriebene Veteranenbahn aus dem Jahre 1901, verkehrt ab **Grovane**, 20 km nördlich von Kristiansand an der R405, von Mitte Juni bis Mitte August jeweils sonntags noch auf 5 km ihrer Schmalspurschienen. Der offizielle Bahnbetrieb wurde 1962 eingestellt. Bis dahin fuhr die Bahn durch das Setesdal bis Byglandsfjord.

Fahrt mit der
Veteranenbahn

9. KRISTIANSAND – EGERSUND

⊙ **Entfernung:** Rund 280 km. Abstecher nach Stavanger 80 km.

➜ **Strecke:** Über die R456 bis **Höllen** – E39 über **Mandal** nach **Vigeland** – R460 bis **Kap Lindesnes** und zurück – E39 bis **Flekkefjord** – R44 bis **Egersund**. Abstecher über R44 nach **Stavanger**.

🕐 **Reisedauer:** Mindestens ein Tag.

⌘ **Höhepunkte:** Der **Sandstrand** bei Mandal * – **Kap Lindesnes** * – die **Felsküste** bei Flekkefjord **.

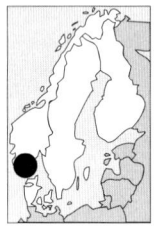

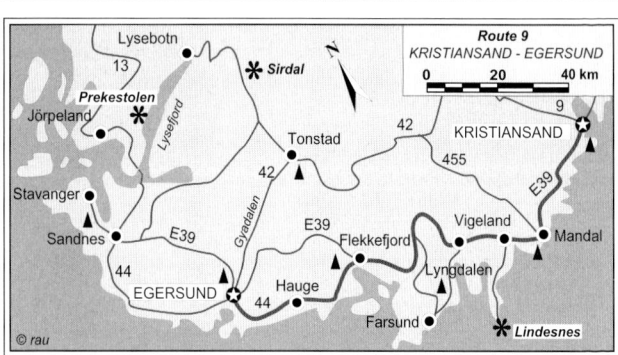

Routenalternative

Eine abkürzende **Alternative zu unserer Hauptroute** ist der Weg über die Straße 9 nordwärts, über **Evje** und durch das **Setesdal** nach Haukeligrend (siehe auch Route 10, Egersund – Haukeligrend).

➜ **Route:** Auf der Weiterreise ab Kristiansand entlang der Südküste ist der Weg über die küstennahe R456 reizvoller, als der schnellere Weg über die E39. ●

Ab **Höllen** (Åros Motellcamp) werden im Sommer Bootstouren zu dem unter Denkmalschutz stehenden Fischerort **Ny Hellesund** auf der Insel Monsøy angeboten.

Bevor man bei **Søgne** wieder die E39 erreicht, passiert man die „**Alte Søgne Kirche**" aus dem 16. Jh.

➜ **Route:** Nach weiteren 28 km erreicht man auf der E39 **Mandal**. ●

Mandal, die „südlichste Stadt Norwegens" mit heute etwas mehr als 12.000 Einwohnern, liegt an beiden Seiten der Mündung des Mandalselva. Die Anfänge Mandals können bis ins 15. Jh. zurückverfolgt werden, als der Handelshafen Spidsboe gegründet wurde, aus dem sich die Stadt Mandal entwickelte.

Sehenswert ist der **alte Stadtkern** am Westufer des Mandalelva. Dort sind vor allem schöne alte Holzbauten erhalten. Sie stammen zumeist aus dem 18. Jh., der Zeit, in der sich Mandal durch den aufblühenden Holzhandel vom Hafenort zur Stadt entwickelte. Das erste Handelshaus gründete ausgangs des 16. Jh. Tørris Christensen Nedenes, damals als „König von Mandal" bekannt. In jener Zeit war Lachs aus dem Mandalfluß ein begehrter Exportartikel. Die drei Lachse im Stadtwappen erinnern daran.

Besuchenswert ist das **Stadtmuseum** in der Store Elvgate 5 – 6. Es ist im *Andorsengården* aus dem Jahre 1801 eingerichtet. Zu sehen sind heimatkundliche Sammlungen, eine Seefahrts- und Fischereiabteilung, sowie eine Gemäldesammlung mit Werken Mandaler Künstler, wie *Gustav Vigeland* und *Amaldus Nielsen*. Gustav Vigeland wurde 1869 im Haus Nr. 20 im Gustav Vigeland Vei geboren. Das Elternhaus Nielsens liegt in der Nordgata. Die Häuser sind heute Privatbesitz und nicht zugänglich.

Andere historische Stadthäuser sind der *Wattnehof* aus dem Jahre 1760, der heute als *Bondeheimen* bekannt ist und ein Hotel und eine Cafeteria beherbergt; dann der *Skrivergården*, das alte Amtmannshaus von 1766; weiter der *Christensenhof* von 1759 und die *Tingstua*, das alte Gerichtsgebäude von 1784. Im Erdgeschoß der Tingstua war bis 1970 das Stadtgefängnis eingerichtet. Heute findet man dort eine Kunstausstellung.

Mandals Kirche wurde nach einem Stadtbrand 1810 neu errichtet. Es entstand ein großer Holzbau im Empirestil.

Die Hauptstraße des alten Stadtkerns von Mandal ist heute eine einladende Fußgängerzone (Gågade).

Zu den größten touristischen Anziehungspunkten von Mandal zählt aber zweifellos der gut 800 m lange **Sandstrand Sjøsanden** südlich der Stadt. Er ist Norwegens bekanntester, zweifellos aber meistbesuchter Badestrand.

Praktische Hinweise – Mandal

☎ **Region Mandal,** A. Tidemandsgt. 2, 4500 Mandal, Tel. 38 27 83 00, Fax 38 27 83 01.

❖ Feste, Folklore: Jedes Jahr im August findet in Mandal das **Schalentierfestival** statt. Dann werden in der Stadt reichlich Krabben und Langusten serviert.

Mandal
Feste, Folklore

🏠 Hotels: **Inter Nor Solborg,** 120 Betten, Nesevn. 1, Tel. 38 26 66 66, Fax 38 26 48 22, Restaurant, Sauna, Schwimmbad.

Hotels

Jugendherberge: **Mandal Vandrerhjem,** Kjøbmandsgaarden, Store Elvegt. 57, 4500 Mandal, 90 Betten, Tel. 38 26 12 76, 1. Juni – 31. Aug.

▲ – **Camping Sjøsanden Feriesenter ***,** Tel. 38 26 10 94; Anf. Juni – Mitte Aug.; ca. 1,5 km südl. Mandal; ausgedehntes, lichtes Föhrenwaldgelände, teils sandig, fast bis an den 800 m langen Sandstrand reichend; ca. 5 ha – 300 Stpl.; Mindestausstattung; Laden; 30 Miethütten. Strand-Discothek. **Stellplätze für Wohnmobile** findet man auf **Sandnes Naturcamp** an der Straße an der Straße 445, ca. 2 km nördlich von Mandal.

Camping

Stellplätze

Bootsausflüge im Sommer täglich vormittags ab Mandal über Kristiansand nach Lillesand, abends von Mandal nach Lindesnes.

Ausflugsziele ab Mandal

Olav Holmegards Heimatmuseum in **Heddeland**, nördl. Mandal (R455). Sammlung von Trachten, Gebrauchsgegenständen und Textilien.

Mandal og Opplands Folkemuseum, bei **Øyslebø**, ca. 20 km nördl. Mandal (R455). Freilichtmuseum, altes Mandal-Gehöft.

➔ **Route:** 12 km weiter westlich, an der Kreuzung mit der R460, liegt **Vigeland.** ●

Vigeland ist ein kleiner Ort, in dem *Gustav Vigeland* einige Jahre seiner Kindheit verbrachte. Für Interessierte kann die **Valle Kirche** aus dem späten 18. Jh. einen Besuch lohnen. Neben der Kirche liegen die alten, denkmalgeschützten **Grabhügel Dronninghaug.**

➔ **Route:** Nach Norden führt die Straße 460 in das Audna-Tal. Nach Süden führt die Straße entlang einer herrlichen Felsküste hinaus nach **Lindesnes** (28 km). ●

Norwegens Südkap *
Eintritt

Die Straße windet sich meist unmittelbar an der Küste entlang durch schöne felsdurchsetzte Landschaft und vorbei an der herrlichen Sandbadebucht von **Njervesanden** hinaus zum **Kap Lindesnes,** dem südlichsten Festlandspunkt Norwegens auf 57° 58' 53" nördlicher Breite. Von hier sind es nicht weniger als 2.518 km bis zum Nordkap! Ein Fußweg (Eintritt) führt vom Parkplatz hinauf zum **Leuchtturm** auf dem Kap, das Teil einer zerrissenen Felsküste aus rosa Granit ist. Der heutige Leuchtturm wurde 1915 in Betrieb genommen und kann gegen Eintritt bestiegen werden. Aber auf Kap Lindesnes war bereits Mitte des 17. Jh. das erste Leuchtfeuer eingerichtet. Neben dem heutigen Leuchtturm sind die Fundamente des alten Turmes zu sehen, dessen Leuchtfeuer lange mit Holzkohle gespeist wurde. Außerdem sind Reste von Wehrmachtsbunkern aus dem 2. Weltkrieg übrig.

➔ **Route:** Von Kap Lindesnes zurück bis **Vigeland** und auf der E39 westwärts, über **Lyngdal** und **Kvinesdal** nach **Flekkefjord**. Die Abkürzung von Spangereid nach Lyngdal auf teils einspuriger Straße ist zwar landschaftlich sehr reizvoll, aber zeitraubend. ●

Lyngdal Camping

▲ – **Camping Rosfjord ******, Tel. 38 34 37 00; 1. Jan. – 31. Dez.; ca. 2 km südwestl. Lyngdal; ausgedehntes Gelände, teils Kiefernwald, an einem langen, felsbegrenzten Sandstrand am Rosfjord; ca. 6 ha – 400 Stpl., zahlreiche Dauercamper, Standardausstattung; Laden, Imbiß, Tennis; 25 Miethütten, Motel.
– **NAF-Camping Kvavik *****, Tel. 3 83/4 61 32; Pfingsten – Ende Aug.; ca. 2 km Richtung Farsund; ebenes Gelände, fast bis an den Lyngdalsfjord reichend; ca. 4 ha – 100 Stpl.; Standardausstattung; Laden, Imbiß; 12 Miethütten; naher Sandstrand.

➔ **Route:** Die E39 führt ab Lyngdal entlang des wilden Möska-Flusses hinauf in eine schöne, seendurchsetzte Landschaft. Später hat man von der in Serpentinen talwärts führenden Straße vor Kvinesdal einen weiten Ausblick auf den Fedafjorden. Man passiert **Kvinesdal** (Hotel) und **Feda** (NAF-Camping Svindland **, Juni – Sept., 16 Miethütten) und erreicht schließlich das hübsch gelegene Städtchen **Flekkefjord**. ●

bei Flekkefjord

Praktische Hinweise – Flekkefjord

☎ **Flekkefjord Turistkontor**, Kirkegt. 50, 4400 Flekkefjord, Tel. 38 32 43 00, Fax 38 32 12 33.

Hotels: **Hotel Bondeheimen**, 29 Betten, Elvegt. 7 - 9, Tel. 38 32 21 44, Cafeteria, Parkplatz.

Flekkefjord Hotels

Grand, 45 Betten, Anders Beersgt. 9, Tel. 38 32 23 55, Fax 38 32 11 67, Restaurant, Parkplatz.
Maritim, 98 Betten, Sundegt., Tel. 38 32 33 33, Fax 38 32 43 12, Restaurant, Schwimmbad, Tennis, Parkplatz.

▲ – **NAF-Camping Egenes, Ferie og Fritidssenter** ****, Tel. 38 32 01 48; Anf. Jan. – Ende Dez.; Wiesengelände; ca. 2,5 ha – 180 Stpl.; Standardausstattung; Laden, Imbiß, Badestrand, Bootsverleih, Fahrradverleih, Miethütten. Motel.

Camping

☑ *Mein Tip!* Für die Weiterreise von Flekkefjord nach Egersund sollte die Straße R44 „Nordsjøvegen" dem Weg über die E39 vorgezogen werden. Diese sehr kurvenreiche Strecke führt durch eine überaus reizvolle, vielfach von rosarot schimmernden Felsen dominierte, abgeschiedene Landschaft mit zahlreichen dunklen Seen dazwischen.

Man passiert den idyllisch in einem Hochtal verstreut gelegenen Flecken **Kvanvik** und bald darauf **Åna-Sira**, am gleichnamigen Fluß (großes Wasserkraftwerk). Åna-Sira liegt bereits in der *Provinz Rogaland*, die südlichste Provinz an der norwegischen Westküste, die vom weitverzweigten Boknafjord geprägt wird.

➔ **Route:** Die Straße 44 schraubt sich nach dem Ort Åna-Sira hinauf ins Vardefjell mit wuchtigen Felsmassiven, um anschließend hinunter zum Jössingfjord zu führen, mit dem wichtigsten

schöne Strecke über den Jössingfjord ** Umschlaghafen für die weiter landeinwärts bei Titania abgebauten Mineralien. Ab Jössingfjord beginnt eine imposante Paßfahrt. Man erreicht **Hauge i Dalane**, mit der interessanten **Sogndal Kirche** und dem hübschen Sogndalstrand wenig südlich vom Ort. Nach weiteren 30 km kommt man nach **Egersund.** ●

Egersund ist ein Hafenstädtchen mit rund 14.000 Einwohnern. Vor allem der Heringsfang brachte Mitte des vergangenen Jahrhunderts einen gewissen Wohlstand in die Stadt. Zwar laufen auch heute noch Fischkutter den Hafen von Egersund an, wirtschaftlich bedeutender für die Stadt sind aber inzwischen holzverarbeitende Industrien und die Elektronikindustrie geworden.
Egersund hat eine relativ alte **Kirche**, die aus dem frühen 17. Jh. stammt und ein wenig bekanntes *Fayencemuseum*.
Ein **Regionalmuseum** über den Bezirk Dalane findet man bei **Slettebö**, wenige Kilometer nördlich der Stadt an der Straße 42.

Praktische Hinweise – Egersund

Egersund Hotels

🎫 **Dalane & Sirdal Reiselivslag**, Jernbaneveien, 4370 Egersund, Tel. 51 49 08 19.

🏠 Hotels: **Grand Hotell,** 80 Betten, Johan Feyersgt. 3, Tel. 51 49 18 11, Fax 51 49 36 46, Restaurant, Parkplatz.

Camping

▲ – **NAF-Camping Steinsnes** ***, Tel. 51 49 15 20; Anf. Mai – Ende Sept.; 1 km nördl. Egersund an der R44, in **Tengs**, ebenes Gelände zwischen Straße und Fluß; ca. 1,5 ha – 100 Stpl.; einfache Standardausstattung; 21 Miethütten.

ABSTECHER NACH STAVANGER

➔ **Route:** Stavanger liegt rund 80 km nordwestlich von Egersund und ist über die E39 rasch zu erreichen. Der abwechslungsreichere Weg aber führt über die Küstenstraße R44 "Nordsjøvegen". ●

Strände und Sehenswertes auf dem Wege nach Stavanger Auf der Küstenstraße 44 sind vor allem die weiten Dünen und **Sandstrände bei Brusand** an der Ognabucht (*Brusand Camping*, 1. Jan. – 31. Dez.; ca. 2 ha – 120 Stpl.; Standardausstattung; 7 Miethütten, naher, langer Sandstrand) ein lohnendes Sommerziel.
Sehenswert sind weiter die bronze- bzw. eisenzeitlichen **Grabfelder** bei **Kvassheim** und **Vigrestad**, das **Freilichtmuseum** mit einem Gehöft aus dem 18. Jh. bei **Grödaland** und die Sandbänke **Jærens rev** (R507) westlich von **Kleppe**.

STAVANGER am Boknefjord zählt zu den alten Städten Norwegens. Schon früh einflußreicher Bischofsitz, erhielt die Stadt im 15. Jh. Handelsrechte und entwickelte sich, nicht zuletzt dank seines geschützten Hafens, zu einer Handelsstadt von Rang mit einer ansehnlichen Flotte. Später kamen rege Aktivitäten in der Hochseefischerei hinzu. Fischverarbeitende Industrie und Werften siedelten sich an.
Einen regelrechten Wirtschaftsboom erlebte Stavanger allerdings um 1970, als in der Nordsee Öl entdeckt wurde und Stavanger zum bedeutendsten Versorgungshafen für die norwegische Off-Shore-Industrie auf-

in Stavanger

stieg. Mit rund 95.000 Einwohnern ist Stavanger heute die viertgrößte Stadt des Landes.

Zu den **Sehenswürdigkeiten** der Stadt zählen:

Sehenswertes in Stavanger der Dom

Der **Dom**. Der Grundstein zum Dom von Stavanger wurde im 12. Jh. vom Bischof Reinald von Winchester gelegt. Der Bau wurde im anglonormannischen Stil erreicht und dem Heiligen Svithun geweiht. Die Kirche blieb kaum ein Jahrhundert vom Feuer verschont. Schon 1272 wurden Schiff und Chor ein Raub der Flammen. Sie wurden um 1300 im gotischen Stil wieder aufgebaut.

Gleich neben dem Dom liegt der **Kongsgård**, der bis Anfang des 19. Jh. als königliche und bischöfliche Residenz diente.

Gehen Sie vom Dom die Haakon VII's Gate ein kurzes Stück nach Osten, am Marktplatz Torget vorbei, und folgen der Kirkegata nordwärts. Sie erreichen dann den linkerhand gelegenen **Valbergtårnet**, einen alten Feuerwachturm. Von dort haben Sie einen schönen Blick über den Hafen zur Altstadt und über den Fjord.

Stadtblick vom alten Feuerwachturm

Gehen Sie zurück zum Marktplatz und zur Südostseite des Hafenbeckens. Dort finden Sie das **Handels- und Seefahrtmuseum**, Nedre Strandgate 17–19. Hier gibt es neben umfangreichen Ausstellungen zu Stavangers 200jähriger Seefahrtsgeschichte auch Einblick in die Handelstradition der Stadt (altes Kontor, Kaufmannswohnung, Lager u.a.)

Handels- u. Seefahrtmuseum tgl. a. Mo. 11 - 15 Uhr. Eintritt.

Nordwestlich vom Handels- und Seefahrtmuseum erstreckt sich zwischen Hafen und Øvre Strandgate der Stadtteil **Gamle Stavanger** (Alt Stavanger). Ein Bummel durch die gepflasterten, ansteigenden Gassen, die gesäumt sind von meist schneeweiß gestrichenen Holzhäusern, lohnt. Die meisten Häuser stammen aus dem späten 18., frühen 19. Jh. und sind sorgfältig restauriert.

Stavangers Altstadt *
Konserven-museum
Sommer tgl. a. Mo. 11 - 15 Uhr. Sonst So. 11 - 16 Uhr. Eintritt.

Den Spaziergang durch Gamle Stavanger kann man mit einem Besuch im **Konservenmuseum**, Øvre Strandgate 88A, verbinden. Hier ist eine fischverarbeitende Fabrikanlage, wie sie im 19. Jh. in Stavanger zu finden war, eingerichtet.
Gehen Sie nun zurück Richtung Seefahrtmuseum und folgen Sie der Lars Hertervigs Gate weiter stadteinwärts, vorbei an der Schwimmhalle und dem Postamt.

Geht man den Jernebaneveien zwischen See Breiavatnet und Atlantic Hotel weiter südwärts, kommt man zum Fremdenverkehrsamt und zum Bahnhof. Hinter dem Bahnhof findet man in der Muségata 16 das **Stavanger Museum**. Neben kulturhistorischen Sammlungen aus Rogaland gibt es auch zoologische Abteilungen (Fische, Vögel, Säugetiere).

Stavanger Museum
tgl. a. Mo. 11 - 15 Uhr. Eintritt.

Ein gutes Stück westlich vom Bahnhof liegen im Stadtteil **Eiganes** am Eiganesveien zwei alte Stadtvillen, die von Interesse sind. **Ledaal,** Eiganesveien 75. Dieses Patrizierhaus, das um 1800 für die Familie Kielland errichtet wurde, dient heute als Königliche Residenz, wenn der König Stavanger besucht. Das Haus ist im Stil des 19. Jh. möbliert und kann zu den üblichen Museumszeiten (siehe Seefahrtmuseum etc.) besichtigt werden.
Nicht weit entfernt liegt die **Villa Breidablikk**, Eiganesveien 40A. Sie wurde 1880 für den Reeder Lars Berentsen gebaut. Zu besichtigen.

Norwegens Erdölmuseum **
1. Mai - 31. Aug. tgl. 10 - 19 Uhr, übrige Zeit bis 17 Uhr. Eintritt.

Sehr sehenswert, informativ und interessant ist das erst 1999 eröffnete **Norsk Oljemuseum,** das Norwegische Erdölmuseum, Kjeringholmen, im nördlichen Bereich des Stadtzentrums. Der moderne Museumsbau liegt direkt am Wasser, ähnelt äußerlich einer Ölbohrplattform und birgt im Inneren eine Vielfalt von Ausstellungen und multimedialen Präsentationen, die einen ausgezeichneten Überblick über die Geschichte der Off-Shore-Ölgewinnung, die Techniken und die entsprechenden Industriezweige der Erdölexploration in der Nordsee geben. Parkplatz, Kafeteria, Bibliothek, Museumsladen.

Stavanger

Restaurants

Praktische Hinweise – Stavanger

☎ Information: **Destinasjon Stavanger**, Rosenkildetorget 1, 4005 Stavanger, Tel. 51 85 92 00. 1. Juni – 31. Aug. tgl. 9 - 20 Uhr. Übrige Zeit bis 16 Uhr und sonntags geschlossen. Internet: www.destinasjon-stavanger.no

✘ Restaurants: **Skagen Sjøhus,** Skagen 16, Tel. 51 89 51 80, rustikales, maritimes Ambiente, eingerichtet in einem alten Speicherhaus, gute Küche, lokale Spezialitäten, mittlere Preislage. – Und andere Restaurants.

Hotels

⌂ Hotels: **Commandør,** 56 Betten, Valberggt. 9, Tel. 51 89 53 00, Fax 51 89 53 01, zentral gelegen, moderate Preise, Parkplatz.
Radisson SAS Royal, 293 Betten, Løkkevn. 26, Tel. 51 56 70 00, Fax 51 56 74 60, zentral gelegenes Firstclass Hotel, Restaurant, Sauna, Schwimmbad, Garage.
Skagen Bryggen Hotell, 141 Betten, Skagenkaien 28 - 30, Tel. 51 89 41 00, Fax 51 89 58 83, Sauna, Garage.
Victoria, 200 Betten, Skansegt. 1, Tel. 51 89 54 00, Fax 51 89 54 10, Restaurant, Garage. – Und andere Hotels.

Jugendherberge

Jugendherberge: **Stavanger Vandrerhjem Mosvangen,** Henrik Ibsensgt. 21, 4021 Stavanger, Tel. 51 87 29 00. 64 Betten. Beim Campingplatz Mosvangen.

▲ – **NAF-Camping Mosvangen**, Tel. 51 53 29 71; Ende Mai – Anf. Sept.; am südl. Stadtrand von der E39 beschildert; unebene Wiesen; bei der Jugendherberge; ca. 2 ha – 150 Stpl.; Standardausstattung; Laden; 19 Miethütten. Busverbindung ins Stadtzentrum.

Stavanger Camping

Weitere Plätze am Solastrand bei **Ølberg**, südwestlich Stavanger und bei **Ålgård** (*Kongeparken Camping*, 1. Jan. – 31. Dez.), ca. 27 km südöstl. Stavanger.

AUSFLÜGE VON STAVANGER

Kongeparken, 27 km südöstlich von Stavanger in Ålgård an der E39, einer der größten Freizeit- und Vergnügungsparks in Norwegen.

Bei längerem Aufenthalt lohnt ein Ausflug zur **Insel Mosterøy**. Am Westende der Insel liegt das **Utstein Kloster**, das auch schon als Königsresidenz und Landsitz weltlicher Herren gedient hat. Utstein gilt als der besterhaltene mittelalterliche Klosterbau in Norwegen. Heute Konferenzzentrum.

Ausflug zur Klosterinsel Mosterøy

Ab Stavanger gelangt man per Fähre nach Askje auf Mosterøy. Von dort verkehrt im Sommer ein Bus zum Kloster Utstein.

Ausflüge in den Boknafjord mit den schnellen Westamaranbooten können nen unternommen werden nach **Sandeid, Tau, Kvitsøy, Rennesøy** oder **Sauda**, das weiter nördlich am Ende des Saudafjords liegt. Außerdem verkehren Schnellboote nach Haugesund und Bergen.

☑ *Mein Tip!* **Prekestolen** (Predigtstuhl). Diese Felskanzel mit ihrem flachen Plateau ragt senkrecht fast 600 m hoch aus dem Wasser des schmalen Lysefjords. Der Blick vom Prekestolen gehört zu den großen Erlebnissen auf einer Reise durch Norwegens Provinz Rogaland.

Blick von der „Kanzel" ***

Die Anfahrt führt zunächst über die E39 bis **Sandnes** und dort auf die R13 zum **Fährhafen Lauvvik**. Überfahrt nach **Oanes** und weiter Richtung Jørpeland. Nach ca. 20 km in **Jössang** Abzweig (Camping Richtung Prekestolhütte) zur Prekestolhütte. Von dort erreicht man nach einer gut zweistündigen, ziemlich anstrengenden, Kondition fordernden Wanderung die Felskanzel des Prekestolen. Wer unter Höhenangst leidet, dem wird schon beim Anblick der auf dem Bauch liegend nach unten schauenden Besucher schwindelig. Die Wanderung zum Prekestolen, die teils über holperige Steinfelder führt, sollten Sie nur mit festem Schuhwerk antreten.

Camping

Empfehlenswert ist weiter ein kombinierter **Boot-Bus-Ausflug durch den Lysefjord nach Sirdalen**.

Eine sehr schöne **Alternative zur Weiterreise** ab Stavanger ist der Weg über die R13 nordostwärts nach Røldal. Man fährt über **Sandnes** nach **Lauvvik**, Fähre nach **Oanes**, und weiter über **Jørpeland** nach **Hjelmeland**. Dort nimmt man die Fähre über den Jösenfjord nach **Nesvik**, fährt über die Berge des **Ryfylke** bis **Sand** und folgt de R13 am See Suldalsvatn entlang und durch das Brattlandsdalen weiter bis **Røldal** an der Straße E134. Dort trifft man auf unsere Hauptroute, Etappe 11, Haukeligrend – Bergen.

schöne Routenalternative *

Die andere Strecke ab **Sand** über **Ropeid** (Fähre) und **Sauda** (R520) nach **Røldal** ist landschaftlich überaus reizvoll. Allerdings wird das Wegstück zwischen Sauda und Horda vom Norwegischen Straßenbauamt als „nur für geübte Wohnwagenfahrer" eingestuft! Außerdem ist das letzte Wegstück bis Horda gewöhnlich zwischen Oktober und Mai wegen Schnee gesperrt.

10. EGERSUND – HAUKELIGREND

⊙ **Entfernung:** Rund 340 km.

➜ **Strecke:** Über die R42 bis **Evje** – R9 bis **Haukeligrend**.

🕘 **Reisedauer:** Mindestens ein Tag.

⌘ **Höhepunkte:** Die Landschaften im **Setesdal** ** – die Stromschnellen am **Syrtveitfossen** * – Wandern auf den **Hochebenen**.

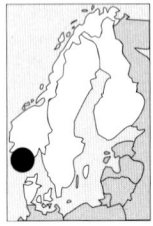

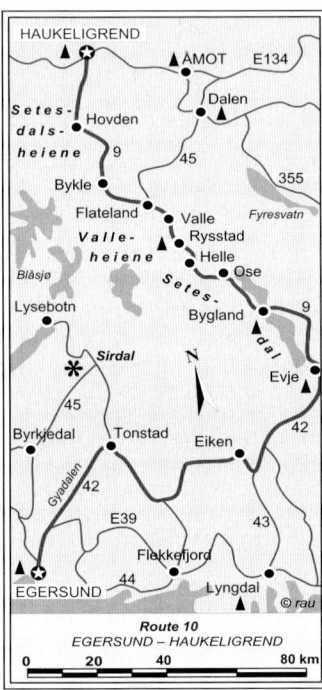

Route 10
EGERSUND – HAUKELIGREND

| 0 | 20 | 40 | 80 km |

➜ **Route:** Ab Egersund über die Straße 42 nordwärts zur E39. 4 km östlich, in **Helleland**, verlassen wir die Europastraße und folgen wieder der Straße 42, nun Richtung **Tonstad**. ●

Es beginnt eine sehr schöne Fahrt, zwar auf relativ schmaler, kurvenreicher, aber guter Straße durch das sehr wilde **Gyadalen**. Das Tal wird gesäumt von mächtigen Bergstöcken. Oft steigen die Felswände fast senkrecht aus dem Tal des Wildbaches Gya. Besonders nach regenreichen Tagen stürzen unzählige Wasserfälle von den Hängen. Die Straße führt stetig aufwärts und passiert schließlich ein bewaldetes Hochtal bei **Björnestad** (Wintersportgebiet).

11 km weiter erreicht man **Tonstad**, am Nordende des langen, schmalen Sees Sirdalsvatn. In die Berge bei Tonstad wurde eines der größten Wasserkraftwerke Norwegens gebaut. Die 700-Seelen-Gemeinde ist Zentrum der umliegenden Skigebiete und Ausgangspunkt für einen Abstecher nach Norden über die R468 ins **Obere Sirdal** und weiter über die Hochmoore bei Suleskar (zahlreiche Wandermöglichkeiten) bis Lysebotn (siehe Abstecher ab Stavanger). ●

Wandern im Oberen Sirdal

➜ **Route:** Die Straße 42 führt ab Tonstad zunächst am Sirdalsvatn entlang südwärts, wendet sich dann nach Osten und quert zahlreiche in Nord-Südrichtung verlaufende waldreiche Täler und Höhenzüge, bis nach 105 km **Evje** erreicht wird. ●

Unterwegs passiert man **Kvinlog**. Gut 30 km nördlich des Ortes liegen bei **Knaben** drei stillgelegte Gruben, aus denen bis vor etwa 20 Jahren Eisenerz gefördert wurde. Heute beginnen bei Knaben zahlreiche Wanderwege in die seendurchsetzte Hochebene von Åseral.

Eiken (Hotel) liegt hübsch am Lygne See. Kirche aus dem frühen 19. Jh.

Wer an Kirchenbaukunst und Kirchenmalerei interessiert ist, zweigt in **Håland** nach Süden auf die R460 ab. Nach 4 km kommt man zur **Kirche von Grindheim**, die aus dem späten 18. Jh. stammt und innen mit Rosenmalerei aus jener Zeit geschmückt ist.

Bei **Sveindal** kann ein **Freilichtmuseum** (alter Bauernhof) besichtigt werden. Westlich von Sveindal ist man wieder in der Provinz Aust-Agder.

Evje, knapp 1.500 Einwohner, eine Kleinstadt am Otra Fluß und am Kreuzungspunkt der Straßen 42 und 9, gilt als Zentrum seltener Mineralien, die als Schmucksteine verarbeitet werden. Zu den wenigen Sehenswürdigkeiten zählen das **Freilichtmuseum Fennefoss** und die oktogonale **Kirche von Horness** aus dem Jahre 1828, unweit südlich von Evje gelegen. Außerdem kann man in Horness den **Mineralpark** besichtigen.

⌂ Hotels: **Dølen,** 28 Betten, Tel. 37 93 02 00, Restaurant.

▲ – **NAF-Camping Odden *****, Tel. 37 93 06 03; 1. Jan. – 31. Dez.; am südl. Ortsbeginn Einfahrt an der TEXACO-Tankstelle an der Straße 9; von Bäumen unterteilte Wiese oberhalb des Otra-Flusses; ca. 4 ha – 160 Stpl.; Standardausstattung; Laden, Imbiß; 8 Miethütten.
– **NAF-Camping Horness ***, Tel. 37 93 08 85; 15. Mai – 15. Sept.; an der Straße 9 ca. 3 km südl. Evje; kleine wellige Wiese zwischen Straße und Wohnhäusern; ca. 1,5 ha – 50 Stpl.; Standardausstattung.

Evje
Hotels
Camping

Etwa 8 km nördlich von Evje liegt westlich der Straße der wilde **Syrtveitfossen**. Auf einer Steinmole kann man weit an den tobenden Katarakt heran und fast bis in die Mitte des Otra-Flusses gehen. An der Straße Rastplatz.

Das Dorf **Byglandsfjord** liegt am Südende des Byglandfjords. Bis 1962 war hier Endstation der inzwischen stillgelegten Setesdalbahn aus Grovane, nördl. von Kristiansand.

⌂ Hotels: **Revsnes Hotell Best Western**, 104 Betten, Tel. 37 93 43 00, Fax 37 93 41 27, Restaurant, Fahrradverleih, Sauna, Parkplatz.

▲ – **NAF-Camping Neset ******, Tel. 37 93 42 55; 1. Jan. – 31. Dez.; ca. 3 km nördl. Byglandsfjord an der Straße 9; teils hügeliges Wiesengelände auf einer Halbinsel im Byglandsfjord, schöne Lage; ca. 3 ha – 150 Stpl.; Standardausstattung; Laden, Imbiß; 20 Hütten.

Byglandsfjord
Hotels

Camping

Es beginnt nun eine herrliche Fahrt durch das **Setesdal**. Dieses lange Zeit fast vergessene Gebirgstal (erst um 1880 wurde eine richtige Straße angelegt) zählt zu den schönsten Tälern in Südnorwegen. Die überwältigende Landschaftsszenerie wird geprägt vom Otra-Fluß, der immer wieder dem Stromschnellen, Wasserfälle und Seen bildet, und von steilen Hängen und Felsflanken, die für ein abwechslungsreiches Panorama sorgen. Auf der Weiterfahrt passiert man hinter **Grendi** die oktogonale **Kirche von Årdal** aus dem 19. Jh. (Runenstein und nahebei die fast 900 Jahre alte Eiche „Landeeike"). Man kommt durch **Longerak** (NAF-Camping

schöne Fahrt
durchs Setesdal
**

Longerak *, Mitte Juni – Ende Aug.; 15 Miethütten). Wenig später passiert man, immer noch dicht am Ostufer des Byglandfords fahrend, ein kurzes Tunnel, das den Bergzug Fånefjell durchsticht und erreicht schließlich den Ort **Bygland** (Hotel, Camping), mit einer Kirche aus der Mitte des 19. Jh. und dem **Freilicht-Museumshof Bygland**. Einige Gebäude des Gehöfts stammen aus dem 17. Jh.

Wenige Kilometer weiter nördlich wird der Byglandsfjord mit dem nördlich weiterführenden Sandnesfjord durch den Wasserarm **Storstraumen** verbunden (Camping). Der Storstraumen, über den noch die alte Steinbrücke führt, wurde um 1870 durch eine Schleuse schiffbar gemacht. Auch die Straße 9 überquert den Storstraumen und führt am Westufer des Sandnesfjords weiter.

Am Nordende des Sees, der hier Åraksfjord heißt, stürzt von der westlichen Bergflanke der **Wasserfall Reiårsfoss** zu Tal.

Ose liegt nahe der Mündung des Otra-Flusses in den Åraksfjord. Im Ort stehen noch schöne alte **Speicherhäuser** (Stabburer).

Camping bei Ose

▲ – **NAF-Camping Støylehommen *****, Tel. 37 93 58 74; 1. Mai – 1. Okt.; ebene Wiese unterhalb der Straße 9 in schöner Lage am See; ca. 2,8 ha – 100 Stpl.; Standardausstattung; Laden; 2 Miethütten. – Und andere Campingplätze.

Die Straße 9 wird begleitet von Seen, Wäldern und vom breiten Otra-Fluß. Man passiert **Helle**, einen kleinen Ort mit langer Silberschmiedetradition, dann **Rysstad** (**Kirche** aus dem 19. Jh., daneben Museumshof **Heimgard**, **Setesdalmuseum**) und erreicht bald darauf **Valle**, das malerisch in einem weiten Talkessel des Setesdalen liegt. Das Setesdal ist bekannt für seine Silberschmiedekunst. Eines der Zentren ist Valle. Alteingesessene Silberschmiedewerkstätten findet man auch weiter südlich in Rysstad und in Helle.

Auf der von unzähligen Seen durchsetzten **Hochebene Valleheiene** westlich von Valle, erstreckt sich ein schier unendliches Netz von Wanderwegen. Wanderhütten sind vorhanden.

Wandervorschlag über die Hochebenne Valleheiene

Vorschlag zu einer **mehrtägigen Wanderung**: Südlich von Valle westwärts hinauf nach **Berg**. Von dort zur *Stavskarhytta* (unbewirtschaftet, 4 Betten), 3 Stunden. Weiter am 1.377 m hohen Svararnuten vorbei zur *Bosbuhytta* (Selbstverpflegung, 18 Betten) am Bosbuvatnet, 3 Stunden. Von hier kann man nordwärts nach **Bykle** an der Straße 9 gehen (9 Stunden), oder südwärts über Auguntjørnstølen zur *Svartenuthytta* (Selbstverpflegung, 24 Betten) 3 Stunden. Weiter nach *Øyuvsbuhytta* (Selbstverpflegung, 40 Betten) 5 Stunden. Auf halbem Wege kann man den Heibergveien (wird zur Straße ausgebaut) zurück nach **Nomeland** an der Straße 9 nehmen (7 Stunden). Oder man geht von der Øyuvsbuhytta südostwärts zur *Stakkedalshytta* (unbewirtschaftet, 10 Betten) 9 Stunden und von dort zurück an die Straße 9 bei **Langeid** (2 Stunden). Auf dem letzten Wegstück schöner Blick ins Setesdal.

Camping bei Valle

Flateland
▲ – **NAF-Camping Flateland *****, Tel. 37 93 68 37; Anf. Juni – 1. Sept.; ca. 10 km nördl. Valle, am Abzweig der R45; ebene Wiese auf einer Halbinsel am Otra-Fluß, ansprechende Lage; ca. 1,5 ha – 100 Stpl.; 18 Miethütten. – Und andere Campingplätze.

Bei ausreichend zur Verfügung stehender Zeit bieten sich von hier Abstecher in die reizvolle Landschaft der Telemark an (siehe auch unser Reiseführer *„MOBIL REISEN: NORWEGEN"* ebenfalls aus der Reihe Rau's Reisebücher).

Einen Besuch lohnt das etwas nördlich von **Flateland** an der Straße 9 gelegene **Setesdal-Freilichtmuseum** mit dem beachtenswerten Rygnestadloftet, einem Speicher aus dem 16. Jh.

sehenswertes
Setesdalmuseum

➔ **Route:** Der weitere Verlauf unserer Route folgt der Straße 9 nordwärts. ●

Etwa 18 km weiter weist bei **Moen** ein Hinweisschild auf den alten Saumpfad *Byklestigen* hin, der, bevor die Straße ausgangs des 19. Jh. durch das Setesdal gebaut wurde, ein Teil des alten Weges durch das Tal war. Abwechslungsreicher Spaziergang, ca. 1 km.

Bykle (Camping), ein kleiner Gebirgsort, hat eine **Kirche** aus dem frühen 19. Jh. mit Rosenmalerei und ein **Heimatmuseum** im Huldreheimen.

Hovden ist das Zentrum des Ferien- und Wandergebiets in der **Hochebene Setesdalsheiene**. Vielbesuchter Ausgangspunkt für Wandertouren, z.B. zur *Sloaroshytta* (Selbstverpflegung, 14 Betten) am Langevatnet, Gehzeit 5 Stunden, oder über Breiva und Væringsstöl zur **Bleskestadmoenhytta** (Selbstverpflegung, 14 Betten) 9 Stunden.

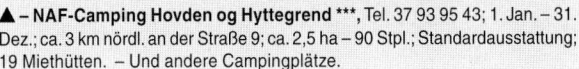

Praktische Hinweise – Hovden

⌂ Hotels: **Hovden Høyfjellshotell,** 170 Betten, Tel. 37 93 96 00, Fax 37 93 96 11, Restaurant, Sauna, Schwimmbad, Miethütten.
Hovdestøylen Hotell, 143 Betten, Tel. 37 93 95 52, Fax 37 93 96 55, Restaurant, Sauna, Schwimmbad, Miethütten. – Und andere Hotels.

▲ – **NAF-Camping Hovden og Hyttegrend** ***, Tel. 37 93 95 43; 1. Jan. – 31. Dez.; ca. 3 km nördl. an der Straße 9; ca. 2,5 ha – 90 Stpl.; Standardausstattung; 19 Miethütten. – Und andere Campingplätze.

Hovden
Hotels, Camping

➔ **Route:** Der höchste Punkt der Straße wird nach **Bjåen** (Ausgangspunkt für Wanderungen) am See **Sessvatn** in 917 m Höhe erreicht. Schließlich führt die Straße 9 in vielen Kehren steil hinab nach **Haukeligrend** an der E134 in der *Provinz Telemark.* ●

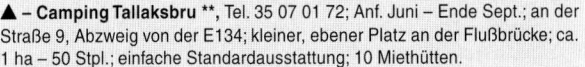

Praktische Hinweise – Haukeligrend

⌂ Hotels: Alle Hotels liegen rund 10 km westlich von Haukeligrend beim Wintersportort **Vågslid**.
Botn Skysstasjon, 54 Betten, Tel. 35 07 05 35, Fax 35 07 05 83, Cafeteria.
Vågslid Høgfjellshotel, 138 Betten, Tel. 35 07 05 85, Fax 35 07 05 72, Sauna. Geschlossen: 22. 4. bis 15. 5. und 1. 10. bis 31.12.

▲ – **Camping Tallaksbru** **, Tel. 35 07 01 72; Anf. Juni – Ende Sept.; an der Straße 9, Abzweig von der E134; kleiner, ebener Platz an der Flußbrücke; ca. 1 ha – 50 Stpl.; einfache Standardausstattung; 10 Miethütten.
– **NAF-Camping Velemoen** **, Tel. 35 07 01 09; 1. Jan. – 31. Dez.; ca. 3 km östl. Haukeligrend an der E134; ca. 2,5 ha – 150 Stpl., Standardausstattung; 14 Miethütten.
– **Edland Camping,** ca. 2 km östlich von Haukeligrend, abseits der E134.

Haukeligrend
Hotels, Camping

11. HAUKELIGREND – BERGEN

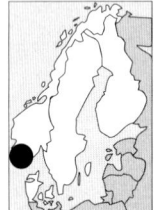

⊙ **Entfernung:** Rund 280 km, ohne Abstecher, + 2 Fähren

➔ **Strecke:** Über E134 und R48 über **Røldal** bis **Skånevik** – Fähre nach **Utåker** – R48 über **Rosendal** bis **Löffalstrand** – Fähre nach **Gjermundshamn** – R48 bis **Tysse** – R7 bis **Trengereid** – E16/E39 bis **Bergen.**

🕐 **Reisedauer:** Mindestens ein Tag.

⌘ **Höhepunkte:** Die Fahrt über das **Haukelifjell** * – Wandern auf der **Hardangervidda** ** – die **Røldal Stabkirche** * – der Wasserfall **Langfoss** *** – Fahrt am **Hardangerfjord** entlang, besonders im Frühjahr, etwa Ende Mai ** – Baronie und Park in **Rosendal** ** – **Bergens** Hafenviertel **Bryggen** ***.

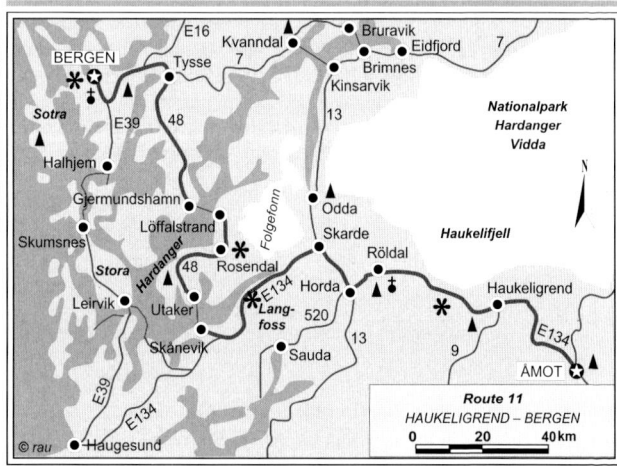

Route 11
HAUKELIGREND – BERGEN
0   20   40km

➔ **Route:** Ab Haukeligrend über die E134 nach Nordwesten. ●

Hinter Haukeligrend beginnt die Straße langsam anzusteigen, hinauf nach **Vågslid**, einem etwa 900 m hoch gelegenen Wintersportgebiet, mitten in einem seenreichen Hochplateau. Die Landschaft hier auf dem Haukelifjell nimmt gebirgsähnlichen Charakter an.

Bei der *Prestegård Turisthytte* passiert man den gut 1,5 km langen Prestegård Tunnel. Wenig später kommt man an der *Haukeliseter Hall* und an der *Haukeliseter Fjellstue* am Ståvatnet vorbei. Diese Hotels bzw. bewirtschafteten Gebirgshütten sind Ausgangspunkte für ausgedehnte **Wandertouren** in die südlich gelegene **Setesdalsheiene** oder in die riesige, sich nach Norden erstreckende **Hardangervidda**. Diese Hochebene soll die größte ihrer Art in ganz Europa sein. Große Teile (3.430 qkm) wurden 1981 zum Nationalpark erklärt. So um die 1.000 Höhenmeter zieht sich die schier endlos erscheinende, sehr vegetationsarme und von zahllosen Seen zwischen Granitbuckeln durchsetzte Hochfläche weit nach Norden bis in die Nähe des Gletschers Hardangerjökulen.

Die gesamte Hardangervidda ist ein ganz hervorragendes, im Sommer auch stark frequentiertes, Gebiet für mehrtägige Wandertouren. Zahlreiche Hütten stehen zur Verfügung, die von verschiedenen Wandervereinen betreut werden. Einer der Vereine ist *Den Norske Turistforening* in Oslo.

Eine der vielen möglichen Touren wäre eine Durchquerung der Hardangervidda in Nordsüdrichtung, von **Haukeliseter** nach **Haugastøl** an der Straße 7, ca. 22 km westlich von Geilo. Die Tour dauert mindestens sechs Tage!

Hardangervidda *
Tourenvorschlag

1. Tag: Haukeliseter – Hellevassbu, 7 Stunden, Hütte in 1.160 m, Selbstbedienung, 26 Betten.

2. Tag: Hellevassbu – Litlos, 5 Stunden, bewirtschaftete Hütte in 1.180 m, 52 Betten.

3. Tag: Litlos – Sandhaug, 7 Stunden, bewirtschaftete Hütte in 1.250 m, 80 Betten.

4. Tag: Sandhaug – Bjoreidalshytta, 6 Stunden (kürzere Etappen mit Übernachtungen in den Privathütten **Hellehalsen** oder **Trondsbu** nach telefonischer Absprache möglich), privat bewirtschaftete Hütte.

5. Tag: Bjoreidalshytta – Krækkja, 5 Stunden, bewirtschaftete Hütte in 1.162 m, 66 Betten.

6. Tag: Krækkjahytta – Haugastøl, 5 Stunden, privat geführtes Berghotel, Bahnstation.

➔ **Route:** Nach weiteren sieben Kilometern Fahrt durch die überaus eindrucksvolle Berglandschaft des Haukelifjell erreicht man das Ostportal des Haukelitunnels. ●

Direkt vor dem Tunneleingang zweigt rechts ein kleines Sträßchen ab. Die alte Straßentrasse (befestigt, aber schmal) führt über den 1.148 m hohen **Dyrskar-Paß** mit prächtigem Panoramablick und erreicht nach etwa 6 km wieder die E134. Diese vor allem bei schönem Wetter überaus lohnende Fahrt scheint allerdings für Wohnwagengespanne ungeeignet. Sie sollten lieber den bequemen Weg durch das fast 6 km lange Haukelitunnel nehmen. Der Weg über den Dyrskar-Paß kann bis weit in den Juni hinein wegen Schnee gesperrt sein!

Haukelifjell und
Dyrskar-Paß *

Man passiert den Haukelitunnel, später den etwa 1 km langen Svandalsflonatunnel und den *Austmannli Abstieg*. Seit dem Bau des 180-Grad-Tunnels ist die Talfahrt völlig entschärft und problemlos und die Straße das ganze Jahr über zu befahren. Leider ist sie nun nicht mehr so spektakulär, wie vor dem Bau des Tunnels.

Wer steile und enge Paßstraßen liebt, kann noch der alten Trasse des Austmannli Abstiegs teilweise zu Fuß folgen. In sieben Kehren führt die Straße manchmal fast schwindelerregend mit starkem Gefälle hinab nach Nyastöl. Für den Autoverkehr heute ungeeignet!

Seit dem Haukelitunnel befinden wir uns in der *Provinz Hordaland* mit Bergen als Provinzhauptstadt. Hordalands wildzerklüftete Küste wird von den großen Fjorden Hardanger, Bjørna und Bømla maßgeblich geprägt. Bald taucht unterhalb der E134 **Røldal** auf. Sehenswert ist die **Stabkirche** von Røldal aus dem frühen 13. Jh. Im Inneren eine schön gearbeitete Kanzel und ein wundertätiges Pilgerkreuz. Bei der Kirche liegen Reste eisenzeitlicher Hünengräber.

Røldals
sehenswerte
Stabkirche *

Røldal
Information

Camping

Praktische Hinweise – Røldal

☎ **Røldal Turistinformasjon,** 5760 Røldal, Tel. 53 64 72 59.

▲ – **NAF-Røldal Skyss-Stasjon** ***, Tel. 53 64 73 85; 1. Jan. – 31. Dez.; Stellplätze für Caravans und Wohnmobile, Nähe Stabkirche, Sanitärs, Imbiß, 5 Miethütten.
– **NAF-Camping og Hyttegrend Røldal** ***, Tel. 53 64 71 33; 1. Jan. – 31. Dez.; kleines Campinggelände im Ort hinter der Stabkirche; 14 Miethütten.
– **NAF-Camping Saltvoll** **, Tel. 53 64 72 45; 1. Jan. – 31. Dez.; im Ort Nähe Stabkirche; ca. 2 ha – 100 Stpl.; einfache Standardausstattung; 8 Miethütten.

Nach Røldal folgt die E134 ein Stück dem See Røldalsvatnet, um dann in Serpentinen über die **Hordalia-Bergstraße** hinauf ins Røldalsfjellet zu führen. Es bieten sich sehr schöne Ausblicke. Durch zwei Tunnels, 5 km und 2,5 km lang, gelangt man hinab ins Seljestadhochtal. Auch hier bietet sich Gelegenheit, die beiden Tunnels auf der alten, sehr steilen und engen Trasse zu umgehen. Allerdings kann die alte Trasse bis weit in den Juni hinein wegen Schnee gesperrt sein!
Nach **Seljestad** (Motel und Miethütten) passiert man das Wintersportgebiet bei **Solfonn** (Solfonn Camping, 1. Jan. – 31. Dez.; Motel) und erreicht kurz darauf den Abzweig der Straße 13.

Die E134 folgt nun (mit Engstellen) dem Sördalen nach Südwesten. Es ist eine sehr reizvolle Fahrt entlang eines wilden Gebirgsbaches, der immer wieder durch tosende Wasserfälle auf sich aufmerksam macht. Ab

reizvolle Fahrt
am Åkrafjord *

Fjæra zieht die stellenweise schmale Straße durch etliche Tunnels hoch über dem herrlichen Åkrafjord entlang.
Nach einigen Kilometern stürzt von der linken Bergflanke unübersehbar und unüberhörbar der gewaltige **Langfoss** hinab zum Fjord. Insgesamt toben die Wasser des Falls in wilden Schleiern und Kaskaden über 600 m tief zu Tal. Nach längeren Regenfällen ist der Anblick besonders imposant.
Bei Tjelmeland kann man hinab nach **Kyrping** abzweigen, das sehr schön am Fjord liegt.

Kyrping
Camping

▲ – **NAF-Camping Kyrping** ***, Tel. 53 75 44 49; 1. Jan. – 31. Dez.; durch die wellige Geländeform mehrfach unterteilte Wiesen, mit kleinen idyllischen Buchten; ca. 2 ha – 150 Stpl.; Standardausstattung; Laden, Imbiß; 30 Miethütten.

➜ **Route:** Wenige Kilometer weiter zweigt von der E134 nach Westen die R48 ab. Ihr folgen wir und erreichen nach 14 km kurvenreicher Fahrt den **Fährhafen Skånevik** am gleichnamigen Fjord. Von hier verkehren Fähren nach Matre und nach **Utåker**. ●

Skånevik
Hotels

Praktische Hinweise – Skånevik

🏠 Hotels: **Skånevik Fjordhotel,** 110 Betten, Tel. 53 75 55 00, Fax 53 75 52 55, Restaurant, Schwimmbad. Parkplatz. – Und andere Hotels.

Camping

▲ – **MA-Camping Toflebrekko** ***, Tel. 53 75 52 87; 1. Mai – 31. Sept.; westl. des Ortes; Wiesengelände am Fjord; ca. 1,5 ha – 60 Stpl.; einfache Standardausstattung; 10 Miethütten.

➜ **Route:** Wir nehmen die **Fähre nach Utåker**. Sie verkehrt täglich zwischen ca. 7 und 22 Uhr bis zu 15 mal, Fahrtdauer ca. 20 Minuten.

Weiter ab Utåker auf der Straße 48 über **Sunde**, **Uskedal** und **Rosendal** zum Fährhafen **Løfallstrand**. ●

Obstbaumblüte am Hardangerfjord

Sehenswert in **Rosendal** ist – neben der turmlosen **Kvinnherad Kirche** aus dem 13. Jh. – das **Renaissanceschloß „Baroniet"**. Der Adelssitz aus dem 17. Jh., dessen vier Gebäudeflügel sich um einen Innenhof gruppieren, liegt sehr schön mitten in einem herrlichen, sehr gepflegten Park mit alten Bäumen und romantischen Wasserläufen. Einladendes Café mit Gartenterrasse. Es werden Sommerkonzerte veranstaltet.

Park und Schloß Baroniet *
Ende Apr. - Mitte Sept. 12 - 16 Uhr. Eintritt. Führungen zu jeder Stunde.

Praktische Hinweise – Rosendal

☎ **Rosendal Turistinformasjon**, 5470 Rosendal, Tel. 53 48 13 11.

⌂ Hotels: **Rosendal Fjordhotel**, 120 Betten, Tel. 53 48 15 11, Fax 53 48 16 00, Restaurant, Sauna, Parkplatz.
Rosendal Gjestgiveri, Tel. 53 47 36 66, Fax 53 48 19 86, zentral gelegen, Restaurant, Pub.

Rosendal Hotels

Uskedal

▲ – **Camping Rabben ***, Tel 53 48 61 50; 1. Jan. – 31. Dez.; bei der weißen Kirche, zwei ebene Wiesen am Storsundet; einfache Standardausstattung; 18 Miethütten.

Camping

Herrlich ist die Landschaft am **Hardangerfjord** im Frühling, wenn etwa Ende Mai die Obstbäume weiß und rosa blühen und die leuchtend grünen Wiesenhänge übersät sind mit gelbem Hahnenfuß und Löwenzahn. In eigentümlichem Kontrast stehen dann die noch schneebedeckten Bergkuppen, die sich im tiefblauen, klaren Wasser des Fjordes spiegeln. Unzählige Wasserfälle stürzen, weißen Schleiern gleich, von den Bergen. Nahezu 170 km weit erstreckt sich der Hardangerfjord mit seinen vielen Verzweigungen in das Land.

→ **Route:** In Løfallstrand nehmen wir die **Fähre nach Gjermundshamn**. Sie verkehrt täglich zwischen ca. 6 und 22 Uhr bis zu 13 mal, Fahrtdauer rund 25 Minuten. ●

besonderer Tip
für Gespann-
fahrer

☑ *Mein Tip!* **Gespannfahrer** sollten für die Weiterreise ab Gjermundshamn den Weg über die R49 nach **Våge** in Betracht ziehen, um von dort die **Fähre nach Halhjem** (unbedingt in Gjermundshamn nach neuesten Abfahrtszeiten erkundigen) zu nehmen und über die E39 nach Bergen weiterzureisen. Grund für diese Überlegung ist das letzte Stück der R48 zwischen **Eikelandsosen** und **Tysse** an der E16. Die Straße ist besonders auf diesem Teilstück oft sehr schmal und nur einspurig, was gelegentliches Zurücksetzen zu Ausweichstellen nötig machen kann.

→ **Route:** Ab Tysse erreicht man über die gut ausgebaute E16 (einige Tunnels, mautpflichtig) und über **Ytre Arna** rasch die Stadt **Bergen** (50 km). ●

BERGEN

Bergen, die große alte Handels- und Hafenstadt an der norwegischen Westküste, zählt zu den reizvollsten und besuchenswertesten Städten Norwegens. Alleine schon die von Fjorden und Bergzügen geprägte Lage der Stadt machen sie zu einem anziehenden Reiseziel.

Bergens
Stadtgeschichte

Bergen kann auf eine lange Geschichte zurückblicken, die seit eh und je von Seefahrt und Handel geprägt wird.

Schon 1070 legte hier König Olav Kyrre einen Hafen an. Bergen ist somit eine der ältesten Stadtgründungen Norwegens. Die günstige Lage des Hafens ließ ihn rasch an Bedeutung gewinnen und machte ihn schon früh zu einem einflußreichen Seehandelszentrum. Wie bedeutend Bergen damals schon war zeigt die Tatsache, daß die Stadt vom 12. bis ins 13. Jh. 200 Jahre lang Norwegens Hauptstadt war.

Im 14. Jh. nutzten hanseatische Kaufleute die günstige Lage der Stadt und trugen maßgeblich mit dazu bei, aus Bergen das größte Hafen- und Handelszentrum Skandinaviens zu machen. Längs des Hafens **Vågen** stehen an den Bryggen heute noch die spitzgiebeligen Handelshäuser aus der Hansezeit, die das Hafenviertel prägen. Das große Geld machten die hanseatischen „Pfeffersäcke" mit Salz, das sie mit ihren Koggen aus deutschen Landen anlandeten und dafür Fisch (Stockfisch), das traditionelle Freitagsessen gutgläubiger Christenmenschen, mit in die Hansestädte nahmen.

Zwar wurde Bergen 1702 von einer verheerenden Feuersbrunst fast vollständig zerstört, dennoch war die Stadt um 1800 nach wie vor noch die wohlhabendste und einflußreichste des Landes. Ein weiterer großer Stadtbrand veränderte 1916 das Gesicht Bergens.

Heute ist Bergen immer noch bedeutende Handels- und Hafenstadt mit zunehmenden Aufgaben im Versorgungsbereich der norwegischen Off-Shore-Ölförderung. Es ist mit rund 223.000 Einwonern die zweitgrößte Stadt Norwegens und es ist, mit viermal mehr Regen als im Landesdurchschnitt, die regenreichste Stadt des Landes.

Bergen ist aber auch eine Stadt mit großer Kulturtradition. *Ole Bull*, der

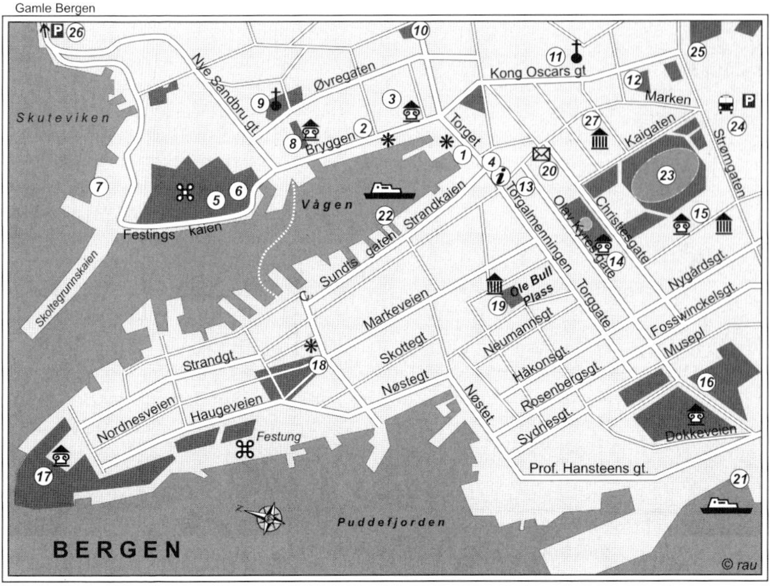

Gamle Bergen

BERGEN

© rau

BERGEN, Zentrum	8 Bryggenmuseum u. Schøtstuene	Bergener Kunstverein, Rasmus Meyers Sammlung	21 Hurtigruten Schiffe
1 Torget, Marktplatz, Fischmarkt	9 Marienkirche	16 Kultur- u. Kunsthist. Museen, Schiffahrtmuseum, Botanischer Garten	22 Hochgeschwindigkeitskatamarane
2 Bryggen	10 Standseilbahn auf den Fløyen		23 Lille Lungegårdsvann
3 Hanseatisches Museum	11 Domkirche		24 Busbahnhof und Großparkhaus
4 Touristeninformation	12 Lepramuseum	17 Aquarium	25 Bahnhof
5 Bergenhus Festung	13 Galleriet	18 Klosteret, Platz und alte Gassen	26 Wohnmobilstellplatz
6 Håkonshalle, Rosenkrantzturm	14 Kunstgewerbemuseum	19 Theater	
7 Fischereimuseum	15 Städtisches Kunstmuseum,	20 Post	

große Violinvirtuose, gründete hier das erste *Theater* Norwegens. Das städtische *Symphonieorchester* kann auf eine über 200jährige Geschichte zurückblicken. Einen Ruf, der über die Grenzen der Stadt hinausreicht, hat das *Bergen Filharmoniske Orkester*. Und längst haben die *Bergen Festspiele*, die jedes Jahr im Mai/Juni stattfinden, internationale Anerkennung gefunden.

Pkw-Touristen wird interessieren, daß ihnen mit dem **Parkhaus Bygarasien** beim Busbahnhof und in Bahnhofsnähe ein Tag und Nacht geöffnetes Großparkhaus in Zentrumsnähe (ca. 5 Min. bis Torget) zur Verfügung steht (gebührenpflichtig). Ein weiteres großes Parkhaus ist das **Perkeringshuset**, Rosenkrantzgt. 4. *(zentrumsnahes Parkhaus)*

STADTSPAZIERGANG

Wir beginnen unseren **Stadtrundgang** am zentralen Markktplatz **Torget (1),** mit dem Seefahrtsdenkmal von Dyre Vaa am Ostende des Hafenbeckens Vågen. Auf dem Torget findet werktags von 8 bis 15 Uhr ein lebhaf-

**Bergen
Stadtspaziergang**

**Hanseatisches
Museum ** (3)**
1.6. - 31.8. tgl. 9 -
17 Uhr. sonst tgl.
11 - 14 Uhr.
Eintritt.

**Håkonshalle,
Rosenkrantzturm
* (6)**
15.5. - 14.9. tgl. 10
- 16 Uhr. Stündlich
Führungen. Übrige
Zeit 12 - 15 Uhr.
Eintritt.

ter Markt statt. U. a. werden fangfrischer Fisch und Krabben, aber auch Gemüse und Obst angeboten. Der einstmals schöne Blick vom Torget auf die historische Häuserfront der Bryggen ist durch den jüngsten Bau an der Zacharias Brücke leider etwas verstellt.

Die **Bryggen (2)** , früher auch Tyske Bryggen (Deutsche Brücke), an der Nordseite des Hafenbeckens Vågen, waren das Zentrum der Handels-kontore der hanseatischen Kaufleute. Typisch am Stadtbild Bergens sind die Giebelfassaden der Holzhäuser. Viele der Gebäude stammen noch aus dem frühen 18. Jh. Hier lag das Zentrum des Warenumschlags, mit Speichern, Geschäften und den Zentralen der großen Handelshäuser. Schlendern Sie durch die schmalen Gassen, in denen sich heute kleine Boutiquen, Geschäfte und Restaurants (z.B. „Tracteursted") angesiedelt haben.

Wenn Sie mehr über die Zeit der Hanse und ihre Kaufmannsgilden in Bergen erfahren wollen, sollten Sie nicht versäumen, das **Hanseatische Museum (3)** zu besuchen. Das Museum ist am Ostende der Bryggen im „Finnegården", einem der am besten erhaltenen Holzgebäude der Stadt, untergebracht und im Stil eines Kaufmannskontors des 16. Jh. eingerich-tet.

Wir gehen die Bryggen entlang, vorbei an den malerischen Häuserfron-ten, nach Norden. Man passiert einladende Restaurants und an der Ecke zur Leppsgate das **Touristen-Informationsbüro (4)**.

Ein gutes Stück weiter erhebt sich die **Festung Bergenhus (5)**. Die Ur-sprünge dieser befestigten Königsresidenz gehen zurück ins frühe 12. Jh., als König Øystein Magnusson (1103 – 1122), ein Enkel des Stadt-gründers Olav Kyrre, die Bedeutung des Handelsortes erkannte und sei-nen Lebensnerv, den Hafen, durch eine Festung sichern ließ. Später wurde Bergenhus unter König Håkon Håkonsson Zug um Zug in eine befestigte, aus Stein errichtete, Residenz verwandelt. Damals um 1250 entstand auch die **Håkonshalle (6)**, eine große Repräsentationshalle des mittelalterli-chen norwegischen Königshauses, die 1261 anläßlich der Hochzeit und Krönung von König Magnus Håkonsson eingeweiht wurde.

Gravierende Umbauten erfuhr die gesamte Anlage Anfang des 16. Jh., als durch die Einführung neuer Waffen Geschützbastionen nötig wurden. Schließlich erhielt Bergenhus um 1560 unter dem Schloßhauptmann Erik Rosenkrantz eine ansprechende Fassade. Der ehemals schlichte **Rosenkrantzturm** an der Südostseite der Burganlage wurde in einen repräsentativen Wohnturm mit etwas freundlicherer Renaissancefassade umgebaut. Håkonshalle und Rosenkrantzturm wurden im 2. Weltkrieg durch Explosionen stark zerstört, bis 1961 bzw. 1965 aber wieder völlig restauriert.

Noch ein Stück weiter stadtauswärts kommt man zum **Fischereimuseum (7)** am Kai von Bontelabo an der Bucht Skutviken. Das Museum gibt Ein-blick in die lange Geschichte der norwegischen Fischerei und Fisch-industrie. Geöffnet Mo. - Fr. 10 - 16, Sa. + So. 12 - 16 Uhr. Eintritt.

Von Bergenhus gehen wir wieder stadteinwärts, vorbei am Hotel Dreggen, und die Straße Dreggs Almenningen am Hotel Radisson SAS Royal nord-wärts (links). Hinter dem Hotel liegen in der Øvregaten 50 die „**Schøtstuene" (8)**, alte Gesellschaftsräume und Festsäle aus der Hanse-

zeit. Besichtigung im Sommer 10 bis 16 Uhr, Eintritt. Hier findet man auch das sehenswerte **Bryggens Museum (8)** (1. 5. – 31. 8. tgl. 10 – 17 Uhr; übrige Zeit 11 – 15 Uhr; Eintritt.), das sich mit der kulturhistorischen und archäologischen Seite des Bryggen-Viertels befaßt. Sehenswerte Keramiksammlung. Runenschriften. Ausstellungen zu Handel, Schiffahrt und Handwerk im Spätmittelalter.

Bergen, Blick über den Hafen zum Bryggen-Viertel

In unmittelbarer Nähe erheben sich die viereckigen Doppeltürme der **Marienkirche (9)**. Die dreischiffige Basilika wurde im 12. Jh. im romanischen Stil errichtet und ist in großen Teilen aus jener Zeit nahezu unverändert erhalten geblieben. Die Marienkirche zählt zu den ältesten Bauwerken in Bergen. Außen ist das Erscheinungsbild der Kirche eher schlicht. Lediglich das romanische Südportal verdient Aufmerksamkeit. Das Innere der lange im Besitz der Hansekaufleute stehenden Kirche ist vor allem interessant wegen des dreiflügeligen **Altars**. Er stammt aus dem späten 15. Jh. und wird einem Handwerker aus Lübeck zugeschrieben. Im Mittelteil des Altars sieht man Mutter Maria mit dem Christuskind. Neben ihr Heilige mit ihren Attributen. Auf den Seitenflügeln sind die zwölf Apostel (allerdings ohne Judas, dafür aber mit dem Apostel Paulus) dargestellt.

Von größtem kunstgeschichtlichen Wert ist die **Barock-Kanzel** der Kirche. Sie besteht aus einem turmhohen, reichgegliederten Baldachin und der eigentlichen Kanzel. Dort sind in acht säulenbegrenzten Feldern die acht christlichen Kardinaltugenden, symbolisiert durch Frauengestalten mit Attributen, dargestellt. Zu ihnen zählen Glaube (mit Buch und Kreuz), Hoffnung (Taube und Anker) und Liebe (zwei Kinder).

Auf dem Boden der Kirche liegen alte Grabsteine aus dem 15. bis 17. Jh. von wohlhabenden deutschen Kaufleuten, Reedern und Kirchenmännern. Außerdem sind an den Wänden der Seitenschiffe Epitaphe (Erinnerungstafeln) an namhafte und verdiente Bürger der Stadt zu sehen.

Bergen
Stadtspaziergang

Das große Triumphkreuz über dem Mauerbogen zum Chor wurde um 1550 von Mitgliedern der hanseatischen Kaufmannsgilde gestiftet.

Gehen Sie von Ecke Bryggen/Torget über die Vetrlidsalmenningen nordwärts bis zur Øvregaten, dann stoßen Sie auf die Talstation der **Schienenseilbahn (10)**, die auf den 320 m hohen **Fløyen** führt. Besonders bei klarem Wetter ist die Aussicht auf Stadt, Hafen und Umgebung den Abstecher wert. Auf dem Fløyen gibt es Spazierwege über die waldreichen Höhen. Die Bahn verkehrt ab ca. 7 Uhr bis 23 Uhr, im Sommer bis 24 Uhr; jede halbe Stunde. Fahrzeit ca. 10 Minuten.

Weiter südöstlich von der Talstation liegt in der Lille Øvregate die **Domkirche (11)**, die Kathedrale von Bergen. Die ältesten Partien des Baus gehen zurück bis ins 12. Jh. Chor und Turm dagegen stammen aus dem 13. Jh. und sind im gotischen Stil errichtet. An- und Umbauten brachten weitere Stilelemente hinzu.

Noch etwas weiter östlich, Richtung Bahnhof, findet man im St. Jørgens Hospital in der Kong Oscars Gate 59 das **Lepramuseum (12).** Es ist untergebracht in einem ehemaligen Hospital für Leprakranke. Das Museum befaßt sich mit norwegischen Pionieren im Kampf gegen die Leprakrankheit, wie z. B. dem Arzt Armauer Hansen. Im Sommer von 11 bis 15 Uhr geöffnet. Eintritt.

Man kann nun über die Kong Oscars Gate zurück zum Torget gehen und passiert auf diesem Wege die **Korskirken** (Kreuzkirche), ein Renaissancebau aus dem 17. Jh.

Wir halten uns links, gehen über den berühmten **Fischmarkt** am Torget (1) südwärts und passieren das Kaufhaus Galleriet (13). Man kann nach dem Kaufhaus links durch die Rådhusgaten gehen und erreicht gleich darauf die Olav Kyrres Gate, der wir weiter südwärts folgen.

Kunstgewerbe-
museum * (14)
16.5. - 15.9. Di. -
So. 11 - 16 Uhr.
Winterhalbjahr 12
- 15 Uhr. Eintritt.

Schräg gegenüber vom Hotel Norge liegt das **Kunstgewerbemuseum (14)**, Nordahl Brunsgt. 9. Das Museum gibt Einblick in norwegisches und skandinavisches Kunsthandwerk, darunter Keramiken und Goldschmiedearbeiten. Man sieht aber auch schöne Antiquitäten aus Europa und Übersee. Sehenswert auch die Abteilung über chinesische Kunst.

Wenn Sie vom Kunstgewerbemuseum weiter nach Osten gehen und die Christies Gate überqueren, gelangen Sie in die Rasmus Meyers Allee. Dort finden Sie eines der interessantesten Museen der Stadt, das **Städ-**

Kunstmuseum *
(15)
15.5. - 15.9. Mo. -
Sa. 11 - 16, So. 12
- 15 Uhr. Übrige
zeit tgl. a. Mo. 12 -
15 Uhr. Eintritt.

tische Kunstmuseum _„Bergen Billedgalleri"_ (15) mit der _Stenersens Sammlung._ Gezeigt werden europäische Kunst und eine große Sammlung mit Werken norwegischer Maler, wie z.B. J. C. Dahl. Vor allem die Stenersens Sammlung zeigt moderne Künstler wie Edvard Munch, Paul Klee oder Pablo Picasso.

Neben der städtischen Kunstgalerie liegt das Haus des **Bergener Kunstvereins** (wechselnde Ausstellungen zeitgenössischer Kunst) und ein kurzes Stück weiter ist die **Rasmus Meyers Sammlung** (norwegische Maler) untergebracht. Öffnungszeiten wie städt. Kunstgalerie.

In unmittelbarer Nachbarschaft findet man die moderne **Grieghalle**, Bergens Konzert und Opernhaus.

Wer gerne Museen besucht, kommet etwas weiter südlich nochmals auf seine Kosten. Im Stadtteil Sydneshaugen findet man auf dem Universitätsgelände neben dem **Botanischen Garten** drei weitere Museen:

– Das **Kulturhistorische Museum (16)**, Haakon Sheteligs plass 16, mit Sammlungen aus Westnorwegen, aus dem Altertum, dem Mittelalter und der Neuzeit, mit archäologischen Funden, einer kostbaren Ikonensammlung, einer Textilausstellung, Sammlungen zur Stadtgeschichte und zur Wikingerzeit u.a.

Gasse in Bergens historischem Bryggen-Viertel

– Das **Naturhistorische Museum**, mit botanischen, geologischen und zoologischen Sammlungen.

– Das **Sjøfartsmuseet**, das Schiffahrtsmuseum, das die Entwicklung der langen Seefahrtsgeschichte Bergens von den Anfängen der Stadt bis heute dokumentiert (tgl. 11 – 15 Uhr, im Winterhalbjahr bis 14 Uhr u. Sa. geschl. Eintritt).

Kultur- u. Naturhistorische Museen * (16)
15.5. - 31.8. Mo. - Sa. 10 - 15, So. 11 - 16 Uhr. Winterhalbjahr Mo. - Sa. 11 - 14, So. 11 - 15 Uhr. Eintritt.

Auf der Landzunge **Nordnes**, am Nordwestrand der Stadt, liegt das **Aquarium von Bergen (17)**. Man erreicht es auch mit Bussen der Linie 4 ab Stadtzentrum. Zu Fuß gehen Sie ab Stadtmitte etwa 20 Minuten. Das Aquarium zählt zu den modernsten und größten seiner Art in Nordeuropa. Im Freigelände findet man z.B. einen Seehund- und Pinguinteich. Neueren Datums ist die Rekonstruktion eines Vogelfelsens.

Bergen Aquarium * (17)
1.5. - 30.9. tgl. 9 - 20 Uhr, übrige Zeit 12 - 16 Uhr. Eintritt.

Egal ob Sie mit dem Auto oder zu Fuß zum Aquarium gekommen sind, nehmen Sie für den Rückweg in die Stadt auf jeden Fall die Straße Haugeveien. Man passiert dann die **Fredriksberg Festung** und erreicht bald darauf den **Klosteret** (Klosterberg – 18 –), einen überaus hübschen kleinen Platz, der umgeben ist von schönen alten Häusern. Einige der schmalen Gassen, die hinunter zur Sundts Gate am Hafen führen, haben idyllische Winkel.

Lohnend ist ein Besuch in **Gamle Bergen**, einem Freilichtmuseum, das im Stadtteil **Sandviken**, nordwestlich vom Zentrum liegt. Benutzt man öffentliche Verkehrsmittel, bedient man sich der Stadtbusse der Linie 1 oder 9 ab Stadtmitte (Postamt) bis zum Museum.

Gamle Bergen ***
21. Mai - 31. Aug. tgl. 10 - 17 Uhr. Führungen stündlich. Eintritt.

in Gamle Bergen

In „Alt Bergen" wurden etwa 35 alte, für das alte Stadtbild Bergens typische Holzhäuser wieder aufgebaut und im Stil des 18. und 19. Jh. eingerichtet. U.a. sieht man Stadtwohnungen des gehobenen Bürgertums, Läden, Werkstätten. Das Innere der Häuser kann nur auf Führungen besichtigt werden. Es gibt ein Restaurant.

AUSFLÜGE AB BERGEN

Neben einem Ausflug auf den Ulriken (siehe unten) oder einer Tageskreuzfahrt durch die Fjorde lohnen Abstecher zur Stabkirche von Fantoft, zum Grieg Haus oder noch weiter südlich zum Lyse Kloster.

Die **Fantoft Stabkirche** stammte ursprünglich aus der Mitte des 12. Jh. Sie war eine der wenigen noch komplett erhaltenen Kirchen dieser Art in Norwegen. Erbaut worden war sie um 1150 in Fortun am Sognefjord. 1880 wurde sie durch die Initiative eines Privatmannes vor dem Ruin dadurch bewahrt, daß sie hierher nach Fantoft versetzt wurde. Viele Jahrzehnte zählte die Stabkirche zu den großen Sehenswürdigkeiten um Bergen. In der Nacht vom 5. zum 6. Juni 1992 passierte dann die Katastrophe. Die wunderschöne alte Stabkirche brannte bis auf die Grundmauern ab. Zwischenzeitlich ist sie aber nach alten Plänen und unter Verwendung historischer Materialien wieder originalgetreu rekonstruiert worden.

Die Zufahrt mit dem Auto war bei unserem letzten Besuch noch etwas schwierig zu finden. Fahren Sie auf der E39 südwärts, etwa 5 km bis Paradis und zweigen Sie bei der zweiten Fußgängerbrücke links ab. Folgen Sie dem Schild „Fantoft Studentby". Die Stabkirche liegt beim Parkplatz des Chr. Michelsens Institut. Vom Parkplatz ca. 5 Minuten Fußweg.

Auf der Weiterfahrt nach Troldhaugen kann **Gamlehaugen**, die Residenz des Königs bei Bergenbesuchen, besichtigt werden. Geöffnet Juni, Juli und August montags bis freitags 10 – 13 Uhr. Eintritt.

Griegs Wohnhaus Troldhaugen
Mitte Apr. - Ende Sept. tgl. 9 - 18 Uhr. Winterhalbjahr Mo. - Fr. 10 - 14, Sa. (außer Feb. + März) 12 - 16, So. 10 - 16 Uhr. Dez. + Jan. geschlossen. Eintritt.

Troldhaugen, ehemaliger Wohnsitz des Komponisten *Edvard Grieg*, liegt etwa 10 km südlich vom Stadtzentrum. Man verläßt die E39 Richtung Nestun und zweigt bei Hop nach Troldhaugen ab. Vom Parkplatz 5 Minuten Fußweg zum Grieghaus. Mit Bussen ab Bergen Busbahnhof Bahnsteige 19, 20 und 21 bis **Hop** und noch 20 Minuten zu Fuß.

Edvard Grieg (1843 – 1907) ist Norwegens weltberühmter Komponist. Seine oft von Volksweisen inspirierten Kompositionen, sein Klavierkonzert in a-moll, Opus 16, das einzige Klavierkonzert übrigens das Grieg schrieb, und natürlich die Musik zu Ibsens Peer Gynt, zeugen nicht nur von seinem musikalischen Genie, sondern auch von einer innigen Verbundenheit mit der norwegischen Landschaft.

Ausflüge ab Bergen

Grieg ließ sich Troldhaugen 1885 bauen und wohnte dort mit seiner Frau 22 Jahre lang bis zu seinem Tod. Das kleine gemütliche Holzhaus liegt mitten in einem wunderschönen Park oberhalb des Fjords. Das Innere des Hauses ist mit altem Mobiliar ausgestattet. Im Park sind Edvard Grieg und seine Frau Nina beigesetzt.

1985 wurde neben dem alten Wohnhaus der Kammermusiksaal Troldsalen eingeweiht. U.a. finden hier während der Bergen Festspiele Konzerte statt. 1995 kam ein neues Evard Grieg Museum mit Ausstellungen und Multimedia-Raum hinzu.

☑ Mein Tipp! Kaufen Sie sich in Troldhaugen eine Musikkassette mit Werken von Grieg, etwa das Klavierkonzert a-moll mit der Peer Gynt Suite auf der Rückseite und stecken Sie die Kassette, wenn Sie wieder einmal durch eines der unvergleichlichen Fjordtäler fahren, in Ihr Autokassettengerät. Und schnell werden Sie feststellen, daß es kaum einem anderen Komponisten so einfühlsam gelungen ist, norwegische Landschaftseindrücke in Musik umzusetzen.

Gut 30 km südlich von Bergen (Straße E39, Nesttun, Fana und R553) liegen bei **Lysekloster** die Ruinen einer alten Zisterzienser-Abtei, die schon 1146 gegründet worden war und bis zur Reformation Norwegens bedeutendstes Kloster war.

Etwas weiter südwestlich ist der Küste die **Insel Lysøyen** vorgelagert. Dort kann **Ole Bull Villa**, das Sommerhaus des norwegischen Geigenvirtuosen und Nationalhelden *Ole Bull* besichtigt werden. Das Landhaus war vor allem in den 70er Jahren des vergangenen Jahrhunderts ein geschätzter Treffpunkt gehobener Kreise aus Kunst und Kultur. Fähre „Ole Bull" ab Sørestraumen. Die Insel ist Naturschutzgebiet. Bademöglichkeit.

Ole Bull Villa *
18.5. - 31.8. Mo. - Sa. 12 - 16, So. 11 - 17 Uhr. Eintritt.

Praktische Hinweise – Bergen

☎ **Touristeninformation,** Bryggen 7, N-5014 Bergen, Tel. 55 55 20 00, Fax 55 55 20 01; Mai – Sept. werktags 8.30 – 21, Juni, Juli + Aug. auch So. 8.30 – 21 Uhr. Übrige Zeit werktags 9 – 16 Uhr. Web: www.visitbergen.com

Bergen
Stadtrundfahrten

Stadtrundfahrten – Etwa zwischen Anfang Mai und Mitte Oktober werden von verschiedenen Unternehmen täglich Stadtrundfahrten mit Führungen durchgeführt. Zwischen Mitte Juni und Mitte August erweitertes Angebot. Die Rundfahrten reichen von der einstündigen Kurztour über die dreistündige große Stadtrundfahrt, die auch Griegs Haus Troldhaugen und die Fantoft Stabkirche einschließen, bis zur ganztägigen Bus- und Bootstour. Außerdem werden Fjordfahrten und einstündige Hafenrundfahrten angeboten. Abfahrtszeiten, Preise und Fahrkarten gibt es im Touristeninformationsbüro Bryggen.

Eine **Schienenseilbahn** fährt täglich regelmäßig auf den 320 m hohen Hausberg **Fløyen** (siehe auch unter Stadtrundgang).

Bergbahnen

Mit einer **Schwebeseilbahn** ist der 642 m hohe **Ulriken** zu erreichen. Die Talstation der Ulrikenbahn liegt südöstlich der Stadt, beschilderter Abzweig von der E39, die Bergstation in 607 m Höhe. Von 15. Mai bis 15. Sept. verkehren zwischen 9.15 Uhr und 20.45 Uhr alle 30 Minuten Rundfahrtbusse „Bergen in a Nutshell" ab dem Touristenbüro auf Bryggen. Außerdem fahren die gelben Busse der Linien 2, 4 und 7 Postamt bis in die Nähe der Talstation. Die

Bergen

Seilbahn verkehrt im Sommer regelmäßig zwischen 9 und 21 Uhr, im Winter bis Sonnenuntergang. Auf dem Ulriken bieten sich neben herrlichen Ausblicken auf die Fjorde bei Bergen auch gute Wandermöglichkeiten. Es gibt ein ganzjährig geöffnetes Café.

Fjordfähren

Ab Bergen verkehren zahlreiche Fähren in die Fjorde Westnorwegens, in die umliegende Inselwelt und bis Nordnorwegen. Ab **Strandkaiterminalen** (Tel. 55 23 87 80) verkehren **Hochgeschwindigkeitskatamarane** nach **Stavanger, Haugesund,** in den **Hardangerfjord** und in den **Sognefjord,** den **Nordfjord** und den **Sunnfjord.**
Die Postschiffe der **Hurtigruten** verkehren täglich ab Frieleneskaien bis Nord-Norwegen (siehe auch unter „Reisen im Lande – Hurtigruten").

Feste, Folklore

❖ Feste, Folklore: **Internationale Festspiele Bergen,** Ende Mai bis Anfang Juni, 12 Tage mit Konzerten, Theater, Ballett und Folklore.
Bergen Folklore, folkloristische Volkstänze werden vom 5. Juni bis 21. August jeweils dienstags und donnerstags um 21 Uhr im Bryggens Museum dargeboten. Dauer eine Stunde. Eintrittskarten im Touristen Informationsbüro. Ein dreieinhalbstündiges Programm bietet **Fana Folklore** in Fane, an der Straße 533 südlich von Bergen. Von Anfang Juni bis Ende August, montags, dienstags, donnerstags und freitags jeweils um 19 Uhr „Norwegisches Festessen" mit Folkloretänzen, Nationaltrachten, Fiedlern und Volksmusik. Auskunft bei Fana Folklore, Tel. 55 91 52 40 oder im Touristen Informationsbüro.

Restaurants

✖ Restaurants: **Bryggen Tracteursted,** das „älteste Wirtshaus Norwegens", in einem historischen Hansehaus in Bryggen, rustikales Ambiente, gute norwegische Küche, teuer, stark frequentiert; geöff. 1. 5. – 1. 9., Tel. 55 31 40 46.
Bryggeloftet, Bryggen, Tel. 55 31 06 30; gemütliches Ambiente, Blick auf den Hafen, gute Küche, Fischspezialitäten.
Fiskekrogen, auf dem Fischmarkt, Tel. 55 55 96 60, renommiertes Fischrestaurant, auch Wildspezialitäten, teuer. – Und zahlreiche andere Rest.

Hotels

▢ Hotels: **Admiral,** 190 Betten, C. Sundtsgt. 9, Tel. 55 32 47 30, traditionsreiches Haus der Luxuspreisklasse, zentral am Hafen Nähe Fischmarkt, Fischspezialitäten-Restaurant „Emily" mit schönem Stadtblick, Parkmöglichkeit.
Augustin, 90 Betten, C. Sundsdtsgt. 22–24, Tel. 55 23 00 25 Fax 55 30 40 10; mittlere Preisklasse, zentral, Restaurant, Parkmöglichkeit.
Bergen Hotel Best Western, 166 Betten, Håkonsgt. 2, Tel. 55 23 39 62, Fax 55 23 49 20, zentrale Lage, gehobene Preisklasse, **Restaurant „Nicola's".**
Bryggen Orion, 400 Betten, Bradbenken 3, Tel. 55 31 80 80, Fax 55 32 94 14, gehobene Preisklasse, beim Rosenkrantzturm gelegen, **Restaurant „Gallionen",** Nachtclub, Parkplätze.
Dreggen, 31 Zi., Sundbrugaten 3, Tel. 55 31 61 55, Fax 55 31 54 23, Rest.
Kalmar Inn, 130 Betten, Jon Smørsgt. 11, Tel. 55 23 18 06.
Radisson SAS Hotel Norge, 347 Zi., Ole Bulls plass 4, Tel. 55 21 01 00, Fax 55 21 02 99; zeitgemäßes Firstclasshotel in zentraler Lage, teuer, mehrere Restaurants, u.a. das exklusive **„Grillen",** Bar, Pub „Bull's Eye", Nachtclub, Konferenzeinrichtungen, Schwimmbad, Sauna, Solarium, Garage.
Victoria Best Western, 83 Betten, Kong Oscarsgt. 29, Tel. 55 31 50 30, Fax 55 32 81 78; mittlere Preisklasse, **Restaurant „Valente",** Garage. – Und andere Hotels.

Jugendherberge

Jugendherberge: **Montana Youth and Family Hostel,** 5030 Landas, Johan Blydtsveien 30, Tel. 55 29 29 00. Bus 4 ab Bergen. Mitte Mai bis Mitte Oktober geöffnet. 200 Betten.

Stellplatz

▲ – In **Sanden** bei „Gamle Bergen", Sandviksboder 1, Tel. 55 56 88 50, etwa 1 km nördlich von Bryggen, steht im Juni, Juli + Aug. ein betoniertes **Stellplatzareal für Wohnmobile** zur Verfügung. Duschen, Toiletten, Stromanschlüsse, Chemikaltoiletten Entsorgungsstelle. Weiterbestand fraglich!

– **Bergenshallen Camping ****, Vilh. Bjerknesvei 24, Tel. 55 27 01 80; Ende Juni – Anf. Aug.); südl. der Stadt Abzweig von der E39, im Stadtteil Landas; städtischer, kleiner, asphaltierter Platz, mit geringen Zeltmöglichkeiten; Standardausstattung. Cafeteria. Bus 3 ins Zentrum, ca. 10 Min.

Camping bei Bergen

– **Bergen Campingpark,** Tel. 55 24 88 08, Haukås in Åsane, an der R1; ca. 250 Stpl.; Standardausstattung; 22 Hütten; Motel mit 16 Zi.; Kiosk, Cafeteria. **Haukeland**

– **Camping Bratland ***,** 15. Juni – 1. Sept.; ca. 16 km östl. Bergen an der Straße 580; kleinere Anlage, 22 Miethütten.

– **Camping Lone ***,** Tel. 55 24 08 20; 1. Jan. – 31. Dez.; ca. 20 km östl. Bergen an der Straße 580; hügelige Wiesen zwischen Straße und See, in ansprechender Lage; ca. 4 ha – 200 Stpl.; Standardausstattung; 17 Miethütten. Größter Platz östl. von Bergen, stark frequentiert. – Und andere Campings.

12. BERGEN – VOSS

⊙ **Entfernung:** Rund 160 km, ohne Abstecher.

➔ **Strecke:** Über die E16 bis **Trengereid** – R7 bis **Granvin** – R13 bis **Voss**.

🕐 **Reisedauer:** Mindestens ein Tag. Direkter Weg auf der E16 und über Dale höchstens ein halber Tag.

⌘ **Höhepunkte:** Der **Steinsdalsfossen *** in Fossatun – Fahrt am **Hardangerfjord **** – Ausflug mit der **Flåmbahn ***.

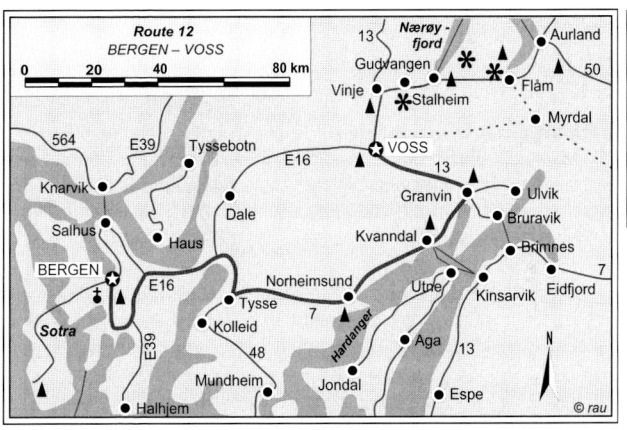

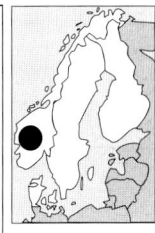

➔ **Route:** Auf der E16/E39 über **Paradis** (Fantoft Stabkirche) und **Hop** (Abzweig zum Grieg Haus) verlassen wir Bergen. ●

Als **Alternativroute** kann man ab **Trengereiddal**, ca. 16 km westlich Tysse, weiter der E16 über **Dale** nach Voss folgen. Die bestens ausgebaute Straße führt durch reizvolle Landschaft, besonders zwischen Dale und Voss. Durch die zahlreichen Tunnels ist die Strecke zwar relativ rasch zu bewältigen (reine Fahrzeit eine gute Stunde bis Voss), dafür sieht man aber von der Landschaft weniger.

Alternativroute

Hauptroute

Unsere Hauptroute folgt ab Trengereiddal der Straße 7, die ab **Tysse** die Fjordküste verläßt und durch ein enger werdendes Tal und durch Tunnels hinauf auf das **Hochplateau Kvamskogen** (Ski- und Wandergebiet mit Hütten und Liften) führt. Es ist eine sehr reizvolle Fahrt. Weiter westlich, vor dem Abstieg in die **Schlucht Tokagjelet**, bieten sich schöne Ausblicke nach Südosten zum Gletscher Hardangerjökulen.

Zwischen Kvamskogen und Tokagjelet liegt *Camping Kvamskogen*. Der einstmals rasante, etwa 3 km lange Toka-Abstieg ist durch vier Tunnels entschärft und unproblematisch.

Im Tal sollte man in Fossatun links der Straße auf den wilden Wasserfall **Steinsdalsfossen** achten. Ein Fußweg führt unter dem Wasservorhang hindurch. Nahebei ein Café.

➔ **Route:** In **Norheimsund** stößt die Straße wieder auf den Hardangerfjord, an dem sich die R7 kurvenreich und teils recht schmal entlangschlängelt. Über **Ålvik** erreicht man die **Fährstation Kvanndal.** ●

Autofähren nach Utne und Kinsarvik

Fähre **Kvanndal** – **Utne** (Hardanger Folkemuseum) – **Kinsarvik** – zwischen ca. 7 und 22 Uhr bis zu 25 mal nach Utne und bis zu 10 mal nach Kinsarvik. Fahrzeit nach Utne 20 Min., nach Kinsarvik 40 Min.

Utne Hotel
Norwegens
ältestes Hotel

⌂ Hotels: **Utne**
Utne Hotell, 24 Zi., Tel. 53 66 69 83, Fax 53 66 69 50, kleines, gepflegtes, traditionsreiches Fjordhotel in einem hübschen, weißen Holzhaus aus dem 18. Jh. eingerichtet, recht familiäres Ambiente. Gilt als Norwegens ältestes Hotel. Restaurant.

➔ **Route:** Weiter auf der R7 bis **Granvin.** ●

schöne
Alternativroute
und Abstecher
ab Granvin

In **Granvin** kann man ostwärts zur Straße 7 abzweigen, die durch das 7,5 km lange **Vallavik Tunnel** zur **Fährstation Bruravik** führt. Man setzt dort über nach **Brimnes** und folgt der jetzt entschärften R7 über Eidfjord hinauf auf die Hardangervidda. Sehr schöne Fahrt! Spektakulärer **Wasserfall Vöringfoss**.

Sommerferienort
Ulvik

Will man nicht mit der Fähre und über Geilo weiterreisen, sollte man zumindest bis Bruravik fahren, um dort nordwärts nach **Ulvik** zu gelangen, einem vielbesuchten Sommerferienort am Ulvikfjord. Auf schmaler Straße ist ab Ulvik ein Abstecher zum imposanten **Osafoss** möglich.

Praktische Hinweise – Ulvik

⌂ Hotels: **Inter Nor Brakanes,** 290 Betten, Tel. 56 52 61 05, Fax 56 52 64 10, Restaurant, Sauna, Schwimmbad, Tennis, Parkplatz.
Strand Fjordhotel, 110 Betten, Tel. 56 52 63 05, Fax 56 52 64 10, Restaurant, Sauna, Schwimmbad, Tennis, Parkplatz. Geschl. 1.1. – 31.3. und 1.11. – 31.12.

Ulvik
Hotels

Ulvik Fjord Pensjonat, 40 Betten, Tel. 56 52 61 70, Sauna. Geschlossen 1.1. – 30.4. und 21.9. – 31.12.
Ulvik Hotel, 100 Betten, Tel. 56 52 62 00, Fax 56 52 66 41, Restaurant, Sauna, Parkplatz.

Camping

▲ – **Ulvik Fjordcamping,** Tel. 56 52 65 77, Ende Mai – Ende Aug.; über R572, ca. 500 m außerhalb; kleiner, einfacher Platz mit 40 Stpl.; 10 Miethütten. – Und andere Campingplätze.

➡ **Route:** Auf der Weiterfahrt von Ulvik über die R572 zurück zur R13 bei Granvin, hat man von den oberen Straßenkehren einen sehr schönen Blick zurück auf Ulvik und den Fjord. ●

schöner Fjordblick auf der Weiterreise

▲ – **NAF-Camping Granvin *****, Tel. 56 52 52 82; Anf. Jan. – Ende Dez.; kleinere Anlage neben der weißen Gravin Kirche; ca. 0,5 ha – 30 Stpl.; Standardausstattung; Laden; 15 Miethütten.
– NAF-Camping Seim **, Tel. 56 52 57 30; Anf. Mai – Ende Sept.; nördl. Granvin Abzweig von der R13 Richtung Seim/Nesheim; ebene Wiesen; ca. 1 ha – 50 Stpl.; Standardausstattung; 7 Miethütten.
– NAF-Camping Flatlandsmo **, Tel. 56 51 76 34; Ende März – Ende Okt.; an der R13, etwa auf halbem Wege zwischen Granvin und Voss; Wiesen an einem See; ca. 2,5 ha – 80 Stpl.; Standardausstattung; 12 Miethütten, Gästehaus. – Und andere Campingplätze.

Camping bei Granvin

Im weiteren Verlauf führt die Straße 13 am Ostufer des dunklen Granvinatnet vorbei. **Granvin Kirche** aus dem 18. Jh.
Wenige Kilometer weiter beginnt eine sehr schöne Paßfahrt, die in engen übereinanderliegenden Serpentinen angesichts des tosenden Wasserfalls Skjervefossen bergan führt. Der weiteste Blick zurück und hinab ins Tal gelingt vom ganz oben gelegenen Parkplatz.

VOSS in der *Provinz Hordaland*, eine Kleinstadt mit rund 6.000 Einwohnern, ist wichtiger Verkehrsknotenpunkt an der E16, mit Bahnanschluß (Bergen – Myrdal – Oslo) und Anbindung an die Fernbuslinien. Dank seiner günstigen Lage zwischen dem Hardangerfjord im Süden und dem Sognefjord im Norden hat sich Voss zu einem wichtigen Fremdenverkehrsort und bedeutenden Wintersportgebiet entwickelt. Die Stadt bietet sich als günstiger Ausgangspunkt für Ausflüge zum Nærøyfjord und zur berühmten Flåmbahn an. Voss ist aber auch Sitz der Ole Bull Akademie, die als wichtiges Zentrum für Volksmusik in Norwegen fungiert.
Voss ist eine vergleichsweise alte Siedlung, die im 2. Weltkrieg durch Bombenangriffe allerdings stark in Mitleidenschaft gezogen worden ist, so daß das Straßenbild heute von modernen Bauten geprägt wird. Die **Kirche von Voss** in der Stadtmitte ist allerdings aus dem 13. Jh. unversehrt und nahezu unverändert erhalten geblieben. Im Inneren sind Stilelemente der Renaissance (Kanzel) zu sehen.

Empfehlenswert ist ein Besuch des **Museumshofs Mølstertunet**. Das Freilichtmuseum liegt nördlich der Stadt in schöner Hanglage. Mølstertunet besteht aus 16 alten Gebäuden. Die ältesten stammen aus dem 16. Jh. Der Hof war bis 1927 bewirtschaftet.

Freilichtmuseum *
Mai + Sept. tgl. 10 - 17 Uhr. Juni - Aug. tgl. 10 - 19 Uhr. Sonst werktags bis 15 Uhr. Eintritt.

Im westlichen Stadtbereich liegt nördlich der Straße E16/R13 **Finnesloftet**, ein beeindruckendes altes Holzgebäude, das 1250 als Gildehaus oder adeliger Bankettsaal errichtet wurde und aus jener Zeit unverändert erhalten geblieben ist. Es zählt zu den größten nicht sakralen Holzbauten in Norwegen.

historisches Holzgebäude *
Ende Juni - 15. Aug. tgl. 10 - 16 Uhr. Eintritt.

Einen ausgezeichneten Blick auf die Landschaft um Voss genießt man vom 660 m hohen Aussichtspunkt auf dem **Hangursfjell** (Restaurant). Von der Talstation nordwestlich vom Stadtzentrum bringt Sie eine Kabinenseilbahn in nur vier Minuten hinauf zum Aussichtspunkt. Die Bahn verkehrt im Sommer täglich zwischen 10 und 16 Uhr alle 15 Minuten. Im Juli verkehrt ein Sessellift weiter bis in 800 m Höhe.

Oben auf dem Hangursfjell bieten sich vielfältige Wandermöglichkeiten. Wanderkarten gibt es in den Sportgeschäften in Voss.

Etwa 16 km nördlich von Voss liegt am Ostufer des Sees Lønavatnet **Nesheimtunet**, ein weiterer vom Volksmuseum Voss betreuter Museumshof. Hier ist ein für diese Region typisches Gehöft mit 12 alten Holzhäusern zu sehen. Die ältesten stammen aus dem ausgehenden 17. Jh. Nesheimtunet ist nur von Mitte Juni bis Ende Juli samstags und sonntags geöffnet.

Voss

Hotels

Praktische Hinweise – Voss

☎ **Voss Reiselivslag**, Voss Tinghus, Uttrågate, Boks 57, 5700 Voss, Tel. 56 51 00 51, 56 51 17 15. Geöffnet im Juni, Juli u. August Mo. bis Sa. 9 bis 19, So. 14 bis 19 Uhr. Übrige Jahreszeit werktags 9 bis 16 Uhr.

🛏 Hotels: **Fleischer's**, 85 Zi., Evangervn. 13, Tel. 56 51 11 55, Fax 56 51 22 89; komfortables, traditionsreiches Firstclass Hotel, Haupthaus in einem historischen Gebäude aus dem 19. Jh., Restaurant, Sauna, Schwimmbad, Fahrradverleih.
Jarl, 144 Betten, Tel. 56 51 19 33, Fax 56 51 37 69; gutes Mittelklassehotel, zentrumsnah, Restaurant, Pub, Sauna, Schwimmbad.
Park Hotel Vossevangen, 198 Betten, Tel. 56 51 13 22, Fax 56 51 00 39; gepflegtes, komfortables Firstclass Hotel mit entsprechenden Preisen, das größte Haus am Platz, zentral gelegen, gutes **Restaurant „Elysée"** (teuer), Café, Pub, Diskothek, Piano-Bar, Parkplatz.
Rondo Sportell, 54 Betten, Tel. 56 51 07 00; **Restaurant „Vinstuen"**, Sauna.
Voss Turistheim, 94 Betten, Tel. 56 51 15 77. Und andere Hotels, sowie diverse Pensionen.

Jugendherberge

Jugendherberge: **Voss Vandrerhjem**, westlich der Stadt, über E16 Richtung Dale, 40 Zi. mit Dusche u. WC. Tel. 56 51 20 17, Fax 56 51 08 37. Fahrradverleih.

Camping

▲ – **NAF-Camping Voss ***, Tel. 56 51 15 97; 1. Jan. – 31. Dez.; im Ort von der E16 (Voss – Dale) beschilderter Abzweig; teils Wiesen am See Vangsvatnet mit Kiesstrand und öffentlichem Badestrand, teils im Föhrenwald; schöne Lage mit Blick auf See und Berge; ca. 2 ha – 200 Stpl.; Standardausstattung; Laden; Miethütten; beheiztes Freibad nebenan. Fahrradverleih, Bootsverleih.

☑ *Mein Tip!* Der Campingplatz von Voss wird stark frequentiert, besonders in den Ferienmonaten! Wem das Gedränge hier dann zu groß wird, kann auf kleinere, etwas einfachere, aber mindestens genau so schön gelegene Plätze an der Straße E16 nach Gudvangen ausweichen (z.B. Camping Saue, Camping Tvinde, Camping Taulen).
Wohnmobilfahrern stehen in **Bavallen**, unweit nördlich von Voss (E16/R13) Stellplätze zur Verfügung.

AUSFLÜGE ZUM NÆRØYFJORD UND ZUR FLÅMBAHN

Einer der schönsten Ausflüge im westlichen Norwegen kann gut von Voss aus unternommen werden, falls Sie die einzelnen Ausflugsstationen nicht in den weiteren Verlauf der Route einplanen wollen (siehe auch nächste Etappe 13, Voss – Loen). Ein **detailliertere Beschreibung** des Gebietes zwischen Jostedalen, Jotunheimen, Aurlandsfjord und Otta finden Sie im Reiseführer *„MOBIL REISEN: NORWEGEN"* aus der gleichen Buchreihe *„Rau's Reisebücher"*.

Der Ausflug durch den **Nærøyfjord** und zur berühmten **Flåmbahn** kann auf eigene Faust genauso gut unternommen werden, wie auf einer begleiteten Tour, was die Sache dann etwas bequemer macht. Informationen und die neuesten Abfahrtszeiten und Preise gibt es im Informationsbüro in Voss. Die Fahrt ist im Sommer täglich von Montag bis Freitag möglich.

eines der stärksten Norwegenerlebnisse: Eine Schiffsreise durch die Fjordwelt

Man fährt morgens mit dem Bus ab Voss durch die Stalheimschlucht hinab nach **Gudvangen**. Dort besteigt man die Fähre durch den Nærøyfjord, einen der schmälsten Fjorde Norwegens. Die Fähre bringt Sie über Aurland nach **Flåm**. Dort vertraut man sich um 15.35 Uhr der berühmten **Flåmbahn** an, die über eine unglaublich kühne Trasse, durch viele lange Tunnels und überbaute Galerien hinauf nach **Myrdal** fährt. Stops unterwegs, z.B. am Kjos-Wasserfall, zum Fotografieren. In Myrdal, das 865 m über dem Meer liegt, kommt man um 16.16 Uhr an. Dort besteigt man um 16.23 Uhr den Zug nach Bergen und fährt durch das schöne Rauntal zurück nach Voss, Ankunft 17.14 Uhr.

Ausflüge zum Nærøyfjord und zur Flåmbahn

Wenn Sie nicht einen ganzen Tag Zeit haben, können Sie Flåm ab Gudvangen seit einigen Jahren mit dem Auto direkt durch den 11,4 km langen **Gudvangentunnel** (Straße 50) bequem und schnell erreichen. Das unvergeßliche Erlebnis einer Schiffsfahrt durch den Nærøyfjord entgeht Ihnen dann allerdings.

13. VOSS – LOEN

⊙ **Entfernung:** Rund 265 km, + 1 Fähre. Abstecher nach Briksdal 30 km einfach.

➔ **Strecke:** Über R13 bis **Vangsnes** – Fähre nach **Dragsvik** – R13 bis **Moskog** – E39/R5 bis **Skei** – E39 bis **Byrkjelo** – R60 bis **Loen.**

🕐 **Reisedauer:** Mindestens ein Tag.

⌘ **Höhepunkte:** Die Serpentinenstraße **Stalheimskleiva *** – eine Schiffahrt durch den **Nærøyfjord ***** – eine Fahrt mit der **Flåmbahn **** – Fahrt über das **Vikafjell *** – die **Hopperstad Stabkirche **** bei Vik – das **Sunnfjord Freilichtmuseum **** bei Moskog – Abstecher und Wanderung zum **Briksdalgletscher ***** .

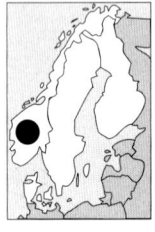

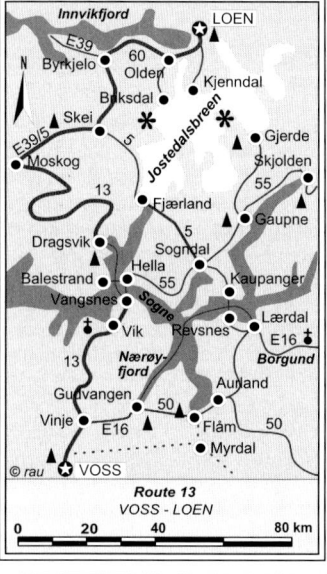

Route 13
VOSS - LOEN

0   20   40   80 km

Camping

➔ **Route:** Über die E16/ R13 nordwärts Richtung **Gudvangen.** ●

Nach etwa 8 km liegt rechts, etwas abseits der Straße der Campingplatz Saue.

▲ **– Camping Saue *,** Tel. 57 51 69 83; Anf. Feb. – Ende Sept.; ca. 8 km nördl. Voss; hügelige Wiesen am schönen See Lönevatnet; ca. 3 ha – 100 Stpl.; 14 Miethütten.

Nur wenige Kilometer weiter sieht man linkerhand den **Tvinnefoss** rund 150 m tief zu Tal stürzen (Parkplatz, Kiosk). Direkt unterhalb des Wasserfalls liegt der Campingplatz Tvinde.

▲ **– NAF-Camping Tvinde **,** Tel. 56 51 69 19; Anf. März – Ende Nov.; ca. 12 km nördl. Voss an der E16; wellige Wiesen am Wasserfall; ca. 1,5 ha – 50 Stpl.; Standardausstattung; 21 Miethütten.

➔ **Route:** In **Vinje** (Vinje Turisthotel) trennen sich E16 und R13. Wir bleiben auf der E16, die nach Nordosten abzweigt und nach 26 km den **Fährhafen Gudvangen** erreicht. ●

Zunächst aber passiert man **Oppheim** (alter **Museums-Pfarrhof**, Besichtigung nach Absprache. **Wintersportgebiet** mit Liftanlagen. **Hotel** s. u. Gudvangen).

Nach weiteren 13 km kann man von der E16 zum **Hotel Stalheim** (Details s. u. Gudvangen) abzweigen. Das Berghotel liegt sehr schön. Ihm ist ein **Freilichtmuseum** angeschlossen, das nach Absprache mit dem Hotel besichtigt werden kann.

Die Weiterfahrt über die enge, steile **Stahlheimskleiva-Straße**, die in 13 Haarnadelkurven mit bis zu 18% Gefälle, begleitet vom Sivlefoss, talwärts führt, sollte nicht mit Wohnwagen unternommen werden! Man umfährt Stahlheim dann besser auf der gut ausgebauten E16, die hier durch zwei längere Tunnels führt. Man kann auch von der Talseite der Stalheimskleiva-Straße bis zur 3. Serpentine hinaufwandern. Von dort hat man den schönsten Blick auf den Sivlefall. Die Trassenführung der alten Stalheimstraße ist an sich schon eine Sehenswürdigkeit und ein wirklich bemerkenswertes Beispiel kühner Straßenbaukunst.

Gudvangen (Provinz Sogn og Fjordane) liegt in einem von steilen Bergwänden eingefaßten Tal am Ende des Nærøyfjords, einem Ausläufer des Sognefjords, und vielleicht einer der schönsten Fjorde in Norwegen. Besonders während der Schneeschmelze schwillt der *Kielsfoss* an der Ostseite zu einem gewaltigen Wasserfall an.

Praktische Hinweise – Gudvangen

Hotels: **Gudvangen Fjord Hotell**, 50 Betten, Tel. 57 63 39 29, Restaurant. Geschlossen 1. 1. – 15. 3.

Oppheim Hotel, 95 Betten, Tel. 56 52 25 00, Fax 56 52 26 06, in **Oppheim** an der E16 schön am Oppheimsvatnet gelegen, Restaurant, Sauna, Schwimmbad.

Vossestølen Hotel, Tel. 56 52 23 50, Fax 56 52 23 08, etwas westlich von **Oppheim** an der E16 schön am Oppheimsvatnet gelegen, Restaurant.

Hotel Stalheim, 220 Betten, Tel. 56 52 01 22, Fax 56 52 00 56, schön gelegenes Berghotel, Restaurant. Geschlossen 1. 1. – 9. 5. und 26. 9. – 31. 12.

▲ – **NAF-Camping Vang** *, Tel. 57 53 19 26; Mitte Mai – Mitte Sept.; an der E16 kurz vor Gudvangen; ebene Wiesen; ca. 1 ha – 30 Stpl.; einfache Standardausstattung; 10 Miethütten.

– **NAF-Camping Gudvangen** *, Tel 57 53 19 34; Anf. Mai – Ende Sept. an der E16 kurz vor Gudvangen; ebene Wiese; ca. 1,5 ha – 40 Stpl.; einfache Standardausstattung; 10 Miethütten. – Und andere Campingplätze.

Hotels um Gudvangen

Camping

Ab Gudvangen verkehren **Autofähren über Kaupanger nach Lærdal (Lærdalsøyri).** Besonders in der Hauptreisezeit im Juli ist die Strecke stark frequentiert und Autoplätze sind dann knapp, was zu längeren Wartezeiten führen kann! Die Fähren verkehren ganzjährig. Abfahrten zwischen 15. Mai und 20. September vier mal täglich, um 8 Uhr, 12 Uhr, 14.45 Uhr und 18.15 Uhr. Die Zeiten können sich ändern! Die Überfahrt nach Kaupanger dauert gut zwei Stunden, nach Lærdal rund drei Stunden.

Autofähren nach Kaupanger und Lærdal

Eine **sehr empfehlenswerte Routenalternative** – wegen langer Fährpassagen leider etwas teuer – ist der Weg mit der Fähre durch den engen, atemberaubenden **Nærøyfjord**, den anschließenden **Aurlandsfjord** und den **Sognefjord** nach **Kaupanger** (Fährzeiten siehe oben).

empfehlenswerte Alternativroute durch den Nærøyfjord *

☑ *Mein Tip!* Wer viel Zeit mitbringt, sollte bis Lærdal (Lærdalsøyri) auf der Fähre bleiben und ab Lærdal einen **Abstecher zur Borgund Stab-**

kirche, einer der schönsten ihrer Art in ganz Norwegen, unternehmen (rund 30 km ein Weg).

Die Schiffstour wird übrigens zu den **schönsten Fjordfahrten** in Norwegen gezählt! Wie erwähnt, beträgt die Fahrzeit von Gudvangen bis Kaupanger rund zwei Stunden, genügend Zeit also, die prächtige Fjordlandschaft zu genießen.

Ab Kaupanger kann man dann auf der R5 und nordwestwärts über Sogndal und Fjærland (zwischen Sogndal und Fjærland mautpflichtig, teuer!) bis **Skei** an der E39 fahren. In Skei trifft man wieder auf unsere im weiteren beschriebene Hauptroute. Die Straße R5 nach Skei führt durch mehrere Tunnels, wie den über 6,5 km langen Fjærlandstunnel. Kurz vor dem Tunneleingang hinter Fjærland passiert man sehr nah Gletscherzungen des Jostedalsbreen.

Fjærland Gletschermuseum *
Apr. - Okt. tgl. 10 - 16 Uhr. Juni - Aug. tgl. 9 - 19 Uhr. Eintritt.

In **Fjærland**, am Ende des gleichnamigen Fjords, kann man das **Norsk Bremuseum** besichtigen. Das Gletschermuseum zeigt interessante Ausstellungen über die Entwicklung der Gletscher in Norwegen und den Einfluß der Gletscher auf das Klima. Von Professor Olav Orheim vom Norwegischen Gletschermuseum stammt der Satz: „Wir sind die erste Generation, die das Klima beeinflußt, und die letzte, die noch nicht die Konsequenzen zu spüren bekommt." Und wenn Ihre Kinder fragen, warum das Eis blau ist, wie die Fjorde entstanden sind oder ob Mammute Vegetarier waren, kommen Sie um das Norwegische Gletschermuseum nicht herum. Phantastische Breitwandbilder erleben Sie im Museum in einem Panoramafilm über den Jostedalsbreen.

Fjærland Camping

▲ – **Bøyum Camping,** Tel. 57 69 32 52, Anf. Jan. – Ende Dez.; Zufahrt über R5; neuere Anlage mit zeitgemäßer Ausstattung, in ansprechender Lage; ca. 2,5 ha – 90 Stpl.; Standardausstattung; Miethütten.

Hauptroute

➜ **Route:** Folgt man nicht dem Wasserweg nach Kaupanger, sondern unserer Hauptroute, fährt man von Gudvangen zurück bis **Vinje** und nimmt dort die R13 über **Viksøyri** nach **Vangsnes**. ●

herrliche Bergfahrt über das Vikafjell *

Die stellenweise etwas schmale Straße R13 (gesperrt von Oktober bis Mai, je nach Schneelage) führt durch das **Myrkedalen** (Camping) und über **Helgatun** (Vossestrand Hotel) in einer wunderschönen Fahrt hinauf ins **Vikafjell**. Bei **Hola** beginnt die Straße in zahlreichen Serpentinen einen Steilhang zu erklimmen. Die Kehren und Steigungen sind aber problemlos zu befahren, wobei die Strecke zwischen Vinje und der Paßhöhe auf dem Vikafjell vom norwegischen Straßenbauamt allerdings nur geübten Wohnwagenfahrern empfohlen wird!

Auf den Höhen nimmt die Landschaft Hochgebirgscharakter an. Der höchste Punkt der Straße wird in 986 m Höhe erreicht. Es bieten sich immer wieder wunderschöne **Ausblicke** in die umliegenden Gebirge, zum Beispiel über das **Fossfjellet** nach Nordwesten bis zum Gletscher **Fresvikbreen** (1.660 m).

Diese Landschaft liegt bereits in der *Provinz Sogn og Fjordane*, die mit Superlativen aufzuwarten hat – dem größten Gletscherfeld Europas, dem **Jostedalsbreen**, und dem „König der Fjorde", dem gut 180 km langen und bei Nordeide 1.308 m tiefen Sognefjord.

FJORDE AM „NORDWEG"

Die großartige und wilde Landschaft der Fjorde, die ja eine Fortsetzung der zum Meer laufenden Gebirgstäler darstellen, ist ein Ergebnis der Eiszeit. *Fjord* bedeutet übrigens soviel wie *Fahrwasser* oder *Förde*. Eismassen gruben auf dem Weg zum Meer tiefe Täler. Interessant dabei ist, daß die größte Tiefe dieser Täler nicht etwa an der Mündung ins Meer, sondern weiter im Landesinneren liegt. Das wandernde Eis schob gewaltige Massen an Fels vor sich her, die vor der Küste als Schären und Inseln stehenblieben. Das geschützte Fahrwasser zwischen Festland und Inseln erlaubte später auch bei schwerer See die Aufrechterhaltung

im Aurlandsfjord

des Schiffsverkehrs nach Norden. Es entstand der Begriff *„Nordweg"*, der dem Land *„Norwegen"* seinen Namen gab.

Der **Sognefjord**, der längste und mit 1.308 m auch der tiefste Fjord Norwegens, reicht mit seinen Armen rund 180 km weit ins Landesinnere. Zu seinen schönsten Seitenarmen zählen der nach Südwesten reichende *Nærøyfjord* und die benachbarte *Aurlandsfjorden*. Noch weiter landeinwärts teilt sich der Sognefjord nochmals in drei Arme. Einer endet in Lærdalsøyri, von wo es nicht mehr weit bis zur Borgund-Stabkirche ist, einer Sehenswürdigkeit für sich. Der andere Fjordarm, der *Årdalsfjord*, endet bei Årdalstangen. Von dort führen Wege ins Jotunheimen oder zum 1.073 m hoch gelegenen Tyin-See. Der dritte Arm schließlich ist der *Lustrafjord*, der bis Skjolden reicht. Von hier führt eine Straße in steilen Serpentinen hinauf ins Jotunheimen-Gebirge und endet in Otta an der E6. Und jeder dieser Fjordarme ist ein lohnendes Reiseziel.

Auf der anschließenden Talfahrt gelingt einem von der letzten Haarnadelkurve ein schöner Blick auf Vik am Sognefjord.

In **Vik** (auch Viksøyri) sollte man die **Hopperstad Stabkirche** besichtigen. Sie zählt zweifellos zu den interessantesten Stabkirchen Norwegens. Errichtet um 1130, diente sie über 700 Jahre lang als Gotteshaus und überstand nahezu unversehrt alle Wirrnisse der Zeit. 1875 sollte die Stabkirche durch einen größeren Steinbau ersetzt werden. Nur dem engagierten Einsatz des Architekten Peter Blix ist es zu verdanken, daß dieses einmalige Baudenkmal erhalten und in den heutigen, schön restaurierten Zustand versetzt werden konnte.

Hopperstad Stabkirche **
Mai - Mitte Sept.
tgl. 9 - 18 Uhr.
Eintritt. Führungen.

Das gewaltige Dach des nahezu quadratischen Kirchenraumes wird von den für diese Kirchenart charakteristischen Holzsäulen (staver – Stäbe), die auf einem starken Bohlenrahmen-Fundament ruhen, getragen. Alleine schon die kunstvolle Dachkonstruktion verdient Bewunderung. Nach Osten schließen sich Chorraum und Altarapsis. Eine Seltenheit in Stabkirchen stellt der mit Schnitzereien reich geschmückte Holzbaldachin über dem linken Seitenaltar dar.

die Hopperstad Stabkirche bei Vik

Der gesamte Kirchenraum ist von einem überdachten Umgang, dem „svalgang" umschlossen. Bemerkenswert das runde Türmchen über der Altarapsis und die Dachreiter mit den Drachenköpfen an den Giebeln. Besondere Aufmerksamkeit verdienen die wunderbaren *Schnitzereien am Westportal*. Obwohl teilweise schon etwas verwittert, erkennt man gut die verwirrend verschlungenen Leiber von Drachen und Fabeltieren.

Ein anderes Konstruktionsmerkmal der Stabkirchen ist gut zu erkennen. Man sieht an manchen Stellen deutlich, wie die aus senkrecht stehenden Holzbohlen gefügten Außenwände mit Nut und Feder ineinandergreifen. Eine weitere Sehenswürdigkeit von Vik ist die **Steinkirche zu Hove**. Der schlichte romanische Bau entstand ausgangs des 12. Jh. Schöne Portale.

Praktische Hinweise – Vik

⌂ Hotels: **Hopstock Hotell og Motell**, 136 Betten, Tel. 57 69 51 02, Fax 57 69 57 51, Restaurant, Sauna, Schwimmbad, Parkplatz.

▲ – **Camping Vik ***, Tel. 57 69 51 25; Anf. Juni – Ende Aug.; im westlichen Ortsbereich; Wiesen am Sognefjord; ca. 1,5 ha – 50 Stpl.; Standardausstattung; 8 Miethütten.

Camping

➔ **Route:** Weiterfahrt auf der R13 nordwärts bis **Vangsnes**, 12 km, und **Fähre nach Dragsvik**. ●

Vangsnes (Camping)**,** ein kleiner Fährhafen am Sognefjord, war der Sage nach Wohnsitz des Wikingerkönigs und Sagenhelden *Fridtjov*. In einem kleinen Park etwas östlich der Fährstation und oberhalb des Campingplatzes steht ein Denkmal zu seinen Ehren. Auch sein Grab ist dort zu finden.

Autofähren nach Dragsvik und Hella

Autofähren verkehren täglich zwischen ca. 6 und 23 Uhr nach **Dragsvik** (bis zu 16 Abfahrten, Fahrzeit ca. 15 Min.) und nach **Hella** (bis zu 20 Abfahrten, Fahrzeit ca. 15 Min.).

Dragsvik Camping

Dragsvik

▲ – **Camping Veganeset ***, Tel. 57 69 11 27; 15. Juni – 15. Sept.; gleich nach der Fährstation links unterhalb der Straße 13; in einem Waldgebiet an einer wunderschönen Bucht des Sognefjords; ca. 1 ha – 35 Stpl.; Standardausstattung, 8 Miethütten.

Nyhavn, Kopenhagen, DK

„Slotskroen" in Møgeltønder, DK ⇨   *„Den Gamle By", Århus, DK* ⇨⇨

Schloß Rosenholm, DK

im Hafen von Gilleleje, DK

⇦⇦ *Blick zum Schloß Frederiksborg, DK*　　⇦ *Dolmen „Poskær Stenhus", DK*

Brekkestø, Norwegen

der Windjammer „Christian Radich" und Blick über den Osloer Hafen zum Rathaus

im Norsk Folkemuseum, Bygdøy, Oslo, Norwegen

Riverrafting am Syrtveitfossen im Setesdal, Norwegen

Telemarklandschaft, Norwegen

Ålesund, Norwegen

die Hopperstad-Stabkirche, N ⇨

die Stabkirche von Lom, N ⇨⇨

historische Speicherhäuser in Trondheim, Norwegen

der Fischereihafen Stamsund, Lofoteninsel Vestvågøy, Norwegen

⇦ ⇦ Bergen, Bryggen   ⇦   Straßenzug in Gamle Bergen

in Ballstad, Lofoteninsel Vestvågøy, Norwegen

Südlich von Dragsvik liegt **Balestrand**, ein vielbesuchter Sommerferienort am Sognefjord. Es gibt dort eine ganze Reihe guter Hotels.

Praktische Hinweise – Balestrand

⌂ Hotels: **Dragsvik Fjordhotell**, 80 Betten, Tel. 57 69 12 93, Fax 57 69 13
83, Restaurant, Schwimmbad, Parkplatz, Miethütten.
Kvikne's Hotel, 365 Betten, Tel. 57 69 11 01, Fax 57 69 15 02; 1. Mai – 30
Sept., traditionsreiches Haus in einem großen, alten Holzgebäude im „Zuk-
kerbäckerstil" aus dem 19. Jh., die Mehrzahl der Gästezimmer liegt allerdings
in einem modernen, unscheinbaren Neubau. Stark von Reisegruppen frequentiert. Restaurant, Sauna, Schwimmbad. – Und andere Hotels.

Kringsjå Vadrerhjem, 50 Betten, Tel. 57 69 13 03, Mitte Juni – Mitte Aug.;
Restaurant.

▲ – **Sjøtun Camping ****, Tel. 57 69 12 23; 1. Juni – 30. Sept.; 11 Miethütten.

**Balestrand
Hotels**

Jugendherberge

Camping

Für Gespannfahrer und diejenigen, die Paßfahrten vermeiden wollen,
empfiehlt sich der Weg über **Balestrand**, die R55 und durch eines der
längsten Tunnels Nordeuropas, das fast 7,5 km lange Høyangertunnel,
nach **Vadheim** und von dort über die E39 nach **Förde** und **Moskog**.

**mögliche
Routenalternative
für Gespann-
fahrer**

➜ **Route:** Ab Dragsvik führt die Straße R13 durch das liebliche
Bårdalen hinauf in das **Gaularfjell.** ●

**Paß zum
Gaularfjell ***

Die Paßstraße zum Gaularfjell zieht in neun kühnen Serpentinen von
Meereshöhe bei Mel hinauf auf über 700 m. Vom großen Parkplatz auf
der Anhöhe hat man einen herrlichen **Ausblick** auf die waghalsige Trasse und auf die umliegenden Gebirgsketten. Der höchste Punkt der Straße wird auf 745 m bei der Berghütte Nystølen erreicht. Die Paßstraße ist
gewöhnlich zwischen Oktober und Mai gesperrt.
Auf der Talfahrt nach **Eldalsosen** passiert man den hübsch an einem
kleinen See im Wald gelegenen *Campingplatz Hov.*

➜ **Route:** Die Straße 13 führt am Haukedalsvatn vorbei (Camping Viksdalen), überwindet abermals einen Gebirgsrücken und erreicht bei **Moskog** schließlich die E39/R5. ●

Ca. 2 km westlich von **Moskog** liegt an der E35/R5 das **Sunnfjord Freilichtmuseum.** Das Distriktmuseum zeigt eine Reihe von typischen Bauernhäusern aus der Sunnfjordregion. Insgesamt 17 Holzbauten, Höfe,
Speicher, Scheunen, eine Schule, etc. sind zu sehen. Das älteste Haus
stammt aus dem 16. Jh. Im angeschlossenen Museumsgebäude wird
anhand von Fotografien, Kunst- und Gebrauchsgegenständen das bäuerliche Leben auf einem Hof des 18. Jh. dokumentiert.

Museumshof *
Juni - Aug. 11 - 18
Uhr. Eintritt.

➜ **Route:** Ab Moskog folgen wir der E39, die lange am
Jölstravatnet entlangführt (Blick zum Gletscher Grovebreen im
Osten), über **Vassenden** und **Skei** bis **Byrkjelo.** ●

Ab **Vassenden** bietet sich die Möglichkeit über die Landstraße am Südostufer der als sehr fischreich bekannten Sees Jölstravatnet nach **Skei** zu
fahren. Man passiert dabei bei **Sanddal** einige sehr alte Gehöfte wie
Midttunet oder *Astruptunet.*

In Skei zweigt die R5 nach Südosten ab. Sie führt durch den neuen, ca. 6,5 km langen Fjærlandstunnel und erreicht nach 32 km **Fjærland** (siehe auch Alterantivrouten ab Gudvangen oder Vangsnes). Am südlichen Tunnelausgang liegt linkerhand in unmittelbarer Nähe die Eiszunge des **Bøyabreen**, ein Ausläufer des Jostedalgletschers. Kaum an einer anderen Stelle gelingt es, so bequem mit dem Auto so nahe an einen Gletscher zu gelangen. Gletschermuseum **Bre Museum** bei Fjærland (siehe dort).

schönes
Seitental *

Ca. 5 km nördlich von Skei bildet sich Gelegenheit nach Osten in das malerische **Stardalen** abzuzweigen. Die Straße endet nach 14 km in **Fonn** angesichts der Gletscherhauben des Jostedalsbreen. Ab Fonn, das in einem von mächtigen Bergen gesäumten weiten Talkessel liegt, kann man durch das Fonndalen nach Süden zum Jostedalsbreen (ca. 2 Std.) oder nach Nordosten nach Briksdal (ca. 5 Std.) weiterwandern.

Skei
Hotels

Camping
zwischen
Moskog und
Byrkjelo

Praktische Hinweise – Skei

⌂ Hotels: **Skei**

Skei Hotel, 150 Betten, Tel. 57 72 81 01, Fax 72 84 23, Restaurant, Sauna, Schwimmbad, Tennis, Miethütten.

▲ – **Høyseth Turiststasjon og Camping** **, Tel. 57 72 89 63; Mitte März – Mitte Okt.; im **Fonndalen** rund 20 km nordöstlich von Skei, guter Ausgangspunkt für Wanderungen zum Jostedalsbreen; in herrlicher, ruhiger Lage in der Nähe eines Wasserfalls am Ende des Tales; ca. 0,5 ha – 20 Stpl.; Standardausstattung; 8 Miethütten.

Vassenden
– **Camping Jølstraholmen** ****, Tel. 57 72 71 35; 1. Jan. – 31. Dez.; ca. 2 km westl. Vassenden; an der E39/R5 bei der NOROL-Tankstelle; fast ebene Wiesen zwischen Straße und Wildbach; ca. 2 ha – 80 Stpl.; Standardausstattung; laden, Cafeteria; 19 Miethütten; Spielplatz.

Skei
– **Camping Haugen** **, Tel. 57 72 83 85; Mitte Juni – Ende Aug.; ca. 1 km westl. Skei; kleiner Platz beiderseits der Straße und am See; ca. 1 ha – 40 Stpl.; einfache Standardausstattung; 11 Miethütten.

Byrkjelo
– **NAF-Camping Byrkjelo** **, Tel. 57 86 73 27; 1. Mai – 30. Sept.; am südl. Ortsrand an der E39; ca. 1 ha – 50 Stpl.; einfache Standardausstattung; 10 Miethütten.

➔ **Route:** Ab Byrkjelo folgen wir der R60 Richtung **Stryn**. Zunächst wird das **Utvikfjell** (630 m, Skigebiet) überquert. Vor der Talfahrt hat man von der Cafeteria „Karistova" einen weiten Blick hinab zum Innvikfjord, dessen Südostufer wir über **Innvik** (*NAF-Camping Viking* **, ganzjährig, 14 Miethütten, Gasthof mit 32 Betten*) und **Olden** (Hotels und Camping) auf teils schmaler Strasse bis **Loen** folgen. ●

Innvik
Gasthof,
Camping

Loen, ca. 600 Einwohner, ist ein Zentrum des Fremdenverkehrs im inneren Nordfjordgebiet. Das Städtchen liegt am Ostende des Innvikfjords, einem der vielen Arme des gut 100 km langen Nordfjords. Zu den wenigen Sehenswürdigkeiten des Ortes selbst zählt die achteckige **Kirche** aus dem 19. Jh. Sie liegt etwas abseits der Straße zum Lovatn.
Loen ist umgeben von Bergzügen, die wiederum von zahlreichen, herrli-

chen Tälern und Seen durchschnitten werden. Jedes dieser meist zu den Gletschern des Jostedalsbreen hin ausgerichteten Täler bietet Möglichkeiten zu unvergeßlichen Ausflügen durch eine wunderschöne Landschaft mit Hochgebirgscharakter.

Zudem bieten sich zahlreiche Möglichkeiten für **Wandertouren** auf markierten Wegen zu den Höhen und Almen (Seter) ringsum. Eine der schönsten Touren für geübte und bergerfahrene Wanderer ist der Weg auf den 1.848 m hohen **Skåla.** Auf dem schneebedeckten Gipfel ist ein Steinturm errichtet, der als Schutzhütte dient. Der Weg dauert etwa 8 Stunden und sollte nur mit passender Ausrüstung angetreten werden. Bergunerfahrenen Wanderern wird für den Gipfelgang ein Bergführer empfohlen (Infos im Turistkontoret). Man kann auch nur das erste Teilstück des Weges bis **Tjugen Seter** gehen (2 Stunden) oder bis zum **Skålasee** (ca. 6 Std.).
Eine andere sehr schöne Bergwanderung ist der Weg zur **Bødal Seter**. Man fährt bis Bødal am Nordostufer des Loenvatnet (auch Lovatn) und kann in etwa 3 Stunden bis zur Almhütte gehen, die inmitten von Bergen, Gletschern und Wasserfällen liegt. Die Wanderung kann bis zum Bødalsgletscher ausgedehnt werden (ca. zweieinhalb Stunden). Drei Kilometer Richtung Bødal Seter sind für Autos erlaubt. Schöne Wanderwege führen ab der Sætenbrücke am Südufer des Lovatn entlang.
Einfachere ausgedehnte Spaziergänge sind westlich von Loen bei **Rake** von der Straße 60 hinauf zu den Gehöften von **Oppheim** möglich (auch per Auto zugänglich). Gehzeit rund 3 Stunden. Herrliche Aussicht auf Loen, Innvikfjord und die Berge und Gletscher im Osten.
Noch viele weitere Wanderungen zu umliegenden Almen sind möglich. Tourenkarten im Touristeninformationsbüro.

Wandermöglichkeiten bei Loen

Praktische Hinweise – Loen

☎ **Turistkontoret,** 6878 Loen, Tel. 57 87 76 77, Nähe Hotel Alexandra.

⌂ Hotels: **Alexandra Hotel,** 356 Betten, Tel. 57 87 76 60, Fax 57 87 77 70, gutes **Restaurant „Charlotte",** Sauna, Schwimmbad, Tennis, Garage.
Loen Hotel, 52 Betten, Tel. 57 87 78 00, Fax 57 87 78 30, Restaurant, Schwimmbad, Parkplatz. Geschlossen 1. 1. - 30. 3.
Loenfjord Hotel, 244 Betten, Tel 57 87 78 50, Fax 57 87 78 22, Restaurant, Parkplatz. – Und andere Hotels und Pensionen.
Olden
Olden Fjordhotell, 1. Mai – 30. Sept., 138 Betten, Tel. 57 87 34 00, Fax 57 87 33 81, Restaurant, Schwimmbad.
Olden Krotell, 1. Apr. – 30. Sept., 21 Betten, Tel. 57 87 34 55.
Yris Hotel, 1. Mai – 31. Okt., 78 Betten, Tel. 57 87 32 40, Restaurant.

Loen Hotels

▲ – **NAF-Camping Lo-Vik ***,** Tel. 57 87 76 19; 1. Apr. – 30. Sept.; am westl. Ortsrand an der R60; ebene Wiesen am Fjordende, beim Loen Hotel mit Kro; ca. 3 ha – 150 Stpl.; Komfortausstattung; Laden, Imbiß; Freibad; 21 Miethütten.
– **NAF-Camping Tjugen ***,** Tel. 57 87 76 17; Mitte Mai – Ende Sept.; ca. 2 km östl. Loen, oberhalb des Bergbaches Lovatn; ansteigende Wiesen; ca. 1 ha – 40 Stpl.; Standardausstattung; 5 Miethütten.
– **NAF-Camping Sande ***,** Tel. 57 87 76 59; 1. Jan. – 31. Dez.; ca. 6 km südöstl. Loen; hügelige Wiesen und Terrassen am Lovatn, in ausgesprochen schöner Lage mit Blick über den See bis zu den Gletscherkuppen des Kjenndalsbreen; ca. 2 ha – 100 Stpl.; Standardausstattung; 14 Miethütten;

Camping bei Loen

Camping bei Loen

das Restaurant des Platzes ist seit Jahren bekannt für sein ausgezeichnetes „Norwegisches Frühstück" (nur auf Vorbestellung für mindestens vier Personen!). – Und andere Campingplätze.

Olden
– **Camping Gryta** *, 1. Mai – 15. Sept.; ca. 13 km südl. Olden, 3 Miethütten. Sowie kleinere Plätze.

Camping Nähe Briksdalgletscher

Oldedalen
– **NAF-Camping Melkvoll Bretun** *, Tel. 57 87 38 47; Anf. Mai – Ende Sept.; kleiner Platz fast am Ende der Straße von Olden nach Briksdal, ganz in der Nähe der Briksdalsbreen Fjellstove; 1,5 ha – 70 Stpl.; 7 Miethütten. Fußweg zum Briksdalgletscher etwa 1 1/2 Stunden.

AUSFLÜGE AB LOEN

Zwei sehr empfehlenswerte **Ausflüge** führen einmal am Lovatn entlang nach **Kjenndal** und zum andern über Olden zum **Briksdalgletscher**. Die Straße ins Lodalen zweigt beim Hotel Alexandra ab und führt meist einspurig (Ausweichstellen) am Nordostufer des Lovatn entlang. Ab **Sæta** verkehrt im Sommer das Ausflugsboot „M/B Kjenndal" über den Lovatn bis Kjenndalssanden. Nach rund 15 km endet die geteerte Straße und führt als unbefestigte, gebührenpflichtige Privatstraße weiter bis **Kjenndal.** Vor Beginn der Privatstraße sieht man an der Bergseite eine Gedenktafel. Sie erinnert an verheerende Erdrutsche die hier niedergingen. Am 15. Januar 1905 wurden hier durch gefrierendes Schmelzwasser in Felsspalten gewaltige Gesteinsmassen losgelöst. Die Erdlawine stürzte in den See und löste eine riesige Flutwelle aus, die 61 Menschen das Leben kostete, mehrere Bauernhöfe hinweg fegte und die Fähre 400 m weit an Land schleuderte. Eine ähnliche Katastrophe wiederholte sich im Herbst 1913. Damals verloren 74 Menschen ihr Leben und zum letzten mal stürzte im Sommer 1950 eine gigantische Erdlawine in den See, ohne aber Menschen oder Gehöfte zu gefährden.

In der Nähe der Gedenktafel liegt **Bødal**, Ausgangspunkt des Wanderweges zur **Bødalsseter** (siehe Wanderungen).

Fast am Ende des Sees liegt sehr schön, aber auf abschüssigen Wiesen *Camping Helset*.

Um zum **Briksdalgletscher** zu gelangen, fährt man von Loen auf der R60 6 km südwärts bis Olden und zweigt dort auf die Straße durchs Oldedalen ab. Dieses wunderschöne Gebirgstal erstreckt sich rund 20 km nach Süden, ist von langen, türkisgrünen Seen unterbrochen und wird von bis zu 1.700 m hohen Bergen gesäumt. Bei klarem Wetter erkennt man schon von weitem die Hauben der umliegenden Gletscher und am Südende des Tals das Weiß des Melkevollbreen. Die Straße endet unterhalb des Berggasthofs *Briksdalsbre Fjellstove* (Restaurant, Zimmer, gebührenpflichtiger Parkplatz. *Melkvoll Bretun Camping*).

schöne Wanderung zum Briksdalgletscher ***

☑ *Mein Tip!* **Wanderung zum Briksdalgletscher.** Beim Gasthof beginnt der Karrenweg, der erst 1927 angelegt worden ist und hinaufführt zur Gletscherzunge des Briksdalsbre. Es ist eine wunderschöne Wanderung, an einem Wildbach entlang, vorbei an einem mächtigen Wasserfall und durch die eindrucksvolle Gebirgslandschaft, hinauf bis zum Gletscher. Eine gute Stunde wird man zu Fuß unterwegs sein. Gutes Schuhwerk ist zu empfehlen.

Man kann aber auch mit zweirädrigen Pferdekutschen, die „stolkjerre" genannt werden und von stämmigen Nordfjordpferden („fjordinge") gezogen werden, zum Gletscher gelangen. Die Fahrt ist allerdings nicht ganz billig (zuletzt ca. 200 NOK pro Person). *auf dem Weg zum Briksdalgletscher*

Die Gebirgsregion zwischen Sogne- und Nordfjord wird bedeckt von der gewaltigen Eishaube des **Jostedalsbreen**. Über 480 qkm erstreckt sich dieses Gletschersystem. Es ist das größte auf dem europäischen Festland und es reicht mit seinen eisigen Ausläufern – einer von ihnen ist der imposante **Briksdalgletscher** – bis weit in die Täler hinab. In Norwegen nennt man diese „fließenden Eismassen" *„breen"* oder *„brea"*, in Grönland *„jökull"* und in den Alpen *„Ferner"* oder *„Kees"*. **größter Gletscher auf dem europäischen Festland *****

Diese Gletscher entstanden vor rund 2500 Jahren in Gebirgshochlagen durch Niederschlag in Form von Schnee. Der Schnee wiederum verwandelte sich im Laufe der Jahrhunderte in Eis, nicht zuletzt durch den Druck, der sich im Laufe der Zeit aus den immer nachfolgenden Schneemassen addierte. Norwegens größte Gletscher sind der *Jostedalsbreen* (486 qkm) in Sogn og Fjordane, der *Svartisen* (370 qkm) nördlich Mo i Rana in Nordland, der *Folgefonn* (210 qkm) westlich Odda in Hordaland, der *Blåmannsisen* (ca. 90 qkm) östlich von Fauske in Nordland und der *Hardangerjøkulen* (ca. 80 qkm) nordöstlich Eidfjord in Hordaland.

14. LOEN – ÅNDALSNES

⊙ **Entfernung:** Rund 190 km + 2 Fähren. Abstecher von Åndalsnes nach Ålesund 125 km einfach.

➜ **Strecke:** Über R60 und über **Stryn** bis **Hellesylt** – Autofähre bis **Geiranger** – Abstecher auf der R63 zur **Djupvasshytta** – R63 ab Geiranger bis **Eidsdal** – Autofähre nach **Linge** – R63 über **Trollstigen** bis **Åndalsnes.**

🕐 **Reisedauer:** Mindestens ein Tag, besser zwei Tage. Separater Reisetag für den Abstecher nach Ålesund..

⌘ **Höhepunkte:** Mit der Fähre durch den **Geirangerfjord** *** – Fahrt hinauf Richtung **Djupvashytta** (Dalsnibba) *** – die Paßstraße **Ørneveien** ** – die Serpentinenstraße **Trollstigen** ***.

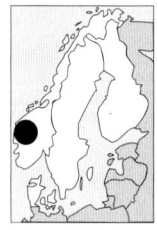

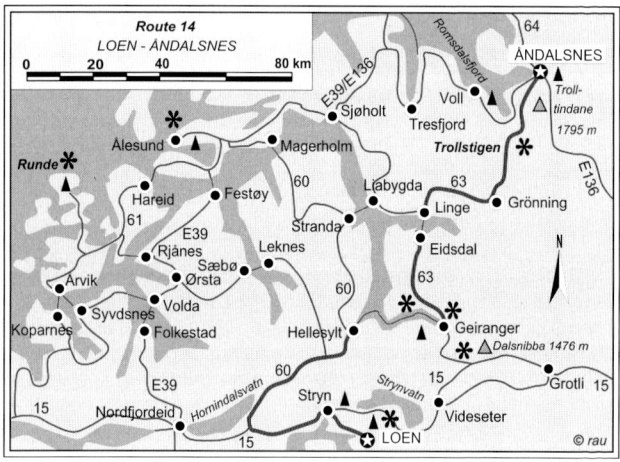

Route mit landschaftlichen Höhepunkten ***

Die folgende Route führt durch **unvergleichliche Berg- und Fjordlandschaften,** die mit Fug und Recht zu den schönsten in Norwegen gezählt werden. Entsprechend groß ist das Interesse und der Andrang der Besucher besonders im Ferienmonat Juli. Auf Campingplätzen, in den Hotels und an den Fährstationen sollte dann mit Engpässen bzw. Wartezeiten gerechnet werden!

Routen-alternativen „Weg A" und „Weg B"

Mehrere ROUTENALTERNATIVEN stehen zur Wahl, um nach Åndalsnes bzw. nach Ålesund zu gelangen. Jede der Routen bietet so überaus reizvolle Landschaften, daß keine vernachlässigt werden sollte.

Einmal bietet sich der hier als **„Weg A"** bezeichnete Weg an – die Route ab **Stryn** nach **Hellesylt** (R60), von dort mit der **Fähre durch den Geirangerfjord** nach Geiranger. Keinesfalls versäumen sollte man auf diesem Weg (zumindest bei klarem Wetter) einen Abstecher von Geiranger südwärts über die Paßstraße hinauf nach **Dalsnibba,** wenigstens bis zur

Djupvasshytte (16 km). Die **Ausblicke** von der Straße auf den Geirangerfjord sind nicht anders als grandios zu bezeichnen.

Die zweite Möglichkeit, die hier als „**Weg B**" bezeichnete Route, wäre der Weg ab **Stryn** vorbei am Strynvatn Richtung **Grotli** (zwei Möglichkeiten) und über die **Djupvasshytta** (Dalsnibba) hinab nach **Geiranger**. Auf diesem Weg versäumt man allerdings die Schiffsfahrt durch den Geirangerfjord, die aber ab Geiranger als „Seitensprung" (ohne Auto) nach Hellesylt und zurück angefügt werden kann.

„Weg A" und „Weg B" treffen sich in Geiranger. Die Reise geht weiter über die Serpentinenstraße **Ørnesveien** und über die spektakuläre Paßstraße **Trollstigveien** nach **Åndalsnes**. Ab Åndalsnes kann ein Abstecher nach Ålesund unternommern werden.

Lediglich **Gespannfahrern** bleibt keine große Wahl. Denn für sie ist die gesamte Strecke (R63) von der Djupvashytta (Dalsnibba) über Geiranger, Ørnesveien und Trollstigveien vom norwegischen Straßenbauamt als „grundsätzlich abzuraten" eingestuft! *Routenalternative nach Ålesund für Wohnwagenfahrer*

Wohnwagenfahrern wäre also zu empfehlen, ab **Stryn** nach **Hellesylt** zu fahren, den Caravan am Fährhafen zu parken, mit der Fähre (Fahrzeit einfach ca. 1 Stunde 10 Min., siehe auch „Weg A") solo nach Geiranger zu reisen und dort mit dem Auto die Abstecher auf die Paßstraßen **Ørneveien** im Norden und **Dalsnibba** im Süden zu unternehmen. Zurück in Hellesylt, fährt man weiter auf der R60 über **Stranda** (*Hotel Stranda,* 92 Betten, Tel. 70 26 00 00, Restaurant, Sauna, Schwimmbad. *MA-Camping Osen* **, 1. Jan. – 31. Dez., 9 Miethütten) nach **Sykkylven** (*Hotell Loen,* 25 Betten, Tel. 70 25 11 00, Restaurant. *Camping Sjøbakken* **, Tel. 70 25 18 15; Anf. Jan. – Ende Dez.; 10 Miethütten), nimmt ab dem benachbarten **Aursnes** die **Fähre nach Magerholm** (tgl. zwischen 6 und 24 Uhr bis zu 50 Abfahrten, Fahrzeit 15 Min.) und erreicht kurz darauf **Ålesund** (siehe auch „Abstecher ab Åndalsnes"). Ab Ålesund reist man dann über die E136 nach **Åndalsnes** und unternimmt von dort aus, wieder solo, den Abstecher auf den Paß Trollstigveien. *Hotels, Camping in Stranda und Sykkylven*

Der eben erwähnte Weg für Wohnwagenfahrer über Stranda und Ålesund kommt generell auch dann in Betracht, wenn die Pässe der R63 von Geiranger über Trollstigen nach Åndalsnes wegen Schnees gesperrt sind, was gewöhnlich zwischen Oktober und Ende Mai der Fall ist.

Ist eine **Abkürzung der Hauptroute** gewünscht, nimmt man ab **Stryn** die R15 über die Tunnelstrecke nach **Grotli** und weiter über **Lom** nach **Otta** an der E6. Ab Otta Weiterreise über Route 16, Otta – Trondheim).

ROUTENALTERNATIVE „WEG A"

Stryn, ca. 2.000 Einwohner, liegt an der Mündung des Strynvatn in den Innvikfjord. Die Stadt ist wichtiger Verkehrsknotenpunkt an der Zusammenführung der R60 und R15 und hat eine traditionsreiche Vergangenheit als Fremdenverkehrsort in der Nordfjordregion. Zu den bescheidenen Sehenswürdigkeiten zählt das Gebäude des *Gasthofs Walhalla* im südlichen Stadtgebiet. Das denkmalgeschützte Anwesen diente früher als Kaufmannssitz, das auch Reisende und Gäste aufnahm.

Östlich von Stryn liegt der See Strynvatn. Von dort sind Ausflüge zu Gehöften und Almen in der Umgebung möglich (z.B. *Brekke* und *Åning* am

Südufer, oder *Floseger* am Nordufer). Noch etwas weiter östlich von Stryn findet sich das **Sommerskigebiet Videseter** (*Hotel*).

**Stryn
Hotels**

Camping

Praktische Hinweise – Stryn

☎ **Stryn Reiselivslag,** Postboks 18, 6880 Stryn, Tel. 57 87 15 26.

⌂ Hotels: **Hjelle Hotel,** 60 Betten, Tel. 57 87 52 50, Fax 57 87 53 50, geöffnet 1. 5. – 30. 9., Restaurant, Sauna.
Stryn Hotel, 147 Betten, Tel. 57 87 11 66, Fax 57 87 18 02, geöffnet 15. 5. – 31. 12., Restaurant. – Und andere Hotels.

Jugendherberge: **Stryn Vandrerhjem,** 6880 Stryn, Tel. 57 87 11 06; Ende Mai – Anf. Sept.; 88 Betten.

▲ – **NAF-Camping Stryn ***,** Tel. 57 87 11 36; Anf. Jan. – Ende Dez.; über Straße 15, am nordöstl. Stadtrand; ca. 2 ha. – 160 Stpl.; Standardausstattung; 24 Miethütten.
– **NAF-Camping Kleivenes **,** Tel. 57 87 75 13; Anf. Mai – Mitte Okt.; an der R15, ca. 7 km östl. Stryn, am Westende des Strynvatn; ca. 1 ha – 50 Stpl.; 10 Miethütten.
– **Camping Mindresunde **,** Tel. 57 87 75 32; Anf. Jan. – Ende Dez.; über R15 ca. 10 km östl. Stryn; Wiesen am See; ca. 1 ha – 50 Stpl.; Standardausstattung; 10 Miethütten.
Weitere Campinganlagen liegen an der Straße 15 weiter östlich.

**tiefster See
Europas**

➜ **Route:** Ab Stryn über die R 15/60 westwärts bis **Kjös** am **Hornindalsvatn.** Der fischreiche See zählt zu den größten in Westnorwegen. Mit einer Tiefe von 604 m ist er außerdem der tiefste See in Europa.
Weiter auf der R60 über **Grodas** (Hotel) und durch das Hornindal zur **Fährstation Hellesylt** am Südende des Sunnylvsfjords in der Provinz Møre og Romsdal. In der Nähe der Fährstation sieht man den herrlichen Hellesyltfoss in den Fjord stürzen. ●

**Hellesylt
Hotels**

Camping

Praktische Hinweise – Hellesylt

⌂ Hotels: **Grand Hotel,** 58 Betten, Tel. 70 26 51 00 Fax 70 26 52 22, geöffnet 1. Apr. – 30. Sept.; Restaurant, Schwimmbad.
Jugendherberge: **Hellesylt Vandrerhjem,** Tel. 70 26 51 28; geöffnet 1. Juni – 1. Sept.

▲ – **Hellesylt Camping **,** Tel. 70 26 51 88; 15. Mai – 15. Sept.; ca. 1 ha – 50 Stpl.; Standardausstattung. Café, Restaurant, Einkaufsmöglichkeit ca. 200 m.
– **Camping Stadheimfossen og Hytter **,** Tel. 70 26 50 79; 1. Mai – 30. Sept.; 8 Miethütten.

**Autofähren nach
Geiranger**

Geirangerfjord ***

Ab **Hellesylt** verkehren regelmäßig **Autofähren nach Geiranger** und zwar im Sommer täglich um 9.00, 11.45, 14.45, 17.30 und 20.10 Uhr, Fährzeit ca. 1 Stunde 10 Minuten. Übrige Zeit weniger häufige Abfahrten. Die Zeiten können sich ändern!
Die **Schiffsfahrt durch den Geirangerfjord** gehört zu den großen Attraktionen einer Norwegenreise. Entsprechend ist der Andrang im Sommer. Wartezeiten an den Fährstationen einplanen!
In der Tat ist es ein eindrucksvolles Erlebnis, durch den schmalen, langgezogenen Fjord, mit seinem ruhigen, tiefen Wasser, gesäumt von hoch

und steil aufragenden Bergwänden zu fahren, von denen zahlreiche Wasserfälle stürzen. Berühmt sind die Wasserfälle „*Brudesløret*" (Brautschleier, linkerhand) „*Friaren*" (Freier, rechterhand) und natürlich „*De Syv Søstre*" (die sieben Schwestern, linkerhand).

im Geiranger-fjord

Wenn man die steilen, kargen Hänge am Fjord sieht ist man überrascht, daß selbst kleinste Grasflächen landwirtschaftlich genutzt werden, was kleine Gehöfte, die sich an die Bergflanken klammern, beweisen. Einzelne der Höfe, wie *Skageflå* oder *Knivsflå*, sind allerdings schon lange verlassen.

Zwischen Hellesylt und Geiranger wird den Passagieren ein besonderer Service geboten. In verschiedenen Sprachen werden sie über alles Sehenswerte im Fjord über Bordansagen informiert.

Der Geirangerfjord ist ein beliebtes Ziel auf Nordlandkreuzfahrten. Fotografen freuen sich daher um so mehr, wenn sie den Geirangerfjord mit ankernden Kreuzfahrtschiffen ablichten können.

Geiranger selbst ist ein kleiner, enger Ort, der im Sommer voll und ganz vom Fremdenverkehr beherrscht wird.

Praktische Hinweise – Geiranger

☎ **Geiranger Turistkontor,** 6216 Geiranger, Tel. 70 26 30 41; nur im Sommer geöffnet. An der Fähranlegestelle.

🏨 Hotels: **Geiranger** (1. Mai – 30. Sept.), 280 Betten, Tel. 70 26 30 05, Fax 70 26 31 70, Restaurant, Schwimmbad.

Geiranger
Hotels

Grande Fjord Hotell og Hytter, 93 Betten, Tel. 70 26 30 67, Restaurant, Miethütten, Camping.

Union, 300 Betten, Tel. 70 26 30 00, Fax 70 26 31 61, Restaurant, Sauna, Schwimmbad.

Utsikten Bellevue (Mitte Mai – Mitte Sept.), 60 Betten, Tel. 70 26 30 03, Restaurant. – Und andere Hotels.

Camping bei
Geiranger

▲ – **NAF-Camping Geiranger** ***, Tel. 70 26 31 20; Ende Mai – Mitte Sept.; westl. vom Fährhafen; ebene Wiesen am Fjord; ca. 1,5 ha – 100 Stpl.; gute Standardausstattung. Ansprechende Lage.

– **NAF-Camping Grande**, Tel. 70 26 30 68; 1. Mai – 30. Sept.; unterhalb der R63 knapp 2 km nördl. Geiranger; kleiner Terrassenplatz am Fjord in prächtiger Lage, ca. 0,5 ha – 40 Stpl.; Standardausstattung; 11 Miethütten.

– **NAF-Camping Vinje** **, Tel. 70 26 30 17; 1. Juni – 10. Sept.; an der Straße 63 etwa 2 km südl. Geiranger Richtung Dalsnibba; recht schräge Wiesen bei einem Wasserfall, schöne Lage oberhalb des Ortes; ca. 1,5 ha – 80 Stpl.; Standardausstattung.

– **MA-Camping Dalen** ***, Tel. 70 26 30 70; 1. Apr. – 31. Aug.; südl. Geiranger an der R63 unterhalb der Dalsnibba-Paßstraße, einfacher Platz in herrlicher Lage in einem Hochtal; ca. 1,5 ha – 80 Stpl.; 5 Miethütten.
– Und andere Campingplätze.

Geirangerblick ***

Sehr empfehlenswert ist ein Abstecher von Geiranger auf der Straße 63 nach Süden. Man passiert die weiße, achteckige **Kirche von Geiranger** und das *Union Hotel* und später den Aussichtspunkt (Parkplatz) **Flydalsjuvet**. Von dort hat man einen prächtigen Ausblick auf Geiranger, den Fjord und die Serpentinen des Ørneveien an der Nordseite des Fjords. Dieses Motiv ist schon so oft abgelichtet worden, daß es fast schon zum Wahrzeichen für die norwegische Fjordwelt geworden ist.

Später führt die Straße in gut 20 Kehren hinauf Richtung Dalsnibba. Die Aussicht von der Straße in die umliegende grandiose Fjord- und Bergwelt ist überwältigend. Die Straße ist stellenweise etwas steil und schmal, aber gut gesichert und gut zu befahren (Ausweichstellen).

Bei der **Djupvasshytta** führt ein mautpflichtiges schmales, kurvenreiches Sträßchen auf das Gipfelplateau des **Dalsnibba** (1.494 m). Großartige Aussicht!

Nördlich von Geiranger führt die R63 über die Serpentinenstraße **Ørneveien** (Adlerweg) hinauf ins Gebirge. Von den Aussichtspunkten an der Straße gelingen einzigartig schöne Blicke auf den von dunklen Felswänden gesäumten, schmalen Geirangerfjord und zurück bis ans Fjordende in Geiranger

Auf der *Korsmyra-Höhe* (624 m) erkennt man im Westen den 1.462 m hohen Geitfonnegga. Die Straße passiert hier ein Tunnel, um dann hinunter zur **Fährstation in Eidsdal** am Norddalsfjord zu führen.

Camping

▲ – **NAF-Camping Ytterdal** **, Tel. 70 25 90 13; 1. Mai – Ende Sept.; Nähe Fährstation; ca. 2 ha – 80 Stpl.; Standardausstattung; 8 Miethütten.
– **NAF-Camping Eidsdal** **, Tel. 70 25 90 29; 1. Jan. – 31. Dez.; ca. 3 km südl. Eidsdal, beschilderter Abzweig von der R63; ca. 1 ha – 40 Stpl.; Standardausstattung; 9 Miethütten.

Autofähren nach
Linge

Ab Eidsdal verkehren **Fähren nach Linge**. Im Sommer zwischen 6 und 23 Uhr, bis zu 38 Abfahrten, Fahrtdauer 10 Minuten.

➜ **Route:** In Linge zweigt die R63 ab. Ihr folgen wir über **Valldal** (Hotel, mehrere Campingplätze) nordostwärts bis **Åndalsnes**. ●

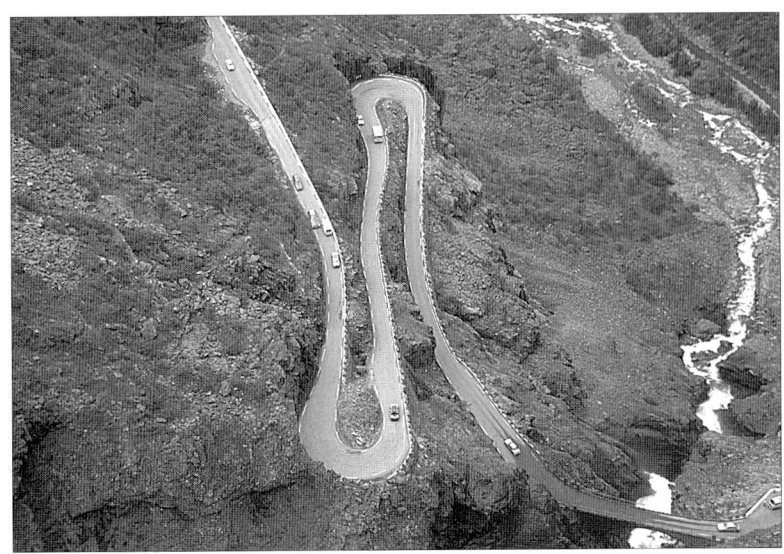

In Valldal zweigt eine Stichstraße nach Osten ab. Sie führt am Nordufer *die Paßstraße* des Tafjord entlang und endet im **Kaldhusdal**, einem Ausgangspunkt für *Trollstigveien* zahlreiche Wandertouren.

→ **Route:** Die Straße 63 Richtung Åndalsnes passiert die **Gudbrandsschlucht** (Klamm mit wildem Wasserfall. In der Nähe NAF-Camping Gudbrandsjuvet ***, 12 Miethütten, und NAF-Camping Haugtun **).

Ab Langdal führt die Straße R63 durch das karge, halbrunde Meierdal und erreicht schließlich in 850 m Höhe das Rasthaus „Trollstigheimen" am oberen Ende der **Trollstigveien.** ●

Die kühne Paßstraße **Trollstigveien** (gesperrt von Oktober bis Mai/Juni) zählt wohl zu den bekanntesten Straßen in Norwegen. Die Straße, wie wir sie heute befahren können, wurde 1936 fertiggestellt. In weiten Kehren führt sie oft einspurig mit Ausweichstellen in 11 Kurven talwärts und überwindet dabei auf halbem Wege den Stigfossen, der eine Fallhöhe von annähernd 180 m hat.

Seit jeher war der Trollstigveien (Weg der Zwerge, Trolle) ein wichtiger Übergang von Sunnmøre ins Romsdal. Aber bis zur Fertigstellung der heutigen Straße, war es ein gefährlicher, steiler Saumpfad. Bevor Sie sich aber auf die Talfahrt machen, gehen Sie zum **Aussichtspunkt Stigrøra** (ca. 5 Min.). Von dort kann man fast die ganze Trasse überblicken und sieht auf die Bergketten der *Trolltindane* (1.795 m) im Osten und auf die Gipfel *Bispen* (1.786), *Kongen*, *Dronningen* (1.614 m) und *Karitind* (1.356 m) im Westen.

Im Tal stößt man an der Sogge Bru auf die E136 und ist kurz darauf in Åndalsnes.

Åndalsnes, am Südostende des Romsdalsfjords gelegen, ist ein wichtiger Verkehrsknotenpunkt (Endpunkt der Raumabahn) und lebhafter Industrieort. Das Stadtbild trägt neuzeitliche Züge. Das frühere Åndalsnes wurde im 2. Weltkrieg durch Bomben fast vollständig zerstört.

Åndalsnes Hotels

Jugendherberge

Camping

Praktische Hinweise – Åndalsnes

☎ **Åndalsnes og Romsdal Reiselivslag**, Postboks 133, 6301 Åndalsnes, Tel. 71 22 16 22.

⌂ Hotels: **Grand Hotel Bellevue**, 180 Betten, Åndalsgt. 5, Tel. 71 22 10 11, Fax 71 22 60 38, Restaurant.
Rauma Hotell, 30 Betten, Vollan 16, Tel. 71 22 12 33, Fax 71 22 63 13, Cafeteria.
Romsdal Gjestegård, (Ende Mai – 31. Aug.), 50 Betten, Tel. 71 22 13 83. Miethütten. – Und andere Hotel.

Jugendherberge: **Setnes Vandrerhjem**, 6300 Åndalsnes, Tel. 71 22 13 82; Mitte März – Anf. Sept.; 90 Betten.

▲ – **NAF-Camping Åndalsnes** ***, Tel. 71 22 16 29; 1. Mai – 15. Sept.; ca. 2 km südl. Åndalsnes beschilderter Abzweig von der E136; Grasgelände mit Bäumen; ca. 6 ha – 300 Stpl.; Standardausstattung; 20 Miethütten.
– **NAF-Camping Mjelva** **, Tel. 71 22 64 50; 1. Mai – 15. Sept.; ca. 3 km südl. Åndalsnes beschilderter Abzweig von der E136; Waldgelände; ca. 3 ha – 100 Stpl.; 43 Miethütten.
– **Trollveggen Camping** ***, Tel. 71 22 37 00, 1. Mai – Ende Sept., ca. 10 km südl. Andalsnes abseits der E136, mehrere flache, gepflegte Wiesenterrassen im Romsdal, bei einem Wasserfall des Raumaflusses, in ansprechender Lage direkt unterhalb des Romsdalshorn, gute Standardausstattung, Miethütten.
– Und andere Campingplätze.

ROUTENALTERNATIVE „WEG B"

➜ **Route:** Ab Loen nach **Stryn** (siehe „Weg A") und hier auf der R15 ostwärts durch das Tal des Strynvatn über **Oppstryn** und **Hjelle** (Hotel, Camping). ●

Jostedalsbreen Nationalpark Center
1. Mai - 31. Okt. tgl. geöffnet.

Bei Oppstryn kann man das schön am Strynsee gelegene **Jostedalsbreen Nationalpark Center** besichtigen, ein natur- und kulturgeschichtliches Museum, mit Filmen, Ausstellungen und einem Gebirgspflanzengarten. Naturpfad zum Gletscher. Es werden Gebirgs- und Gletscherwanderungen organisiert.

Von Hjelle geht es auf der gut ausgebaute Serpentinenstraße hinauf zum Berggasthof **Videseter** (Sommerskigebiet). Ab hier kann man wählen zwischen der Hauptstraße R15, die durch drei lange Tunnels (4.500 m, 3.660 m und 2.550 m) führt und am See Lægervatna auf den Abzweig der R63 nach Geiranger stößt, oder dem Umweg über die R258. Die R258 führt durch das landschaftlich überaus reizvolle **Videdalen** (die teilweise unbefestigte Straße ist zwischen Oktober und Mai gesperrt) und stößt in Grotli auf die R15, die aus Lom aus dem Ottadalen herauf kommt. Wer nicht in Zeitdruck ist, sollte sich für diesen Umweg durch das Videdalen entscheiden. Zu beachten ist, daß diese Strecke vom norwegischen Straßenbauamt für Wohnwagen als „grundsätzlich abzuraten" eingestuft ist!

VON ASEN UND TROLLEN

In der Vielfalt der Sagas ist die nordische Mythologie überliefert. Allen Saga-Sammlungen voran steht die *Edda*. Man kennt eine *ältere Edda* und eine *jüngere Edda*. Letztere entstand als Sammlung von Sagas und Liedern erst im Mittelalter durch den Isländer *Snorri Sturlason*.

Vor allem in den Erzählungen der alten Edda, die anfänglich mündlich weitergegeben und erst viel später niedergeschrieben wurde, leben die mythologischen Gestalten weiter, die *Asen* in Asgård mit der Weltesche *Yggdrasil*, und die Trolle, Elfen, Nornen und Riesen in *Utgård* am Rande der Welt, bäumeschleudernd und polternd Thor, lanzenschwingend Odin, oder Loki, der voller Bosheit steckt.

„Trollstigen" (Weg der Zwerge) und „Jotunheimen" (Welt der Riesen) sind geographische Namen im heutigen Norwegen, aber auch Erinnerungen an alte nordische Mythologie. Wenngleich auch Trolle und Riesen zu den niederen Chargen in der Geisterwelt zählten, so waren sie doch Gestalten, die in der Gedankenwelt der Wikinger, Normannen und Skandinavier lange ihren festen Platz hatten. Noch zu Beginn des Industriezeitalters war man sich unter norwegischen Bergleuten sicher, wer unter Tage einem Zwergen begegne – Zwerge leben nun einmal vornehmlich im Berg als Hüter geheimnisvoller Schätze – sei einer lohnenden Ader nicht mehr fern. Auch im altdeutschen Nibelungenlied, das ja in vielen Punkten Parallelen zu nordischen Sagas aufweist, ist es ein Zwerg, Alberich, der den Schatz der Nibelungen hütet.

Und Trolle waren es auch, die den Großen in der Götterwelt, den Asen also, unbesiegbare Waffen schmiedeten oder zu anderen Wunderdingen verhalfen, *Thor* zu seinem Hammer *Mjölnir*, oder *Odin* zu seiner Lanze *Gungnir*.

➡ **Route:** Weiterreise von der R15 in Höhe des Lægervatna auf der R63 nordwestwärts zur **Djupvasshytta** (Abzweig zum **Dalsnibba)** und weiter nach **Geiranger**. ●

Auch dieser Streckenabschnitt hinab nach Geiranger ist im Winter gesperrt. Je nach Schneelage kann die Wintersperre bis weit in den Juni hinein dauern. Eine detaillierte Beschreibung des weiteren Weges über Geiranger, Ørneveien und Trollstigveien nach Åndalsnes siehe weiter vorne unter „Weg A".

ABSTECHER NACH ÅLESUND

➡ **Route:** Ålesund liegt 122 km westlich von Åndalsnes und ist über die E136 bequem zu erreichen. ●

Die Inseln, auf denen **Ålesund** liegt, auch die vielen vorgelagerten Inseln, sind altes Siedlungsgebiet. Funde in der Höhle „Skjonghelleren" auf der Insel Valderøy weisen auf steinzeitliche Siedlungen hin. Auch in der Wikingerzeit waren die geschützten Buchten besiedelt.

Ålesund, die „Stadt des Jugendstils"

Der Wikingerfürst Gangerolv soll von der Insel Giske vor Ålesund stammen. Er ging als Gründer des französischen Herzogtums Normandie im Jahre 911 in die Geschichte ein. In Frankreich kennt man den Wikinger besser unter dem Namen Rollo.

Im Mittelalter schließlich hatte sich in Borgundkaupanger am Brei-Heissa

Fjord südöstlich des heutigen Stadtzentrums, ein lebhafter Handelshafen etabliert. Aber erst 1848 bekam Ålesund Stadtrechte.

Ein trauriges Datum in den Annalen der Stadtgeschichte ist das Jahr 1904. Damals brannte in einer einzigen Sturmnacht die ganze Stadt ab. In einer großangelegten Aktion, an der sich auch Kaiser Wilhelm II. mit Finanzmitteln beteiligte, entstand in relativ kurzer Zeit eine völlig neue Stadt. Viele der Geschäftshäuser und öffentlichen Gebäude wurden im damals populären Jugendstil errichtet. Das einheitliche **Stadtbild** mit seinen hübschen Jugendstilfassaden und den markanten Speicherhäusern am Hafenbecken Brosundet sind es u.a., die das äußere Bild Ålesunds prägen und einen Abstecher hierher durchaus lohnen.

Heute ist Ålesund eine lebhafte Stadt mit rund 35.000 Einwohnern und Norwegens größter Fischereiexporthafen.

Stadtblick vom Aksla *

Mit zu den größten Attraktionen zählt eine Fahrt auf den 189 m hohen Hausberg „**Aksla**". Der Blick von der Terrasse mit Glaspavillon des **Höhenrestaurants *Fjellstua*** über die auf Inseln verteilte, vom Wasser umschlossene Stadt, mit der Kulisse der umliegenden Schärengürtel und gezackten Sunmøre-Berge im Westen, ist zweifellos eine der schönsten Stadtansichten in Norwegen.

Ein Treppenweg mit 418 Stufen führt vom Stadtpark (Denkmal des Wikingerfürsten Gangerolv und Gedenkstein an Kaiser Wilhelm II.) auf den Aussichtsberg im Osten der Stadt.

Die Fjellstua auf dem Berg Aksla ist auch mit dem Auto zu erreichen. Man muß dazu ein Stück ostwärts (Richtung Åndalsnes) fahren und von der neuen E136 zur nördlich parallel verlaufenden alten E136 abzweigen. Dort ist die Auffahrt recht unzureichend mit einem kleinen Schild „Fjellstua" beschildert. Wegen Engstellen ist die Auffahrt für Caravans ungeeignet!

☑ *Mein Tip!* Zum Fotografieren möglichst vormittags auf den Aksla fahren, bessere Lichtverhältnisse.

Aquarium
10 - 17, So. 12 - 18 Uhr. Eintritt.

Weitere Sehenswürdigkeiten in Ålesund:

Zu den neueren Attraktionen zählt der im Juni 1998 eröffnete **Atlantik-Meerpark**, die größte Aquarienanlage in ganz Skandinavien.

Man kann der Kirkegade nach Westen folgen und kommt dann zur **Ålesund Kirche**. Der gedrungen wirkende Natursteinbau liegt etwas erhöht und wurde 1909 errichtet. Portal und Fenster erinnern an den Rundbogenstil der Romanik. Im Inneren sind Freskomalereien von Enevold Thømt und schöne Fenster mit Glasmalerei zu sehen. Die Orgel soll eine Gabe von Kaiser Wilhelm II. anläßlich der Einweihung der Kirche sein.

Stadtmuseum
Mo. - Fr. 11 - 15, Sommer bis 16 Uhr, Sa. + So. 12 - 15 Uhr. Eintritt.

Das **Ålesund Museum** liegt in der Rasmus Rønnebergsgate 16, im östlichen Stadtgebiet, unweit vom Rathaus. Es befaßt sich vor allem mit der Entwicklungsgeschichte der Stadt vor und nach dem großen Stadtbrand von 1904. Sonderabteilungen dokumentieren Bootsbau und Fischerei in Ålesund.

Freilicht-Distriktmuseum *

Östlich vom Stadtzentrum, etwa auf halbem Wege nach Spjelkavik, liegt in **Borgundgavlen** das **Sunnmøren Freilichtmuseum**. An die 40 alte Bauernhöfe und Wohnhäuser aus der Region wurden hier zusammengetragen und geben Einblick in die Baukunst und in die Wohn- und Lebensverhältnisse in Sunnmøre in früheren Zeiten. Außerdem kulturhistorisches und archäologisches Museum. Bootsbauabteilung.

Nahebei wurde in **Borgundkaupangen**, einem mittelalterlichen Handelsplatz, ein **Museum** eingerichtet, das die Grabungsfunde aus dem ehemaligen Markt- und Hafenstädtchen zeigt. Das Museum ist über den Gebäuderesten des „Årestue-Komplexes" aus dem 11./12. Jh. errichtet.

in Ålesund

Die in Resten aus dem 12. Jh. erhaltene **Kirche von Borgund**, wurde nach dem Brand von 1904 unter Verwendung alter Baufragmente umgebaut. Beachtung verdienen die Holzschnitzereien und die Decke des Kirchenraumes.

Ab Ålesund, Hafen Brosundet, werden im Sommer mehrmals wöchentlich Bootstouren zur „Vogelinsel" Runde angeboten.

Bootsausflug nach Runde

Praktische Hinweise – Ålesund

☎ **Ålesund** Turistkontor, Rådhuset (Rathaus), 6025 Ålesund, Tel. 70 12 12 02. Geöffnet Anfang Juni bis Ende August, Mo. – Fr. 8.30 – 19, Sa. 9 – 17, So. 11 – 17 Uhr. Übrige Zeit Mo. – Fr. 9 – 16 Uhr.

Ålesund

🛏 Hotels: **Atlantica Rainbow Hotel**, 110 Betten, Rasmus Rønnebergsgt. 4, Tel. 70 12 91 00, Fax 70 12 62 52, Cafeteria, Parkplatz.

Hotels

Bryggen Home, 130 Betten, Apotekergt. 1, Tel. 70 12 64 00, Fax 70 12 11 80, obere Preisklasse, in einem hist. Handelshaus am Hafen, Sauna, Garage.
Inter Nor Scandinavie, 112 Betten, Løvenvoldgt. 8, Tel. 70 12 31 31, mittlere Preisklasse, Restaurant, Sauna.
Norge Hotel, 179 Betten, Kongensgt. 27, Tel. 70 12 29 38, Fax 70 12 66 60, Restaurant, Sauna, Schwimmbad, Garage.
Rica Parken, 270 Betten, Storgt. 16, Tel. 70 12 50 50, obere Preisklasse, Restaurant, Sauna, Garage.
Scandic, 290 Betten, Molovn. 6, Tel. 70 12 81 00, Fax 70 12 92 10, obere Preisklasse, gutes **Restaurant „Molja",** Sauna, Schwimmbad, Freizeiteinrichtungen, Garage. – Und andere Hotels

Jugendherberge: **Ålesund Vandrerhjem,** Parkgaten 4, 6003 Ålesund, Tel. 70 12 04 25, geöffnet 1. 5. – 30. 9.

Jugendherberge

▲ – **"Parkering for Bobiler", Stellplatzareal für Wohnmobile,** 1. Mai – 30. Sept.; am nördlichen Stadtrand, in der Stadt beschildert, geteerte, ebene Fläche an einer Hafenmole, Sanitäranlagen, WC, Behinderten WC, Duschen, Wäschetrockner, gebührenpflichtig.

Stellplatz

– **NAF-Prinsen Strandcamping** ****, Tel. 70 15 52 04; 1. Jan. – 31. Dez.; ca. 6 km östl. Ålesund Zentrum, Abzweig von der E136 Richtung Gåseid/Hatlane; in ansprechender Lage am Fjord; ca. 3 ha – 150 Stpl.; Komfortausstattung; 26 Miethütten; Laden, Imbiß.

Camping

– **NAF-Camping Volsdalen** ***, Tel. 70 12 58 90; 1. Mai – 15. Sept.; ca. 2 km östl. Ålesund Zentrum, Abzweig von der E136 südwärts; unebene, mehrfach unterteilte Wiesen, teils bis an den Fjord reichend; ca. 1 ha – 50 Stpl.; Standardausstattung; Laden, Imbiß; 21 Miethütten. – Und andere Campingplätze.

15. ÅNDALSNES – OTTA

⊙ **Entfernung:** Rund 155 km. Abstecher nach Lom 62 km einfach.

➔ **Strecke:** Über die E136 bis **Dombås** – E6 bis **Otta**. Straße 15 nach **Lom**.

🕐 **Reisedauer:** Mindestens ein Tag. Abstecher nach Lom ein halber Tag.

⌘ **Höhepunkte:** Die Fahrt durch das **Romsdal** * – Wandern auf dem „**Kongenveien**" – Wandern im **Rondanegebirge** – die **Stabkirche von Lom** **.

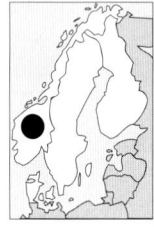

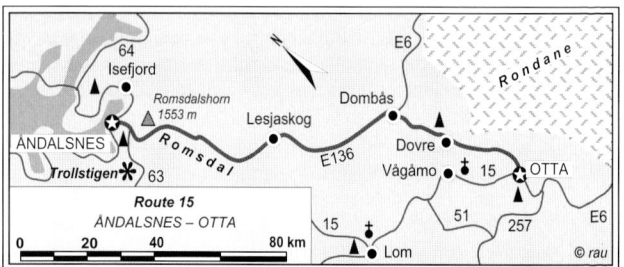

Route 15
ÅNDALSNES – OTTA

➔ **Route:** Der Verlauf unserer Route führt ab Åndalsnes auf der E136 südostwärts Richtung **Dombås**. ●

Unterwegs passiert man an der Sogge bro den Abzweig der R63 zum Trollstigen-Paß. Wenig später erkennt man linkerhand den spitzen Kegel des 1.550 m hohen, steil aufragenden **Romsdalshorn**. Es stellt heute noch eine Herausforderung für unternehmungslustige Bergsteiger dar. Rechts sieht man die senkrecht aufragenden, glatten, dunklen Wände der **Trolltindane**.

Die Straße folgt dem Raumafluß mit seinem glasklaren, hellgrünen Gletscherwasser durch das ansteigende, enger werdende Raumadalen. Anfangs ist das Tal so eng und die Felswände so steil und hoch, daß angeblich an manchen Stellen ein halbes Jahr lang kein Sonnenstrahl die Talsohle erreicht, etwa bei **Marstein** oder bei der **Kirche von Kors** (Altarbild aus dem 18. Jh.).

Bei **Verma** überquert die Raumabahn auf einer schönen alten Steinbücke (Kylling bru) den Raumafluß.

Nach weiteren 25 km passiert man den schmalen, langgezogenen See Lesjaskogsvatnet, nun bereits in der Provinz Oppland.

➔ **Route:** Man kommt durch **Lesja** (Kirche von 1748 mit sehenswerten Kirchenraum) und erreicht nach rund 16 km **Dombås** an der E6. ●

Dombås ist ein wichtiger Verkehrsknotenpunkt der Bahn- und Straßenverbindungen nach Nord- und Westnorwegen, ein lebhaftes Geschäftszentrum mit Hotels und Campingplätzen. Dombås, wo sich auch das Trainingszentrum des nationalen Sportverbandes befindet, ist auch ein wichtiges Versorgungszentrum für die Dovrefjell-Region (Wandergebiet, Nationalpark) nördlich der Stadt.

Praktische Hinweise – Dombås

☎ **Dovre Reiselivslag**, Info-Nor, Boks 153, 2660 Dombås, Tel. 61 24 14 44.

Ⓗ Hotels: **Dombås Hotell**, 141 Betten, Tel. 61 24 10 01, Fax 62 24 14 61, Restaurant, Sauna, Parkplatz.
Dovrefjell Hotell, 200 Betten, Tel. 61 24 10 05, Fax 61 24 15 05, Restaurant, Sauna, Schwimmbad, Parkplatz. – Und andere Hotels.

Dombås
Hotels

▲ – **NAF-Camping Lie** **, Tel. 61 24 14 20; 1. Juni – 31. Aug.; ca. 3 km südl. Dombås. Wiese an der E6; ca. 2 ha – 100 Stpl.; Standardausstattung; 12 Miethütten.
– **NAF-Camping Toftemo** ***, Tel. 61 24 00 45; 1. Jan. – 31. Dez.; ca. 2 km nördl. von **Dovre**, weitläufiges Wiesengelände mit lichtem Föhrenwald, hinter dem Gasthof Toftemo, zwischen E6 und Lågen-Fluß; ca. 3 ha – 150 Stpl.; Komfortausstattung; Laden, Imbiß; Schwimmbad; 21 Miethütten. **Motel** mit einladendem **Restaurant**.
– **Camping Dovreskogen** **, Tel. 61 24 08 43; 1. Mai – 31. Okt.; 1 ha; 25 Miethütten. – Und andere Campingplätze.

Camping
zwischen
Dombås und
Otta

☑ *Mein Tip!* Hat man vor, nach Nordnorwegen weiterzureisen, ist der Weg bis Otta eigentlich nur dann notwendig, wenn man vorhat, von Otta Ausflüge nach Lom und ins Jotunheimengebirge zu unternehmen. Ansonsten bietet es sich an, von Dombås direkt nach Trondheim weiterzureisen. Siehe nächste Etappe, Route 16, Otta – Trondheim.

Sehenswert auf dem Weg von Dombås nach Otta ist kurz vor Dovre der **Gammel Kongsgård Tofte**, ein großes, altes Gehöft, das lange die traditionelle Residenz der norwegischen Könige auf ihren Reisen in nördliche und westliche Landesteile war. Das älteste Gebäude des Hofes stammt aus dem späten 17. Jh.

Sehenswertes
zwischen
Dombås und Otta

Etwas weiter nördlich zweigt bei **Vårkinn** der alte „**Kongenveien**" nach Norden ab. Der „Königsweg" führt über den 1.338 m hohen *Hardbakken* nach **Fokstua** an der E6 und ist heute ein beliebter Wanderweg.
In **Dovre** zählt die schiefergedeckte **Kirche** von 1740 zu den Sehenswürdigkeiten.
Landschaftlich reizvoll ist ca. 15 km südöstlich von Dovre die tiefe *Rosti Schlucht* mit Wasserfällen, unterhalb der Straßentrasse, in waldreicher Berglandschaft.
Nach Nordosten zweigt die Serpentinenstraße zum Wander- und Skigebiet **Høvringen** (Berghotels) ab.
Die alten Höfe *Laurgård* und *Romundgård* bei **Nord-Sel**, westlich der E6 an der Vågarustistraße gelegen, spielen im Roman „Kristin Lavrandsdatter" der norwegischen Schriftstellerin Sigrid Undset eine Rolle.
In **Sel** (historische Kirche aus dem 18. Jh.) kann man die Abkürzung über die Querverbindung Vågarusti (11 km, für Wohnwagen nicht empfehlenswert!) nach Westen zur R15 nehmen. Die Straße ist zunächst schmal und unbefestigt, wird dann breiter und besser, um schließlich auf den letzten 5 km als Erdstraße sehr steil hinab nach **Kleppe** an der R15 zu führen.

Otta, eine Kleinstadt mit rund 2.500 Einwohnern im oberen Gudbrandsdal, liegt am Zusammenfluß des Otta- und des Lågenflusses. Wichtige Erwerbszweige sind Holz-, Schiefer- und Milchverarbeitung.

Otta ist ein guter Ausgangspunkt für Touren in das nach Westen verlaufende **Ottatal** und in das **Rondanegebirge** (Nationalpark, ausgezeichnetes Wandergebiet) nordöstlich von Otta.

Mit dem Auto kann man ab Otta über die Rondanestraße bis hinauf zur **Mysuseter** (Berggasthof) fahren. Von dort starten Wanderwege (Hütten) durch den rund 570 qkm großen **Rondane Nationalpark**. Die höchste Erhebung in dieser naturschönen Gebirgsregion ist der 2.178 m hohe *Randslottet*. Bei Kennern ist der Nationalpark bekannt für seine artenreiche Flora und Fauna (u.a. Hermeline, Elche, Schneehühner, Moschusochsen).

Das Rondanegebiet wird in norwegischen Sagen oft erwähnt. Auch die Peer Gynt Legende nimmt Bezug auf das Rondanegebirge, das in alten Erzählungen als Sitz von Trollen, Zwergen und Geistern gilt. Selbst aus der Wikingerzeit sind hier Gräber und Werkzeuge ausgegraben worden.

Praktische Hinweise – Otta

☎ **Sel Rondane Reiselivslag,** Nygata 4, Boks 94, 2671 Otta, Tel. 61 23 03 65.

Otta Hotels

⌂ Hotels: **Grand Gjestegård,** 43 Betten, Tel. 61 23 12 00, Restaurant. **Otta Hotell,** 170 Betten, Tel. 61 23 00 33, Fax 61 23 15 24; Restaurant, Sauna, Schwimmbad. **Rapham Høyfjellshotell,** 113 Betten, Tel. 61 23 02 66, Sauna, Schwimmbad. **Rondane Høyfjellshotell,** 200 Betten, Tel. 61 23 39 10, Fax 61 23 39 52; Restaurant, Sauna, Schwimmbad, Miethütten. – Und andere Hotels.

Camping bei Otta

▲ – **NAF-Camping Otta** ***, Tel. 61 23 03 09; 1. Mai – 30. Okt.; westl. Otta, im Zentrum Abzweig bei der ESSO-Tankstelle (nicht über R15!); zum Südufer des Ottaflusses geneigte Wiesen; ca. 1,5 ha – 80 Stpl.; Standardausstattung; Laden; 15 Miethütten. Fremdenzimmer.

– **NAF-Camping Sæta** **, Tel. 61 23 51 47; 15. Mai – 15. Sept.; ca. 5 km südl. Otta, an der E6; Wiesen am Lågen-Fluß; ca. 1 ha – 70 Stpl.; 8 Miethütten.

– **Camping Vangen** **, Tel. 61 23 50 57; Ende Juni – 10. Sept.; kleinerer Platz an der E6, ca. 5 km südlich Otta; 7 Miethütten.

– **Camping Øihusviken** **, Tel. 61 23 03 98; Mitte Mai – Mitte Sept.; unterhalb der R15, ca. 9 km westl. Otta, Richtung Lom; große, ebene Wiese am Otta-Fluß, unterhalb steiler Berge, und im Nadelwäldchen; ca. 1,5 ha – 90 Stpl.; Standardausstattung; 10 Miethütten.

– **Bergheim Camping** ***, Tel. 61 23 03 91; Anf. Mai – Ende Sept.; unterhalb der R15; ca. 9 km westl. Otta, Richtung Lom; fast ebene Wiesen am Otta-Fluß, unterhalb steiler Berge; ca. 1,5 ha – 90 Stpl.; 17 Miethütten.
– Und andere Campingplätze.

ABSTECHER NACH LOM

➜ **Route:** Ab Otta über die R15 westwärts durch das Tal des Otta-Flusses. Nach 17 km passiert man **Lalm** und erreicht nach weiteren 14 km **Vågåmo** (Kirche aus dem 17. Jh.; Freilichtmuseum;

die Stabkirche in Lom

Hotel; Camping) am Ostende des langgestreckten Sees Vågåvatn. Der weitere Verlauf dieser Route führt auf der R15 weiter nach Westen. Nach 18 km passiert man **Garmo** (Camping), Geburtsort (1858) des Schriftstellers und Literaturnobelpreisträgers (1920) *Knut Hamsun* und erreicht nach weiteren 13 km schließlich **Lom**.

●

Die 700-Seelen-Gemeinde **Lom** liegt an der Gabelung zweier wichtiger Straßenverbindungen, der R15 durchs Ottadalen und weiter nach Grotli und Stryn zum Nordfjord und der R55, die durch das Böverdalen und über das Sognefjell (Jotunheimen) zum Sognefjord führt. Überragt wird Lom vom 1.524 m hohen Berg Lomsegga im Westen.

Die große Sehenswürdigkeit des Ortes ist die **Stabkirche von Lom** im nordwestlichen Ortsbereich an der R15.

die Stabkirche von Lom **

Die Kirche entstand im 12. Jh. als Basilikabau unter Anlehnung an romanische Stilelemente, was sich an den Rundbögen der Portale und im Mittelschiff zeigt. Markant im sehr harmonischen äußeren Erscheinungsbild der Kirche ist der hohe, spitze Turm.

Im Inneren sind die Holzsäulen, die das hohe Mittelschiff bilden und das Dach tragen, durch sog. Andreas-Kreuze verbunden. Sie stellen gleichzeitig ein schmückendes Element der interessanten Holzarchitektur dar. Im 16. Jh. wurde die Kirche durch Querschiffe erweitert und erhielt so eine Kreuzform. In jener Zeit wurde auch der heute sichtbare Turm errichtet.

Innen sind die Schnitzereien an der Chorschranke, die Malereien an der Holzdecke im Chorraum, der Altar und die Barockkanzel mit Akantusschnitzerei aus dem späten 18. Jh. sehenswert. Die Kanzel wur-

Lom

Museumshof
15. 6. - 15. 8. tgl.
11 - 18 Uhr.
Fürhungen.
Eintritt.

de von Jacob Sæterdalen, einem lokalen Künstler, gearbeitet. Die Gemälde stammen von Eggert Munch aus Vågå, der sie Anfang des 18. Jh. gemalt haben soll.

Interessant ist ein Besuch im **Loms-Hof**. Das Freilichtmuseum besteht aus mehreren alten Gebäuden, Speichern, Stallungen, Austragshäusern u. a. aus der Umgebung von Lom, die hier wieder aufgebaut wurden. Sie zeigen, wie ein typischer Loms-Hof im 18. Jh. ausgesehen haben mag. Auffallend ist die Aufteilung des Gehöfts in zwei Hofplätze, den *„inntun"* (innerer Hofplatz) und den *„nautgard"* (Rinderhof). Separiert werden die beiden Hofplätze vom zentralen Pferdestall. Offenbar wurde ihm eine besondere Bedeutung beigemessen. Der Rinderplatz wird von Stallungen umgeben, der innere Hofplatz von Speichern und dem zweistöckigen Wohnhaus. Beachtung verdient hier die große „Peisstube" mit geschnitzter Decke und schönem schmiedeeisernen Beschlag an der Tür. Von historischer Bedeutung ist das sog. *St. Olav-Haus*, ein kleines Blockhaus am Rande des inneren Hofplatzes. Der Überlieferung nach soll hier König Olav Haraldssohn auf seinen Reisen übernachtet haben.

Im Loms-Museumshof ist die Sammlung norwegischer Volkskunst des Dichters *Olav Aukrust* wichtiger Bestandteil der Ausstellungen.

Alte historische Holzhäuser sind auch auf dem Gelände des Fossheim Turisthotell zu sehen.

Im **Fossheim Steinsenter**, einer umfangreichen Mineraliensammlung, erfahren Sie alles über die Gesteinsarten und Mineralien der Region. Angeschlossen ist eine Werkstatt für Kunsthandwerk und Schmuck.

Eine der neueren Attraktionen in Lom ist das **Norsk Fjellmuseum**, das Norwegische Gebirgsmuseum. Es liegt ganz in der Nähe der markanten Stabkirche. Die Ausstellungen in dem vorwiegend naturhistorischen Museum befassen sich mit nahezu allen Aspekten der interessanten norwegischen Bergwelt von der Ökologie bis hin zur Kulturgeschichte ihrer Bewohner.

**Lom
Hotels**

Camping

Praktische Hinweise – Lom

☎ **Jotunheimen Reiselivslag og Turistkontoret**, 2686 Lom, Tel. 61 21 12 86.

⌂ Hotels: **Fossberg Hotell**, 60 Betten, Tel. 61 21 10 73, Fax 61 21 16 21, Restaurant, Sauna, Miethütten.
Fossheim Turisthotell, 110 Betten, Tel. 61 21 12 05, Fax 61 21 15 10, geöffnet Ende Feb. – Mitte Dez.; renommiertes Haus mit vorzüglichem **Restaurant**, Haupthaus in einem Holzgebäude neueren Datums, teils recht urige Miethütten aus dem 16. Jh.
Lom Motel, 110 Betten, Tel. 61 21 12 20, Restaurant, Camping.
Memurubu Turisthytte, 140 Betten, Tel. 61 21 15 73, Camping. – Und andere Hotels.

▲ – **NAF-Nordal Turistsenter *****, Tel. 61 21 10 10; 1. Mai – 15. Okt.; an der R15 am östl. Ortsrand, Einfahrt bei der ESSO-Tankstelle; durch einen kleinen Wasserlauf geteiltes, meist ebenes Wiesengelände unterhalb der Straße, in Gehnähe zur Lom Stabkirche; ca. 3 ha –150 Stpl.; Komfortausstattung; Laden, Restaurant; 54 Miethütten; **Motel**.
– **NAF-Camping Lom *****, Tel. 61 21 12 20; 1. Jan. – 31. Dez.; an der R55, am südwestl. Ortsrand von Lom; durch Lattenzäune unterteilte Wiesen; ca. 1,5 ha – 100 Stpl.; Komfortausstattung; 16 Miethütten; **Motel**.

– **Synstad Camping** **, Tel. 61 21 15 84; Ende Mai – Ende Sept.; an der R15,
ca. 2 km östl. Lom; schräge Wiesen zwischen Vågåsee und Straße; ca. 3 ha –
100 Stpl.; Standardausstattung; 9 Miethütten. – Und andere Campingplätze.

STABKIRCHEN

Bis in die heutige Zeit ist Holz eines der beliebtesten Baumaterialien in Norwegen
geblieben. Aus dem jahrhundertelangen Umgang mit Holz hat sich schon früh eine
Kunstfertigkeit der Verarbeitung und Anwendung dieses Materials herausgebildet.
Schlagende Beweise dafür
sind die wiedergefundenen
schlanken Wikingerschiffe,
vor allem aber auch die
Stabkirchen.

Im 11. und 12. Jahrhundert
muß ein wahrer Bauboom
mit Stabkirchen geherrscht
haben. In den 200 Jahren
entstanden etwa 800 dieser
Gotteshäuser. Doch schei-
nen die Handwerksmeister
und Planer damals noch
nicht so recht von der Christianisierung durchdrungen

die Stabkirche von Urnes

gewesen zu sein, denn die grausigen Drachenköpfe an den Giebeln und allerlei
Fabelgetier, das gerne in Ornamenten an den Portalen dargestellt wird, weisen deutlich
darauf hin, daß auch die Mythologie aus Wikingertagen noch lebendig war. Vielleicht
sind Kreuz und Drachenkopf auf den Dachgiebeln der Stabkirchen ein Symbol dafür,
wie dicht beieinander christliche Lehre und heidnisches Gedankengut im Leben der
damaligen Zeit noch lagen.
So wie vielen Gebäuden, ja ganzen Stadtvierteln der „rote Hahn" zum Verhängnis
wurde, fielen auch sehr viele der Stabkirche dem Raub der Flammen zum Opfer. Andere
wurden, da meist in Privatbesitz großer Bauern, einfach abgerissen, um Baumaterial
für Häuser oder Scheunen zu bekommen. Heute sind noch 30 Stabkirchen im Land
erhalten.
Der Name „Stavkirke" oder „Stabkirche" leitet sich von der Konstruktionsweise dieser
für Norwegen so typischen Kirchenbauten ab. Auf einen kurzen Nenner gebracht, sind
es die auf einem mächtigen, rechteckigen Basis-Bohlenrahmen stehenden, senkrecht
nach oben ragenden hölzernen Pfeiler oder „Stäbe", die zum Sammelbegriff für diese
Kirchenbauart führten. Diese „Stäbe" sind das statische Herz, sie tragen die ganze
Konstruktion und bilden gleichzeitig das Kirchenschiff.
Eines der schönsten Beispiele norwegischer Stabkirchen-Baukunst stellt –neben der
Stabkirche von Lom oder der **Hopperstad Stabkirche** bei Vik – die **Borgund-
Stabkirche** im Lærdal (E16) dar, ein Meisterwerk aus Kiefernholz aus dem 12. Jh.
Unversehrt und ohne verändernde Umbauten ist sie aus jener Zeit erhalten geblieben.
Die größte Stabkirche in Norwegen, die **Heddal-Stabkirche,** findet sich nahe Notodden
in der Telemark. Sie stammt aus dem Jahre 1148 und wurde 1954 renoviert.
An der ältesten Stabkirche, der in **Urnes** aus dem Jahre 1090, sind eigentümlich
verschlungene Fabeltierornamente, teils Pferd, teils Drachen, teils Schlange, noch
gut erhalten.

16. OTTA – TRONDHEIM

⊙ **Entfernung:** Rund 250 km, ohne Abstecher.
→ **Strecke:** Über die E6 bis **Trondheim.**
🕐 **Reisedauer:** Mindestens ein Tag.
⌘ **Höhepunkte:** Wandern im **Trollheimen Gebirge **** – der **Nidaros Dom ***** in Trondheim.

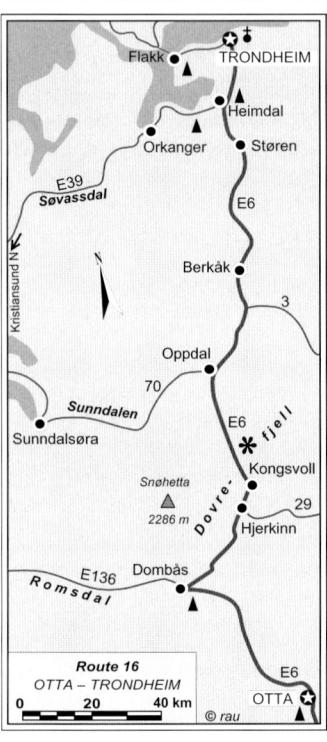

Route 16
OTTA – TRONDHEIM
0   20   40 km
© rau

→ **Route:** Von Otta über die E6 bis **Dombås** (siehe Route 15, Åndalsnes – Otta) und weiter über die E6 Richtung **Oppdal.** ●

Hinter Dombås führt die Straße hinauf ins **Dovrefjell**, vorbei an der **Fokstua** in einem Hochmoorgebiet, am Abzweig des „Königsweges", heute ein beliebter Wanderweg. Die Fahrt geht weiter durch hügeliges, von Mooren durchsetztes und mit niederen Birken bewachsenes Bergland. Zahlreiche Ferienhütten.

Man erreicht die schöne **Dovregubbenshall Berghütte** mit Hotel (alte Steinbrücke, über die ehemals der „Königsweg" führte), kommt nach wenigen Kilometern an der **Gautåseter Berghütte** und am *NAF Camping og Turishytte Hageseter* (1. Jan. – 31. Dez., 12 Miethütten) vorbei und erreicht kurz darauf **Hjerkinn**. Hier zweigt die R29 nach Osten Richtung Folldal ab.

In der Nähe der Straßengabelung liegt im Westen die Erzgrube **Tverrfjellgruver** und im Osten die **Eysteinkyrka**. Die Kirche wurde erst 1969 errichtet, ist nach *König Eystein* benannt und soll u.a. an den historischen **Königsweg** erinnern, der jahrhundertelang den norwegischen Königen als Übergang über das früher unwegsame Dovrefjell auf ihrem Wege in die Krönungsstadt Trondheim diente. Ein kurzes Stück des alten Königsweges verläuft östlich der Straßentrasse von der Eysteinkirche Richtung Grönbakken an der E6.

Camping

▲ – **NAF-Fjellstue og Caravansenter Hjerkinn ***,** Tel. 61 24 29 27; 1. Jan. – 31. Dez.; an der R29, östl. der Straßengabelung E6/R29; in schöner Höhenlage bei der historischen **Hjerkinn Fjellstue**; guter Ausgangspunkt für Wande-

rungen über den Königsweg und ins Dovrefjell; ca. 1 ha – 80 Stpl.; Standardausstattung. Restaurant im Gasthof.

Wenig weiter nördlich passiert die E6 auf dem Weg nach Trondheim ihren höchsten Punkt (1.026 m). Vor allem nach Westen hat man von hier
bei klarem Wetter schöne Ausblicke bis zum 2.286 m hohen **Snøhetta**
und zum etwas südlich davon gelegenen, 2.209 m hohen **Svånåtindan**.

➔ **Route:** Die E6 führt im weiteren Verlauf hinab nach **Kongsvoll**,
am Südrand des **Dovrejell Nationalparks**. Man befindet sich nun
bereits in der *Provinz Sør-Trøndelag.* ●

Die **Kongsvold Fjellstue** ist ein altes, traditionsreiches ehemaliges Gehöft östlich der E6, mit den urig-rustikalen Gaststuben *Kongsvold Kro*
und 32 Zimmern in schön restaurierten Holzhäusern (Tel. 72 42 09 11).
Nebenan ist ein kleiner botanischer Garten (Fjellhage) angelegt worden,
in dem man dem überaus großen Artenreichtum der hiesigen Flora nachspüren kann. Drivdalen und Dovrejell sind ein wahres Eldorado für passionierte Botaniker und Freunde seltener Bergblumen.

Die E6 führt weiter durch das schöne **Drivdalen** mit dem tosenden Wildbach Driva. Nach rund 9 km führt rechts der Straße der alte Weg *Vårstigen*
bergwärts. Der 1182 erstmals erwähnte Gebirgssteig galt lange als ge-
fährlichster Teil des Königsweges nach Trondheim. Heute Wanderweg,
ca. 7 km, mit herrlichen Ausblicken ins Drivdalen.

Das Drivdalen ist bekannt für seine Schiefersteinbrüche. Es heißt, daß
der Drivdalschiefer als einziger in der Welt beim Brechen eine so schöne
Bruchkante ergibt, daß er ohne große Nachbearbeitung, z. B. als Trep-
penstufen, verwendet werden kann.

Nördlich vom Engan-Bahnhof findet man die **Schlucht Magalaupet** mit
einem tosenden Wildbach, der hier als einstiger Gletscherabfluß mehrere sog. Strudellöcher oder „Gletschermühlen" geformt hat.

▲ – **Camping Magalaupet *****, Tel. 72 42 46 84, Anf. Jan. – Ende Dez.; einfa-
cher Platz, etwas abseits der E6; ca. 1,5 ha – 70 Stpl.; 7 Miethütten.
– **NAF-Camping Smegården *****, Tel. 72 42 41 59; 1. Jan. – 31. Dez.; an der
E6, ca. 8 km südl. Oppdal; Wiesen im weiten Drivdal; ca. 1,5 ha – 70 Stpl.;
Standardausstattung; Laden; 16 Miethütten. – Und andere Campingplätze, wie
z. B. **Granmo Camping**, 6 km südlich von Oppdal.

Camping südlich
von Oppdal

Oppdal, eine Gemeinde mit rund 3.500 Einwohnern, am Abzweig der
Westverbindung R70 von der E6 gelegen, ist das Zentrum des hiesigen
Schieferabbaus. Größere Holzverarbeitungsbetriebe.
Zudem ist Oppdal ein gern besuchter Wintersportort mit zahlreichen Lift-
anlagen, ca. 45 km Abfahrtspisten und insgesamt mehr als 180 km Lang-
laufloipen, 12 km davon beleuchtet. Wintersaison ist von Ende November
bis Ende April.
Seit kurzem bildet sich Oppdal mehr und mehr zu einem Zentrum jünge-
rer Sportarten aus, wie Drachenfliegen von den umliegenden Bergen oder
River-Rafting durchs Drivdalen zum Beispiel. Organisierte Touren.

Zu den Sehenswürdigkeiten des Ortes zählt das **Oppdal Freilichtmuseum** nördlich des Stadtzentrums. 25 historische Holzgebäude,

Oppdal Heimatmuseum
Juni - Aug. tgl. 12 - 18 Uhr. Eintritt.

Bergbauernhöfe, Scheunen, Mühlen, Vorratshäuser etc. geben Einblick in das ländliche, bäuerliche Leben vergangener Jahrhunderte. Zahlreiche Gebrauchs- und kunsthandwerkliche Gegenstände, eine kleine Waffensammlung und eine Abteilung mit Schnitzereien aus Oppdal komplettieren das Heimatmuseum.

Beachtung verdient auch die **Kirche von Oppdal**, ein Holzbau mit kreuzförmigem Grundriß aus dem Jahre 1651. Die Kirche liegt etwa drei Kilometer westlich des Stadtzentrums an der R70. Im Inneren sind der Reliefschmuck sowie Kanzel und Altar aus der Mitte des 17. Jh. sehenswert.

Unterhalb der Kirche ist das **Gräberfeld von Vang** zu erkennen. Aus den annähernd 1.000 Hügelgräbern (die meisten stammen aus dem 6. Jh.) wurden zahlreiche eisenzeitliche Funde geborgen.

Bei längerem Aufenthalt mit der Absicht zu Bergwanderungen empfiehlt sich ein Abstecher in das **Trollheimen Gebirge** nordwestlich von Oppdal.

**Wanderungen im Trollheimen **

Einer der zentralen Ausgangspunkte für Bergwanderungen ist die **Gjevilvasshytta** am von Bergen umrahmten See Gjevilvannet. Die Gebirgshütte ist bewirtschaftet und kann mit dem Auto erreicht werden. Abzweig in **Feds bru**, ca. 10 km westlich von Oppdal, von der R16 nordwärts und über eine Mautstraße zur Hütte.

Die Wandermöglichkeiten durch das Trollheimen sind überaus vielfältig und werden eigentlich nur von der Ausdauer des Wanderers und von der zur Verfügung stehenden Zeit beschränkt.

Vorschlag zu einer **Drei-Tages-Runde**: Von der **Gjevilvasshytta** (54 Betten) nordwärts zur **Jøldalshytta** (bewirtschaftet, 48 Betten), Gehzeit gut 6 Stunden. Von hier westwärts zur **Trollheimshytta** (bewirtschaftet, 55 Betten), wobei sich drei Möglichkeiten anbieten – der mittlere Weg durch das *Svartåa Tal* (5 Stunden), der nördliche Weg über den 1.614 m hohen *Trollhetta*, dem höchsten Gipfel im Trollheimen (9 Stunden, anstrengend) und der südliche Weg über den 1.316 m hohen *Geithetta* (gut 6 Stunden). Und von der Trollheimshytta schließlich südostwärts zurück zur Gjevilvasshytta (8 Stunden).

Praktische Hinweise – Oppdal

☎ **Oppdal Turist- og Informationskontor**, Postboks 60; 7341 Oppdal, Tel. 72 42 17 60.

Oppdal Hotels

🏠 Hotels: **IMI Stølen,** 135 Betten, Tel. 72 42 13 70, Fax 72 42 08 70, Miethütten, **Camping.**
Oppdal Hotell, 160 Betten, O. Skasliens vei, Tel. 72 42 11 11, Fax 72 42 08 24, Restaurant, Sauna. – Und andere Hotels.

Camping bei Oppdal

▲ – **NAF-Camping Halsetløkka Oppdal *****, Tel. 72 42 13 61; 1. Jan. – 31. Dez.; ca. 3 km nördl. Oppdal an der E6; ca. 3 ha – 180 Stpl.; Standardausstattung; 22 Miethütten.
– **NAF-Camping Festa *****, Tel. 72 45 14 62, Anf. Jan. – Ende Dez.; an der R70, ca. 12 km westl. Oppdal; von Bäumen umgebener Wiesenhügel; ca. 3 ha – 150 Stpl.; Standardausstattung; 7 Miethütten.

ALTERNATIVROUTE

Als Alternative zum direkten Weg über die E6 nach Trondheim, kann ab Oppdal der **weite Umweg über Kristiansund N** genommen werden. Den Weg sollte aber nur wählen, wer Zeit hat, denn man versäumt nicht allzuviel, wenn man Kristiansund nicht gesehen hat. Weder landschaftlich noch städtebaulich bietet die Stadt Außergewöhnliches, das als „Muß" auf einer Reise bezeichnet werden könnte. Interessant allerdings ist eine Bootsfahrt von Kristiansund zur recht weit vorgelagerten Insel Grip. **Alternativroute über Kristiansund N**

TRONDHEIM

Fast in der Mitte Norwegens, wenn man die Nord/Süd-Ausdehnung des Landes betrachtet, liegen die *Provinzen Süd-* und *Nord-Tröndelag.* Hauptverwaltungsort, kulturelles und wirtschaftliches Zentrum dieser Region mit großer Vergangenheit ist **Trondheim**. Mit annähernd 140.000 Einwohnern ist es heute die drittgrößte Stadt Norwegens.

Trondheim, das auf eine 1000-jährige Geschichte zurückblicken kann – 1997 feierte man 1000-jähriges Jubiläum – liegt am Südufer des weit ins Landesinnere reichenden Trondheimfjords, dort wo der Fluß Nidelva in den Fjord mündet. **Trondheim Stadtgeschichte**

Im Jahre 997 gründete der junge, gerade erst zum Christentum bekehrte Wikingerkönig *Olav Tryggvason* an der Mündung des Nidelva seinen Königshof Nidaros. Rasch entwickelte sich eine Stadt mit prosperierendem Hafen, die bald das Machtzentrum des Königreichs wurde. Der Einfluß der Wikinger reichte damals über England und Frankreich bis ins Mittelmeer und über Island und Grönland bis an die Küste Nordamerikas.

Nur drei Jahre nach der Stadtgründung fällt Olav Tryggvason im Kampf gegen dänische und schwedische Truppen.

Ihm folgt auf dem Thron König *Olav II. Haraldsson*, ein leidenschaftlicher Verfechter des Christentums. Er fällt nach 30jähriger Regentschaft am 29. Juli 1030 bei Stiklestad im Kampf für die neue Religion, die zur

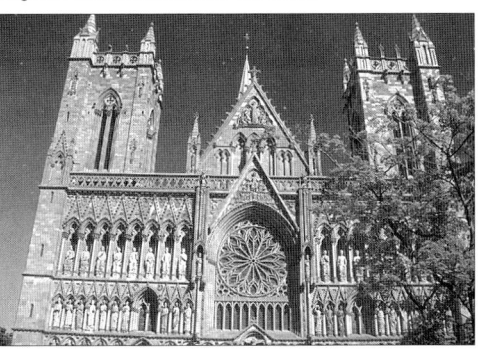

der Nidarosdom in Trondheim

Staatsreligion ernannt wird. Olav II., nun mit dem Beinamen „der Heilige" versehen, wird in Nidaros beigesetzt. Sein Mythos ist so groß, daß er bald Norwegens Nationalheiliger wird. Das Grab Olavs des Heiligen wird Mittelpunkt eines ausgeprägten Pilgerkults und eines rasch erstarkenden kirchlichen Machtzentrums.

1070 wird an der Stelle des Olavsgrabens der Grundstein zur Kathedrale gelegt. 1152 wird Trondheim Sitz der norwegischen Erzbischöfe. Die nun von der Stadt am Nidelva ausgehenden weltlichen wie religiösen Impulse prägen die Entwicklung des ganzen Landes, die einerseits erst mit der Dänenherrschaft Ende des 15. Jh., andererseits mit der Reformation 1537 enden.

Schon während der Union mit Dänemark (1397 – 1814) beginnt die politische Ausstrahlung der Stadt zu schwinden. Nidaros wird unter der Dänenherrschaft umbenannt in *Tronthjem.* Und mit der Entmachtung der Trondheimer Erzbischöfe in der Zeit der Reformation sinkt die Bedeutung

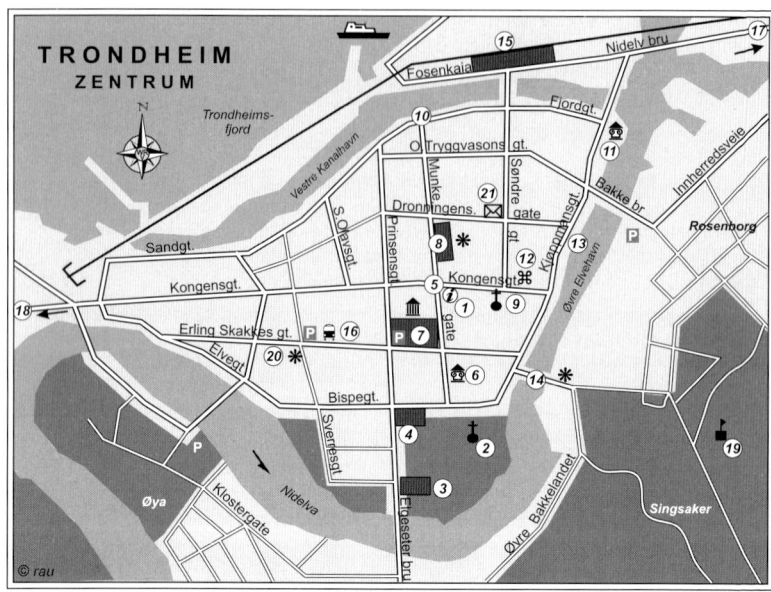

TRONDHEIM
ZENTRUM

TRONDHEIM	platz, Tryggvason Denkmal	Munkeholmfähre	17 zum Musikinstru-mentenmuseum
1 Information	6 Kunstindustrie-museum	11 Seefahrtmuseum	Ringve
2 Nidarosdom		12 Kirchenruine	18 zum Volksmuseum
3 Erzbischofs-palais	7 Rathaus	13 Bryggene, alte Speicherhäuser	19 Festung Kristiansten
4 Kunstgalerie	8 Stiftsgården	14 Gamla Brua	
5 Torvet, Markt-	9 Vår Frue Kirke	15 Bahnhof	
	10 Ravnkloa,	16 Busbahnhof	

der Stadt weiter. Selbst das Symbol des Christentums im Norden, der Nidarosdom, beginnt zu verfallen.

Bis ins 17. Jh. war Trondheim eine Stadt aus Holz gebaut, mit engen Gassen („Veitene") zwischen den Häuserzeilen. Feuer waren häufige Heimsuchungen. In der Feuersbrunst von 1681 wurde nahezu die ganze Stadt ein Raub der Flammen.

Von General *Caspar de Cicigno* stammen die Pläne für den Wiederaufbau der Stadt. Bald prägten breite Straßen, die ein möglichst regelmäßiges Raster um den zentralen Marktplatz Torvet bildeten, das neue Stadtbild. Es ist bis heute nahezu unverändert erhalten geblieben.

1760 erlangte Trondheim mit der Gründung einer wissenschaftlichen Hochschule durch die Königlich Norwegische Wissenschaftsgesellschaft den Hang einer Universitätsstadt und ist heute noch die zweitgrößte Lehranstalt (auch auf technischem Gebiet) des Landes.

Wirtschaftlich lebt Trondheim immer schon von seinem Hafen, von der Handelsschiffahrt, vom Fisch-, Holz- und Kupferexport. Die alten Speicher- und Handelshäuser am Nidelva zählen heute zu den Sehenswürdigkeiten der Stadt.

Prosperität und wirtschaftlicher Aufschwung, der vor allem nach der Loslösung von Dänemark 1814 wieder einsetzte, ermöglichten auch Einrichtungen des gesellschaftlichen Lebens. So wurde 1861 das „Norwegische Theater in Trondheim" eröffnet, das viele Jahre hindurch seinen festen Platz in der Theaterwelt behauptete. Aber die Theatertradition der Stadt ist noch älter. Schon 1803 wurde in Trondheim das erste öffentliche Theater Norwegens eingerichtet. 1931 wurde die offizielle Schreibweise der Stadt auf *Trondheim* festgelegt.

Trondheim

STADTSPAZIERGANG

Wir beginnen unseren **Stadtrundgang** durch die Innenstadt von Trondheim an der **Nidaros Domkirche (2)**, einem der größten mittelalterlichen Sakralbauten in Nordeuropa und Wahrzeichen der Stadt. Begonnen wurde mit dem Bau um 1070, als über dem Grab Olavs des Heiligen eine Kathedrale entstehen sollte. Unterbrochen durch Brände und andere Widrigkeiten, war der Dom um 1320, nach 250 Jahren, fertiggestellt. Die lange Bauperiode schließt zwei Stilepochen ein. So sind vor allem am Querschiff romanische Stilelemente zu erkennen, während das Hauptschiff, der Chor mit seiner schönen Kuppel und die übrigen Teile gotisch sind. Neben den kunstvollen Glasfenstern verdient vor allem die Westfassade mit ihrem reichen Figurenschmuck (Heilige, Könige und Bischöfe) Beachtung.

Nidaros Dom * (2)**
Juni - Aug. Mo. - Fr. 9.30 - 17.30, Sa. 9.30 - 14, So. 13.30 - 16 Uhr. Übrige Zeit kürzer. Eintritt.

Nach der Reformation und der Ausweisung des Klerus begann der Bau zu verfallen, Brände setzten ihm zu und zu Beginn des 19. Jh. glich der Dom mehr einer Ruine als einem Gotteshaus. 1869 wurde mit dem Wiederaufbau begonnen. Damals war Norwegen erst seit etwas mehr als 50 Jahren wieder souverän und unabhängig und die Verfassunggebende Versammlung zu Eidsvoll erkor 1814 den Nidarosdom zum Symbol der neuen Norwegischen Nation und legte fest, daß der Nidarosdom, wie schon im Mittelalter, wieder die Krönungskirche aller zukünftigen norwegischen Könige sein sollte. 1958 erhielt seine Majestät König Olav V. im Nidarosdom seine Königsweihen.

Im Sommer finden im Dom werktags um 13 Uhr Orgelkonzerte statt. Führungen werden angeboten (veränderliche Zeiten).

Südlich vom Dom schließt sich der Gebäudekomplex des **Erzbischöflichen Palais (3)** „Erkebispegården" an. Dieses älteste, nicht sakrale Bauwerk in Norwegen entstand im 12. Jh. und war bis zur Reformation die Residenz des Erzbischofs. Später war es Sitz der dänischen Lehnsherren, danach diente es als Militärunterkunft und heute als städtischer Repräsentationsbau, der bei offiziellen Anlassen genutzt wird. Es werden täglich Führungen angeboten.

Bischofspalais (3)
Juni - Aug. 9 - 15, So. 12 - 15 Uhr. Eintritt.

Auf dem Gelände des Bischofspalais befindet sich auch die sog. *„Rüstkammer"*. Das ehemalige Zeughaus dient heute man in als *Militärmuseum*.

Westlich, neben dem Nidarosdom, findet man in der Bispegata 7b die **Galerie** des städtischen Kunstvereins **„Trondhjems Kunstforening" (4)**. Vornehmlich werden Arbeiten norwegischer Künstler aus dem 19. Jh. bis in unsere Zeit gezeigt. Wechselnde Sonderausstellungen.

Kunstgallerie (4)
Sommer tgl. 10 - 16 Uhr, donnerstags bis 18. Übrige Zeit tgl. a. Mo. 12 - 16 Uhr. Eintritt.

Vom Dom gehen wir die breite Munkegate (rechts gleich das Rathaus – 7 –) stadteinwärts. Im Haus Nr. 5 auf der rechten Seite ist das **Nordenfjeldske Kunstindustriemuseum (6)** untergebracht. Gezeigt

Trondheim

Museum für Kunsthandwerk (6)
tgl. 10 - 15, Do. bis 19 Uhr. Eintritt.

werden erlesene Möbel, Silber-, Glas- und Keramikgegenstände. Einen breiten Raum nehmen Textilien, eine schöne Jugendstilsammlung und eine Abteilung mit japanischer Kunst ein. Die meisten Exponate entstammen den Stilepochen von der Renaissance bis zum modernen „Skandinavischen Design" unserer Tage.

Wir gehen weiter bis zum zentralen Marktplatz **Torvet**. Dort sieht man auf einer hohen Steinsäule das Standbild des Stadtgründers Olav Tryggvason. An der rechten (südöstlichen) Seite des Platzes liegt das **Touristeninformationsbüro (1).** Um und unter dem Platz findet man Geschäfte, Supermärkte, Restaurants.

Wir gehen über den Platz und folgen weiter der Munkegate. Nach wenigen Metern sieht man an der rechten (östlichen) Straßenseite den

Stiftsgården ** (8)
1.6. - 31.8. Mo. - Sa. 11 - 14 Uhr. Eintritt. Führungen.

Stiftsgården (8). Dieses stattliche Patrizierpalais wurde um 1775 errichtet. Der mächtige Bau gilt als das größte Holzgebäude in ganz Nordeuropa. Es dient heute als königliche Residenz, wenn sich der Monarch in Trondheim aufhält.

Geradezu pompös mutet dieses Meisterwerk der Zimmermannskunst an und man könnte fast meinen, der Bauherr wollte seinerzeit etwas von der Verspieltheit mancher französischer Schloßfassaden in den hohen Norden bringen.

Am Ende der Munkegate, am Hafen, liegt der Fischmarkt **Ravnkloa (10)**. Dort findet man auch die Anlegestelle der Boote zur Insel Munkholmen. Wir gehen zurück bis zum Torvet und folgen der Kongensgate nach Osten. Rechts erkennt man den gedrungenen Bau der Liebfrauenkirche „**Vår Frue Kirke**" (9). Die Ursprünge dieses Kirchenbaus gehen zurück bis ins 13. Jh. Ihre heutige Form erhielt die Kirche allerdings bei eingreifenden Restaurierungsarbeiten in der ersten Hälfte des 18. Jh.

Weiter östlich sieht man links in der Søndregate 4 das Gebäude der „Sparebanken Midt-Norge". Als 1972 der Baugrund ausgehoben wurde, stieß man auf die Reste der mittelalterlichen Gregoriuskirche. Die Krypta wurde erhalten und kann im Bankgebäude besichtigt werden.

Seefahrtmuseum (11)
tgl. 9 - 15 Uhr. Eintritt.

Die Kongensgate mündet in die Kjøpmannsgate am Fluß Nidelva. Man kann nun nach Norden bis zum **Seefahrtmuseum (11)**, Ecke Fjordgate, gehen. Das Museum ist im sog. „Sklavenhaus" untergebracht. Schiffsmodelle, Gerätschaften, Bilder und Dokumente geben Einblick in die lange Seefahrts- und Seehandelstradition der Stadt.

Wir gehen die Kjøpmannsgate nach Süden und kommen dabei an den alten **Speicherhäusern (13)** nahe Nidelva vorbei. Viele der Holzbauten sind schön restauriert und beherbergen Gaststätten, wie das „La Scala", das „Dickens" oder das „Bryggen", sowie Büros und Läden.

An der **Gamle Bybrua** (Alte Stadtbrücke, – 14 –), die wegen der schön gearbeiteten Holzportale nicht zu verkennen ist, vorbei und über die Bispegate zurück zum Dom.

Außerhalb des Stadtzentrums kann auf dem Gelände der Universität das **Archäologische Museum**, mit Abteilungen zur Geologie, Völkerkunde und Kirchengeschichte besichtigt werden.

Freilichtmuseum
Juni - Ende Aug. tgl. 11 - 18 Uhr.

Westlich der Stadt, in **Sverresborg**, liegt das **Trøndelag Folkemuseum**. Das Freilichtmuseum mit annähernd 60 typischen alten Gebäuden aus

in Trondheim an der Gamla Bybrua

Trøndelag gruppiert sich um die Reste der von König Sverre im 12. Jh. errichteten Burg Sion. Großgehöfte, Stadthäuser, alte Werkstätten u.a. sind hier wieder aufgebaut worden. Kunst- und Gebrauchsgegenstände geben Einblick in das Milieu früherer Tage in Trøndelag, in der Stadt wie auf dem Lande. Ein Wirtshaus aus dem 18. Jh. dient heute wieder als Restaurant.

Das Volksmuseum kann mit Bussen der Linie 8 und 9 ab Haltestelle Dronningensgate bis Wullumsgården erreicht werden.

Das **Ringve Museum** liegt in **Lade**, 4 km nordöstlich von Trondheim. Das in einem stattlichen Gutshof aus dem 19. Jh. untergebrachte Museum befaßt sich fast ausschließlich mit Musikinstrumenten aus aller Welt. Der größte Teil der privaten Sammlung kann nur auf Führungen besichtigt werden, wobei viele der Instrumente angespielt und ihre Handhabung demonstriert wird. Führungen auch in deutscher Sprache. Das Museum ist ab Trondheim auch mit der Straßenbahn Linie 1 bis Lade zu erreichen.

sehenswert, die Instrumentensammlung des Ringve Museum ***

Schließlich können noch zwei Aussichtspunkte besucht werden. Die **Festung Kristiansten (19)** ist auf einer Anhöhe östlich der Stadt gelegen. Schon von weitem sieht man den massigen, weißen Turm der Anlage, die zwischen 1676 und 1682 unter General Caspar de Cicignon errichtet wurde. Schöner Stadtblick von der Festung.

Der 120 m hohe **Tyholt-Turm** liegt östlich der Stadt. In 80 m Höhe des Fernmeldeturms befindet sich ein Drehrestaurant mit Aussichtsterrasse. Der Turm kann auch mit Bussen der Linien 20 und 60 erreicht werden.

Zumindest bei längerem Aufenthalt lohnt ein Bootsausflug zur **Insel Munkholmen**. Die „Mönchsinsel" war schon um das Jahr 1000 von Benediktinermönchen besiedelt, die hier ein Kloster – wahrscheinlich das erste im Norden – gegründet hatten. Später wurde Munkholmen stark

173

befestigt, diente im Mittelalter als Richtplatz, später als Gefängnisinsel und schließlich als Zollstation. Heute ist es im Sommer ein beliebter Ausflugsort mit Bademöglichkeit und Restaurant.

Im Sommer verkehrt ab Ravnkloa täglich zwischen 10 und 17 Uhr stündlich eine Fähre zur Insel Munkholme. Halbstündliche Führungen durch die Festung.

Im Sommer (1. 6. – 31. 8.) werden **Stadt- und Hafenrundfahrten** von zweistündiger Dauer angeboten. Infos und Fahrkarten beim Fremdenverkehrsbüro.

Praktische Hinweise – Trondheim

Trondheim

☎ **Trondheim Aktivum**, Munkegata 19, Torvet, 7001 Trondheim, Tel. 73 80 76 60, Fax 73 80 76 70. Sommer Mo. – Fr. 8.30 – 20, Sa. 8.30 – 18 und So. 10 – 18 Uhr. Winter werktags 9 – 16 Uhr. Zeiten veränderlich. www.trondheim.com

Hotels

⌂ Hotels: **Ambassadeur,** 85 Betten, Elvegt. 18, Tel. 73 52 70 50.

Britannia, 275 Betten, Dronningensgt. 5, Tel. 73 53 53 53, Fax 73 51 29 00, obere Preisklasse, Restaurant, Sauna, Garage.

Inter Nor Hotell Prinsen, 162 Betten, Kongensgt. 30, Tel. 73 53 06 50, Fax 73 53 06 44, Restaurant, Garage.

Norrøna Hotell, 68 Betten, Ths. Angellsgt. 20, Tel. 73 53 20 20, Fax 73 53 52 40, mittlere Preisklasse, Cafeteria, Parkplatz.

Quality Panorama, 234 Betten, Østre Rosten 38, in Trondheim Syd, Tel. 73 88 65 22, Fax 72 88 86 26, obere Preisklasse, Restaurant, Sauna, Parkplatz.

Redisson SAS Royal Garden, 700 Betten, Kjøpmannsgt. 73, Tel. 73 52 11 00, Fax 73 52 11 00, obere Preisklasse, Restaurant, Sauna, Schwimmbad, Garage. Flughafenbus.

Residence, 117 Betten, Tovet, Tel. 73 52 83 80, Fax 73 52 64 60, Restaurant, Parkplatz. – Und andere Hotels.

Jugendherberge

Jugendherberge: **Rosenborg Vandrerhjem Trondheim**, Weidemannsveien 41, 7043 Trondheim, Tel. 73 53 04 90; 200 Betten.

Wohnmobilstellplatz und Camping bei Trondheim

❐ – **Wohnmobilstellplatz**, in Heimdal, Industriveien 39, ca. 10 km südl. von Trondheim, E-6 Ausfahrt Klæbu/Heimdal bei Sandmoen, Richtung Heimdal sentrum, Parkplatz der Caravanhandlung Arve Opsahl AS, Tel. 72 59 28 00.

▲ – **Sandmoen Motell of Camping ********,** Tel. 72 84 82 22; 1. Jan. – 31. Dez.; ca. 12 km südl. Trondheim, von der E6 beschilderte Zufahrt; ausgedehntes, etwas geneigtes Gelände mit Waldanteil, wenig ebene Stellplätze; ca. 5 ha – 400 Stpl.; Standardausstattung; Laden, Imbiß, Restaurant; 61 Miethütten. **Motel** 31 Zimmer.

Flakk

– **NAF-Camping Flak **,** Tel. 72 84 39 00; 1. Mai – Ende Aug.; ca. 13 km westl. Trondheim, an der Fährstation am Trondheimsfjord; hügelige Wiesen am Fjord; ca. 2 ha – 100 Stpl.; einfache Standardausstattung; 4 Miethütten. Viele Dauercamper.

Malvik/Vikhamar

– **NAF-Camping Storsand Gård ***,** Tel. 73 97 63 60; ganzjährig; ca. 15 km östlich von Trondheim, nördl. der alten E0; weitläufiges, teils ebenes, teils hügeliges, terrassiertes Gelände mit Waldanteil, am Fjord in ansprechender Lage; ca. 9 ha – 250 Stpl.; Standardausstattung; Laden; 72 Miethütten. Auf den schönsten Plätzen Dauercamper.

– Und andere Campingplätze, z.B. in **Leinstrand, Camping Øysand,** 1. Mai – 30. Aug.; über E39 ca. 20 km südwestl. von Trondheim. Oder in **Viggja, Camping Tråsåvika ***,** 1. Mai – 30 Sept.; an der E39 ca. 30 km südwestl. Trondheim.

17. TRONDHEIM – MOSJØEN

⊙ **Entfernung:** Rund 410 km über E6. Die küstennahe Alternativroute ist 200 km länger, + 2 Fähren.

→ **Strecke:** Über die E6 bis **Mosjøn.**

🕘 **Reisedauer:** Mindestens ein Tag über die E6. Besser zwei Tage über die küstennahen Straßen.

⌘ **Höhepunkte:** Das historische **Stiklestad *** – Blick zum **Berg Torghattan.**

→ **Mosjøen** läßt sich über die E6 relativ schnell erreichen. ●

☑ *Mein Tip!* Steht jedoch ausreichend Zeit zur Verfügung, stellt – vor allem in der Hauptreisezeit – der weiter westlich verlaufende alternative Weg über die R17 eine durchaus empfehlenswerte Variante dar, mit wesentlich geringerem Verkehrsaufkommen. Die Strecke bis Mosjøen ist dann allerdings um gut 200 km länger. Es sind zwei Fähren zu benutzen und ein Stück der Straße 803 kann noch unbefestigt sein. Im Interesse des Reiseerlebnisses sollten für den Weg über die R17 mindestens zwei Tage eingeplant werden. Als Stops bieten sich z.B. Namsos, Vennesund oder Brønnøysund an.

ALTERNATIVROUTE ÜBER NAMSOS

→ **Route:** Entscheidet man sich für diese **Alternativroute,** verläßt man Trondheim in westlicher Richtung und kommt nach 13 km zur **Fährstation Flakk** (*Camping*). Von hier verkehren regelmäßig **Fähren nach**

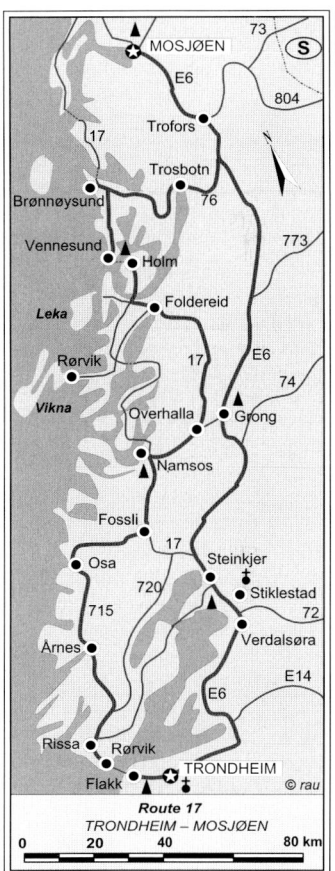

Route 17
TRONDHEIM – MOSJØEN

Rørvik auf der Halbinsel Fosna, und zwar zwischen ca. 6 und 23.30 bis zu 25 mal, Fahrzeit 25 Minuten.

WIKINGER
Erste Entdecker Amerikas

Schon seit dem frühen 9. Jh. segelten Wikinger, die „Männer aus der Bucht" (eine der vielen Deutungen des Wortes „Wikinger") mit ihren schlanken, meisterhaft konzipierten und gebauten Drachenbooten von Norwegen (Oslofjord, Trondheim), Dänemark (Roskilde), Schweden (Mälarsee) und Schleswig (Haithabu) entlang der Meeresküsten und über die großen Ströme Osteuropas.

Wikinger durchkreuzten das Waräger-Reich (Rußland) von Nowgorod (Holmgård) bis Kiew, kamen über das Schwarze Meer bis ans Goldene Horn von Byzanz (Miklegård). 885 tauchten sie mit etwa 700 Schiffen auf der Seine auf und belagerten Paris. 930 eroberte der Wikingerfürst Rollo die Normandie und schon hundert Jahre zuvor hatte man sich an der südenglischen Küste festgesetzt.

Die meisten dieser Entdeckungsfahrten hatten den Charakter von Eroberungs- oder Plünderungszügen.

So waren viele Entdeckungen im Atlantik wohl eher zufällige Ergebnisse nach sturmbedingten Irrfahrten. Auch die Erkundungsfahrten nach „Vinland" an der nordamerikanischen Ostküste waren in ihrem Anfang alles andere als kalkulierte Unternehmungen.

Um also nicht allzuviele Tage dem offenen Meer und seinen Unbilden ausgesetzt zu sein, bediente man sich bei der Erkundung der Meere im Westen der Orkney-, Shetland- und Färöer-Inseln als Sprungbrett.

Mit jeder Fahrt nach Westen lichtete sich der Nebel des Unbekannten mehr und mehr. Und bald fuhren die Schiffe von Norwegen direkt nach Island. Gardar Svarvarsson berichtete um 860 erstmals über die Insel.

Die „Entdeckung" Amerikas durch Wikinger war im Grunde die Folge einer Ächtung. Ächtung, oder Friedlosigkeit, war eine der härtesten Strafformen, die vom Thing über jeden verhängt wurde, der sich z.B. mit seinem Nachbarn böswillig überworfen oder gar seinen Gegner erschlagen hatte.

Ab Rørvik folgt man der R717 nach **Rissa** und fährt von dort über die R715 und über **Årnes/Åfjord** zunächst bis **Osen (Steinsdalen)**, einem kleinen Kirchdorf. ●

Man fährt dabei lange durch eine adrette, recht beschauliche, ländliche Gegend mit gepflegten Gehöften, Weiden und Feldern. Später wird das Land flacher und waldreicher, bietet aber keine nennenswerten Höhepunkte, ist relativ eintönig. Erst wenn die Straße wieder die Küste erreicht, wird die Szenerie von herrlichen Meeresbuchten bei Sørrjær und bei **Sundet** geprägt.

Im 10. Jh. wurde Erik Thorwaldson, genannt „der Rote", ein ruheloser Entdeckergeist, an der norwegischen Westküste geboren. Mit seiner Familie kam er nach Island. Im gestandenen Mannesalter handelte sich der Hitzkopf die Schmach der Ächtung ein. Er wurde zu drei Jahren Friedlosigkeit verurteilt und aufs Meer verbannt, dem er sich – was blieb ihm anderes übrig – überließ. Sein Boot trieb nach Westen. So wurde um 980 Grönland entdeckt, ein weiterer Meilenstein und Stützpunkt auf dem Seeweg nach Westen.

In den drei Jahren der Ächtung gründete der rote Erik auf Grönland zwei Siedlungen. Doch „Grünland" hielt offenbar nicht das, was versprochen wurde. Die Kunde, daß noch weiter westlich ein Land läge, „wo der Tau wie Honig schmeckt", wurde, verständlich genug, mit wachem Interesse aufgenommen.

Des roten Erik Sohn, Leif Eriksson, wollte Genaueres wissen. Um das Jahr 1000 machte er sich auf den Weg nach Westen. Nach Tagen mühevoller Fahrt ins Ungewisse erreichten Leif und seine Mannen eine Küste, die weit davon entfernt war nach Honiggras zu duften. Riesige, graue, von Gletschern blankgeschliffene Steine bedeckten alles. Leif Eriksson nannte das Land „Helluland", was Steinland bedeutet. Heute ist es die Baffin-Insel.

Die Besatzung des Drachenbootes ließ sich mit dem Labradorstrom weiter nach Süden treiben und traf auf eine Landschaft, die schon viel wirtlicher war und weite Waldgebiete aufwies. Man nannte sie „Markland", Waldland also. Heute wird angenommen, daß Labrador einst so bezeichnet wurde.

Noch weiter südlich, auf dem heutigen Neufundland, fand Leif Eriksson endlich was er suchte, grünes, fruchtbares Weideland. Was lag näher, als das Land „Vinland" zu nennen.

Heute ist längst nachgewiesen, daß die Aufzeichnungen in den alten Sagas, die wortreich über die abenteuerlichen Fahrten von Erik dem Roten und Leif Eriksson berichten, keine in langen Polarnächten erdachten Geschichten sind, sondern mit Gewissenhaftigkeit aufgezeichnete Erlebnisberichte der ersten Entdecker Amerikas. Vielleicht erlebte der unbekannte Skalde, der Sänger, der nachfolgende Verse niederschrieb, den Aufbruch nach Westen mit:

„Die Bordzelte brachen Sie ab,
so daß des Herrschers Heer erwachte.
Am Mast hißten hoch die Segel
die Wikinge im Warins-Fjord.

Wenn zusammenschlugen
die langen Kiele und Ägirs Wogen,
so scholl es laut,
als brächen Felsen und Brandung entzwei".

Nach der Sundbrücke kann man in **Sundet** nach Norden abzweigen und hinaus nach **Vingsand** fahren, ein abgelegener kleiner Hafen mit netten Fischerhütten. **Museumshof.**

▲ – **NAF-Camping Osen,** Tel. 72 57 72 32, Ende Mai – Mitte Sept.; ansprechend am Sund gelegen; ca. 2 ha – 90 Stpl.; Standardausstattung; Laden, Bademöglichkeit, 8 Miethütten.   **Steinsdal Camping**

➜ **Route:** Kurvenreich folgt die R715 ab Osen (Steinsdalen) nun dem lachsreichen Steinselva flußaufwärts nach Osten, weg vom

Meer, passiert nach 26 km die „Grenze" zur Provinz Nord-Trøndelag und trifft nach weiteren 17 km bei **Fossli/Årgård** auf die R17 aus Steinkjer. Hier nordwärts und über **Holmset** nach **Namsos** am Ostende des gleichnamigen Fjords. ●

Namsos ist eine relativ junge Stadt, stammt zum größten Teil aus dem 19. Jh., wurde aber durch Brände und Bombardements im Zweiten Weltkrieg stark zerstört. Heute bietet die moderne Industriestadt (große Sägewerke) dem durchreisenden Besucher nur wenig, was einen Aufenthalt lohnen könnte, es sei denn, man will das **Namsdalsmuseum** mit seiner Sammlung samischer Kultur oder eine Bootsfahrt durch den inselreichen Fjord unternehmen.

Namsos
Hotels

Camping

Praktische Hinweise – Namsos

⌂ Hotels: **Central Hotel Namsos,** 64 Betten, Kirkegt. 7 – 9, Tel. 74 27 10 00, Fax 74 27 11 22, Restaurant, Sauna.
Namsen Motor Hotell, 107 Betten, in **Spillum** südl. Namsos, Tel. 74 27 61 00, Fax 74 27 67 85, Restaurant.

▲ – **Namsos Camping ***,** Tel. 74 27 53 44; 1. Jan. – 31. Dez.; ca. 4 km östl. der Stadt, zwischen Straße und Namsenelva, in Flughafennähe; von Bäumen umrahmte Wiesen; ca. 3,5 ha – 150 Stpl.; gute Standardausstattung; Laden, Imbiß; 31 Miethütten..

Overhalla
Hotel + Camping

➔ **Route:** Die Straße R17 umgeht Namsos im Osten, folgt dem breiten Namsenelva bis **Overhalla** (*Overhalla Hotell*, 64 Betten, 74 28 15 00, Restaurant. *Camping Skei,* bei einem Bauernhof), zweigt nordwärts ab und erreicht nach 77 km **Foldereid.** ●

Foldereid ist ein kleiner Ort an der Brücke über den weit ins Land reichenden, sehr schmalen Meeresarm Indre Folda. An der Strecke liegen mehrere Campingplätze.

Abstecher nach
Rørvik

Ab Foldereid bietet sich ein Abstecher über den R770 westwärts nach **Rørvik** (55 km) und in die wild zerklüftete Inselwelt von **Vikna** an. Wer weit abgeschiedene Küstenlandschaften liebt, kommt hier auf seine Kosten.

Hotel + Camping

In Rørvik gibt es Hotels (*Kysthotellet,* 60 Betten, Tel. 74 39 01 00, Restaurant) und einen Campingplatz (*Camping Nesset ***,* Tel. 74 39 06 60, Mitte Mai – Mitte Sept.; ca. 2 km nördl. der Stadt; 19 Miethütten).

Abstecher zur
Insel Leka

Rund 22 km nördlich von Foldereid kann man westwärts zur **Fährstation Gutvik** abzweigen (20 km). Von dort verkehren Fähren nach **Skei** auf der **Insel Leka**. Die Fähren nach Leka verkehren nicht sehr häufig. Wartezeiten einplanen!

Die Insel ist bekannt für ihr rötliches Serpentingestein, für das **Hünengrab Herlaugshaugen** aus der Wikingerzeit und vor allem für die Höhlenmalereien in der Solsenhulen im Südwesten der Insel.

Leka Camping +
Motel

▲ – **Leka Motel og Camping ***,** Tel. 74 39 98 23; Anf. Apr. – Ende Sept.; südl. der Fährstation; ca. 1 ha – 20 Stpl.; einfache Standardausstattung; 22 Miethütten, teils aus Serpentingestein; Kafeteria. **Motel** ganzjährig.

➔ **Route:** Die Straße 17 erreicht 22 km weiter nördlich den **Fährhafen Holm** nun bereits in der Provinz Nordland. ●

der See Majavatn in Nord-Trøndelag

Ab **Holm** verkehren laufend **Autoähren nach Vennesund**. Abfahrten zwischen 6 und 22 Uhr bis zu neunmal, Fahrzeit 20 Minuten. Vennesund ist ein kleines, abgeschiedenes Küstendorf auf der Insel Sømna.

> ▲ – **NAF-Camping Vennesund ****,** Tel. 75 02 73 75; 1. Jan. – 31. Dez.; Wiesen bei einem Gasthaus in ansprechender Lage, unmittelbar an der Fähranlegestelle; ca. 1,5 ha – 50 Stpl.; einfache Standardausstattung; 16 Miethütten. Fremdenzimmer.

Vennesund Camping

Auf der Weiterfahrt über **Vik** nach Norden hat man nach ca. 25 km bei gutem Wetter einen schönen Ausblick nach Westen auf den 260 m hohen, markanten, abgerundeten **Berg Torghattan**. Mitten durch den Felsen geht ein Loch, durch das man von einem günstigen Standpunkt aus den Himmel auf der anderen Bergseite sieht. Natürlich ist eine solche Kuriosität von Sagen und Legenden umwoben. Hier heißt es, daß das Loch von einem Pfeil stammt, den der sagenhafte Riese Hestmann auf einer Verfolgungsjagd durch den Berg jagte. Und in der Sagenwelt ist der Berg auch kein Berg, sondern der Hut des Königs von Sømna, der ihn nach aufsässigen Trollen auf der Insel Torget geschleudert haben soll. Unsere nüchterne, aufgeklärte Welt hat für das „Fenster im Berg" natürlich eine andere Erklärung parat. Erosion hat das Loch im Berg geschaffen.

Man kann bis an den Fuß des Berges Torghattan fahren, wenn man den Weg über **Brønnøysund** wählt.

Brønnøysund
Hotels

Camping

Praktische Hinweise – Brønnøysund

⌂ Hotels: **Galeasen Hotell,** 25 Betten, Havnegt. 34 - 36, Tel. 75 02 14 44, Restaurant.
Torghattan Brønnøy Hotell, 110 Betten, Valvn. 11, Tel. 75 02 02 00, Restaurant, Schwimmbad. – Und andere Hotels.

▲ – **Solli Camping **,** Tel. 75 02 20 09; 1. Jan. – 31. Dez.; südlich der Stadt, kleinere Anlage mit 10 Miethütten.
– **Camping Horn *,** Tel. 75 02 51 45; 1. Jan. – 31. Dez.; 14 km nördl. von Brønnøysund; kleiner Platz, ca. 1 km vor dem Fährhafen; 4 Miethütten.

In **Skillebotn** verlassen wir die R17 und nehmen die R76 ostwärts, die durch sehr idyllische Fjordlandschaften nach **Tosbotn** (*Camping Bakken,* Wiese mit Miethütten bei einem Gasthof nahe der Straße) führt. Auch die Fahrt am Tosnefjord entlang ist herrlich, mit Blick auf wilde, hellgraue Berge an seinem Ostufer.

Ab Tosbotn ist die Straße bestens ausgebaut und führt in einer schönen Bergfahrt durch das Tal des Storelva aufwärts, passiert das 5,5 km lange Tosen Tunnel und erreicht nach rund 15 km die E6. 66 km weiter nördlich liegt **Mosjøen** (siehe dort).

ÜBER DIE E6 NACH MOSJØEN

Unsere **Hauptroute** folgt ab Trondheim der E6 am Fjord entlang nach Osten. Die zwischen Runheim und Hommelvik mautpflichtige Straße ist autobahnähnlich ausgebaut. Sie passiert **Malvik** und die Strände bei **Vikhamar.** Wenig später kommt man durch **Stjørdal** (Flughafen. Abzweig der E14 nach Schweden. *Hotels* und *Camping*).

9 km weiter nördlich kann man von der E6 nach Westen Richtung **Flöan** abzweigen und erreicht dann nach 3 km die Reste der mittelalterlichen **Burgruine Steinviksholm** im Åsenfjord.

In Åsen zweigt die R753 nach Westen auf die **Halbinsel Frosta** ab. Am Südwestende der Halbinsel findet man bei **Logtun** eine **mittelalterliche Kirche,** nahe bei eine uralte **Tingstätte** und auf der **Insel Tautra,** die per Straße zu erreichen ist, eine **Klosterruine** aus dem frühen 13. Jh.

Hotels und
Camping
zwischen Stjørdal
und Verallsøra

Praktische Hinweise – Stjørdal

⌂ Hotels: **Stjørdal**
Quality Airport Hotel, 160 Betten, Kjøpmannsgt. 20, Tel. 74 82 60 11, Restaurant.
Rica Hell Hotel, 314 Betten, in **Hell,** Tel. 74 82 78 11, Restaurant, Sauna, Schwimmbad.
Stjørdal Hotel, 70 Betten, Kongensgt. 1, Tel. 74 82 40 55, Restaurant. – Und andere Hotels.

Stjørdal
▲ – **NAF-Camping Hognes Gård **,** Tel. 74 82 70 84; Anf. Apr – Mitte Okt.; ca. 1 km östl., an der E14; ca. 1,5 ha – 30 Stpl.; 28 Miethütten.
Åsen
– **Camping Fættenfjord **,** Tel. 74 05 86 03; 1. Mai – 30. Sept.; an der E6, südl. Åsen; langgezogene, ebene Wiesen an kleiner Fjordbucht; ca. 1 ha – 50 Stpl.; 11 Miethütten.
– **NAF-Camping Gullberget ***,** Tel. 74 05 61 51; 1. Mai – 30. Sept.; an der E6 nördl. Åsen; im Buschwald; 29 Miethütten.

Levanger
– **Camping Bergstad** ***, Tel . 74 09 52 23; 1. Jan. – 31. Dez.; an der E6, ca. 7 km südl. Levanger; kleinere Anlage; 12 Miethütten.
Verdal
– **NAF-Camping Stiklestad** ***, Tel. 74 04 12 94; 1. Jun. – 31. Aug.; in Verdalsøra über die R757 ca. 7 km ostwärts, durch Stiklestad; Wiesen am Verdalselva; ca. 2 ha – 80 Stpl.; 15 Miethütten.

Landschaft bei Stiklestad, nördlich von Trondheim

In Verdalsøra kann man ostwärts nach **Stiklestad** (ca. 6 km) abzweigen, einem historischen Festspielort in Norwegen.

In Stiklestad fiel am 29. Juli 1030 König Olav II. Haraldsson, „der Heilige", im Kampf für den Glauben, für die Einigung des Reiches und gegen den Dänenkönig Knut. Der Überlieferung nach starb König Olav schwer verwundet an einen Stein gelehnt.

Genau an dieser Stelle steht heute die **Stiklestadt Kirche**. Sie wurde zwischen 1150 und 1180 im romanischen Stil erbaut. Die wuchtige Steinkirche hat an ihrer Südseite ein schönes romanisches Portal und zeigt im Inneren Fresken aus dem Mittelalter. Das Taufbecken stammt noch aus der Gründungszeit der Kirche. An den Wänden hängen auf Holz gemalte Bilder. Sie dienten auch zu Lehrzwecken, als die Kirche auch als Schulraum genutzt wurde.

Etwa 400 m von der Kirche entfernt findet man das **Freilichttheater**. Hier wird jedes Jahr am 29. Juli, dem Todestag König Olavs des Heiligen, und am darauffolgenden Sonntag das „*Olsokspiel*" aufgeführt. Zu dem Spiel um das Leben des Heiligen Olav kommen jedes Jahr Tausende von Zuschauern. Die besten Schauspieler des Landes nehmen daran teil.

Unmittelbar beim Freilichttheater dient ein schöner alter Gutshof nun als **Freilichtmuseum**. U. a. sieht man eine alte Bäckerei und ein Puppenhaus. Im Haupthaus ist eine überaus gemütliche, mit altem Mobiliar ausgestattete Kafeteria eingerichtet.

➔ **Route:** Der weitere Verlauf unserer Reiseroute folgt der E6 nach Norden, über **Røra**, **Steinkjer** und am langgestreckten, schön in waldreicher Landschaft gelegenen **See Snåsavatnet** entlang bis **Grong**. Hier zweigt die Straße 17 nach Namsos ab (siehe auch „Alternativroute"). ●

Wenn es die Zeit erlaubt, machen Sie Abstecher und Umwege abseits der E6, z.B. südlich von Steinkjer, in **Røra**, westwärts über **Straumen** nach **Hustad** (alte Kirchen) und zurück zur E6 bei Vist. Oder machen Sie in Mære einen kleinen Umweg nur 2 km nach Westen, zur **Kirche von Mære**, die herrlich auf einem Hügel liegt und einen weiten Blick auf die liebliche Landschaft ringsum ermöglicht. Oder fahren Sie am Südostufer des Snåsavatnet entlang.

Kurz vor Grong führt bei **Formofoss** die R74 ostwärts und erreicht nach 96 km die schwedische Grenze.

Hotels +
Camping
zwischen
Verdalsøra und
Grong

Praktische Hinweise – Steinkjer

🄷 Hotels: **Steinkjer**
Inter Nor Grand Hotell, 220 Betten, Kongensgt. 37, Tel. 74 16 47 00, Restaurant, Sauna.
Tingvold Park Hotel, 110 Betten, Gamle Kongev. 47, Tel. 74 16 11 00, Restaurant, Sauna.
Grong
Grong Gård og Gjestgiveri, 20 Betten, Tel. 74 33 11 16, Restaurant. – Und andere Hotels.

▲ Camping: **Røra**
– **NAF-Camping Koa ***,** Tel. 74 15 44 71; Anf. Mai – Ende Sept.; südl. Røra; Terrassenplatz unterhalb der E6; ca. 3 ha – 100 Stpl.; 31 Miethütten.
Steinkjer
– **NAF-Camping Guldbergaunet ***,** Tel. 74 16 20 45; 1. Jan. – 31. Dez.; Wiesen am Fluß, östlich des Ortes; ca. 4 ha – 250 Stpl.; Standardausstattung; Laden, Imbiß; 13 Miethütten. **Hotel.**
Kvam
– **NAF-Camping Braseth **,** Tel. 74 14 94 52; 15. Mai – Ende Okt.; ca. 10 km nordöstl. Kvam; 1 ha – 40 Stpl.; 15 Miethütten.
Snåsa
– **Camping Vegset ***,** Tel. 74 15 29 50; Ostern – Ende Sept.; Gabelung E6/R763; in ansprechender Lage am Nordostende des Snåsavatnet, neben dem **Gasthof Snåsa kro**; 9 Miethütten.
– **NAF-Camping Snåsa Turistsenter ***,** Tel. 74 15 10 57; 1. Mai – 30. Sept.; ca. 5 km östl. der E6, an der R763; Campingmöglichkeit beim gleichnamigen **Hotel** mit **Jugendherberge**; Laden, Restaurant; 9 Miethütten.
Heia
– **Heia Camping **,** Tel. 74 33 17 55; 1. Jan. – 31. Dez.; ca. 15 km südl. Grong; auf einer Anhöhe über einem Bach, nahe der E6; ca. 0,5 ha – 40 Stpl.; 9 Miethütten. Beim gleichnamigen **Hotel** mit **Restaurant**. – Und andere Campingplätze.

➔ **Route:** Ab Grong führt die E6 durch das bewaldete, landschaftlich sehr reizvolle Namdalen nach Nordosten. ●

Man passiert nach rund 15 km **Harran** (*Campingmöglichkeiten Moa* und *Harran*) und den Abzweigung zum Wasserfall Fiskemfossen. 30 km weiter liegen **Trones** (*Camping Trones* und *Motel*) und der Trongfoss Wasserfall, etwas abseits der E6.

Man kommt durch **Namskogen** und erreicht knapp 30 km weiter den schön gelegenen **See Majavatn**, nun schon in der *Provinz Nordland*. Unmittelbar zwischen Straße und See liegt der schmale Wiesenstreifen von *Majavatn Camping* ** (21 Miethütten und Motel).

25 km weiter trifft man auf die Einmündung der R803 aus Brønnøysund (siehe auch „Alternativroute"). Kurz nach **Trofors** sollte man auf den Abzweig von der neuen E6 auf die alte E6 achten. Man gelangt hier zum recht breiten und imposanten **Wasserfall Laksfoss**. Am Rand des tosenden Falls eine 200 m lange Lachsleiter.

Nochmals 40 km weiter erreicht man schließlich **Mosjøen**, eine langgestreckte Gemeinde ganz am Südostende des Vefsnefjords. Die Stadt mit rund 10.000 Einwohner verdankt ihre Prosperität heute in erster Linie einem großen Aluminiumwerk im Norden der Stadt, einer Großweberei und holzverarbeitender Industrie.

Ein Umweg von der Umgehungsstraße durch die Innenstadt lohnt allemal. Vor allem an der **Sjøgata** am Ufer der Vefsna-Mündung findet man eine ganze Reihe alter Lager-, Wohn- und Fischerhäuser aus dem 18. und 19. Jh. In jener Zeit wurden hier die landwirtschaftlichen Produkte aus dem Hinterland umgeschlagen. Die historische Häuserzeile steht unter Denkmalschutz und wird restauriert. In einigen Gebäuden sind heute gepflegte Restaurants eingerichtet. — **Mosjøens historisches Häuserensemble**

Ganz in der Nähe liegt das **Vefsn Museum**, ein 1909 gegründetes Freilichtmuseum, bestehend aus 12 alten Gebäuden aus der Region und einer großen heimatkundlichen Sammlung. — **Freilichtmuseum** Sommer 9 - 18 Uhr.

Zu den bescheidenen Sehenswürdigkeiten Mosjøens zählt außerdem die **Dolstad Kirche** an der Flußbrücke im nördlichen Stadtbereich, nahe der E6. Die achteckige Kirche stammt aus dem Jahre 1734. Ihre jetzigen Altarbilder wurden Mitte des 19. Jh. geschaffen. Interessant die Kanzel mit Apostelabbildungen und einem ungewöhnlichen, auf kurzen Säulen ruhenden Laufgang.

Praktische Hinweise – Mosjøen

☎ **Turistinformasjon,** Boks 269, 8651 Mosjøen, Tel. 75 17 61 20.

⌂ Hotels: **Franks Kro og Motell,** 29 Betten, Vollavn. 41, Tel. 75 17 76 00, Fax 75 17 75 35, Restaurant.
Fru Haugans Hotel, 120 Betten, Strandgt. 39, Tel. 75 17 04 77, Fax 75 17 05 34, historisches Haus in einem 200 Jahre alten Gebäude, Restaurant.
Mosjøen Hotell, 68 Betten, Vollavn. 35, Tel. 75 17 11 55, Fax 75 17 49 93, Restaurant.
Norlandia Lyngengården Hotell, 104 Betten, Vollavn. 15, Tel. 75 17 48 00, Fax 75 17 13 26, Restaurant. – Und andere Hotels.

▲ – **Mosjøen Camping Kippermoen** ***, Tel. 75 17 03 14; Anf. Jan. – 31. Dez.; am südlichen Ortsrand, Wiesen zwischen E6 und einem Wäldchen; Freibad, Go-Car-Bahn, Restaurant. Bei unserem letzten Besuch ohne Aufsicht und Pflege, vernachlässigte Sanitäranlagen.

Mosjøen Hotels

Camping

18. MOSJØEN – SVOLVÆR/LOFOTEN

⊙ **Entfernung:** Rund 450 km + 1 Fähre. Abstecher nach Bodø 63 km einfach.

➔ **Strecke:** Über E6 und über **Fauske** bis **Ulvsvåg** – R18 bis **Skutvik** – Fähre nach **Svolvær.**

⊕ **Reisedauer:** Mindestens ein Tag, ohne Abstecher.

⌘ **Höhepunkte:** Die **Grønli Grotte** *** – Abstecher zum **Svartisen Gletscher** ** – der **Malstrom** bei Bodø – die **Lofoten Inseln** ***.

Die folgende Etappe führt durch die **Provinz Nordland**, Norwegens zweit-größte (gut 38.000 qkm), längste, aber auch schmälste Provinz. Hier quert man den Polarkreis, kommt endlich in den Bereich der Mitternachtsson-ne, passiert die engste, nur etwa 6 km breite Landstelle Norwegens und kann einen Abstecher zum Svartisen, dem zweitgrößten Gletschergebiet des Landes, unternehmen.

Nordland gilt aber auch als die Region Norwegens mit den vielleicht schön-sten Küstenabschnitten. Sicher aber zählt die Küste Nordlands zu den zerklüftetsten und inselreichsten des Königreichs. Die Provinz weist nicht weniger als 14.000 km Küstenlinie auf!

Einer dieser unvergleichlichen, inselreichen Küstenstriche liegt 65 km nordwestlich von Mosjøen bei **Sandnessjøen** (*Hotel, Camping*). Die Stadt auf der **Insel Alsten** ist ab **Leinesodden** mit laufend verkehrenden Fäh-ren zu erreichen. Fahrzeit 10 Minuten. Das herrliche Landschaftspanorama wird von der prächtigen Bergkette „*De Syv Søstre*" (Die Sieben Schwe-stern) geprägt.

Es ist durchaus möglich, durch diese oft von schroffen Bergketten und weit ins Land reichenden Meeresarmen geprägten Küste auf dem Land-wege nordwärts nach Løding und Bodø zu gelangen. Der schnellste Weg ist das aber wirklich nicht, denn die Straße 17 ist von vielen, teils langen Fährpassagen unterbrochen.

➔ **Route:** Unsere **Hauptroute** führt ab Mosjøen weiter über die E6 und durch eine seendurchsetzte Berglandschaft nach **Osen** und in sehr schöner Talfahrt über weite Serpentinen hinab nach **Korgen** (49 km). ●

In **Korgen** bietet sich Gelegenheit, über die R806 südwärts nach **Røssvassbukt** (38 km) an Norwegens zweitgrößtem Stausee Røssvatnet (Wandern, Angeln) abzuzweigen. Auf dem Weg dahin kann man in **Bleikvassli** zum Staudamm Tustervassdamm fahren. Östlich von Bleikvassli liegen große Blei- und Zinkgruben.

Wer gerne Bergwanderungen unternimmt, sollte in **Olderneset** gleich bei Korgen, nach Osten ins **Okstindangebirge** abzweigen. Das Gebirge unweit der schwedischen Grenze, mit einem über 40 qkm großen Glet-scherfeld und Gipfeln über 1.900 m (Okssolten 1.915 m) ist mit Wander-wegen und Hütten (unbewirtschaftet) recht gut erschlossen. Allerdings sind viele Touren, vor allem im alpinen und Gletscherbereich, nur für geübte und berg-erfahrene Bergwanderer zu empfehlen.

Camping zwischen Mosjøen und Mo i Rana

▲ – **Camping Korgen ****, Tel. 75 19 11 36; Anf. Juni – Anf. Sept.; östl. Korgen, Richtung Røssvass; Wiesen am Fluß; ca. 1 ha – 50 Stpl., Standardausstattung; 28 Miethütten.
– **NAF-Camping Bjerka ****, Tel. 75 19 05 47, Anf. Juni – Ende Aug.; an der E6, ca. 32 km südl. Mo i Rana; ebenes Gelände im Birkenhain; vom Sørfjord durch die E6 getrennt, ansprechend gelegen; ca. 1,5 ha – 70 Stpl.; gute Standardausstattung; Laden, Imbiß, 16 Miethütten.

→ **Route:** Von Korgen geht es über **Bjerka** und am Ranafjord entlang nach **Mo i Rana** (42 km). ●

Mo i Rana (ca. 7.000 Einw.) ist eine Industriestadt mit großen Eisen- und Stahlwerken. Zu den Sehenswürdigkeiten gehört das **Rana Museum**, mit einer Sammlung zur regionalen Kunst- und Kulturgeschichte und das **Stenneset Freilichtmuseum**. Auch die Eisenhütte „Norsk Jernverk" kann nach Voranmeldung besichtigt werden. Außerdem läßt sich mit dem Sessellift auf den **Mofjell** fahren. Prächtiger Ausblick.

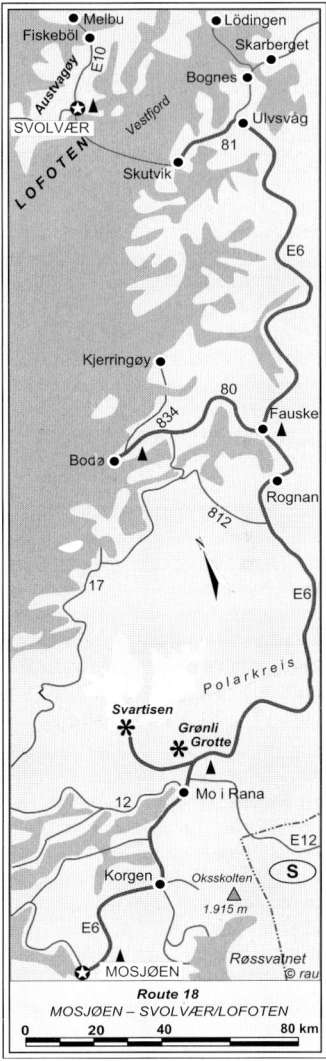

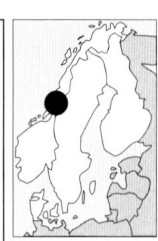

Route 18
MOSJØEN – SVOLVÆR/LOFOTEN

0   20   40   80 km

Praktische Hinweise – Mo i Rana

☎ **Rana Reisetrafikklag**, Postboks 225, 8601 Mo i Rana, Tel. 75 15 04 21.

⌂ Hotels: **Best Western Holmen Hotell,** 80 Betten, Th. von Westensgt. 2, Tel. 75 15 14 44, Fax 75 15 18 70, Restaurant.
Meyergården, 300 Betten, O.T. Olsensgt. 24, Tel. 75 15 05 55, Fax 75 13 40 01, Restaurant, Sauna.
Rana Gjestgiveri, 28 Betten, Hans Wølnersgt. 10, Tel. 75 15 22 11. – Und andere Hotels.

Mo i Rana
Hotels

Etwa 10 km nordöstlich von Mo i Rana zweigt bei **Rössvoll** die Straße Richtung Svartisen ab. Vorbei am Flugplatz Mo i Rana, folgt die Straße dem Rövass Fluß.

☑ *Mein Tip!* Nach 8 km Abzweig zum Parkplatz, von dem aus die

Grönligrotte **
Mitte Juni - Ende
Aug. 10 - 19 Uhr.
Stündlich
Führungen. Eintritt.

Grönligrotte in einem 20-minütigen Fußmarsch bergauf zu erreichen ist. Nehmen Sie Gummistiefel und eine wasserdichte Jacke mit. In der Höhle ist es feucht und bei der Begehung geht es stellenweise durch den Höhlenbach. Der Weg durch die Höhle ist nicht sonderlich gut präpariert. Gelegentlich muß man sich beiden Händen an Handläufen festhalten, um nicht in den reißenden unterirdischen Bach zu fallen. Wer nicht wirklich gut zu Fuß ist oder Kleinkinder bei sich hat, dem kann die Begehung nicht empfohlen werden. Allen anderen wird der Höhlenbesuch, eben weil nicht alles penibel präpariert ist und ein richtiges „Höhlengefühl" aufkommt, als beeindruckendes Erlebnis in Erinnerung bleiben.

Oben am Zahlhäuschen mit Kiosk wird von den Führern in mehreren Sprachen die Höhle erklärt. Während des Marsches durch die Grotte sind Erklärungen wegen des sehr lauten Baches schlecht möglich. Die Höhlentour dauert 30 Minuten.

Die Grönligrotte ist auf 400 m begehbar, umfaßt jedoch insgesamt ein etwa 2 km langes Gangsystem. Vor annähernd 2 Mio. Jahren begannen sich die abfließenden Wasser der umliegenden Gletscher ihren Weg durch das Marmorgestein zu graben. Umso erstaunlicher der riesige Granitblock, den man in der sog. Kapelle sieht. Granitgestein, so wird erklärt, kommt im Umkreis von 10 km nicht vor. Erklärung: Während der Eiszeit wurde der Granitblock von den wandernden Eismassen hierher transportiert und in die Höhlenröhre gepreßt. Die Grönligrotte wurde 1715 entdeckt und 1940 vermessen.

Entlang des breiten, grünen Gletscherbaches Rövass kann man Richtung Svartisen weiterfahren. Die Straße – die letzten 5 km sind unbefestigt – endet nach 14 km am Parkplatz (Campen gegen Gebühr erlaubt) der **Svartisdalhytta**. Viel ist von hier aus vom **Svartissen**, Norwegens zweitgrößtem Gletscher, noch nicht zu sehen. Man kann aber mit Booten, die zwischen 10 und 18 Uhr immer zur vollen Stunde verkehren, über den See Svartisvatnet zur Anlegestelle unterhalb eines Felshangs an der Westseite des Sees fahren und von dort in einem etwas anstrengendem Fußmarsch (ca. 2,5 km) zum See unterhalb des *Österdalsisen*, einem Ausläufer des Svartisengletschers wandern. Festes Schuhwerk empfehlenswert.

Sollen Grönligrotte und Svartisengletscher besucht werden, ist dafür mindestens ein separater Tag einzuplanen!

Die E6 zieht nordöstlich von Mo i Rana durch das waldreiche Dunderlandsdalen, passiert *Kroksrand Camping* an der Brücke über die Rana, in einem Birkenwald am Fuße des Kjerringfjells gelegen (12 Miethütten) und quert 80 km nordöstlich von Mo i Rana den **Polarkreis**, 66°33' nördlicher Breite. Die Stelle ist durch eine Steinsäule mit Meridiankugel

Polarkreis
Zentrum

markiert. Sie ist aber auch wegen des **Polarsirkel Senterert** (Polarkreiszentreum) nicht zu übersehen. In diesem Informationszentrum (großer Parkplatz) befindet sich eine Polarkreis-Ausstellung, eine Kafeteria, ein Sonderpostamt und ein großer Souvenirladen. Gegen Gebühr kann man hier auch der informativen und schön gemachten Multimediashow „Nord Norge" beiwohnen.

Ganz in der Nähe des Polarkreises erinnert eine von einem Stern gezierte Steinsäule an jugoslawische Kriegsgefangene, die hier im 2. Weltkrieg beim Bau der Straße und der Bahntrasse ums Leben kamen.

Nördlich des Polarkreises kann im Sommer die **Mitternachtssonne** und im Winterhalbjahr die **Polarnacht** erlebt werden. Die Zeitspannen, in denen man diese Phänomene beobachtet, nehmen nach Norden hin zu, soll heißen, daß die Sonne in Bodø z.B. nur zwischen 1.6. und 12.7. nicht untergeht, während sie am Nordkap schon vom 12.5. bis 1.8. nachts nicht hinter dem Horizont verschwindet und es auf Spitzbergen vom 20.4. bis 24.8. 24 Stunden lang taghell ist.

Mitternachtssonne

Die Landschaft hat seit Mo i Rana ihr Gesicht merklich verändert. Längst liegt die Baumgrenze hinter uns. Die weiten Hügel werden nur noch von niederen Beerensträuchern, Gestrüpp und Mosen bedeckt.

Etwa 2 km nach dem Polarkreis sieht man rechts der Straße drei markante Felsblöcke auf einem Hügel. Es sind uralte Opfersteine der Lappen oder Samen, wie sie sich selbst nennen.

➔ **Route:** Die E6 führt weiter nordwärts, durch das karge Hochtal des Saltfjells (Passhöhe 692 m), dann am herrlichen Lönselva, der über Felsterrassen talwärts strömt, hinab nach **Rognan** am Südende des Saltdalsfjords (Freilichtmuseum Saltdal) und schließlich am Ostufer des Fjords entlang nach **Fauske**, einem wichtigen Verkehrsknotenpunkt am Abzweig der R80 nach **Bodø.** ●

Bei ausreichend zur Verfügung stehender Zeit sei besonders Bergwanderern ab **Finneid**, südlich von Fauske, ein Abstecher ostwärts in die 36 km entfernte Grubenstadt **Sulitjelma** (*Hotel Sulitjelma* s.u.) empfohlen. Die Stadt liegt landschaftlich sehr reizvoll von Bergen und Gletschern umgeben am See Langvatnet. **Museum** über Bergbau und Schwefelgewinnung. Zahlreiche Wandermöglichkeiten zu Berghütten. Der Aussichtsberg **Jakobsbakken**, 9 km südlich der Stadt, in der Nähe einer bewirtschafteten Berghütte am Kjelvatnet, kann auch per Straße erreicht werden.

Praktische Hinweise – Rognan, Fauske

⌂ Hotels: **Rognan**

Norlandia Rognan Hotell, 118 Betten, Tel. 75 69 00 11, Fax 75 69 13 72, Restaurant, Sauna.

Fauske

Brygga Best Western, 60 Betten, Sjøgt. 86, Tel. 75 64 63 45, Fax 75 64 40 04, Restaurant.

Fauske Hotell, 200 Betten, Storgt. 82, Tel. 75 64 38 33, Fax 75 64 57 37, Restaurant, Sauna.

Sulitjelma

Sulitjelma Hotell, 115 Betten, Andreas Quales v. 15, Tel. 75 64 04 01, Fax 75 64 06 54, Restaurant, Sauna, Schwimmbad. – Und andere Hotels.

Rognan

▲ – **NAF-Camping Medby** **, Tel. 75 69 07 25; Anf Juni – Ende Aug.; ca. 6 km südl. Rognan, Abzweig Straße 812 Richtung Saltstraumen; ca. 1 ha – 40 Stpl.; Standardausstattung; 10 Miethütten.

Hotels + Camping zwischen Rognan und Fauske

Camping
bei Fauske

Fauske
– **NAF-Camping Fauske** ***, Tel. 75 64 84 01; 1. Jan. – 31. Dez.; ca. 3 km südl. Fauske, an der E6; Gelände im Birkenwald; ca. 1 ha – 40 Stpl.; gute Standardausstattung; Laden, Imbiß; 30 Miethütten. **Motel.**
– **NAF-Camping Lundhøgda** ***, Tel. 75 64 39 66; Anf. Jan. – Ende Dez.; 2 km westl. Fauske beschilderter Abzweig von der R80 (Fauske – Bodø); teils schräge Wiesen, Hügel; in ansprechender Lage, mit Ausblicken; ca. 1,5 ha – 50 Stpl.; gute Standardausstattung; Laden; 36 Miethütten.

ABSTECHER NACH BODØ

➜ **Route:** 63 km westlich von Fauske, über die gut ausgebaute R80 bequem zu erreichen, liegt **Bodø**. ●

BODØ (ca. 38.000 Einwohner), Verwaltungshauptort der Provinz Nordland, bedeutendste Handels- und Hafenstadt an Nordlands Küste, wichtiger Luftwaffen- und Marinestützpunkt des Landes.
Bodø liegt an der Südspitze einer Halbinsel am Eingang des Saltfjordes. Die Stadt entstand erst um 1816, entwickelte sich aber bis 1860 dank umfangreicher Heringsfischerei stürmisch. 1940 wurde Bodø bei Bombenangriffen fast vollständig zerstört.
Ab Bodø bestehen Flug- und Schiffsverbindungen nach Moskenes (Lofotenfähre) und zu den Lofoten Insel Røst und Værøy. Flugzeit 30 Minuten, Fahrzeit mit Schiff vier bis sechs Stunden.
Die **Mitternachtssonne** ist zwischen **1.6.** und **12.7.** zu sehen. Vier Tage vor und nach obigen Daten ist die Sonne um Mitternacht noch teilweise sichtbar.

Zu den eher bescheidenen touristischen **Sehenswürdigkeiten** der von moderner Nachkriegsarchitektur geprägten Stadt zählen:

Nordlandmuseum
10 - 15 Uhr. Eintritt.

Das **Nordland Provinzmuseum** in der Prinsensgate 16, ganz in der Nähe der Domkirche gelegen. Das Museum ist in einem der ältesten Gebäude der Stadt aus dem 19. Jh. untergebracht und zeigt vor allem Sammlungen zur Fischerei- und Lappenkultur in Nordland.
Die **Domkirche** (Bodø ist Bischofssitz) in der Kongens gate ist ein massiver Basilikabau, der 1956 fertiggestellt wurde. Über dem Hauptportal außen eine Christusfigur. Im Inneren sind die 12 m hohe Fensterfront über dem Altar mit Glasmalerei, die Kreuzigungsgruppe unter dem Chorbogen und schließlich die Fensterrosette an der Westfassade bemerkenswert. Der markante, durchbrochene Glockenturm steht separat.

Norwegisches
Luftfahrtmuseum
**
Mitte Juni - Mitte
Aug. Mo. - Sa. 10 -
20, Sa. bis 17 Uhr.
Übrige Zeit Mo. - Fr.
10 - 16, Mi. bis 19,
Sa. 11 - 17 Uhr.
Eintrit.

Nicht nur für Technikfans ist das **Norwegische Luftfahrtmuseum** eine besuchenswerte Sehenswürdigkeit. Hier erfahren Sie fast alles über die norwegische und internationale Luftfahrtgeschichte. Es gibt eine zivile und eine militärische Abteilung. Zu den spektakulären Ausstellungsstücken zählen eine „Tante" JU 52, ein amerikanisches Spionageflugzeug vom Typ U 2, ein Mosquito Jagdbomber u.ä. Und ein besonderes Erlebnis ist natürlich der Flugsimulator.

Etwa 3 km östlich des Stadtzentrums findet man die **Bodin Kirche** aus dem 13. Jh., eine der ältesten Kirchen Nordlands. Sie steht auf einem Platz, der wahrscheinlich schon in vorchristlicher Zeit als Opferstätte diente. Renaissancekanzel aus der Mitte des 17. Jh. und barocker Altaraufsatz.

MITTERNACHTSSONNE UND POLARNACHT

Eine interessante Besonderheit der Regionen nördlich des Polarkreises ist die Mitternachtssonne im Sommer bzw. die Polarnacht im Winter. In Nordskandinavien geht von Mitte Mai bis Mitte Juli die Sonne nicht unter. Selbst auf der Höhe von Stockholm ist im Hochsommer bereits gegen 2.30 Uhr Sonnenaufgang. Dafür ist von Dezember bis in den Januar hinein die Sonne in Nordskandinavien überhaupt nicht zu sehen und in südlichen Landesteilen um den 21. Dezember schon gegen 15 Uhr Sonnenuntergang.

Das magische Schauspiel des Polarlichts ist in der am längsten dauernden Jahreszeit, dem Winter, zu sehen. Die Finnen wie die Sami teilen ihn gerne in zwei Hälften ein, in die Zeit der Dunkelheit und in die Zeit der wiederkehrenden Sonne. „Kaamos" ist die lange Zeit der Dunkelheit.

Mitternachtssonne am Nordkap

Wochenlang geht die Sonne nicht auf. Ab Ende November verabschiedet sie sich für rund fünfzig Tage. Vollständige Finsternis herrscht aber auch dann nicht. Das Licht der Sterne bricht sich tausendfach auf dem hell glitzernden Schnee und taucht alles in ein mystisches Dämmerlicht. Ein befreiendes Aufatmen geht durch die Menschen im hohen Norden, wenn Ende Januar, etwa zu Beginn des zweiten Winterabschnittes, die Sonne wieder über den Horizont klettert. Kaamos, die dunkle Jahreszeit, ist auch die Zeit der Rentierwanderungen nach Süden.

Ein kurzer Übergang zum Sommer ist der Frühling. Schon unter den letzten Resten des Schnees blühen die ersten Moosblumen. Und nun geht alles sehr schnell. Die Natur legt ein atemberaubendes Tempo vor. Die Zeit zum Blühen, Gedeihen und Reifen ist extrem kurz.

Zur Mittsommerzeit, so um den 20. Juni, ist Lappland am hellsten und von da ab am wärmsten. Bis 35 Grad Wärme können erreicht werden. Schon zeitig im Frühjahr haben sich die Rentierherden wieder aufgemacht, um nach Norden zu ziehen und auf den luftigen Höhen der Tunturis und an den Küsten des Eismeeres den Mückenschwärmen zu entgehen. Später im Jahr ist ganz Skandinavien auf den Beinen. Zum Fest der Mittsommerwende hält es niemanden zu Hause.

Aber schon im September kann auf den Höhen, noch zaghaft zwar, der erste Schnee fallen. Die Natur beginnt sich auf eine lange, kalte, lichtarme Jahreszeit vorzubereiten. Und als wollte sie zeigen was in ihr steckt, verwandelt sich das Laub der Birken, das Moos und das Heidekraut in ein leuchtendes Farbenfest. Diese in Finnland „Ruska" genannte Jahreszeit ist der farbenprächtige Höhepunkt des Herbstes, für Kenner sowieso die schönste Jahreszeit in Lappland.

Im Norden von Bodø kann man zum Aussichtspunkt auf dem **Røvikfjellet** fahren. Restaurant mit Aussichtsterrasse. Kleiner Freizeitpark.

Küstenlandschaft bei Bodø

Kjerringøy
Handelshof
Mai - Aug.
Führungen. Eintritt.

40 km nördlich von Bodø liegt der alte Handelsposten **Kjerringøy** (Camping 1. 4. – 30. 9.), der heute als **Freilichtmuseum** dient. Auf dem Weg dahin muß zwischen Festvag und Misten die Fähre benutzt werden. Kjerringøy war vor allem im 19. Jh. eines der wichtigsten Handelszentren in Nordnorwegen. 15 historische Gebäude, darunter eine Kirche, sind erhalten, von denen nahezu alle noch mit ihrem originalem Inventar ausgestattet sind. Auf dem Museumsgelände gibt es eine Cafeteria.

Eines der erstaunlichsten Naturphänomene an der Norwegischen Küste, die stärkste Gezeitenströmung der Welt, läßt sich etwa 30 km südöstlich von Bodø beobachten. Man zweigt 19 km östlich der Stadt, in Löding, auf die R17 nach Süden ab und erreicht nach rund 10 km die Meerenge **Saltstraumen**, die von einer hohen Betonbrücke überspannt wird. Man findet hier das **Saltstraumen Erlebniszentrum**, mit Ausstellungen über die 10.000-jährige Geschichte der Region.

Malstrom

Hervorgerufen werden die früher bei den Seefahrern sehr gefürchteten **Gezeiten- oder Malströme** an den Meerengen von den Wasserstandsdifferenzen zwischen Ebbe und Flut. Sie betragen an der Küste Nordnorwegens mehrere Meter. Durch enge Sunde zwischen den Inseln wird der Austausch des Wassers zwischen Fjord und offenem Meer verzögert. Die Wasser stauen sich an den Engstellen und schießen dann mit reißender Geschwindigkeit, gefährliche Strudel und Strömungen bildend, durch die „Nadelöhre". Besonders an zwei bis drei Tagen während der Springfluten bei Neu- und Vollmond, sind die rauschenden, gurgelnden Bewegungen der Wassermassen ein richtiges Naturschauspiel. Im Touristenbüro in Bodø kann man Listen bekommen, die die stärksten Strömungszeiten genau angeben.

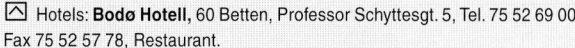

Praktische Hinweise – Bodø

☎ **Nordland Reiselivslag,** Boks 434, 8001 Bodø, Tel. 75 52 52 00, Fax 75 54 52 10.

⌂ Hotels: **Bodø Hotell,** 60 Betten, Professor Schyttesgt. 5, Tel. 75 52 69 00, Fax 75 52 57 78, Restaurant.

Bodø Hotels

Central, 80 Betten, Professor Schyttesgt. 6, Tel. 75 52 40 00, Fax 75 52 42 66, Restaurant, Sauna.
Inter Nor Diplomat, 154 Betten, Sjøgt. 23, Tel. 75 52 70 00, Fax 75 52 24 60, Restaurant, Sauna.
Norrøna, 136 Betten, Storgt. 4 B, Tel. 75 52 55 50, Fax 75 52 33 88.
Radisson SAS, 384 Betten, Storgt. 2, Tel. 75 52 41 00, Fax 75 52 74 93, Restaurant, Sauna. – Und andere Hotels.

Jugendherberge: **Vandrerhjem Lokomotivet**, Sjøgate 55, 8001 Bodø, Tel. 75 52 11 22.

Jugendherberge

▲ – **Camping Bodøsjøen ***,** Tel. 75 56 36 80; 1. Jan. – 31. Dez.; östl. der Stadt beschilderter Abzweig von der R80 südwärts, Nähe Bodin Kirche; ebene Wiesen am Saltfjord; ca. 3 ha –140 Stpl.; einfache Standardausstattung; Laden; 45 Miethütten.
– **NAF-Camping Saltstraumen,** Tel. 75 58 75 60; 1. Jan. – 31. Dez.; an der R17 in Saltstraumen, rund 33 km südöstl. Bodø; ca. 1,5 ha – 100 Stpl.; Standardausstattung; Laden, Imbiß; 24 Miethütten. – Und andere Campingplätze.

Camping

HAUPTROUTE

➜ **Route:** Unsere Hauptroute folgt ab Fauske der E6 nach Norden bis **Ulvsvåg**. ●

Man passiert **Straumen** (*Camping Strømhaug ****, Anf. Jan. – Ende Dez.; 18 Miethütten) und gelangt durch etliche Tunnels an den Leirfjord und zur **Fährstation Sommerset** *(Camping).*
Seit geraumer Zeit ist es nicht mehr nötig, sich der Fähre nach Bonnasjøen zu bedienen. Auf ganz neuer Trasse (mautpflichtig) mit mehreren Tunnels umgeht die E6 den Leirfjord, überquert die schöne Bergkette des Horndalsfjells mit dem See Kobbvatnet unterhalb der Straße und erreicht nach dem 4,7 km langen Kobbskaret Tunnel bei **Mørsvikbotn** am Mørsvikfjord die „alte" Trasse der E6.
Wieder folgt eine schöne Bergfahrt hinauf ins Sjettevassfjellet, vorbei am imposanten, 924 hohen Berg **Kråkmotind** im Osten. Schließlich zieht die E6 hinunter nach **Sagelva/Tømmerneset** am Südende des Sagfjords. Hier zweigt eine Nebenstraße westwärts zum Sagelv ab. An einem Felsen oberhalb des Flusses sind prähistorische Felszeichnungen (Helleristninger) zu sehen. Die dargestellten Rentiere sollen vor annähernd 5.000 Jahren in den Stein geritzt worden sein.

Weiter östlich der E6 reicht der Hellemofjord, ein Arm des Tysfjords, weit nach Südosten ins Landesinnere. An seinem Ende liegt **Hellemobotn** an der engsten Landstelle Norwegens. Die schwedische Grenze ist von dort nur noch genau 6,3 km entfernt.

Norwegens engste Stelle

Im weiteren Verlauf der Route passiert man **Innhavet** (Gasthaus und erste Tankstelle seit 90 km, seit Straumen), danach ein bewaldetes, seendurchsetztes Hochtal und hat kurz vor der Abfahrt nach Ulvsvåg einen schönen Blick nach Hamarøy im Westen.

➜ **Route:** In **Ulvsvåg** zweigt nach Westen die R81 ab. Sie führt über Oppeid auf die Insel Hamarøy mit ihren bizarren Berggipfeln. In **Hamsund** kann das Elternhaus des Schriftstellers Knut Hamsun besichtigt werden. Die Straße endet in **Skutvik**, dem wichtigen Hafen der Lofotenfähren. ●

Praktische Hinweise

Hotels
zwischen
Mørsvikbotn und
Skutvik

⌂ Hotels: **Hamarøy/Oppeid**
Hamarøy Gjestegård, 40 Betten, in **Oppeid,** Tel. 75 77 03 05, Fax 75 77 03 05, Cafeteria.
Hamarøy Hotell, 65 Betten, in **Innhavet,** Tel. 75 77 25 60, Fax 75 77 26 22, Restaurant, Sauna, Schwimmbad.

Camping
zwischen
Mørsvikbotn und
Skutvik

Mørsvikbotn
▲ – **NAF-Camping Mørsvikbotn **,** Tel. 75 59 51 18; 1. Juni – 31. Aug.; an der E6, ca. 2 km nördl. des Kobbskaret Tunnels; ebene Wiese in schöner Lage am Fjord; ca. 0,5 ha – 30 Stpl.; Standardausstattung; 9 Miethütten.

Tømmerneset
– **Camping Tømmerneset ***;** Tel. 75 77 29 55; Anf. Juni – Ende Aug.; Wiesen zwischen E6 und Sagfjord in schöner Lage; ca. 1 ha – 30 Stpl.; Standardausstattung; 16 Miethütten.

Ulvsvåg
– **Ulvsvåg Fjordcamping og Gjestgiveri *,** Tel. 75 77 15 73; 1. Mai – 30. Sept.; an der Gabelung E6/R81; einfache Campingmöglichkeit bei einem **Gasthaus** mit Fremdenzimmern; ca. 2 ha – 100 Stpl.; 20 Miethütten.

Hamarø/Oppeid
– **NAF-Camping Hamarøy**,** Tel. 75 77 03 95; 1. Jan. – 31. Dez.; an der R81; schräge Wiese am westl. Ortsrand von **Presteid;** ca. 1,5 ha – 80 Stpl.; Standardausstattung; Laden, Imbiß; 16 Miethütten.

Routenalternative
ohne Lofoten-
Abstecher

Verzichtet man auf den Umweg über die Lofoten und Vesterålen Inseln, folgt man zwangsläufig weiter der E6 und nimmt in **Bognes** die **Fähre nach Skarberget.** Sie verkehrt im Sommer rund um die Uhr etwa alle Stunde. In der übrigen Jahreszeit regelmäßige Abfahrten zwischen ca. 6.30 und 23 Uhr. Fahrzeit 25 Minuten.

Man kann ab Bognes auch die Fähre nach **Løding** auf den Vesterålen nehmen (etwa alle 1 1/2 Stunden, Fahrzeit 60 Minuten) und von dort zu den Lofoten starten.

Auf der Weiterreise ab Skarberget über die E6 erreicht man über **Ballangen** (*NAF-Camping Ballangen **,* Tel. 76 92 82 97; 1. Jan. – 31. Dez.; 50 Miethütten) nach 80 km **Narvik** (siehe Etappe 19, Svolvær/Lofoten – Tromsø).

FAHRT ZU DEN LOFOTEN

Autofähren nach
Svolvær auf den
Lofoten

Im Sommer verkehren **ab Skutvik Autofähren nach Svolvær** auf der Lofoteninsel Austvågøy und zwar täglich um 6, 9.30, 11.30, 14.45, 17.45, 19.35, 23 und 0.20 Uhr. Fahrzeit rund 2 Stunden. Die Abfahrtszeiten können Änderungen unterliegen! Mit Wartezeiten ist vor allem im Ferienmonat Juli zu rechnen.

LOFOTFISCHFANG

Spätestens seit der Wikingerzeit waren die reichen Fischgründe in den Gewässern um die Lofoteninseln bekannt.

Selbst in den kältesten Wintermonaten, wenn in diesen Breiten im Landesinneren klirrender Frost herrscht, sinken die Temperaturen auf den Lofoten kaum einmal unter den Gefrierpunkt. Dank des Golfstroms bleiben die Häfen und Buchten eisfrei und gestatten zwischen Januar und April seit altersher den „Lofotfisket", den bedeutendsten Saisonfischfang des Landes.

Aber bis ins vergangene Jahrhundert kamen viele Fischer im Winter nur sporadisch in die fischreichen Gewässer. Sie zogen weiter, wenn im Frühjahr das Fischvorkommen wieder geringer wurde. Man lebte in den offenen Fangbooten, denn Siedlungen an Land gab es für die Fischer lange so gut wie nicht.

Erst im 17. Jh. waren die Fischer durch königliches Dekret und mit ausdrücklicher Unterstützung aus Oslo ermächtigt worden, an den felsigen Gestaden feste Hütten, sog. „Rorbuer", zu errichten. Nun konnte das Fanggerät besser gepflegt werden als in den engen, offenen Ruderbooten damaliger Zeit, die Fangzeit konnte ausgedehnt werden. Die Erträge stiegen und es entstanden erste feste Siedlungen und Dörfer.

Heute hat der Lofotfischfang nicht mehr ganz die wirtschaftliche Bedeutung wie noch vor dem zweiten Weltkrieg. Aber ein Höhepunkt in der Fangsaison der norwegischen Fischer ist der „Lofotfisket" immer noch. Seit altersher finden sich an den Gestaden der Inseln vor allem im Januar Tausende von Fangbooten ein. Dann nämlich zieht ein unermeßlicher Schwarm von laichbereiten Dorschen, einer Art des Kabeljaus, vom Norden des Eismeers herab an die norwegische Küste um zu laichen.

Nähert man sich mit der Fähre der **Inselwelt der Lofoten** – *Lofoten* soll soviel wie „Luchsfüße" heißen – erkennt man bald die bizarren Berg-kegel und zackigen Grate der „Lofotwand" aus dem ruhigen, grauen und so fischreichen Meer emporsteigen. Fast anthraziten glänzen die glatten, blanken, steilen Felsen, die höchstens etwas Moos als Vegetation dul-den. Das Lofotengebirge zählt zu den ältesten der Welt. Geformt in die uns heute sichtbare Gestalt wurde es vor allem von den Gletschern der letzten Eiszeit vor ungefähr 10.000 Jahren.

Lofoten ***

Erst um die Jahrhundertwende wurden die sieben großen Inseln der Lo-foten – *Røst, Værøy, Moskensøya, Flakstadøya, Vestvågøy, Gimsøya* und *Austvågøy* – richtiggehend besiedelt. Zwar sind bei Ausgrabungen Spu-ren von 4.000 Jahre alten Siedlungen gefunden worden. Auch die Wikin-ger hatten hier schon Hafensiedlungen, wie die Reste einer Wikingerburg bei Borg auf Vestvågøy oder bei Halsneset (Leknes) beweisen. Aber von längerem Bestand waren diese Ansiedlungen nicht.

Rorbuer-Ferien oder Rorbu-Camping ist eine für die Lofoten und Vesterålen typische Art, die Urlaubstage zu verbringen. Die alten Rorbuer, ehemals ausschließlich für die winterliche Kabeljaufangsaison gebaut, bestand lediglich aus Vorraum für Fanggerät und Vorrat und aus einem kombinierten Wohn-Koch-Schlafraum. Mietrorbuer sind immer noch recht einfache, rustikale Unterkünfte. Aber fließend Wasser, Strom, Kochgelegenheit und Heizung haben sie heute alle.

Wer fern allen Lärms, aller Hektik einmal naturnah Ferien machen möchte, hat auf den Lofoten auch heute noch gute Chancen, ein passendes Fleckchen zum Erholen zu finden.

Svolvær (ca. 4.500 Einwohner) ist der Hauptverwaltungsort der Lofoteninseln und wichtigster Fischereihafen (fischverarbeitende Industrie) der Region.

Zu den wenigen Sehenswürdigkeiten der Stadt zählen das **Rathaus** wegen des Gemäldes von Gunnar Berg über die Trollfjordschlacht, weiter das **Künstlerhaus** (Kunstgalerie regionaler Künstler) und die Felsen „Svolværgeiß", die von der Stadt aus zu sehen sind.

Es werden **Bootsausflüge** angeboten, von denen die in den schmalen, von steilen, blanken Felsen flankierten **Trollfjord** (legendäre Trollfjordschlacht) oder zu Walstation **Skrova** besonders lohnen.

Mitternachtssonne | Die **Mitternachtssonne** ist in der Höhe von Svolvær zwischen **28. Mai** und **15. Juli** zu sehen.

In **Kabelvåg**, ca. 5 km südwestlich von Svolvær, können das bescheidene, dennoch interessante **Lofotmuseum** und das neu erbaute Lofotaquarium besichtigt werden. Das Lofotmuseum ist an der Stelle des alten Ortsteils *Storvagan* errichtet und bezieht ein altes Wohnhaus (u.a. mit Schul- und Gesellschaftsraum), Fischerhütten und Bootsschuppen mit ein. Natürlich ist eine Ausstellung über die Lofotenfischerei zu sehen. In der Nähe wird das mittelalterliche Handelszentrum *Vågar* ausgegraben.

Praktische Hinweise – Svolvær

☎ **Lofoten Reiselivslag**, Boks 210, 8301 Svolvær, Tel. 76 07 30 00.

Svolvær
Hotels

⌂ Hotels: **Svolvær**

Havly Hotel, 86 Betten, Sjøgt., Tel. 76 07 03 44, Fax 76 07 07 95, Restaurant, Sauna.

Knutmarka Feriesenter, 92 Betten, Leirskolevn. 16, Tel. 76 07 21 64, Fax 76 07 26 32, geöffnet 1. 3. – 30. 10.; Sauna, Hütten, Camping.

Rainbow Vestfjord, 130 Betten, Havna, Tel. 76 07 08 70, Fax 76 07 08 54, Restaurant.

Royal Hotel Lofoten, 96 Betten, Siv Nilsensgt. 21, Tel. 76 07 12 00, Fax 76 07 08 50, Restaurant.

Svolvær Best Western, 46 Betten, Austnesfjordgt. 12, Tel. 76 07 19 99, Fax 76 07 09 09, Restaurant.

Kabelvåg
Hotel

Kabelvåg

Kabelvåg Hotell, 56 Betten, Tel. 76 07 88 00, Fax 76 07 80 03, Restaurant.

Jugendherberge

Jugendherberge: **Kabelvåg Vandrerhjem,** Vågen Fokehøggskolen, 8310 Kabelvåg, Tel. 76 07 81 03; geöffnet 10. 6. – 10. 8.

▲ – **Sandvika Fjord og Sjøhuscamping *****, Tel. 76 07 81 45; 1. Jan. – 31. Dez.; ca. 9 km westl. Svolvær beschilderter Abzweig von der E10 und ca. 1 km unbefestigte Straße; mehrere kleine, teils unebene Wiesenstücke zwischen hohen Felsriegeln in schöner Lage am Meer; ca. 3 ha – 60 Stpl.; Standardausstattung; 19 Miethütten.

– **Camping Ørsvågvær *****,Tel. 76 07 81 80; 1. Jan. – 31. Dez.; ca. 9 km westl. Svolvær beschilderter Abzweig von der E10 und ca. 1 km unbefestigte Straße; mehrere kleine Wiesenstücke zwischen hohen Felsriegeln in ausgesprochen schöner Lage am Meer; ca. 2 ha – 100 Stpl.; Standardausstattung; 33 Miethütten. **Motel.** – Und andere Campingplätze.

Camping
bei Svolvær

☑ *Mein Tip!* Für einen **Abstecher** hinunter nach **Reine** oder gar bis **Å** auf der Insel Moskenesøy, sollte die Zeit reichen.

Abstecher nach
Süden,
empfehlenswert!

Schon 15 km westlich von Svolvær, nach dem Straßentunnel, sollte man von der E10 südwärts abzweigen und die 6 km bis **Henningsvær** fahren. Der Fischerort liegt hübsch auf einer Insel, die über zwei Brücken zu erreichen ist.

Die Hauptstraße E10 führt bei **Kleppstad** über eine Sundbrücke über den Gimsøystraumen auf die **Insel Gimsøya** und schon wenige Kilometer weiter über die Sundklakkstraumen-Brücke auf die **Insel Vestvågøy.** Folgen Sie nach der Brücke der Straße 815 über **Strandslett** nach **Leknes.** Es ist eine überaus ansprechende Fahrt entlang der von mächtigen Felsen übersäten Küstenregion. Vor allem der Blick vom Straßenknie bei Sandvikneset über den Rolvsfjord nach Stamsund im Südwesten ist sehr reizvoll. Versäumen Sie nicht, nach **Stamsund**, einem hübschen Lofotendorf, abzuzweigen.

Malerisch ist die Landschaft auch bei **Steine**, mit Booten und Rorbuer vor der türmenden Bergkulisse.

In einer weiten Talfläche breitet sich **Leknes** aus. Von hier sollte auf alle Fälle ein Abstecher südwärts über die R818 nach **Ballstad** eingeschoben werden. Die Küstenszenerie ist sehr reizvoll und Ballstad selbst zählt zu den hübschesten Fischerdörfern auf den Lofoten. Schöne, malerische Anlegestege mit urigen Rorbuern.

Praktische Hinweise – Vestvågøy

🏠 Hotels: **Leknes**

Norlandia Lofoten Hotell, 124 Betten, Tel. 76 08 08 25, 76 08 08 92, Restaurant.

Gravdal Gjestgiveri, Tel. 76 08 00 88.

Hotels,
Jugendherberge
u. Camping auf
Vestvågøy

▲ – Camping: **Strandslett**

– **NAF-Camping Brustranda Sjøcamping,** Tel. 76 08 71 00; Anf. Jan. – Ende Dez.; über R815, ca. 15 km nördl. Stamsund; ca. 1 ha – 40 Stpl.; 21 Miethütten.

Stamsund

– **Camping Storfjord ***,** Tel. 76 08 68 04; 1. Jan. – 31. Dez.; ca. 9 km östl. Leknes, am Abzweig der R817 nach Stamsund; ca. 1 ha – 50 Stpl.; Standardausstattung; 11 Miethütten.

Später, wenn Sie auf dem Rückweg nach Svolvær sind, nehmen Sie ab Leknes die E10 nordwärts. Nach rund 14 km passieren Sie auf diesem Wege **Borg**. Dort können Sie das **Wikingermuseum Lofotr** besichtigen. In einem originalgetreu rekonstruierten Wikingerhaus, das aussieht

Borg
Wikingermuseum *
Ende Mai - 31. Aug.
tgl. 10 - 19 Uhr.
Eintritt.

auf den Lofoten
bei Kleppe

wie ein kieloben liegendes Wikingerboot, erhält man Einblick in die Kulturgeschichte der Wikinger. Im Museum werden den ein Nachbau des Gokstadschiffes und Grabungsfunde ausgestellt, die in der Nähe gemacht wurden. Darunter sind Fragmente eines Häuptlingshofes und eines über 80 m langen Wikingergebäudes, das größte seiner Art, das je entdeckt worden ist.

Von Leknes über **Lilleeidet** und durch ein mautpflichtiges Straßentunnel zur **Insel Flakstadøya**. Die Straße endet schließlich nach rund 50 km in Å auf Moskenesøya, dem südwestlichsten per Straße erreichbaren Ort auf den Lofoten und wohl auch der mit dem denkbar kürzesten Ortsnamen.

Bei **Kilanplass** kann man südwärts nach **Nusfjord** fahren. Das Fischerdorf mit seinen traditionellen Fischerunterkünften steht auf der UNESCO-Liste der erhaltenswerten Kulturdenkmäler.

Später sollte man bei der Kakern-Brücke noch zum **Fischereimuseum** bei **Sund** abzweigen.

Der alte Handelsort und Fischereihafen **Reine** auf der **Insel Moskenesøya** ist bekannt für seine malerische Umgebung und Å „am Ende der Welt" hat in der Ortsmitte einige alte Häuser aus der Mitte des 19. Jh. aufzuweisen. Außerdem ist das **Fischerdorfmuseum Å** sehenswert, einer der wenigen alten Handelsorte der Lofoten, der in seiner ursprünglichen Form erhalten blieb.

Südlich des berggezackten Eilands Moskenesøya fließt der **Moskenstraumen**, der seit altersher gefürchtete *Malstrom*, den Jules Verne in seinem Roman „Reise zum Mittelpunkt der Erde" erwähnt und der durch Erzählungen Edgar Allan Poes über den Kreis der Seeleute hinaus bekannt wurde.

Südlich von Moskenesøya liegen die Vogelinseln **Værøy** und **Røst** im offenen Atlantik. Die Inseln sind ab Reine oder ab Bodø per Schiff zu erreichen. Værøy und Røst sind bekannt als Brutfelsen für viele Seevogelarten. Vor allem Papageientaucher (Lundevögel), Kormorane, Thordalken, Möwen und Eiderenten und sogar Seeadler können hier beobachtet werden. Allerdings wird auch berichtet, daß die Papageientaucher in den vergangenen Jahren wegen Nahrungsmangel nicht mehr so eifrig gebrütet haben, wie in den langen Jahren zuvor.

Fredvang

Camping

☑ *Mein Tipp!* ▲ – **Strand og Skjægårdscamping** ***, Tel. 76 09 42 33, www.lofoten-info.no/fredcamp.htm. 20. Mai – 15. Sept. Beschilderter Abzweig von der E10 bei Finnbyen, nordwestwärts noch knapp 4 km teils über Sundbrücken, letzter Teil der Zufahrt nur einspurig. Sehr schön gelegener Platz am Meer weissem Sandstrand. Fast ebenes Wiesengelände; ca. 4 ha – 100 Stpl.; gute Standardausstattung. Laden. Ver- und Entsorgunseinrichtung für Wohnmobile.

Ramberg

– **Ramberg Camping, Hyttesenter og Gjestgiveri** **, Tel. 76 09 31 40; Anf. Mai – Mitte Sept.; ca. 2 ha – 50 Stpl.; Laden, Cafeteria; 10 Miethütten.

Sørvågen

– **Camping Moskenesstraumen** **, Anf. Mai – Mitte Sept.; an der E10; ca. 1,5 ha – 50 Stpl.; Standardausstattung; Laden, Imbiß; 12 Miethütten.

Jugendherberge: **Å Vandrerhjem**, 8392 Sørvågen, Tel. 76 09 11 62; Anf. Jan. – Ende Dez.; 26 Betten.

Insel Værøy

Jugendherberge: **Langeodden Rorbucamping/Vandrerhjem**, 8063 Værøy, Tel. 76 09 53 75; Mitte Mai – Mitte Sept.; 46 Betten.

Jugendherbergen

Insel Røst

Jugendherberge: **Røst Vandrerhjem**, 8064 Røst, Tel. 76 09 61 09; 1. Mai – 30. Aug.; 46 Betten.

GOLFSTROM

In den nördlichen Breiten Europas herrschen erstaunliche klimatische Verhältnisse, die es an anderen Stellen unseres Globus' so weit im Norden nicht gibt. Wo sich ewiger Frost ausbreiten sollte, wie in der Taiga oder in Labrador, wachsen Erdbeeren. Häfen bleiben im langen Winter eisfrei, wie der von Narvik, auf den Lofoten oder in Kirkenes. Natürlich weiß man heute längst, daß dafür der Golfstrom verantwortlich ist. Aber woher kommt diese Warmwasserheizung Nordeuropas?

Ausgangspunkt des Golfstromes ist der *Golf von Mexiko*. Durch intensive Sonneneinstrahlung erwärmt sich das Meer dort nach. Die sich ausdehnenden, stark erwärmten Wassermassen strömen durch die Meerenge am Florida-Tor in den Atlantik, wobei Geschwindigkeiten bis zu 2,5 m/sec. erreicht werden. Der Wasserstrom wird nun durch die Luftströmung nach Norden gedrängt, schiebt sich entlang der nordamerikanischen Küste und später quer über den Atlantik bis nach Nordeuropa.

Auf seinem Weg nach Nordosten teilt sich der „Fluß im Meer" in mehrere Zweige, und zwar in den *Nordäquatorialstrom*, in den *Floridastrom* und in den *Yukatanstrom*. Einer davon, der an Irland und Schottland vorbei bis ins Eismeer reicht, ist der Golfstrom. Auf dem 12.000 km langen Weg sinkt die Wassertemperatur natürlich ab. Sind am Ausgangspunkt 20°C zu messen, so können im Eismeer immerhin noch 5 – 6°C registriert werden. Diese wenigen Grade über Null genügen, Norwegen im Schnitt 20°C höhere Temperaturen zu bescheren, als sie ohne den Golfstrom entstehen würden.

Bereits im 17. Jahrhundert war diese Naturerscheinung „Golfstrom" der damaligen Seemacht Spanien bekannt, wurde aber lange als großes Geheimnis gehütet. Denn durch Kenntnis und Ausnutzung der einzelnen Strömungszweige war es den Caravellen der spanischen Armada möglich, die neuen Kolonien Mittelamerikas schneller zu erreichen.

19. SVOLVÆR/LOFOTEN – TROMSØ

⊙ **Entfernung:** Rund 530 km + 1 Fähre, ohne Abstecher.

→ **Strecke:** Über die E10 bis **Fiskebøl** – Fähre nach **Melbu** – E10 bis **Bjerkvik** – E6 bis **Nordkjosbotn** – E8 bis **Tromsø.**

⏲ **Reisedauer:** Mindestens ein Tag, besser zwei Tage.

⌘ **Höhepunkte:** Die **Lofotenlandschaft** – Hafen und Stadt **Tromsø **.**

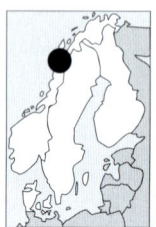

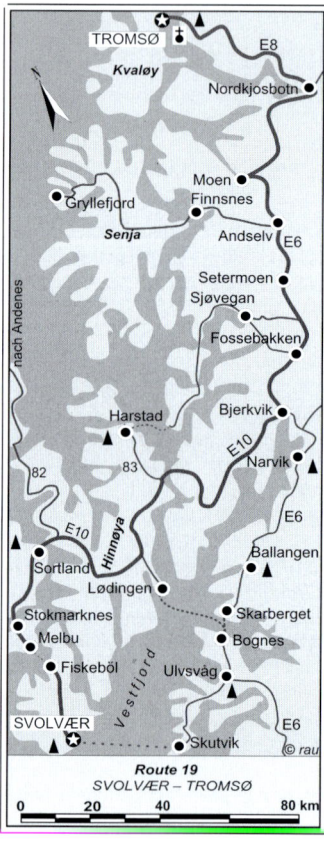

Route 19
SVOLVÆR – TROMSØ
0   20   40   80 km

→ **Route:** Von Svolvær über die E10 nordwärts bis zum **Fährhafen Fiskebøl.** ●

Ab Fiskebøl mit der Autofähre über den Hadselfjord nach **Melbu** auf der **Insel Hadseløya**. Die Fähren verkehren im Abstand von ca. 1 1/2 Stunden. Fahrtdauer 30 Min.
Auf dem Weg nach Fiskebøl genießt man eine wunderschöne Aussicht auf herrlich bizarre Berge und, etwa 16 km nördlich von Svolvær, auf die am Ende einer Landzunge mitten im Austnesfjord gelegene Sildpollen Kapelle.

→ **Route:** Ab Melbu führt unsere Route weiter nach **Stokmarknes.** ●

Stokmarknes (Hurtigrutenmuseum) ist ein alter Handelsort am Langøysund. Zwei Sundbrücken führen nach **Skagen** auf der **Vesterålen-Insel Langøya**.
25 km weiter liegt **Sortland** (*Vesterålen Turistinformasjon*, Boks 243, 8401 Sortland, Tel. 76 12 15 55).
Ab Sortland ist ein Abstecher über die R820 westwärts möglich. Nach rund 70 km kommt man, fast am Ende der Straße, nach **Steine**. Dort sind frühgeschichtliche Denkmäler wie eisenzeitliche Grabhügel auf der kleinen Insel Svinøy, Steingräber bei Føre und ein Stadtmuseum in Vinje zu besichtigen.

→ **Route:** Die E10 quert bei Sortland auf einer Bogenbrücke den Sortlandsund und führt über die **Insel Hinnøya** ostwärts. ●

ABSTECHER NACH ANDENES

Nach der Brücke bietet sich die Gelegenheit zu einem **Abstecher nach Andenes** am äußersten Nordende der **Insel Andøya**. Viel Abwechslung bietet der 100 km weite Weg nach Andenes, einer ehemals holländischen Walfangstation und heutigem Luftwaffenstützpunkt, allerdings nicht. Die Straße ist Teil der sog. „Wal-Route", eine Erfindung cleverer Tourismus-marketingstrategen. Immerhin können Sie ab Andenes auf Walsafari gehen und Moby Dick nachspüren (Infos bei Andøy Reiseliv in Andenes).

Seit nicht allzu langer Zeit gibt es im Sommer ab Andenes eine **Fährverbindung nach Gryllefjord** auf der Insel Senja, was die Weiterreise ab Andenes nach Norden vereinfacht. Erkundigen Sie sich aber vorher nach dem neuesten Fahrplan.

Wesentlich ansprechender ist der Weg von Andenes zurück nach Sortland entlang der Westküste der Insel Andøya. Die teils unbefestigte Straße führt an vielen hübschen, menschenleeren Sandbuchten vorbei. Sie trifft an der hohen Brücke über den Risøysund bei **Risøyhamn** wieder auf die Hauptstraße R82.

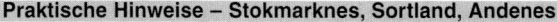

Praktische Hinweise – Stokmarknes, Sortland, Andenes

⬡ Hotels: **Sortland**
Sortland Motell og Camping, 140 Betten, Vesterveien 51, Tel. 76 12 13 77, Fax 76 12 25 78, Cafeteria, Garage, Miethütten, **Camping**.
Sortland Nordic Hotel, 133 Betten, Vesterålsgt. 59, Tel. 76 12 18 33, Fax 76 12 22 02, Restaurant, Sauna.
Strand Hotel Sortland, 50 Betten, Strandgt. 34, Tel. 76 12 28 88, Fax 76 12 29 18, Restaurant.
Andenes
Norlandia Hotel Andrikken, 208 Betten, Storgt. 53, 8480 Andenes, Tel. 76 14 12 22, Fax 76 14 19 33, Restaurant, Miethütten, **Camping**.

Melbu
Jugendherberge: **Melbu Vandrerhjem,** 100 Betten, P. A. Kvaalsgt. 5, 8491 Melbu, Tel. 76 15 71 06, ganzjährig geöffnet.

Jugendherberge

▲ Camping: **Stokmarknes**
– **NAF-Camping Stokmarknes ****, Tel. 76 15 20 22; 1. Juni – 15. Sept.; in einem Birkenhain unterhalb eines steilen Hügels; 0,5 ha – 25 Stpl.; Standardausstattung; 8 Miethütten.
Sortland
– **NAF-Camping Sortland ****, Tel. 76 12 13 77; Anf. Jan. – Ende Dez.; im Ortsbereich; ca. 2 ha – 50 Stpl.; einfache Standardausstattung; 33 Miethütten, **Motel**.
Bescheidene, aber schön gelegene *Campingmöglichkeit* bei **Stave** an der Westküste, knapp 20 km südl. Andenes.

Camping
zwischen Melbu
und Andenes

➜ **Route:** Auf der Weiterfahrt von der Sundbrücke bei Sortland über die E10 in östlicher Richtung, passiert man nach 46 km den Abzweig zur **Fährstation Lødingen**, (regelmäßige Fährverbindungen nach Bognes an der E6) und nach weiteren 48 km den Abzweig der R83, die nordwärts nach **Harstad** (27 km), nun schon in der Provinz Troms, führt. ●

Harstad mit rund 22.000 Einwohnern liegt an der Nordküste der **Insel Hinnøy**, Norwegens größter Insel (2.200 qkm).

Maßgebliche Impulse zur Stadtentwicklung gingen im 19. Jh. vor allem von einer überaus ertragreichen Heringsfischerei aus. 1903 erhielt Harstad Stadt- und Handelsrechte. Heute sind Werftindustrie, Handel, Fischverarbeitung und neuerdings Versorgung der Nordseeölindustrie wichtige Wirtschaftszweige.

Zu den eher bescheidenen touristischen Sehenswürdigkeiten zählen die **Wehrkirche von Trondnes** aus dem 13. Jh., die Hünengräber aus der Wikingerzeit in der Nähe der Kirche und schließlich das **Freilichtmuseum** auf der weiter nördlich gelegenen **Insel Grytøya** (Fähre Stornes – Björnera).

Einer der gesellschaftlichen Höhepunkte der Stadt ist die **Festspielwoche** Ende Juni, mit Konzert- und Theaterveranstaltungen.

Die **Mitternachtssonne** ist in Harstad zwischen **23. Mai** und **22. Juli** zu sehen.

Praktische Hinweise – Harstad

☎ **Harstad Reiselivslag**, Postboks 654, Strandgt. 20B, 9401 Harstad, Tel. 77 06 32 35.

Harstad Hotels

⌂ Hotels: **Grand Nordic,** 149 Betten, Strandgt. 9, Tel. 77 06 21 70, Fax 77 06 77 30, Restaurant.
Inter Nor Arcticus, 144 Betten, Havnegt. 3, Tel. 77 06 50 00, Fax 77 06 52 00, Restaurant, Garage.
Sentrum Hospits, 20 Betten, Magnusgt. 5, Tel. 77 06 29 38.
Viking Nordic, 170 Betten, Fjordgt. 2, Tel. 77 06 40 80, Fax 77 06 40 60, Restaurant, Sauna, Schwimmbad. – Und andere Hotels.

Jugendherberge

Jugendherberge: **Harstad Vandrerhjem**, 9400 Harstad, Tel. 77 06 41 54, 1.6. – 20.8., 105 Betten.

Camping

▲ – **NAF-Camping Harstad** ***, Tel. 77 07 36 62; 1. Jun. – 31. Aug.; ca. 6 km südl. Harstad-Zentrum, östl. der R83, im Stadtteil Kannebogen; ca. 2 ha – 120 Stpl.; Standardausstattung; Laden; 17 Miethütten.

➜ **Route:** Der weitere Verlauf unserer Hauptroute folgt der R19 ostwärts. Sie trifft nach 67 km bei **Bjerkvik** auf die E6. ●

33 km südlich liegt am Südufer des Ofotenfjords **Narvik**, der große, ganzjährig eisfreie Erzhafen in Nordnorwegen.

Die Stadt mit rund 18.000 Einwohnern verdankt ihre Entwicklung und Bedeutung in erster Linie den reichen Erzvorkommen im schwedischen Kiruna. 1883 wurde eigens für den Transport des Erzes eine Eisenbahnlinie von Kiruna nach Narvik gebaut, die nach 9 Jahren schwierigsten Trassenbaus eröffnet werden konnte. In Narvik waren entsprechende Verladekais errichtet worden. Bald machte der Erzumschlag Narvik zu einer der wichtigsten Hafenstädte in Norwegen.

Zwischenzeitlich gehören die Hafeneinrichtungen für die Erzverladung zu den modernsten der Welt. Jährlich werden hier mehr als 25 Mio. Tonnen Erz verladen.

Narvik war im 2. Weltkrieg, nicht zuletzt wegen des Erzumschlags, ein hart umkämpfter Hafen. 1940 erlitt die Stadt bei der Rückeroberung aus Wehrmachtsbesetzung durch norwegische und alliierte Truppen starke Zerstörungen und wurde nach dem Krieg im modernen Stil wieder aufge-

baut. Das Freiheitsdenkmal
(Mutter mit Kind) von Finn
Eriksen, das mitten auf dem
Marktplatz steht, erinnert an die
Kriegswirren. Mit der Friedens-
kapelle von 1957 und mit dem
Kriegerehrenhain auf dem
Narviker Friedhof wird der Ge-
fallenen aus Norwegen, Eng-
land, Polen, Frankreich und
Deutschland gedacht.

Bis 1984 bestand von Narvik
nach Schweden nur die Bahn-
verbindung. Seit 1984 ist die

*Narvik, noch 739
km bis zum
Nordkap*

bestens ausgebaute *„Nordkalottenstraße"* über das schwedische Winter-
sport- und Nationalparkgebiet Abisko bis Kiruna fertiggestellt (175 km).
Die neue Straße ermöglicht es, für die Rückreise von Nordnorwegen
(Nordkap, Kirkenes etc.) den Weg über Karasjok, Kautokeino und Kiruna
nach Narvik zu nehmen.

Zu den **Sehenswürdigkeiten** in Narvik zählen:

**Narvik
Sehenswertes**

Das **Ofotmuseum**, ein bescheidenes Regionalmuseum mit kunstgewerb-
lichen, fischereihistorischen und heimatkundlichen Sammlungen, sowie
Anschauungsmaterial über den Eisenbahnbau und die Erzverschiffungs-
anlage (tgl. 11 – 15 Uhr; Eintritt).

Das **Kriegsmuseum** am zentralen Marktplatz, die Lokomotive *„Bifrost"*
am Bahnhof, das letzte Exemplar einer der im schwedischen Trollhättan
1882 für die Erzbahn gebauten Lokomotiven und schließlich die etwa
3.000 Jahre alten **Felszeichnungen** im Park Brennholtet, knapp 1 km
nordwestlich vom Bahnhof.

Bei längerem Aufenthalt ist – neben einer Stadtrundfahrt mit Besichtigung von Teilen der Erzkais – eine Fahrt mit der Seilbahn (knapp 15
Min.) auf das **Fagernesfjell** (650 m) lohnend. Prächtige Aussicht bei klarem Wetter bis zu den Lofoten. Die Talstation liegt ca. 1 km östlich vom
Bahnhof.

Eisenbahnliebhabern sei die Fahrt mit der Bahn bis Bjørnfjell an der
schwedischen Grenze empfohlen. Die Strecke gilt als landschaftlich besonders eindrucksvoll.

Die **Mitternachtssonne** ist in Narvik zwischen **28. Mai** und **15. Juli** zu
sehen.

Praktische Hinweise – Narvik

☎ **Narvik Reiselivslag,** Kongensgate 66 (am Busbahnhof), 8501 Narvik,
Tel. 76 94 33 09, 79 94 60 33.

🏠 Hotels: **Grand Royal,** 220 Betten, Kongensgt. 64, Tel. 76 94 15 00, Fax 76
94 55 31, Restaurant, Sauna.
Narvik, 80 Betten, Kongensgt. 36, Tel. 76 94 70 77, Fax 76 94 67 35, Restaurant.
Nordstjernen, 40 Betten, Kongensgt. 26, Tel. 76 94 41 20, Restaurant.
Norlandia Narvik, 110 Betten, Skistuaveien 8, Tel. 76 94 75 00, Fax 76 94 28
65, Restaurant, Sauna. Bei der Seilbahn-Talstation.

**Narvik
Hotels**

Narvik Hotels	**Bjerkvik** **Norlandia Bjerkvik,** 102 Betten, Tel. 76 95 21 05, Fax 76 95 23 34, Restaurant, Sauna, Schwimmbad. – Und andere Hotels.
Jugendherberge	Jugendherberge: **Nordkalotten Vandrerhjem Narvik**, Havnegt. 3, 8500 Narvik, Tel. 76 94 25 98; 1. 4. – 30. 10.; 110 Betten. Cafeteria.
Camping 	▲ – **NAF-Camping Narvik *****, Tel. 76 94 58 10; 1. Jan. – 31. Dez.; im nördl. Stadtbereich, zwischen E6 und Ofotenfjord; zum Fjord abfallendes Gelände; ca. 4 ha – 150 Stpl.; gute Standardausstattung; Laden, Imbiß; 30 Miethütten. – Und andere Campingplätze.

➔ **Route:** Unsere Route folgt der E6 nordwärts über **Storfossen**, das Gratangsfjell (Motel) und **Fossbakken** (Lapphaugen Camping *** und Hotel) bis **Elverum**. ●

25 km nördlich von Fossebakken liegt direkt an der E6 das **Freilichtmuseum Bardu Bygdetun**, mit schönen alten Häusern. Kurz darauf kommt man durch **Setermoen** (*Camping*), fährt durch das waldreiche Bardutal und kann schließlich bei **Elverum** nordostwärts auf die R87 und zum Wasserfall Målselvfossen (ca. 11 km) abzweigen.

➔ **Route:** 67 km östlich von **Andselv** erreicht man **Nordkjosbotn** (Hotel und Camping) am Ostende des Balsfjords und damit den Abzweig der E8 nordwestwärts ins 73 km entfernte **Tromsø**. ●

TROMSØ, ca. 30.000 Einwohner, liegt recht malerisch an der Ostseite der **Insel Tromsøya**. Eine hohe, 1969 erbaute, 1.036 m lange Bogenbrücke verbindet das Stadtzentrum mit dem Gemeindeteil Tromsdal auf dem Festland.

Vom Scheitelpunkt der Brücke hat man auf der Hin- wie auf der Rückfahrt jeweils einen schönen Blick – stadteinwärts auf die Stadt selbst, auf den Fischereihafen und auf die Berge der noch etwas weiter westlich liegenden Insel Kvaløy, die auch zum Gemeindebezirk gehört und stadtauswärts blickt man auf die markante, 1965 eingeweihte **Eismeerkathedrale** und den dahinter aufragenden 1.238 m hohen **Tromdalstind**.

Stadtblick vom Tromsdalstind	Eine markierte Zufahrt führt an der Eismeerkathedrale vorbei, rechts ab und bergwärts zur **Fjellheisen Talstation** der Seilbahn, die auf den Tromsdalstind führt. Von oben hat man natürlich einen prächtigen Blick auf Stadt, Inseln und Sunde.
„Eismeerstadt" Tromsø Stadtgeschichte	Ausgrabungsfunde und Felszeichnungen weisen darauf hin, daß auf Tromsøya schon vor ungefähr 4.500 Jahren Menschen gelebt haben müssen. Zur eigentlichen Stadtgründung kam es erst im 13. Jh., als König Håkon Håkonsson auf Tromsøya eine Kirche errichten ließ und im Stadtteil Skansen, am Westende der heutigen Sundbrücke, eine Hafensiedlung gründete. Lange war die Entwicklung der Stadt beeinträchtigt durch die Abhängigkeit von Handelsprivilegien, die Bergen für sich in Anspruch nahm. Erst 1794 erhielt Tromsø Stadtrechte und das Recht auf selbständigen Handel. Ihre große Blütezeit erlebte die Stadt Tromsø vor allem im 19. Jh. Damals entstanden viele der stattlichen Speicher am Hafen und Stadthäuser, allesamt aus Holz gebaut. Noch heute prägen sie das Bild der Innenstadt mit und verleihen den Straßenzügen ein buntes, abwechslungsreiches Gepräge.

Natürlich etablierten sich Handelshäuser in der Stadt, die naturgemäß *Tromsø, das „Tor* beste Verbindungen mit dem Ausland pflegten. So blieb es nicht aus, daß *zur Arktis"* die Damen die Handelskontakte auf die von ihnen geliebte Weise nutzten. Sie waren immer nach der neuesten Mode gekleidet. Wie konnte es da ausbleiben, daß Tromsø einen weiteren Beinamen erhielt – „Paris des Nordens".

Ebenfalls im 19. Jh. wurde Tromsø mehr und mehr zum Ausgangspunkt für Eismeer- und Polarexpeditionen. Anfangs waren es Fangexpeditionen nach Walen, Robben und Fischen, die von hier ausgingen. Dann waren es Überwinterungsexpeditionen nach Spitzbergen (Svalbard), die von der Eismeerstadt ausliefen. Und zu Zeiten der kühnen Erforschung des Nordpols war Tromsø eine wichtige Station, bevor man weiter nach Spitzbergen zog und von dort zu den eigentlichen Forschungsreisen in polare Regionen aufbrach. Und bald wurde Tromsø mit Beinamen belegt wie „Tor zur Arktis" oder „Eismeerstadt".

Roald Amundsen, der große norwegische Polarforscher, startete in Tromsø zu vielen seiner Expeditionsreisen. 1926 z.B. überquerte er zusammen mit der italienischen Nobile-Expedition im Luftschiff den Nordpol. Zwei Jahre später, am 18. Juni 1928, war Amundsen an Bord des französischen Suchflugzeugs „Latham", das die Rettungsaktion nach dem nördlich von Spitzbergen verschollenen, von Nobile gesteuerten Luftschiff „Italia" unterstützen sollte. Die „Latham" stürzte ab, alle 11 Besatzungsmitglieder, darunter auch Amundsen, kamen ums Leben.

Die Bewohner von Tromsø haben Amundsen am Hafen ein würdiges Denkmal gesetzt.

Während des Zweiten Weltkriegs war Tromsø kurze Zeit Hauptstadt des unbesetzten Norwegens. Am 12. November 1944 versenken englische Bomber vor Tromsø das deutsche Schlachtschiff „Tirpitz". Der Stadt blieben Zerstörungen durch Kriegseinwirkungen erspart.

Tromsø

1960 wurde die hohe Bogenbrücke Tromsøbrua über den Tromsøysund fertiggestellt, 1964 der Langnes Flughafen ausgebaut, 1965 die Eismeerkathedrale eingeweiht, 1969 Teile der Innenstadt durch ein Großfeuer zerstört, 1972 die Universität eingerichtet und 1974 schließlich der Sandnessund im Westen der Stadt hinüber nach Kvaløy überbrückt.

Die **Mitternachtssonne** ist in Tromsø zwischen **19. Mai** und **25. Juli** zu sehen.

Tips zur Stadtbesichtigung:

Große öffentliche Parkplätze findet man gleich rechts am Westende der Sundbrücke und im südlichen Stadtbereich zwischen Strandvegen und Fischereihafen. Außerdem gibt es eine riesige unterirdische Parkanlage (Trygg Parkering) in Felstunnels, die rund um die Uhr geöffnet ist. Parken am Straßenrand ist stark reglementiert und für längere Stadtbesuche kaum tauglich.

Stadtmuseum
tgl. 11 - 15 Uhr.
Eintritt.

Ganz in der Nähe der Sundbrücke liegt im Stadtteil Skansen, östlich der Skippergata in der Nähe der Kais, das **Tromsø Bymuseum**, das Stadtmuseum. Das Museum ist in einem alten Zollgebäude eingerichtet, das 1789 auf einem Festungswall aus dem 13. Jh. errichtet worden war. Ausgestellt sind Gemälde und Fotodokumentationen, die die Geschichte der Stadt illustrieren, sowie kulturhistorische Sammlungen aus dem 19. Jh., die einen Einblick in die Lebensweise jener Zeit vermitteln.

Polarmuseum *
tgl. 11 - 17 Uhr.
Eintritt.

Wenige Schritte weiter ist in einem alten Zollspeicherhaus am Hafen das sehr sehenswerte **Polarmuseum** untergebracht. Viele der Schaubilder werden durch Tonkulissen noch interessanter. Einen breiten Raum nehmen natürlich Ausstellungsthemen ein, die in Zusammenhang mit dem Leben und den Forschungsarbeiten in Polargebieten stehen. Breiter Raum wird verdientermaßen Roald Amundsens Expeditionen zum Südpol etc. eingeräumt. Leider sind alle Exponatsbeschriftungen und Unterschriften unter den vielen historischen und überaus interessanten Dokumenten und Fotos ausschließlich in norwegischer Sprache.

Gehen Sie hinter dem Museum herum und an den Kaianlagen stadteinwärts bis zur **Flytebrygga**, direkt neben dem großen Kaufhaus Domus. An der Anlegestelle sind immer Kutter zu finden, die fangfrischen Fisch, Krabben etc. anbieten. Kaufen Sie sich eine Tüte frischer Krabben und genießen Sie beim Auspuhlen den Blick über den betriebsamen Hafen, zur Sundbrücke und zur Eismeerkathedrale unterhalb der aufragenden Bergkette auf der gegenüberliegenden Seite.

Stadteinwärts liegt der Marktplatz **Stor Torget** mit einem Denkmal an verschollene Seefahrer und Fischer. Gehen Sie über den Marktplatz hinauf bis zur Grønnegate mit dem Holzbau der Katholischen Kirche aus dem Jahre 1862 rechts und dem modernen Bau des **Kulturhaus** links. Rechts neben der Katholischen Kirche ist das supermoderne Einkaufszentrum „*Veita Senter*" entstanden.

Nördlich der Grønnegate steht in einer kleinen Parkanlage das Denkmal König Håkons VII. Es erinnert an die Monate Mai und Juni 1940, als Tromsø kurzzeitig Hauptstadt des nicht besetzten Norwegens war und König Håkon und Kronprinz Olav in Tromsø residierten, bevor sie nach England emigrieren mußten.

Wir gehen zurück bis zur Hauptstraße Storgata und folgen ihr
südwärts (rechts) bis zum Park
mit der **Domkirche** linkerhand.
Der Kirchenbau stammt aus
dem Jahre 1861 und gilt als eine
der größten aus Holz errichteten Kirchen in Norwegen.
Man kann nun über die
Kiregate Richtung Hafen gehen und kommt dabei über den
Platz mit dem Amundsen-Denk-
mal. Das Touristeninformationsbüro findet man an der

Amundsendenkmal in Tromsø

Storgata, Nähe Bankgata und Kaianlagen Dampskipskaia.
Geht man ab Domkirche die Storgata weiter nach Süden, passiert man
das Grand Nordic Hotel, drei Querstraßen weiter die Brauereigaststätte
„Ølhallen", eine für Norwegen überaus bemerkenswerte Einrichtung, und
kommt schließlich zum **Nordnorwegischen Kunstmuseum** in der
Muségate 1. Neben Keramiken, Zeichnungen, Kunsthandwerk, Grafik etc.
wird eine Gemäldeausstellung mit Werken vom 19. Jh. bis heute gezeigt.

Erwähnenswert sind schließlich noch das **Polaris Museum** und das
Nordlichtplanetarium bei der Universität und vor allem der Film dort
über das Nordlicht, der spektakuläre Bilder in 360-Grad-Projektion zeigt.

**Polarlysplaneta-
rium *****

Gut 3 km südlich des Stadtzentrums liegt das **Tromsø Museum**. Man
kann mit Bussen der Linie 21 ab Storgata dahin gelangen oder man bedient sich des eigenen Autos.
Das 1872 eingerichtete und seit 1976 von der Universität Tromsø betreu-
te Museum besteht aus drei großen Abteilungen – dem **Aquarium**, dem
Folkemuseum und dem großen **Kulturgeschichtlichen Museum** mit
großen Abteilungen über Geologie, Archäologie, Botanik, Zoologie, Mee-
reskunde und Lappländische Kultur. Der Besuch des Museums ist empfehlenswert. Eintrittskarten gelten für Museum und Aquarium.

Tromsø Museum *
(13)
Juni - Aug. tgl. 9 -
18 Uhr, übrige Zeit
kürzer. Eintritt.

Praktische Hinweise – Tromsø

☎ **Tromsø Arrangement**, Storgt. 63, 9001 Tromsø, Tel. 77 61 00 00, Fax
77 61 00 10.

🏠 Hotels: **Grand Nordic,** 166 Betten, Storgt. 44, Tel. 77 68 55 00, Fax 77 68
25 00, obere Preisklasse, Restaurant, Garage.
Rainbow Polar, 135 Betten, Grønnegt. 45, Tel. 77 68 64 80, Fax 77 68 91 36.
Rica Ishavshotel, 300 Betten, Fr. Langesgt. 2, Tel. 77 66 64 00, Fax
77 66 64 44, Restaurant.
Saga, 120 Betten, Richard Withs pl. 2, Tel. 77 68 11 80, Fax 77 68 23 80,
Temperance Hotel, Cafeteria.
Scandic, 318 Betten, Heiloveien 23, Tel. 77 65 34 00, Fax 77 67 67 40, Luxus-
preisklasse, Restaurant, Sauna, Schwimmbad.
With Home, 109 Betten, Tel. 77 68 70 00, Fax 77 68 96 16, Sauna, mittlere
Preisklasse. – Und andere Hotels.

**Tromsø
Hotels**

Jugendherberge: **Tromsø Vandrerhjem**, Gitta Jønssonsvei 4, Elverhøy, 9001
Tromsø, Tel. 76 94 25 98. Ende Juni – Mitte Aug.; 74 Betten.

Jugendherberge

Camping bei
Tromsø

▲ – **NAF-Camping Tromsdalen** **, Tel. 77 63 80 37; 1. Jan. – 31. Dez.; ca. 2
km nördl. Tromsdalen; in einem niederen Laubwäldchen am Tromsdalselva, im
Sommer stark frequentiert; ca. 1,5 ha – 80 Stpl.; Standardausstattung; Laden,
Imbiß; 51 Miethütten.
Skittenelv/Krokelvdalen
– **NAF-Camping Skittenelv** ***, Tel. 77 69 00 26; 1. Jan. – 31. Dez.; von der
Sundbrücke in Tromsdalen noch ca. 25 km über die Küstenstraße nordostwärts,
fast ebene Wiesen zwischen Straße und Meeressund, in schöner Landschaft,
ruhig gelegen; ca. 2 ha – 60 Stpl.; Standardausstattung; Laden, Imbiß; 20
Miethütten.
– **NAF-Camping Ramfjord;** ca. 30 km südöstl. Tromsø unterhalb der E8, in
einem Birkenwäldchen am Ramfjord, ca. 1,5 ha – 70 Stpl; Standardausstattung.
20 Miethütten.

NORDLICHT

Polarlicht oder **Nordlicht** (aurora borealis) sind Erscheinungen am nächtlichen
Himmel in polaren Zonen, die der Wissenschaft lange Zeit Rätsel aufgaben. Wenn
sich in den langen Winternächten der Himmel streifenweise hellgrün färbte, oder wenn
stundenlang ein in bläulichem Licht erstrahlender, übernatürlicher Vorhang vom Himmel
zu hängen schien, wurden Märchen und Sagen der Tundrabewohner, der Sami (Lappen)
oder Eskimos, lebendig. Böse Geister sollen auf der Suche nach armen Seelen sein,
Verstorbenen wird angeblich mit dem Nordlicht ins ewige Leben geleuchtet und die
Richtigkeit von Vorhersagen wird heute noch von so manchem an die Erscheinung
dieses überwältigenden Naturschauspiels geknüpft.
Später versuchte man dem Phänomen mit wissenschaftlicher Logik auf die Spur zu
kommen. Da die Astrophysik aber noch in den Kinderschuhen steckte, muten auch die
ersten Deutungsversuche noch etwas unbeholfen an. Ein gewisser Herr Hells war
zum Beispiel der festen Überzeugung, das ganze Phänomen sei „ein optischer Meteor",
welcher aus der Zurückwerfung des Sonnenlichtes von platten Eisteilchen" erklärbar
sei. Die Hypothese eines Herrn Mairan Anfang des 18. Jahrhunderts war, daß Polarlicht
eine „Folge der in den Luftkreis eintretenden Sonnenatmosphäre" sei. Und der britische
Nordpolforscher Sir John Franklin (1786 – 1847), kam der Sache ebenfalls schon
recht nahe. Er bezeichnete das Nordlicht als „elektrisches Gleichgewicht zwischen
der Polarluft und derjenigen, der gemäßigten Erdstriche" und brachte somit Nordlicht
als erster in Verbindung mit atmosphärischer Elektrizität.
Von der Sonne werden ständig durch gewaltige Ausbrüche elektrisch geladene Teilchen
ins All geschleudert. Und nicht selten sind diese Sonnenwinde so enorm, daß sie bis
an das Kraftfeld der Erde heranreichen. Durch das Magnetfeld der Erde können sie
aber nicht in die Erdatmosphäre eindringen. Nur an den Polen, Polarlicht ist ja im
nördlichen Polargebiet ebenso zu sehen, wie im südlichen, ist es möglich, daß diese
elektrisch aufgeladenen Teilchen auf die Atmosphäre treffen. Drei Dinge sind also
nötig, um das faszinierende Phänomen des Nordlichts entstehen zu lassen: Elektrisch
geladene Teilchen der Sonnenwinde, Magnetfeld und Luftmoleküle (Stickstoff und
Sauerstoff).
Wissenschaftlich erklärt ist heute die Erscheinung Nordlicht, aber das schmälert nicht
im geringsten die geheimnisvolle Stimmung angesichts der blaßblau oder hellgrün
über dem dämmrigen Nachthimmel der Polarzonen wallenden Geistervorhänge.

20. TROMSØ – ALTA

☉ **Entfernung:** Rund 300 km + 2 Fähren; ohne Abstecher.

➔ **Strecke:** Über die E8 bis **Fagernes** – R91 bis **Breivikeidet** – Fähre nach **Svensby** – R91 bis **Lyngseidet** – Fähre nach **Olderdalen** – E6 bis **Alta**.

🕐 **Reisedauer:** Mindestens ein Tag.

⌘ **Höhepunkte:** Die **prähistorischen Felszeichnungen** ** von Alta – Wandern in der **Finnmarksvidda**.

Für den ersten Teil dieser Etappe bieten sich zwei Möglichkeiten an:

➔ **Route:** Zum einen kann man über die E8 zurück bis **Nordkjosbotn** und von dort am Storfjord und Lyngenfjord entlang (E6), über **Skibotn** (Abzweig der E8 nach Schweden, Motel und Camping) und um den gesamten Kåfjord herum nach **Olderdalen** fahren (188 km). Der Vorteil dieses längeren Weges: Man erspart sich die Kosten für zwei Autofähren. Zum anderen – dieser Weg entspricht unserer **Hauptroute** – fährt man ab Tromsø über die E8 nur bis **Fagernes** am schönen Ramfjord zurück und folgt dort der R91 nordostwärts, quer durch die Halbinsel Tromsø, zur **Fährstation Breivikeidet**. ●

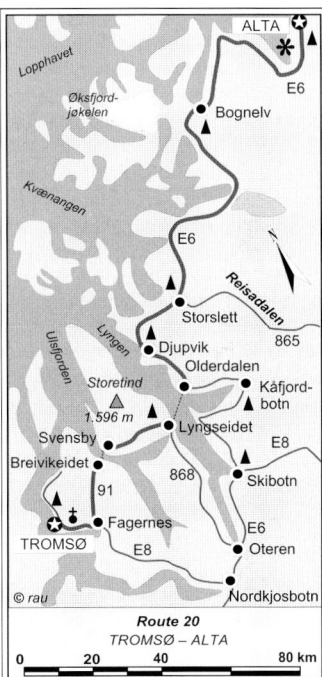

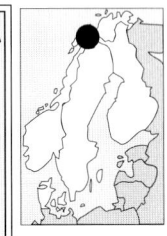

Route 20
TROMSØ – ALTA

0   20   40   80 km

Ab **Breivikeidet** verkehren regelmäßig **Fähren** über den Ullsfjord nach **Svensby** auf der Halbinsel Lyngen, zwischen 6.15 und 21.30 Uhr bis zu 14 Abfahrten; Fahrtdauer 25 Minuten. Auf der Überfahrt kann man ein herrliches **Bergpanorama** mit dem stolzen, 1.596 m hohen, vergletscherten *Stortind* auf der Halbinsel Lyngen genießen.

➔ **Route:** Ab Svendby geht es über die R91 mit Blick auf den Fornesbreen (1.567 m) im Süden weiter zur **Fährstation Lyngseidet**. ●

In **Lyngseidet** nimmt man die Fähre über den Lyngenfjord nach **Olderdalen** an der E6 (73 Straßenkilometer ab Tromsø). Fähren verkehren zwischen 8.15 und 21.30 Uhr bis zu 11 mal. Fahrzeit 45 Minuten.

Hotel, Camping

⌂ Hotels: **Lyngseidet**
Lyngseidet Hotell og Camping, 113 Betten, Tel. 77 71 04 00, Restaurant, Sauna. **Camping ***,** 1. Jan. – Dez., 20 Miethütte.

▲ – **NAF-Camping Birtavarre ***,** Tel. 77 71 77 07; Mitte Mai – Mitte Sept.; knapp 20 km südl. **Olderdalen Fährstation,** am Abzweig von der E6 ins Kåfjorddalen; ca. 3 ha – 100 Stpl.; gute Standardausstattung; Laden; 17 Miethütten.

Immer wieder sieht man auf der Fahrt am Lyngenfjord entlang große Fischgestelle am groben Kiesstrand stehen. Diese für die nordischen Fjordufer so typischen, satteldachförmigen Lattengerüste hängen nach einer guten Fangsaison voller Kabeljau, der luftgetrocknet wird. Trocken- oder auch Stockfisch ist noch heute ein unentbehrlicher Grundbestandteil zahlreicher norwegischer Gerichte. Gerade im Winter wird selbst heute im Zeitalter der Tiefkühltruhe gerne auf diese Naturkonserve zurückgegriffen. Sehr beeindruckend sind die Küstengestade an diesen für uns eher abweisend und kühl anmutenden Meeresarmen so hoch im Norden, etwa bei **Djupvik.** Weit kann der Blick ungehindert schweifen, von der einsamen, steinigen Küste mit einigen Fischerhütten und wenigen farbigen Häusern auf den Wiesen, entlang des graugrünen Fjords, hinüber zu den dunklen, stellenweise vom ewigen Schnee bedeckten Bergzügen auf der Lyngenhalbinsel im Westen.
Kurvenreich zieht die E6 um den verzweigten Reisafjord.

Gelegenheit zum Wandern im Reisadalen

Wer Zeit mitbringt, kann ab **Nordreisa** einen Abstecher südwärts in das **Reisadalen** unternehmen. Die Straße R865 führt durch eine überaus reizvolle Landschaft und endet nach 44 km in **Bilto.** Von dort kann man per Boot flußaufwärts durch die Reisaschlucht bis zur **Nedresfosshytta** weiterreisen (ca. 3 Stunden). Auf der Bootsfahrt sieht man im Nordosten den 270 m hohen Mollesfoss, einen der höchsten Wasserfälle in Norwegen. Ein Wanderweg führt von der Nedrefoshytta zum etwa 1 Stunde entfernten Imofossen, einem anderen imposanten Wasserfall.

Auf der E6 passiert man etwa 30 km nach Nordreisa auf einer schönen Fahrt in 402 m Höhe das Kvænangsfjell.
Seit alters her ist die Gegend ein Sommerlager der Kautokeino-Sami (Lappen). Sami in ihren bunten Trachten treten dem durchreisenden Urlauber allerdings nur noch als Souvenirverkäufer in schnell am Straßenrand provisorisch aufgeschlagenen Buden gegenüber. Sami in ihren angestammten Lebensweisen als nomadisierende Rentierzüchter zu erleben, wird nicht leicht sein. Man muß schon einige Mühe auf sich nehmen, um diesem ehedem so naturnah und naturverbunden lebenden Völkchen zu begegnen. Am ehesten kann das auf Wanderungen über die Finnmarksvidda, die von fischreichen Seen und Flüssen durchsetzte Tundraebene Nordnorwegens, geschehen.

Wenn die E6 auf den Kvænangenfjord stößt, genießt man von der Straße aus einen prächtigen Ausblick auf den Fjord und die Insel Skorpa, auf der regelmäßig Seevögel nisten und brüten.

Später passiert man auf einer 300 m langen Brücke den Sörstraumen. Man kann jedoch den Fjordausläufer auch im Süden über **Kvænangsbotn** (*Camping*) umfahren (Umweg von 39 km) und kommt in **Sekkemo** wieder auf die E6.

36 km weiter passiert man die Grenze zu Norwegens nördlichster *Provinz Finnmark* und erreicht den schmalen Langfjord. An ihm führt die E6 bis zu seiner Mündung in den Altafjord entlang. Dort an der Landzunge, wo die Straße einen scharfen Knick nach Süden macht, bietet sich abermals ein herrlicher Blick auf Norwegens Fjordlandschaft und auf das weite Rund der Buchten des Altafjords. Bei klarem Wetter sind im Norden die Eisgipfel des Seilandsjökulen (985 m) zu erkennen. Diese Urlandschaft strömt etwas ungeheuer Ruhiges, Unveränderliches und Unbeirrbares aus.

Praktische Hinweise

⌂ Hotels: **Storslett/Nordreisa**
Reisa Hotell, 121 Betten, Kirkev. 2, Tel. 77 76 58 33, Fax 77 76 57 11.
Burfjord
Kaasen Gård og Gjestgiveri, 18 Betten, Tel. 77 76 81 41, Restaurant.

▲ – Camping: **Djupvik**
– Camping Lyngenfjord *, Tel. 77 71 71 21; Anf. Juni – Ende Aug.; unebenes Birkenwäldchen in schöner, erhöhter Lage oberhalb der E6, mit herrlichem Blick auf Djupvik; ca. 2 ha – 50 Stpl.; einfache Ausstattung; 10 Miethütten.
Nordreisa
– NAF-Camping Storslett *, Tel. 77 76 50 24; 1. Juni – 1. Sept.; ebene Wiese am Ortsrand; ca. 1 ha – 50 Stpl.; sehr einfache Standardausstattung; 10 Miethütten.
– Camping Sandnes **, Tel. 77 76 49 15; Mitte Mai – Anf. Sept.; ca. 10 km nordöstl. Nordreisa, Wiesen zwischen E6 und Fjord, ca. 3 ha – 100 Stpl.; einfache Standardausstattung; 10 Miethütten.
– Camping Fosselv *, Tel. 77 76 49 29; Anf. Juni – Ende Sept.; ca. 12 km nordöstl. Nordreisa; kleinerer Platz an der E6; ca. 50 Stpl.; 12 Miethütten.
Sekkemo
– Camping Sekkemo **, Tel. 77 76 89 12; Anf. Juni – Ende Aug.; ca. 3 km östl. der Brücke über den Sörstraumen; ca. 1,5 ha – 50 Stpl.; Standardausstattung; 10 Miethütten.
Burfjord
– NAF-Camping Alteidet **, Tel. 77 76 93 57; 1. Juni – 15. Sept.; ca. 11 km nördl. Burfjord; Wiesenhang am Bach in Fjordnähe; ca. 2 ha – 40 Stpl.; Standardausstattung; 20 Miethütten.
Bognelv
– Camping Altafjord **, Tel. 78 43 28 24; 15. Mai – 15. Sept.; freie Wiesen und Schotterfläche, mit Ausblick, bei einem Gehöft, oberhalb der E6; ca. 2 ha – 50 Stpl.; Komfortausstattung; Laden; 25 Miethütten.

Hotels u. Camping zwischen Olderdalen und Alta

ALTA, die 9.000-Seelen-Gemeinde am Altafjord, ist das Zentrum der Altagroßgemeinde (14.300 Einw.), die sich aus den Gemeinden *Bossekop, Elvebakken* und *Bukta* zusammensetzt. Landwirtschaft, Schieferbrüche, Bergbau, Fischerei, Handel und Dienstleistungsgewerbe sind die wichtigsten Wirtschaftszweige.

Alta hat dreimal täglich Flugverbindung mit Oslo, wird täglich von den Schnelldampfern der Hurtigrute angelaufen und hat Anschluß an den Nordnorwegen-Bus (Fauske – Kirkenes) sowie Expreßbusverbindungen durch Finnland und Schweden nach Oslo.

Die **Mitternachtssonne** ist in Alta von **17. Mai** bis **26. Juli** zu sehen.

Länger verweilen werden wohl nur passionierte Angler in Alta, die im Altaelva, dem angeblich lachsreichsten Fluß der Welt, ihr Glück versuchen wollen. Für die Vergabe der Angellizenzen gibt es allerdings lange Wartelisten. Anfragen richtet man an: *Alta Laksfiskeri Interessentskap*, 9510 Elvebakken.

Seit 1985 verfügt Alta über eine interessante Sehenswürdigkeit, die **prähistorischen Felsbilder von Hjemmeluft**.

Felszeichnungen
**
Juni - Aug. tgl. 8 - 20 Uhr. Eintritt.

Im Vorort Hjemmeluft, am Südwestrand von Alta (gut beschilderter Abzweig von der E6), wurden im Frühjahr 1973 auf den glatten Felsen oberhalb der Bucht am Ende des Altafjords **Felszeichnungen** (Helleristninger) entdeckt, deren Anzahl zwischenzeitlich auf etwa 3.000 Abbildungen geschätzt wird. Forscher stellten fest, daß die in den Fels geritzten Bilder um 2.000 bis 4.000 vor unserer Zeitrechnung entstanden sein müssen, also annähernd vier- bis sechstausend Jahre alt sind.

Abgebildet sind Tiere und Menschen in verschiedenen Situationen. Man sieht Jagdszenen auf Bären, Rentiere, Elche, Menschen in Booten, mit Pfeil und Bogen, auf Rentierjagd, bei Zeremonien etc. Die Felsbilder von Alta sind in die UNESCO-Liste über bewahrenswerte Kulturschätze aufgenommen.

Ein Holzsteg führt durch das ganze, ausgedehnte Gebiet dieser „Freilichtgalerie". Wichtige Punkte sind mit Nummern markiert. Dazu gibt es im Besucherzentrum eine Broschüre mit detaillierten Erklärungen, auch in deutsch.

Museum
Sommer tgl. 9.30 - 17 Uhr. Eintritt.

Ebenfalls im Besucherzentrum findet man das **Alta Museum** mit kulturhistorischen Sammlungen über lappisches Kunsthandwerk, Schieferabbau, Fluß- und Fjordfischerei u.a.

Wer die prähistorischen Spuren der im Gebiet um Alta einst lebendigen *Komsakultur* weiter verfolgen will, findet auf dem **Komsafjellet**, einem Landvorsprung im nördlichen Stadtgebiet, Reste alter Siedlungen, die zu den ältesten des Landes überhaupt gehören. Außerdem hat man vom 212 m hohen Komsafjellet einen reizvollen Rundblick.

Wandern in der Finnmarksvidda
**

Südöstlich von Alta erstreckt sich ein ganz ausgezeichnetes Wandergebiet, das sich über die **Finnmarksvidda** mit dem *Jiesjavrre*, dem größten See in der Finnmark, bis Karasjok erstreckt.

Ausflug zu Nordeuropas größtem Canyon
**

☑ *Mein Tip!* Bei längerem Aufenthalt lohnt ein Tagesausflug nach **Savtso** zum **Alta Canyon**. Man fährt zunächst auf der R93 von Alta Richtung Kautokeino, zweigt aber schon nach 8 km auf die alte Reichsstraße links ab. Sie führt am Altaelva entlang und erreicht nach 17 km den Berggasthof **Gargia Fjellstua** (ganzjährig geöffnet, 40 Betten, Restaurant. Tel 78 43 33 51). Von hier kann man die Schlucht auf einem Fußmarsch (ca. 4 Stunden hin und zurück) erreichen, oder man fährt auf einem alten Fahrweg weiter Richtung **Bæskades**. Nach etlichen Kilometern erkennt man einen Sendemasten. In seiner Nähe führt vom Fahrweg ein markierter Fußweg (ca. 6 km, 2 Stunden einfach) nach Osten zur mehrere Kilometer langen und bis zu 600 m tiefen Felsschlucht des Altaelva, Nordeuropas größtem Canyon.

Eine andere empfehlenswerte Wanderung führt 100 m von der alten **Kir-che von Kåfjord** (E6, ca. 15 km südwestlich von Alta) entfernt hinauf ins Halddegebirge, zum 1.150 m hohen **Halddetoppen**. Dort sind die teil-weise restaurierten Ruinen des ersten Nordlichtobservatoriums der Welt zu sehen.

in der Finnmark bei Alta

Praktische Hinweise – Alta

☎ **Finnmark Opplevelser**, Postboks 1223, 9501 Alta, Tel. 78 43 54 44, Fax 78 43 55 59.
Alta Turistinformasjont, 9501 Alta, Tel. 78 43 70 00.

⌂ Hotels: **North Cape Hotel Alta,** 184 Betten, Løkkeveien 61, Tel. 78 43 50 00, Restaurant.
Park, 34 Betten, Alta Sentrum, Tel. 78 43 62 11, Fax 78 43 63 80, Sauna.
Sagatun, 52 Betten, in **Saga,** Tel. 78 43 09 99, Fax 78 43 00 50, Restaurant, Sauna.
Øytun Gjesteheim, Ende Mai – Mitte Aug., 107 Betten, Tel. 78 43 55 77, Fax 78 43 60 40, Sauna.
Vica Hotell Alta, 44 Betten, Bossekop, Tel. 78 43 47 11, Fax 78 43 42 99, Restaurant, Sauna. – Und andere Hotels.

Alta
Hotels

Jugendherberge: **Alta Vandrerhjem**, Midtbakken 52, 9500 Alta, Tel. 78 43 44 09; 1. Jan. – 31. Dez.; 55 Betten.

Jugendherberge

▲ – **Wisløff Camping **,** Tel. 78 43 43 03; 1. Jan. – 31. Dez.; in Øvre Alta beschilderter Abzweig von der R93, ca. 5 km südl. von Alta; Wiesen am Fluß Altaelva; ca. 3 ha – 80 Stpl.; gute Standardausstattung; 7 Miethütten.
In der Nachbarschaft findet man **Alta River Camping** und **Alta Strand Camping**.
– **Camping Kronstad ***,** Tel. 78 43 03 60; Anf. Juni – Ende Aug.; in **Elvebakken** an der E6, ca. 1 km östl. Alta; Waldgelände; ca. 3 ha – 70 Stpl.; Standard-ausstattung; Laden; 20 Miethütten.

Camping

Camping bei Alta

– **MA-Camping Solvang** **, Tel. 78 43 04 77; Anf. Juni – Anf. Aug.; bei Elvebakken, ca. 6 km nordöstl. Alta; Wiesengelände mit Waldanteil, zwischen E6 und Fjord; ca. 1 ha – 30 Stpl.; Standardausstattung; Laden; 17 Miethütten.
– Und andere Campingplätze.

21. ALTA – NORDKAP – KARASJOK

⊙ **Entfernung:** Rund 450 km. Abstecher nach Hammerfest 58 km einfach.

➔ **Strecke:** Über die E6 bis **Skaidi** – Abstecher über R94 bis **Hammerfest** und zurück – E6 bis **Olderfjord/Russenes** – E69 bis **Kåfjord** – Fähre (ab Juni 1999 Tunnelverbindung) nach **Honningsvåg** – E69 zum **Nordkap** – E69 zurück bis **Olderfjord/Russenes** – E6 über **Lakselv** bis **Karasjok**.

🕐 **Reisedauer:** Mindestens zwei Tage.

⌘ **Höhepunkte:** Der Panoramablick auf **Hammerfest** * vom Salen – Mitternachtssonne am **Nordkap** ** – Sekt und Krabben in der **Nordkaphalle** genießen.

Im Interesse des Reiseerlebnisses empfiehlt es sich sehr, für die gesamte Strecke dieser Etappe mindestens zwei Reisetage vorzusehen!

Die E6 führt durch niedere, mit zunehmender Höhe mehr und mehr zurückweichende Birkenwälder bergan. Man passiert das Hochtal Sennelandet in einer öden Tundralandschaft. Schließlich führt die Straße am Lachsfluß Reppafjordelva entlang hinab nach **Skaidi**, weniger eine Ortschaft, als vielmehr eine wichtige Straßenkreuzung mit Tankstelle, Hotel und Gasthof.

ABSTECHER NACH HAMMERFEST

Ab Skaidi bietet sich ein Abstecher über die R94 nach Hammerfest an. Auf dem Weg dahin passiert man nach 27 km auf Norwegens längster Hängebrücke (741 m, mautpflichtig) den Kvalsund, befindet sich dann auf der **Insel Kvaløya** und fährt am Westufer der Insel noch 31 km weiter bis Hammerfest.

Sollten Sie auf Ihrer Norwegenreise bisher noch kein Rentier zu Gesicht bekommen haben, spätestens hier auf Kvaløya werden Ihnen mit fast hundertprozentiger Sicherheit Rentiere begegnen.

Hammerfest, 7.500 Einwohner, nimmt für sich in Anspruch, die nördlichste Stadt der Welt zu sein (70°39'48" nördliche Breite).

Gegründet wurde Hammerfest als Stadtgemeinde offiziell am 17. Juli 1789, damals angeblich mit nicht mehr als 40 Einwohnern. Dank lebhafter Küsten- und Hochseefischerei, Fischhandels und später auch Fischverarbeitung (heute ist Hammerfest Heimathafen einer der größten Trawlerflotten des Landes und Sitz einer international operierenden Fischverarbeitungsfabrik) nahm die Stadt einen langsamen, aber stetigen Aufschwung. Fast genau 100 Jahre nach der Stadtgründung fiel 1890 nahezu ganz Hammerfest einem Großfeuer zum Opfer. Im gleichen Jahr übrigens bekam Hammerfest als erste Stadt Europas elektrische Straßenbeleuchtung.

Beim Rückzug deutscher Truppen 1944/45 wurde Hammerfest total zerstört und mußte nach dem Zweiten Weltkrieg völlig neu aufgebaut werden.

Zugegebenermaßen ist die Lage der Stadt an der geschützten Hafenbucht recht reizvoll. Besonders vom 86 m hohen **Aussichtsberg Salen**, im Osten der Stadt, direkt über dem Hafen, genießt man einen prächtigen Panoramablick. Man kann über einen steilen Fußweg ab Ole Olsen's Plass am Hafen hinaufwandern. Per Auto muß man den Weg von der Durchgangsstraße bei der katholischen Kirche ostwärts, am Stadion vorbei, etwas suchen. Äußerst spärliche Beschilderung. Der weite Blick auf die Stadt und die Hafenbucht ist, um der Wahrheit die Ehre zu geben, auch schon der touristische Höhepunkt eines Besuchs in Hammerfest. Man sieht die

Route 21
ALTA – NORDKAP – KARASJOK

Stadt, diesen weit vorgeschobenen Zivilisationsposten, unter sich liegen, umgeben von baum- und strauchlosen Hügeln. Der meist heftig wehende Wind, lange Winter und oft schneidende Kälte, lassen außer Rentiermoos kaum etwas gedeihen. Stolz verweist man auf einen kleinen Forst, der an einem windgeschützten Hang im Norden der Stadt heranwächst, den nördlichsten Wald der Welt.

In diesen nördlichen Breiten geht von Mitte November bis in die letzten Januartage die Sonne überhaupt nicht auf. Da kommt man auf den Gedanken zu fragen, wer kommt freiwillig in diese Stadt am Ende der Welt? Antwort: Touristen!

Mitternachtssonne: 14. Mai bis 29. Juli.

Ein interessantes Monument liegt im nördlichen Stadtteil Fuglenes – die **Meridiansäule**.
Die runde Granitsäule mit bronzener Erdkugel wurde einst auf Veranlassung von König Oscar II. errichtet, zur Erinnerung an die erste prä-

Meridiansäule, Hammerfest

*Hammerfest
Aussicht von der
Salen-Anhöhe*

zise Vermessung der Erdgröße und Erdform in den Jahren 1816 bis 1852. Schließlich verdient die moderne **Kirche** am südlichen Stadtrand Beachtung. Der Kirchenbau entstand 1961. Er weist eine mit farbenprächtigen Glasmalereien versehene Giebelwand auf, die als Altarwand in den Innenraum integriert ist.

**Hammerfest
Hotels**

Jugendherberge

Camping

Hauptroute

Praktische Hinweise – Hammerfest

☎ **Hammerfest Turistkontor**, Postboks 460, Sjøgate, 9601 Hammerfest, Tel. 78 41 21 85.

⌂ Hotels: **Hammerfest Bed & Breakfast**, 140 Betten, Skytterveien 24, Tel. 78 41 15 11, Fax 78 41 19 26, Sauna.
Hammerfest Hotel, 89 Betten, Strandgt. 2 - 4, Tel. 78 41 16 22, Fax 78 41 21 27, geöffnet 1. 5. – 30. 9.; Restaurant, Sauna.
Hammerfest Touristsenter, 200 Betten, Storsvingen, Tel. 78 41 11 26, Fax 78 41 19 26, geöffnet 2. 5. – 14. 10.; Cafeteria, Sauna, **Camping**.
HÅJA, 85 Betten, Storgt. 9 – 11, Tel. 78 41 18 22, Fax 78 41 43 98.
Rica Hotel, 160 Betten, Sørøygt. 15, Tel. 78 41 13 33, Fax 78 41 13 11, Restaurant, Sauna.
Jugendherberge: **Hammerfest Vandrerhjem**, Idrettsvn. 52, Tel. 78 41 36 67, geöffnete Ende Juni – Ende August.

▲ – **NAF-Camping Storvannet **,** Tel. 78 41 10 10; 15. Mai – 15. Sept.; kleine Wiese am See, nordöstl. der Stadt; ca. 1 ha – 50 Stpl.; Standardausstattung; 7 Miethütten.
– **Hammerfest Touristsenter **,** an der R94 südl. der Stadt; Stellmöglichkeiten bei der Miethütten- und **Motelanlage** (s.o.), schöne Lage.

➔ **Route:** Im **weiteren Verlauf unserer Hauptroute** folgen wir ab **Skaidi** der E6 über eine Tundrahochebene bis **Olderfjord** am gleichnamigen Seitenarm des weit ins Land reichenden

Porsangerfjords. Hier zweigt nach Westen die E69 zum **Nordkap** ab (125 Straßenkilometer), der wir folgen. Westlich der Straßengabelung liegt **Russenes**. •

▲ – **NAF-Camping og Veikro Russenes** **, Tel. 78 46 37 11; 1. Jan. – 30. Dez.; an der E69; in einem Birkenwäldchen, durch die Straße vom Fjord getrennt; ca. 2,5 ha – 120 Stpl.; Standardausstattung; Laden, Restaurant; 16 Miethütten; Gasthof.

Russenes Camping

Wer gerne wirklich abgelegene, touristisch noch unbeleckte Landschaften aufsucht (was von der Nordkapinsel Magerøya zumindest im Juli schon lange nicht mehr behauptet werden kann), dem bietet sich in **Smørfjord**, 4 km nordwestlich von Olderfjord, Gelegenheit, auf der erst seit 1987 durchgehend befahrbaren R889 nach **Havøysund** (Hotel und Rorbuercampjng), einem der größten Fischerhäfen der Finnmark, abzuzweigen (ca. 90 km). Es gibt dort ein Museum zu besichtigen. Im Sommer zweimal wöchentlich abends Ausflüge mit Schnellbooten und Bussen zum Nordkap. Infos im Hotel.

Die Nordkapstraße E69 ist gut ausgebaut. Sie folgt der Küstenlinie des Porsangerfjords und verschafft immer wieder eindrucksvolle Ausblicke auf die Eismeerküstenlandschaft.

Man passiert den 2.980 m lange Skarbergtunnel. Vorsicht vor Rentieren, die sich gelegentlich die Tunnelröhre als Aufenthaltsort aussuchen!

46 km nach Olderfjord erreicht man den Abzweig zum **Fährhafen Repvåg**, einer der früheren Fährstation zur Nordkapinsel (*Repvåg Motell und Camping, 1. 2. – 30. 10.*).

25 km nach besagtem Abzweig passiert man die Zufahrt zur ehemaligen, seit der Eröffnung der neuen Straßen-Tunnel-Verbindung nach Honningsvåg verwaisten Fährstation Kåfjord.

Seit 1. Juni 1999 ist die Nordkapinsel Magerøya über ein **neues Straßen- und Tunnelsystem**, das teils unter dem Meer verläuft, zu erreichen. Die Nordkap Gemeinde spricht vom „längsten Untersee-Straßentunnel in Europa"!

seit 1999 durch das längste Untersee-Straßentunnel Europas zum Nordkap **

Die neue, 28,6 km lange Straße, die die Nordkapinsel an das Festland bindet, führt durch einen unterseeischen Tunnel, zwei Landtunnel und über 17 km offenes Gelände. Der Tunnel unter dem Magerøy-Sund zählt mit 6,8 km Länge zu einem der längsten unterseeischen Straßentunnel der Welt. An seinem tiefsten Punkt liegt der Tunnel 212 m unter dem Meeresspiegel. Er ist 8 m breit und hat 2 Fahrbahnen.

Die beiden anderen, auf das Modernste ausgestatteten Tunnel, die durch das Honningsvågfjell auf den Insel Magerøya führen, sind 4,4 km lang.

Die Benutzung des neuen Straßensystems soll 15 Jahre lang mautpflichtig sein. Dann sollen, so die Planung, 27% der Gesamtbaukosten von annähernd 230 Mio. DM (ca. 927 Mio. Nkr.) durch Mautgebühren erwirtschaftet sein.

Die Mautgebühr belief sich zuletzt auf NOK 125,- für Fahrzeuge bis 6 m Länge inklusive Fahrer, plus NOK 40,- für jede weitere Person. Wie es heißt, entsprechen die Mautgebühren den Preisen, die für eine Fährfahrt auf die Nordkapinsel ausgegeben werden müßte. Positiv zu vermerken ist, daß die oft langen Wartezeiten an den Fähren im Sommer nun der Vergangenheit angehören. Das Gedränge zur Mitternachtssonne auf dem Nordkapplateau aber wird wohl noch etwas heftiger werden.

Der wichtige Fischereihafen **Honningsvåg** (ca. 3.100 Einw.) ist der Hauptort der 437 qkm Insel Magerøya. Zu den bescheidenen Sehenswürdigkeiten der Hafenstadt zählen das **Nordkapmuseum** im Nordkaphuset, mit kulturhistorischen Sammlungen und Ausstellungen über Fischerei und Nordkaptourismus, dann das Nordkaphuset selbst, ein modernes Gemeindezentrum mit Galerie, Multivisionsshow „Jahreszeiten in der Finnmark" Café, Geschäften, Geldwechselstelle und Touristeninformation und schließlich die 1884 erbaute Kirche von Honningsvåg.
Honningsvåg hat tägliche Flugverbindungen mit Oslo. Der Hafen wird täglich von Schiffen der Hurtigruten angelaufen.

Honningsvåg Hotels

Camping

Ausflüge

Praktische Hinweise – Honningsvåg

☎ **Nordkap Touristinfo**, Postboks 78, 9751 Honningsvåg, Tel. 78 47 28 94.

⌂ Hotels: **Havly Hotel,** 80 Betten, Storgt. 12, Tel. 78 47 29 66, Cafeteria.
Nordkapp Turisthotell, 60 Betten, in **Skarsvåg,** Tel. 78 47 52 67, Fax 78 47 52 10, 1. 4. – 15. 10., Restaurant.
Northcape Hotel, 310 Betten, Nordkappgt. 4, Tel. 78 47 23 33, Fax 78 47 33 79, Restaurant, Sauna. – Und andere Hotels.
Jugendherberge: **Nordkap Vandrerhjem,** 9751 Honningsvåg, Tel. 78 47 33 77; Ende Mai – Ende Sept.; 58 Betten; an der Straße zum Nordkap, beim **Campingplatz,** ca. 8 km nördl. des Stadtzentrums.

▲ – **NAF-Camping Nordkapp og Vandrerhjem ***,** Tel. 78 47 33 77; 15. Mai – 30 Sept.; an der E69 ca. 8 km nördl. Honningsvåg Richtung Nordkap; ca. 5 ha – 100 Stpl.; Standardausstattung; Laden, Imbiß; 16 Miethütten; Zimmer, **Jugendherberge.** Weitere Campingmöglichkeiten auf dem **Nordkapplateau** und in **Skarsvåg.**

Es werden diverse **Bootsausflüge** ab Hafen Honningsvåg angeboten, z.B. rund ums Nordkap zum Fischerdorf Skarsvåg (ca. 4 Stunden), zum Fischerdorf Sarnes (ca. 1 1/2 Stunden) oder zu Nistklippen von Seevögeln (ca. 3 Stunden).
Busse zum Nordkap verkehren ab Honningsvåg im Sommer viermal täglich, um 12.20, 16.00, 19.30 und 21.45 Uhr. Fahrzeit 50 Minuten. Rückfahrt vom Nordkap nach Honningsvåg um 14.20, 17.50, 21.00 und 00.30 Uhr. Die Abfahrtszeiten können Änderungen unterliegen! Busverbindungen bestehen auch, an Werktagen bis zu dreimal täglich, über Skarsvåg nach Gjesvær.

Nordkap **
Eintritt

NORDKAP

Das Nordkap, 71° 10' 21" nördlicher Breite, liegt 34 km nördlich von Honningsvåg. Das 307 m hohe, fast senkrecht zum Eismeer abfallende Felsplateau gilt als der nördlichste per Straße erreichbare Punkt Europas. Die Betonung liegt aber auf „per Straße erreichbar". Denn das weiter nordwestlich gelegene Kap Knivskjelloden ragt noch ein paar Kilometer weiter nach Norden.

das Nordkap

Seit 1956 kann das Nordkapplateau auf einer zwischenzeitlich durchgehend geteerten und in Abschnitten erweiterten Straße völlig problemlos mit Auto, Caravan etc. erreicht werden.

Ab Honningsvåg führt die E69 (Wintersperre von ca. Mitte Oktober bis Ende Mai) durch eine fast außerirdisch anmutende, kahle Landschaft, ohne Strauch, ohne Baum, nur in windgeschützten Mulden mit Islandmoos, Flechten und höchstens etwas knöchelhohem Gestrüpp bewachsen. Aber diese spärliche Vegetation genügt den Rentieren, die hier häufig zu sehen sind. Jedes Jahr aufs neue ziehen die Tiere vom Festland hierher auf die Insel und überqueren dabei schwimmend den Magerøyasund. Ihre Besitzer, Samifamilien aus Kautokeino und Karasjok, folgen ihnen dann hierher zu den Sommerweiden.

Nach dem Anstieg ins Vestfjordfjellet (336 m), genießt man von der Straßenkehre einen weiten Blick über den Tufjorden nach Westen. In der Ferne taucht links der Straße die weiße Kugel einer Radarstation auf und wenig später hat man, nach Tausenden von Kilometern, das eigentliche Ziel und einen der Höhepunkte der Reise erreicht – das Nordkap.

An einem Schlagbaum muß Eintritt bezahlt werden – 175 !!! Kronen pro Person, was rund satten 42 Mark entspricht! Die Gebühr schließt Parkerlaubnis, Eintritt zur Nordkaphalle und zum Videokino ein.

Campen ist auf einem eigens dafür vorgesehenen Areal gestattet (keine **Stellplatz direkt** speziellen Sanitäranlagen, Wasser- oder Stromanschlüsse). Wildes Cam- **auf dem Nordkap** pen dagegen ist zwischenzeitlich auf der ganzen Nordkapinsel verboten! Das Verbot wird scharf überwacht! Zuwiderhandlungen oder „nicht umweltgerechtes Verhalten" werden mit hohen Geldbußen belegt.

Der englische Seefahrer Richard Chancellor, 1553 mit seinem Segler „Edward Bonaventura" auf der Suche nach einem nördlichen Seeweg nach China, nannte das bis dahin namenlose Kap „North Cape".

Nordkap

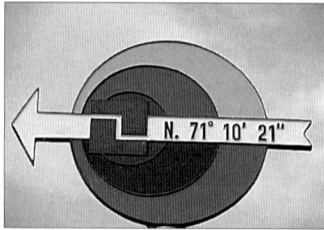

Nordkap, die Position

Als erster „Tourist" wird 1664 der italienische Pfarrer Francesco Negri verzeichnet. Etwa ab dem Ende des 18. Jh. wurde in wohlbetuchten Gesellschaftskreisen eine Seereise ins Nordmeer, mit Besuch des Nordkaps, ein beliebter Ausflug mit „Expeditionscharakter". Die Damen und Herren mußten damals allerdings von der Anlegestelle in der Hornvika-Bucht, östlich des Kaps, einen beschwerlichen Aufstieg zum Plateau auf sich nehmen. Die alte Anlegestelle dort soll übrigens restauriert werden und dann als Freilichtmuseum dienen.

Der erste Veranstalter, der einen Nordkapbesuch touristisch vermarktete, war das altehrwürdige Reiseunternehmen Thomas Cook aus London. 1875 veranstaltete es die erste Kreuzfahrt zum Nordkap.

Zu sehen gibt es „auf" dem völlig kahlen, steinigen Nordkap-Plateau („darunter" ist es seit 1988 recht interessant geworden) neben Felsen, Meer und Himmel einen stählernen Globus, einen kleinen Obelisken zum Gedenken an König Oskar II., der das Nordkap 1873 besuchte, sowie eine Marmorbüste des Herzogs von Orleans, Louis Phillipe. Der spätere „Bürgerkönig" (1830 – 1848) besuchte das Nordkap 1795, während die Grande Nation von den Wirren der Revolution erschüttert wurde.

Die **Mitternachtssonne** ist vom Nordkap aus vom **14. Mai bis 1. August** zu sehen. Aber auch in den Tagen davor und danach ist hier – sofern Wolken keinen Strich durch die Rechnung machen – ein Sonnenuntergang ein grandioses Erlebnis. Die Aussicht vom Nordkap-Plateau hoch über dem Meer und das Schauspiel der ins graue Eismeer eintauchenden, tausend glühende Strahlen versprühenden Sonnenscheibe, die eine breite Glutstraße über die Wellen zieht und die ins Meer stürzenden schwarzen Klippen kupfern aufleuchten läßt, ist die Belohnung für viele Tausend Kilometer Autofahrt.

„Hier stehe ich endlich an der äußersten Spitze der Finnmark – ja, am Ende der Welt. Hier wo die Welt endet, nimmt auch meine Neugier ein Ende und ich kehre zufrieden nach Hause zurück, wenn Gott es will" schrieb Francesco Negri über seinen Nordkapbesuch im Jahre 1664.

Aber: Die bequemen Verkehrswege durch Norwegen bis direkt zum Nordkap führen Jahr für Jahr mehr Besucher hierher. Und ein mitternächtliches Beobachten der über die Kimm ziehenden Sommersonne genießt man – zumindest in der Hauptreisezeit – inzwischen im Bade eines babylonischen Stimmengewirrs, das von hunderten von Touristen aus aller Herren Länder stammt, die kurz vor Mitternacht mit einer wahren Busarmada angefrachtet werden. In der Nordkaphalle stolpert man dann über lagernde Touristen, quält sich an endlosen Schlangen am Postschalter vorbei, wo der begehrte Nordkapstempel täglich auf sackweise abtransportierte Postkarten gehämmert wird, sucht oft vergeblich nach einem freien Tisch in der Cafeteria und wird durch den riesigen Souvenirsupermarkt geschoben. Romantisch ist es dann am nördlichsten Punkt Europas wahrlich nicht mehr! Viele Besucher verlassen denn auch das Nordkap mit einem gelangweilten Achselzucken, während andere selbst bei einer so gnadenlosen Vermarktung diesem Ort noch etwas abgewinnen können.

Die Nordkaphalle, geöffnet Anfang April bis Anfang Oktober, ein riesiger Touristenpavillon, ist das infrastrukturelle Zentrum am Nordkap. Das Gebäude wurde 1997 erneut erweitert und mit neuen Attraktionen versehen. Heute findet der Besucher in der Nordkaphalle in wohlig warmer Atmosphäre u. a. das Kompasset-Café, Restaurants, ein Postamt, einen riesengroßen Souvenirmarkt und ein Video-Kino mit 225-Grad-Leinwand. Dort wird ein recht spektakulär gemachter Film über das Nordkap und seine Umgebung gezeigt. Der Besuch des Films lohnt!

Nordkap

Durch einen tief im Nordkap-Fels verlaufenden Tunnelgang mit einigen Schaubildern in der Wand und vorbei an der Thai-Nische und der Kapelle gelangt man zur großen **Royal Nordkap Halle**. An einer Seite ist die aus dem Fels gesprengte, unterirdische Halle von einem 80 qm großen Panoramafenster abgeschlossen, das den Blick auf das Meer bzw. die Mitternachtssonne erlaubt.

Die Royal Nordkap Halle ist bewirtschaftet und beschallt. Hier können Sie, an amphitheatralisch angeordneten Bartischchen sitzend, bei Champagner und Kaviar das Nordkapabenteuer genießen. Heute ist es „unter" dem Nordkap fast interessanter als „oben". Wie der Tourismus doch die Welt verändert. Und wer sich vor gar nichts scheut, kann sich nun – neuester Gag der Planungsgruppe North Cape Hotels – in der St. Johannes-Kapelle auch trauen lassen und seine Hochzeitsnacht unter den Strahlen der Mitternachtssonne verbringen. Nun fehlen nur noch ein Spielkasino Themenpark und das Nordkap ist auf dem besten Wege, das "Las Vegas der Arktik" zu werden.

Auf der Rückreise, die ab dem Nordkap zwangsläufig nur nach Süden führen kann, bietet sich nach 13 km Gelegenheit nach **Skarsvåg**, dem „nördlichsten Fischerdorf der Welt" und Norwegens nördlichster Gemeinde abzuzweigen. Ein nur schwer erkennbarer Fußweg führt vom Ort zum Felsen „Kirkeporten" (Kirchenpforte), ca. 30 Minuten Gehzeit. Interessanter Blick zum Nordkap.

Unterkunft findet man im *Nordkap Turisthotell* (s. u. Honningsvåg) und auf dem *Campingplätzen Midnattsol Camping og Kro* (1. 6. – 15. 9., 15 Miethütten) und *Kirkeporten Camping* (10. 5. – 10. 9., 18 Miethütten). Ein anderer Abstecher führt 13 km nördlich von Honningsvåg westwärts zum Fischereihafen **Gjesvær** (*Gjesvær Turistsenter*, Motel und Camping) Dem Ort sind viele kleine Inseln und Vogelfelsen vorgelagert.

Hotels + Camping in Skarsvåg und Gjesvær

In den langen Winternächten ist in diesen nördlichen Breiten polarer Zonen ein eigenartiges Naturphänomen zu beobachten, das **Nordlicht** oder Polarlicht (lat. aurora borealis). Näheres darüber unter „Nordlicht" bei Tromsø.

WEITERREISE AB DEM NORDKAP

Zurück bis zur E6 in **Olderfjord** und weiter, am Westufer des Porsangerfjords entlang, über **Indre Billefjord** und **Stabbursnes** (*Camping*) nach Lakselv.

Praktische Hinweise – Lakselv

⌂ Hotels: **Lakselv Best Western Hotel**, 84 Betten, Karasjokveien., Tel. 78 46 10 66, Fax 78 46 12 99, Restaurant, Sauna.

Lakselv Hotels

Lakselv Camping

▲ – **NAF-Camping og Pensjonat Solstad ****, Tel. 78 46 14 04; Anf. Jan. – Ende Dez.; ca. 1 km östl. des Ortes; ca. 2 ha – 150 Stpl.; Standardausstattung; 16 Miethütten. Fremdenzimmer.

In Lakselv können Sie sich entscheiden, ob Sie den rund 500 km langen Abstecher nach **Kirkenes** unternehmen wollen. Siehe auch in unserem Reiseführer „Mobil Reisen: NORWEGEN".

➔ **Route:** Die E6 führt ab Lakselv südwärts, passiert über viele Kilometer militärisches Sperrgebiet (Halte- und Fotografierverbot!), später die Samisiedlung **Skoganvarre** (*Skoganvarre Tourist og Campingsenter,* 96 Betten. Tel. 78 46 48 46, Cafeteria, Sauna, 32 Miethütten, Camping ganzjährig, am See) und erreicht nach 74 km **Karasjok**. ●

Skoganvarre
Hotel + Camping

Karasjok ist Kreisgemeinde mit rund 2.700 Einwohnern, von denen viele zu den heute noch etwa 100 nomadisierenden Samifamilien zählen. Dokumentiert wird der Anspruch Karasjoks „Hauptstadt der Samen" zu sein u. a. in dem neuen **Sameting**, dem Parlament der Sami. Es gilt als architektonisches Monument des ersten Ureinwohner-Parlaments der Welt. Typisches Merkmal der Trachten der Karasjok-Sami ist übrigens die sternförmige bunte Mütze.

Die Lappmark, die Heimat der „Sami" oder „Samen", wie sie sich selbst nennen, beschränkt sich keineswegs nur auf die norwegische Finnmark, sondern schließt Finnisch- und Schwedisch-Lappland und den nordwestlichen Teil Rußlands mit ein. Rund zwei Drittel des gut 30.000 Seelen zählenden Samivolkes sind norwegische Staatsbürger.

Samische
Sammlung
Mitte Juni - Ende
Aug. Mo. - Sa. 9 -
18, So. 10 - 18 Uhr.
Übrige Zeit bis 15
Uhr. Eintritt.

Karasjok als Kulturzentrum der in der Finnmark lebenden Sami gewährt mit diversen Museen Einblick in die interessante Samenkultur. Dazu zählen die **„Samische Sammlung"** mit ihrer interessanten Freilichtabteilung und Sami-Siedlung, das **Samenland-Center** und nicht zuletzt das erst im Sommer 2000 eröffnete **„Sápmi i Karasjok"**, ein ethnischer Themenpark, der die samische Kultur und Geschichte anschaulich präsentiert.

Karasjok
Hotels, Camping

Praktische Hinweise – Karasjok

☎ **Karasjok Opplevelser,** Postboks 192, 9735 Karasjok, Tel. 78 46 69 00.

▢ Hotels: **Rica Hotel Karasjok,** 56 Zimmer, an der E6, Tel. 78 46 74 00, Fax 78 46 68 02, Restaurant (auch samische Spezialitäten), Sauna, Schwimmbad. Dem Hotel angeschlossen ist das etwas einfachere **Karasjok Gjesthus** mit 28 Zimmern.
Villmarks Motell og Kro, 4 Zimmer, Kautokeinovn. 9, Tel. 78 46 74 46, Cafeteria, Pub, Bar und Diskothek. Miethütten.

▲ – **NAF-Camping Karasjok *****, Tel. 78 46 61 35; 1. Jan. – 31. Dez.; an der R92 Richtung Kautokeino; von Wald begrenzte Wiesenstreifen, ca. 3 ha – 120 Stpl.; gute Standardausstattung; Laden; 20 Miethütten. **Jugendherberge**.

Ist der Abstecher nach Kirkenes vorgesehen, folgt man der E6 weiter. Sie führt nun wieder nach Norden und folgt bis Tanabru dem Grenzfluß Tana. Der Umweg über die E6, gegenüber der nördlicheren Strecke über die R98 beträgt zwischen Lakselv und Tanabru rund 50 km.

FINNLAND

22. KARASJOK (N) – IVALO (SF)

⊙ **Entfernung:** Rund 250 km, ohne Abstecher.

➔ **Strecke:** Über die Straße 4 bis **Inari** – Straße 4/E75 bis **Ivalo.**

⏱ **Reisedauer:** Mindestens ein halber Tag.

⌘ **Höhepunkte:** Das **Sami Museum** in Inari – Abstecher in den **Lemmenjoki Nationalpark.**

ROUTENALTERNATIVEN FÜR DIE RÜCKREISE

Entschließt man sich in Lakselv (siehe vorhergehende Route) zu einem Abstecher auf die Varangerhalbinsel und nach Kirkenes, bietet sich für die spätere Weiterreise nach Finnland der Weg von **Neiden** an der E6, ca. 43 km westlich von Kirkenes, über die Straße 971 und über **Svettijärvi** (Campingmöglichkeit) und **Partakko** an. Auf der zwischenzeitlich gut ausgebauten Straße erreicht man südlich von **Kaamanen** die Straße 4. Verzichtet man auf den Abstecher nach Kirkenes, sind ab Karasjok verschiedene **Rückreisevarianten** möglich, z.B.:
– Ab **Karasjok** ostwärts zur 18 km entfernten finnischen Grenze bei **Karigasniemi** und weiter über **Kaamanen, Inari, Ivalo, Sodankylä, Rovaniemi** nach **Kuusamo** und weiter südwärts über **Kajaani, Kuopio** und **Savonlinna** nach **Helsin-**

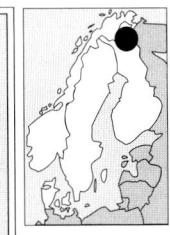

Route 22
KARASJOK – IVALO

0   20   40 km

ki. Dies ist der Weg, der unserer **Hauptroute** entspricht und hier eingehend beschrieben wird.
– Eine andere der diversen möglichen Routen führt ab **Karasjok** zunächst südwestwärts über **Kautokeino** nach **Karesuando** an der finnisch-schwedischen Grenze und dann entweder quer durch Schweden südwärts (siehe auch *„MOBIL REISEN: SCHWEDEN"* aus dieser Reihe),
– oder aber ab Kautokeino bis **Muonio** an der E8. Dort folgt man der Straße 79 nach Rovaniemi und steigt in die beschriebene Route 24, Rovaniemi – Kajaani, ein.

Auf unserer Route quer durch Finnland von Nord nach Süd werden alle großen Landschaftsregionen berührt – das Fjellgebiet in Lappländisch Nordfinnland, das nordöstliche Waldgebiet, die riesige Region der finnischen Seenplatte und schließlich die südliche und südwestliche Küstenregion.

➔ **Route:** Vom norwegischen Karasjok aus erreicht man auf der Straße 92 nach 18 km die norwegisch-finnische Grenze und den finnischen Grenzort **Karigasniemi** am Fluß Anarjokka. Die gut ausgebaute Straße, jetzt mit der Nr. 4, führt in einem ständigen Auf und Ab über **Kaamasmukka** und **Huutojärvi** nach **Kaamanen**. Südlich des Ortes mündet die Straße aus dem Norwegischen Neiden ein. 26 km weiter ist man in **Inari**. ●

Achtung!
Zeitunterschied

Beachten Sie bitte, in Finnland besteht ein **Zeitunterschied** von einer Stunde. Beispiel: MEZ 12 Uhr = Finnland 13 Uhr.

Inari mit ca. 7.900 Einwohnern, von denen annähernd 2.000 der samischen Volksgruppen angehören, ist eine stark vom Tourismus geprägte Gemeinde. Sie liegt am Südwestufer des Sees Inarijärvi, Finnlands zweitgrößtem See. Die Angaben über die Größe des Sees schwanken. Denn die exakte Vermessung des riesigen Gewässers gestaltet sich durch die vielen Inseln – es sollen mehr als 3.000 sein – und durch die zerrissene Uferlinie überaus schwierig. Als Gemeinde wurde Inari 1876 gegründet. Sie umfaßt ein Territorium von sage und schreibe mehr als 17.320 qkm und grenzt mit ihrer Gemarkung an Norwegen und Rußland. Inari ist ein idealer Ausgangspunkt für Kanu- oder Wildwassertouren, für Wildniswanderungen oder Bootsausflüge auf dem Inarisee. Wer sich gerne in der Natur bewegt, findet in und um Inari vielfältige Möglichkeiten und Angebote – im Sommer wie im Winter.

Inari
Sami Museum *
1.6. - 31.8. tgl. 9 - 21 Uhr, 1.9. - 31.5. tgl. a. Mo. 10 - 17 Uhr.

Zu den Sehenswürdigkeiten in Inari zählt das **Sami Museum** am nördlichen Ortsrand. Dieses Freilichtmuseum in einem hügeligen Waldgebiet befaßt sich mit der Kultur- und Lebensweise des Samivolkes. Aus verschiedenen Teilen Nordfinnlands wurden Gebäude hierhergebracht und wieder aufgebaut. So entstand eine Museums-Siedlung, die sich mit verschiedenen Lebens- und Arbeitsbereichen befaßt. So gibt es das sog. Tirro Dorf mit Gebäuden aus dem 19. Jh. der Rentier- und Fischersamen vom Vaskofluß. Außerdem sieht man eine kleine Ausstellung mit Kunsthandwerk und Gebrauchsgegenständen, einen alten Gerichtssaal, ein Dorf der Kolten, Vorrichtungen zum Goldwaschen, ein Fischerdorf u.a.

Ausflug zur
„Wildniskirche"

Ab Inari werden Ausflüge mit Booten zur **Ukko-Insel** angeboten, einem alten Naturheiligtum der Samen, nordöstlich von Inari gelegen. Die Insel ist übrigens dem samischen Fischgott Ukko geweiht. Auf der Festlandseite gegenüber der Insel, liegt die Wildniskirche **Pielpajärvi**, ein beliebtes Wanderziel. Man erreicht sie nur zu Fuß (ca. 7 km nördl. Inari), mit Booten oder per Wasserflugzeug. Die kleine Holzkirche entstand Mitte des 18. Jh. und diente den in der Umgebung ansässigen Sami als Gotteshaus bis Inari im 19. Jh. das urbane Zentrum der Region wurde. Ein beliebter Abstecher von Inari führt nach **Lemmenjoki**. Man erreicht die Flußstation über die Straße 955, ca. 45 km nach Südwesten bis **Menesjärvi**, dort zweigt man westwärts nach **Lemmenjoki** ab, das man

nach weiteren 10 km erreicht. Die Straße endet am *Café Ahkun Tupa* am *im Freilichtmu-*
Fluß Lemmenjoki. Es gibt Miethütten und eine einfache Camping- *seum für Sami*
möglichkeit. *Kultur, Inari*

Von Lemmenjoki verkehren von Mitte Juni bis Mitte September täglich
zweimal Boote zu den Stromschnellen von **Ravadasköngäs** und nach
Kultalan Hamina im Goldgebiet am Lemmenjoki. 1946 wurde am
Lemmenjoki tatsächlich etwas Gold gefunden und kurzzeitig entwickelte
sich so etwas wie ein Miniaturgoldrausch, der aber bald wieder abebbte.
Einige Unentwegte schürfen immer noch am Lemmenjoki.

Die Anlegestellen Ravadasköngäs und Kultalan Hamina sind Ausgangspunkte für Wildniswanderungen auf markierten Pfaden im **Nationalpark** **Lemmenjoki**
Lemmenjoki. Der Nationalpark, mit einer Ausdehnung von 2.855 qkm **Nationalpark ***
einer der größten in Europa, ist Naturschutzgebiet. Es gelten gewisse
Verhaltensvorschriften bzgl. Campieren, Feuerstellen, Fischen etc. Infos
darüber gibt es in Inari und in Lemmenjoki.

Wanderungen sollte man nicht unvorbereitet, alleine oder ohne genaues
Kartenmaterial und Kompaß antreten. Suchaktionen im Notfall können
teuer werden.

Als gute Wanderzeit werden die Monate Juli und August angesehen. Allerdings können dann die Mücken vor allem im Juli recht aggressiv und
lästig werden. Also unbedingt ein wirksames Mittel (Salbe, Stift) mitnehmen!

☑ *Mein Tip!* Ende August beginnt im hohen Norden schon der Herbst.
Erste Nachtfröste stellen sich ein. Die lästigen Mücken verschwinden dann
und das Laub färbt sich prächtig. Kenner schätzen diese Zeit von Ende
August bis Ende September als ausgezeichnete **Wanderzeit.** Außerdem
führen Bäche und Flüsse dann in aller Regel am wenigsten Wasser und
lassen sich zu Fuß leichter überqueren.

Ab Lemmenjoki Café Ahkun Tupa werden auch Tagestouren (Dauer 7 Stunden) mit Motorbooten auf dem Lemmenjoki durchgeführt. Der Ausflug schließt eine kleine Wanderung um die Stromschnellen, einen 3,5 km langen Abstecher zu Fuß zum Goldcamp mit Goldwaschen und einen Stop an den imposanten Ravadas Wasserfällen ein.

Die **Mitternachtssonne** ist im Bereich um Inari und Ivalo von **22. Mai** bis **22. Juli** zu sehen.

Inari

Praktische Hinweise

☎ Telefonvorwahl: 016

Inari Info, Ranta-Antintie, 99870 Inari, Tel. 67 11 93. 15. Juni bis 20 Sept. tgl. 9 bis 20, im Winter Mo. – Fr. 9 – 15 Uhr.

Infos über die Nationalparks: Finnish Forest and Park Service, Nature Protection Division, PO Box 94, 01301 Vantaa, Tel. (09) 85 78 41, Fax (09) 85 78 43 50.

Hotels

⌂ Hotels: **Inarin Kultahovi,** 29 Zi., Tel. 67 12 21, Fax 67 12 50. Restaurant, Garage.

Wilderness Center Inari, 17 Zi., Tel. 67 32 60. Restaurant.

Hostel: **Eräkeskus Inari,** 92 Betten, Ritula, 99870 Inari, Tel. 66 80 01, ganzjährig.

Camping

▲ – **Camping Lomakylä Inari,** Tel. 67 11 08; 15. März – 25. Sept.; am südl. Ortsrand; schräge Wiese und Sandstellplätze, zwischen Straße und See; ca. 2 ha – 50 Stpl.; keine Zelte! Gute Standardausstattung; Laden, Imbiß; 40 Miethütten.

– **Camping Uruniemi **,** Tel. 67 13 31; 1. März – 30. Apr, 1. Juni – 20. Sept.; ca. 2 km südl. Inari, leicht geneigte Wiese am See; ca. 55 Stpl.; 11 Miethütten. – Und andere Campingplätze.

Ivalo ist ein Verkehrsknotenpunkt mit Flughafen, dem nördlichsten in Finnland, und - Verwaltungs- und Versorgungszentrum der Region mit Hospital, Geschäften und Hotels. Eine wichtige Straßenverbindung führt von hier zur russischen Grenze.

Im Winter ist Ivalo Ausgangspunkt für sog. Arktische Safaris, für Wildnisferien in der verschneiten Tundra, Skitouren, Rentier-Safaris oder Schneemobil-Trekking Touren. Infos über solche Pauschalarrangements gibt es bei den Touristenbüros.

Ivalo
Hotels

Praktische Hinweise

☎ Telefonvorwahl: 016

Northern Lapland Tourism, Ivalontie 12, 99800 Ivalo, Tel. 66 25 21, Fax 66 23 14, Mo. – Fr. 8 – 16 Uhr.

⌂ Hotels: **Hotel Ivalo,** 94 Zi., Ivalontie 34, Tel. 68 81 11, Fax 66 19 05. Restaurant, Schwimmbad, Sauna, Parkplatz.

Kultahippu, 30 Zi., Petsamontie 1, Tel. 66 18 25, Fax 66 25 10.

Petsamo, (Jugendherberge), 20 Zi., Petsamontie 16, Tel. 66 16 21, Fax 66 16 28, Restaurant. – Und andere Hotels.

Camping

▲ – **Camping Näverniemi Lomakylä,** Tel. 67 76 01; 1. Jan. – 31. Dez.; Straße 4/E75, ca. 2 km südl. Ivalo; Wiesen- und Buschwaldgelände am Fluß; ca. 6 ha – 150 Stpl.; Standardausstattung; Restaurant. 57 Miethütten.

– **Camping Ukonjärvi,** Tel. 66 75 01; 1. Mai – 30. Sept.; Straße 4/E75, ca. 10 km nördl. Ivalo; naturbelassenes Waldgelände in schöner, ruhiger Lage am See Ukonjärvi; ca. 8 ha – 80 Stpl.; Komfortausstattung; Laden, Imbiß; 20 Miethütten. – Und andere Campingplätze.

23. IVALO – ROVANIEMI

⊙ **Entfernung:** Rund 360 km, ohne Abstecher.

➔ **Strecke:** Über Straße 4/E75 bis **Sodankylä** – Straße 5/E63 bis **Kemijärvi** – Straße 80 bis **Rovaniemi.**

⏱ **Reisedauer:** Mindestens ein Tag.

⌘ **Höhepunkte:** Wandern im **Uhro Kekkonen Nationalpark** – „Goldwaschen" in **Tankavaara** – Museen in **Rovaniemi.**

➔ **Route:** Über die gut ausgebaute Straße 4/E75 (achten Sie auf Rentiere, die gelegentlich die Straße queren) erreicht man rasch **Saariselkä.** ●

Saariselkä ist Ausgangspunkt für Wander- und Skitouren. Skisaison ist von Anfang November bis Ende April/Anfang Mai. 35 km beleuchtete Loipe, insgesamt 200 km gespurte und markierte Loipe. 12 Abfahrtspisten, 6 Skilifte. Mehrere ausgezeichnete Ferienhotels, wie *Riekonlinna*, *Rienkonkieppi* oder das Badehotel *Saariselkä Spa* mit großem Hallenbad, Sauna, Solarium, Sprudelbädern, Kurmassagen u.ä.

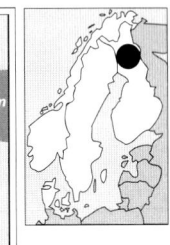

Route 23
IVALO – ROVANIEMI

0   50   100 km

Wenige Kilometer nördlich des Ortes hat man vom **Aussichtsturm** auf dem 438 m hohen **Kaunispää**, zu dem von der Hauptstraße ein Fahrweg führt, einen weiten Blick auf die umliegenden Wälder und Höhen.

Östlich der Straße 4/E75 bis hin zur russischen Grenze erstreckt sich der 2.550 qkm große **Uhro Kekkonen Nationalpark,** ein nahezu unberührtes Stück Wald- und Tundralandschaft. Höchste Erhebung im Park ist der 718 m hohe Sokosti. Auskünfte über Wanderrouten und Übernachtungshütten gibt es in Tankavaara.

Rund 30 km weiter südlich liegt **Tankavaara**, lange Zeit nicht mehr als ein primitives Goldwäschercamp, heute ein voll vermarktetes, recht turbulentes Touristenmekka mit Souvenirmarkt, Restaurant, Hotel, Camping, Miethütten und einem **Goldmuseum.** Goldwaschen für Touristen.

Gold wurde schon Mitte des vergangenen Jahrhunderts nicht nur bei Tankavaara sondern auch im Ivalojoki, im Lemmenjoki und anderen Flüssen Lapplands gefunden und bis um 1900 auch gefördert. Später versiegten die Goldadern, der Abbau wurde unlukrativ. Seitdem suchen hier

nur noch ausgesprochene Optimisten und Touristen nach dem legendären „Mutterfelsen", um den sich so viele Sagen Lapplands ranken, ähnlich wie um den im Rhein versunkenen Goldschatz der Nibelungen. Jedes Jahr findet in Tanka-

ein Denkmal in Sodankylä erinnert an die Kultur der Sami

vaara Ende Juli/Anfang August die „Finnischen Meisterschaften im Goldwaschen" statt.

Im weiteren Verlauf der Route nach Süden ändert sich die Landschaft. Die weiten baumlosen Tundragebiete sind von unermeßlich weiten Wäldern abgelöst worden. Diese Waldgebiete sind für den Autofahrer recht eintönig, bieten so gut wie keine Abwechslung und nur selten gibt es Ausblicke in die Landschaft.

Man erreicht **Sodankylä** (ca. 11.000 Einw.), einst Lappensiedlung, heute moderne Stadt. Neben dem **Heimatmuseum** im Kuukkeli Haus im Stadtzentrum zählt vor allem die **Alte Kirche** von Sodankylä zu den Se-

die alte Holzkirche in Sodankylä

henswürdigkeiten der Stadt. Der schlichte Holzbau entstand im Jahre 1689 und gilt als eine der ältesten Holzkirchen in ganz Finnland. Sie ist seit ihrer Entstehung unverändert geblieben. Ursprünglich diente die Kirche den Sami aus Sodankylä, Kittilä, Savukoski und Pelkosenniemi als Gotteshaus, nachdem ihnen der legendäre Lapplandpfarrer und Missionar Gabriel Tuderus den Schamanenkult und ihre Naturreligion rigoros verboten hatte. Solche Lappenkirchen waren mehrfach im Jahr das Zentrum von großen Kirchenfesten, zu denen die nomadisierenden Sami aus der ganzen Umgebung kamen. Diese Feste waren für sie ein gerne genutzter Anlaß zur Kommunikation, für Handel und Märkte.

Nach dem Bau der Steinkirche im Jahre 1859 wurde die alte Kirche nur noch bei besonderen Anlässen für Gottesdienste genutzt.

Die **Mitternachtssonne** ist um Sodankylä zwischen **30. Mai** und **14. Juli** zu sehen.

Sodankylä Hotels

Praktische Hinweise – Sodankylä
Information, Hotels, Camping in Sodankylä

☎ Telefonvorwahl: 016

Sodankylän Matkailu Oy, Jäämerentie 9, 99 600 Sodankylä, Tel. 61 34 74.

◻ Hotels: **Sodankylä Hotel**, 53 Zi., Unarintie 15, Tel. 61 71 21, Fax 61 71 77, Restaurant, Schwimmbad.

Sodankylän Gasthof, 42 Zi., Sodankyläntie 10, Tel. 1 38 01. – Und andere Hotels.

Jugendherberge: **Retkeilymaja Lapin Opisto**, 30 Betten, Kansanopistontie 5, 99600 Sodankylä, Tel. 61 21 81, Anf. Juni – Mitte Aug.

▲ – **Camping Sodankylä Nilimella**, Tel. 61 19 60; Anf. Juni – Mitte Aug.; an der Straße 5/E63 östl. des Ortes; ca. 4 ha – 120 Stpl.; Standardausstattung; ca. 20 Miethütten.
– **Camping Orakoski**, Tel. 61 19 65; Ende Mai – Mitte Sept.; an der Straße 4/E75, ca. 8 km südl. von Sodankylä; Wiesengelände; ca. 300 Stpl.; 31 Miethütten.

→ Der direkte Weg nach Rovaniemi (130 km) führt über die Straße 4/E75. Der **Umweg über Kemijärvi** ist rund 70 km länger und führt von Sodankylä über die Straße 5/E63 nach Südosten. ●

Nach 61 km bietet sich nach dem Ort **Pelkosenniemi** die Gelegenheit nach Westen auf die unbefestigte Straße 9621 abzuzweigen und über Pyhäjärvi auf den 540 m hohen **Pyhätunturi** (ca. 20 km) zu fahren. Das Gebiet ist bekannt für

beim Gold-waschen in Tankavaara

gute Wandermöglichkeiten. Es gibt Campingplätze, Feriendörfer, ein Besucherzentrum und ein Berghotel.
Nach weiteren 15 km stößt man bei **Vuostimo** wieder auf die Hauptstraße und erreicht nach 34 km Kemijärvi am gleichnamigen See.
Kemijärvi mit annähernd 12.000 Einwohnern, ist die nördlichste und mit einer Gemarkungsfläche von 3.577 qkm drittgrößte Stadt in Finnland. Das Gebiet um Kemijärvi ist seit dem 16. Jh. permanent besiedelt und seit dem frühen 18. Jh. ein wichtiger Handels- und Marktplatz der Region. Heute ist die Stadt nicht nur Zentrum der Holzindustrie, sondern auch Mittelpunkt der Verwaltung, Bildung und Dienstleistung im ganzen nord-östlichen Lappland. Zu den wenigen Sehenswürdigkeiten in der Stadt zählt das **Kemijärvi Museum**, ein Regionalmuseum, das sich mit bäuerlichem Kunsthandwerk und Textilien aus den beiden vergangenen Jahrhunderten befaßt. Geöffnet von Juni bis August.

Praktische Hinweise – Kemijärvi

☎ Telefonvorwahl: 016
Touristeninformation, Kuumaniemenkatu 2 A, 98100 Kemijärvi, Tel. 81 37 77, Fax 87 82 91. Geöffnet 15. Juni – 15. Aug. Mo. – Fr. 8 – 18, Winter bis 16 Uhr. Begleitete Stadtrundfahrten.

Kemijärvi Hotels

🏠 Hotels: **Kemijärvi**, 50 Zi., Vapaudenkatu 4, Tel. 81 38 41, Fax 81 38 51, Restaurant, Schwimmbad.
Mestarin Kievari, 19 Zi., Kirkkokatu 9, Tel. 81 35 77, Fax 81 41 04. Restaurant, Garage.

Kemijärvi
Camping

Jugendherberge: **Hostel Kemijärvi**, 42 Betten, Lohelankatu 1, Tel. 81 32 53, ganzjährig.

▲ – **Camping Hietaniemi**, Tel. 81 50 05; 1. März – 30. Sept.; im Ortsbereich an der Brücke über den Kemijoki; ebenes Wiesengelände; ca. 2 ha – 100 Stpl.; gute Standardausstattung; Laden, Imbiß.

➔ **Route:** Weiterreise über die Straße 80 südwestwärts. Nach rund 60 km stößt man bei **Vikajärvi** auf die Straße 4/E75, überquert bald darauf den **Polarkreis** – hier hat sich ein nicht zu übersehender Hort des Touristenrummels etabliert – und erreicht wenig später **Rovaniemi**. ●

365 Tage lang
Weihnachten

Der Polarkreis nördlich von Rovaniemi hat sich zum "**Werkstattdorf des Weihnachtsmanns**" gewandelt. Zu dieser Verirrung touristischen Marketings fällt einem nicht viel mehr ein als der Werbespruch "Ja ist denn schon Weihnachten". Wer sich nicht daran stört, der kann hier an jedem Tag im Jahr im Nikolausambiente Weihnachtssouvenirs erstehen, sich einen Weihnachtsmann-Poststempel auf seine Ansichtskarte drücken lassen oder sich – mitten im Sommer berieselt von Weihnachtsmelodien – von Santa Claus ein Zertifikat für die Überschreitung des Polarkreises ausstellen lassen. Kafeterias, Restaurant, zahlreiche Souvenirläden.

Nicht genug damit. Die Stadtväter Rovaniemis halten ihre Stadt offenbar nicht nur für das "pulsierende Herz Lapplands", sondern neuerdings auch für die Weltmetropole des ganzjährigen Weihnachtsgeschäfts. Denn nur 2 km vom "Werkstattdorf des Weihnachtsmanns" entfernt findet der interessierte Besucher den **Santapark**. In diesem unterirdischen Freizeit- und Vergnügungspark kann man für 95 Finnmark pro Person das ganze Jahr über Weihnachtsstimmung erleben. Es gibt ein Weihnachtskarussell, ein Multivisionstheater zeigt die Weihnachtsgeschichte, in einem Schlitten fährt man durch die vier Jahreszeiten, etc. Außerdem Puppentheater, Kletterwand, Kafeteria, Boutique.

Santapark
in der Saison 10 -
20 Uhr. Übrige Zeit
Fr. - So. 10 - 18
Uhr. Eintritt.

Rovaniemi, eine neuzeitlich wirkende Stadt mit etwa 57.000 Einwohnern, liegt am Zusammenfluß von Ounasjoki und Kemijoki, ist Verwaltungshauptort der Provinz Lappland und Universitätsstadt und wird auch als „Tor nach Lappland" bezeichnet.
Urkundlich erwähnt wurde Rovaniemi wie es heißt schon im 15. Jh. Zur eigentlichen Stadtgründung aber kam es erst 1929 und Stadtrechte erhielt Rovaniemi erst 1960. Im zweiten Weltkrieg wurde die Stadt stark in Mitleidenschaft gezogen und vollständig niedergebrannt. Nach den Kriegswirren – Rovaniemi hatte damals kaum 8.000 Einwohner – erhielt der finnische Architekt *Alvar Aalto* den Auftrag zur Neuplanung des Stadtbildes. Er konzipierte ein modernes urbanes Zentrum, dessen Straßen wie man sagt, in der Form eines Rentiergeweihs angelegt sein sollen.

Rovaniemis
Sehenswürdig-
keiten

Zu den Sehenswürdigkeiten in der geschäftigen Stadt zählen die von Alvar Aalto 1975 entworfene **Lappia Halle**, Jorma Etontie 8 A, ein Kongress- und Konzertzentrum, sowie das neue **Rathaus,** Hallituskatu 7, das aus dem Jahre 1988 stammt. Neben der Lappia Halle liegt das Bibliotheksgebäude, ebenfalls nach Entwürfen von Aalto 1965 errichtet.
Bemerkenswert auch das Gebäude des **Kunstmuseums** in der

Lapinkävijäntie 4. Es stammt aus dem Jahre 1986. Präsentiert werden neben wechselnden Ausstellungen häufig Werke aus der Kunstsammlung der Stiftung Jenny und Antti Wihuri.

Rovaniemi

Wirklich lohnend ist ein Besuch im **Arktikum**, Pohjoisranta 4, das durch sein markante Glasgewölbe am Fluß auffällt. Im Arktikum sind das **Arktische Zentrum** und das **Museum der Provinz Lappland** untergebracht.

sehenswert, die Museen im Arktikum *
tgl. 10 - 18 Uhr.
Eintritt.

Das Arktische Zentrum vermittelt durch seine Exponate, Bilder und Computerprogramme einen Einblick in die arktische Natur und in die Lebensweisen, Sitten, Kulturen und Naturreligionen der Völker Sibiriens und der Inuit in Alaska, Grönland und Kanada.

Die Ausstellungen im Museum der Provinz Lappland befassen sich mit der Kulturgeschichte des Samivolkes von der Frühzeit bis heute. Breiter Raum wird der wechselvollen Geschichte Rovaniemis eingeräumt.

Schließlich können noch das **Lappland Waldmuseum,** Metsämuseontie 7, mit seinen Gebäuden, Gegenständen und Fotografien, die Einblick in das Leben der Waldarbeiter in Lappland geben und das **Freilicht- und Heimatmuseum Pöykkölä** im Südosten der Stadt (3,5 km, Straße Richtung Ranua) jenseits des Kemijoki besichtigt werden.

Von der **Aussichtshöhe Ounasvaara** in der Nähe des gleichnamigen Hotels östlich des Stadtzentrums hat man einen sehr schönen Blick auf die Stadt.

Rund 22 km nördlich von Rovaniemi liegt bei Norvajärvi ein deutscher Soldatenfriedhof, auf dem 2.500 Gefallene beigesetzt sind. Am Eingang zu der monumentalen Grabstätte eine moderne Pieta.

Die **Mitternachtssonne** ist in Rovaniemi noch zwischen **6. Juni** und **7. Juli** zu sehen.

Praktische Hinweise – Rovaniemi

☎ Telefonvorwahl: 016
Rovaniemi Touristen Information, Koskikatu 1, 96200 Rovaniemi, Tel. 34 62 70, Fax 34 73 51. 1. Juni – 31. Aug. Mo. – Fr. 8 – 18 Uhr, Sa. + So. 11.30 – 16 Uhr. Winterhalbjahr Mo. – Fr. 8 – 16 Uhr.

Rovaniemi

▨ Hotels: **City Hotell,** 88 Zi., Pekankatu 9, Tel. 330 01 11, Fax 31 13 04, zentrale Lage, Restaurant, Bar, Nachtlokal, Garage.
Cumulus Rovaniemi, 64 Zi., Valtakatu 23, Tel. 342 37 51, Fax 34 66 34, Restaurant, Pub "Pisto", Schwimmbad, Garage.
Rantasipi Hotel Pohjanhjovi, 216 Zi., Tel. 3 37 11, Fax 31 39 97, Restaurant, Schwimmbad, Garage. – Und andere Hotels

Hotels

Jugendherberge: **Tervashonka,** Hallituskatu, 96100 Rovaniemi, Tel. 34 46 44, 22 Zimmer für 2 bis 6 Personen, zentrumsnah.

Jugendherberge

▲ – **Camping Ounaskoski,** Tel. 34 53 04; 1. Juni – 31. Aug.; zentrumsnah gelegen, Wiesen in ansprechender Lage am Ostufer des Kemijoki; ca. 2,5 ha – 120 Stpl.; Standardausstattung; Laden, Imbiß.
– **Camping Napapiiri Saari-Tuvat,** Tel. 356 00 45; 1. Jan. – 31. Dez.; knapp 8 km östl. der Stadt an der Straße 81; Wiesengelände; ca. 3 ha – 150 Stpl.; gute Standardausstattung; Laden, Imbiß; 33 Miethütten. – Und andere Campingplätze

Camping

24. ROVANIEMI – KAJAANI

⊙ **Entfernung:** Rund 440 km, ohne Abstecher.

➔ **Strecke:** Über die Straße 81 bis **Kuusamo** – Straße 5/E63 bis **Kajaani.**

🕐 **Reisedauer:** Mindestens ein Tag.

⌘ **Höhepunkte:** Der **Wasserfall Autiköngäs** – Wandern im **Oulanka Nationalpark** – **Kainuu Regionalmuseum** in Kajaani.

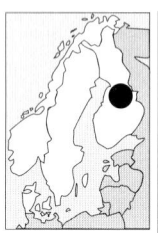

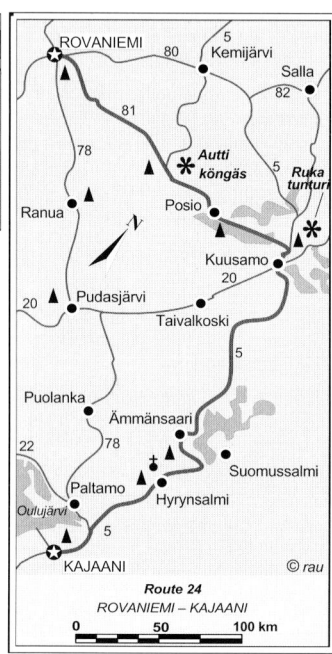

Route 24
ROVANIEMI – KAJAANI
0   50   100 km

Alternativroute

Schneller ist der direkte Weg nach Kajaani auf der Straße 78 über **Ranua, Pudaskärvi** und **Paltamo.**

Einen Besuch lohnt auf dieser Strecke der **Arktische Tierpark Rauna**, ca. 80 km südlich von Rovaniemi gelegen. Auf Wegen und Holzbrücken kann man durch das ausgedehnte Gehege spazieren und in Skandinavien heimische Tiere beobachten. Zu sehen sind Elche und Bären natürlich, dann Luchse, Wölfe, Vielfraße und Eisbären und viele Vogelarten.

➔ **Hauptroute:** Ab Rovaniemi über die Straße 4/E75 in nordöstlicher Richtung und kurz nach der Flußbrücke ostwärts auf die Straße 81 Richtung **Posio** und **Kuusamo.** ●

Bis **Autti** folgt die Straße dem Lauf des Kemijoki. Rund 7 km östlich von Autti zweigt links (nordwärts) eine unbefestigte Waldstraße ab, die nach rund 1,5 km an einem Parkplatz, im Sommer mit Kiosk, endet. Vom Parkplatz mit Feuerstelle und Picknickplatz führt ein kurzer Fußweg zum **Wasserfall Autiköngäs**, der sich durch eine schmale Felsschlucht zu Tal stürzt. Interessant zu sehen ist eine hölzerne Flößrinne die das Gefälle überbrückt. Ein ringförmiger Naturlehrpfad von insgesamt 3 km Länge führt von der Brücke links weiter, quert den Fluß etwa nach halber Wegstrecke abermals, diesmal auf einer Hängebrücke (in der Nähe Unterstand und Feuerstelle), führt hinauf auf den 240 m hohen Aussichtspunkt auf dem Könkäänvaara und geht schließlich wieder hinab zum Ausgangspunkt am Parkplatz.

Würde man dem Fluß aufwärts folgen, träfe man nach rund 15 km auf die etwa 20 km lange **Schlucht von Korouoma**, deren Felswände stellenweise 100 m hoch aufragen. Es gibt einen 26 km langen Wanderweg, der aber nur erfahrenen und geübten Wanderern zu empfehlen ist. Infos darüber – auch über geführte Touren – und Wanderkarten gibt es in Posio.

Im weiteren Verlauf der Route passiert man **Posio**, einen Ort der Keramikindustrie. Kuriose Sehenswürdigkeit dort ist das 1989 eröffnete **Internationale Kaffeetassen Museum**.

▲ – Rund 6 km östlich von Posio liegt etwa 1 km abseits der Straße **Lomakylä-Camping Himmerki** ,1. Juni – 30. Aug.; Wiesen im Wald und am See; Laden, Imbiß, 21 Miethütten.

Camping

Ein kurzes Stück weiter östlich überquert die Straße 81 auf einer Brücke den Yli Kitka-See, der hier nur wenige hundert Meter breit ist. Hier bieten sich wunderschöne Ausblick über den See.

➔ **Route:** Nach rund 35 km stoßen wir schließlich auf die Straße 5/E63 und biegen südwärts ab nach **Kuusamo**. ●

Kuusamo, 1868 gegründet und heute eine modern anmutende Stadt mit rund 18.000 Einwohnern, ist das wirtschaftliche und administrative Zentrum im Nordosten Finnlands. Die Stadt liegt mitten in einer seenreichen Waldlandschaft und ist daher wichtiger Ausgangspunkt für Freizeit- und naturverbundene Urlaubsaktivitäten im Sommer wie im Winter. Das Angebot an Hotels und Campinganlagen ist entsprechend umfangreich.

Praktische Hinweise – Kuusamo

☎ Telefonvorwahl: 08

Kuusamo Touristen Information, Karhuntassu Tourist Centre, Torangintaival 2, 93600 Kuusamo, Tel. 850 29 10, Fax 850 29 01.

▢ Hotels: **Kuusamon Tropiikki Spa,** 119 Zi., Kylpyläntie, Tel. 8 59 60, Fax 8 52 19 09, Restaurant, Schwimmbad.
Martina, 32 Zi., Ouluntie 3, Tel. 8 52 20 51 Fax 8 52 20 54, Restaurant.
Sokos Hotel Kuusamo, 185 Zi., Kirkkotie 23 A, Tel. 8 59 20, Fax 8 52 12 63, Restaurant, Schwimmbad, Garage. – Und andere Hotels.
Rukatunturi
Rantasipi Rukahovi, 75 Zi., Tel. 8 59 10, Fax 8 68 11 35, Restaurant.
Jugendherberge: **Kuusamon Kansanopisto,** 100 Betten, Kitkantie 35, Tel. 8 52 21 32, 1. Juni – 31. Aug., Winterhalbjahr eingeschränkter Serive.

Kuusamo Hotels

Jugendherberge

▲ – **Camping Rantatropiikki,** Tel. 8 59 64 47; 1. Jan. – 31. Dez.; Zufahrt von der Straße 5/E75 ca. 4 km nördl. von Kuusamo; lichtes, hügeliges Waldgelände, geteerte Stpl. für Caravans im Eingangsbereich, für Zelte schräge Wiese, ein Teil des Terrains grenzt an einen See; ca. 8 ha – 200 Stpl.; gute Standardausstattung; Laden, Imbiß, Tennis, Fahrradverleih; 17 Miethütten. – Und andere Campingplätze.

Camping

Lohnend ist auch ein Abstecher zum nur etwa 25 km nördlich von Kuusamo gelegenen **Rukatunturi** (Hotels, Campingplätze). Der etwa 460 m hohe Berg ist eines der beliebtesten Skigebiete in Finnland (18 Lifte, 25 Abfahrtspisten), wird aber natürlich auch im Sommer gerne besucht. Lift zum Gipfel. Schöner Ausblick.

Eines der schönsten Gebiete für Wanderungen liegt rund 50 km nördlich von Kuusamo im **Oulanka Nationalpark**, der sich über fast 270 qkm zwischen der Hauptstraße und der russischen Grenze erstreckt. Im Park gibt es einen Campingplatz und ein Besucherzentrum mit Informationen über den Park und einer Ausstellungen über Flora und Fauna.

Wandern im Oulanka Nationalpark **

Der 75 km lange, markierte Wanderweg *„Karjunkierros"* (Bären Ring), an dem Zeltplätze und Übernachtungshütten liegen, verbindet alle wichtigen Sehenswürdigkeiten und Naturschönheiten im Nationalpark, wie den Canyon des Flusses Oulandkjoki oder die Ristikallio Klippen.

Das Wanderwegesystem läßt sich in zwei Hälften einteilen. Der nördliche Teil beginnt in **Hautajärvi** an der Straße nach Salla und folgt dem *Savinajoki* in den *Oulanka Canyon* und weiter zu den Stromschnellen des *Taivalköngäs*. Der südlichere Weg startet an der Straße nach Salla, folgt dem Fluß Aventojoki zu den fast 50 m aufragenden Klippen von Ristikallio, die hier eine schmale Klamm bilden durch die sich der Fluß zwängt. Beide Wege treffen sich an den Stromschnellen Taivalköngäs. Der Wanderpfad führt schließlich weiter zum Wasserfall Kiutakängäs, für den der Nationalpark berühmt ist.

Auf der **Weiterfahrt** südwärts über die bestens ausgebaute Straße 5/E63 bietet die ab und zu von Seen aufgelockerte Waldlandschaft dem Auge wenig Abwechslung. Nach rund 45 km kommt man durch **Polonkylä** und nach weiteren rund 30 km kann man bei **Peranka** ostwärts auf die Straße 919 abzweigen, die in das **Wandergebiet um Hossa** führt, rund 90 km markierte Wanderwege. Man findet in Hossa ein Informationsbüro, Hotels, Miethütten und Campingmöglichkeiten.

➔ **Route:** Schließlich erreicht man **Ämmänsaari** (Touristeninformation). •

Ämmänsaari Camping

▲ – **Camping Ämmänsaaren**, Zufahrt von der Straße 5/E63 ca. 6 km südöstl. von Ämmänsaari; Wiesengelände, schön am See gelegen; ca. 10 ha – 190 Stpl.; Standardausstattung; Miethütten.

Ab **Ämmänsaari**, das Teil des ausgedehnten Verwaltungsbezirks Suomussalmi in der Region Oberes Kainuu ist, kann man nordwärts zum Ort **Suomussalmi** abzweigen. Das Städtchen am ausgedehnten See Kiantajärvi und die Region waren zwischen 1939 und 1940 Schauplatz des Finnischen Winterkrieges (Raatteen Portti Winterkrieg Museum).

➔ **Route:** Nach weiteren 32 km passiert man **Hyrynsalmi** und kommt nach weiteren 70 km, immer noch auf der Straße 5/E63, schließlich nach **Kajaani**. •

Am Ortsbeginn von **Hyrynsalmi** sieht man rechts der Straße eine imposante **Holzkirche** aus dem 18. Jh. mit separatem Glockentürmchen. Hier kann man westwärts zum See Hyryniärvi (*Camping Vonkka*, 1. Juni – 31 Sept., 16 Miethütten) abzweigen.

Kajaani (ca. 36.000 Einw.), Hauptort der Landschaftsregion Kainuu, liegt am Fluß Kajaaninjoki, der die Seen Nusjärvi im Osten der Stadt mit dem Oulujärvi, Finnlands viertgrößten See, verbindet. Der Fluß prägt wesentlich das Stadtbild. Er spielte als Handels- und Transportweg eine bedeutende Rolle bei der Entstehung Kajaanis. Der Schwedenkönig Karl IX.

hatte 1604 veranlaßt, das immer wieder von Grenzkriegen mit Rußland erschütterte Gebiet durch eine Festung am Kajaaninjoki zu befrieden. Nun begann sich im Schatten der Burg eine Ansiedlung zu entwickeln, der der schwedische Gouverneur Pietari (Per) Brahe 1651 Stadtrechte verlieh. Reste der Festung, die im Krieg zwischen Schweden und Rußland 1716

die große Kirche in Hyrynsalmi

zerstört wurde – damals wurde auch der größte Teil der Stadt niedergebrannt – sind am Flußufer im westlichen Stadtbereich noch zu sehen. Der Fluß durch die Stadt war vor allem in der zweiten Hälfte des 19. Jh. wichtiger Transportweg für im Hinterland gewonnenen Teer, der in Fässern zum Hafen von Oulu am Bottnischen Meerbusen gebracht wurde. Als sich im 16. und 17. Jh. die europäische Segelschiffahrt durch die neuen Entdeckungen jenseits des Atlantiks stürmisch entwickelte, errang Finnland eine führende Stellung als Teerproduzent. Teer wurde damals aus Kienspänen in sog. Teergruben gewonnen und wurde nun in großen Mengen für die Abdichtung und Pflege der Segelschiffe gebraucht. Harzhaltiges Holz wurde in Erdgrube gegeben, mit Torf und Erde bedeckt und verschwelt. Durch die entstehende Hitze tropfte der Teer aus dem Holz.

Große Söhne der Stadt sind der frühere Staatspräsident *Urhu Kekkonen*, der in seiner Kindheit hier zur Schule ging und *Elias Lönnrot*, der Sagen und Gedichte seiner Heimat und vor allem im benachbarten Karelien zusammentrug und so um 1835 Finnlands Nationalepos „Kalevala" schuf.

Zu den Sehenswürdigkeiten der Stadt zählen das von Carl Ludwig Engel 1831 erbaute **Rathaus**, dann das **Kajaani Kunstmuseum** in der Linnankatu 14 und schließlich das **Kainuu Regional Museum**, Asemakatu 4, das sich mit der wirtschaftlichen und kulturellen Vergangenheit und Entwicklung des östlichen Teils der Provinz Oulu und der Kulturgeschichte der Stadt und ihres Umfeldes beschäftigt. Das Museum besitzt u.a. eine Kunstausstellung und befaßt sich in separaten Abteilun-

Kainuu Museum
Mo. - Fr. 12 - 15 Uhr. Mi. bis 20 Uhr und ab 16 Uhr freier Eintritt. So. 12. - 17 Uhr. Sa. geschl.

gen mit der Geschichte des Teertransports und mit dem Nationalepos Kalevala.

Kajaani

Praktische Hinweise – Kajaani

☎ Telefonvorwahl: 08

Kajaani Touristen Information, Pohjolankatu 16, 87101 Kajaani, Tel. 6 15 55 55, Fax 15 56 64. Juni bis Aug. Mo. – Fr. 9 – 18, Sa. 9 – 13 Uhr; Winter Mo. – Fr. 9 – 17 Uhr.

Hotels

⌂ Hotels: **Arctic Hotel Kajanus**, 235 Zi., Koskikatu 3, Tel. 6 16 41 Fax 6 16 45 05, Restaurant, Schwimmbad, Garage, Fitnesseinrichtungen.

Kajaani, 68 Zi., Leiripolku 2, Tel. 6 15 31, Fax 6 15 32 90, Restaurant, Schwimmbad.

Seurahuone, 65 Zi., Kauppakatu 11, Tel. 62 30 76, Fax 6 13 44 95, Restaurant, Garage.

Sokos Hotel Valjus, 84 Zi., Kauppakatu 20, Tel. 15 02 00, Fax 62 90 05, Restaurant, Schwimmbad, Garage. – Und andere Hotels.

Jugendherberge

Jugendherberge: **Huone ja Aamiainen**, 42 Betten, Pohjolankatu 4, Tel. 62 22 54, ganzjährig.

Kainuun Portti, 180 Betten, Tel. 6 13 30 00, ganzjährig.

Camping

▲ – **Camping Onnela**, Tel. 62 27 03; 1. Juni – 31. Aug.; im östlichen Stadtbereiche, Zufahrt von der Straße 5/E63; Wiesengelände am Ufer des Kajaaninjoki; ca. 7 ha – 200 Stpl.; gute Standardausstattung; Laden, Imbiß; 35 Miethütten.

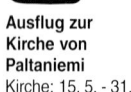

Ausflug zur Kirche von Paltaniemi
Kirche: 15. 5. - 31. 8. tgl. 10 - 18 Uhr.

Bei ausreichend zur Verfügung stehender Zeit lohnt ein Abstecher ins 10 km nordwestlich von Kajaani gelegene **Paltaniemi** am See Oulujärvi.

Im Ort stößt man auf die alte **Gemeindekirche**, die einen Besuch wert ist. Die Kirche wurde von Johan Simonpoika Knubb, der einer sehr wohlhabenden Familie aus der Gegend entstammte, 1726 fertiggestellt. 50 Jahre später kam der separat stehende Glockenturm hinzu. Wände und Decken des Kirchenraumes sind mit Malereien des Künstlers Emanuel Granberg geschmückt. Allerdings legte der Kirchenmaler einen so deutlichen Realismus in seine Werke, daß Teile des Gemäldes „das letzte Gericht" übermalt werden mußte. Angeblich erschreckte sich die Kirchengemeinde beim Anblick der drastischen Motive der „Höllenqualen" und der „ewigen Verdammnis" zu sehr. Die Gemälde wurden um 1939 restauriert. Das Altargemälde „Abendmahl" wird Margareta Capsia zugeschrieben, die als erste bekannt gewordenen Malerin Finnlands gilt.

Zu den Sehenswürdigkeiten zählen weiter die sog. **Zaren-Stallungen**, einst anläßlich eines Besuchs von Zar Alexander I. angelegt, sowie **Hövelö**, das Geburtshaus des Dichters Eino Leino.

Weiter draußen am See hat man vom hohen Ufer einen schönen Blick auf den weiten Oulujärvi und den breiten Strand.

Obwohl die Kirche von Paltaniemi näher bei Kajaani liegt, gehört sich doch zur Kirchengemeinde von **Paltamo**. Der Ort liegt rund 40 km nordwestlich von Kajaani am Nordufer des Sees Oulujärvi.

25. KAJAANI – SAVONLINNA

⊙ **Entfernung:** Rund 450 km, ohne Abstecher.

➔ **Strecke:** Über die Straße 5/E63 bis **Iisalmi** und **Kuopio** – Straßen 17 und 23 bis **Varkaus** – Straßen 5/E63 und 14 bis **Savonlinna.**

🕐 **Reisedauer:** Mindestens ein Tag.

⌘ **Höhepunkte:** Der **Blick ** vom Puijo Aussichtsturm** in Kuopio auf die Seenplatte – die Klöster **Valamo** und **Lintula** – die **Burg in Savonlinna** – die **Seenplatte *** bei Savonlinna.

➔ **Route:** Von Kajaani auf der Straße 5/E63 südwärts bis **Iisalmi**, 98 km. ●

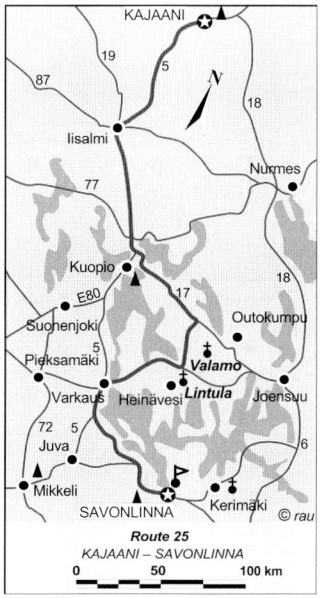

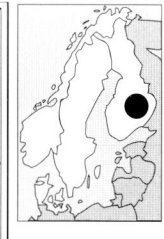

Route 25
KAJAANI – SAVONLINNA
0   50   100 km

Die Stadt **Iisalmi** mit rund 24.000 Einwohnern liegt am Nordrand der riesigen Saimaa-Seenplatte am Zusammenfluß von vier Seen. Iisalmi, was in der Sprache der Sami soviel bedeutet wie „Nacht-Sund", ist neben seiner Funktion als wichtiger Verkehrsknotenpunkt und Wirtschafts- und Holzverarbeitungszentrum der Region Ober-Savo ein ausgezeichneter Ausgangspunkt für Bootstouren. Ein markierter Wasserweg z.B. führt hinab bis in das Gebiet der Saimaaseen. Eng verbunden ist die Stadtgeschichte – Iisalmi erhielt erst 1891 Stadtrechte – mit dem Finnischen Krieg von 1808/09. Sven Tuuve (oder Dufva), der die Brücke über den Fluß Koljonvirta verteidigte und damit einen Sieg der Truppen Sandels ermöglichte, ist als Held in die Annalen der Stadt eingegangen.

Zu den Sehenswürdigkeiten der Stadt zählt in erster Linie das **Karelisch-Orthodoxe Kulturzentrum**, Kyllikinkatu 8, mit sehenswerten Ausstellungen über byzantinische und Orthodoxe Kirchenkunst. Schöne Ikonensammlung, 80 Modelle von orthodoxen Kirchen und Kapellen u.a. Außerdem kann man besichtigen: Das **Heimat- und Stadtmuseum** (tgl. 12 – 20 Uhr) in der Kivirannantie 5, das **Naturmuseum** im Kulturzentrum in der Kirkkopuistonkatu 9, weiter das **Brauereimuseum** (eines der ersten seiner Art in Skandinavien, jährliches Bierfestival „Oluset" im Juli) am Stadthafen. Dort findet man auch das „Kuappi", das kleinste Restau-

Karelisch-Orthodoxes Kulturzentrum
1.6. - 31.8. tgl. 8 - 18, übrige Zeit bis 16 Uhr.

rant der Welt. Schließlich ist die **Alte Kirche** an der Straße nach Kajaani im Norden der Stadt, eine Holzkirche in Kreuzform, die 1779 im gustavianischen Stil von Simo Silven erbaut wurde, sehenswert.

Literatur- und Kunstliebhaber werden das **Juhani Aho Museum** nicht versäumen wollen, das ca. 4 km nördl. der Stadt liegt (Ouluntie) und eine Sammlung des bekannten finnischen Schriftstellers Juhani Aho zeigt. Weitere Museen sind das Kettensägenmuseum oder das Internationale Flaschenmuseum.

Kuriose Meisterschaften bei Iisalmi

Übrigens: In und um Iisalmi gibt es eine Reihe recht kurioser Festivals und Wettbewerbe. So werden im nahen Ort Lapinlahti z.B. die Finnischen Meisterschaften im „Kühe rufen" ausgetragen, in denen die Bauern beweisen, daß ihre Kühe ihren Rufen folgen und von den Weiden zurückkommen. In Sonkajärvi dagegen wird darum gewetteifert, wer Champion im „Ehefrauen tragen" wird und in Pielavesi belustigt man sich am „Stiefelweitwurf-Wettbwerb" (Rekord über 54 m) oder an einem Ruderwettbewerb, bei dem immer zwei Männer in einem Boot sitzen, aber jeder in die entgegengesetzte Richtung des anderen rudert.

23 km westlich von Iisalmi liegt **Runni**, ein Kurort der für seine im 18. Jh. entdeckten Heilquellen bekannt ist.

Iisalmi

Hotels

Jugendherberge

Camping

Praktische Hinweise – Iisalmi

☎ Telefonvorwahl: 017

Iisalmi District Tourist Service, Kauppakatu 22, 74100 Iisalmi, Tel. 8 30 13 91, Fax 82 67 60. Geöffnet 1.6. - 31.8. Mo. - Fr. 9 - 18 Uhr, übrige Zeit bis 17 Uhr.

🏠 Hotels: **Artos,** 28 Zi., Kyllikinkatu 8, Tel. 81 22 44, Fax 81 49 41, Restaurant.
Sokos Hotel Koljonvirta, 82 Zi., Savonkatu 18, Tel. 1 58 11, Fax 1 58 15 00, Restaurant, Garage, Freizeiteinrichtungen. – Und andere Hotels.
Jugendherberge: **Iisalmen YMCA Hostel,** 46 Betten, Sarvikatu 4 C, Tel. 82 39 40, 1. Juni – 31. Juli.

▲ – **Camping Koljonvirta**, Tel. 82 52 52; Mitte Mai – Ende Sept.; nördl. der Stadt; ausgedehntes Wiesengelände am Fluß; ca. 15 ha – 300 Stpl.; gute Standardausstattung; Laden, Imbiß, Kanu- und Fahrradverleih; 21 Miethütten

➡ **Route:** Rund 88 km südlich Iisalmi lohnt ein Abstecher von der hier zur Schnellstraße ausgebauten Straße 5/E63 hinein nach **Kuopio**. ●

KUOPIO, 1782 vom schwedischen König Gustav III. gegründet und heute eine moderne Stadt mit ca. 84.000 Einwohnern, ist Hauptort der gleichnamigen Provinz und ein Zentrum des Bootsverkehrs im Saimaagebiet.

Kuopios besuchenswerte Museen

Besuchenswert sind die Museen der Stadt.
Das **Kuopio Museum** (Mo. – Sa. 9 – 16, So. 11 – 19 Uhr) in der Kauppakatu 23 befaßt sich mit der Kulturgeschichte der Region, mit der Stadtgeschichte, mit Brauchtum und Naturgeschichte der Region Savo. Im **Freichlichtmuseum Alt Kuopio** (Sommer 10 – 17, Mi. bis 19 Uhr, Winter tgl. a. Mo. 10 – 15 Uhr) in der Kirkkokatu 22 sind aus der Umgebung von Kuopio zusammengetragene, typische und ihrer Zeit entsprechend eingerichtete Bauwerke aus dem 19. Jh. zu sehen, während sich

das **Kunstmuseum** (Mo. – Sa. 9 – 16.30 , So. 11 – 18, Mi. bis 20 Uhr) in *Blick vom*
der Kauppakatu 35 mit finnischer Kunst aus verschiedenen Jahrhunder- *Aussichtsturm*
ten befaßt. *Puijo in Kuopio*
Etwas Außergewöhnliches für den skandinavischen Raum ist das **Orthodoxe Kirchen Museum** (Sommer Di. – So. 10 – 16, Winter Mo. – Fr.
12 – 15, Sa. + So. bis 17 Uhr) in der Karjalankatu 1. Es befaßt sich mit der
recht bewegten Geschichte der Orthodoxen Kirche in Finnland und zeigt
schöne, seltene Ikonen aus dem 17. und 18. Jh., liturgische Gegenstände und Gewänder und Exponate aus karelischen Kirchen und Klöstern.
Zu den Sehenswürdigkeiten Kuopios zählen weiter der **Marktplatz** (täglich außer Sonntag bis 15 Uhr bunter Markt, unterirdisches Parkhaus),
das **Rathaus** von 1884, die **Kathedrale** von 1815, der Blumengarten,
das **Victor Barsokevits Photographic Center**, Kuninkaankatu 14 - 16
und der **Botanische Garten** der Universität.

Keinesfalls versäumen aber sollte man – auch bei einem nur kurzen Aufenthalt – eine Fahrt auf den etwa 230 m hohen Hügel Puijo, der etwas
nördlich vom Zentrum liegt. Dort findet man den 75 Meter hohen **Puijo** *Blick vom Puijo ***
Turm (Lift) mit Drehrestaurant und Aussichtsplattformen. Der Ausblick *1. 6. – 31. 8. tgl. 9 –*
von dort oben auf das herrliche Labyrinth der Seenplatte mit ihren bewal- *1 Uhr. Mai u. Sept.*
deten Inseln und auf die Stadt ist beeindruckend und das um so mehr, als *tgl. 10 – 18 Uhr.*
man sonst im oft flachen Terrain der finnischen Landschaft kaum oder *Übrige Zeit nur Sa.*
nur nach langer Wanderung die Möglichkeit hat, von einem erhöhten *u. So. 12 – 18 Uhr.*
Standpunkt aus einen Blick auf die Landschaft genießen zu können. Die *Eintritt.*
Aussichtsplattformen sind im Sommer bis ein Uhr nachts geöffnet. Man
kann also mit Muse den Sonnenuntergang betrachten.

Im Sommer werden zwischen Anfang Juni und Mitte August zahlreiche *Schiffsausflüge*
Schiffsausflüge angeboten, die von eineinhalbstündigen Stadtrundfahr- *von Kuopio*
ten per Boot über ausgedehnte Ganztagestouren bis zu einwöchigen

Kreuzfahrten in die Seenlandschaft reichen. Eine der Tagestouren führt z.b. zum *Valamo Kloster* am Heinävesi See (Beschreibung siehe weiter unten). Außerdem verkehren Linienschiffe auf den Saimaaseen nach Savonlinna. Infos und aktuelle Daten und Preise im Touristenbüro.

Praktische Hinweise – Kuopio

☎ Telefonvorwahl: 017

Kuopio

Touristen Information, Haapaniemenkatu 17, 70110 Kuopio, Tel. 18 25 84, Fax 2 61 35 38. 1. 6. – 15. 8. Mo. – Fr. 8 – 18, Sa. 9 – 14 Uhr, Winter Mo. – Fr. 9 – 17 Uhr.

Hotels

⌂ Hotels: **Arctia Hotel,** 134 Zi., Satamakatu 1, Tel. 19 51 11, Fax 19 51 70. Restaurant, Schwimmbad.
Atlas, 48 Zi., Haapaniemenkatu 22, Tel. 2 11 21 11, Fax 2 11 21 03, Restaurant, Garage.
Cumulus Kuopio, 143 Zi., Puijonkatu 32, Tel. 15 41 11, Fax 15 42 99, Restaurant, Schwimmbad.
Rauhalahti Spa, 126 Zi., Katiskaniementie 8, Tel. 47 31 11, Fax 47 34 70, Restaurant, Schwimmbad.
Sokos Puijonsarvi, 230 Zi., Minna Canthinkatu 16, Tel. 17 01 11, Fax 17 01 17, Restaurant, Garage. – Und andere Hotels.

Jugendherberge

Jugendherberge: **Hostelli Rauhalahti,** 63 Betten, Katiskaniementie 8, Tel. 47 34 73, 1. Januar – 31. Dezember.

Camping

▲ – **Camping Rauhalahti,** Tel. 3 61 22 44; Ende Mai – 31. Aug.; etwa 6,5 km südlich der Stadt, beschilderte Zufahrt von der Straße 5/E63; ausgedehntes Wiesengelände, bis an das Seeufer reichend, einer der besten Plätze Finnlands; ca. 25 ha – 700 Stpl.; Komfortausstattung; Laden, Imbiß; 90 Miethütten. – Und andere Campingplätze.

Umweg über Karvio

➜ **Route:** Anstelle des rascheren Weges von Kuopio über die Straße 5/E63 nach Varkaus empfiehlt sich der **Umweg über Karvio** an der Straße 23. Dazu verläßt man Kuopio über die Straße 5/E63 in nördlicher Richtung und zweigt nach rund 11 km ostwärts ab auf die Straße 17 Richtung **Joensuu**. Nach 40 km verläßt man aber die Straße 17 und folgt nun der nicht immer guten Straße 542 südwärts Richtung **Heinävesi**. Dabei passiert man **Ruskila** und kommt nach etwa 40 km zum Abzweig zum **Kloster Lintula** (Beschilderung „Lintulan Luostari"). ●

Kloster Lintula
1. 5. – 30. 8. tgl. 10 – 17 Uhr.

Das **Nonnenkloster Lintula** liegt an der Karelischen Landenge auf dem ehemaligen Landgut des Geheimrats *Feodor Petrovits Neronov*. Neronov und seine Frau Aleksejevna wollten hier um die Jahrhundertwende einen Frauenverein der Heiligen Dreieinigkeit gründen, der dann 1905 in ein von russischen Nonnen betriebenes Frauenkloster umgewandelt wurde. Das Kloster entwickelte sich rasch, wurde allerdings von den Vorwirren der Oktoberrevolution erfaßt und am Karfreitag des Jahres 1916 fast vollständig niedergebrannt. Nahezu alle Klosterschätze wie Ikonen, Reliquien, Meßgewänder und Bücher gingen verloren. Später büßte das Kloster durch die politischen Vorgaben seinen lebenswichtigen Kontakt nach Rußland ein. 1919 begann der Wiederaufbau der Klosterkirche. Aber im Winterkrieg mußte das Kloster im November 1939 erneut evakuiert werden und die Anlage wurde abermals zerstört. 1946 konnte das Kloster von Lintula wieder aktiviert werden. Heute leben in der Abtei noch etwa 10 Klosterfrauen. Einer der wichtigsten Erwerbe des Klosters ist die Herstellung von Kirchenkerzen. Die moderne Klosterkirche, vom Architekten Vilho Suonmaa errichtet und 1973 von Erzbischof Paavali eingeweiht, kann besichtigt werden. Die Ikonen und Altarbilder stammen von Petros Sasaki. Es gibt ein Café, einen Souvenirladen und ein Gästehaus für 25 Personen.

➜ Route: Vom Kloster Lintula zurück zur Straße 542 und südwärts weiter bis zur Straße 23. Hier ostwärts (links). Nach 5 km erreicht man den Abzweig zum Kloster Neu-Valamo (Beschilderung „Uusi Valamo"). ●

Das orthodoxe **Mönchskloster Neu-Valamo** wurde hier erst im Jahre 1940 gegründet. Die Geschichte des Klosters reicht aber zurück bis ins 12. Jh. Wie es in der Ordenschronik heißt, hatte damals ein griechischer Mönch mit Namen Sergej zusammen mit seinem aus Karelien stammenden Schüler und Begleiter Hermann auf der Insel Valamo im Ladoga See eine Brudergemeinschaft gegründet, die rasch Zulauf hatte und sich im Mittelalter zu einem namhaften Ordenshaus entwickelte. Das Kloster wurde Wallfahrtsort und ein geistiges Zentrum der orthodoxen Kirche.

Kloster Neu-Valamo

1940 mußten die Mönche Kloster Valamo verlassen und siedelten sich hier auf der Gemarkung der Gemeinde Heinävesi an. 1977 konnten die Klosterkirche eingeweiht und viele der wertvollen Ikonen, darunter die der wundertätigen Gottesmutter von Konevitsa, und kostbare liturgische Geräte von Alt-Valamo hierher gebracht werden. Valamo ist heute Mönchskloster mit der umfangreichsten orthodoxen Bibliothek Finnlands und der ersten Ikonenrestaurierungswerkstatt in Skandinavien.

Im Sommer (Juni – Mitte Aug.) zwischen 10 und 17 Uhr Führungen. Vom Kloster wird ein Tagungszentrum für geistliche Seminare, ein Hotel, eine Jugendherberge, ein Café-Restaurant und ein Souvenirgeschäft betrieben. Im Sommer kann man mit dem Schiff „M/S Sergej" Ausflüge zum Kloster Lintula unternehmen.

➜ **Route:** Weiterreise über die Straße 23 südwestwärts nach **Varkaus** (Hotels, Camping), dort auf der Straße 5 knapp 10 km südwärts und weiter über die Straße 464 nach **Savonlinna.** ●

SAVONLINNA (schwedisch *Nyslott*), eine Stadt mit fast 29.000 Einwohnern, ist eines der bedeutenden Fremdenverkehrszentren im Saimaagebiet und eine Basis der Binnenschiffahrt auf der ostfinnischen Seenplatte. Ende des 15. Jh., als die Stadt vom damaligen dänischen Vizekönig und dänischen Grafen Erik Axelsson Tott gegründet wurde, lag Savonlinna an

BURG
OLAVINLINNA
1 Brücke,
  Zugang
2 Neues Tor
3 Glocken
  bastion
4 Burgmuseum
5 Glockenturm
6 Kirchturm
7 Hauptburg,
  Ostflügel
8 Nordflügel
9 Adjudentenhs.
10 Hof der
   Hauptburg
11 Turm des
   Hl. Erich
12 Gr. Burghof
13 Bastion Kl. Tor
14 Südl. Batterie
15 Dicke Bastion,
   Café
16 Östl. Batterie
17 Kijtturm
18 Nordflügel,
   Kongressaal

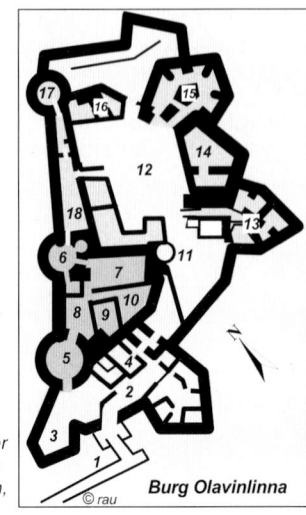

Burg Olavinlinna
© rau

der Ostgrenze des schwedisch-finnischen Königreiches. Dieser weit vorgeschobene Vorposten des Reiches mußte mit einer starken Festung auf einer kleinen Sundinsel gesichert werden, in deren Schutz nun die Stadt entstehen konnte. Als Schutzpatron der Stadt erkor man den hl. Olav von Norwegen. Nach ihm ist die Stadtfestung „Olavinlinna" benannt. 1639 erhielt Savonlinna, das sich nun schon über mehrere Inseln erstreckte, vom finnischen Statthalter Per Brahe Stadtrechte. In den Kriegswirren mit Rußland besetzten die Truppen von Zar Peter dem Großen die Stadt und nahmen die Festung ein. Die russische Besetzung dauerte sieben Jahre. In den Friedensvereinbarungen von 1721 erhielt Schweden die Burg Olavinlinna zwar wieder zurück, aber nur für eine kurze Zeit von etwas mehr als zwanzig Jahren, dann fiel Savonlinna endgültig an das Zarenreich. Erst in den Abkommen von 1812 erlaubte Rußland die Errichtung des Großfürstentums Finnland, zu dem auch Savonlinna mit seiner Burg gehörte. Nun konnte eine stetige Entwicklung in dem sich langsam zum autonomen Staat entwickelnden Finnland einsetzen.

Savonlinna
Burg Olavinlinna
tgl. 1. 6. – 15. 8. 10
– 17 Uhr, sonst 10
– 15 Uhr. Eintritt.
Führungen.

Natürlich zählt die **Burg Olavinlinna** aus dem 15. Jh. heute zu den Sehenswürdigkeiten der Stadt. Die Festung liegt auf einer kleinen Insel im Sund Kyrönsalmi südlich der Innenstadt. Vom Parkplatz ganz in der Nähe des Provinzmuseums führt ein Fußweg zur Burg, die man schließlich über eine bewegliche Pontonbrücke erreicht. In der Burg mit ihren gewaltigen Festungsmauern und dominanten Rundtürmen, die von den schroffen Felsklippen hochragen, kann man verschiedene Bastionen, Festungstürme, wie den Turm des Heiligen Eric, den Glockenturm oder den sog. Kirchturm und Säle und Räumlichkeiten der Hauptburg, wie den Burgsaal oder den recht schlichten Königssaal besichtigen.

Jedes Jahr im Juli ist der Schloßhof Schauplatz des **Savonlinna Opera Festivals**. Das Programm wechselt jedes Jahr.

Interessante Museen der Stadt:

Provinzmuseum *
tgl. a. Mo. 11 – 17
Uhr. Eintritt.

Das **Provinz Museum** wurde in seiner heutigen Form erst 1985 gegründet. Es liegt ganz in der Nähe der Burg Olavinlinna. Die Ausstellungen, die in einem Holzbau aus dem 19. Jh., der ehemals als Getreidespeicher diente untergebracht sind, befaßt sich eingehend mit der Kulturgeschichte des Saimaagebietes und der ostfinnischen Provinz Savo, einer der ältesten und historischsten des Landes. Andere Schwerpunkte des Museums sind Ausstellungen zur Geschichte der Navigation auf den Saimaaseen, zur Fischerei, Flößerei und Dampfschiffahrt.

Zum Museum gehören vier Museumsschiffe, die ganz in der Nähe vertäut liegen. Man sieht den alten dampfbetriebenen Teerfrachter „Mikko",

die Burg Olavinlinna in Savonlinna

den Dampfschoner „Salama", den Passagierdampfer „Savonlinna", eines jener typischen Saimaaschiffe, und einen Bugsierer.

Das **Kunstmuseum**, Olavinkatu 40, zeigt neben bildender Kunst, Skulpturen und Fotografien wechselnde Ausstellungen finnischer und ausländischer Künstler.

Kunstmuseum tgl. a. Mo. 11 – 17 Uhr, Juli tgl. bis 20 Uhr.

Zu den schönsten **Ausflügen** ab Savonlinna zählt eine kleine Kreuzfahrt ins Saimaaseengebiet. Aktuelle Zeiten und Preise im Touristenbüro.

Praktische Hinweise – Savonlinna

☎ Telefonvorwahl: 015

Touristen Information, Puistokatu 1, 57100 Savonlinna, Tel. 27 34 92, Fax 51 44 49. Anf. Juni – Anf. Aug. tgl. 8 – 18 Uhr, Juli bis 22 Uhr, übrige Zeit Mo. – Fr. 9 – 16 Uhr.

Savonlinna

⌂ Hotels: **Casino Spa,** 80 Zi., Kasinonsaari, Tel. 7 39 50, Fax 27 25 24, Restaurant, Schwimmbad.
Pietari Kylliäinen, 48 Zi., Olavinkatu 15, Tel. 7 39 55 00, Fax 53 48 73, Restaurant.
Rauhalinna, 5 Zi., Tel. 52 31 19, in **Lehtiniemi,** rund 18 km außerhalb, kleines, angenehmes Haus, eingerichteten in einer historischen Holzvilla aus dem Jahre 1900, Restaurant. Geöffnet: 1. 6. – 10. 8. – Und andere Hotels.

Hotels

Jugendherbergen: **Retkeilymaja Malakias,** 30 Zi., Pihlajavedenk 6, Tel. 53 32 83, Anf. Juli – Anf. Aug.
Retkeilymaja Vuorilinna, 30 Betten, Kylpylaitoksentie, Tel. 7 39 54 95, 1. 6. – 30. 8.

Jugendherberge

▲ – Camping **Vuohimäki,** Tel. 53 73 53; 31. Mai – 17. Aug.; ca. 7 km südwestl. der Stadt, beschilderte Zufahrt von der Straße 14; sehr schön gelegenes, terrassiertes Wiesengelände mit Hartstandplätzen für Caravans; Fußweg zum Seeufer; ca. 12 ha – 250 Stpl. + 120 Dau.; Komfortausstattung; Laden, Imbiß; 14 Miethütten.

Camping

26. SAVONLINNA – HELSINKI

⊙ **Entfernung:** Rund 425 km, ohne Abstecher.

→ **Strecke:** Über die Straße 6 und über **Punkaharju** und **Imatra** bis **Lappeenranta** – Straßen 6 und 61 bis **Hamina** – Straße E18 über **Porvoo** bis **Helsinki.**

🕐 **Reisedauer:** Mindestens ein Tag.

⌘ **Höhepunkte:** Das **Saimaaseengebiet** ** – Ausflug nach **Vyborg** – **Porvoos Altstadt** *.

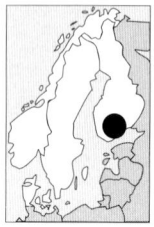

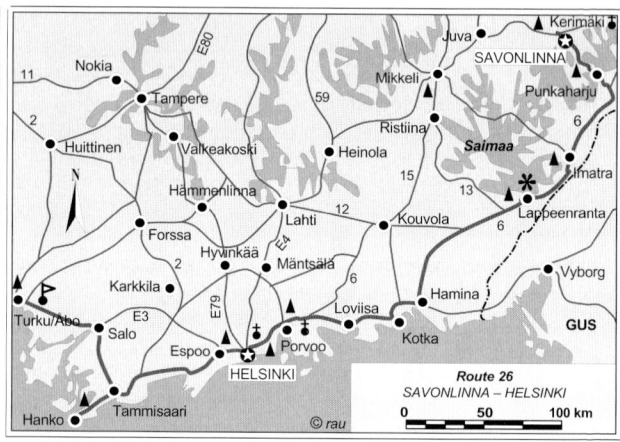

Route 26
SAVONLINNA – HELSINKI
0   50   100 km

© rau

Abstecher zur größten Holzkirche der Welt

Auf der Weiterreise von Savonlinna, der „Perle des Saimaa", ostwärts nach Punkaharju, kann man nach 7 km einen Abstecher nach **Kerimäki** machen. Anlaß des Abstechers ist die riesige **Kirche von Kerimäki**, die als größtes aus Holz errichtetes Kirchenbauwerk der Welt gilt. Der Kirchenraum mißt stattliche 45 m in der Länge, 42 m in der Breite, erreicht unter der zentralen Kuppel eine Höhe von 37 m und bietet Platz für 3.300 Besucher! Wie groß muß der Optimismus der auftraggebenden Kirchenherren wohl gewesen sein, als sie ein Bauwerk solchen Ausmaßes Mitte des vergangenen Jahrhunderts in Auftrag gaben, das selbst heute die Gläubigen aus der ganzen Umgebung nicht füllen können.

Fahrt durchs „Land der tausend Seen" *

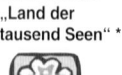

Die Landschaft des Saimaa ist in seiner Art fast einzigartig. Der Beiname Finnlands „Land der tausend See" hat im **Samaaseengebiet** nun wirklich seine Berechtigung.

Begonnen hat es mit der Bildung dieses für Finnland so typischen Landschaftscharakters während der Eiszeit. Kilometerdicke Eisschichten bedeckten vor rund 6.000 Jahren das Land. Die Gletscher gruben auf ihrer Wanderung zum Meer tiefe Mulden in die weicheren Gesteinsmassen. Als das Eis schließlich zu den Polen hin abschmolz, überspülte nachdrängendes Meerwasser das Land. Nach der Entlastung von den Eismassen hob sich das Terrain, die Wasser flossen wieder ab und nur die

Mulden, die heutigen Seen also, blieben gefüllt zurück. Letzten Endes blieben auf einer Fläche von nahezu 70.000 qkm Seen von über 16.000 qkm Wasserfläche zurück, die zusammen eine Uferlinie von sage und schreibe über 49.000 km bilden. Im Laufe der Jahrtausende wandelte sich das Salzwasser in Süßwasser. Und einige heute seltene Tierarten paßten sich den Gegebenheiten an, so die vom Aussterben bedrohte Saimaa-Robbe.

Durch diese idyllische Seenlandschaft mit ihren tausend Buchten, verschwiegenen Ufern, schmalen Kanälen, bewaldeten Inseln führen rund 3.000 km markierte Wasserwege. Bei den Touristen-Informationsbüros und im örtlichen Buchhandel gibt es einen **Wasserwanderführer**, allerdings bislang nur in finnischer Sprache.

Ein Relikt aus der Eiszeit sind Moränen und schmale Landbrücken, die viele der Inseln verbinden und den Eindruck eines wahrhaften Wasserlabyrinths aufkommen lassen. Über eine dieser engen Landbrücken – den 7 km langen Landkamm Punkaharju, der dem Ort seinen Namen verlieh – führt unser Weg nach **Punkaharju**. Auf beiden Seiten drängt das Wasser heran, bis nur noch die Straße auf dem schmalen, verbindenden Landrücken Platz findet. Auf einem schmalen Landstreifen fährt man zwischen Puruvesi- und Pihlajavesi-See, deren Wasser durch die grünen Kiefern leuchtet.

Nicht nur Kunstliebhaber sollten sich einen Besuch im **Kunstzentrum Retretti** nicht entgehen lasse. Es ist eines der größten seiner Art in ganz Skandinavien und bietet in riesigen, teils unterirdischen Felshallen wechselnde Ausstellungen berühmter Maler. Andere Abteilungen befassen sich mit elektronischer Kunst (computerunterstützte Kunst, Laserkunst u.ä.), mit Surrealismus oder japanischer Kunst. Dem Kunstzentrum ist eine Konzerthalle angeschlossen.

Retretti Kunstzentrum
Anfang Juni – Ende Aug. 10 – 17, Juli bis 18 Uhr. Eintritt.

In der Nähe der Kunststätte liegt der Freizeitpark **Punkaharju Kesämaa-Sommerland**.

Praktische Hinweise – Punkaharju

☎ Telefonvorwahl: 015

⌂ Hotels: **Punkaharjun Lomakesjus**, 89 Betten + 59 Ferienbungalows, Tel. 73 96 11, Fax 44 17 84, Restaurant.
Punkaharjun Valtion Hotelli, 24 Zi. + 15 Ferienbungalows, Tel. 73 96 11, Fax 44 17 84. Geöffnet Feb. – Sept.

Jugendherberge: **Punkaharju Kurssi-ja leirikeskus**, 100 Betten, Siplahdentier 15, Tel. 64 41 89. Februar – November.

▲ – **Camping Kultakivi**, Tel. 73 96 11; 15. Mai – 31. Aug.; an der Straße 14, ca. 9 südl. der Stadt; riesiges Waldgelände in schöner Lage, bis an die Seen reichend, bei einem Feriendorf mit Streichelzoo, Freizeitangeboten, Disko, Sandstrand; ca. 130 ha – 800 Stpl.; Komfortausstattung; Laden, Restaurant, Fahrradverleih, Tennis, 120 Miethütten.
– **Punkaharjun Lomakeskus**, Tel. 31 17 61; 1. Jan. – 31. Dez.; rund 10 km nordwestl. der Stadt in der Nähe des Kulturzentrums; Waldgelände am See Pihlajavesi bei einer Feriensiedlung; ca. 10 ha – 500 Stpl.; Komfortausstattung; Laden, Imbiß, Tennis, Fahrradverleih; 145 Miethütten.

Punkaharju Hotels

Camping

➜ **Route:** Auf der Weiterreise folgen wir der Straße 14 nach Südosten und treffen nach 19 km in **Särkisalmi** auf die Straße 6, der wir südwestwärts bis **Imatra** folgen. Die Straße verläuft hier recht nahe der russischen Grenze. Bei Joukio z. B. ist sie nur noch durch die Bahnlinie von der Grenze getrennt. •

Imatra (ca. 32.000 Einw.) ist eine wichtige Industriestadt in Südkarelien. Ein weithin bekanntes Sommerspektakel der Stadt ist der **Imatrankoski**, der als größter Wasserfall im Saimaagebiet gilt. Der gewöhnlich gestaute Fall wird im Sommer (gewöhnlich Mitte Juni bis Ende August) täglich einmal geöffnet, werktags um 19 Uhr, an Sonn- und Feiertagen um 15 Uhr. Die rauschenden Kaskaden, die dann durch einen schmalen Felskanal schießen, sind eine der ältesten Touristenattraktionen in Südfinnland.

Imatra
Sehenswertes

Weitere Sehenswürdigkeiten der Stadt sind die 1957 nach Plänen des Architekten Alvar Aalto, der auch die 103 Bleiglasfenster entwarf, gebaute **Drei-Kreuz-Kirche**, weiter die **Kunstgalerie** in der Honkaharju 7, das **Freilichtmuseum** mit elf alten Bauernhäusern des 19. Jh. aus Karelien und schließlich das **Industriearbeitermuseum**. Das Freilichtmuseum ist geöffnet von Mai bis August Samstag und Sonntag 12 – 18 Uhr, im Juni und Juli tgl. a. Mo. 12 – 18 Uhr. Eintritt.

➜ **Route:** Weiterreise ab Imatra auf der Straße nach **Lappeenranta**, knapp 40 km. •

LAPPEENRANTA (schwedisch Villmanstrand), eine Stadt mit annähernd 57.000 Einwohnern am Südrand des Saimaaseengebietes, ist das wirtschaftliche und bildungstechnische Zentrum im Süden Kareliens. Dank seiner grenznahen Lage und durch die Straßen- und Schiffsverbindungen, ist die Stadt außerdem ein bedeutender Knotenpunkt um Verkehr mit Rußland. Die verkehrsstrategische Bedeutung nahm noch zu, als 1968 der 43 km lange Saimaakanal wiedereröffnet werden konnte und damit der Wasserweg vom Saimaasee durch russisches Territorium in die Ostsee bei Vyborg wieder frei war.

1649 ließ die schwedische Königin Christina hier auf einer schmalen Landzunge im Saimaasee an der Stelle eines schon seit dem Mittelalter aktiven Marktfleckens die Stadt gründen. Lange war der Teerhandel ein wichtiger Wirtschaftsfaktor in Lappeenranta. Die Lage der Stadt am Schnittpunkt der russischen Kultur- und Machtsphäre und dem schwedischen Königreich machte aber auch rasch seine strategische Bedeutung deutlich. Zu Beginn des 18. Jh. erbauten die Schweden hier eine Festungsanlage und machten Lappeenranta zur Garnisonsstadt. Bald gab es Aufstände des Adels, die schließlich in einem verheerenden Stadtbrand endeten.

Ausgangs des 18. Jh. gehörte Lappeenranta zu Rußland und konnte während der Zarenzeit, als Finnland Großfürstentum war, bereits seine Bedeutung als Verkehrsknotenpunkt im Handelsverkehr mit Rußland aus bauen. Spätestens seit Beginn des 19. Jh. machte sich Lappeenranta aber auch einen Namen als Kur- und Badeort. Neuen Aufschwung brachte schließlich der 1856 eröffnete Saimaa-Kanal.

Sehenswertes in
Lappeenranta

Die meisten Sehenswürdigkeiten findet man in der historischen, von Festungswällen umgebenen **Altstadt Linnoitus** (Festung) nördlich der modernen Innenstadt. Beiderseits der gepflasterten Kristiinankatu, die mitten durch den alten Stadtteil führt, liegen die historischen Bauten.

Zunächst kommt man zum **Kavallerie Museum** (Ratsuväkimuseo), das ganz in der Nähe des Vyborg Tores in der Kristiinankatu 13 im ältesten Haus der Stadt untergebracht ist, das nach seiner Errichtung im Jahre 1772 lange als Quartier der Garde diente.

ein „Sommerhaustraum" in der finnischen Seenplatte

Ein kurzes Wegstück weiter liegt linkerhand das **Kunstmuseum Südkareliens**, das in zwei ehemaligen Kasernengebäuden eingerichtet ist. Ausgestellt sind vornehmlich Gemälde aber auch Skulpturen von Künstlern aus Ostfinnland und Vyborg.

Kunstmuseum
Juni - Aug. Mo. - Fr. 10 - 18, Sa. + So. 11 - 17 Uhr. Sonst Di. - Sa. 11 - 17 Uhr.

Gegenüber vom Kunstmuseum sieht man die der Jungfrau Maria gewidmete **Orthodoxe Kirche**, die älteste orthodoxe Kirche in Finnland. Sie wurde 1785 geweiht.

Fast am nördlichen Ende der Straße kommt man zum **Südkarelien Museum** (Kristiinankatu 2). Die Ausstellungen, untergebracht in den ehemaligen Magazinen der russischen Kasernenanlage, basieren im wesentlichen auf den Sammlungen der Stadtmuseen von Lappeenranta, Vyborg und Käkismalmi. Sie zeigen einen Querschnitt durch die Kulturgeschichte und vermitteln einen Einblick in das Kunsthandwerk und die Lebensbedingungen in der Grenzregion. Besonders stolz ist man in der Vyborg-Abteilung auf ein Stadtportrait, das die Stadt Vyborg (Viipuri) als Modell wiedergibt, so wie sie 1939 ausgesehen hat.

Regionalmuseum
Mo. - Fr. 10 - 18, Sa. + So. 11 - 17 Uhr.

Die Museen sind im Sommer täglich, im Winter täglich außer montags geöffnet.

Sehenswert in der Stadt sind weiter das **Alte Rathaus**, ein hübscher Holzbau mit Uhrentürmchen aus dem Jahre 1829, weiter der **Aussichtsturm** mit Cafeteria, dann im Stadtpark die **Lappee Kirche** von Juhana Solonen aus dem Jahre 1794 mit einem Altarbild von Aleksandra Frosterus-Såltin und schließlich die **Lauritsala Kirche**, 7 km östlich der Innenstadt. Der moderne, schwungvoll himmelwärts strebende Kirchenbau wurde 1969 nach Plänen der Architekten Toivo Korhonen und Jaakko Laapotti errichtet.

Schiffsausflug auf dem Saimaa-Kanal ins russische Vyborg *

☑ *Mein Tip!* Ab Lappeenranta werden im Sommer eine ganze Reihe von Bootsausflügen in das Saimaaseengebiet angeboten. Zum Angebot gehören auch eintägige **Schiffsausflüge durch den Saimaa-Kanal nach Vyborg** (Viipuri) in Rußland. Ein Visum ist nicht notwendig. Allerdings müssen Sie Ihren Reisepaß dabei haben. Sollten Sie sich allerdings für einen Aufenthalt in Vyborg entschließen, ist ein Visum notwendig. Informationen und (mögl. rechtzeitige) Buchungen im Touristenbüro.

Lappeenranta

Praktische Hinweise – Lappeenranta

☎ Telefonvorwahl: 05

Touristen Information, am Busbahnhof, 53101 Lappeenranta, Tel. 61 61, Fax 616 29 01. Geöffnet Anf. Juni – Ende Aug. Mo. – Fr. 8 – 18, Sept. – Mai Mo. – Fr. 9.30 – 16.30.

Hotels

🏨 Hotels: **Cumulus,** 94 Zi., Valtakatu 31, Tel. 67 78 11, Fax 6 77 82 99, Restaurant, Schwimmbad.
Patria, 135 Zi., Kauppakatu 21, Tel. 67 75 11, Fax. 4 51 24 41, Restaurant, Garage.
Saimaa Hotel, 39 Zi., Marssitie 3, Tel. 4 15 18 00, Fax 4 15 28 05, Restaurant.
Sokos Hotel Lappee, 206 Zi., Brahenkatu 1, Tel. 6 78 61, Fax 6 78 65 45, Restaurant, Schwimmbad, Garage. – Und andere Hotels.

Jugendherberge

Jugendherberge: **Finnhostel Lappeenranta,** 80 Betten, Kuusimäenkatu 18, Tel. 4 51 55 55. 1. Jan. – 31. Dez.
Finnhostel Karelia-Park, 200 Betten, Korpraalinkuja 1, Tel. 4 53 04 05, 1. Juni – 31. August.

Camping

▲ – **Camping Huhtiniemi,** Tel. 4 53 18 88; 1. Feb. – 15. Dez.; an der Straße 6 westl. der Stadt in der Nähe des Flugplatzes; Wiesengelände mit Waldteilen am Saimaasee; ca. 10 ha – 300 Stpl.; gute Standardausstattung; Laden, Imbiß; 52 Miethütten.

➜ **Route:** Man kann ab Lappeenranta über die Straße 6 und über **Kouvola** oder über die küstennahe Straße 7/E18 Richtung **Helsinki** weiterreisen. Unterwegs lohnt ein Abstecher nach **Porvoo** unweit südlich der E18. ●

PORVOO (schwedisch Borgå, ca. 20.000 Einw.), am Fluß Porvoonjoki (oder Borgå Å) ist eine alte Stadt, präzise Finnlands zweitälteste Stadt. Der schwedische König Magnus Eriksson hat Borgå 1346 Stadtrechte verliehen. Schon damals hatte sich Porvoo/Borgå im Schutze einer Burg aus einem Handelsplatz zu einem stattlichen Hafen entwickelt. Von jener Burg ist allerdings nicht viel mehr als der Stadtname geblieben. Borgå bedeutet nämlich nichts anderes als die „Burg am Fluß".
Porvoos Innenstadt teilt sich im Grunde in zwei Bereiche, in die etwas hügelige Altstadt im Norden mit der markanten, erhöht gelegenen Domkirche und die Neustadt im südlichen Teil, die um 1830 von Carl Ludwig Engel im Empirestil konzipiert worden ist. Dazwischen liegen die Hauptstraße Mannerheiminkatu und der Marktplatz (Busbahnhof, Parkplätze) mit dem attraktiven **Stadthaus** von 1893 an der Südseite des Platzes. Schöne Gebäude im Empirestil findet man z.B. entlang der

Runeberginkatu. Zu den am besten erhaltenen Stadthäusern im Empirestil die man besichtigen kann, zählt das **Runeberg-Haus** in der
Aleksanterinkatu 3, eine Querstraße der Runeberginkatu. Das Haus war
der Wohnsitz des Studienrates *Johan Ludwig Runeberg* (1804 – 1877)
und seiner Frau Frederika. Runeberg wurde in Finnland als Schriftsteller,
ja als „Nationaldichter" bekannt. Er schrieb die Verse zur finnischen Nationalhymne „Vårt land". Eines seiner weiteren Werke, das er hier schrieb,
ist die „Erzählung des Fähn-
richs Ståhl". Das Haus ist im
Stil des 19. Jh. eingerichtet.
Nebenan im Haus Aleksan-
terinkatu 5 kann man die
**Walter Runeberg Skulptu-
rensammlung** besichtigen.
Geht man die Straße hinab
bis zum Fluß, trifft man auf
die Anlegestelle der Aus-
flugsschiffe. Ein gutes Stück
weiter westlich Richtung
Brücke liegt die M/S „Glück-
auf", ein Schoner aus dem
19. Jh., der heute ein uriges,
gepflegtes Restaurant beherbergt.

**Porvoos
Empirequartier
Runeberg-Haus**
9.30 – 16, So.
10.30 – 17 Uhr.

*Porvoo, Altstadt
am Porvoonjoki*

Hübsch ist ein kurzer Spaziergang durch die Altstadt **Gamla Borgå** oder
Vanha Porvoo mit ihren romantischen Winkeln, Pflasterstraßen und roten
Boots- und Speicherhäusern am Fluß. Am einfachsten beginnt man am
kleinen Platz Krämaretorget (Parkmöglichkeiten), westlich der
Mannerheiminkatu und geht durch die breite Straße bis zum **Alten Rathaus**, das man durch sein Uhrtürmchen erkennt. Das Rathaus beherbergt heute das **Historische Museum**, das Heimatmuseum der Stadt.
Das Rathaus von Porvoo ist übrigens das erste aus Stein errichtete Rathaus in Finnland, das man 1764 erbaute, nachdem das alte Rathaus und
nahezu die ganze Stadt einem verheerenden Großbrand zum Opfer gefallen war. Während des Reichstags von 1809 tagte im sog. *Rittersaal*
sechs Monate lang der finnische Adel.

**Spaziergang durch
die Altstadt**

**Historisches
Museum**
1. 5. – 31. 9. tgl. 11
– 16 Uhr, übrige
Zeit Mo. geschl.

Schräg gegenüber vom Rathaus, an der Nordostseite des Rathausplatzes,
liegt in der Välikatu 11 das **Edelfelt-Vallgren Museum**. Das Museum
erinnert an den Maler *Albert Edelfelt* und an den Bildhauer *Ville Vallgren*.
Beide Künstler hatten ihren Nachlaß der Stadt Porvoo vermacht, der nun
in diesem Bürgerhaus aus dem 18. Jh. ausgestellt ist. Weitere Abteilungen befassen sich mit Keramiken aus der Gräflich Sparreschen Iris-Ma-
nufaktur und mit alten Möbeln.

**Edelfelt-Vallgren
Museum**
geöffnet wie Histo-
risches Museum

Neben dem Edelfelt-Vallgren Museum liegt links das **Alte Kaplanshaus**,
das besichtigt werden kann.

Auf unserem Rundgang gehen wir nun ein kurzes Stück zurück und nach
dem Edelfelt-Vallgren Museum links die recht romantische **Gasse
Ralinginkaju** hinauf. Oben in der Vuorikatu gehen wir links zur **Domkirche** mit ihrem massiven Turm. Der Dom wurde zu Beginn des 15. Jh. auf
den Mauern eines älteren Gotteshauses errichtet. Von der ursprünglichen Ausstattung sind nur noch Freskenreste im Gewölbe des Chors und

im Nordschiff erhalten. Die meisten Kirchenschätze gingen während des „Großen Unfriedens" verloren, als bei Aufständen das Kirchendach einstürzte. Ein historisches Ereignis für ganz Finnland fand 1809 im Dom zu Porvoo statt. Zar Alexander I. hatte – nachdem Finnland an Rußland gefallen war – einen Reichstag nach Porvoo einberufen und hier im Dom feierlich versprochen, die Gesetze und die Religionsfreiheit Finnlands zu respektieren, was als erster kleiner Schritt hin zur staatlichen Selbständigkeit des Landes angesehen wird.

Neben dem Dom sieht man die **Kleine Kirche**, in der von 1742 bis 1933 Gottesdienst für die finnischsprachige Bevölkerung gehalten wurde.

Vom Dom gehen wir hinunter zur alten Brücke über den Fluß Porvoojoki. Über sie verlief einst die älteste Landstraße Finnlands von Turku nach Vyborg. Vom jenseitigen Ufer hat man einen schönen Blick auf die Stadt und den Fluß. Auf der Stadt zugewandten Uferseite gehen wir wieder stadteinwärts zurück zum Alten Rathaus und weiter zum Ausgangspunkt.

Puppen- u. Spielzeugmuseum
Sommer tgl. 11 – 15.30

Dabei kommt man in der Jokikatu 14 unweit des Alten Rathauses am **Puppen- und Spielzeugmuseum** vorbei. In dieser Privatsammlung sind über 800 Puppen aus verschiedenen Zeitepochen zu sehen.

Die Jokikatu ist die Geschäftsstraße der Altstadt mit allerlei Geschäften, Kunsthandwerk- und Antiquitätenläden. Eines der Häuser in der Straße wird fälschlicherweise „Schloß" genannt, weil hier Zar Alexander I. während des Reichstages 1809 kurzzeitig residierte.

Im Sommer werden Stadtrundfahrten von zweieinhalb Stunden Dauer und geführte Rundgänge durch die Altstadt von zwei Stunden Dauer durchgeführt. Außerdem verkehren im Sommer vom Flußhafen in Porvoo Passagierschiffe nach Helsinki und es werden kurze Kreuzfahrten in die Schären vor der Küste angeboten. Neueste Abfahrtszeiten und Preise erfährt man in den Touristenbüros.

Porvoo

Praktische Hinweise – Porvoo

☎ Telefonvorwahl: 019

Touristen Information der Stadt Porvoo, Rauhankatu 20, 06100 Porvoo, Tel. 58 01 45, Fax 58 27 21. Geöffnet Juni g August Mo. – Fr. 8 – 17, Sa. 10 – 14 Uhr, Sept. – Mai Mo. - Fr. 8 - 16, Sa. 10 - 14 Uhr.

Touristen Information Altstadt, Platz am Alten Rathaus, **Touristen Hafen-Info,** sind von 1. Juni bis 15. August täglich geöffnet.

Hotels

▢ Hotels: **Seurahovi**, 40 Zi., Rauhankatu 27, Tel. 5 47 61, Fax 5 24 93 29, Restaurant, Garage.

Sparre, 40 Zi., Piispankatu 34, Tel. 58 44 55, Fax 5 24 93 29, Restaurant, Garage. Weitere Hotels im Kur- und Badeort Haikko, südwestlich von Porvoo.

Jugendherberge

Jugendherberge: **Porvoon Retkeilymaja,** 41 Betten, Linnankoskenkatu 1 - 3, Tel. 5 23 00 12; Anf. Jan. – Ende Dez.

Camping

▲ – **Camping Kokonniemi ***,** Tel. 5 81 19 67; Anf. Juni – Mitte Aug.; südl. der Stadt, am Südwestufer des Flusses Porvoojoki; gepflegtes Wiesengelände mit Busch- und Baumbestand; ca. 6 ha – 100 Stpl.; gute Standardausstattung; Laden, Imbiß; 5 Miethütten.

➔ **Route: Helsinki** liegt nur knapp 50 km weiter südwestlich. Man erreicht die finnische Hauptstadt rasch auf der autobahnähnlich ausgebauten E18. ●

27. HELSINKI / HELSINGFORS

🕐 **Reisedauer:** Mindestens ein ganzer Tag.
⌘ **Höhepunkte:** Helsinkis Senatsplatz und **Domkirche **** – der
Markt am Hafen – die **Uspenski Kathedrale *** – Helsinkis
Museen – ein Bummel auf der **Esplanade**.

Helsinki liegt sehr schön auf einer von Inseln umgebenen, buchtenreichen
Landzunge an der finnischen Südküste. Die finnische Hauptstadt mit etwa
einer halben Million Einwohnern, gerne auch mit dem Beinamen „Tochter
der Ostsee" belehnt (wer die „Eltern" waren, konnte nicht eruiert werden,
vielleicht Stockholm und St. Petersburg?), ist eine relativ junge Stadt und
nach ihrem Erscheinungsbild im Kern eine Stadt des Empirestils.

Die Anfänge der Stadtgeschichte gehen zurück ins 16. Jh., als der
Schwedenkönig *Gustav Wasa* an der Mündung des Flüßchens Vantaa
weiter nördlich der heutigen Innenstadt 1550 den Handelsplatz *Helsingfors*
gründete. Helsingfors sollte sich in den Ostseehandel einmischen, der
lange von den hanseatischen Handelshäusern kontrolliert wurde. Vor allem aus dem Warenverkehr mit dem baltischen Handelszentrum Reval
(Tallinn) in Estland wollte man Profit ziehen. Und natürlich war Helsingfors
auch eine verteidigungspolitische Rolle gegenüber dem mächtiger werdenden Rußland zugedacht. Allerdings kam der Handel nicht so recht in
Schwung. Stadtbrände behinderten immer wieder den Aufbau. Und zu
Beginn des 17. Jh. fiel die ganze Stadt dem „roten Hahn" zum Opfer.
Nichts außer die Fundamente einer Kirche sind vom damaligen Helsingfors
übriggeblieben.

*Helsinkis
Stadtgeschichte*

*Helsinki, Blick
zum Dom*

Königin Christina von Schweden befahl um 1640, die Stadt neu zu errichten, diesmal aber näher am Meer, auf der Halbinsel, auf der sich Helsinki
heute ausdehnt. 1748 begann man mit dem gigantischen Bau der Seefestung Sveaborg (Suomenlinna), die sich über mehrere Inseln vor der
Hafeneinfahrt erstreckt. Einen rasanten Aufschwung erlebte Helsinki,
damals immer noch eine kleine Hafenstadt mit Holzhäusern und kaum
mehr als 3.000 bis 4.000 Einwohnern, aber immer noch nicht. Wieder
vernichtete ein Brand 1808 große Teile der Stadt.
Zwischenzeitlich hatten sich allerdings die politischen Verhältnisse im
Lande dramatisch verändert. Finnland war 1809 zum zwar autonomen,
aber doch stark von Rußland beeinflußten Großherzogtum geworden und
Zar Alexander I. bestimmte, daß die Hauptstadt des neuen Großherzogt-
ums von Turku, der bisherigen Hauptstadt des Landes, 1812 nach Hel-
sinki verlegt werden sollte. Wahrscheinlich lag die alte Hauptstadt dem
Zaren zu nahe an der Einflußsphäre des Rivalen Schweden.
Nun kam Bewegung in die Stadtentwicklung. Großzügig wurde von *Johan
Albrecht Ehrenström* die neue Stadt konzipiert. Als Stadtbaumeister en-
gagierte man 1816 keinen geringeren als den damals schon namhaften
Architekten *Johann Carl Ludwig Engel* (1778 – 1840) aus Berlin, einen
Schüler Schinkels. Aus Engels Feder, der ein Meister des Neoklassizis-
mus war, stammen die meisten der repräsentativen Bauten, die noch heute
das Bild der Innenstadt von Helsinki prägen. Und diese Bauten vermitteln
auch einen Eindruck von der Pracht und dem Wohlstand, den die nun
rasant aufstrebende Ostseehandelsstadt ausgangs des 19. Jh. entwik-
kelte. Die breite und großzügig angelegte und in der Mitte mit einem schön
begrünten Park versehene Esplanade könnte ohne weiteres mit Boulevards in Paris konkurrieren.
1828 wurde die Universität von Turku nach Helsinki verlegt und sieben
Jahre später erschien hier die erste Ausgabe des Nationalepos „Kalevala".
Um die Jahrhundertwende hatte Helsinki bereits rund 80.000 Einwohner.
1952 war die Stadt Austragungsort der 15. Olympischen Sommerspiele.
Für kurze Zeit steht die finnische Hauptstadt im Zentrum des Weltinter-
esses, als hier 1975 die Staatsoberhäupter von 35 Ländern zusammen-
kommen und die Schlußakte der Konferenz über Sicherheit und Zusam-
menarbeit in Europa (KSZE) unterzeichnen. 1983 findet in Helsinki wie-
der ein sportliches Großereignis statt – die erste Leichathletik-Weltmei-
sterschaft. Schließlich beweist Helsinki 1990 mit dem Gipfeltreffen von
US-Präsident George Bush mit dem Präsidenten der UdSSR Michail
Gorbatschow abermals seinen Ruf als internationaler Konferenzort.
Finnische Architektur ist spätestens seit Alvar Aalto ein internationaler
Begriff geworden. Beispiele dafür sind in Helsinki das Stadttheater, die
Kongreß- und Konzerthalle Finlandia, die Temppeliaukio Kirche und die
neue Oper, die Ende 1993 fertiggestellt wurde.

TIPS ZUR STADTBESICHTIGUNG

Stadtbesichtigungen unternimmt man am einfachsten zu Fuß und bedient sich bei etwas weiter entfernten Sehenswürdigkeiten öffentlicher
Verkehrsmittel. Die Sehenswürdigkeiten in der Innenstadt liegen nicht allzu
weit auseinander.
Hilfreich bei einer intensiven Stadtbesichtigungen kann die **Helsinki Card**

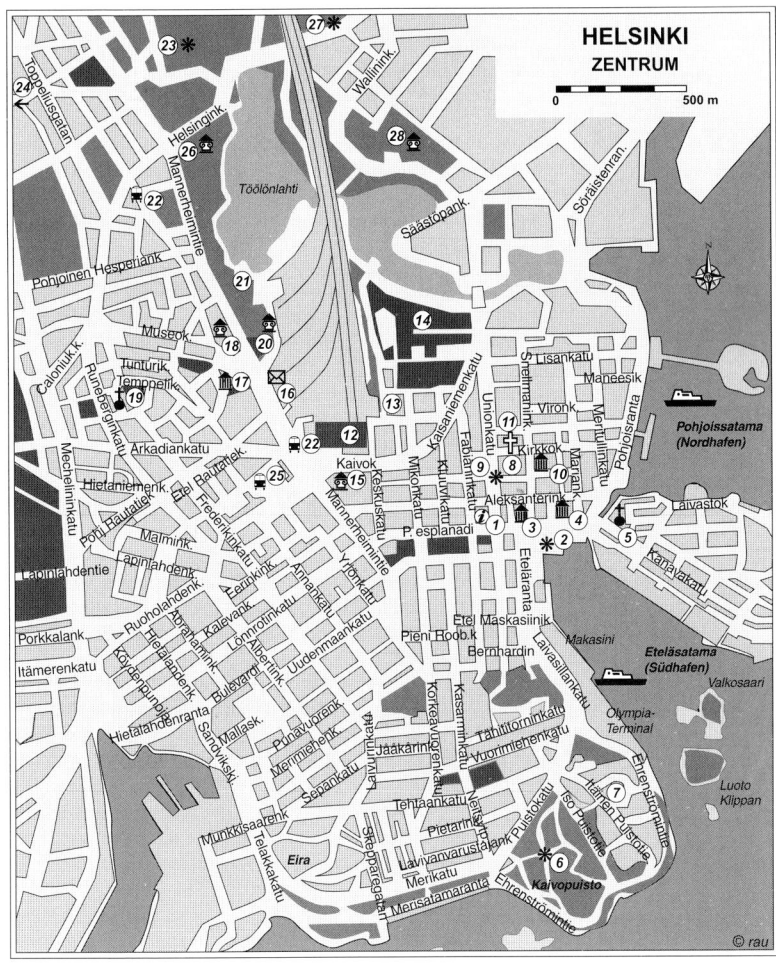

HELSINKI

1 Information
2 Marktplatz
3 Rathaus
4 Präsidentenpalais
5 Uspenski Kathe-
drale
6 Kaivopuisto Park
7 Mannerheim Mu-
seum
8 Senatsplatz
9 Universität
10 Regierungs-
palais
11 Dom
12 Bahnhof
13 Nationaltheater
14 Botanischer
Garten
15 Kunstmuseum
16 Hauptbahnhof
17 Parlament
18 Nationalmuseum
19 Temppeliaukio
Kirche
20 Stadtmuseum
21 Finlandia Halle
22 Flughafenbusse
23 Olympia Stadion
24 Sibelius Denkmal
25 Busbahnhof
26 Nationaloper
27 Vergnügungspark
Linnanmäki
28 Stadttheater

sein. Die Karte ist ein pauschaler Fahrschein für beliebig viele Fahrten
mit öffentlichen Verkehrsmittel (Busse, Straßenbahnen, U-Bahnen,
Nahverkehrszüge, Fähren) in der Stadt Helsinki während einer bestimm-

ten Zeitspanne. Die Karte berechtigt zudem zur kostenlosen Teilnahme an einer Stadtrundfahrt und zu einer Bootsfahrt. Außerdem erhält man bei Vorlage der Karte in den meisten Museen freien Eintritt (z.B. Helsinki Zoo, Suomenlinna Festung, Freilichtmuseum) oder Preisermäßigungen, im Theater oder in Konzerten etwa, oder in einigen Restaurants.

Man erhält die Helsinki Card bei der städtischen Touristen Information, beim Hotel Buchungszentrum und in den meisten Hotels und Reisebüros. Die Karte ist für eine Gültigkeitsdauer von ein, zwei oder drei Tagen zu haben und kostete zuletzt ca. zwischen 110 FIM und 170 FIM, Kinder von 7 bis 16 Jahren erhalten rund 50% Ermäßigung.

 ☑ *Mein Tip!* Eine relativ bequeme und preiswerte Art sich zum Preis eines Einzelfahrscheins (vorausgesetzt man unterbricht die Fahrt nicht) einen ersten Eindruck von der Stadt zu verschaffen, ist eine Fahrt mit der Straßenbahn der **Ring-Linie 3T**, mit der Sie wieder an ihren Ausgangspunkt zurückkehren können. Die Bahn ist gleichzeitig Verkehrsmittel für jedermann und deshalb in der betriebsamen Zeiten des Berufsverkehrs sehr gut besetzt. Bequemer hat man es in der Zeit zwischen 10 und 15 Uhr und dann wieder nach 18 Uhr. Im Touristen Informationsbüro gibt es die Broschüre „3T Sightseeing" (auch in deutscher Sprache) über den genauen Verlauf der Tramlinie und über die Sehenswürdigkeiten entlang der Strecke. Fahrtdauer 50 Minuten.

Es wird eine ganze Reihe von begleiteten **Stadtrundfahrten** per Bus, mit Fremdenführung (auch deutschsprachig), angeboten. Abfahrtspunkte sind der Bahnhofsplatz und die Fährterminals. Dauer der Rundfahrten von 1 ½ bis 2 ½ Stunden.

Vom Marktplatz am Stadthafen und vom Hakaniemi-Platz an Nordrand der Innenstadt, verkehren im Sommer **Rundfahrt- und Ausflugsboote** zu diversen Zielen, z.B. zur Festungsinsel Suomenlinna oder nach Seurasaari zum Freilichtmuseum. Kurzrundfahrten starten ab 10 Uhr stündlich.

Zudem kann man von Mitte Juni bis Ende August an **Halbtagesrundfahrten** per Bus teilnehmen. Die Touren führen auch in die Umgebung von Helsinki. Abfahrten von Montag bis Samstag um 13 Uhr vom Bahnhofsplatz (Asema-aukio). Dauer 4 Stunden. Führungen auf finnisch und englisch.

Informationen über aktuelle Termine, Preise und Abfahrtsstellen sowie Fahrscheine für die diversen Rundfahrten und Ausflüge erhält man bei *Helsinki Expert* des Fremdenverkehrsvereins Helsinki Tel. 60 19 66, Fax 60 34 17 und am *TourExpert-Schalter* in der Touristeninformation, siehe unten.

STADTBESICHTIGUNG

Helsinkis bunter Marktplatz

Ausgangspunkt für unseren Stadtrundgang ist der **Marktplatz Kauppatori (2)** mitten im pulsierenden Leben am Hafen der Stadt. Markt wird zwischen 6.30 und 14 Uhr und im Sommer werktags auch von 15.30 bis abends abgehalten. Hier findet man Blumen, herrliches Gemüse, frische Früchte, Obst und je nach Jahreszeit allerlei Beerenarten und Pilze. Am Pier wird direkt vom Boot Fisch verkauft. Im Oktober findet hier der traditionsreiche *Strömlingsmarkt* statt, der auf das 18. Jh. zurückgeht.

Mitten auf dem Marktplatz sieht man einen Steinobelisken mit dem ver- Stadtspaziergang
goldeten russischen Doppeladler. Dieser sog. **„Stein der Zarin"** erinnert an Zar Nikolaus I., der 1833 zusammen mit Alexandra Feodorovna,
der Zarin, Finnland einen Besuch abstattete. Während der russischen
Revolution wurde der das alte System symbolisierende Adler vom Obelisken gestürzt und erst 1972 wieder an seinen angestammten Platz zu-
rückgebracht.

Das langgestreckte hellblaue Gebäude an der Nordseite des Marktplatzes ist das **Rathaus (3)**. Der dreigeschossige Bau wurde 1833 nach Plänen von C. L. Engel errichtet, diente zunächst als Hotel und wurde erst im
Jahre 1913 zum Stadthaus umfunktioniert. Rechts davon schließen sich
das Gebäude der Schwedischen Botschaft, der Oberste Gerichtshof und
das **Präsidentenpalais (4)** an. Das Gebäude des Präsidentenpalais
entstand aus einem privaten Stadthaus, das man 1843 nach Plänen von
Engel zu einer Residenz des Zaren umbaute. Seit 1919 war das Stadtpalais Amtssitz und Dienstwohnung des finnischen Präsidenten, bis jüngst
die neue Präsidentenresidenz *Mäntyniemi* im nordwestlichen Stadtteil
Meilahti fertiggestellt wurde.

An der östlichen Seite der Hafenbucht sieht man hinter dem mit weißem Uspenski
Marmor verkleideten Verwaltungsbau (Pläne von Alvar Aalto, 1962) des **Kathedrale (5)**
staatlichen Konzerns Enso-Gutzeit die Türme der **Uspenski Kathedra-** Di. – Sa. 9.30 – 16,
le (5) aufragen. Die orthodoxe Kirche, die größte ihrer Art in den nordi- So. 12 – 15 Uhr. Im
schen Ländern übrigens, liegt auf einem kleinen Hügel auf der **Insel** Sommer auch Mo.
Katajanokka und wurde 1868 nach Plänen des Architekten Gronostajew und Di. bis 18 Uhr.
errichtet. Die Kirche ist der „entschlafe- Straßenbahn 4.
nen Jungfrau Maria" geweiht. Die se-
henswerte Ikonenwand im Inneren vor
dem Altarraum ist eine Arbeit des russischen Künstlers Tschilschow. Vom
Kirchenvorplatz hat man einen schönen
Blick auf die Stadt.
Etwas östlich der Uspenski Kathedrale
findet man an einem Wohnhaus in der
Rahapajankatu eine Inschrift, die darauf hinweist, daß hier Finnlands großer
Schriftsteller *Aleksis Kivi* zur Schule
ging. Aleksis Kivi lebte zwischen 1834
und 1872 und trat als Dichter ebenso
hervor wie als Dramatiker. Als eines
seiner großen Verdienste gilt, daß er als
einer der ersten Poeten des Landes in
Finnisch schrieb. Runeberg übrigens,
der Nationaldichter, schrieb nur in
Schwedisch. Eines der Hauptwerke
Kivis ist die sozialkritische Novelle
„Seitsemän veljestä" (Die Sieben Brüder), die in verschiedene Sprachen
übersetzt wurde.
Mitten auf der Insel Katajanokka liegt
das Bezirksgefängnis von Helsinki. Et-

Stadtspaziergang

was weiter östlich machen in den Sommermonaten die großen Eisbrecher fest, die im Winter die Fahrrinnen für die Fähr- und Handelsschiffe in der Ostsee offenhalten. Und an der Südseite der Halbinsel Katajanokka schließlich findet man die Anlegestelle der Fährschiffe von Viking Line nach Stockholm.

Gehen Sie vom Markt ein Stückchen an der diesseitigen (westlichen) Kaimauer nach Süden in Richtung des markanten rotweißen Backsteinbaus der Markthalle (Café in der Markthalle) und der Anlegestelle der Fähren der Silja Line. Von den Kais hat man einen guten Blick auf den Hafen, den Markt, das Rathaus und die dahinter aufragende Kuppel des Doms.

Helsinkis ehemaliger Kurpark * (6)

Ganz am Südende der Halbinsel dehnt sich das gepflegte Wald- und Parkgelände **Kaivopuisto (6)** aus, das im vergangenen Jahrhundert Helsinkis Kurpark war. Mitte des 19. Jh. fungiert Helsinki als recht mondäner Kurort, der vor allem vom russischen Adel besucht wurde. Neben den Botschaftsresidenzen verschiedener Länder findet man in der Kalliolinnantie 14 am Ostrand des Parks das **Mannerheim-Museum (7)**. Der finnische Marschall *Carl Gustaf Mannerheim* war 1867 in Louhisaari bei Turku geboren worden, diente 30 Jahre lang in der Kaiserlich Russischen Armee, leitete zwischen 1906 und 1908 eine Expedition durch Zentralasien, führte 1917/18 den finnischen Freiheitskampf, spielte eine zentrale Rolle in den ersten Jahren der finnischen Unabhängigkeit und

Helsinkis hübsche Havis Amanda

wurde schließlich von 1944 bis 1946 finnischer Staatspräsident. Mannerheim lebte hier von 1924 bis zu seinem Tode im Jahre 1951. Der Park war im 19. Jh. die bevorzugte Wohngegend bekannter finnischer Persönlichkeiten. Carl Albert Edelfelt, der Vater des berühmten Malers Albert Edelfelt, hatte hier eine Villa, ebenso der Kunstsammler und Mäzen Frederik Cygnaeus (Kalliolinnantie 8).

An der Westseite des Marktplatzes steht am Beginn des breiten Boulevards Pohjoisesplanadi die Statue der wohlgeformten **Havis Amanda**. Die hübsche Bronzedame – ein Arbeit des Bildhauers Ville Vallgren aus dem Jahre 1908 – ist zum Wahrzeichen Helsinkis geworden. Jedes Jahr, in der Nacht des 1. Mai (*vapunaatto*), wird sie von jungen Leuten und Studenten umlagert, die dann durch das Brunnenbecken zu ihr hinaufsteigen, sie umarmen und ihr ihre weißen Studentenmützen aufsetzen.

Hier bei der Havis Amanda beginnen wir unseren Rundgang und gehen über die Pohjoisesplanadi hinüber zum **Touristen Informationsbüro (1)** und weiter durch die Unioninkatu nordwärts bis zum Senatsplatz **Senaatintori (8)**. Er ist der Mittelpunkt des klassizistischen Stadtbildes. Bis zu Beginn des 19. Jh. war der Platz umgeben von Holzbauwerken wohlhabender Handelshäuser. Und auf dem Platz erhoben sich damals das alte Rathaus und die Ulrika-Eleonora-Kirche. Während der Auseinandersetzungen im schwedisch-russischen Krieg, in dem Schweden Finnland an Rußland verlor, fiel 1809 das ganze Viertel einem Großfeuer zum Opfer. Bei der großzügigen Neuplanung des Platzes, bei der Carl Ludwig Engel, der sich schon in Reval und in St. Petersburg einen Namen als Stadtarchitekt gemacht hatte, die Pläne zeichnete, mußten das alte Rathaus und die Ulrika-Eleonora-Kirche weichen. Dafür entstanden repräsentative Bauwerke im neoklassizistischen bzw. Empirestil. Auf dem Senatsplatz ist die Stelle des einstigen Standpunkts der Ulrika-Eleonora-Kirche markiert. Außerdem sieht man auf dem Platz ein Denkmal mit der Statue des Zaren Alexander II. (1855 – 1881), die Walter Runeberg 1894 geschaffen hat. Die allegorischen Figuren, die das Denkmal umgeben, symbolisieren das Gesetz, die Wissenschaften, die Kunst, den Frieden und die Arbeit. Das Denkmal ist auch deswegen bemerkenswert, da es das einzige Zarendenkmal außerhalb Rußlands ist, zumindest im nordwesteuropäischen Raum.

am Senatsplatz, Mittelpunkt der Empirestadt, im Hintergrund der Dom

Links sieht man die Gebäude der **Universität (9)** von Helsinki, die 1827 von Turku nach Helsinki verlegt worden war und damals Kaiserliche Alexander Universität hieß. Die rechte Seite des Senatsplatzes wird vom Komplex des **Regierungspalais (10)** eingenommen, das als bedeutendstes architektonisches Werk von Engel angesehen wird. Früher Sitz des Kaiserlichen Senats, beherbergt es heute die Kanzlei- und Sitzungsräume der Landesregierung und die Diensträume des Ministerpräsidenten. Der ehemalige Thronsaal, heute einer der Repräsentationssäle der Stadt bei offiziellen Regierungsanlässen, gilt als einer der schönsten Empire-Räume im skandinavischen Raum. Die Gebäude und Räumlichkeiten des Regierungspalais sind der Allgemeinheit nicht zugänglich!

Dominiert wird der Senatsplatz von der Säulenfassade und der darüber aufragenden Kuppel des **Doms von Helsinki (11)**. Eine mächtig breite Freitreppe führt zu dem Kirchenbau hinauf, der nach Zeichnung von Engel zwischen 1830 und 1852 errichtet wurde. Nach dem Tode Engels im

Stadtspaziergang

**Helsinkis
Domkirche * (11)**
1.6. - 31.8. Mo. –
Sa. 9 – 18, So. 12
– 20 Uhr. Übrige
Zeit bis 16 Uhr.
Straßenbahn 1, 2,
3B, 4.

Mai 1840 führte Lohrmann die Bauarbeiten fort und änderte die Pläne Engels etwas ab. So fügte er der Hauptkuppel vier kleinere Ecktürmchen an und ließ die Seitenpavillons errichten. Zar Nikolaus I. (1825 – 1855) verfügte, daß die Giebel mit Figuren und Plastiken versehen werden sollten. Den Auftrag dazu erhielten die aus Deutschland stammenden Bildhauer Wederow und Schievelbein. Auch das Altargemälde mit dem Motiv der Kreuzabnahme, das der deutsch-russische Maler T. K. von Neff schuf, ist eine Stiftung des Zaren. Der Dom ist dem Schutzheiligen der Seefahrer und des Handels, dem hl. Nikolai (Nikolaus) geweiht. Die Namenswahl des Kirchenheiligen war wohl auch eine Reminiszenz an den Zaren Nikolaus I. In dem hohen, fast runden und recht schlichten Kirchenraum stehen drei Skulpturen großer Reformatoren. An der Altarseite rechts sieht man *Mikael Agricola* und links die runde Kanzel. Agricola lebte zwischen 1509 und 1557, war ein Schüler Luthers und Melanchthons, gilt als der große Reformator Finnlands und ging nach seiner Übersetzung des Neuen Testaments ins Finnische als Begründer der finnischen Schriftsprache in die Geschichtsbücher ein. An der Orgelseite rechts sieht man *Melanchthon* (1497 – 1560), Humanist, Reformator und Mitarbeiter Luthers und links *Martin Luther* (1483 – 1546).

Vom Senatsplatz gehen wir über die Aleksanterinkatu, eine der Hauptgeschäftsstraßen der Stadt, westwärts bis zur Mikonkatu oder bis zur Keskuskatu. Dort folgen wir einer der Straßen rechts (nordwärts) bis zum **Bahnhof (12)**. Der Bahnhof präsentiert sich als ein bemerkenswertes Granitbauwerk. Der namhaften finnischen Architekten Eliel Saarinen wollte mit dieser Arbeit einen ersten Schritt hin zum sog. „Stil neuer Sachlichkeit" tun.

Unter dem Bahnhofsplatz erstreckt sich ein Einkaufszentrum das täglich bis 22 Uhr geöffnet ist.

Am Nordende des Platzes, rechts vom Bahnhof, sieht man das **Nationaltheater (13)**. Die Pläne zu diesem recht rustikal wirkenden Granitbau stammen aus der Feder des Architekten Onni Tarjanne aus dem Jahre 1902. Vor dem Theater steht ein Denkmal für den Dichter und Dramatiker Aleksis Kivi von Wäinö Aaltonen aus dem Jahre 1939.

Hinter dem Nationaltheater erstreckt sich ein Park, in dem auch der **Botanische Garten der Universität (14)** zu finden ist.

**Kunstmuseum
Ateneum ** (15)**
Di. + Fr. 9 – 17, Mi.
+ Do. 9 – 21, Sa. +
So. 11 – 17 Uhr.
Eintritt.

An der Südseite des Bahnhofsplatzes findet man die **Staatliche Kunstgalerie (15)**, Kaivokatu 2 – 4. Diese größte Kunstsammlung Finnlands mit Gemälden, Skulpturen, Zeichnungen, Aquarellen und Grafiken ist im **Ateneum** untergebracht, einem Gebäude aus dem späten 19. Jh.

Die Staatliche Kunstgalerie oder Finnische Nationalgalerie zeigt Arbeiten vornehmlich finnischer Künstler vom 19. Jh. bis heute, aber auch Arbeiten nicht finnischer Bildhauer und Maler (u.a. van Gogh, Gaugin, Modigliani) des 19. und 20. Jahrhunderts.

Das Museum entstand aus einer bescheidenen Sammlung der Finnischen Gesellschaft für Kunst, der Zar Alexander zu Zeiten, als Finnland Großherzogtum war, eine kleine aber feine Kollektion stiftete und mit dem Wunsch verband, damit eine ständige Kunstausstellung für das finnische Volk einzurichten. Der Architekt Theodor Höijer wurde mit dem Bau eines Museumsgebäudes beauftragt, das 1887 im Stil der Neorenaissance fertiggestellt werden konnte.

Heute besitzt das Museum einen Kunstschatz von etwa 15.000 Gemälden und Skulpturen. Einige der wertvollsten Werke stammen aus der sog. „Goldenen Aera", die ausgangs des 19. Jh. die finnische Kunst prägte. Im Zuge der nationalen Selbständigkeit entfaltete sich damals eine lebhafte Kunstszene. Große Namen aus jener Zeit sind *Albert Edelfelt* mit seinen historischen Motiven, *Akseli Gallen-Kallela*, der Themen aus dem Epos Kalevala verarbeitete, *Pekka Halonen*, der für seine Winterszenen bekannt wurde oder *Eero Järnefelt*, der gerne den einfachen „Mann auf der Straße" porträtierte. Sehr sehenswert ist auch die Abteilung mit Werken des 20. Jh.

Unter der Schirmherrschaft der Nationalgalerie steht noch ein weiteres Museum, das **Museum für Ausländische Kunst, Sinebrychoff**, am Bulevardi Nr. 40, im Südwestteil der Stadt in der Nähe der Brauerei Sinebrychoff. Im Museum werden vor allem ausländische Künstler präsentiert. Darunter findet man alte flämische, holländische und italienische Meister, eine schwedische Portraitsammlung, französische Malerei, Miniaturen, eine Sammlung von Möbeln, Silber und Porzellan und eine Abteilung für russische Ikonenmalerei.

Ganz neu ist das erst 1998 eröffnete **Museum für Gegenwartskunst**, Kiasma, Mannerheiminaukio 2, das Werke finnischer und internationaler Künstler präsentiert (Mo. geschlossen).

Unser Rundgang führt vom Bahnhofsplatz nach Westen, vorbei am linkerhand gelegenen Warenhaus Sokos mit Hotel und dem **Hauptpostamt (16)** rechts. Man stößt auf die Mannerheimintie, eine der Hauptverkehrsadern der Stadt. Hier wenden wir uns nach rechts und folgen der Straße nordwärts. Schon kurz darauf sieht man auf der gegenüberliegenden, westlichen Straßenseite den mächtigen grauen Granitbau des **Parlamentsgebäudes (17)**. Der Architekt Sirén, der 1920 mit der Planung beauftragt worden war, wollte hier ein Bauwerk im Stil eines „monumentalen Klassizismus" errichten. Der Staatssaal etc. kann im Juli und August auf Führungen besichtigt werden, Mo. – Fr. 14 Uhr, Sa. 11 und 12 Uhr, So. 12 und 13. Uhr. Übrige Zeit nur Sa. u. So. Straßenbahnen 4 und 10.

Einen Straßenzug weiter nördlich trifft man in der Mannerheimintie Nr. 34 auf das **Finnische Nationalmuseum (18)**. Die Eingangshalle ist mit Deckenmalereien und Motiven aus dem Nationalepos „Kalevala" von Akseli Gallen-Kallela dekoriert. Von prähistorischen Funden der ersten Siedler, über Sammlungen mittelalterlicher Kirchenkunst bis hin zur ethnologischen Entwicklung des Landes werden Geschichte und Kultur Finnlands und seiner Bevölkerung veranschaulicht. Besondere Abteilungen befassen sich mit der Volkskunst im bäuerlichen Milieu, mit den Kulturkreisen der Samen und Fenno-Ugrier. Die Exponate des Finnische Nationalmuseums waren 1998 wegen Renovierung des Museums ausgelagert in die Laivurinkatu 3.

Einige Straßenzüge weiter westlich des Nationalmuseums liegt in der Lutherinkatu 3 die 1969 nach Plänen der Architekten Timo und Tuomo Suomalainen fertiggestellte **Temppeliaukio Kirche (19)**. Der moderne Kirchenraum wurde aus dem gewachsenen Felsen herausgearbeitet und mit einer großen Kupferkuppel überdeckt.

Stadtspaziergang

Nationalmuseum * (18)
Mai – Sept. tgl. 11 – 16, Di. bis 21 Uhr. Übrige Zeit 11 – 15, Di bis 21 Uhr.

Temppeliaukio Kirche (19) *
Im Sommer Mo., Di., Do., Fr. 10 - 20, Mi. 10 - 19, Sa. 10 - 18 Uhr.
Straßenbahn 3B.

Stadtmuseum (20)
Mi. - So. 11 - 18.30
Uhr. Eintritt. Bus 24.

Das **Museum der Stadt Helsinki (20),** Tamminiementie 6, auf der gegenüberliegenden Straßenseite vom Nationalmuseum, gibt Einblick in die Stadtentwicklung. Miniaturmodell von Helsinki aus dem Jahre 1870. Einrichtungsgegenstände, Spielzeug, Arbeitsgeräte verschiedener Berufe, aber auch Finnische Kunst, Kunstgewerbe- und Photographie-Ausstellungen u.ä. Ein Zweigstelle des Museums der Stadt Helsinki findet man in der **Villa Hakasalmi**, Karamzininkatu 2.

Nördlich des Museums schließt die **Finlandia-Halle (21)** an. Das moderne Kongreß- und Konzertzentrum wurde 1971 nach einem Entwurf von Alvar Aalto errichtet. 1975 fand hier das KSZE-Gipfeltreffen statt.

Ein gutes Stück weiter nördlich – etwa auf halbem Wege sieht man rechts den modernen Bau der neuen **Nationaloper (26)** – liegt das **Olympia Stadion (23)**. Straßenbahnlinien 3B, 3T, 4, 7A, 7B und 10 bis Haltestelle Sallinkatu. 1952 war die Sportstätte mit Platz für 50.000 Zuschauer Austragungsort der 15. Olympischen Sommerspiele.

Finnisches Sportmuseum im Olympia Stadion
Mo. - Fr. 11 - 17,
Sa + so. 12 - 16
Uhr. Eintritt.

Mit dem Lift kann man hinauf zur Aussichtsplattform auf dem 72 m hohen Stadionturm fahren. Schöner Blick auf die Stadt. Das **Finnische Sportmuseum** im Stadion erinnert an Höhepunkte im finnischen Sportgeschehen. So sieht man z.B. Sprintschuhe und Stoppuhr von Paavo Nurmi, dem „fliegenden Finnen", oder die Goldmedaille, die Hannes Kolehmainen 1912 im 500-Meter-Lauf errang.

Vor dem Stadion erinnert ein Denkmal von Wäinö Aaltonen an den großen finnischen Rennläufer Paavo Nurmi.

Vom Olympiastadion kann man zur Haltestelle Sallinkatu an der Hauptstraße Mannerheimintie gehen und mit der Straßenbahn, am besten mit der Linie 10, zurückfahren bis zur Haltestelle am Erottaja Theater am Westende der Esplanadi und von dort zurück zum Ausgangspunkt am Marktplatz spazieren.

das Sibelius Denkmal

In der Parkanlage an der Esplanadi erinnert ein Denkmal an den Verfasser der finnischen Nationalhymne, Johan Ludwig Runeberg.

Am Ostende der Esplanadi, ganz in der Nähe der Figur Havis Amanda, dort wo wir unseren Stadtspaziergang begonnen haben, liegt am Rande der kleinen Parkanlage das Lokal *Kappeli Café-Brasserie*, das in einem hübschen Gebäude aus der Mitte 19. Jh. eingerichtet ist. Im Sommer Konzerte auf der Musikbühne davor.

Weitere Sehenswürdigkeiten und Attraktionen

Im nördlichen Stadtbereich erinnert das **Sibelius Denkmal (24)** an den großen finnischen Komponisten *Jean Sibelius* (1865 – 1957). Zu den Werken Sibelius' zählt z.B. die symphonische Dichtung „Finlandia". Das Monument auf einem Felsblock wurde von der finnischen Bildhauerin Eila Hiltunen geschaffen. Es besteht aus hunderten von Stahlröhren, einer Orgel nicht unähnlich, und einer Metallbüste des Komponisten. Man erreicht das Denkmal auch mit dem Linienbus 18 ab Hauptbahnhof.

Helsinkis Zoo liegt auf der Insel Korkeasaari, östlich der Innenstadt. Man erreicht die Zooinsel mit Fähren ab Marktplatz, täglich zwischen 10 und 20 Uhr, alle 30 Minuten. Es gibt auch eine Fußgängerbrücke auf die Insel.

Das große **Seurasaari Freilichtmuseum** liegt sehr schön auf einer bewaldeten Insel nordwestlich der Innenstadt. Man erreicht das Gelände entweder mit der Buslinie 24 oder man nimmt ab Marktplatz Kauppatori die Passagierfähre. Sie verkehrt zwischen Mitte Juni und Mitte August um 13 und 15 Uhr.

Freilichtmuseum Seurasaari *
Mai – Sept. 11 – 17 Uhr. Eintritt.

In dem 1909 gegründeten Freilichtmuseum sind alte historische Gebäude aus dem ganzen Lande zusammengetragen worden. Eines der ältesten ist die Kirche von Karuna aus dem ausgehenden 17. Jh. Interessant ist auch der Gutshof von Kahiluoto oder das Gehöft Antti (mit Restaurant). Das Freilichtmuseum ist auch ein Zentrum des Volkstanzes, der hier im Sommer gepflegt und gezeigt wird. Jedes Jahr wird auf Seurasaari ein großes Mittsommerfest gefeiert. Zu den Darbietungen gehören eine Mittsommer-Hochzeit, Volkstanz, Trachten, Spiel und Tanz und ein gewaltiges Mittsommerfeuer. Im Sommer werden durch das Freilichtmuseum auch Führungen in deutscher Sprache angeboten und zwar täglich außer Mittwochs um 12 Uhr.

Auf der Festlandseite in der Nähe der Landbrücke zur Insel ist das **Wohnhaus** des ehemaligen, von 1956 bis 1981 amtierenden finnischen Staatspräsidenten **Urhu Kekkonen** in ein Museum verwandelt worden.

Kekkonen Mus.
Mai – Mitte Sept. tgl. 11 – 16 Uhr. Führungen.

Vor allem bei schönem Sommerwetter ist ein Ausflug zur **Seefestung Suomenlinna** eine hübsche Abwechslung. Man erreicht die Festungsinseln mit Booten, die im Sommer regelmäßig ab der Anlagestelle am Marktplatz verkehren. Wenn Sie im Winter in Helsinki sein sollten, können Sie mit dem Bus über die zugefrorene See zur Seefestung fahren, vorausgesetzt natürlich, der Winter ist streng und das Eis dick genug. Die Festung Suomenlinna (oder Sveaborg) wurde während der Schwedenherrschaft über Finnland Mitte des 18. Jh. unter der Leitung des Festungsbaumeisters Augustin Ehrensvärd angelegt. Sie sollte ein unüberwindliches Bollwerk gegenüber den Angriffen Rußlands werden. Aber schon während des schwedisch-russischen Krieges wurden die Bastionen, die sich über zwei Inseln erstrecken, 1808 von russischen Truppen einge-

Festung Suomenlinna *

nommen und dienten dann bis zur Unabhängigkeitserklärung Finnlands im Jahre 1917 als russische Garnison.

Neben den Militäranlagen, Befestigungen, Kasematten und Parkanlagen sind das **Nordische Kunstzentrum**, das **Puppen- und Spielzeugmuseum**, das **Ehrensvärd-Museum** (Offizierswohnung aus dem 18. Jh.) das **Armfelt-Museum** (schön möbliertes Patrizierhaus aus dem 19. Jh. mit Porzellansammlung) und das U-Boot Vesikko zu sehen.

Linnanmäki, Finnlands größter Vergnügungspark liegt nördlich der Innenstadt und bietet Abwechslung für Groß und Klein. Es gibt Achterbahnen und andere Fahrgeschäfte, einen Aussichtsturm mit Drehplattform, ein Theater, eine Diskothek, Spielautomaten und anderen Zeitvertreib, ein Café u.a. Man erreicht den Park mit den Straßenbahnen 3B und 3T. Der Park ist zwischen Mitte Mai und Mitte August täglich außer montags bis 22 Uhr geöffnet.

Weitere Museen in Helsinki:

Architektur-museum
Di. 10 - 16, Mi. 10 - 19, So. - So. 10 - 16 Uhr. Eintritt.

Museum für Finnische Architektur (Suomen rakennustaiteen museo), Kasarmikatu 24, Ausstellungen, Bildarchiv, Architekturbibliothek. Straßenbahn 10, Bus 17.

Amos Anderson Kunstmuseum, Yrjönkatu 27, Moderne finnische Kunst.

Museum für Angewandte Kunst, Korkeavourenkatu 23, Kunstgewerbe, Kunsthandwerk, Entwicklung der industriellen Formgebung.

Finnisches Seefahrtmuseum, Insel Hylkysaari. Geschichte des Schiffsbaus und des Lebens an Bord. Geöffnet Mai bis September.

Kriegsmuseum, Marinkatu 1, Kriegshistorische Sammlungen, Waffen, Uniformen.

Helsinki Information

Praktische Hinweise – Helsinki

☎ Telefonvorwahl: 09

Helsinki City Tourist Information (Helsingin kaupungin matkailuroimisto), Pohjoisesplanadi 19, 00100 Helsinki, Tel. 1 69 37 57. Fax 1 69 38 39. Geöffnet Mai – Sept. Mo. – Fr. 9 – 19 Uhr, Sa. + So. 9 – 15 Uhr. Okt. – April Mo. – Fr. 9 – 17, Sa. 9 – 15 Uhr.

Hotel-Buchungszentrum (Hotellikeskus), Asema-aukio 3, am Bahnhof, Tel. 17 11 33 16, Fax 17 55 24. 1. Juni – 31. Aug. Mo. – Sa. 9 – 19 Uhr, So. 10 – 18 Uhr. Übrige Zeit Mo. – Fr. 9 – 17 Uhr.

Feste, Folklore, Märkte

❖ Feste, Folklore, Märkte: **Helsinki Biennale**, Musikfestival, jedes zweite Jahr Mitte März.

Thunder in Helsinki, eine Straßenrennen für Sportwagen mit Fahrern der Weltmeisterklasse, im Juni.

Traditionelle **Provinztage,** auf dem Senatsplatz, im Juni. Jedes Jahr stellt sich eine andere Provinz Finnlands vor.

Helsinki-Tag, Markt am Senatsplatz mit Musik in den Parks, am 12. Juni.

Mittsommerfest im Freilichtmuseum Seurasaari, mit Mittsommernachtsfeuer, Trauung des Johannispaares u.a.

Helsinki City Marathon, im Juli.

Helsinki Festwochen, Orchester- und Kammermusik, Oper, Tanz, Theater, Jazz, Rock, Ausstellungen und Filme, im August und September.

Traditionsreicher **Strömlingsmarkt** auf dem Marktplatz, im Oktober.

Lucien-Umzug durch die Stadt, am 13. Dezember.

Hotels: **Anna,** 60 Zi., Annankatu 1, Tel. 61 66 21, Fax 60 26 64, kleineres, aber zentrales Stadthotel, mittlere Preislage.

Helsinki Hotels

Arctia Hotel Marski, 232 Zi., Mannerheimintie 10, Tel. 6 80 61, Fax 64 23 77, obere Preislage, zentral, Restaurant, Garage.

Aurora, 70 Zi., Helsinginkatu 50, Tel. 77 01 00, Fax 77 01 02 00, mittlere Preislage, nördl. der Innenstadt, Nähe Vergnügungspark Linnanmäki, Schwimmbad.

Cumulus Seurahuone, 118 Zi., Kaivokatu 12, Tel. 6 91 41, Fax 6 91 40 10, obere Preisklasse, zentral, am Bahnhof, stadtbekanntes Café Socis, Nachtclub, Disco, Garage.

Helka, 161 Zi., Pohjoinen Rautatienkatu 23, Tel. 61 35 80, Fax 44 10 87, mittlere Preisklasse, nordwestl. der Innenstadt, Restaurant, Garage.

Inter-Continental Helsinki, 555 Zi., Mannerheimintie 46 – 46, Tel. 4 05 51, Fax 40 55 32 55, Haus der Luxusklasse, Nähe Finlandia-Halle, Restaurants, Garage, Schwimmbad, Nachtclub.

Marttahotelli, 45 Zi, Uudenmaankatu 24, Tel. 64 62 11, Fax 6 80 12 66, mittlere Preisklasse, südwestl. der Innenstadt.

Palace, 50 Zi., Eteläranta 10, Tel. 13 45 61, Fax 65 47 86, Haus der Luxuspreisklasse, schöne Lage am Südhafen, Restaurant, Garage.

Radisson SAS Hotel Helsinki, 260 Zi., Runeberginkatu 2, Tel. 6 95 80, Fax 69 58 71 00, Haus der Luxusklasse, zentral, Restaurants, Garage.

Radisson SAS Hotel Hesperia, 383 Zi., Mannerheimintie 50, Tel. 4 31 01, Fax 4 31 09 95, Haus der Luxusklasse, nordwestl. des Stadtzentrums, Restaurant, Schwimmbad.

Ramada Presidentti, 495 Zi., Eteläinen Rautatiekatu 4, Tel. 69 11. Fax 6 94 78 86, obere Preisklasse, zentral, Restaurants, Schwimmbad, Garage.

Rivoli Jardin, 54 Zi., Kasarmikatu 40, Tel. 17 78 80, Fax 65 69 88, neueres Haus der oberen Preisklasse, zentral.

Sokos Torni, 155 Zi., Yrjönkatu 26, Tel. 13 11 31, Fax 1 31 13 61, Luxuspreisklasse, zentral, Restaurant, Garage.

Sokos Vaakuna, 275 Zi., Asema-aukio 2, Tel. 13 11 81, Fax 13 11 82 34, obere Preisklasse, zentral, am Bahnhofsplatz, Restaurant.

– Und andere Hotels.

Preiswerte, wenn auch einfache Unterkünfte bieten *Herbergen (Hostels)* oder sog. *Sommerhotels* wie etwa *Finnhostel Academica,* Hietaniemenkatu 14. Komplette Hotelliste und neueste Preise im Touristenbüro bzw. beim Hotel-Buchungszentrum.

Jugendherbergen, Hostels: **Stadion Hostel,** 164 Betten, Pohjoinen Stadiontie 3 B, beim Olympia Stadion, Tel. 49 60 71; geöffnet 1. Jan. – 31. Dez.; Straßenbahnen 3T, 7A. Geöffnet bis 23 Uhr, Einlaß bis 02 Uhr gegen Extragebühr.

Jugendherbergen

Eurohostel, 300 Betten, Linnankatu 9, Tel. 6 22 04 70. Geöffnet 1. Jan. – 31. Dez. – Und andere Hostels.

 ▲ – **Camping Rastila,** Tel. 31 65 51; 1. Jan. 31. Dez.; ca. 13 km östlich von Helsinki, beschildert; städtischer, lasch geführter Platz mit Auswirkungen auf Platz und Einrichtungen; langgestrecktes, durch Fahrwege unterteiltes, teils ebenes, teils schräges, teils von Wald begrenztes Wiesengelände, in der Nähe einer Bucht; ca. 15 ha – 800 Stpl.; einfache, strapaziere Sanitärausstattung. Laden, Imbiß, 20 Miethütten. Ins Stadtzentrum mit Bussen der Linien 90, 90A, 96, 96S oder 98 bis Metrostation Itäkeskus und weiter mit der Metro. Nach 23.30 Uhr verkehrt ab Hauptbahnhof in Helsinki ein Direktbus, Linien 90 N und 96N, nach Rastila.

Camping

Espoo – *Camping Oittaa,* Tel. 8 63 25 85; Mitte Mai – Ende Aug.; in **Espoo,** ca. 18 km westlich von Helsinki, beschilderte Zufahrt von der Straße 1/E18; Wiesengelände in waldreicher Umgebung, bis nahe an einen See reichend, ansprechend gelegen; ca. 9 ha – 200 Stpl.; Standardausstattung; Laden, Imbiß, Fahrradverleih, 15 Miethütten.

261

ABSTECHER NACH TURKU

➜ **Route: Turku/Åbo**, die große finnische Hafenstadt und bedeutender Fährhafen im Verkehr mit Schweden, liegt nur knapp 170 km westlich von Helsinki.

Wer auf Badefreuden aus ist, sollte auf dem Weg nach Turku über das hübsche Städtchen **Tammisaari/Ekenäs** nach Süden zur Landzunge bei **Hanko/Hangö** (Camping), der südlichsten Landspitze Finnlands, abzweigen. ●

TURKU/ÅBO (ca. 162.000 Einw.), Finnlands älteste und heute des Landes drittgrößte Stadt, wurde schon Anfang des 13. Jh. gegründet. Kein Schwedenkönig ist für die Stadtgründung verantwortlich, sondern Papst Gregor. Er hatte veranlaßte, am Fluß Aurajoki, an dessen Mündung Turku liegt, einen Bischofsitz zu errichten. Im Zusammenhang damit entstand ein Dominikanerkloster. Die weltlichen Herren legten 1280 den Grundstein zur Burg von Turku. In ihrem Schutze konnten sich Handel und Seefahrt entwickeln. 1680 wurde hier die erste Universität Finnlands gegründet. Turku war damals die bedeutendste Metropole und folglich auch die Hauptstadt des Landes. Im 19. Jh. dann, als Finnland als Großfürstentum unter russische Vorherrschaft geriet, wurde die Hauptstadt nach Helsinki verlegt.

Im September des Jahres 1827 brannte Turku zwei Tage lang. Viele der öffentlichen Gebäude wurden zerstört. Als Folge der Katastrophe wurde die Universität in die neue Hauptstadt Helsinki verlegt. Turku geriet vielleicht politisch an den Rand des Geschehens, wirtschaftlich konnte es aber dank seines wichtigen Hafens seine Stellung zurückerobern und weiterhin behaupten. Auch in Turku entstanden nach dem großen Brand viele der Stadtbauten nach Plänen des Architekten C. L. Engel.

Nach der Erringung der Unabhängigkeit erhielten Kultur und Wissenschaft im ganzen Lande neue Impulse. Und in Turku wurde wieder eine Universität gegründet, 1917 die schwedischsprachige Universität Åbo Akademie und 1919 die finnischsprachige Universität Turun Yliopisto.

Nurmi Denkmal, Turku

Einer der wohl populärsten Söhne der Stadt ist zweifellos der schon legendäre Langstreckenläufer *Paavo Nurmi*. Er lebte von 1897 bis 1973 und errang in seiner langen und erfolgreichen Leichtathletiklaufbahn, während der er an drei Olympiaden teilnahm, nicht weniger als neun Gold- und drei Silbermedaillen. Nurmi stellte viele Weltrekorde auf. In der Stadt erinnert ein Denkmal von Wäimö Aaltonen an den Läufer.

Neben einigen schönen neoklassizistischen Gebäuden am Alten Markt zählten zu den historischen Sehenswürdigkeiten der Stadt in erster Linie der Dom am Nordostende und die Burg am Südwestende der Innenstadt.

Der **Dom** aus dem 13. Jh. stand ehemals im Zentrum der Stadt. Heute liegt er, nachdem sich der Mittelpunkt Turkus an das nordwestliche Ufer des Aurajoki verlagert hatte, am Nordostrand der Innenstadt in einem parkähnlichen Gelände am Ostufer des Flusses. Sehenswert sind im

Dom, der nach dem Stadtbrand von 1827 vollständig wieder aufgebaut worden ist, die Wandgemälde im Chorgewölbe. Ein Motiv dort zeigt den Reformator Agricola, wie er seine finnische Übersetzung des Neuen Testaments dem Schwedenkönig
Gustav Wasa überreicht. Namhafte Persönlichkeiten und gekrönte Häupter fanden im Dom ihre letzte Ruhestätte, so Königin Karin Månsdotter (se-
henswerter Marmorsarkophag). Bemerkenswert
sind die Glasmalereien der Fenster von Wladimir
Schwertschkoff.

Nicht weit vom Dom entfernt findet man in der
Piispankatu Nr. 17 das **Sibelius-Museum** (Sammlung von Musikinstrumenten, Konzertveranstaltun-
gen, 11 – 15 Uhr, montags geschlossen) und in Nr.
14 das **Bürgerhausmuseum** „Ett Hem". mit se-
henswerter Möblierung und seltenen Kunstgegenständen.

Rund 500 m weiter südlich des Doms, jenseits der
Hauptstraße Hämeenkatu, liegt in einem Parkge-

*Turku, das
Museumsschiff
„Sigyn"*

lände des **Seefahrtmuseum** (Mai – Sept. 10 – 18 Uhr, übrige Zeit bis 15
Uhr) mit „sternkundlicher" Sammlung. Das Museum befaßt sich in erster
Linie mit der langen Seefahrts- und Handelstradition der Stadt.

Etwas weiter südlich vom Seefahrtmuseum war früher die Stadt zu Ende.
Als 1827 die ganze Stadt brannte, wurde diese Randregion vom Feuer
verschont. Diesem Umstand ist es zu verdanken, daß die wenigen Holz-
und Handwerkshäuser dieses alten Viertels erhalten blieben. Sie bilden
heute das **Freilichtmuseum Luostarinmäki** mit dreißig Werkstätten aus
Großvaters Zeit.

**Handwerks-
museum**
Mai – Sept. 10 –
18 Uhr, übrige Zeit
bis 15 Uhr.

Auf einem Hügel am Südostufer des Aurajoki findet man in einem Park –
neben dem Stadttheater, dem Schwimmstadion *Samppalinna* und dem
Sommertheater – das **Wäinö Aaltonen-Museum** (Itäinen Rantakatu 38),
das Plastiken des berühmten finnischen Bildhauers zeigt.

Nicht sehr weit davon entfernt liegen im Aurajoki zwei **historische Segelschiffe.** Die „Suomen Joutsen" (Finnischer Schwan), ein Dreimaster,
wurde 1902 in Frankreich gebaut, segelte dann auf der Salpeterroute
zwischen Europa und Südamerika und in den zwanziger Jahren unter
deutscher Flagge und ging 1930 an die finnische Marine. Für sie tat sie
bis 1988 – zuletzt als Seefahrtsschule – Dienst. Auf dem Schiff ist im
Sommer ein Café eingerichtet (10 – 18 Uhr).

Der andere Segler ist das Museumsschiff „Sigyn", das von Mai bis Ende
August täglich außer montags zwischen 10 und 15 Uhr besichtigt werden
kann. Die „Sigyn" lief 1887 in Göteborg von Stapel und wurde 1939 als
Museumsschiff der Åbo Akademie gestiftet. Der Dreimaster mit seiner
Barken-Takelage soll der letzte noch existierende aus Holz gefertigte
Frachtensegler sein.

Auf der nördlichen Flußseite ist in einem wuchtigen Granitgebäude zwischen Marktplatz und Bahnhof das **Kunstmuseum** (Puolalanpuisto) untergebracht. Ausgestellt ist die Sammlung des Kunstvereins von Turku,
die sich mit finnischer Kunst seit dem 19. Jh. befaßt.

Kunstmuseum
Mo. – Sa. 10 – 16,
Do. bis 20 Uhr, So.
10 – 18 Uhr.

263

Burg von Turku und Stadtmuseum
Mai – Sept. 10 – 18 Uhr, übrige Zeit bis 15 Uhr.

Nicht zu übersehen ist die am Hafen gelegene **Burg von Turku**, ein trutziger Bau mit zwei mächtigen, viereckigen Türmen. 1280 für den königlichen Statthalter (praefectus Finlandiae) und seine Truppen errichtet, behielt sie bis ins 19. Jh. ihre wichtige strategische Rolle. Im 16. Jh. erfuhr die Festung umfangreiche Erweiterungen, u.a. wurde damals der prächtige Festsaal ausgebaut. Im zweiten Weltkrieg erlitt die Burg starke Beschädigungen. In den 50er Jahren baute man sie nach alten Plänen originalgetreu wieder auf. In der Burg ist ein **historisches Stadtmuseum** der eingerichtet. Dort sind kulturhistorische Objekte, Textilien, Kostüme, Silber-, Zinn-, Glas- und Porzellansammlungen aus dem 17. Jh. und später ausgestellt.

Weitere Museen sind das **Apothekermuseum** (Läntinen Rantakatu 13), untergebracht in einem repräsentativen Stadthaus aus dem 18. Jh., mit Apothekerwohnung und historischem Laboratorium, sowie das **Museum Aboa Vetus** (Itäinen Rantakatu 4 – 6). Dort können Sie durch mittelalterliche Gänge und Keller spazieren. Anhand von archäologischen Exponaten und mit Hilfe von Multimediapräsentationen erfahren Sie hier fast alles über den Alltag der Bewohner Turkus in früheren Jahrhunderten. Ganz in der Nähe liegt das **Museum Aboa Nova**, das moderne Kunst zeigt.

Ein beliebtes Ausflugsziel ist das Städtchen **Naantali**, die „Sonnenstadt Finnlands" (Touristeninformation, Camping), ca. 15 km nordwestlich von Turku, mit einer hübschen Altstadt und einer Klosterkirche aus dem Mittelalter. Im Sommer kann man freitags zwischen 18 und 20 Uhr die Parkanlage der Sommerresidenz des Staatspräsidenten besichtigen.

Turku
Hotels

Praktische Hinweise – Turku

☎ Telefonvorwahl: 02

Touristen-Information Turku, Aurakatu 4, 20100 Turku, Tel. 75 01, Fax 2 33 64 88. Ganzjährig geöffnet Mo. – Fr. 8.30 – 18 Uhr, Sa. + So. 9 – 16 Uhr.

⌂ Hotels: **Arctia Hotel Julia**, 118 Zi., Eerikinkatu 4, Tel. 33 63 11, Fax 2 51 17 50, Restaurant, Garage.
Arctia Hotel Marina Palace, 183 Zi., Linnankatu 32, Tel. 33 63 00, Fax 2 51 67 50, obere Preisklasse, südl. vom Marktplatz am Ufer des Aurajoki, Restaurant, Nachtclub, Schwimmbad.
Centro Hotel Turku, 62 Zi., Yliopistonkatu 12 A, Tel. 4 69 04 69, 4 69 04 79, zentral, Restaurant.
Ramada Hotel Turku, 310 Zi., Eerikinkatu 28, Tel. 33 82 11, Fax 3 38 22 99, mittlere Preisklasse, Restaurant, Schwimmbad, Nachtclub, Garage.
Sokos Hotel City Börs, 60 Zi., Eerikinkatu 11, Tel. 33 73 81, Fax 2 31 10 10, sehr zentral am Marktplatz, Cafeteria, Schwimmbad, Garage.
Sokos Hotel Hamburger Börs, 185 Zi., Kauppiaskatu 6, Tel. 33 73 81, Fax 2 31 10 10, Haus der Luxuspreisklasse, sehr zentral am Marktplatz, Restaurant, Schwimmbad, Garage, Nachtclub. – Und andere Hotels.

Jugendherberge

Jugendherberge: **Hostel Turku**, 120 Betten, Linnankatu 00, Tel. 2 31 05 78, Nordseite des Aurajoki, Nähe Museumsschiff, 1. Jan. – 31. Dez.

Camping

▲ – **Camping Ruissalo**, Tel. 2 58 92 49; 1. Jun. – 1. Sept.; westl. Turku, am äußersten Westende der Insel Ruissalo (Brücke, Volkspark, Botanischer Garten); ausgedehntes, unübersichtliches Wiesengelände mit Baumbestand; ca. 15 ha – 750 Stpl.; Standardausstattung; Laden, Imbiß, Badegelegenheit.

SCHWEDEN

28. STOCKHOLM

🕐 **Reisedauer:** Mindestens zwei Tage.

⌘ **Höhepunkte:** Stockholms Altstadt **Gamla Stan **** – der **Königliche Palast **** und die **Königlichen Gemächer ***** – das **Wasa-Museum ***** – das **Stadshuset **** – die **Riddarholmskirche *** – das Freilichtmuseum **Skansen *** – das **Nationalmuseum **** – ein Schiffsausflug zu den Schlössern **Drottningholm ***** oder **Gripsholm **.**

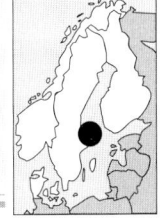

Schwedens Hauptstadt mit heute rund 690.000 Einwohnern (1,7 Millionen im Großraum mit Vororten), wurde offiziell im Jahre 1252 von *Birger Jarl* gegründet. Mit Sicherheit waren die Insel, auf der heute die Altstadt Gamla Stan liegt, und die Ufer an der Mündung des Mälarsees in die Ostsee schon viel früher besiedelt. Viel zu wichtig war dieser Punkt, von dem aus der Zugang zum politisch und wirtschaftlich bedeutenden Siedlungsgebiet des alten Svea-Reiches rund um den Mälarsee überwacht werden konnte. Und wahrscheinlich waren es genau diese Überlegungen, die Birger Jarl, seines Zeichens Reichsstatthalter, dazu bewegt hatten, diese Siedlung zur Stadt und zu seiner Residenz zu erheben.

Stockholm, was übrigens soviel wie „Baumstamm-Insel" bedeutet (*stock* = Stamm, *holm* = Insel), hatte bei seiner Erhebung zur Stadt wohl kaum mehr als ein paar Hundert Einwohner. In einer der Legenden über die Entstehung der Stadt heißt es, daß Bürger aus der alten Hauptstadt

Blick auf Stockholms Innenstadt

**Stockholms
Stadtgeschichte**

Sigtuna, deren Stadt ausgangs des 12. Jh. von Seeräubern verwüstet worden war, einen Baumstamm ins Wasser warfen und ihn zur See treiben ließen. Dort wo er anlandete, sollte ihre neue Stadt entstehen. Und genau an der kleinen Insel Helgeandsholmen (Heilig Geist Insel), auf der heute das Reichstagsgebäude jenseits des Schlosses steht, soll der Baumstamm gestrandet sein.

Weniger nach Legende hört sich die Version an, daß der Name *Stock Holm* von den Holzstämmen abgeleitet wurde, die die Brücken von Gamla Stan über Helgeandsholmen zum Festland trugen.

Birger Jarl ließ auf dem höchsten Punkt der Stadsholmen (Stadtinsel) die Festung *„Tre Kronor"* errichten und die Ufer durch Wälle und Wehranlagen schützen. Bald wurde mit dem Bau der Storkyrkan begonnen, in der 1336 Magnus Eriksson zum König gekrönt wurde. Königsresidenz aber wurde Stockholm erst später.

Im 14. Jh. ließen sich viele deutsche Kaufleute und Schiffseigner in Stockholm nieder. Ihr Einfluß und damit der Einfluß der Hanse auf die Geschikke Stockholms in jenen Jahren war beträchtlich. Die Einwohnerzahl der Stadt stieg dank eines blühenden Warenhandels rasch auf annähernd 5.000 an. Das Stadtgebiet dehnte sich aus, zunächst auf die Insel Riddarholmen, dem bevorzugten Wohngebiet des Adels. Riddarholmen hieß nach den Franziskanern oder „Grauen Brüdern", die hier ihre Klosterkirche (heute Riddarholmskyrkan) hatten, lange Gråmunkeholmen. Bald wurden auch Södermalm, Norrmalm, Kungsholmen und Skeppsholmen besiedelt.

Ein schwarzer Tag für Stockholm war der 8. November des Jahres 1520. Nach einer verlorenen Schlacht des Schweden Sten Sture gegen die Dänen kapitulierten die Schweden. Entgegen aller Vereinbarungen ließ aber der dänische König Christian II. fast alle seine Widersacher – es sollen über einhundert gewesen sein, darunter Adelige und Herren des geistlichen Standes – auf dem Stortorget enthaupten. Genützt hat dieses Massaker, das als „Blutbad von Stockholm" in die Geschichtsbücher einging, der dänischen Sache allerdings kein Jota. Gustav Wasa vielmehr gelang es, die Empörung in Schweden zu nutzen, das Reich zu einen und die Autonomie des schwedischen Königreichs wieder herzustellen. Die Truppen Gustav Wasas zogen 1523 in Stockholm ein und machten die Stadt zum Sitz der Reichsadministration.

Während des Dreißigjährigen Krieges zwischen 1618 und 1648 erlangte Schweden eine Großmachtstellung in Europa. Entsprechend nahm die Bedeutung Stockholms zu. Die Einwohnerzahl stieg auf über 60.000. 1634 endlich wurde Stockholm offiziell zur Hauptstadt des Königreichs erhoben, was es de facto schon lange war. Der Verlust der Vormachtstellung Schwedens in Europa im 18. Jh. hatte natürlich auch seine Auswirkungen auf die Entfaltung der Stadt. Die wirtschaftliche Weiterentwicklung Stockholms stagnierte. Mit dem Industriezeitalter kam Mitte des 19. Jh. – die heutige Hauptstraße Drottninggatan hatte damals noch nicht einmal Gehsteige und die heute schmucke Altstadt glich mehr einem Elendsviertel – die erste Eisenbahnlinie aus Södertälje nach Stockholm. Und 1877 ratterte die erste Straßenbahn durch die Stadt. Die nächsten 100 Jahre waren für Stockholm eine Zeit der ruhigen Revolution. Die Stadt und ihre Bürger profitierten von den politischen Reformen. Stockholm entwickelte sich zu einer modernen, prosperierenden Großstadt.

1912 war Stockholm Austragungsort der Sommerspiele der 5. Olympiade.

Wasser, Inseln und Brücken sind es, die das Großbild der Stadt prägen. Über nicht weniger als 14 Inseln erstreckt sich Stockholm zwischenzeitlich. „Die Schöne am Wasser" oder „Venedig des Nordens" wurde Stockholm schon genannt. Aber bei allem Enthusiasmus, „staden mellan broarna", die Stadt zwischen den Brücken, trifft die Sache – zumindest in Bezug auf die Gamla Stan – wohl am ehesten.

TIPS ZUR STADTBESICHTIGUNG

Was besichtigt man?

Zwei Tage sollten für einen Stockholm-Besuch mindestens vorgesehen werden.

Auf alle Fälle sollten ein Rundgang durch die **Altstadt**, eine Besichtigung des **Königlichen Schlosses** (zumindest der Königlichen Gemächer und der Schatzkammer) und vor allem auch ein Besuch im **Wasamuseum (16)** auf dem Besichtigungsprogramm stehen.

Einen weiteren Tag können Sie leicht mit Besuchen der **Riddarholmskirche (11),** des **Stadshuset (14),** des **Nordischen Museums (17)**, des **Nationalmuseums (27)** oder des neueröffneten **Moderna Museet** ausfüllen, die ebenfalls mit zu den bedeutenden Sehenswürdigkeiten der Stadt zählen.

Steht noch mehr Zeit zur Verfügung, lohnt ein Besuch des **Skansen Freilichtmuseums (15),** in dem alleine man einen ganzen Tag verbringen könnte, oder eines der anderen zahlreichen Museen der Stadt. Und an einem schönen Sommertag ist ein **Schiffsausflug** mit den Nostalgiedampfern wie der „S/S Mariefred" nach **Drottningholm** oder **Gripsholm** ein sehr reizvolles Erlebnis. Eine detaillierte Beschreibung

viele von Stockholms U-Bahn Stationen zählen zu den Sehenswürdigkeiten der Stadt

dieser beiden Schlösser finden Sie unter Route 29 (Stockholm – Mariefred).

öffentlicher Nahverkehr
Das System der öffentlichen Nahverkehrsmittel, sprich **Busse** und **U-Bahn** (Tunnelbana), ist ausgezeichnet organisiert, relativ preiswert, schnell und zuverlässig. Die Empfehlung kann also nur lauten, Stadtbesichtigungen mit Bus und U-Bahn zu unternehmen, zumal mit der (allerdings auch nicht gerade preiswerten) Stockholmkarte die öffentlichen Verkehrsmittel umsonst benutz werden können.

Seit einigen Jahren fährt die schön restaurierte alte Nostalgie-Straßenbahn Linie 7 vom Platz Norrmalmstorg in der Innenstadt, ganz in der Nähe des Touristenbüros, bis zu den Museen und zum Freilichtmuseum Skansen auf der Djurgården-Halbinsel.

 ☑ Mein Tipp! Nehmen Sie auf dem Weg nach Djurgården die Fähre ab Slussen und zurück in die Innenstadt die Straßenbahn, oder machen Sie es umgekehrt.

Übrigens sind viele der U-Ban Stationen, z.B. T-Central (Zentralbahnhof), Rådhuset, Solna Center oder Fridhemsplan dank ihrer ausgefallenen Architektur und der künstlerischen Gestaltung schon eine Sehenswürdigkeit für sich.

Stockholm-Karte
Die **Stockholm-Karte** (Stockholmskortet), eine Art pauschaler Fahr- und Eintrittskarte, bietet dem Besucher freien Eintritt zu immerhin 70 Sehenswürdigkeiten und Museen, gestattet die freie Benutzung der öffentlichen Verkehrsmittel (Bussen, Stadtbahn und U-Bahn) und kostenloses Parken auf öffentlichen Parkplätzen. Obendrein gibt's zur Karte einen Stadtführer im Taschenformat. Die Stockholm-Karte gibt es für eine Gültigkeitsdauer von 24, 48 und 72 Stunden und sie kostete zuletzt umgerechnet SEK 220,-, SEK 380,- und SEK 540,- (Preise veränderlich!).

☑ Mein Tipp! Wer mit dem Auto in Stockholm unterwegs ist, sollte tunlichst die Parkverbotsbeschilderung beachten. Strafmandate für falsches Parken sind teuer und kosten umgerechnet von rund EUR 50,- an aufwärts. Auch ein ausländisches Nummernschild am Auto stimmt die Ordnungshüter nicht milder!

Parkhäuser findet man vor allem im Stadtteil zwischen Hauptbahnhof und dem zentralen Sergels Torg.

Gebührenpflichtige Parkmöglichkeiten im Freien findet man auf der Altstadtinsel an deren Ostseite unterhalb des Schlosses (2) an der Skeppsbron, dann an der Südwestseite am Kornhamnstorg, sowie hinter der Riddarholmskirche (11), bei den Museen Nordisches Museum (17) und Wasawerft (16) oder südlich des Freilichtmuseums Skansen (15), um nur einige relativ zentrumsnahe Parkmöglichkeiten zu erwähnen. Änderungen im Zuge von Baumaßnahmen sind natürlich möglich!

Achten Sie beim Abstellen Ihres Autos über Nacht auf Straßenparkplätzen auf die Beschilderung der sog. „Säuberungsnächte". Stockholms Straßen werden zumindest einmal pro Woche nachts gereinigt. Der Wochentag wird an den Parkuhren, Parkschildern oder an den jeweiligen Straßenecken angegeben. Auf diesen Parkplätzen ist Parken nach Mitternacht des entsprechenden Tages nicht erlaubt.

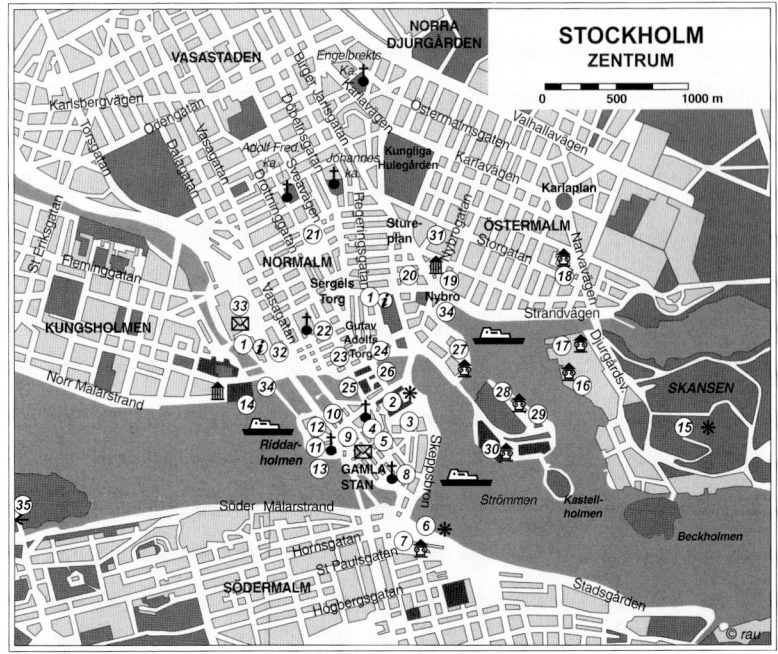

STOCKHOLM ZENTRUM

0   500   1000 m

© rau

STOCKHOLM	12 Wrangelsches	20 Hallwyl Museum	Moderne Kunst
1 Information	Palais	21 Konzerthaus	30 Architektur-
2 Königl. Schloß	13 „Mälardrottnin-	22 Klarakirche	museum
3 Finnische Kirche	gen"	23 Mittelmeer	31 Armeemuseum
4 Storkyrkan	14 Stadshuset	museum	32 Hauptbahnhof
5 Börse	15 Skansen	24 Opernhaus	33 Hauptpost
6 Katarinahissen	16 Wasa-Museum	25 Reichstag	34 Bootsausflüge,
7 Stadtmuseum	17 Nordisches	26 Mittelalter Stock-	Bootsanleger
8 Tyska Kyrkan	Museum	holm Museum	35 „Autocamper"
9 Postmuseum	18 Historisches	27 Nationalmuseum	Wohnmobilstellplatz
10 Riddarhuset	Museum	28 Ostasiatisches	
11 Riddarholms-	19 Kungliga Drama-	Museum	
kyrkan	tiska Teatern	29 Museum für	

STADTSPAZIERGANG DURCH STOCKHOLMS ALTSTADT

Gamla Stan, die Altstadt und das historische Herz Stockholms, mit seinen engen Gassen und repräsentativen Häuserfassaden ist eine der größten Sehenswürdigkeiten der Stadt. Hier liegen das **Königliche Schloß
(2),** Stockholms Domkirche **Storkyrkan (4),** der historische **Stortorget**
(Großer Platz) oder die **Tyska Kyrkan** (Deutsche Kirche – 8 –), die alle
eine Besichtigung lohnen.

Stadtrundgang
Gamla Stan

Ausgangspunkt unserer Stadtbesichtigung ist der **Slottsbacken**, Auffahrt
und Vorplatz auf dem Schloßberg an der Südseite des **Königlichen
Schlosses** (Kungliga Slottet). Gebührenpflichtige Parkplätze findet man
an der Uferstraße Skeppsbron.

Königlicher
*Palast ** (2)*

Spaziergang durch Stockholms Altstadt

Unmittelbar westlich des Schlosses erhebt sich die Großkirche St. Nikolai oder **Storkyrkan (4)** mit einem mächtigen Obelisken vor der Kirche, den König Gustav III. nach dem Krieg in Ostfinnland 1791 seinen Untertanen errichten ließ. Nach Osten sieht man über das Gustav III.-Denkmal und die königliche Anlegestelle Logårdstrappen über den Norrströmen hinüber nach Blasiholmen mit den markanten Gebäuden des Grand Hotels und des Nationalmuseums (27).

Königlicher Palast ** (2)

Der **Königliche Palast (2)**, ein gewaltiger Renaissancebau, dessen Flügel sich um einen viereckigen, großen Innenhof gruppieren, entstand ausgangs des 17. Jh. auf den Mauern der alten Drei-Kronen-Festung. Unmittelbar nach der Stadtgründung Mitte des 13. Jh. hatte Birger Jarl den Grundstein zur Burg Tre Kronor gelegt. 1697 – König Karl I. war eben gestorben und lag aufgebahrt im Rittersaal – brannte die Burg bis auf die Grundmauern nieder. Nur die Nordfassade, die im Rahmen eines umfangreichen Umbauprogramms schon errichtet war, blieb erhalten. Das Feuer muß mit solcher Geschwindigkeit um sich gegriffen haben, daß die Schloßbesatzung Mühe hatte, den Leichnam des Königs zu bergen. Unmittelbar nach der Brandkatastrophe wurde der Auftrag zum Bau eines neuen Schlosses erteilt. Mit der Ausführung wurde der Stadtbaumeister Nicodemus Tessin der Ältere, der schon mit den Umbaumaßnahmen der Tre-Kronor-Burg befaßt gewesen war, beauftragt. Nahezu 60 Jahre zogen sich die Bauarbeiten hin. Nicodemus Tessin der Jüngere, der Sohn des Stadtbaumeisters und spätere Vertraute König Karls XII., führte das Werk fort. Später leitet der Architekt Karl Hårleman die letzten Arbeiten des Innenausbaus. Und 1754 endlich konnte der im Stil des italienisch-französischen Barock ausgestattete Palast seiner Bestimmung übergeben werden.

Über 600 Zimmer, Salons und Säle sollen sich in den weitläufigen Flügeln befinden. Einige der Palasträume werden heute noch von der königlichen Familie und von staatlichen Institutionen zu Repräsentationszwecken genutzt.

Ein Teil des Palastes steht der Öffentlichkeit zur Besichtigung offen. Während offizieller Anlässe wie Staatsbesuchen, königlichen Bankketten oder Audienzen u.ä. können gewisse Teile des Palastes nicht besichtigt werden!

Die Königlichen Gemächer ***
Mai - Aug. Di. - Sa. 10 - 15, So. 12 - 15 Uhr, übrige Zeit 12 - 15 Uhr. Mo. geschlossen. Eintritt.

Man betritt die Palastanlage durch die säulengeschmückte Südfassade und gelangt über ein prächtiges Treppenhaus zu den Obergeschossen mit Festsälen, Bernadoteräumen und dem Reichssaal.

Die **Festsäle** sind die ältesten Räumlichkeiten des Schlosses, die schon Ausgangs des 17. Jh. nach Plänen von Nicodemus Tessin d.J. entstanden sind. Völlig vollendet und ausgestattet wurden die Räume aber erst 1766, als König Gustav III. und seine Gemahlin, die dänische Prinzessin Sofia Magdalena, hier Residenz nahmen. Die Prunksäle werden heute noch zu offiziellen Anlässen genutzt.

Saal des Staatsrates – Man betritt diesen Saal durch eine reich mit Schnitzwerk versehene Tür, die der französische Bildhauer Henrion ausgangs des 17. Jh. geschaffen hatte. Die Tür ist übrigens das einzige was aus der frühen Zeit erhalten blieb. Alle andere Dekorationen stammen aus späterer Zeit. Besonders zu erwähnen sind die beiden prächtigen Gobelins, die um 1770 in Frankreich entstanden sind. Diese Bildteppiche an der Süd- und Ostwand zeigen Szenen aus der antiken Sage um Jason und Medea. Sechs Büsten stellen schwedische Könige aus dem Hause Bernadotte dar, beginnend mit dem Begründer der Dynastie, Karl XIV. Johan. Aufmerksamkeit verdient auch die Tischuhr („Löwenuhr") aus vergoldeter Bronze. Sie entstand im frühen 17. Jh. in einer Augsburger Werkstatt.

Der **Audienzsaal**, ursprünglich für König Karl XI. als Schlafgemach gedacht, wurde unter Gustav III. zum Audienzsaal umfunktioniert. Aus dem späten 17. Jh., der Zeit Karls XI., stammt die Stuckdecke. In der Mitte ein Deckengemälde mit dem Motiv „Mars und Venus". Viele der Ausstattungsgegenstände wurden von Königin Christina zu ihrer Krönung im Jahr 1650 bestellt, so die Wandtapeten mit Landschaftsmotiven aus Delft.

Beachtenswert sind weiter der Thronhimmel aus dem 16. Jh., hergestellt in Italien, dann der Kronleuchter aus dem frühen 18. Jh. aus Frankreich, die Portraits neben den Fenstern von Frans Hals aus der Zeit um 1640 oder die Büste Gustavs II. Adolf, die von Georg Petel, einem deutschen Bildhauer des frühen 17. Jh. geschaffen wurde.

Im **Prunkschlafzimmer Gustavs III**. ist die Stuckdecke – wie schon die Decke im Audienzsaal – eine Arbeit der französischen Meister des späten 17. Jh. Chauvreau und Fouquet. Die meisten Einrichtungsgegenstände stammen aus der zweiten Hälfte des 18. Jh. und sind im Louis XVI.-Stil gehalten. In der ehemaligen Bettnische hängen französische Gobelins. Dort sieht man auch Ebenholzschränke mit wunderschönen Einlegearbeiten.

Einer der prunkvollsten Salons ist die **Galerie Karls XI.**. Die Dekorationen sind fast alle noch aus der Zeit um 1690 erhalten. In den Vitrinen sieht man Stücke seltenen Kunsthandwerks aus Glas oder Elfenbein und eine schöne Sammlung kostbaren Porzellans, u.a. aus China und Meißen. Der Saal ist heute noch Schauplatz königlicher Gesellschaften. An der langen Tafel können bis zu 150 Gäste Platz nehmen.

Durch das **weiße Kabinett**, das **Prunkschlafzimmer Sofia Magdalenas** mit einem Deckengemälde, das Swea und vier Erdteile darstellt, und den **Don Quijote-Salon** mit französischen Gobelins, die Motive aus dem Cervantes-Roman „Don Quijote" zeigen, gelangt man in den großen **Ballsaal Vita Havet** (Weißes Meer), der 1845 durch den Architekten Nyström seine heutige Form und Ausstattung erhielt. Lediglich die Decke mit den Gemälden „Sweas Triumph" von Francia und „Belohnung des Siegers" von Taraval und Francia stammt aus früherer Zeit, als der Saal noch als Speisesaal Königin Sofia Magdalenas diente. In den Vitrinen sind Sammlungen von Silbergegenständen und Sèvres-Porzellan aus dem 18. Jh. zu sehen.

Weiter können die **Bernadotteräume** besichtigt werden. Die Zimmerflucht, die nach Plänen des Architekten Karl Hårleman im Stil des frühen 18. Jh. ausgestattet ist, war für König Frederik I. und seine Gemahlin Ulrika Eleonora geplant worden. Als erster bezog aber nicht Frederik, sondern König Adolf Frederik und dessen Gemahlin Lovisa Ulrika, die Schwester Friedrichs II. von Preußen, 1754 die königlichen Appartements. Als letzter Monarch residierte hier von 1872 bis 1907 König Oskar II. und dessen Gemahlin Königin Sofia.

Über den **Trabantensaal**, ehemals als Aufenthaltsraum der Leibwachen

Spaziergang durch Stockholms Altstadt

das Königliche Schloß

vorgesehen, später unter Gustav III. und Karl XV. als Speisesaal genutzt, in dem man das Krönungsgemälde König Karls XIV. in der Storkyrka und Büsten anderer schwedischer Monarchen sehen kann, gelangt man in die **Säulenhalle**, dem vielleicht schönsten Saal im Schloß. Das Deckengemälde zeigt Swea und die Vier Jahreszeiten. Schöne Marmorkamine, Spiegelwände, Statuen von Apollo und Venus von J. T. Sergel.

Der **Victoriasaal** erhielt seinen Namen von einer Statue der Siegesgöttin, die hier früher aufgestellt war. Möblierung und Ausstattung des heutigen Raumes wurde Mitte des 19. Jh. von König Karl XV. veranlaßt. Unter den kostbaren Möbelstücken verdient ein Schrank an der Südwand besondere Beachtung, den König Karl XV. 1863 von Napoleon III. zu Geschenk erhalten hatte.

Man gelangt in das **Schreibkabinett Oskars II**. und schließlich in die **Bernadottegalerie**. Hier sind die Decke, die Fenster, die Türen und die Kamine noch mit der ursprünglichen Rokokodekoration versehen. Unter den Familienportraits werden den Besucher vielleicht die an der Innenwand von Karl XIV. Johan, ehemals französischer Marschall in napoleonischen Diensten und dessen aus Marseille stammenden Gemahlin Desirée Clary besonders interessieren. Der Sohn des Königspaares, Oskar I. und dessen Gemahlin Königin Josefina, sind rechts des Portals zu sehen. Links davon sind die vier Söhne Oskars I. dargestellt. Auf der anderen Seite der Galerie sieht man Portraits von Prinz Gustav Adolf und Prinzessin Sibylle, den Eltern des jetzt amtierenden Königs Karl XVI. Gustav. In einer Vitrine bei den Fenstern werden Gegenstände Marschall Bernadottes (Marschallstab, Feldbesteck, Degen u.a.) ausgestellt. Sehenswert sind die anschließenden **Gemächer Königin Lovisa Ulrikas**, Schwester Friedrichs des Großen und Mutter Gustavs III.

Der Thronsaal *
Mai - Sept. tgl. 12 - 15. Eintritt.

Wenn zugänglich, sollte man unbedingt auch den „**Rikssalen**" (Reichssaal) besichtigen, den Thronsaal der schwedischen Könige. Der prächtige Silberthron war 1650 ein Geschenk des Grafen Gabriel de la Gardie anläßlich der Krönung Königin Christines. Von diesem Thron aus eröffnet der König noch heute den Reichstag oder vereidigt Mitglieder einer neuen Regierung.

Gegenüber des Thronsaals liegt die barocke **Schloßkapelle**. Auch sie mußte nach dem großen Schloßbrand neu aufgebaut werden, zunächst unter Tessin, später unter Hårleman, und konnte 1754 von König Adolf Friedrich eingeweiht werden. Besonders beeindruckend in der von französischen Künstlern ausgestatteten Kirche sind neben den Deckengemälden von Guillaume Taraval der reich verzierte Hochaltar und die Kanzel.

Kgl. Schatzkammer *
Mai - Aug. Mo. - Sa. 10 - 10, Oupl. - Api. 11 - 15, So. 12 - 16 Uhr. Eintritt.

In der **Königlichen Schatzkammer**, die in den Kellergewölben des Palastes untergebracht ist, können die schwedischen Kronjuwelen besichtigt werden. Zu den ältesten historischen Stücken zählen Gustav Wasas Reichsschwert (Raum 2, Vitrine IX) und die Reichskleinodien König Eriks XIV. (Raum 2, Vitrine VII), die anläßlich seiner Krönung zu Uppsala am 29. Juni 1561 angefertigt wurden. Sie bestehen aus Krone, Zepter, Reichsapfel und Reichsschlüssel sowie dem Krönungsmantel, der in der Rüstkammer zu sehen ist. Die ältesten Reichsinsignien, die schwedische Königinnen trugen, stammen aus dem frühen 17. Jh. und wurden für Königin Maria Eleonora gearbeitet. Sie bestehen aus einer Krone mit Gold,

Diamanten und Rubinen, dem Zepter und dem Reichsapfel (Raum 2, Vitrine VII).

Die **Königliche Rüstkammer** zeigt eine wunderschöne Sammlung von teils sehr prunkvollen Kutschen und Paradekaleschen, von Krönungsgewändern, Waffen und Jagdutensilien. Zu den besonderen Stücken zählen das Kostüm, das König Gustav III. auf dem Maskenball trug, auf dem er im März 1792 ermordet wurde, oder das ausgestopfte Lieblingspferd Gustavs II. Adolf „Streiff".

Das **Antiquitätenmuseum Gustavs III.** an der Nordseite des Schlosses, zugänglich an der großen Löwentreppe Lejonbacken, zeigt die Sammlung von Kunstwerken, vor allem Skulpturen (u.a. Apollo und die neun Musen, Minerva), die der Kunstliebhaber König Gustav III. erwarb. Es wird berichtet, daß der König höchstselbst in Italien in Sachen Antiquitätenkauf unterwegs war.

Die **Wachablösung** der königlichen Palastgarde findet im Sommer um 12.10 Uhr (sonntags 13.10 Uhr) im halbrunden Kolonnadenhof an der Westseite des Schlosses statt. Im Sommer zieht die Garde zuvor von Nybroplan über Hamngatan, Gustav Adolfs Torg, Norrbro und Skeppsbron zum Palast.

Bevor man die wenigen Schritte weiter bergan zur Storkyrkan geht, sollte man an der Südseite von Slottsbacken, gegenüber dem Königlichen Palast, das **Stadtpalais** von Nicodemus Tessin (seit 1997 ist hier das Münzkabinett untergebracht) und rechts daneben die **Finnische Kirche (3)** ansehen. Das Gebäude, das heute der finnischen Gemeinde als Gotteshaus dient, war bis ins 18. Jh. königliches Ballhaus.

Storkyrkan (4), Stockholms große Domkirche, ist eines der ältesten Bauwerke der Stadt. Schon kurz nach der Stadtgründung durch Birger Jarl wurde mit dem Bau – wahrscheinlich um 1260 – begonnen, der 1279 erstmals als „Dorfkirche" urkundlich erwähnt wird. Geweiht ist die Große Kirche dem Heiligen Nikolaus von Myra, dem Schutzpatron der Seeleute. Stockholms Hauptkirche ist der traditionelle Ort für königliche Taufen, Krönungen, Hochzeiten oder Begräbnisfeierlichkeiten. Zu den großen Sehenswürdigkeiten der Kirche ist die monumentale Holzplastik „**St. Georg und der Drache**" im Nordschiff zu rechnen. Sie wurde 1494 von

Spaziergang
durch Stockholms Altstadt

Kgl. Rüstkammer
tgl 10 - 16 Uhr.
Sept. - Apr. Mo.
geschlossen.
Eintritt.

Wachablösung
12.10, So. 13.10
Uhr

Reichsinsignien in der Königlichen Schatzkammer

Spaziergang durch Stockholms Altstadt

dem aus Lübeck stammenden Bildhauer Bernt Notke geschaffen. Der wunderbare **Altar** aus Silber und Ebenholz zählt zu den größten Kirchenschätzen, zu denen auch der 3,7 m hohe Bronzeleuchter im Querschiff zählt. Der Kandelaber ist ein Werk aus dem Jahre 1470.

Die **Königstühle**, 1684 von König Karl. XI. in Auftrag gegeben und nach Plänen von Tessin d. J. von Burghardt Precht gefertigt, sind die Plätze, von denen aus die schwedischen Monarchen offiziellen Zeremonien in der Kirche beiwohnen.

Burghardt Precht fertigte auch die Kanzel, unter der sich die Grabplatte für Olaus Petri befindet, einem Schüler Martin Luthers und großen Reformators in Schweden.

„*Vädersolstavlan*", das Gemälde an der Südseite des Kirchenraums, zeigt die älteste bekannte Stadtansicht Stockholms.

Von der Storkyrkan gehen wir nach Süden und vorbei an der angrenzenden **Börse** (Börshuset – 5 –) zum großen alten Markt- und mittelalterlichen Richtplatz der Stadt, zum **Stortorget**. Die Börse, ein prächtiger Rokokobau, entstand um 1770 an der Stelle des alten Rathauses. Heute ist hier neben der Stockholmer Börse die Abteilung für Literatur der Schwedischen Akademie untergebracht. Gustav III. hatte die Akademie gegründet. Im Festsaal der Akademie im Obergeschoß wird alljährlich der Name des neuen Literaturnobelpreisträgers bekanntgegeben.

Auf dem Stortorget ist man mitten in der „Gamla Staden", dem bezaubernden Viertel Alt-Stockholms, das sich vom Schloß bis zum Kornhamnstorg zieht. Hier gibt es Antiquitäten, Mode, Trödel, einige kleine, aber sehr elegante Hotels wie das „Lord Nelson" oder das „Lady Hamilton" und es gibt Restaurants, Kneipen und Cafés. Eines davon ist das Café „*Sundbergs Konditori*" am Järntorget. Es stammt aus dem Jahre 1785 und dürfte wohl das älteste Café in ganz Stockholm sein. Ein gemütlicher Ort für eine Rast auf dem Stadtspaziergang.

Hier, durch die Gassen der Gamla Stan, zog einst auch *Carl Michael Bellman*, Schwedens bekannter Dichter und Liedermacher des 18. Jh. und gab – nicht selten in weinseliger Fröhlichkeit – in den Kneipen seine Trink- und Vagantenlieder zum Besten.

Vom Stortorget kann man durch die Köpmangatan nach Osten bis zur Österlånggatan gehen, der östlichen Hauptstraße der Altstadt. Am Ende der Köpmangatan sieht man die Bronzeskulptur „St. Georg mit dem Drachen", eine Kopie des Originales in der Storkyrkan. Wir folgen der Österlåggatan nach Süden bis zum Järntorget, dem alten Eisenmarkt.

Viele der Häuserfassaden an der Österlånggatan sind beachtenswert, manche stammen aus dem 17. Jh. Im Haus Nr. 51 ist eines der ältesten Restaurants Stockholms untergebracht, das renommierte „*Den Gyldene Freden*". Im Goldenen Frieden verkehrte schon Carl Michael Bellmann. Heute gehört das Haus der Schwedischen Akademie, die es sich zur Aufgabe gemacht hat, Haus und Lokal im Stil des 18. Jh. zu erhalten.

Eines der ältesten Häuser am Järntorget ist das aus der Mitte des 17. Jh. stammende Gebäude der alten Schwedischen Reichsbank, die hier bis 1920 untergebracht war.

Nur ein kurzes Stück weiter südlich endet die Altstadt. Es schließt sich der Karl Johans Torg – besser bekannt als **Slussen** – an. Der wichtige Verkehrsknotenpunkt mit Brücken, Schleusen und mehreren Verkehrsebenen, der die Altstadt mit der südlich anschließenden Insel Södermalm verbindet, wurde in seiner heutigen Form 1935 angelegt und galt lange als verkehrstechnische und städtebauliche Musterlösung. Ein Reiterstandbild König Karl. XIV. Johan, dem ersten Bernadotte auf dem schwedischen Thron, erhebt sich auf dem Platz. Errichtet wurde es zur Erinnerung an die schwedisch-norwegische Union von 1814 bis 1905.

Spaziergang durch Stockholms Altstadt

Nach Süden sieht man hinüber zur **Insel Södermalm** mit ihrem felsigen und teils recht steil aufragenden Ufer. Der Aussichtsturm **Katarinahissen (6)** etwas links, dessen Plattform mit dem Aufzug zu erreichen ist, bietet Gelegenheit zu einem Panoramablick über die Stadt. Dort findet man auch das Aussichtsrestaurant *„Gondolen"*.

Nicht sehr weit von Slussen entfernt liegt auf Södermalm am Södermalmstorg das **Stadsmuseet (7)**. Das Museum gibt anhand von Dokumenten, Plänen, Bildern und Anschauungsmaterial einen Überblick über die Entwicklung der Stadt Stockholm von ihren Anfängen bis heute. Zu den großen Sehenswürdigkeiten zählen die Abteilung über das alte Stadtschloß Tre Kronor und Schwedens größter Silberschatz *Loheskatten*. Das Museum ist im alten Rathaus von 1670 untergebracht, einem von Tessin entworfenen Bau.

Stockholms Stadtmuseum (7) tgl. 11 - 17, Di - Do. bis 19 Uhr. Eintritt.

In der Urvädersgränd Haus Nr. 3, hinter dem Stadtmuseum, lebte Mitte des 17. Jh. lange Zeit der lyrische Dichter Bellmann.

am Stortorget im Herzen der Stockholmer Altstadt

Früher galt der noch etwas weiter südlich gelegene Platz **Mosebacke Torg** als berühmtester Aussichtspunkt auf die Altstadt von Stockholm. Die Bebauung hat aber zwischenzeitlich den Ausblick eingeschränkt.

Zurück an der Südseite der Gamla Stan, liegt etwas westlich des Slussplan (Karl Johan Torg) der **Kornhamnstorg**. Der Platz war bis ins Eisenbahnzeitalter das lebhafteste Warenumschlagszentrum der Stadt schlechthin. Hier mußten alle Waren verzollt und umgeladen wurden, von den hochseetüchtigen Ostseeschiffen auf Binnenschiffe und umgekehrt. Das Denkmal mit dem sog. „Bogenspanner" auf dem Platz stammt vom Bildhauer Christian Eriksson aus dem Jahre 1917 und soll „die Kraft des schwedischen Volkes" darstellen.

Durch die schmale Funckens Gränd an der Ostseite des Platzes Kornhamnstorg kann man wieder stadteinwärts gehen und kommt kurz darauf zur Västerlånggatan, der westlichen Hauptstraße der Altstadt und heute die belebteste Geschäftsstraße in der Gamla Stan überhaupt. Man

Spaziergang durch Stockholms Altstadt

kann ihr links (nordwestwärts) folgen oder ein kurzes Stück nach rechts gehen und dann nach links in die sehr schmalen Gasse Mårten Trotzigs Gränd einbiegen, die teils so schmal ist, daß man kaum einen Schirm aufspannen kann und ins ehemalige deutsche Viertel führt.

Ein kurzes Stück stadteinwärts gelangt man zur St.-Gertrudskirche, eher als „**Tyska Kyrkan**" (Deutsche Kirche – 8 –) bekannt. Sonntags deutschsprachiger Gottesdienst.

Im weiteren Verlauf des Stadtrundgangs folgen wir der Västerlängsgatan und gehen durch eine der Gasen nach links bis zur Stora Nygatan und weiter bis zur Lilla Nygatan. An deren Nordwestende liegt **Munkebron** mit einigen sehenswerten Stadthäusern. Links der große Backsteinbau ist das Petersénsche Haus. Es stammt aus der Zeit um 1649 und wurde nach Plänen des Leipziger Architekten Christian Döteber im Stil des holländischen Barock erbaut. Besonders prächtig die beiden reich mit Steinmetzarbeiten verzierten Portale. Im Keller des Hauses findet man das exquisite und entsprechend teure Restaurant „Aurora Källaren".

Postmuseum (9)
Di. - So. 11 - 15, Mi. bis 20 Uhr. Mo. geschlossen. Eintritt.

Wer sich für Philatelie interessiert, für den ist ein Besuch im **Postmuseum (9)** in der Lilla Nygatan Nr. 6 ein Muß. Hier ist alles über die Geschichte der schwedischen Briefmarke seit 1865 zu finden. Außerdem Postschiffe, Postbusse und herrliche Sammlungen.

Der weitere Weg unseres Stadtrundgangs führt nun am Riddarholmkanal entlang zum Riddarhustorget. Gegenüber des verkehrsreichen Platzes

Riddarhuset * (10)
Mo. - Fr. 11.30 - 12.30 Uhr. Eintritt.

erhebt sich das **Riddarhuset** (Ritterhaus – 10 –), das Haus des schwedischen Hochadels. Im großen Rittersaal werden 600 Wappenschilder der ehemals 2.893 Adelsgeschlechter aufbewahrt. Der Wahlspruch der Ritterschaft lautet „Arte et Marte", was frei mit „Kunst und Kampf" umschrieben werden könnte. Auf dieses Motto bezieht sich auch die lateinische Inschrift auf dem Fries an der Südfassade „Entschlossenheit und Weisheit, Mut und siegreiche Waffen, nach dem leuchtenden Vorbild unserer Vorfahren". Einer der letzten Schweden die in den Adelsstand erhoben wurden, war 1902 der Asienforscher Sven Hedin.

Riddarholmskirche ** (11)

Eine breite Brücke führt hinüber zur **Insel Riddarholmen**, dem ehemals bevorzugten Residenzgebiet des schwedischen Adels. Man geht direkt auf die mächtige **Riddarholmskyrkan (11)** mit ihrem markanten, durchbrochenen Turm zu. Die Kirche entstand schon im 13. Jh.. Damals war sie als Abteikirche eines Franziskanerklosters geplant. Traditionsgemäß ist sie die Grabkirche der Königlichen Familie und des Adels und Gedächtniskirche des Seraphinenordens.

Der erste Monarch, der in der Kirche beigesetzt wurde, war König Magnus Ladulås, der Kirchengründer (1270) und Gründer des Franziskanerklosters. Ursprünglich war die Kirche nur zweischiffig. Erst Mitte des 15. Jh. wurde sie erweitert und ein drittes Schiff angefügt. Der einst geopflasterte Kirchenboden ist zwischenzeitlich übersät mit Grabplatten.

Eines der größten Mausoleen in der Kirche ist die **Bernadottesche Grabkapelle (7)**. Sie entstand erst Mitte des 19. Jh. Hier ist Karl XIV. Johan, der 1844 verstorbene Gründer der bernadotteschen Königsdynastie, in einem herrlichen Porphyrsarkophag beigesetzt. Seine Gemahlin, Königin Desirée (Desideria), die 1860 starb, ruht davor in einem Sarkophag aus grünem Kolmårds-Marmor. In den Sarkophagen an den Wänden sind

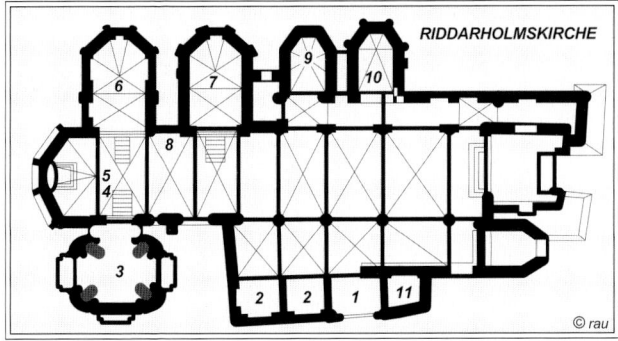

RIDDARHOLMSKIRCHE

© rau

RIDDARHOLMS-
KIRCHE
1 Waffenhaus,
  Eingang
2 Lewenhaupt
  Kapelle
3 Karolinische
  Kapelle
4 Magn. Ladulås
5 Knutson Bonde
6 Gustavianische
  Kapelle
7 Bernadotte-
  sche Grabkap.
8 Färlastein
9 Wasaborg Kap.
10 Banér Grab-
   kapelle
11 Torsteson
   Grabkapelle

weitere Mitglieder aus dem Hause Bernadotte beigesetzt. König Gustav V., der 1950 verstarb, wurde als letzter Monarch in der Riddarholmskirche zu Grabe getragen. Die späteren Könige und Königinnen, Gustav VI. Adolf, der 1973 starb, seine Gemahlin Kronprinzessin Margareta (gestorben 1920) und die 1965 verstorbene Königin Louise, sind auf dem Königlichen Friedhof in Haga im nördlichen Stadtbereich beigesetzt.

Man sollte die Kirche aber nicht verlassen, ohne die *Wappenschilder der Ritter des Seraphinenordens*, die an den Wänden des Kirchenschiffes angebracht sind, zu studieren. Man wird darunter viele bekannte Namen entdecken.

An der Nordseite der Riddarholmskirche liegt der Birger Jarls Torg mit einem Standbild des Stadtgründers Birger Jarl. Der Platz war bebaut und ist heute noch umgeben von Adelspalais aus dem 17. Jh., wie denen der Bondes, Sparres und Stenbocks zum Beispiel. Links erhebt sich das imposante **Wrangelsche Palais (12)** mit den mächtigen Rundtürmen zur Seeseite hin. Karl Gustav Wrangel, Schloßherr zu Skokloster, ließ sich Mitte des 17. Jh. dieses prächtige Stadtpalais von den Hofarchitekten Tessin und Jean de la Vallée erbauen. Südlich der Riddarholmskirche liegt an den Kais das alte Reichstagsgebäude von 1866 bis 1905.

die Riddarholmskirche

Ganz in der Nähe ist am Södra Riddarholmshamnen das weiße Hotel- und Restaurantschiff „**Mälardrottningen**" (13) vertäut. Die „Mälarkönigin" war ehemals die Yacht Barbara Huttons, der Erbin des New Yorker Multimillionärs und Kaufhauskönigs Woolworth. Barbara Hutton hatte die damals größte Motoryacht der Welt zu ihrem 18. Geburtstag von ihrem Vater geschenkt bekommen. 1982 wurde die Yacht zum Hotel- und Restaurantschiff umfunktioniert. In der gediegenen Atmosphäre der „goldenen Zwanziger" läßt es sich hier wohnen und speisen.

Einen sehr schönen Blick hat man von der Evert Taube Terrasse unterhalb des Wrangelschen Palais aus über das Gewässer der Mälar-Riddarfjärden hinüber zur **Insel Kungsholmen** mit dem markanten Rat-

Spaziergang durch Stockholms Altstadt

Stadshuset ** (14)
Führungen 1. Jun. -
1. Sept. 10, 11, 12
und 14, übrige Zeit
10 u. 12 Uhr. Um 12
Uhr Führung auch
in deutsch.
Turm tgl. 10 - 16.30
Uhr. Eintritt.

haus (14) und dessen zum Wahrzeichen der Stadt gewordenen Turm. Von Riddarholmen kann man über die Straßen- und Eisenbahnbrücke Centralbron hinüber zum Stadshuset (Rathaus – 14 –) gehen.

Stockholms Rathaus **Stadshuset (14)** wurde zwischen 1911 und 1923 nach Plänen des Architekten Ragnar Östberg errichtet. Eingeweiht wurde das Stadthaus mit seiner nordisch-nüchtern-kühlen Ausstrahlung zur Feier des 400. Jahrestages des Einzugs König Gustav Wasas in Stockholm.

Der vierflügelige Bau, für den angeblich mehr als acht Millionen Ziegelsteine verbaut wurden und am Ufer für die Fundamente eigens eine aufwendige Pfahlgründung angelegt werden mußte, umschließt zwei rechteckige Innenhöfe. An der südöstlichen Ecke erhebt sich der 106 m hohe, viereckige **Rathausturm**. Auf dem offenen Turmabschluß, der ganz im Gegensatz zum wuchtig und trutzig wirkenden Turm steht, sieht man die drei schwedischen Kronen aus dem Reichswappen, von denen jede über zwei Meter breit ist. Die Figuren an den Ecksäulen der abschließenden Turmlaterne stellen Maria Magdalena, die Hl. Klara, den Hl. Erik, den Schutzpatron der Stadt, und den Hl. Nikolaus dar.

Wenn man von Osten her über die Stadshusbron auf das Stadthaus zugeht, sieht man an der Nordseite des Turms über dem Dachgiebel die Monumentalplastik „St. Georg und der Drache" von Christian Eriksson. Man kann den Turm über Treppen besteigen oder per Lift zur Aussichtsplattform gelangen. Von oben hat man einen ganz prächtigen Rundblick und natürlich auch hinüber zur Altstadt.

Am Fuße des Turms, an dessen Ostseite, sieht man unter einem von Säulen getragenen Baldachin einen Kenotaphen, ein Grabdenkmal zu Ehren von Birger Jarl, dem Stadtgründer. Beigesetzt ist Birger Jarl in der Klosterkirche von Varnhem.

Von Norden her betritt man den **Borgargården** (Bürgerhof), den größeren der beiden Innenhöfe des Rathauskomplexes, und gelangt von dort in die **Blå Hallen.** Diese gut 50 m lange und rund 22 m hohe Halle weist eine schöne Backsteinornamentik und unten einen Säulenumgang auf, der diesem monumentalen Saal einen Hauch von mediterranen Nobelbauten verleiht. Das Blau, das für die Ausgestaltung der Halle ursprünglich vorgesehen war und dem sie ihren Namen verdankt, wurde allerdings nie verwendet. In der Halle befindet sich eine Ludwigsburger Orgel mit angeblich mehr als 10.000 Pfeifen.

Die teilweise sehr kostbar ausgestatteten Räume und Säle können nur auf Führungen besichtigt werden.

Der **Rådssalen** ist der Sitzungssaal des Stadtrates, der aus 101 Verordneten besteht, die alle drei Jahre neu gewählt werden. Getagt wird gewöhnlich zweimal im Monat. Besucher können den Sitzungen von einer Galerie aus folgen. Der 19 m hohe Saal hat eine interessante, offene Balkendecke. Die Abgeordneten betreten den Ratssaal durch das 31 m hohe *Hundravalvet* (Hundertgewölbe, wegen der hundert Facetten des Gewölbes) im Turmuntergeschoß.

Zu sehen sind außerdem der **Tre-Kronor-Saal** (Wandbehänge aus Brokat, Gemälde „Stockholm von Mosebacke aus gesehen" von Elias Martin), und der **Blå Rummet** (Wandgemälde von Axel Törnemann). Schließlich betritt man den sehr beeindruckenden **Gyllen Salen**, einen prächtigen Bankettsaal, in dem alljährlich das feierlich Festbankett anläßlich der Nobelpreisverleihung in Anwesenheit des Königspaares stattfindet. Der Goldene Saal wurde von Einar Forseth mit herrlichen Goldmosaiken ausgeschmückt. Das Motiv an der Stirnwand zeigt „Stockholm, Königin des Mälarsees" auf einem Thron, während ihr das Abendland und das Morgenland huldigen. Auf dem Schoß der Königin sieht man das Stadthaus.

Bevor man den Gebäudekomplex verläßt sollt man nicht versäumen, durch den offen Säulengang im Südflügel auf die Terrasse am Riddarfjärden zu gehen. Von dort hat man einen sehr schönen Blick hinüber nach Riddarholmen und zur Altstadt.

Das Restaurant *„Stadshuskällaren"*, Zugang an der Nordseite des Stadthauses, zählt zu den renommierten Gaststätten der Stadt. Sonntag Ruhetag.

Von den Schiffsanlegestellen östlich des Stadthauses legen die Dampfer nach Drottningholm ab.

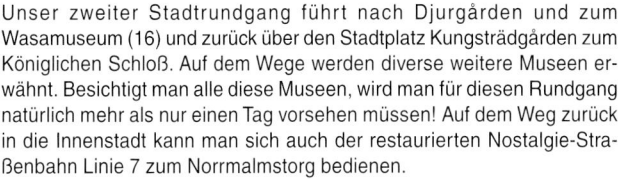

2. STADTRUNDGANG

Unser zweiter Stadtrundgang führt nach Djurgården und zum Wasamuseum (16) und zurück über den Stadtplatz Kungsträdgården zum Königlichen Schloß. Auf dem Wege werden diverse weitere Museen erwähnt. Besichtigt man alle diese Museen, wird man für diesen Rundgang natürlich mehr als nur einen Tag vorsehen müssen! Auf dem Weg zurück in die Innenstadt kann man sich auch der restaurierten Nostalgie-Straßenbahn Linie 7 zum Norrmalmstorg bedienen.

Man kann ab der Anlegestelle Räntmästartrappen an der Südostseite der Gamla Stan die Personenfähre nach **Djurgården** nehmen. Djurgården, das ehemalige königliche Tiergehege, ist heute Stockholms größtes und meistbesuchtes Naherholungs- und Freizeitgebiet mit Vergnügungspark, dem riesigen Freilichtmuseum Skansen (15), Aussichtsturm, Restaurants, Schlössern, einem Tiergarten, Aquarium, Zirkus und einem *Tabakmuseum* (tgl. 11 – 17 Uhr). Übrigens sind die Wege durch die parkähnliche Landschaft von Djurgården ausgezeichnet zum joggen und radfahren (eigene Radwege) geeignet. Alleine um Skansen zu besichtigen kann ein ganzer Tag verplant werden.

Freizeitpark Djurgården *

Unmittelbar an der Anlegestelle auf Djurgården ist der Eingang zum **Vergnügungspark Gröna Lunds Tivoli**.

Geht man von der Anlegestelle geradeaus bis zum Djurgårdesvägen und dort rechts, kommt man zum **Freilichtmuseum Skansen (15)**. Vor nun mehr als 100 Jahren hatte Artur Hazelius die Idee, auf der Insel Djurgården einige historische alte Gehöfte aus Schweden aufzustellen. Damit gründete er 1891 das erste Freilichtmuseum der Welt. Seitdem kamen Stadthäuser, Kirchen (z.B. Seglora von 1720), Gutshöfe (der Hof Skogaholmen stammt von 1680), Bauernhäuser, Wirtschaftsgebäude, Almhütten und Speicherhäuser u. ä. aus den verschiedensten Teilen des Landes hinzu, so daß das Freilichtmuseum Skansen mit heute 150 Gebäuden einen sehr schönen Überblick über Leben und Kultur in Schweden vermittelt. Außerdem wurde ein Stadtviertel rekonstruiert, in dem man Handwerkern, z.B. Glasbläsern, bei ihrer Arbeit zusehen kann.

Freilichtmuseum Skansen ** (15)
Park tgl. Sommer 9 - 22, Winter 9 - 17 Uhr. Gehöfte und Häuser Sommer tgl. 11 - 17, Winter 11 - 15 Uhr. Eintritt. Tram 7 ab Norrmalmtorg, Bus 47 oder Fähre ab Nybroviken oder ab Gamla Stan

Feuerstelle in einem hist. Bauernhaus, Skansen Freilichtmuseum

Stadtbekannt ist auch der **Aussichtsturm Bredablick** (weite Aussicht), von dem man einen herrlichen Rundblick über Skansen und die Stadt hat. Zudem gibt es Tiergehege, Restaurants und Freilichtbühnen, auf den Artisten auftreten, Konzerte gegeben und Volkstänze dargeboten werden oder zur Mittsommernacht gefeiert wird.

Waldemarsudde *
Di. - So. 11 - 17;
Jun. - Aug. Di. +
Do. auch 19 - 21
Uhr. Mo.
geschlossen.
Eintritt. Bus 47.

Rund ein Kilometer östlich vom Südeingang das Skansenparks liegt in einem herrlichen Park am Ufer des Saltsjön das **Schlößchen Prins Eugens Waldemarsudde** aus der Jahrhundertwende, einstige Residenz des Prinzen Eugen (1865 – 1947), dem Bruder von König Gustav V. Der Prinz machte sich in Schweden vor allem einen Namen als Kunstmaler. Neben den Werken des Prinzen sieht man in Waldemarsudde auch Werke anderer Künstler, z.B. Gemälde von Carl Larsson, dem aus Dalarna stammenden Anders Zorn oder dem Norweger Edvard Munch und Skulpturen von Carl Milles, Christian Ericsson oder Rodin, um nur einige zu nennen. Die Museums-Tram 7 hat übrigens in der Nähe von Waldemarsudde ihre Wendeschleife.

Thiel Galerie
tgl. 12 - 16 Uhr.
Eintritt.

Ein weiteres Kunstmuseum, die **Thielska Galeriet**, liegt am Ostende von Djurgården. Der Gründer der Galerie, der Bankier und Kunstmäzen Ernst Thiel, ließ sich die Jugendstilvilla eigens zur Aufnahme seiner umfangreichen Kunstsammlung bauen. Die damalige Privatgalerie wurde bald ein Sammelpunkt des Stockholmer Künstlerzirkels. Besonders umfangreich ist die Sammlung mit Werken des Norwegers Edvard Munch und mit Arbeiten des schwedischen Landschaftsmalers Carl Nordström.

Schloß Rosendal
Jun. - Aug. Di. - So.
12 - 15 Uhr.
Führungen
stündlich. Eintritt.

An der Nordseite von Djurgården liegt das **Schlößchen Rosendal**, in das sich König Karl XIV. Johan und Königin Desirée gerne zurückzogen, um wenigstens zeitweise dem steifen Hofzeremoniell zu entgehen. Das Schlößchen ist im Empirestil eingerichtet.

☑ *Mein Tip!* Nur ein kurzes Stück nördlich der Anlegestelle auf Djurgården – man kommt vorbei am Zugang zum **Biologischen Museum** – liegt das **Wasa-Museum (16)**, das eine der größten Sehenswürdigkeiten Schwedens beherbergt, das überaus eindrucksvolle Regalschiff „Wasa" aus dem 17. Jh. Es ist aber nicht nur das Schiff an sich, sondern es sind auch die spektakuläre Geschichte des Schiffes und die langwierige Prozedur seiner Bergung und Konservierung die von größtem Interesse sind. Die Wasa ist das einzige, völlig erhaltene Holzschiff aus jener Zeit auf der Welt. Die große Besonderheit und der historische Wert der Wasa besteht aber nicht nur in ihrem bestens erhaltenen Schiffsrumpf, sondern vor allem in der fast unversehrt und völlig komplett geborgenen Ausstattung des Schiffes. Dadurch gelingt ein einmaliger Einblick in die Ausrüstung der Kriegsschiffe jener Zeit und vor allem auch in die spartanische Lebensweise ihrer Mannschaften.

Wasa-Museum * (16)**
Jun. - Aug. tgl. 9.30 - 19, übrige Zeit 10 - 17, Mi. 10 - 20 Uhr.

1988 wurde eigens für die Wasa ein neues Museumsgebäude errichtet, in dem das immer noch stolze und überaus beeindruckende Schiff bequem besichtigt werden kann. Begleitende Ausstellungen geben Einblick in die Schiffsbautechnik und das Leben an Bord.

Nicht versäumen sollte man den jede Stunde im Kinosaal des Museums präsentierten Film über die Bergungsgeschichte der Wasa.

Vor dem Wasa-Museum ankern einige **Museumsschiffe**, darunter der Eisbrecher *„Sankt Erik"*, der von 1915 bis 1977 im Einsatz war, dann das Feuerschiff *„Finngrundet"*, das zwischen 1903 und 1969 seinen Dienst versah. Und ganz in der Nähe hat für den Rest ihrer Tage die „U137" festgemacht, ein russisches U-Boot der Whisky-Klasse, das ebenfalls besichtigt werden kann.

In unmittelbarer Nähe zum Wasa-Museum liegt das **Nordiska Museum (17)**. Das Nordische Museum, das sich zum Ziel gesetzt hat, Leben und Arbeit des schwedischen Volkes vom Ende des Mittelalters bis in die heutige Zeit zu zeigen, wurde zu Beginn des Industriezeitalters Ende des 19. Jh. von Artur Hazelius, dem „Vater" des Skansen Freilichtmuseums, gegründet. In der Eingangshalle sieht man die von Carl Milles geschaffene Monumentalfigur König Gustav Wasas. Im Erdgeschoß werden Ausstellungen zu den Themen Zunftwesen, Volkstrachten und Samische Kultur, im ersten Stock u.a. Arbeit im Dorf und auf dem Hof, und darüber Nordische Volkskunst, Textilien, Spielzeug und Trachten und schließlich Möbel, Hausrat und schwedisches Wohnen gezeigt.

Nordisches Museum (17)
Di. - So. 10 - 16, Do. bis 20 Uhr. Jun. - Aug. auch Mo. geöffnet. Eintritt. Bus 44, 47. Größerer Parkplatz.

Über die Djurgårdsbron gelangt man hinüber in den Stadtteil Östermalm und zur breiten Uferstraße Strandvägen (Parkmöglichkeiten), der wird stadteinwärts folgen.

Geht man aber die breite Narvavägen ein Stück nach Norden, gelangt man zum **Statens Historiska Museet (18)**. Das Staatliche Historische Museum zeigt im Erdgeschoß Fundstücke und Exponate aus der Stein-, Bronze- und Eisenzeit, aus der Zeit der Wikinger und aus Birka, Schwedens erster Stadtgründung. Zu sehen sind u.a. Bildsteine aus der Wikingerzeit und ein rekonstruiertes eisenzeitliches Haus. Im Obergeschoß sind vor allem sakrale Kunstwerke aus der Zeit der Romanik und der Gotik zu sehen.

Staatliches Historisches Museum (18)
Di. - So. 12 - 17 Uhr. Mo. geschlossen. Eintritt.

DIE "WASA" – GUSTAV ADOLFS MACHTDEMONSTRATION

Anfang des 17. Jh., Schweden war auf dem Höhepunkt seiner politischen Macht in Europa, gab König Gustav II. Adolf ein Kriegsschiff in Auftrag, das größer und prächtiger werden sollte als alles bis dahin Bekannte auf den Meeren. Das Kriegsschiff sollte alleine schon durch seine Größe und Bewaffnung seine Gegner beeindrucken, es sollte ein Symbol der Macht Schwedens und seiner Könige aus dem Hause Wasa werden.

Die Schiffbaumeister Henrik Hybertsson und Hein Jacobsson aus Holland wurden 1625 damit beauftragt, die großen Pläne zu realisieren. Nach knapp dreijähriger Bauzeit war aus rund eintausend Eichen ein riesiges Schiff entstanden, 62 m vom Achterspiegel mit seinem großen Staatswappen bis zur Galionsfigur am Bug lang, fast 12 m breit, mit einem 50 m hohen Großmasten, einer Wasserverdrängung von 1.210 Tonnen, einer Segelfläche von 1.200 Quadratmetern und einem Tiefgang von nicht ganz 5 m. Die Gefechtsbesatzung war mit 145 Mann Seemannschaft und 300 Soldaten vorgesehen.

Am 10. August 1628 lief die neue „Wasa" unter dem Kommando von Kapitän Söfring Hansson mit rund 100 Mann Seebesatzung, einigen Gästen und 64 Kanonen an Bord zu ihrer Jungfernfahrt aus. Das stolze Schiff war noch keine Meile gefahren und erst vier der zehn Segel waren gesetzt, da wurde es von einer Windbö erfaßt, krängte gefährlich, kenterte schließlich und sank mit gesetzten Segeln und wehenden Fahnen in wenigen Minuten noch in der Hafenbucht. Das Entsetzen war groß, denn mit dem Schiff ging auch ein bißchen schwedischer Stolz unter.

Fast genau 300 Jahre später beginnt der Seekriegshistoriker Andres Franzén wieder nach der Wasa zu forschen, findet sie 1956 tatsächlich vor der Insel Beckholmen in 32 m Tiefe. Einzelteile wie die Skulpturen vom Achterspiegel werden geborgen und 1957 Vorbereitungen zur Hebung des Schiffes getroffen. Am 24. April 1961 erreichen die Planken nach 333 Jahren auf dem Meeresgrund wieder die Wasseroberfläche.

Nun beginnt eine langwierige Konservierung und Erforschung des Schiffes. Um den Zerfall des Holzes nach der Austrocknung zu verhindern wird es fast 20 Jahre lang mit Polyäthylenglykol besprüht. Die Chemikalie ersetzte langsam das Wasser in den Holzporen und erhält so die Festigkeit der Eichenbohlen. Wenn Sie Gelegenheit haben, mit der Hand z.B. über das kleine Beiboot zu streichen, werden Sie fühlen, daß sich das Holz durch austretendes Glykol etwas fettig anfühlt.

Ebenfalls zum Museum gehört die sog. „**Goldkammer**" mit über 3.000 kostbaren Gold- und Silberstücken.

Wendet man sich an der Djurgårdsbrücke dagegen ostwärts (rechts), kommt man zu drei weiteren Museen.

Sjöhistoriska Museet, Schwedens größte Sammlung zur Seefahrtsgeschichte des Landes, mit zahlreichen Schiffsmodellen, Navigationsinstrumenten, Dokumentationen, Gemälden etc.

Tekniska Museet – Das Museum für Forschung und Technik zeigt fast alle Aspekte der Technologie und der Industriegeschichte. Man sieht Dampfmaschinen, Motoren, Apparaturen und Maschinen, Flugzeuge u.a. Angeschlossen ist das **Museum für Telekommunikation** das vom Morseapparat bis zur Satellitentechnik alle Bereiche der Telekommunikation behandelt.

Nationales Seefahrtmuseum tgl. 10 - 17 Uhr. Eintritt. Bus 69.

Technisches Museum tgl. 10 - 16 Uhr. Eintritt. Bus 69.

Das **Folkens Museet Etnografiska** befaßt sich mit außereuropäischen Kulturen aus Nordamerika, Afrika, Melanesien und Asien (japanisches Teehaus) u.a.
Unweit östlich der Museen erhebt sich der 155 m hohe Fernmeldeturm **Kaknästornet** mit Aussichtsterrasse (im Sommer 9 bis 22 Uhr, Winter 10 bis 21 Uhr) und Restaurant. Vom Turm fährt die Buslinie 69 zurück in die Innenstadt bis Sergels Torg.

Ethnografisches Museum Di. - Fr. 11 - 16, Sa. + So. 12 - 17 Uhr. Mo. geschlossen. Eintritt.

STADTSPAZIERGANG DURCH DIE INNENSTADT

Unseren Stadtrundgang durch Stockholms Innenstadt beginnen wir am Platz **Nybroplan** (Anlegestelle der Fähren nach Djurgården). Hier liegt das **Kungliga Dramatiska Teatern (19)**, das Königliche Schauspielhaus. Das Theater wurde 1908 mit einem Stück von August Strindberg eröffnet. Der Figurenfriese an der Frontseite stammt von Christian Eriksson und Carl Milles schuf die Frauengestalten am Turm. Sie stellen dar Drama, Poesie und Liedkunst. An der Bühne des Schauspielhauses arbeitete und inszenierte gelegentlich Schwedens bekannter Regisseur Ingmar Bergmann.

Weiter durch die Geschäftsstraße Hamngatan bis westwärts zum **Sergels Torg**, dem zentralen, modernen Platz im lebhaften Geschäftsviertel Norrmalm. Auf dem Wege dahin passiert man den **Berzelii-Park**, der nach dem schwedischen Chemiker Berzelius benannt ist. An der Südseite des Parks liegt das schon historische, sehr renommierte Stockholmer Restaurant *„Berns Salonger"* mit dem Ambiente der Jahrhundertwende. Malern, Schriftstellern und Theaterleuten war das „Berns" ausgangs des 19. Jh. eine zweite Heimat. Bekannt ist, daß August Strindberg hier regelmäßiger Gast war.

Dann kommt man vorbei an den Warenhäusern *NK* (Restaurants) und *Gallerian* (Restaurant „Glada Laxen", Spezialität Lachs in allen Variationen, empfehlenswert, mit erschwinglichen Preisen) und an der immer belebten Parkanlage **Kungsträdgården** (im Winter Eislauffläche). An der Nordseite des Platzes liegt das **Sverigehuset** mit dem Hauptbüro der Stockholmer **Touristeninformation (1)**.

Ein wenig bekanntes aber überaus interessantes Museum liegt ebenfalls in der Hamngatan, das **Hallwylska Museet (20)** im Haus Nr. 4, gleich gegenüber des Berzelii-Parks. Dieses private Palais ist eines der wenigen Adelshäuser aus dem Ende des 19. Jh., das so gut wie unverändert erhalten geblieben ist. Sehr sehenswert ist die prächtige Innenausstattung.

Benannt ist der **Sergels Torg** nach dem schwedischen Bildhauer Tobias

Hallwyl Museum (20) * Jun. - Aug. tgl. 11 - 16 Uhr. Übrige Zeit 12 - 16 Uhr und Mo. geschlossen. Eintritt. Führungen.

Sergel (1740 – 1814). Der moderne Glaspalast an der Südseite des Platzes ist das **Kulturhaus**. Weiter nördlich, zwischen der breiten Sveavägen und dem bunten **Hötorget** (mit riesiger unterirdischer Markthalle und Einkaufspassagen, zahlreiche Lokale) liegt Stockholms **Konzerthaus (21)**, ein Bau im neoklassizistischen Stil aus dem Jahre 1926, mit Säulenfassade und dem von Carl Milles geschaffenem Orpheus-Brunnen davor. Im Konzerthaus werden alljährlich im Dezember in einer feierlichen Zeremonie in Anwesenheit des Königs die Nobelpreise verliehen.

Auf dem Friedhof der **Adolf Frederiks Kirche**, die noch etwas weiter stadtauswärts an der Straße Sveavägen liegt, ist der 1986 in der Gamla Stan ermordete schwedische Ministerpräsident Olof Palme beigesetzt.

Westlich vom Sergels Torg führt die **Drottninggatan**, eine der wichtigsten Geschäfts- und Einkaufsstraßen der Stadt, nach Nordwesten. Hier liegen Geschäfte jeder Art, Restaurants und Einkaufszentren wie das PUB, eines der größten Warenhäuser in der Stadt.

Strindberg-museum
Di. - Fr. 10 - 16 Uhr.
Bus 52

In der Drottninggatan Nr. 85 findet man das **Strindbergsmuseet**. Das Museum erinnert an den großen schwedischen Dichter und dramatischen Schriftsteller August Strindberg, der hier zwischen 1908 und 1912 lebte.

Zwei Straßenzüge westlich des Sergels Torg, schon auf halbem Wege zum Hauptbahnhof, erhebt sich die **Klarakirche (22)**, eines der ältesten Gotteshäuser der Stadt, dessen Ursprünge bis ins 13. Jh. zurückreichen. In der Kirche liegt der Architekt Hårleman begraben und auf dem Friedhof der Klarakirche haben Schwedens beliebter Volkssänger Carl Michael Bellman und die Dichterin Anna Maria Lenngren ihre letzte Ruhestätte gefunden.

Mittelmeer-museum (23)
Di. - So. 11 - 16,
Mi. - 21 Uhr. Mo.
geschlossen.
Eintritt.

Vom Sergels Torg gehen wir südwärts und durch die Malmstorgsgatan Richtung Schloß. Fast am Ende der Straße liegt links (östlich) das **Medelhavsmuseet (23)**, Eingang Fredsgatan 2. Das Museum befaßt sich mit Kunst und Kultur alter Zivilisationen aus dem Mittelmeerraum und Nahost.

Wenig später gelangt man zum Gustav Adolfs Torg. Links erhebt sich das **Opernhaus (24)**, ein Ende des 19. Jh. im Renaissancestil errichteter Bau. Jenny Lind (6.10.1820 – 2.11.1887), die große schwedische Opernsängerin, die hier in Norrmalm geboren wurde und in der ganzen Welt als „schwedische Nachtigall" bekannt war, startete an der Stockholmer Oper ihre große Karriere. Das Restaurant *„Operakällaren"* ist nicht nur für seine Preise sondern auch für seine exquisite Speisekarte über die Stadt hinaus bekannt. Auf dem Gelände des Opernhauses findet man außerdem die Opernbar und das nicht ganz so teure, schicke *„Café Opera"*.

Brücken führen über den Norrström auf die **Helgeandsholmen** (Heiligeistinsel). Beinahe die gesamte westliche Hälfte des Inselchens wird

Riksdagshuset (25)
Juni - Sept. 12 -
15.30 Uhr, übrige
Zeit Sa. + So. 12 -
14 Uhr.

eingenommen vom Gebäudekomplex des **Riksdagshuset (25)**, dem schwedischen Reichstagsgebäude. In dem 1905 eingeweihten Parlamentsgebäude haben die 349 Mitglieder des Reichstags, der Volksvertretung, ihren Sitz. Die offiziellen Räumlichkeiten des Reichstagsgebäudes können auf Führungen besichtigt werden. Führung um 14 Uhr auch in deutsch.

An der Ostseite der Helgeandsholmen findet man auf der sog.

Strömparterren das **Medeltidsmuseet** (Museum Mittelalterliches Stockholm – 26 –). Zu sehen sind dort u.a. Reste der mittelalterlichen Stadtbefestigung, Reste eines Zollhauses, Bootsfragmente, Skelette u.a.

Geht man vom Gustav Adolf Torg nach Osten, vorbei am Karl XII. Torg und vorbei an der Anlegestelle der Ausflugsschiffe an der Strömbron, auf das markante Gebäude des Grand Hotels (Terrassenrestaurant mit Altstadtblick) am Strömkajen zu, gelangt man auf die Halbinsel **Blasiholmen**.

Museum „Mittelalterliches Stockholm" (26) Jun. - Aug. Di. - Do. 11 - 19, Fr. - Mai + Sept. Di. - So. 11 - 17 Uhr. Eintritt.

Am Ende der Halbinsel, von wo aus man einen sehr schönen Blick auf die Altstadt und das Schloß hat, liegt das sehenswerte **Nationalmuseum (27)**. Untergebracht ist Schwedens bedeutendste Gemälde- und Kunstsammlung, die vor allem auf der königliche Kollektion König Gustavs III. basiert, in einem mächtigen Gebäude aus der Mitte des 19. Jh. Ebenfalls zum Museum gehört die Sammlung des Grafen Tessin, der dem berühmten Architektengeschlecht entstammte, in königlichen Diensten in Paris tätig war und bei dieser Gelegenheit die Galerie durch kostbare französische Meister ergänzen und bereichern konnte.

Nationalmuseum ** (27) Di. - So. 11 - 17, Sommer Di. + Do. - 21 Uhr. Mo. geschlossen. Eintritt.

Das erste Stockwerk des Museumsgebäudes ist dem Kunsthandwerk vorbehalten. Kostbare Porzellan-, Glas-, Silber- und Möbelsammlungen werden hier ausgestellt.

Im Stockwerk darüber findet man die umfangreiche Gemäldegalerie. Vertreten sind nahezu alle Kunstepochen vom 16. und 17. Jh. bis in unsere Zeit. Weiter sieht man eine Portraitsammlung schwedischer Monarchen und Adeliger und Skulpturen des Bildhauers Tobias Sergel. Aus der **Tessinschen Sammlung** stammen vor allem Werke französischer Maler des 18. Jh., von denen besonders die Arbeiten von Jean-Baptiste Simeón Chardin hervorgehoben werden müssen. Sehenswert alleine schon ist die Abteilung der französischen Impressionisten des 19. Jh.

Stockholms Oper mit dem Restaurant „Operakällaren"

DIE MUSEEN AUF SKEPPSHOLMEN

Eine Brücke führt von der Halbinsel Blasiholmen hinüber nach **Skeppsholmen**, dem früheren Werftgelände Stockholms. Vor dem Westufer hat – wohl für den Rest seiner Tage – der ausgediente aber immer noch stolze Windjammer „**af Chapman**" festgemacht, der nun als Jugendherberge dient. Skeppsholmen entwickelt sich langsam aber sicher zur Museumsinsel der Stadt. Die Insel erreicht man mit Bussen der Linien 65, 46, 62, 76 ab Karl XII Torg. Folgende Museen sind bislang dort eingerichtet worden:

Ostasiatisches Museum * (28)
Di. - So. 11 - 17,
Di. - 21 Uhr. Mo.
geschlossen.
Eintritt.

Östasiatiska Museet (Ostasiatisches Museum – 28 –). Eine interessante Sammlung mit Kunstgegenständen und archäologischen Exponaten aus fernöstlichen Kulturen, aus China, Japan (u.a. Samurei-Rüstungen, Waffen, Seidenmalerei, Kalligraphien), Korea und Indien (u.a. Tempelmalereien, Buddhafiguren). Glanzstück des Museums ist die Sammlung 4.000 Jahre alter chinesischer Keramiken.

Museum für Moderne Kunst * (29)
Di. - Fr. 11 - 21, Sa.
+ So. 11 - 17 Uhr.
Mo. geschlossen.
Eintritt, Do. frei.

Moderna Museet (Museum für Moderne Kunst – 29 –). Gemälde, Skulpturen und Fotografien schwedischer und internationaler Künstler des 20. Jh. sind hier zu sehen. Das Museum nimmt aber nicht nur mit seinen Ausstellungsgegenständen, sondern auch mit seiner ganzen Konzeption und Führung den Begriff „modern" in Anspruch. Das Museum wurde vollständig renoviert, umgebaut und erweitert und im Februar 1998 neu eröffnet.

Architektur- museum (30)
Di. - So. 11 - 17, Di.
- 21 Uhr. Mo.
geschlossen.
Eintritt.

Arkitektur Museet (Museum für schwedische Architektur – 30 –). Ein Spezialmuseum mit Plänen, Modellen, Fotografien und umfangreicher Fachbibliothek, für alle, die sich für schwedische Architektur im internationalen Wettstreit interessieren.

WEITERE SEHENSWÜRDIGKEITEN

Armee Museum (31)
Di. - Sa. 11 - 16
Uhr. Eintritt.

Das **Armee Museum (31)** in der Riddargatan 13, nordöstlich des Dramatiska Teatern am Nybroplan, zeigt Exponate zur Geschichte der schwedischen Streitkräfte seit der Zeit Gustav Wasas. Uniformen, Fahnen, Kriegstrophäen und Waffen sind die wichtigsten Ausstellungsstücke.

Der **Haga Park** liegt im nördlichen Stadtteil Solna jenseits des Verkehrsknotens Norrtull an der E4. In der Parkanlage an den Ufern des Brunnsviken hatte König Gustav III., der „Theaterkönig", eine große, prunkvolle Palastanlage geplant. Aber erst einige Nebenvillen, ein Teil des Schlosses, drei kuriose Kupferzelte für die Palastwache und der sog.

Pavillon Gustavs III. im Haga Park
Jun. - Aug. Mo. -
Fr. 12 - 16 Uhr.
Übrige Zeit nur Sa.
+ So. Mo.
geschlossen.
Eintritt. Führungen
12, 13, 14 u. 15
Uhr.

Pavillon Gustavs III. waren errichtet, als der König am 17. März des Jahres 1792 das Anwesen, in dem er sich sehr gerne aufhielt, zum letzten mal verließ. Gustav III. wohnte an jenem schicksalhaften Abend einem Maskenball bei, auf dem er von einem Attentäter heimtückisch erschossen wurde. Die Bauarbeiten im Haga Park wurden nach dem Mordanschlag eingestellt. Aber selbst der Pavillon Gustavs III., der vom Franzosen Louis Masreliez, einem der vielleicht berühmtesten Innenarchitekten des ausgehenden 18. Jh. eingerichtet worden war, zeigt alleine schon, welcher pompöse Palast hier geplant war. In einem der erwähnte Kupferzelte ist ein Museum eingerichtet, in dem gezeigt wird, was für eine grandiose Anlage dem König vorschwebte.

Auf dem Gelände des Haga Parks liegt der *Königliche Friedhof*. Dort sind der erst 1973 verstorbene König Gustav VI. Adolf und seine beiden Gemahlinnen Kronprinzessin Margareta (gestorben 1920) und die 1965 verstorbene Königin Louise beigesetzt.

Blick zum Nationalmuseum

Ulriksdal Palast. Der 350 Jahre alte königliche Palast liegt nördlich des Hagaparks im Stadtteil Solna ganz in der Nähe der Hauptverkehrsader E4. Er war zuletzt von 1923 bis 1973 die Residenz von König Gustav VI. Adolf und Königin Louise. Die königlichen Privat- und Staatsgemächer sind vollständig möbliert und eingerichtet wie zu Königs Zeiten. Schöne Palastgärten mit Orangerie Museum. In den königlichen Remisen (separater Eintritt) ist die Krönungskutsche von Königin Christina zu sehen. Der Ulriksdal Palast kann auf stündlichen Führungen besichtigt werden.

Schloß Ulriksdal
15. Mai - 1. Sept. Di. - So. 12 - 16 Uhr. Mo. geschl. Eintritt. Führungen.

Wer sich für Fossilien, Mineralien, Dinosauriere u.ä. interessiert, sollte einen Besuch im **Naturhistoriska Riksmuseet**, Schwedens naturgeschichtlichem Nationalmuseum, im Frescativägen 40, im nördlichen Stadtbereich etwas außerhalb des Zentrums, nicht versäumen. Man erreicht das Museum mit der Tunnelbana (rote U-Bahnlinie) bis Haltestelle *Universitetet* oder mit Bus 40.

AUSFLÜGE

Millesgården liegt nordöstlich der Innenstadt auf der **Insel Lidingö**. Mit öffentlichen Verkehrsmitteln gelangt man nach Lidingö, indem man die Tunnelbana-Linien Nr. 13 oder 14 bis zur Endstation *Ropsten* nimmt, dort umsteigt und mit dem Bus oder Zug Nr. 221 über die Brücke bis Torvikstorg (Zug bis Station Torvik) an der Westseite von Lidingö fährt. Von dort muß man ein kurzes Stück hinauf zum Milles Gården gehen, der hoch über dem Westufer der Insel liegt. Von Juni bis August verkehren ab

Millesgården *
Mai - Sept. tgl. 10 - 17, Juni - Aug. Mi. bis 21 Uhr. Okt. - Apr. Di. - So. 11 - 16 Uhr. Eintritt.

Nybroplan und Strömkajen im Stadtzentrum Ausflugsboote nach Lidingö. Milles Gården war das Domizil des bedeutenden schwedischen Bildhauers *Carl Milles* zwischen 1951 und 1955.

Carl Milles stammte aus Uppland, wo er am 23. Juni 1875 auf dem Gut Örby Gård geboren wurde. Nach einer Professur an der Kunsthochschule in Stockholm und einer fast zwanzig Jahre währenden Tätigkeit als Professor für Bildhauerei an der Kunstakademie von Bloomfield Hills bei Detroit, kehrt der nun bekannte Künstler erst 1951 zurück nach Schweden. Hier erhält er 1953 die Ehrendoktorwürde der Universität Stockholm, verlebt die Winter in Italien, vornehmlich in Rom und hält sich im Sommer auf Milles Gården auf, wo er am 19. September 1955 stirbt.

Im Haus Milles Gården und vor allem in den schön angelegten Gärten und auf den weiten Terrassen der Villa sind die bedeutendsten Werke und Skulpturen von Carl Milles zu sehen. Von den Terrassen hat man außerdem einen schönen Blick hinüber nach Stockholm. Allerdings sind die Ufer dort bebaut mit Industrie- und Werftanlagen.

BOOTSAUSFLÜGE

Einer der vielleicht schönsten Ausflüge ab Stockholm ist eine Bootstour durch die Arme des Mälarsees zum Schloß **Drottningholm**. Die weißen Ausflugsdampfer verkehren von der Anlegestelle an der Stadshusbron am Stadthaus auf Kungsholmen von Ende April bis Mitte August täglich zwischen 10 und 18 Uhr (April und Mai 10 – 14, Sa. + So. bis 16 Uhr) jeweils zur vollen Stunde. Die Fahrt dauert rund 50 Minuten. Eine begleitete Ausflugstour – Abfahrt von Anfang Juni bis Mitte August täglich jeweils um 14 Uhr – inkl. Hinfahrt, Führung, Schloßbesichtigung und Rückfahrt dauert knapp vier Stunden.

Der Barockpalast von Drottningholm aus dem Ende des 17. Jh. mit wunderschönen Parkanlagen, war Sommerresidenz von Königin Hedvig Eleonora und später von König Gustav III. und Lovisa Ulrika. Heute dient ein Teil des Schlosses als permanente Residenz der Königlichen Familie. Eine eingehende Schloßbeschreibung finden Sie in der nächsten Etappe, Route 29, Stockholm – Mariefred.

Bootsausflüge werden im Sommer ab Mitte Mai auch zur **Insel Björkö** angeboten, auf der die als historische **Wikingersiedlung Birka** liegt. Und ab Ende Juni verkehren Ausflugsschiffe auch ins malerische Städtchen **Sigtuna** und weiter bis **Skokloster.**

Eintagesauflüge werden auch nach **Mariefred** und zum **Schloß Gripsholm** angeboten. Man kann mit den Ausflugsschiffen – entweder mit dem betagten, gemütlichen Dampfer „Mariefred" oder mit der modernen und schnelleren „Gripsholm" ab Stadshuskai bis Mariefred fahren, Städtchen und Schloß besichtigen und dann entweder mit dem Schiff oder aber mit der Veteranenbahn bis zum Bahnhof und dann mit dem Zug zurück nach Stockholm fahren. Eingehende Beschreibung von Mariefred und Schloß Gripsholm in der nächsten Etappe, Route 29, Stockholm – Mariefred.

Da sich das Angebot an Ausflügen von Jahr zu Jahr ändern kann – wobei die Bootstouren nach Drottningholm oder nach Gripsholm wohl kaum jemals aus dem Programm genommen werden dürften – sollte man sich doch vorher im Touristeninformationsbüro nach dem neuesten Stand mit aktuellen Preisen und Abfahrtszeiten erkundigen!

Blick über den Austnesfjorden zur Sildpollenkapelle, Lofoteninsel Austvågøy, Norw.

Fähre zu den Lofoteninseln, Norwegen

die Eismeerkathedrale, Tromsø, Norwegen

das Nordkap, Norwegen

das Schloß in Stockholm, Schweden

Schloß Drottningholm, Schweden ⇨

Skulpturen von Carl Milles, Milles Gården, Stockholm, Schweden

bei Västervik, Schweden

⇦   Schloß Gripsholm, Schweden   der Dom zu Helsinki, Finnland ⇨

Mitternachtssonne am Inarisee, Finnland ⇨⇨

die Schärenküste bei Oskarshamn, Schweden

die Burg in Turku, Finnland

⇦ *Landschaft bei Kuusamo, Finnland*   ⇦⇦ *die Seenplatte bei Kuopio, Finnland*

Blick über den Hafen zum Dom von Helsinki, Finnland

Das **Stockholmer Archipel** erstreckt sich östlich der schwedischen Hauptstadt rund 60 km weit in die Baltische See. Rund 24.000 Inseln, Inselchen und Klippen findet man in diesem Gewirr des Stockholmer „Schärengartens" aus Wasser und Felsen. Am schönsten – vor allem natürlich bei schönem Sommerwetter – ist ein Ausflug in die Schärenwelt ohne Zweifel per Schiff. Bootsausflüge, z.B. nach Vaxholm oder nach Sandhamn, werden ab Stockholm zahlreich und in vielen Variationen angeboten. Von den Inseln wiederum, z.B. ab Sandhamn, werden Bade-ausflüge zu kleineren Schären unternommen.

Ausflug durch Stockholms „Schärengarten"

Ein weiterer Ausflug kann auf die **Halbinsel Södertörn** südlich von Stockholm führen. Dort liegen an der Küste, östlich der Straße 73 zum Fährhafen Nynäshamn, einige interessante Schlösser aus dem 17. Jh. wie **Tyresö, Sandemar** bei Dalarö, **Årsta** und **Häringe**, die den russischen Piraten-überfall von 1719, bei dem die ganze Küste östlich Stockholm verwüstet wurden, unbeschadet überstanden haben.

Praktische Hinweise – Stockholm

☎ Telefonvorwahl: 08

Stockholm in Internet: http://www.stoinfo.se
Turist Centre/Sverigehuset (Schwedenhaus), Hamngatan 27, Kungsträgården, Tel. 7 89 24 90, 7 89 24 90, Fax 7 89 24 91. Geöffnet Juni – Aug. Mo. – Fr. 8 – 19 Uhr, Sa. + So. 9 – 17 Uhr. Übrige Zeit Mo. – Fr. 9 – 18, Sa. + So. 9 – 15 Uhr.
Tourist Information Stadshuset (Stadthaus), Handverkargatan 1, Mai – Okt. tgl. 9 – 17 Uhr, sonst Fr. – So. 9 – 15 Uhr.
Tourist Information Gamla Stan (Altstadt), Västerlånggatan 66 / Kornhamnstorg 49, Mai – Sept. Mo. - Fr. 10 - 18, Sa. + So. 10 – 16 Uhr. Übrige Zeit Sa. + So. 10 – 16 Uhr.
Hotelcentralen (Zimmernachweis), Centralstationen, Hauptbahnhof Untergeschoß, Tel. 7 89 24 25, Fax 7 91 86 66. Geöffnet: 1. Juni bis 31. Aug. tgl. 7 – 21 Uhr; Mai und September tgl. 8 – 19 Uhr; übrige Zeit tgl. 9 – 18 Uhr.

Stockholm Information

SweBus, Cityterminalen, Klarabergsviadukten 72, S-111 64 Stockholm, Tel. 23 14 40.

Busbahnhof

Näheres über die Pauschalkarte **Stockholm-Karte** finden Sie am Anfang der Stadtbeschreibung von Stockholm unter „Tips zur Stadtbesichtigung".

Stockholm-Karte

Stadtrundfahrten und Stadtbesichtigungen werden zahlreich angeboten per Bus, per Boot und zu Fuß. Das Spektrum reicht von der einstündigen Bootsrundfahrt rund um Gamla Stan, vorbei an Djurgården und durch Stockholms Hafen bis zur dreistündigen Besichtigung per Bus und Schiff.
Stadtrundgänge durch die Altstadt Gamla Stan mit fachkundiger, autorisierter Führung finden vom 1. Juni bis 31. August abends um 19 Uhr statt. Touren in deutsch am Donnerstag. Treffpunkt am Obelisken am Slottsbacken. Die meisten **Bootstouren** starten am Nybroplan oder am Stadshuset, viele Bustouren beginnen ab Gustav Adolfs Torg an der Oper.

Stadtrundfahrten

✂ Restaurants: Siehe auch unter „Hotels" unten und in der Stadtbeschreibung.
Aurora, Munkebron 11, Tel. 21 93 59, exklusives teures Kellerlokal in der Altstadt.
„Mälardrottningen", Riddarholmen, Tel. 24 36 00, exklusiv, teuer.
Cattelin, Storkyrkobrinken 9, Tel. 20 18 18, gutes Fischlokal mitten in der Altstadt, mittlere Preiskategorie.
Eriks Fisk, Strandvägenskaien, Kai 17, bekanntes, teures Fischlokal auf einem umgebauten Frachtkahn.

Restaurants

Latona, Västerlånggatan 79, in der Altstadt Nähe Järntorget, gut und teuer.

Ulriksdals Wärdshus, Tel. 85 08 15, im nördlichen Stadtbereich in der Nähe des Schlosses Ulriksdal, altschwedisches Gasthaus, Spezialität Smörgåsbord, teuer.

Zum Franziskaner, Skeppsbron 44, Tel. 11 83 30, an der Ostseite der Altstadt, gutes Lokal mit erschwinglichen Preisen. Montag Ruhetag.

Hard Rock Café, Sveavägen 75, Tel. 16 03 50, Rockcafé mit einfachen Snacks. Tgl. 11 – 2 Uhr.

Sturecompagniet, Sturegatan 4, Tel. 6 11 78 00, Restaurants und Bars, Cafés und Diskos in einer großen Mall. – Und viele andere Restaurants.

Hotels

☐ Hotels: Die Preise für ein Doppelzimmer in den Häusern, die hier mit Luxusklasse bezeichnet werden, liegen zwischen SEK 1.800,- und SEK 2.250,- und darüber. Für ein Doppelzimmer in einem 1.-Klasse-Hotel muß mit etwa SEK 1.800,- gerechnet werden und ein Haus der mittleren Preisklasse verlangt um ca. SEK 1.700,-. Preise bitte nur als Anhaltspunkte betrachten! Alle aufgeführten Hotels bieten auch Nichtraucherzimmer an. Eine Sauna gehört zum Standard der allermeisten Häuser.

Gamla Stan

Gamla Stan, 51 Zi., Lilla Nygatan 25, Tel. 7 23 72 50, Fax 7 23 72 59, Hotel Garni in der Altstadt, geführt von der Heilsarmee, mittlere Preisklasse, Parkplatz.

Lady Hamilton, 34 Zi., Storkyrkobrinken 5, Tel. 23 46 80, Fax 4 11 11 48; kleines, exquisites Haus (garni) der Luxuspreisklasse mitten in der Altstadt, in einem historischen Haus aus dem 15. Jh., Garage.

Lord Nelson, 31 Zi., Västerlånggatan 22, Tel. 23 23 90, Fax 10 10 89; kleineres Haus (garni) der Luxuspreisklasse, teils kleine Zimmer, Marineambiente, mitten in der Altstadt. Garage.

„Mälardrottningen", 59 Zi., Riddarholmen, Tel. 24 36 00, Fax 24 36 76, Luxuspreisklasse, auf der ehemaligen Yacht Barbara Huttons mit exklusivem Ambiente, Gourmetrestaurant, Parkmöglichkeit.

Reisen First Hotel, 114 Zi., Skeppsbron 12–14, Tel. 22 32 60, Firstclasshotel der Luxuspreisklasse, in einem Gebäudeensemble ehemaliger Handelskontore aus dem 17. Jh., in Schloßnähe am Ostrand der Altstadt, exklusives Restaurant „Quarter Deck", bekannte Pianobar, Garage, Parkplatz.

Victory, 48 Zi., Lilla Nygatan 5, Tel. 14 30 90, Fax 20 21 77, Haus der Luxuspreisklasse, in der Altstadt, Restaurant, Garage. Und andere Hotels.

Kungsholmen

Amaranten, 410 Zi., Kungsholmsgatan 31, Tel. 6 54 10 60, Fax 6 52 62 48, Haus der internationalen Luxusklasse, mehrere exklusive Restaurants wie das „Amaryllis", Lobbybar, Schwimmbad, Sauna, Garage, Konferenzeinrichtungen.

Norrmalm

Birger Jarl, 225 Zi., Tulegatan 8, Tel. 6 74 10 00, Fax 6 73 73 66, 1.-Klasse-Haus im nördlichen Stadtbereich, Sauna, Garage.

City Hotel Slöjdgatan, 292 Zi., Slöjdgatan 7, Tel. 7 23 72 00, Fax 7 23 72 09, gutes Haus der oberen Preisklasse, ganz in der Nähe des lebhaften Hötorget, Restaurant, Sauna, Parkplatz.

Grand Hôtel Stockholm, 307 Zi., Södra Blasieholmshamnen 8, Tel. 6 79 35 00, Fax 6 11 86 86, renommierte, gepflegtes Haus der Luxusklasse in bester Lage, Restaurants, Bars, Fitnesscenter, Sauna, Konferenzeinrichtungen.

Kung Carl, 90 Zi., Birger Jarlsgatan 21, Tel. 46 35 00 00, Fax 4 63 50 50, Haus der mittleren Preisklasse, Garni, Parkmöglichkeit.

Prize, 158 Zi., Kungsbron, Tel. 56 62 22 00, Fax 56 62 24 44, Haus der mittleren Preisklasse, ganz in der Nähe des Zentralbahnhofs, Restaurant, Garage.

Radisson SAS Royal Viking, 319 Zi., Vasagt. 1, Tel. 14 10 00, Fax 10 81 80, Luxusklasse, am Zentralbahnhof, Rest., Bar, Schwimmbad, Sauna, Garage. – Und andere Hotels, vor allem auch in den Stadtteilen Östermalm und Södermalm

Jugendherbergen: „af Chapman" & Skeppsholmen, 290 Betten, Skeppsholmen, Tel. 6 79 50 15, ganzjährig geöffnet, auf dem ehemaligen Segelschiff, zentrale Lage, max. Aufenthalt 5 Nächte.
Backpackers Inn, 300 Betten, Banérgatan 56, Tel. 6 60 75 15, geöffnet von Ende Juni bis Anf. August.
City BackPackers Vandrerhem, 51 Betten, Barnhusgatan 16, am Norra Bantorget, Tel. 20 69 20, ganzjährig geöffnet.
M/S Rygerfjord, 130 Betten, Söder Mälarstrand, Kajplats 12, Tel. 84 08 30, ganzjährig geöffnet. – Und andere Hostels.

Jugendherbergen

▲ ☑ *Mein Tip!* – **Autocamper Stockholm**, Tel 070-7 52 63 35. Geöffnet von 23. Juni bis 31. August. Für **Wohnmobilfahrer** steht auf der **Insel Långholmen**, unweit südwestlich des Stadtzentrums, ein eigens eingerichtetes Stellplatzareal zur Verfügung. *Keine Zelte oder Caravans!* Das Gelände liegt nahe am Wasser (Badegelegenheit) des Mälarsees. In der Nähe findet man Restaurants, Cafés Bushaltestelle und U-Bahnstation. Es gibt 50 Stellplätze, Toiletten und Duschen in Servicewagen, Stromanschlüsse, Entleerungsmöglichkeiten für Abwasser- und Fäkaltanks. Fahrradverleih. Die Rezeption ist von 7 bis 22 Uhr geöffnet. **Zufahrt:** Von Norden (E4) kommend Richtung Hornsberg, weiter Wegweisung E4 S folgen, am Ende der Västerbron rechts ab und über die nächste Brücke (Pålsundsbron) nach Långholmen hinüber. Von Süden (E4) kommend Richtung Södermalm, aus der Brücke Liljeholmsbron Richtung Zentrum und direkt vor der Västerbron rechts ab.

Camping bei Stockholm

Stellplatz

– **Ängby Camping *****, Tel. 37 04 20; 1. Jan. – 31. Dez.; im Stadtteil **Bromma**, ca. 10 km westl. Stockholm Zentrum; teils Wald-, Wiesen- und geschottertes Gelände an einem Arm des Mälarsees, unmittelbar neben dem Ängby-Strandbad; knapp 500 m zur U-Bahnstation Ängbyplan, Linie 18, 19, Fahrzeit ins Zentrum rund 20 Minuten; ca. 5 ha – 400 Stpl.; Standardausstattung, eingeschränkter Service 1.9. – 1. Mai. 25 Miethütten.
– **Bredängs Camping *****, Tel. 97 70 71; Anf. Apr. – 31. Okt.; im Stadtteil **Bredäng**, ca. 10 km südwestl. Stockholm Zentrum; Wiesengelände mit Baumbestand Nähe Mälarsee, ca. 400 zum Mälarhöjds Strandbad, ca. 700 m zur U-Bahnstation Bredäng, Linien 13, 23, 25 oder Bus 163; ca. 10 ha – 500 Stpl.; Standardausstattung, Laden, Imbiß. Jugendherberge.
– **Vårbergs Camping**, Tel. 7 10 13 30; 8. Juni – 16. Aug.; rund 15 km südwestl. Stockholm, über E4/E20 Ausfahrt Kungens Kurva oder Lindvreten, in Vårberg weiter Richtung Skärholmen; Campingmöglichkeit auf dem Vårberg-Sportgelände; Teils Kies- oder Asphalt-, teils Rasenflächen; ca. 700 m zur U-Bahnstation Vårberg, Linie 13, 23, 25, Fahrzeit ins Stadtzentrum ca. 25 Minuten. In der Nähe des Platzes liegt das größte Einkaufszentrum Nordeuropas. – Und andere Campingplätze.

TAGESAUSFLUG ZUM SCHLOSS SKOKLOSTER

Ein separater Reisetag ist notwendig, wenn man sich für den Abstecher nach Skokloster entschließt. Es werden auch Schiffsausflüge über den Mälaren zum Skokloster angeboten.

➔ **Route:** Man verläßt Stockholm auf der E4 nordwärts in Richtung Flughafen Arlanda und fährt ab **Märsta** auf der Straße 263 westwärts nach **Sigtuna**, ein hübsches Städtchen, das übrigens Schwedens erste Hauptstadt war. Nordwestlich von Sigtuna liegt auf einer Halbinsel sehr schön am Seeufer das weiße **Schloß Skokloster**. Skokloster liegt von Stockholm rund 60 km entfernt.

●

Skokloster **
Mai – Aug., tgl. 11
– 16 Uhr.
Führungen zur
vollen Stunde.
Eintritt.

Skokloster, eines der bemerkenswertesten Barockschlösser Schwedens, ging aus dem *Gutshof Sko* hervor, den sich *Knut der Lange* zu Beginn des 13. Jh. gebaut hatte. 1261 stiftete Knut der Lange das Anwesen dem Zisterzienserorden, der hier ein Nonnenkloster einrichtete und unterhielt. Das Kloster bestand bis ins 16. Jahrhundert. 1527 schließlich wurde das Anwesen im Zuge der Reformation unter Gustav Wasa durch den „Rezess von Västerås" genannten Beschluß der Krone einverleibt. Wie viele andere schwedische Schlösser wurde auch Schloß Skokloster mehrfach als Lehen oder Leibgedinge vergeben. Das große Klostergut von Sko, das damals noch keineswegs sein heutiges imposantes Aussehen hatte, war zu Zeiten Herman Wrangels (1587 – 1643) ein ziemlich heruntergekommenes Anwesen. Wrangel, der Skokloster bis 1638 nur sporadisch aufsuchte, wohnte zunächst im sog., noch aus dem Mittelalter stammenden *Steinhaus*, das man rechterhand auf dem Weg zum Schloß sieht. Herman Wrangel hatte Skokloster um 1611 von König Karl IX. erhalten. Herman Wrangels Sohn

Carl Gustav Wrangel, der damals vielleicht größte Grundbesitzer im Baltikum war es, der Skokloster in seiner heutigen Form erbauen ließ. Er wollte hier einen neuen, prächtigen Stammsitz für die Wrangels in Schweden schaffen. Nach dem Tode Carl Gustav Wrangels erbte seine Tochter Margareta Juliana, verheiratete Brahe, das Anwesen. Danach erhielt Margareta Julianas Sohn, Abraham Brahe, Skokloster. In dieser Familienlinie blieb das Schloß, das zeitweise nicht oder nur gelegentlich bewohnt wurde, bis zu *Freiherrn Rutger Frederik von Essen*, einem Großneffen von Magnus Per Brahe, dem letzten Brahe auf Skokloster. Der Freiherr schließlich, der seit 1936 regelmäßig im Schloß wohnte, verkaufte das historische Anwesen 1967 an den schwedischen Staat.
Von den vier Etagen des Schlosses ist die zweite Etage die interessanteste für den Besucher. Hier liegen die Salons und Wohnräume, die zum großen Teil sehr prächtig ausgestattet, möbliert und dekoriert sind, wie das **Schlafzimmer der Gräfin**, das **Schlafzimmer des Grafen** mit Holzkamin, Stuckdecke und Wandteppichen aus dem 17. Jh., der **Speisesaal** mit seiner bemerkenswerten Goldleder-Wandverkleidung und vor allem der üppig dekorierte **Königssaal**.
In der dritten Etage liegt u.a. der unvollendete Festsaal und im vierten Stock befindet sich die aus nicht weniger als sieben Räumen bestehende **Bibliothek**. Sie enthält die Buchsammlungen der Geschlechter Wrangel, Brahe, Bielke und Scheffer und umfaßt ca. 20.000 Bände und Werke vom 15. bis 18. Jh.

Besichtigen kann man außer dem Schloß noch das *Wagen- und Automuseum* und die **Kirche** des ehemaligen Zisterzienserklosters, die als Grabkirche der Wrangels diente. Viele der Kunstwerke in der Kirche wurden auf Kriegszügen erbeutet.

**Skokloster
Värdshus**

Außerdem liegt auf dem Schloßgelände das **Skokloster Värdshus**, mit bekanntem Restaurant und zahlreichen Hotelzimmern (Tel. 018/38 61 00).

29. STOCKHOLM – MARIEFRED

☉ **Entfernung:** Rund 100 km, ohne Abstecher.
➜ **Strecke:** Über die E4/E18 und über **Bromma** zum Schloß
Drottningholm – E4 bis **Södertälje** – E20 bis **Mariefred.**
🕐 **Reisedauer:** Mindestens ein halber, mit ausgiebigen
Besichtigungen besser ein Tag.
⌘ **Höhepunkte:** Das **Schloß Drottningholm** *** – das **Schloß
Gripsholm **.**

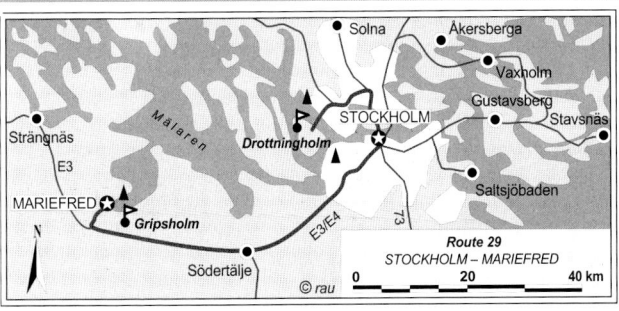

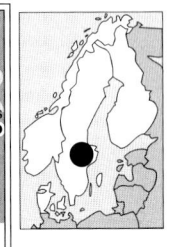

Route 29
STOCKHOLM – MARIEFRED
0   20   40 km

➜ **Route:** Um nach Drottningholm zu gelangen, verläßt man Stockholm in nordwestlicher Richtung über die E4/E18 und zweigt in
Bromma westwärts zum Schloß ab. Auf dem Wege dahin kommt
man bei **Äkeshov** am Abzweig zum Campingplatz Ängby vorbei.
●

Schloß Drottningholm ist außer auf dem Landwege auch mit **Ausflugsschiffen ab Stockholm,** Rathauskai Stadshusbron, zu erreichen. Besonders bei schönem Wetter ist das ein lohnender Ausflug. Man kann
aber auch die Tunnelbana (U-Bahn) bis Brommaplan nehmen. Von dort
verkehren Busse der Linien 301 und 323 nach Drottningholm. Schiffs-
und Busverbindungen bestehen auch zu den abendlichen Theater- oder
Konzertvorstellungen an Spieltagen im Schloßtheater von Drottningholm.

Schloß Drottningholm liegt sehr schön am Nordostufer der Insel Lovö
im Mälarsee. Es ist umgeben von herrlichen Barockgärten und einer gepflegten Parklandschaft. „Drott" übrigens ist der alte Titel für die schwedischen Könige. Bald kam aber die Bezeichnung „Konung" oder kurz „Kung"
in Gebrauch. Das alte Wort lebt weiter in „Drottning", schwedisch für Königin. Drottningholm ist also die *Königininsel.*
Drottningholm ist eine prächtiges Barockschloß. Sein zweigeschoßiger
Mittelbau liegt etwas erhöht auf einer Terrasse. Seitenflügeln, die von
kuppelgekrönten Eckpavillons abgeschlossen werden, flankieren den
Mittelbau.
Auf dem ehemaligen Krongut Torvesund ließ König Johan III. (1568 –
1592) vom Architekten Villem Boy für seine Gemahlin Katarina Jagellonica
das Herrenhaus Drottningholm errichten. Nach dem Tode des Königs kam

**Schloß
Drottningholm **
Juni – Aug. tgl. 10
– 16.30 Uhr. 2. -
31. Mai tgl. 11 -
16.30 Uhr. Sept.
tgl. 12 - 15 Uhr.
Eintritt. Am 19. Juni
geschlossen.

das Anwesen an die Familie des Magnus Gabriel De la Gardie. Von ihm erwarb es die Witwe König Karls X. Gustav, Hedwig Eleonora, im Jahre 1661. Noch im gleichen Jahr brannte Drottningholm nieder und Königin Hedwig Eleonora beauftragte 1662 den Architekten Nicodemus Tessin d. Ä. mit dem Neubau des Schlosses, das damals im wesentlichen sein heutiges Aussehen erhielt. Von Nicodemus Tessin stammen z.b. das prächtige barocke Treppenhaus und das Prunkschlafzimmer Hedwig Eleonoras. Nach dem Tode Tessins d. Ä. 1681 setzte sein Sohn, Tessin d. J., die Arbeit fort. Von Tessin d. J. stammt z. B. die Schloßkapelle. Außerdem zeichnete er die Pläne für den nach französischen Vorbildern konzipierten Barockgarten. 1744 schließlich machte König Frederik I. Schloß Drottningholm Kronprinzessin Louisa Ulrika anläßlich ihrer Vermählung mit dem schwedischen Erbprinzen Adolf Frederik und späteren König (1751 – 1771) zum Hochzeitsgeschenk. Die Hochzeitsfeierlichkeiten fanden im Reichssaal des Schlosses statt. Mit Louisa Ulrika, der Schwester Friedrichs des Großen, begann ein neuer, lebhafterer Abschnitt in der Geschichte Drottningholms. Der zwischenzeitlich zum König gekrönte Gemahl Ulrika Eleonoras, Adolf Frederik, ließ 1753 im Schloßpark einen chinesischen Pavillon errichten, der zehn Jahre später zu dem wunderschönen „China Schlößchen" erweitert wurde, das man heute im östlichen Teil des Schloßparks sieht. Auf Initiative der Königin ist auch der Bau des Schloßtheaters, eine weitere, seltene Sehenswürdigkeit in Drottningholm, veranlaßte worden. Das Theater brannte allerdings bereits 1762 wieder ab und wurde zwischen 1764 und 1766 nach Plänen von Carl Frederik Adelcrantz in seiner heutigen Form errichtet.

Während der Zeit König Gustavs III., der Adolf Frederik auf dem Thron folgte und der die Künste und das Theater sehr liebte, erlebte Drottningholm vielleicht seine prunkvollsten und rauschendsten Feste. Später wurde das Schloß zwischen 1970 und 1980 umfassend renoviert. Heute ist der Südflügel von Schloß Drottningholm Residenz der Königlichen Familie.

Einige Räume im mittleren Haupttrakt und im Nordflügel des Schlosses können besichtigt werden. Man betritt das Schloß von der Seeseite her und kommt zunächst in das gewaltige **Treppenhaus**, das alleine schon ein Drittel des Mittelbaus einnimmt. Tessin d. Ä. verwandte alle Mühe darauf, den Barockaufgang auf das prächtigste mit Säulen, Gemälden, Stuckarbeiten von Carove und Skulpturen des Antwerpener Bildhauers Nicolaes Milliches, die im oberen Treppenhaus die Musen, sowie Apollo und Minerva darstellen, auszustatten.

Im ersten Geschoß sieht man u.a. die **Untere Eingangshalle** mit einem Deckengemälde von Johan Sylvius, das den Triumphzug eines römischen Feldherrn zeigt. Durch den nördlichen **Trabantensaal** (teils alte Goldledertapeten, Gemälde „Die Belagerung von Wien durch die Türken 1683", u.a.) gelangt man in den **Grünen Salon**, der ursprünglich von Hedwig Eleonora eingerichtet wurde, wie das gekrönte Monogramm HERS (Hedwig Eleonora Regina Sveciae) zeigt. Man gelangt in die **Galerie Karls X. Gustav.** Eines der imposantesten Gemächer ist das **Prunkschlafzimmer Hedwig Eleonoras.** Das nach Plänen Tessins d. Ä. reich und üppig dekorierte Gemach wurde 1683 eingerichtet. Es war einer der Repräsentationsräume des Schlosses und das Empfangszimmer der

Königin. Die Deckengemälde stammen von Ehrenstrahl und stellen alle- *Schloß*
gorische Szenen in Verbindung mit Karl XI. dar. Bei seiner Fertigstellung *Drottningholm*
waren die Farben des Raumes Schwarz und Gold, Zeichen der Trauer
um Karl XI. Gustav. Erst 1701 ließ die Königinwitwe das Schwarz durch
das heutige Blau ersetzten. Das Alkovenbett wurde erst um 1710 für Louisa
Ulrika aufgestellt.

Sehenswert ist auch die unter Louisa Ulrika um 1760 von Jean Eric Rehn
in der Galerie im Stil des französischen Rokoko eingerichtete **Bibliothek**.

Im Obergeschoß sind der **Blaue Salon**, der **Chinesische Salon** (chinesischer Kachelofen, Gobelins von 1779) und der **Oskarsaal** mit sehr
schönen Wandteppichen mit Motiven aus der Legende Hero und Leander zu besichtigen.
Die **Galerie Karls XI.** ist ein Pendant zur darunter liegenden Galerie
Karls X. Sie ist quasi ein Ehrentempel für Karl XI. Die Schlachtengemälde
zeigen Szenen aus den Schonischen Kriegen, die Karl XI. führte. Der
Festsaal des Schlosses war der große **Reichssaal**, in dem 1744 die
Hochzeitsfeierlichkeiten anläßlich der Vermählung von Adolf Frederik mit
Louisa Ulrika stattfanden. Ein monumentales, düsteres Barockgemälde
mit Motiven aus der antiken Götterwelt bedeckt das Deckengewölbe. Es
ist original aus der Zeit Hedwig Eleonoras erhalten geblieben. Der ne-
benan liegenden **Königinnensaal** bildet das Gegenstück dazu. Hier sind
Königin Josefine und europäische Königinnen porträtiert.

Interessant ist die Besichtigung von **Drottningholms Slottsteater**. Es **Drottningholms**
gilt heute als die älteste noch bespielte Hof-Bühne Europas. Wie weiter **historisches**
oben schon erwähnt, entstand das heutige Theater 1762 nach einem **Schloßtheater ****
Brand, dem das alte Hoftheater zum Opfer gefallen war. Obwohl das Thea-

ter im Zuschauerraum nur mit einfachen Materialien die beim Kulissen-
bau verwendet werden, wie Holz, Stuck, Farbe und Papiermaché dekoriert ist, wurde die Bühnenmechanik nach dem damals neuesten technischen Stand vom italienischen Bühnenarchitekten Donato Stopani gebaut. Eine Blütezeit erlebte das Hoftheater unter dem „Theaterkönig"
Gustav III. Nach seinem gewaltsamen Tode während eines Maskenballs
verebbte das Theaterleben auf Drottningholm. Erst 1920 wurde das
Schloßtheater dank der Initiative des Theaterhistorikers Agne Beijer
wiederentdeckt und reaktiviert. Im Sommer werden heute etwa 30 Opern-
und Konzertaufführungen veranstaltete. Dann ist sämtliches Personal inklusive Dirigent und Orchester in Kostümen des 18. Jh. gekleidet.

Durch den gepflegten Barockgarten mit dem zentralen **Herkulesbrunnen**
kann man zum **Chinesischen Pavillon** gehen. Der Pavillon wurde in die
UNESCO-Liste „Kulturerbe der Welt" aufgenommen.

Das relativ kleine Lustschlößchen wurde nach Plänen von Carl Frederik
Adelcrantz Mitte des 18. Jh. für Louisa Ulrika errichtet, die es 1753 zu
ihrem 34. Geburtstag von ihrem Gemahl Adolf Friederich zum Geschenk
erhielt. Auf dem Weg zum Chinesischen Pavillon liegt des **Wachzelt** von
1781.

Der nördliche Teil des Schloßparks ist nach englischer Manier angelegt.
Dort findet man Seen und Teiche, den sog. **Gotischen Turm** und die
Denkmalinsel mit ihren 250 Lindenbäumen.

➔ **Route:** Von Drottningholm fährt man zurück bis zur E4, folgt
der Schnellstraße südwestwärts bis **Södertälje** und zweigt dort nach
Westen auf die E20 ab. Nach rund 28 km erreicht man den Abzweig der Straße 223 nach **Mariefred**, einem kleinen, hübsch in
einer Bucht des Mälarsees gelegenen Städtchen. ●

Gegenüber von **Mariefred** liegt idyllisch in einem Winkel des weitverzweigten Mälarsees **Schloß Gripsholm**.

**Schloß
Gripsholm ***
Mai - Aug. tgl. 10 –
16.30 Uhr. Sept.
tgl. a. Mo. 10 - 15
Uhr. Okt. - Apr. Sa.
+ So. 12 - 15 Uhr.
Eintritt.

Vielen wird der Name *Schloß Gripsholm* weniger durch dessen geschicht-
liche Tradition und Bedeutung, als wahrscheinlich viel mehr durch den
gleichnamigen, auch verfilmten Roman von Kurt Tucholsky (alias „Tiger,
Panter & Co.", 1890 – 1935) geläufig sein. Tucholsky, namhafter Schriftsteller und Satiriker, der den Roman „Schloß Gripsholm" 1931 veröffent-
lichte, lebte ja lange in Mariefred und ist auch dort begraben.

In der rauhen Wirklichkeit aber wurde auf Schloß Gripsholm nicht nur ein
Kapitel schwedischer Geschichte geschrieben.

Daß diese Ecke Schwedens schon früh bewohnt war, beweisen die Runensteine beim Schloß und die etwas weiter, bei Strängnäs gelegenen,
fast tausend Jahre alten Sigurd-Felsgravuren.

In den siebziger Jahren des 13. Jahrhunderts schickte sich ein gewisser
Herr Bo Jonsson Grip, Reichsvogt in königlichen Diensten an, hier eine
Befestigungsanlage zu bauen. Hundert Jahre später erwarb Sten Sture
der Ältere Schloß Gripsholm und stiftete das Anwesen dem von ihm gegründeten Marienkloster des Karthäuserordens, das sich damals auf der
Gemarkung des heutigen Mariefred befand. Dann, zu Beginn des 16. Jahrhunderts, widerrief König Gustav Wasa die Stiftung und beanspruchte

den Besitz. Damit begann die
lange Wasaperiode in der Geschichte des Schlosses. Dies
war auch die Zeit, in der Schloß
Gripsholm im wesentlichen sein
heutiges Aussehen mit den vier
wuchtigen Rundtürmen erhielt.
Nach dem Tode Gustav Wasas
I. im Jahre 1560 erlebte Schloß
Gripsholm eine wechselvolle
Geschichte. Zunächst stritten
sich Gustav Wasas Söhne um
Schloß und Krone. Der Thronfolger Erik XIV. (1560 – 1569)
warf seinen Bruder Johan in den
Kerker von Gripsholm und setzte so zunächst seinen Anspruch
auf die schwedische Krone

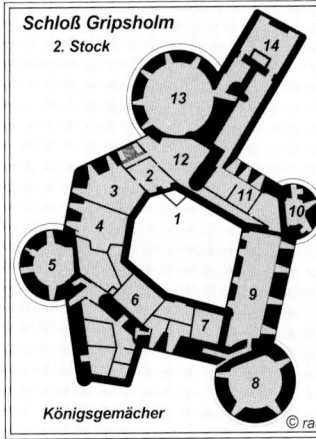

Schloß Gripsholm
2. Stock

Königsgemächer © rau

SCHLOSS
GRIPSHOLM

1 Erker
2 Drabantensaal
3 Audienzsaal
4 Königsge-
mächer
5 Wasa-Turm
6 Saal des
Kronrats
7 Prinzessin-
Salon
8 Grip Turm
9 Reichssaal
10 Turmzimmer
11 Königinge-
mächer
12 Oberer Vor-
saal, Berna-
dotte Galerie
13 Weißer Salon
(Theater Turm)
14 Grüner Salon

durch. Als sich neun Jahre später das Blatt wendete und Erik XIV. abgesetzt wurde, revanchierte sich Johan, nun König Johan III. (1569 – 1592),
an Erik mit gleicher Münze. Die Verliese des Schlosses waren zwar gut
belegt, das Anwesen selber und die Gebäude aber begannen langsam
wegen mangelnder Pflege zu verfallen. 1578 zog Karl, Herzog von
Södermanland, der dritte Sohn Gustav Wasas und spätere König Karl IX.
(1600 – 1611) auf Gripsholm ein. Nach dem Tode Karls des IX. erhielt
dessen zweite Gemahlin, Kristina von Holstein-Gottorp (Karl war in erster Ehe mit einer Gräfin Maria verheiratet), Schloß Gripsholm als sog.
„livgeding" (Leibgedinge). Dies war eine in Eheverträgen damaliger Zeit

Schloß
Gripsholm

zugesicherte Altersversorgung verwitweter Königinnen. Den Schloßherr-
innen wurde dabei eine gewisse Verwaltungs- und Steuerhoheit über das
Anwesen und die Pächter der dazugehörigen Ländereien zugestanden.
Bis 1715 blieb Gripsholm königliches Leibgedinge.

Nach dem Tode Kristinas kam Gripsholm an Maria Eleonora von Bran-
denburg, die Witwe Gustav II. Adolfs. Sie muß 1640 von Schloß Gripsholm und aus Schweden unter dramatischen Umständen fliehen. Schließlich vermachte Karl X. Gustav Schloß Gripsholm seiner Gemahlin Hedwig Eleonora von Holstein-Gottorp, die nach dem Tode des Königs im
Jahre 1660 während ihrer langen Witwenschaft bis 1715 viele Sommermonate im Jahr auf Gripsholm verbrachte. Mitte des 18. Jahrhunderts
schließlich wurde Schloß Gripsholm von der königlichen Familie währen
der Regentschaft Königs Gustav III. als Portraitgalerie ausersehen. Von
Drottningholm bei Stockholm und aus anderen königlichen Schlössern
und Residenzen wurden Gemälde und Bildnisse an den Mälarsee gebracht. König Karl XIV. Johan führte das Werk fort, ließ neben königlichen Konterfeis auch Portraits namhafter und verdienter Schweden bür-
gerlicher Herkunft hinzufügen. Es sollte ein „Schwedisches Panthéon"
entstehen. Bis heute umfaßt die königliche Portraitsammlung über 4.000
Gemälde, ein einmaliger Spiegel der Geschichte Schwedens vom Mittelalter bis heute.

1960 wurde die Portraitgalerie um eine Sammlung moderner Gemälde
und Portraits prominenter Schweden des 20. Jh. erweitert. Diese Sammlung findet man im dritten Obergeschoß im langen Korridor des Ostflügels
zwischen Theatervestibül und dem Nordostturm. U.a. sieht man dort Dag
Hammarskjöld, Greta Garbo, Birgit Nilsson u.v.a.

Im Schloß können über 60 Räume und annähernd 1.200 Portraits besichtigt werden. Im Südflügel z. B. liegen die **Gemächer der Königin**,
u.a. mit Audienzzimmer, Schlafzimmer und Ankleidezimmer der Königin.
Sehenswert auch der **Grüne Salon** der Königin, den sich 1780 Königin
Sofia Magdalena von Dänemark, Gemahlin Gustavs III. kostbar einrichten ließ. Zwischen diesen Gemächern liegt der Obere Vorsaal, von dem
aus man in den runden **Weißen Salon** oder **Salon Gustavs III**. im Südost-
turm gelangt. Der prächtig dekorierte Salon wurde nach Plänen von Jean
Erik Rehn eingerichtet und vor allem von Gustav III. und Königin Sofia
Magdalena für Empfänge benutzt. An der Tür findet man eine Liste der
auserwählten Persönlichkeiten, die in der Gunst der Majestäten standen
und Zutritt zum Weißen Salon hatten. Ein „Who is Who" im Schweden
des 18. Jh.. Wer in dieser Liste verzeichnet war, hatte den Gipfel der
gesellschaftlichen Karriere erreicht. Im dritten Obergeschoß kann man
neben der Gemäldegalerie vor allem das **Schloßtheater Gustavs III.**
besichtigen, dessen Dekoration Erik Palmstedt zeichnete. Die beiden Statuen von Sergel, die die Bühne flankieren, stellen Thalia und Melpomene
dar. 1783 wurde hier des Königs Schauspiel „Der Edelmut Gustavs II.
Adolf" uraufgeführt. Auf den Brettern dieser Bühne Stand der Monarch
oft selbst, bis ihn sein Onkel, Friedrich der Große von Preußen, an seine
königliche Würde erinnerte. An Europas Höfen tuschelte man längst über
den „Theaterkönig" aus dem Norden. Auf dem Opernball im Stockholmer
Opernhaus ereilte König Gustav III. sein Schicksal, er wurde erschossen.
Der König trug ein Theaterkostüm.

Mariefred ist ein hübsches, gepflegtes Kleinstädtchen, schön am Mälarsee gelegen. Außer dem berühmten Schloß bieten der Ort keine besonderen Sehenswürdigkeiten. Erwähnung verdienen die **Kirche** aus dem Jahre 1624, auf deren Kirchhof *Kurt Tucholsky*, der „aufgehörte Deutsche", begraben liegt, oder das **Heimatmuseum** (13 – 16 Uhr) im *Callenderska Gården*, das in einer ehemaligen Färberei eingerichtet ist. *Gripsholms Värdshus* ist eines der ältesten Gasthäuser in Schweden.

Von der Seepromenade am Schiffsanleger hat man den vielleicht schönsten Blick auf Schloß Gripsholm.

Neben einer Schiffstour auf dem Mälarsee ist eine Fahrt mit der historischen Dampf-Schmalspurbahn, die von Mariefred etwa 4 km weit bis Läggesta verkehrt, eine weitere Ausflugsmöglichkeit.

Praktische Hinweise – Mariefred

☎ Telefonvorwahl: 01 59

Mariefred Turistbyrå, Rådhuset, 64700 Mariefred, Tel. 2 97 90, Fax 2 97 95, geöffnet Juli bis August.

Mariefred

⌂ Hotels: **Gripsholms Värdshus & Hotel**, 45 Zi., Kyrkoplan 1, Tel. 1 30 20, Fax 1 09 74, eines der ältesten Gasthäuser des Landes, Restaurant, Sauna, Parkmöglichkeit.

Hotels

▲ – **Mariefreds Camping** ***, Tel. 1 32 50; Ende Apr. – Mitte Sept.; ca. 3 km östlich Mariefred; weitläufiges Wiesengelände, teils im Wald, teils in Wiesenmulden, bis an den Mälarsee reichend; ca. 5 ha – 150 Stpl.; Standardausstattung; Laden, Imbiß, Bademöglichkeit im See, 7 Miethütten.

Camping

Mariefred am Mälarsee

30. STOCKHOLM – NORRKÖPING

⊙ **Entfernung:** Rund 190 km, ohne Abstecher.

➔ **Strecke:** Über die E4 und über **Södertälje** bis **Järna** – Landstraße bis **Tullgarn** – Landstraßen oder E4 bis **Nyköping** – E4 bis **Norrköping.**

🕐 **Reisedauer:** Mindestens ein halber Tag.

⌘ **Höhepunkte:** Das **Schloß Tullgarn** ** – der Zoo **Kolmårdens Djurpark.**

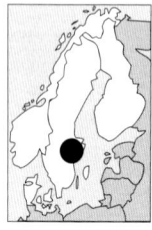

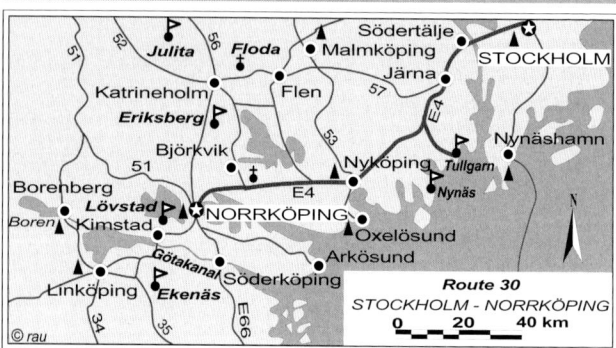

Route 30
STOCKHOLM - NORRKÖPING
0 — 20 — 40 km

➔ **Route:** Ab Stockholm auf der E4 und über **Södertälje** bis **Järna.** Dort verlassen wir die Schnellstraße und zweigen südostwärts ab auf Landstraßen, die uns nach Tullgarn bringen. **Schloß Tullgarn** liegt etwa 65 km südlich von Stockholm. ●

Schloß Tullgarn **
15.5. – 15.9. tgl.
11 – 16 Uhr.
Eintritt.
Führungen.

Schloß Tullgarn, die königliche Sommerresidenz, liegt in einem ausgedehnten Park und in herrlicher Lage auf einer Landzunge der buchtenreichen, labyrinthischen Küste der Region **Södermanland.** Neben der schönen Lage ist es vor allem die kostbare Ausstattung der Salons und Gemächer, die sehenswert sind.

1772 kam Schloß Tullgarn in Staatsbesitz und diente als königliche Sommerresidenz und Lustschloß. Als erster konnte Herzog Fredrik Adolf von Östergötland das Anwesen nutzen, nicht ohne es ausgangs des 18. Jh. umfassend umbauen und modernisieren zu lassen. Später residierte von 1807 bis 1829 Prinzessin Sofia Albertina auf Tullgarn, die das Anwesen gerne als Sommersitz nutzte und es abermals baulich verändern ließ. 1829 übernahm Kronprinz Oskar das Schloß. Seither ist es Sommerresidenz der königlichen Familie geblieben. Seit Mitte der 50er Jahre sind die Prunkräume von Schloß Tullgarn der Öffentlichkeit zugänglich. Die Räumlichkeiten sind auf Führungen zu besichtigen.

Um es vorweg zu nehmen, von der ursprünglichen Einrichtung aus dem frühen 18. Jh., der Zeit des Reichsrates de la Gardie, dem Erbauer des Schlosses das man heute besichtigen kann, ist nichts erhalten. Das Schloß wurde verschiedentlich völlig neu eingerichtet.

Man betritt das Schloß durch die **Vorhalle** im Haupttrakt. Die interessanten, handgemalten **Wandkacheln** aus holländischen Manufakturen stammen vornehmlich aus dem 19. Jh.. Man sieht aber auch ältere, mit Tiermotiven bemalte Fliesen, die aus dem 16. Jh. stammen.

Anschließend an die Schloßbesichtigung kann man einen Spaziergang durch den ausgedehnten Park mit schönen alten Bäumen zurück zum Parkplatz bei den Stallungen unternehmen.

In einem der Wirtschaftsgebäude neben den Stallungen des Anwesens ist ein gutes, gepflegtes **Restaurant** eingerichtet.

➜ **Route:** Wenn es Ihre Zeit zuläßt, sollten Sie über die küstennahen Straßen 218 und 219 südwärts weiterreisen, anstatt sich der allerdings schnelleren E4 zu bedienen. ●

Trosa (Hotel, Camping), südlich von Tullgarn gelegen, ist ein idyllisches Städtchen aus der Jahrhundertwende, aber mit einer viel älteren Kirche. Sehenswert ist z.B. der **Garvaregården**, eine alter Gerberhof beim **Stadtmuseum.** Beim **Gutshof Tureholm** unweit des Ortes, wurde 1774 Schwedens größter Goldschatz gefunden, der aus dem 5. Jh. stammen soll und 12,5 kg reines Gold auf die Waage brachte.

Ab Karlsfors kann man einen Abstecher nach **Nynäs** zum dortigen **Schloß** machen, das im Sommer besichtigt werden kann. Schloß Nynäs liegt heute in einem ausgedehnten Naherholungspark der Provinz Södermanland, der bis an die Ostseebucht Tvären reicht. Das Schloß stammt aus dem 17. Jh., erhielt sein heutiges Aussehen aber nach umfangreichen Umbauarbeiten um 1860. Bekannt ist Schloß Nynäs für seine Stuckarbeiten die aus dem 17. Jh. erhalten sind und vor allem an den Decken der Salons und im Treppenhaus zu finden sind. Die Möblierung weist keine einheitliche Stilrichtung auf. Sie stammt aus verschiedenen Epochen, vornehmlich aus der gustavianischen Zeit.

Nynäs Schloß
Ende Juni – Mitte Aug. tgl. a. Mo. 11 – 16 Uhr.

Nyköping ist die Hauptstadt der Provinz Södermanlands Län (oder Sörmland). Auch in Nyköping weisen Felszeichnungen, die man übrigens erst 1984 im Släbropark am Stadtrand entdeckte, darauf hin, daß es hier schon vor gut 3.000 Jahren erste Siedlungen gegeben haben muß. Die Existenz einer Stadtsiedlung läßt sich seit dem 12. Jh. nachweisen. 1987 konnte Nyköping sein 800-jähriges Bestehen feiern. Die ältesten noch existierenden Bauwerke, die früheren Stadtbränden nicht zum Opfer gefallen sind, sind das Schloß Nyköpingshus, das im 12. Jh. errichtet wurde und die Stadtkirche.

Schloß Nyköpingshus dient heute als **Landesmuseum** von Sörmland. Im *Kungstornet* (Königsturm) findet man Ausstellungen zur Geschichte des Landes und des Schlosses. Im *Drabantesalen* sind Modelle von Nyköpingshus ausgestellt, die das Bauwerk als mittelalterliche Burg und als Renaissanceschloß zeigen. Sakrale Kunst aus dem Sörmland und archäol. Ausgrabungen findet man im *Medeltidssalen* (Mittelalter-Saal).

Die **Gamla Residenset**, die alte Residenz des Landvogtes aus dem 18. Jh., die später zeitweise als „Korrektionsanstalt für unartige Kinder" herhalten mußte, dient heute als Museumsraum für frühindustrielle Sammlungen, Volkstrachten und Kunstgegenständen vom Barock bis zum Jugendstil.

Nyköping
Hotels

Jugendherberge

Praktische Hinweise – Nyköping

☎ Telefonvorwahl: 01 55

Nyköping Turism, Stadshuset, Stora Torget, 61183 Nyköping, Tel. 24 82 00, Fax 24 81 36. Ganzjährig geöffnet.

⌂ Hotels: **Blommenhof,** 34 Zi., Blommenhovsvägen, Tel. 20 20 60, Fax 26 84 94, Restaurant, Schwimmbad, Garage.
Comfort Home Hotel Kompaniet, 70 Zi., Folkungavägen 1, Tel. 28 80 20, Fax 28 16 73, Schwimmbad, Parkmöglichkeit.
Scandic Nyköping, 96 Zi., Gumsbacken, Tel. 28 90 00, Fax 28 83 05, Restaurant, Schwimmbad, Parkmöglichkeit.
Stadshotellet, 100 Zi., Västra Storgatan 15, Tel. 26 90 60, Fax 26 92 36, Bahnhofsnähe, Restaurant, Parkmöglichkeit. – Und andere Hotels.

Jugendherberge: **STF Vandrarhem,** 60 Betten, Brunnsgatan 2, 61132 Nyköping, Tel. 1 18 10, geöffnet: 16.5. – 14.9.

Oxelösund, ehemals Lotsen- und Fischereihafen, liegt an der hier sehr zerklüfteten Felsküste der Ostsee. Zahlreiche kleine Inseln sind der Küste vorgelagert. Heute wird die Stadt mit ihrem wichtigen Containerhafen dominiert von einem großen Eisenwerk. Sehenswert sind die **Kirche St. Botvid** aus dem Jahre 1957, die sich hoch über der Stadt wie ein weithin sichtbares Seezeichen erhebt, dann der alte *Hafengasthof* und **Schloß Stärnholm** rund 3 km nördlich der Stadt. Von Oxelösund bestehen Fährverbindungen mit Danzig und Helsinki.

➜ **Route:** 62 km südwestlich von Nyköping erreicht man **Norrköping**, Schwedens viertgrößte Stadt, im Landesbezirk Östergötland gelegen. ●

Das heutige **Norrköping** ist eine moderne Stadt mit annähernd 125.000 Einwohnern, breiten Straßen, Hochhäusern, neuzeitlicher Architektur, einem der größten Ostseehäfen Schwedens und viel Industrie.
Trotz ihres modernen Gepräges heute, ist Norrköping dennoch eine recht alte Stadt. Am westlichen Stadtrand hat man im **Himmelstalundsparken** am Motala ström Jahrtausende alte Felsritzungen aus der Bronzezeit gefunden, was auf eine sehr frühe Besiedelung des Gebietes hinweist. Lange war Norrköping aber nicht mehr als ein Warenumschlagplatz am Westende der tief ins Land greifenden Ostseebucht Bråviken. Es entwickelte sich ein Kreuzungspunkt von Handelsstraßen, die hier den für die Stadtentwicklung so wichtigen Fluß Motala ström überquerten. „Köping" bedeutet im Schwedischen ja soviel wie Markt-, Handels- oder Kaufplatz. 1384 erhielt Norrköping Stadtrechte. Einen wirklichen Aufschwung aber erlebte die Stadt erst im 17. Jh., als der Holländer Louis de Geer hier eine erste Textilfabrikation ins Leben rief. Textilindustrie war dann auch bald der größte Wirtschaftszweig der Stadt. Maschinenbau und Papierindustrie u.a. kamen später hinzu.
Im Mittelalter hatte Norrköping eine große deutsche Kolonie. Darauf weisen noch der Tyska Torget (Deutscher Markt) und die 1673 geweihte **Hedvigs Kyrkan** (nach Hedvig Eleonora, der Gattin König Karls X. Gustav) hin, die auch als Tyska Kyrkan bekannt ist.
Ganz ohne Sehenswürdigkeiten ist Norrköping aber keineswegs. So ist man z.B. in der Stadt stolz auf die hübsche, große *Kakteenpflanzung* im

Karl-Johan-Park zwischen Bahnhof und Motala ström. Im Park sollen ca. 25.000 Kakteen angepflanzt sein.

Kunstliebhaber sollten das **Kunstmuseum** am Kristinaplatsen besuchen. Es ist bekannt für seine Sammlung moderner schwedischer Kunst und seinen Skulpturengarten.

Einen guten Überblick über die historische und wirtschaftliche Entwicklung Norrköpings vermittelt das **Städtische Museum** in der Västgötagatan 19 – 21 am Motala ström, mit Abteilungen über Handwerk, Kunstgeschichte und die für die Stadt so wichtige Textilindustrie.

Historisch ist die **Kirche St. Olaf**, die 1767 an der Stelle einer früheren, mittelalterlichen Kirche erbaut wurde. Der letzte Wasa-König, Gustav IV. Adolf, wurde hier im Jahre 1800 gekrönt.

Wer sich einen Überblick über die Stadt verschaffen will, kann den 68 m hohen **Rathausturm** besteigen. Dort befindet sich in 50 m Höhe eine Aussichtsplattform und ein Glockenspiel mit 48 Glocken, das gewöhnlich täglich um 12 Uhr ertönt. Besteigen kann man den Rathausturm gegen Eintritt von Mitte Juni bis Mitte August von Montag bis Freitag um 11 und um 15.30 Uhr und am Samstag um 15.30 Uhr.

In einer ehemaligen Baumwollspinnerei auf Laxholmen ist das sehenswerte **Museum für Arbeit** eingerichtet worden, das die Geschichte der industriellen Entwicklung der Stadt dokumentiert.

Im Sommer werden Stadtrundfahrten mit historischen Straßenbahnen (nur spätnachmittags) und Bootsausflüge auf dem Motala ström und zur Schärenküste angeboten.

Ein beliebtes Ausflugsziel ist der große **Tier- und Freizeitpark Kolmårdens Djurpark**, ein gutes Stück nordöstlich von Norrköping am Nordufer des Bråviken gelegen.

Sehenswertes in Norrköping

Kunstmuseum *
tgl. 12 – 16 Uhr

Stadtmuseum *
Mo. – Fr. 10 – 16,
Do. bis 20, Sa. +
So. 12 – 16 Uhr

Praktische Hinweise – Norrköping

☎ Telefonvorwahl: 0 11

Destination Norrköping Turistbyrån, Dalsgatan 16, 60181 Norrköping, Tel. 15 50 00, Fax 16 08 78. Ganzjährig geöffnet.

⌂ Hotels: **Alosa**, 30 Zi., Norra Grytsgatan 10, Tel. 26 40 01, Fax 18 10 41, Garni, Parkmöglichkeit.
Centric, 27 Zi., Gamla Rådstugagatan 18 – 20, Tel. 12 90 30, Fax 18 07 28, zentral in Bahnhofsnähe, Restaurant, Garage, Parkplatz.
First Express, 118 Zi., Skomakaregatan 8, Tel. 19 72 20, Fax 12 65 06, im südlichen Innenstadtbereich, Garni, Parkmöglichkeit
Grand, 207 Zi., Tyska Torget 2, Tel. 19 71 00, Fax 18 11 83, zentral, Bahnhofsnähe, Restaurant, Fitnesseinrichtungen, Garage, Parkmöglichkeit.
President, 76 Zi., Vattengränden 7, Tel. 12 95 20, Fax 10 07 10, zentral, Bahnhofsnähe, Restaurant, Parkmöglichkeit. – Und andere Hotels.

Jugendherbergen: **STF Vandrarhem Lagerlund**, Ingelstadsgatan 31, 602 23 Norrköping, Tel. 10 11 60, ganzjährig geöffnet, 106 Betten in 2–4 Bett Zimmer, knapp 1 km vom Bahnhof.

▲ – **Kolmårdens Camping ******, Tel. 39 82 50; Ende Apr. – Anf. Sept.; 22 km nordöstlich von Norrköping; ansprechend gelegenes, etwas hügeliges Wiesen- und Waldgelände am Nordufer des Bråviken; ca. 9 ha – 300 Stpl.; Standardausstattung; Laden, Imbiß; 75 Miethütten; Freizeiteinrichtungen, Badebucht am See.

Norrköping Hotels

Jugendherberge

Camping

31. NORRKÖPING – KALMAR

⊙ **Entfernung:** Rund 325 km, ohne Abstecher und Ausflüge.

➜ **Strecke:** Über die Straße E22 und über **Oskarshamn** bis **Kalmar.**

🕐 **Reisedauer:** Mindestens ein Tag. Ausflug auf die Insel Öland ein separater Tag.

⌘ **Höhepunkte:** Die **Schärenküste *** bei Söderköping oder bei Oskarshamn – das **Schloß von Kalmar **** – Ausflug auf die **Insel Öland *.**

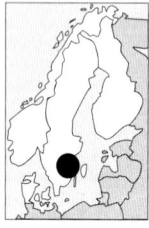

Abstecher zu Zarah Leanders Grab

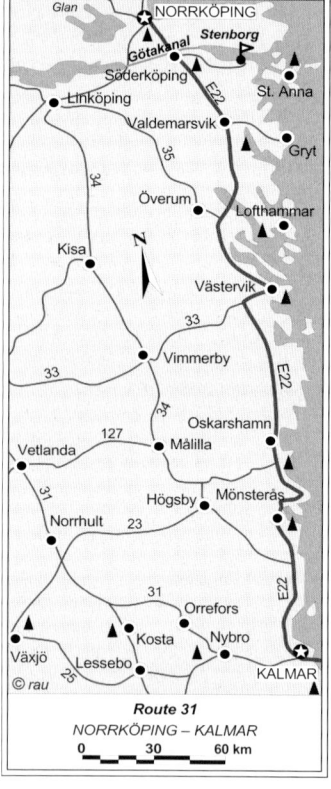

Route 31
NORRKÖPING – KALMAR
0   30   60 km

➜ **Route:** Unsere Route folgt ab Norrköping der E22 nach Süden. Schon nach 17 km kommt man durch **Söderköping.** ●

Bevor man nach Süden weiterreist, kann man auf der Straße 209 einen Abstecher nach Osten machen. Auf dem **Friedhof von Häradshammar** (unweit von Ö. Husby) liegt die unvergessene Schauspielerin und Sängerin („Ich weiß, es wird einmal ein Wunderrrrr geschehn, ...") *Zarah Leander* begraben, die vor allem in der Vor- und Nachkriegszeit mit ihrer unvergleichlichen Stimme Furore machte.

Söderköping in der Provinz Östergötland, ist eine alte Handelsstadt mit heute rund 10.000 Einwohnern. Die strategisch günstige Lage an der Mündung des Storån, der in eine weit ins Landesinnere reichende, schmale Meeresbucht übergeht, ließ hier schon im 11. Jh. einen Warenumschlagplatz entstehen. Der Warenumschlag ins Innere von Götland florierte, Söderköping wuchs und wurde bald Sitz von Kaufleuten und Handelshäusern. 1235 wurde in Söderköping ein Franziskanerkloster gegründet. Und es heißt, die Mönche hätten sich aber mehr durch Betteln, als durch ihrer Hände Arbeit ernährt, was darauf schließen läßt, daß schon damals viele reiche Leute in der Stadt ansässig gewesen sein müssen. Reichtum und Macht der

Stadt wuchsen bis weit ins ausgehende 16. Jh., als sich Söderköping zu den einflußreichsten Städten im Königreich zählen durfte. Das Ansehen der Stadt wird 1281 durch die Krönung der Gemahlin König Magnus Ladulås, Hedvig (Helvig) von Holstein, zur Königin dokumentiert. Später finden hier immer wieder Ratsversammlungen und Reichstage statt.

1595 tagte in Söderköping ein für die Zukunft des Landes nicht unwichtiger Reichstag. Sigismund, König von Schweden und Polen, weilte damals gerade in Polen, als Herzog Karl – der spätere König Karl IX. – die Gunst der Stunde nutzte und die Vertreter der Stände auf seine Seite brachte. Folge: In der Schlacht von Skällviksäng drei Jahre später, unterstützten die Stände die Truppen Karls und nicht die des Königs, was der Anfang vom Ende der Regierungszeit Sigismunds war.

Während des Mittelalters wurden die Wasserstraßen so ausgebaut, daß die Schiffe aus Danzig oder Lübeck direkt am Rathausplatz anlegen konnten. Im 16. Jh. allerdings begann der Fluß, der Lebensnerv der Stadt, zu versanden. Söderköpings Stern sank. Norrköping dagegen begann ihm den Rang abzulaufen. Im Dezember 1567 wurde die Stadt dann auch noch von dänischen Truppen dem Erdboden gleichgemacht. Die schon im 13. Jh. an der Slätbaken-Bucht errichtete Festung Stegeborg konnte die Angreifer nicht mehr aufhalten.

Ende des 18. Jh. wurde in der Stadt ein Kurbrunnen eingerichtet. Was man sich damals einfallen ließ, um die schon seit dem Mittelalter bekannte Sankt Ragnhilds-Quelle attraktiv zu machen und dem Wasser heilende Wirkung zuzusprechen, ist recht amüsant. Man verbreitete, daß Ragnhild, eine Nonne, eines Tages vom Riesen Ramunder geraubt worden war. Nach einigen Tagen tauchte Ragnhild wieder in der Stadt auf. Nun zerriß man sich die Mäuler darüber, daß die Klosterfrau ihre Freilassung mit ihrer Jungfernschaft bezahlt habe. Obwohl Sie ihre Unschuld beteuerte, wurde die Nonne zum Tode auf dem Scheiterhaufen verurteilt. Als die Flammen um Ragnhild hochloderten, rief sie den Himmel an und plötzlich entsprang eine gewaltige Quelle, deren Wasser das Feuer löschten. Nun floß aber das Wasser in einem solchen Maße, daß die Stadt unterzugehen drohte. Ragnhild betete erneut und nun entsprang der Quell auf wundersame Weise an der Stelle, an der der Kurbrunnen liegt. Heute ist der Kurbetrieb eingestellt, das Kurhaus aber dient als Hotel und Konferenzzentrum.

Ragnhild und der Kurbrunnen von Söderköping

Am 26. September 1832 wurde durch König Karl XIV. Johan der aufsehenerregende **Götakanal,** „Schwedens Blaues Band", eingeweiht, der bei Söderköping in die Ostseebucht Slätbaken mündet. Der Kanalbetrieb brachte zwar eine wirtschaftliche Verbesserung für die Stadt, seine alte Bedeutung erlangte Söderköping aber nicht mehr wieder.

Zu den Sehenswürdigkeiten in Söderköping zählen zwei Kirchen. Die **Sankt Laurentius Kirche** stammt aus dem 12. Jh. und ist in der Manier hanseatischer Backsteingotik errichtet. In der Kirche wurde 1281 die Gemahlin von König Magnus Ladulås, Hedvig (Helvig) und 1302 deren beider Sohn Birger und dessen Frau gekrönt. Im Inneren schöner Hochaltar aus dem 16. Jh. mit einem Altarbild von Per Hörberg.

Im ältesten Teil der Stadt liegt die **Drothem-Kirche**. Sie stammt aus dem 12. oder 13. Jh. und steht dort, wo sich das 1235 gegründete Franziskanerkloster befand.

Sehenswertes in Söderköping

Ein erwähnenswerter Profanbau ist – neben dem Rathaus (Touristen-büro) aus dem Jahre 1770 – das **Braskens Haus**. Bischof Hans Brask von Linköping richtete um 1525 in seinem Palais die angeblich erste Druk-kerei in Schweden ein. Und es sollen hier nicht nur religiöse Werke, son-dern auch Streitschriften gegen Gustav Wasa gedruckt worden sein.

Bei ausreichend zur Verfügung stehender Zeit lohnt ein Abstecher zur **Festung Stegeborg**, die ein gutes Stück südöstlich von Söderköping an der Einfahrt zur Bucht liegt. Von der historischen Burg Stegeborg, die König Birger ausgangs des 12. Jh. erbaute, sind noch der 26 m hohe Turm und die Ringmauer erhalten. 1543 wurde hier König Gustav Wasas Sohn Johan III. geboren.

Am Westende der Bucht Slätbaken beginnt an der Schleuse von Mem der **Götakanal**. 1832 fanden dort auch die Einweihungsfeierlichkeiten für den Kanal statt.

herrliche Schärenküste * Sehr reizvoll und bei schönem Wetter ein kleines Badeparadies ist die **Schärenlandschaft** bei St. Anna östlich von Söderköping.

Praktische Hinweise – Söderkäping

☎ Telefonvorwahl: 01 21

Söderköpings Turistbyrå, Rådhuset, 61480 Söderköping, Tel. 1 81 60, Fax 1 81 79. Ganzjährig geöffnet.

Söderköping

Hotels

⌂ Hotels: **Romantik Hotel Söderköpings Brunn**, 103 Zi., Skönbergagatan 35, Tel. 1 09 00, traditionsreiches Kurhotel, in einem schönen Park gelegen, Restaurant, Schwimmbad, Garage.

Camping bei Söderköping

▲ **St. Anna**

– **Tyrislöt Camping ****, Tel. 5 20 21; Ende Apr. – Ende Sept., ca. 40 km südöstl. von Söderköping, bei **St. Anna**, an der Straße 210 nach Tyrislöt; Wald- und Wiesengelände zwischen Klippen; ca. 2 ha – 50 Stpl. + 80 Dau.; Standard-ausstattung; 11 Miethütten. **Quick Stop!**

Wer schöne Küstenlandschaften sucht, kann über **Valdemarsvik** (Grännäs Camping) nach **Gryt** (Eköns Camping) und Fyrudden oder, nun schon in der Provinz Småland, etwas weiter südlich nach **Lofthammar** und zur **Blå Kusten** Blaue Küste (siehe auch weiter unten) abzweigen.

➜ **Route:** Weiterreise auf der E22 südwärts nach **Västervik**. ●

Auf dem Wege nach Västervik, das bereits in der großen Landesregion **Småland** liegt, passiert man **Gamleby** (Camping Hammarsbadets Cam-ping). Der Ortsname Gamleby bedeutet „Altstadt" und weist darauf hin, daß hier bis 1433 die alte Stadt Västervik lag.

Västervik (ca. 50.000 Einw.), eine im Sommer von Touristen eroberte, gepflegte Stadt mit einigen hübschen kleinen Gassen und niederen Fischerkaten, z.B. in der Båtsmansgränd, ist heute eine wichtige Hafen-stadt. In früheren Tagen war Västervik eine bedeutende Stadt des Schiffs-baus, aus der große Teile der schwedischen Flotte kamen.

Zu den ältesten Bauwerken der zwischen dem 15. und 17. Jh. mehrfach von Brandkatastrophen heimgesuchten und 1677 von den Dänen zer-störte Stadt, zählt die **St. Gertruds Kirche**. Sie stammt, zu Teilen jeden-falls, aus dem Jahre 1433, dem Gründungsjahr der Stadt. Die Turmhaube allerdings wurde erst Jahre 1782 aufgesetzt.

Von dem um 1360 von Albrecht von Mecklenburg erbauten Stegholms Schloß auf einer Insel im Sund vor der Stadt, ist seit dem Dänenansturm 1677 nicht mehr viel erhalten.

die Schärenküste bei Västervik

Besichtigen kann man das auf dem der Stadt gegenüberliegenden, nur durch den schmalen, überbrückten Sund getrennten Kulbacken eingerichtete **Stadtmuseum**. Das Museum befaßt sich in erster Linie mit der Epoche, als Västervik zu den größten Seefahrtstädten Schwedens zählte.

Am südlichen Stadtrand findet man an der schönen Schärenküste das öffentliche Strandbad der Stadt mit Camping Lysingbadet, angeblich Schwedens größter Campingplatz , mit Sicherheit aber einer der teuersten im Lande.

Praktische Hinweise – Västervik

☎ Telefonvorwahl: 04 90

Västerviks Turistbyrå, Strömsholmen, 59330 Västervik, Tel. 3 67 90, 3 61 45, ganzjährig geöffnet..

Västervik

⌂ Hotels: **Centralhotellet,** 46 Zi., Brunnsgatan 23, Tel. 3 01 40, Fax 3 34 01, Bahnhofsnähe, garni, Parkmöglichkeit. – Und andere Hotels.

Hotels

▲ – **Camping Lysingsbadets Semesteranläggning *****,** Tel. 3 67 95; 1. Jan. – 31. Dez.; voller Service aller Einrichtungen nur von 6.6. bis 9.8. zwischen 8 und 23 Uhr. Zufahrt von der E22 beschildert. Am südlichen Stadtrand; Freizeitanlage in einem weitläufigen, hügeligen, durch Wege und Felsen vielfach unterteilten Waldgelände, durch den Platz führt die Zufahrt zum öffentlichen Strandbad an der Schärenküste; ca. 75 ha – 1.000 Stpl. + Dau.; Standardausstattung; Laden, Imbiß, Schwimmbad, Tennis, Fahrradverleih; umfangreiche Freizeit- und Sporteinrichtungen, Vergnügungspark für Kinder, Musik- und Tanzveranstaltungen. In der Hauptreisezeit weniger ein Platz für Ruhesuchende; 97 Miethütten. **Quick Stop!**

Camping

Quick Stop
Stellplätze

<table>
<tr><td>

alternative „Inlandsroute"

</td><td>

Vimmerby, ein Städtchen knapp 60 km westlich von Västervik, ist der Geburtsort von Astrid Lindgren, die am 14. November 1992 ihren 85. Geburtstag feiern konnte. Um das Geburtshaus der erfolgreichen Kinderbuchautorin wurde der **Freizeit- und Märchenpark** „Astrid Lindgrens Welt" eingerichtet. Im Kleinformat sieht man u.a. Pippi Langstrumpfs „Villa Kunterbunt" oder den Bauernhof der „Kinder von Bullerby". Ferienhäuser und Campingmöglichkeit.

</td></tr>
</table>

➔ **Route:** Auf der Weiterreise nach Süden kann man – natürlich wie meistens – verschiedene Wege wählen. Entweder man folgt der schnellen E22 über Oskarshamn nach Kalmar, oder man macht einen weiträumigen Umweg ins Landesinnere und fährt z.b. über Vimmerby, Växjö, Kosta und Nybro nach Kalmar.

Oskarshamn liegt rund 65 km südlich von Västervik, etwa auf halbem Wege nach **Kalmar**. ●

<table>
<tr><td>

Autofähren nach Öland und Gotland ab Oskarshamn

</td><td>

Von Oskarshamn aus verkehren **Autofähren** nach Byxelkrok an der Nordspitze von Öland und nach Visby auf Gotland. Eine detaillierte Gotland-Beschreibung finden Sie im Reiseführer „*MOBIL REISEN: SCHWEDEN*" aus dieser Reiseführer-Reihe.

</td></tr>
</table>

Oskarshamn mit knapp 30.000 Einwohnern, das bis 1856 übrigens *Döderhultsvik* hieß, ist eine bedeutende Hafen- und Handelsstadt. Lange bildete der Schiffsbau einen wirtschaftlichen Schwerpunkt.

Aus Oskarshamn stammen der Schriftsteller und Archäologe Axel Munthe und der Bildhauer Axel Robert Petersson (1868 – 1925). Die Skulpturen Peterssons, der in Oskarshamn den Beinamen Döderhultarn hatte, zeigen meist Motive aus dem ländlichen, bäuerlichen Milieu und fallen durch ihre kantigen, fast groben Linien auf. Ein schöne Sammlung seiner Arbeiten sieht man im **Döderhultar- und Schiffahrtsmuseum** im Kulturhaus der Stadt.

Bei einem Bummel durch die Stadt sollte man sich auch das alte Stadtviertel **Besväret** mit seinen hübschen Holzhäusern und gepflasterten Gassen unweit des Store Torget ansehen. Das Viertel wurde Anfang des 17. Jh. erbaut. Und vom „Långa soffan", einer 72 m langen Holzbank aus dem Jahre 1876 hat man einen guten Blick auf den Hafen. Leider liegt die Bank unmittelbar an der Durchgangsstraße.

Einen Besuch lohnt auch der **Herrenhof Fredriksberg**. Das im Rokokostil gehaltene Herrenhaus aus der Zeit um 1780 liegt westlich der Stadt in einem schönen Park. Paradestück des Anwesens ist das Obergeschoß mit seinen kostbar möblierten und ausgestatteten Gemächern und den schönen Kachelöfen und gemalten Gobelins. Am Johannisabend, dem Vorabend der Mittsommernacht, wird auf Fredriksberg der traditionelle Tanz um den Maibaum abgehalten.

Stensjö by, ein interessantes Freilichtmuseum, liegt rund 12 km nördlich von Oskarshamn. Man sieht ein typisches småländisches Dorf aus der Zeit des 17. Jh. In Stensjö by wurden 1986 mehrere Szenen für die Verfilmung von Astrid Lindgrens Geschichte „Die Kinder von Bullerby" gedreht.

Die „**Blaue Küste**" nördlich von Oskarshamn mit ihren herrlichen Schärengebieten gilt als einer der schönsten Küstenstriche des Landes und ist ein Eldorado für Wassersportler und Segler. **herrliche Schärenküste ****

Etwas weiter draußen liegt im Kalmarsund vor Oskarshamn die **Insel Blå Jungfrun** (Blaue Jungfrau), ein fast kreisrundes Eiland, knapp 90 m hoch und nicht einmal einen Quadratkilometer groß. Früher angeblich ein berüchtigter Tummelplatz für Hexen, Trolle und Zauberer, die sich vor allem zu Ostern zu wilden Gelagen mit dem Teufel trafen – wie schön, daß es Märchen und Legenden gibt – ist sie heute ein Schutzgebiet interessanter und selten gewordener Pflanzen, Blumen und Vögel. Im Sommer verkehren ab Oskarshamn Ausflugsboote zu dem etwa 20 km entfernten Inselchen.

Wer gerne wandert, kann die Ostküste und das Hinterland von Småland auf dem **Ostkustleden** erleben. Der gut markierte, 160 km lange und nicht schwierige Wanderweg ist in 8 Etappen eingeteilt. Es gibt Übernachtungshütten. Der Weg beginnt in Lilla Hycklinge, nordwestlich der Stadt. **Wandern auf dem Ostküstenweg**

Praktische Hinweise – Oskarshamn

☎ Telefonvorwahl: 04 91

Oskarshamns Turistbyrå, Hantverksgatan 18, 57228 Oskarshamn, Tel. 8 81 88, Fax 8 81 94. Ganzjährig geöffnet.

Oskarshamn

☒ Hotels: **Comfort Home Hotel Post,** 66 Zi., Stora Torget, Tel. 1 60 60, Fax 1 70 18, zentral, Restaurant, Parkmöglichkeit.
Corallen, 70 Zi., Gröndalsgatan 35, Tel. 1 00 22, Fax 1 40 21, am Sportboothafen Ernemar, Restaurant, Parkmöglichkeit. – Und andere Hotels. **Hotels**

Jugendherberge: **STF Vandrarhem,** Åsavägen 8, 572 35 Oskarshamn, Tel. 8 81 98.

KALMAR an der engsten Stelle des gleichnamigen Sunds vor der nahen Insel Öland gelegen, ist eine der ältesten und geschichtsträchtigsten Städte des Landes. Lange verlief die schwedische Grenze nur etwa 50 km südlich von Kalmar. Das Gebiet jenseits, das südliche Småland, Blekinge und Skåne, gehörte zu Dänemark. Schon sehr früh erlangte der damals grenznahe Hafen von Kalmar wirtschaftliche und militärische Bedeutung. 1160 wurde auf Anweisung König Knut Erikssons zum Schutze des Hafens vor Angriffen fremder Heere und vor Überfällen durch Seeräuber als erste Festungsanlagen in Kalmar ein mächtiger Rundturm errichtet. Kalmar war schon damals über die Grenzen des Landes hinaus bekannt und bei den Geographen und Chronisten ein Begriff. So berichtet z.B. der isländische Chronist und Dichter Snorre Sturlason in seinen Aufzeichnungen über seine Schwedenreise im frühen 13. Jh. bereits über Kalmar als Handelsstadt. **Kalmars wechselvolle Vergangenheit**

König Magnus Ladulås (1274 – 1290) ließ um das Kastal eine wehrhafte Burganlage errichten, die bald Schwedens größte und stärkste Festung wurde. Rang und Bedeutung der Burg von Kalmar lassen sich auch daran erkennen, daß die dänische, und seit 1389 auch schwedische Königin Margrethe (1353 – 1412) ihre berühmte Ratsversammlung nicht nach Dänemark, sondern nach Kalmar in Schweden einberief. Ergebnis der

das Schloß von Kalmar

Versammlung war die **Kalmarer Union**, die den Zusammenschluß von Dänemark, Schweden und Norwegen unter der Vorherrschaft Dänemarks vorsah, aber de facto nicht sehr lange währte. Königin Margrethe ließ 1397 ihren Neffen Erich von Pommern in der 1678 gesprengten Stadtkirche zum Unionskönig Erik XIII. krönen.

Im Mittelalter hatte sich Kalmar schon zu einem blühenden Handelshafen entwickelt, dessen Warenumschlag sich mit dem in Visby und Söderköping durchaus messen konnte. Und bald wurde Kalmar als „Schlüssel zum Königreich" angesehen. Wer in Kalmar herrschte, beherrschte große Teile Südschwedens und der Ostsee.

Unnötig zu erwähnen, daß Kalmar häufig umkämpft war. So fiel das Schloß während des Krieges von Kalmar 1611 – 1613 in die Hände der Dänen. Schließlich legte eine Brandkatastrophe 1647 das alte Kalmar, das sich westlich vom Schloß erstreckte, in Schutt und Asche. Damals entschloß man sich, die Stadt auf der etwas nördlich vom Schloß gelegenen Insel Kvarnholmen nach einem regelmäßigen, großzügigen Straßenraster neu aufzubauen. Das Desaster wohl noch in Erinnerung wurde befohlen, ausschließlich Häuser aus Stein zu errichten. Sehenswert ist der alte Stadtkern auf Kvarnholm heute noch. Vor allem in der Kägensgatan sieht man schöne Häuserzeilen. Den Großen Marktplatz Stortorget umgeben der von Nicodemus Tessin d. Ä. entworfene und zwischen 1660 und 1682 errichtete Barockdom, das ebenfalls von Tessin entworfene Rathaus und das klassizistische Stadthaus.

Heute ist Kalmar eine moderne Stadt mit annähernd 58.000 Einwohnern und einem immer noch florierenden Hafen, der bis zur Errichtung der Ölandbrücke 1972 auch wichtiger Fährhafen war.

Bedeutendste Sehenswürdigkeit ist das **Schloß von Kalmar**. Die Anfänge des Schlosses reichen zurück ins 12. Jh., als König Knut Eriksson

(1167 – 1196) eine erste Befestigung zum Schutze des Hafens aufführen ließ. König Magnus Ludalås legte dann im 13. Jh. mit dem Festungsturm Kastal den Grundstein zur Burganlage, die unter den nachfolgenden Regenten immer wieder erweitert wurde. Während der Regentschaft der Söhne Gustav Wasas, Erik XIV. (1560 – 1569) und Johan III. (1569 – 1592), wurde ebenfalls am Schloß gebaut. Diesmal aber weniger unter dem Gesichtspunkt der Verteidigung, sondern vielmehr unter dem Aspekt, aus der trutzigen Burg ein Renaissanceschloß zu schaffen.

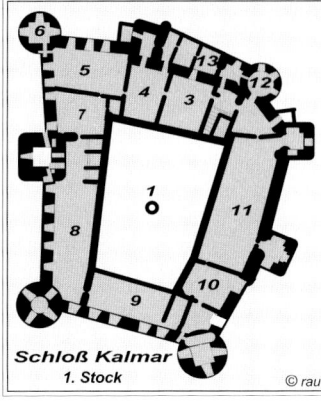

Schloß Kalmar
1. Stock
© rau

Nach der Brandkatastrophe von 1647 residierten der Statthalter und die Provinzregierung auf Schloß Kalmar, bis die entsprechenden Residenzen auf Kvarnholm errichtet waren.

Das nächste Jahrhundert war für das stattliche Renaissanceschloß der Wasazeit mit seiner großen Vergangenheit eine Zeit des Niedergangs und Verfalls. Und zu Beginn des 19. Jh. stand man kurz davor, das ganze Gemäuer niederzureißen. Glücklicherweise erkannte man noch rechtzeitig den historischen Wert von Schloß Kalmar und einigte sich 1850 darauf, das Schloß zu erhalten und zu restaurieren. In stufenweisen Bauabschnitten, die begleitet waren von wissenschaftlichen Untersuchungen der Baugeschichte, entstand Schloß Kalmar wieder in seiner ganzen Pracht, so wie es wohl zu seiner Glanzzeit während der Wasazeit ausgesehen haben mag. Erst 1980 waren die letzten Restaurierungsarbeiten abgeschlossen.

Schloß von Kalmar **, 15.6. – 15.8. Mo. – Sa. 10 – 18, So. 13 – 17 Uhr. Übrige Sommermonate tgl. bis 16 Uhr. Im Winter nur So. 13 – 15 Uhr.

Über eine 1933 rekonstruierte Zugbrücke über den westlichen Wallgraben und durch das Torgewölbe gelangt man in den inneren **Schloßhof (1)**. Dort sieht man über dem Haupteingang ein Relief mit dem Reichswappen. In der Hofmitte erhebt sich ein kleiner Brunnentempel im Renaissancestil. Auffallend ist an den Wänden des Innenhofs die Bemalung, die eine Quaderfassade imitiert. Sie wurde erstmals im 16. Jh. angebracht und während der Restaurierungsphase in den 30er Jahren rekonstruiert.

Die eigentlichen Schloßflügel betritt man durch ein schlichtes Portal aus dem 16. Jh. und geht über die **Königinnentreppe (2)** weiter zu den Königsgemächern. Die Treppe ist übrigens aus Grabsteinen gebaut, die Gustav Wasa im Lande beschlagnahmen ließ.

Ein säulengeschmücktes Holzportal führt in den großen **Königinnensaal (3)**, einen schlichten, nüchternen Saal mit Andeutungen von Wandbemalungen. Der gemalte Deckenfries stammt aus dem späten 16. Jh. Auf einem Podest sieht man eine Büste der gekrönten Königin Margarete und daneben eine Kopie des Unionsvertrages von 1397.

Anschließend gelangt man in den **Getäfelten Saal (4)**. An den Wänden

Kalmar

sieht man zwischen halbhohen dorischen Säulen Täfelungen mit teilweise wunderschön gearbeiteten Intarsien. Die Täfelung stammt zum Teil noch aus dem Jahre 1581. Die ursprüngliche Kassettendecke ist nicht mehr vorhanden.

Durch den **Grauen Saal (5)** gelangt man in das **Königsgemach (6)**. Es befindet sich im Nordturm des Schlosses, dem Kungsmarksturm. Das Gemach, auch als „König Eriks Gemach" bekannt, wurde hier Mitte des 16. Jh. eingerichtet. Sehenswert sind die Wandtäfelungen mit Intarsienarbeiten, die Kamineinfassungen mit den Initialen König Karls X. Gustav und der Jahreszahl 1657 und die Wandmalereien unter der Decke.

Man geht zurück in den Grauen Saal und gelangt in den **Goldenen Saal (7)** im Westflügel des Schlosses. Hier ist es in erster Linie die prunkvolle Kassettendecke, die beeindruckt.

Durch den **Grünen Saal (8)**, den zweitgrößten Saal im Schloß, der als Unterzeichnungsort der Kalmarer Union 1397 gedient haben soll, was allerdings nicht verbürgt ist, dann zwischen 1630 und 1679 als Residenz des Statthalters diente und schließlich als Getreidespeicher genutzt wurde, gelangt man in die 1970 restaurierte **Schloßkirche (9)**.

Durch die Rüstkammer (10), den Abgebrannten Saal (11), den größten Saal im Schloß und durch das nordöstliche Vorzimmer, gelangt man zurück zum Ausgangspunkt.

Schließlich kann man im Erdgeschoß des Schlosses noch Küche und Wohnung des Statthalters besichtigen.

An der Südostseite von **Kvarnholmen**, dem eigentlichen Stadtzentrum von Kalmar mit Dom, Rathaus, Touristeninformation etc. findet man das **Kalmar Läns Museum**. Dieses Heimatmuseum lohnt vor allem wegen der Ausstellung über das alte **Regalschiff „Kronan"** einen Besuch. Das Museum wurde 1987 eröffnet und ist in dem restaurierten Gebäude einer ehemaligen Dampfmühle eingerichtet.

„Kronan"-Ausstellung *
15.6. – 15.8. Mo. – Sa. 10 – 18, So. 13 – 17 Uhr. Übrige Zeit Di. – Fr. 10 –16, Sa. + So. 13 – 16 Uhr. Eintritt.

Die „Kronan" war eines der größten Kriegsschiffe seiner Zeit und wesentlich größer als die berühmte „Wasa" in Stockholm. Am 1. Juni 1676 sank das stolze Schiff vor Bornholm mitsamt seinen 128 Kanonen und 842 Seeleuten.

Etwa 300 Jahre nach der Tragödie wurde das Wrack der „Kronan" 1980 von dem schwedischen Meeresarchäologen Anders Franzén, der früher schon die Wasa gefunden und gehoben hatte, vor der Ostküste von Öland bei Hulterstad in einer Tiefe von 26 m geortet. Im Mai 1981 begann man mit der wissenschaftlichen Erforschung des Wracks und im August desselben Jahres barg man 18 Kanonen und zahlreiche Wrackteile und Ausrüstungsgegenstände. Interessant waren die Funde für die Historiker vor allem deswegen, weil hier ein völlig intaktes, komplett bemanntes und ausgerüstetes Kriegsschiff gefunden worden war. Die meisten der Funde sind im Museum zu sehen. Darunter befinden sich Goldmünzen, der vielleicht größte, jemals in Ostschweden entdeckte Goldschatz, die Schiffsglocke, Holzskulpturen oder persönliche Gegenstände der Seeleute wie Stiefel, Strümpfe, Tabakspfeifen u.v.m. Zu sehen ist außerdem ein maßstabsgetreues Modell der „Kronan", und ein Teil des Kanonendecks, der Kabine von Admiral Creutz und Offiziersquartiere wurde naturgetreu nachgebaut. Anschauungsmaterial schildert die Zusammenhänge der Großmachtzeit Schwedens und der Seeschlacht.

Andere Abteilungen des Kalmar Läns Museums befassen sich, z.B. im ersten Stock, mit sakraler Kunst (Abteilung 4), mit Möbeln und Hausgerät (Abteilung 3), mit Uhren (Abteilung 2) und mit Kleidung und Textilien und Spielzeug (Abteilung 1).

Nicht weit vom Kalmar Läns Museum entfernt liegt in der Södra Långgatan 81 das **Kalmar Marinemuseum**. Und im schön angelegten Stadtpark, ganz in der Nähe des Schlosses findet man im Slottsvägen Nr. 1 Kalmars **Kunstmuseum**. Zu sehen ist schwedische Kunst aus dem 19. und 20 Jh.. Unweit westlich des Kunstmuseums liegt der **Krusenstjernsche Hof**, ein im Stil des gehobenen Bürgertums des 18. Jh. eingerichteter Herrensitz.

Kalmar

Krusenstjernscher Hof
1.6. – 15.9. 13 – 17 Uhr.

Praktische Hinweise – Kalmar

☎ Telefonvorwahl: 04 80

Kalmar Turistbyrå, Larmgatan 6, 39120 Kalmar, Tel. 1 53 50, Fax 1 74 53. Ganzjährig geöffnet.

🏨 Hotels: **Comfort Home Hotel Packhuset,** 68 Zi., Skeppsbrogatan 26, Tel. 5 70 00, Fax 8 66 42, zentral, Restaurant, Parkmöglichkeit.
Kalmar Stadshotell, 116 Zi., Stortorget 14, Tel. 1 51 80, Fax 1 58 47, zentral in Bahnhofsnähe, Restaurant, Garage, Parkplatz.
Kalmarsund, 85 Zi., Fiskaregatan 5, Tel. 1 81 00, Fax 41 13 37, zentral, Bahnhofsnähe, Restaurant, Garage.
Romantik Slottshotellet, 45 Zi., Slottsvägen 7, Tel. 8 82 60, Fax 8 82 66, komfortable Haus in Bahnhofsnähe, teils in einem historischen Gebäude aus dem Jahre 1864 eingerichtet, Restaurant, Garage, Parkplatz.
Witt First Hotel, 112 Zi., Södra Långgatan 42, Tel. 1 52 50, Fax 1 52 65, Restaurant, Bars, Disco, Garage, Parkplatz. – Und andere Hotels.

Jugendherberge: **STF Vandrarhem,** Rappegatan 1C, 392 30 Kalmar, Tel. 1 29 28

▲ – Stensö Camping ***, Tel. 8 88 03; 1. Apr. – 31. Okt.; ca. 2 km südl. von Kalmar, E22-Abfahrt Kalmar Säter Richtung Sjukhus (Krankenhaus); weitläufiges, unebenes Waldgelände mit freien Wiesen, am Kalmarsund; ca. 10 ha – 250 Stpl. + 50 Dau.; Standardausstattung; Laden, Restaurant, Fahrradverleih. 15 Miethütten. **Quick Stop!**

Kalmar Hotels

Jugendherberge

Camping Quick Stop

AUSFLUG AUF DIE INSEL ÖLAND

Dicht unter der Küste Südostschwedens liegt die zweitgrößte Insel und zugleich kleinste Provinz Schwedens – **Öland**. Das „schmale Öland" mißt 140 km in der Länge und höchstens 16 km in der Breite und wäre kaum einer eingehenden Erwähnung wert, würde die Insel nicht mit einer erstaunlichen Fauna und Flora aufwarten.

Seit 1972 ist Öland fest mit seinem Hinterland verbunden. Die etwas mehr als 6 km lange **Ölandsbro**, eine der längsten Brücken in Europa, führt auf 153 Pfeilern in einem eleganten Schwung von Kalmar auf die Insel. Die Brücke ist 13 m breit. Ihr höchster Punkt liegt rund 40 m über dem Wasserspiegel.

Die **Alvarsteppe,** diese sonderbare, ebene Heide- und Steppenlandschaft, die sich über 40 km im Süden der Insel erstreckt, ist nicht nur Verbreitungsgebiet geschützter Pflanzen und Orchideen , sondern auch der Lebensraum einer bunten Vogelwelt. Nicht umsonst hat sich an der Südspitze der Insel eine der bedeutendsten **Vogelwarten** Nordeuropas

eine der typischen Windmühlen von Öland zwischen den Steinen prähist. Schiffsetzungen

(kleines Museum) niedergelassen. Der Kiebitz ist ebenso zu beobachten wie der Goldregenpfeifer, der Kranich ebenso wie der Säbelschnäbler. Doch das Wahrzeichen der Insel wurde weder eine seltene Orchidee noch ein rarer Vogel, sondern es wurden die **Windmühlen,** die die bäuerliche Kultur Ölands symbolisieren. Einst standen über 2.000 dieser Bockmühlen auf den windigen Ebenen der Insel, heute sind noch ein paar hundert erhalten.

Bei Böda erstreckt sich einer der schönsten **Sandstrände** der Insel.

Öland ist eine alte Kulturlandschaft. Bei **Resmo** wurden 4.000 Jahre alte **Ganggräber** entdeckt. Andere Funde deuten auf eisenzeitliche Siedlungen hin. Und zahlreiche Runensteine erinnern an die Wikingerzeit. Der größte Runenstein Ölands ist beinahe 3 m hoch und trägt Inschriften aus dem 11. Jh.. Eindrucksvoll sind die Reste frühgeschichtlicher Festungswälle, z.B. die der **Fluchtburgen** in **Gråborg** oder **Triberga.**

Sehenswertes auf Öland

Von ganz besonderem Interesse aber und einen Besuch unbedingt wert ist das wunderbar rekonstruierte, von einer Ringmauer umgebene **Eketorp,** ein frühgeschichtliches Dorf, das einer Siedlung aus dem 4. nachchristlichen Jahrhundert nachempfunden ist.

Weitere bedeutende Sehenswürdigkeiten auf Öland sind die mächtige **Burgruine Borgholm,** dann **Schloß Solliden**, das Sommerschloß der schwedischen Königsfamilie, wieder die schon erwähnten **Windmühlen** und schließlich diverse Dofkirchen, allen voran die **Kirche von Gärdsläsa.** Auf Öland gibt es eine ganze Reihe von Campingplätzen.

32. KALMAR – SÖLVESBORG

⊙ **Entfernung:** Rund 250 km, ohne Abstecher.
➜ **Strecke:** Über die Straße E22 und über **Karlskrona** und **Karlshamn** bis **Sölvesborg**.
🕑 **Reisedauer:** Mindestens ein Tag.
⌘ **Höhepunkte:** Der **Stortorget** in **Karlskrona** – **Karlshamns Kulturviertel**.

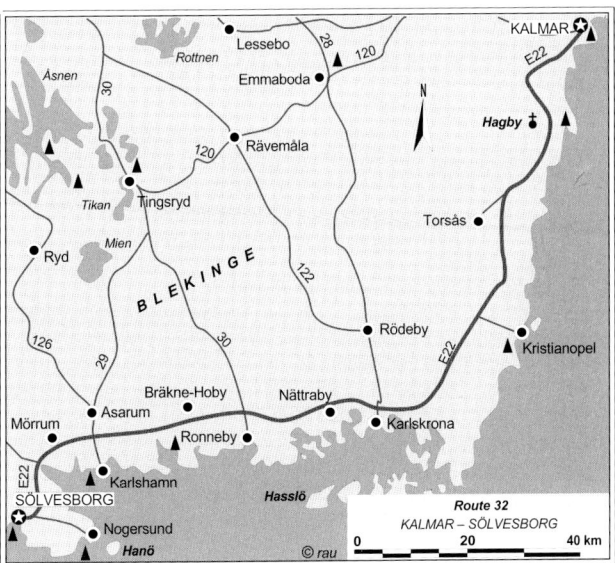

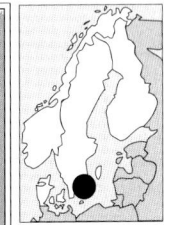

Route 32
KALMAR – SÖLVESBORG
0   20   40 km
© rau

➜ **Route:** Von Kalmar aus erreicht man über die E22 und über **Hagby** (Camping) mit seiner für Schweden seltenen Rundkirche, rasch das 82 km weiter südlich an der Südwestküste gelegene **Karlskrona** im Landesbezirk Blekinge.
Rund 20 km vorher kann man in **Fågelmara** die E22 verlassen und einen Abstecher ostwärts nach **Kristianopel** an der Küste unternehmen. ●

Kristianopel – König Christian IV. von Dänemark hatte hier um 1600 eine Festung gegen die Schweden errichtet. Heute ist das Städtchen ein vielbesuchter Freizeithafen und Badeort.

Kristianopel ist auch Ausgangspunkt des **Wanderweges Blekingeleden**,der auf gut markierten Pfaden 240 km quer durch die gesamte Provinz Blekinge westwärts nach Olofström führt.

Wandern auf dem Blekingeleden *

315

KARLSKRONA, die angeblich auf 33 Inseln gebaute Hafenstadt, konnte 1980 ihren 300sten Geburtstag feiern. Als die Dänen in der Schlacht bei Lund 1676 endgültig besiegt waren und Skåne und Blekinge endlich dem Königreich Schweden einverleibt werden konnte, gründete König Karl XI. (1655 – 1697) 1680 Karlskrona als Garnisonsstadt und Marinestützpunkt. Man brauchte einen möglichst eisfreien Hafen im Süden des Landes. Den Standort glaubte man mit der Insel Trossö gefunden zu haben, auf der auch heute noch das Zentrum der Stadt liegt. Breite Straßen und große Plätze wurden angelegt, um Militärparaden und Aufmärschen den gebührenden Raum zu gewähren. 1790 fielen Teile der Innenstadt einem Brand zum Opfer, als in der Amiralitetsgatan eine Wäscherin beim Befüllen der Bügeleisen mit glühender Kohle unvorsichtig hantierte. Über Nacht hatte die Stadt damals plötzlich 3.000 Obdachlose.

Stadtspaziergang durch Karlskrona

Eine Stadtbesichtigung beginnt man am besten auf dem **Stortorget**, dem stolzen und irgendwie vornehm wirkenden großen Platz im Zentrum der Stadt. In der Mitte erhebt sich ein Denkmal des Stadtgründers Karl. XI. Die umliegenden Gebäude verleihen dem Platz ein stattliches Aussehen. Manche meinen sogar, der Stortorget in Karlskrona sie einer der schönsten Stadtplätze in Nordeuropa. Hier findet man das Rathaus, die Stadtbibliothek, die Touristeninformation, die Dreifaltigkeitskirche, das Hauptpostamt und die Fredrikskirche. Die beiden Kirchen wurden nach Plänen von Tessin d. J. erbaut.

Der runde Barockbau der **Dreifaltigkeitskirche** ist auch als „deutsche Kirche" bekannt. Sie war bis ins 19. Jh. die Pfarrkirche einer großen deutschen Gemeinde in Karlskrona. Einer der Protagonisten des neuen Karlskrona, Admiral Hans Wachtmeister, war ein Mitglied dieser deutschen Gemeinde. Er starb im Jahre 1714 und ist unter dem Chor der Dreifaltigkeitskirche beigesetzt. Auf dem Friedhof der Kirche findet man auch das Grab des Bildhauers Johan Törnström, der viele schöne Galionsfiguren schuf. Einige sind im Marinemuseum ausgestellt.

Die **Frederikskirche** mit ihren beiden Vierecktürmen und dem wohlklingenden Glockenspiel, das morgens, mittags und abends ertönt, ist nach Frederik I. benannt.

Vom Stortorget kann man über den begrünten, parkähnlichen Amiralitetstorget nach Süden gehen und kommt dann am Ende des Parks zum Marinemuseum und zur **Alten Werft**. Hier steht Schwedens längstes Holzgebäude, in dem sich die bis 1960 aktive, 300 m lange Seilerbahn befindet. Außerdem sind hier eines der ersten Trockendocks und das erste U-Boot des Landes, die „Hajen", eine Sensation zu ihrer Zeit, zu sehen – allerdings nur für schwedische Staatsangehörige. Das Gelände ist militärisches Sperrgebiet und für Ausländer nicht zugänglich.

Marinemuseum
Jun. – Aug. 10 – 16, Juli bis 18 Uhr. Übrige Zeit 12 – 16 Uhr.

Weniger Probleme gibt es bei der Besichtigung des **Marinemuseums**, das auf drei Etagen einen sehr schönen Querschnitt durch die schwedische Seefahrtsgeschichte und die Marinetradition in Karlskrona gibt. U. a. sieht man eine bemerkenswerte Ausstellung von Schiffsmodellen, die auch Modelle des berühmten Schiffsbauers Fredrik Henrick af Chapman zeigt. Die weiter oben schon erwähnte Sammlung von Galionsfiguren, vornehmlich aus dem 18. und 19. Jh., findet man im ersten Stock.

Im südöstlichen Stadtteil, am Südende der Drottninggatan, liegt rund 400 m östlich des Marinemuseums die **Admiralitätskirche Ulrica Pia**. Die

Kirche wurde 1685, fünf Jahre nach der Stadtgründung eingeweiht und nach der Gemahlin König Karls XI., Ulrica Eleonora, benannt. Der Kirchenbau ist vollständig aus Holz aufgeführt und gilt als größter seiner Art in Schweden. Als Architekt wird Erik Dahlberg genannt. Sehenswert im Inneren sind das Altarbild, eine Antwerpener Kopie von Rubens' „Der Lanzenstoß", dann das Altarkreuz aus Zedernholz, das Mitte des 18. Jh. dem Patriarchen von Konstantinopel gehörte, weiter das Votivschiff „Karlskrona" und die Grabdenkmäler verdienter Offiziere und Schiffsbauer. Freunden der Geschichten von Selma Lagerlöf wird aber weniger die Kirche, als vielmehr die lebensgroße Holzfigur des **Gubben Rosenbom** vor der Kirche etwas sagen. Der bärtige Mann mit dem großen, breitkrempigen Hut ist wahrscheinlich Karlskronas populärster „Einwohner". Den Hut übrigens kann man anheben. Früher tat man das, um in der als Opferstock fungierenden Figur ein Scherflein für die Armen zu deponieren. Der Alte Rosenbom spielt in der Geschichte „Nils Holgerssons wunderbare Reise mit den Wildgänsen" eine wichtige Rolle. Bei seinem geträumten, nächtlichen Streifzug durch Karlskrona schlüpft der zum Däumling geschrumpfte Nils Holgersson unter den Hut des Rosenbom. Von dieser hohen Warte aus begleitet er den Alten, der mit dem vom Denkmalspodest auf dem Stortorget gestiegenen König Karl XI. ein Spaziergang durch die Stadt macht.

Sehenswert ist in Karlskrona weiter der Stadtteil **Björkholmen**, westlich der Innenstadt. Hier sind noch einige der alten, kleinen Holzkaten erhalten geblieben, in denen sich die ersten Handwerker und Arbeiter der Marinewerft niedergelassen hatten.

Außerdem lohnt das **Blekinge Museum** am Fisktorget, westlich des Stortorget in der Nähe des Fischereihafens, einen Besuch. Eingerichtet ist das Museum im „Grevagården" (Grafenhaus), dem 1705 errichteten ehemaligen Wohnhaus des Admirals Graf Hans Wachtmeister. Schöner Barockgarten.

Stadtspaziergang durch Karlskrona

Gubben Rosenbom vor der Admiralitäts-kirche

Blekinge Landesmuseum
Mo. – Fr. 9 – 16 (Jul. + Aug. bis 20), Sa. + So. 13 – 17 Uhr.

Praktische Hinweise – Karlskrona

☎ Telefonvorwahl: 04 55

Karlskrona Turistbyrå, Stortorget, 37183 Karlskrona, Tel. 30 34 90, Fax 30 34 94. Ganzjährig geöffnet.

Karlskrona

🏨 Hotels: **Carlscrona**, 74 Zi., Skeppsbrokajen, Tel. 1 96 30, Fax 2 59 90, Bahnhofsnähe, Parkmöglichkeit.
First Express, 86 Zi., Borgmästaregatan 13, Tel. 2 70 00, Fax 2 30 46, zentral, Restaurant.
Siesta, 25 Zi., Borgmästargatan 5, Tel. 8 01 80, Fax 8 01 82, zentral. – Und andere Hotels.

Hotels

Jugendherberge: **STF Vandrarhem Stensjö**, 38032 Holmsjö, Tel. 9 23 10, Ende Juni bis Mitte August.

Jugendherberge

▲ – **Dragsö Camping ******, Tel. 1 53 54; Ende Apr. – Ende Aug.; durchs Zentrum und über Saltö zur Insel Dragsö (Brücke); Fels- und Wiesengelände; ca. 6 ha – 240 Stpl. + Dau.; gute Standardausstattung; Laden, Imbiß; 14 Hütten. **Quick Stop!**
– **Skönstaviks Camping ******, Tel. 2 37 00; 1. Mai – 31. Aug.; E22 Ausfahrt Karlskrona Väst, an der Ausfallstraße Richtung Malmö; hügelige Wiesen mit Baumbestand an einer Bucht mit öffentlichem Strandbad; ca. 8 ha – 200 Stpl. + Dau.; Standardausstattung; Laden, Imbiß, 14 Miethütten. **Quick Stop!**

Camping

Quick Stop Stellplätze

Die alte Brunnenstadt **Ronneby** (ca. 30.000 Einw.) ist heute ein Zentrum der Elektronik- und Computerindustrie. Das alte *„Rotneby"* erhielt als eine der ersten Siedlungen in Blekinge im Jahre 1387 Stadtrechte verliehen – unterschrieben vom 17-jährigen dänischen König Olof. Nach einer wechselvollen Geschichte kam Ronneby Ende des 17. Jh. dann endgültig an Schweden.

Trotz eines verheerenden Brandes sind einige alte Holzhäuser in der ehemaligen **Altstadt** unterhalb der Kirche erhalten geblieben. Ein Bummel durch die oft noch mit Feldsteinen gepflasterten Gassen, hinauf zur schön gelegenen **Heilig-Kreuz-Kirche** lohnt allemal. Auffallend ist der gewaltige, eher an eine Festung als an ein Gotteshaus erinnernde Kirchturm. Während eines Ansturms schwedischer Truppen im Jahre 1564, wurden nicht nur große Teile der Stadt, sonder auch die Kirche geplündert. Die meisten Kunstwerke im Inneren stammen aus der Zeit der Renaissance, Altar (1652) und Kanzel (1620) dagegen sind im Stil des Barock gearbeitet.

Wer sich für die Frühgeschichte des Landes interessiert, findet östlich von Ronneby und nördlich der E22 eine ganze Reihe **eisenzeitlicher Grabfelder** wie in **Hjortahammar** oder Hjortsberga. Bei Björketorp steht ein über 1.200 Jahre alter, 4 m hoher Runenstein mit einer Inschrift, die so gedeutet wurde: „Mächtiger Runen Geheimnisse verberge ich. Heimtückischer Fluch und Tod dem, welcher dieses Denkmal bricht. Ich sage Verderb voraus". Sollte diese Deutung wirklich authentisch sein, weicht diese Inschrift stark von dem ab, was sonst auf Runensteinen geschrieben steht.

30 km weiter westlich erreicht man auf der E22 **Karlshamn** (ca. 31.000 Einw.). Die Handels- und Hafenstadt erhielt 1644 Stadtrechte und war bis lange nach der Jahrhundertwende einer der am meisten frequentierten Auswanderungshäfen nach Amerika. Im Hamnparken erinnert ein von dem Bildhauer Axel Olsson geschaffenes Denkmal an die Zeit der Auswanderer. Dargestellt auf dem Denkmal ist das Paar Karl-Oskar und Kristina, zwei Romanfiguren, die in der Erzählung „Die Emigranten" von Vilhelm Moberg die Hauptrolle spielen.

Wie nahezu alle Küstenstädte hier war Karlshamn in der Zeit der Dänenherrschaft oft umkämpft, es wurde geplündert und niedergebrannt. An die Zeit der Dänenherrschaft erinnert noch das Kastell auf der Insel Frisholmen in der Hafeneinfahrt. Es wurde 1675 erbaut, war mit 242 Kanonen bestückt und bis 1865 in Gebrauch. Im Sommer gibt es eine Fährverbindung vom Hafen zur Insel. 1763 vernichtete ein Großbrand fast die ganze Stadt. Karlshamn konnte also keine historischen Baudenkmäler bewahren.

Als touristische Sehenswürdigkeit gilt **Karlhamns Kulturviertel** an der Drottninggatan/Vikelgatan. Hier sind historische Gebäude, Kaufmannshöfe, wie der *Skottsbergska Gården* in der Drottninggatan 81, ein alter Tabaksladen, ein Druckereimuseum, eine Kunsthalle und das Punschmuseum zu sehen. *Carlshamns Punsch* war Mitte des 19. Jh. eine beliebte Spezialität.

Praktische Hinweise – Karlshamn

☎ Telefonvorwahl: 04 54

Karlshamns Turistbyrå, Ronnebygatan 1, 37481 Karlshamn, Tel. 8 12 03, Fax 8 42 45. Ganzjährig geöffnet.

Karlshamn

◯ Hotels: **First Hotel Carlshamn**, 132 Zi., Varvsgatan 1, Tel. 8 90 00, Fax 8 91 50, Restaurant, Garage, Parkplatz.

Hotels

Scandic Hotel Karlshamn, 99 Zi., Jannebergsvägen 2, Tel. 1 66 60, Fax 1 86 66, Restaurant, Parkmöglichkeit.

Jugendherberge: **STF Vandrarhem Björkliden**, 37453 Karlshamn-Asarum, Tel. 2 99 85, 1. Mai – 30. Sept.

Jugendherberge

▲ – **Kolleviks Camping *****, Tel. 8 12 10; 1. Mai – 30. Sept.; ca. 5 km südöstl. von Karlshamn; Wald- und Wiesengelände am Meer; ca. 2 ha – 110 Stpl.; gute Standardausstattung. Laden. **Quick Stop!**

Camping

– **Långasjönäs Camping *****, Tel. 2 06 91; Anf. Mai – Mitte Okt.; ca. 3 km nordöstl. von Asarum; Wiesengelände am See; ca. 2 ha – 90 Stpl.; gute Standardausstattung.

Quick Stop
Stellplätze

Sölvesborg, heute eine Industriestadt mit annähernd 16.000 Einwohnern, liegt an der Westseite einer weit ins Land reichenden Bucht. In der Nähe der Stadt findet man viele einladende Sandstrände, so den von Listerlandet, den von Sandviken oder den bei Hällevik etwas weiter südöstlich der Stadt.

Mit großen Sehenswürdigkeiten kann Sölvesborg nicht aufwarten. Von der Stadtburg aus dem 14. Jh. sind nur noch Ruinen erhalten. Für den Interessierten ist sicher die St. Nicolai Kirche sehenswert, ein Backsteinbau, der aus der Hansezeit stammt und das älteste Gebäude der Stadt ist, das alle Wirren der Zeit fast unversehrt überstanden hat.

Besichtigen kann man außerdem das **Sölvesborg Museum**, das in einem 150 Jahre alten Branntweinmagazin eingerichtet ist und das **Fischereimuseum** in Hällevik.

Bei schönem Wetter sollte man einen Schiffsausflug zur **Insel Hanö** ins Auge fassen, eine alten Seefahrerinsel mit dem steinigen Landsporn namens „Bönsäcken" im Norden. Auf der größten Erhebung der Insel (60 m) erhebt sich ein 16 m hoher Leuchtturm mit dem stärksten Leuchtfeuer der Ostsee. Die Schiffe nach Hanö verkehren ab Nogersund südöstlich von Sölvesborg.

Praktische Hinweise – Sölvesborg

☎ Telefonvorwahl: 04 56

Sölvesborg Turistbyrå, Stadshuset, 29480 Sölvesborg, Tel. 1 00 88, Fax 1 25 05. Ganzjährig geöffnet.

Sölvesborg

◯ Hotels: **Hanöhus Hotell & Restaurang**, 90 Zi., Hanöhuswägen 8 - 10, Tel. 5 25 10, Fax 5 62 24. Restaurant, Tanzbar, Garage. – Und andere Hotels.

Hotels

▲ – **Hälleviks Camping ******, Tel. 5 27 14; 1. Jan. – 31. Dez.; südöstlich von Sölvesborg, von der E22 über die Straße 123 Richtung Nogersund; leicht schräges, langezogenes Wiesengelände an der Bucht von Hällevik; ca. 4 ha – 200 Stpl. + 80 Dau.; gute Standardausstattung; Laden, Imbiß; Tennis; 8 Miethütten. **Quick Stop!**

Camping

Quick Stop
Stellplätze

33. SÖLVESBORG – HELSINGBORG

⊙ **Entfernung:** Rund 310 km, ohne Abstecher.

➔ **Strecke:** Über Straße E22 bis vor **Tollarp** – Straße 19 bis **Brösarp** – Straße 9 bis **Simrishamn** – Küstenstraße bis **Ystad** – Straße E65 bis **Malmö** – Straße E22 über **Lund** bis **Hurva** – Straße 23 bis **Bosjökloster** – Straße 17 über **Eslöv** bis **Landskrona** – Straße E6/E20 bis **Helsingborg**.

🕐 **Reisedauer:** Mindestens ein Tag, besser zwei Tage.

⌘ **Höhepunkte:** Die **Burg Glimmingehus *** – der **Strand bei Mälarhusen **** – prähistorische Schiffsetzung **Ales Stenar **** – **Ystads historische Altstadt **** – der **Dom **** zu Lund.

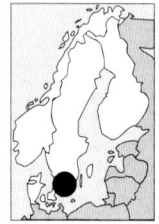

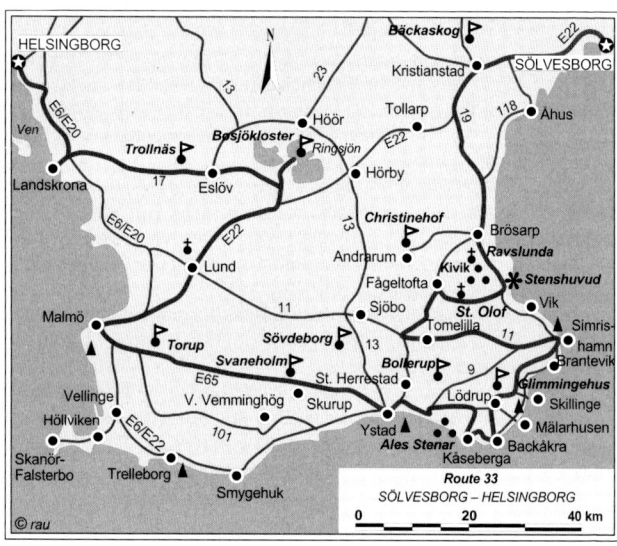

Route 33
SÖLVESBORG – HELSINGBORG
0   20   40 km

Diese Route führt durch die schönsten Teile Südwestschwedens, einer alten Kulturlandschaft in der Region **Skåne** (Schonen). Am Wege liegen historische Städte, herrliche Küstenlandschaften und Strände, Burgen, Schlösser und Herrensitze, Kirchen und Dome, frühgeschichtliche Denkmäler und immer wieder Gasthöfe. Viele von ihnen bieten regionale Spezialitäten an, für die Skåne mindestens genauso bekannt ist wie für seine Kulturdenkmäler.

Schonen war lange dänisches Staatsgebiet, bis 1658, dann – nach dem Frieden von Roskilde – fiel Schonen an Schweden. Dänemark hatte damals etwa ein Drittel seines Staatsgebietes verloren. Kein Wunder also, daß man im 17. Jh. in Kopenhagen immer wieder daran arbeitete, die Gebiete zurückzubekommen. Und erstaunlicherweise waren die Schonen dem Ansinnen damals angeblich gar nicht so abgeneigt. Aber der Revanchekrieg 1675 verlief für die dänenfreundlichen „Schnapphähne" ungünstig. Die schwedentreuen „Freischützen" behielten die Oberhand. Schonen blieb endgültig schwedisch, auch wenn manche Dänen angeblich dem schönen Schonen insgeheim noch heute ein wenig nachtrauern.

Auch wenn diese Reiseetappe von Sölvesborg nach Helsingborg an Kilometern relativ kurz ist, sollte im Interesse des Reiseerlebnisses für diese Route unbedingt mehr als ein Reisetag eingeplant werden.

➔ **Route:** Von Sölvesborg über die E22 westwärts bis **Kristianstad.** ●

Schloß Bäckaskog liegt rund 20 km westlich von Sölvesborg auf einem Landrücken zwischen den Seen Oppmannasjön und Ivösjö. Das Anwesen befindet sich auf dem Gelände eines um 1250 gegründeten und 1537 wieder verlassenen Premonstratenserklosters. Als Skåne Mitte des 17. Jh. zu Schweden kam, fiel das Anwesen an den Staat. Später, in der zweiten Hälfte des 19. Jh., war Schloß Bäckaskog ein beliebter Landsitz von König Karl XV.. Heute ist im Schloß ein Hotel eingerichtet. Besichtigen kann man das Schloß in Gruppen und nach vorheriger Anmeldung.

Kristianstad (Camping) in der Provinz Skåne, dieser ländlichen und freundlichen Landschaft, die bekannt ist für ihre kulinarischen Spezialitäten und ihre bei Kennern beliebten Hausmannskost, wurde 1614 vom dänischen König Christian IV. als Bollwerk gegen Schweden gegründet und stark befestigt. Nach dem Frieden von Roskilde fiel Kristianstad an Schweden und war im Revanchekrieg 1675 eine strategisch wichtige und feste Bastion der Schweden im Kampf gegen die Dänen. Im 19. Jh. wichen die Festungswälle breiten Straßen und Alleen. Heute ist Kristianstad eine moderne Industrie- und Garnisonsstadt mit über 72.000 Einwohnern. *(Kristianstad Wiege des schwedischen Films)*

Zu den Sehenswürdigkeiten zählen – neben dem Stora Torget, der ehemals als Paradeplatz diente – vor allem die **Dreifaltigkeitskirche**, ein schöner Backsteinbau im Renaissancestil aus dem frühen 17. Jh., das **Stadtmuseum** und das **Film Museum** in der Östra Storgatan 53, mit Erinnerungen an die erste Zeit des Films, die in Schweden in Kristianstad begann.

➔ **Route:** Knapp 10 km südwestlich von Kristianstad verlassen wir die E22, die direkt nach Malmö führt, und folgen der Straße 19 südwärts bis **Brösarp.** ●

Brösarp ist ein eher dänisch anmutendes Dorf mit gutem Gasthof. Zwischen Brösarp und dem weiter südlich gelegenen St. Olof verkehrt – zumindest im Sommer – eine dampfbetriebene **Veteranenbahn** durch die schöne Hügellandschaft von Österlen.

Rund 10 km westlich von Brösarp liegt **Schloß Christinehof.** Die Straße dorthin führt nördlich an einer Hügelkette vorbei, in der bis ins 19. Jh. Alaun abgebaut wurde, das im Alaunwerk von Andrarum – damals wichtigster Industriezweig in Skåne – verarbeitet wurde.

Christina Piper, eine der vielleicht reichsten Frauen im Schweden des 18. Jh., ließ sich das prächtige Schloß um 1740 errichten. Es beherbergt heute ein Kulturzentrum für Konzerte und Theater. Zu besichtigen gibt es *(Schloß Christinehof 1. Jul. – 11. Aug. Di. – So. 11 – 17 Uhr, übrige Sommermonate nur Sa. + So., Eintritt.)*

eine Galerie und ein Jagdmuseum, einen gepflegten Park mit Spazierwegen und ein Wildgehege. Restaurant „Kronhjorten".

Auf dem Weg nach Simrishamn können Sie die mittelalterliche **Kirche von Ravlunda** mit schönen Malereien in den Gewölben besichtigen, das in der Nähe liegende bronzezeitliche **Hünengrab von Haväng** ansehen oder in **Kivik** (Camping) in der Kelterei haltmachen, dem einzigen Weinhaus in Schweden wie es heißt. Bekannt ist das Haus aber für seine Säfte, z.B. aus Johannisbeeren oder Äpfeln und für seinen Apfelwein (Cidre). Kivik, in dem Mitte Juli ein im ganzen Land bekannter Jahrmarkt stattfindet, liegt im größten Obstanbaugebiet Schwedens.

frühgeschichtliches Hügelgrab *

Wer sich für frühgeschichtliche Altertümer interessiert, sollte sich unbedingt das sog. „**Königsgrab**" von Kivik ansehen. In dem riesigen Steingrabhügel aus der Bronzezeit wurden in der Grabkammer seltene Felszeichnungen entdeckt, die den Archäologen Rätsel aufgeben. War der fast dreieinhalbtausend Jahre alte Hügel mit seinem breiten, offenen Gang zwischen den hoch aufgetürmten Steinwällen nun tatsächlich das Grab eines Herrschers? Oder war er etwa Mittelpunkt einer vorgeschichtlichen Handelsstation, wie auch schon geäußert wurde?

Weiter südlich des Ortes liegt der **Stenshuvud Nationalpark**. Wanderwege führen vom Parkplatz auf die an der Küste gelegene, fast 100 m aufragende bewaldete Höhe Stenshuvud. Am Fuße des Berges lange, breite Geröll- und Sandstrände.

Wanderweg durch Südostschonen

Die „Lange Runde", ein gut 160 km langer **Wanderweg** durch Südostschonen, führt am Stenshuvud vorbei. Der Wanderweg – Teil des Fernwanderweges Skåneleden – kommt aus Ystad, führt über Kåseberga, Sandhammaren, Kyhl, Skillinge, Simrishamn und Kivik immer an der Küste entlang, geht dann landeinwärts nach Brösarp, über Umwegen zum Schloß Christinehof, dann südwestwärts, südlich an Sjöbo vorbei zurück nach Ystad. Entlang des Weges findet man Rast- und Übernachtungsstellen.

➔ **Route:** Südlich von Kivik verlassen wir die Straße 9 in westlicher Richtung. Nach 8 km erreicht man den Flecken **St. Olof**. ●

St. Olof-Kirche *

Die sehenswerte **Kirche von St. Olof** war bis zur Reformation eine der bedeutendsten Wallfahrtskirchen Schonens. Um 1200 entstand an einer uralten Opferquelle eine kleine Kapelle, die im 15. Jh. erweitert wurde, um den wachsenden Andrang der Pilger aufnehmen zu können. Diese Erweiterungsbauten im Laufe der Jahrhunderte führten zu einer ungewöhnlichen Raumaufteilung des Gotteshauses. Verehrt wurde der Heilige Olof, Schutzpatron der Kirche. Im Inneren sind der Hauptaltar – die Kirche hat vier Altäre – mit einem schön geschnitzten Flügelaltar, die Blattmusterfresken im Kreuzgewölbe, die schön bemalten Kirchenbänke und die alten Grabplatten bemerkenswert.

➔ **Route:** Der weitere Verlauf unserer Route führt noch ein Stück weiter nach Westen bis **Fågeltofta** nahe der Straße 19. Von hier ostwärts, wieder zurück Richtung Küste und über die Straße 9 südwärts nach **Simrishamn**. ●

Sehenswert in **Fågeltofta** ist der historische **Bondrumsgården**. Der romantische, ausgezeichnet erhaltene Vierkanthof mit seinen niederen, reetgedeckten Fachwerkhäusern, grob gepflastertem Innenhof und Ziehbrunnen, ist einer der ältesten Höfe dieser Art in Skåne und dient heute als Heimatmuseum.

Hübsche Fischerdörfer mit malerischen Winkeln sind **Vik** und **Baskemölla** (Golfplatz, Konferenzhotel) nördlich von Simrishamn.

Simrishamn, eine bezaubernde, kleine Küstenstadt mit rund 6.000 Einwohnern und einem lebhaften Fischereihafen, hat im Zentrum um die St. Nicolai-Kirche romantische Straßenzüge mit niederen Häuserzeilen an gepflasterten Straßen bewahren können. Die hübschesten dieser Straßenzüge sind Stora Norrgatan oder Stora Rådmansgatan hinter der Nicolaikirche.

1123 taucht Simrishamn als *Svimraros* erstmals in den Annalen der Geschichte Schonens auf. Damals war Simrishamn nicht viel mehr als der Hafen der weiter landeinwärts gelegenen reichen Handelsstadt Tumathorp (heute Tommarp). Wenig später wurde die erste Kirche errichtet und Simrishamn entwickelte sich rasch zu einem wichtigen Fischerei- und Handelshafen. Hochseefischerei und vor allem die industrielle Verarbeitung besonders von Hering und Dorsch sind bis auf den heutigen Tag der wichtigste Wirtschaftszweig von Simrishamn geblieben.

Die Storgatan, die Hauptgeschäftsstraße der Stadt, führt vom Tullhustorget (Touristeninformationsbüro, Parkplätze) am Fischereihafen leicht ansteigend als Fußgängerzone zum Stortorget, dem großen **Marktplatz** am Rathaus. An der Ostseite das Platzes liegt der alte Bergengrensak Hof mit einem schönen alten Garten. Ein Stück südlich vom Marktplatz findet man das **Österlens Museum**, das einen Besuch lohnt. Österlen war lange eine etwas abgelegene, wirtschaftlich wenig entwickelte und fast ausschließlich zur See hin orientierte Region in Osten von Skåne. Alte Traditionen und Handwerke konnten sich hier länger halten. Das Museum vermittelt einen Überblick über die kulturelle Entwicklung in Österlen, über das ländliche Kunsthandwerk anhand von bemalten Bauernmöbeln, Trachten und Trachtenschmuck, wunderschönen Klöppelarbeiten u.ä. Eine separate Abteilung mit schöner Segelschiffmodellsammlung widmet sich der langen Seefahrtsgeschichte von Simrishamn.

Westlich vom Stortorget sieht man die **St. Nicolai-Kirche** aufragen. Die Ursprünge dieses mächtigen romanischen Sandsteinbaus, der die Stadtsilhouette prägt, reichen zurück bis in die Mitte des 12. Jh. St. Nicolai (Nikolaus von Myra in der Türkei) ist der Schutzpatron der Seefahrer. Ihm ist die Kirche geweiht. Viele schöne Votivschiffe sind im Kircheninneren zu sehen.

Im Sommer verkehren zwischen Simrishamn und Allinge auf der dänischen Insel Bornholm täglich schnelle Tragflügelboote, nur Personenbeförderung.

Tragflügelboote nach Bornholm

Praktische Hinweise – Simrishamn

☎ Telefonvorwahl: 04 14

Simrishamns Turistbyrå, Tullhusgatan 2, 27231 Simrishamn, Tel. 1 60 66, Fax 1 63 64. Ganzjährig geöffnet.

🏠 Hotels: **Svea**, 60 Zi., Strandvägen 3, Tel. 41 17 20, Fax 1 43 41, Restaurant, Parkmöglichkeit.

Simrishamn Hotels

➜ **Route:** Fährt man von Simrishamn unmittelbar an der Küste nach Süden, erreicht man nach rund 10 km **Brantevik.** ●

Brantevik war um die Jahrhundertwende Heimathafen von 118 Segelschiffen, der damals größten Fischereiflotte Schwedens. Im „Hoppets Lokal" sind viele Souvenirs, die die Seeleute von ihren Reisen aus aller Welt mit nach Hause brachten und zahlreiche Schiffsmodelle zu sehen.

Burg Glimmingehus * Jun. – Aug. tgl. 10 – 18, Apr., Mai + Sept. 9 – 17 Uhr. Eintritt.

Glimmingehus liegt rund 10 km südwestlich von Simrishamn. Der befestigte, stolze Herrensitz aus der Zeit um 1500 gilt als eine der am besten erhaltenen mittelalterlichen Wehrgüter in Skandinavien. Man sieht es dem hohen, viereckigen Bau mit Stufengiebeln und zweieinhalb Meter dicken Mauern an, daß sich der dänische Reichsadmiral Jens Holgersen Ulfstand 1499, als er den westfälischen Bildhauer und Baumeister Adam von Düren mit der Bauausführung beauftragte, als Ergebnis in erster Linie eine wehrhafte Burg und erst in zweiter Linie einen wohnlichen Landsitz vorstellte. Durch das Treppenhaus, in dem am Kamin der keulenschwingende „Wilde Mann" steht, eine Skulptur von Adam von Düren aus dem Jahre 1500, gelangt man in die drei Obergeschosse.

Fahren Sie hinaus nach **Skillinge** einem alten Fischerdorf mit einem sehenswerten **Schiffahrtsmuseum**, das an die lange Seefahrtstradition des Ortes erinnert. Das **Hafenwirtshaus** am Kai serviert gute Fischgerichte.

Bleiben Sie ruhig auf der küstennahen Landstraße Richtung Kåseberga. Man kommt dann durch **Kyhl** mit einem guten Restaurant, das für sein großes Heringsbüfett bekannt ist und im Oktober und November während der feuchtfröhlichen Aalfeste ausgezeichnete Aalgerichte anbietet. Für Kenner gibt es Aal in sieben Versionen.

herrlicher Sandstrand bei Mälarhusen **

Über **Borby** gelangt man zur Küste vom **Mälarhusen**. Die Straße endet an einem Parkplatz. Hinter einem Dünengürtel erstreckt sich dort ein wunderbarer, weißer, kilometerlanger feiner **Sandstrand**. Das Ufer ist flach.

Später kann man von der küstennahen Straße, die nun mehr nach Westen führt, auf ein schmales, nicht sonderlich markiertes Landsträßchen nach **Backåkra** abzweigen. Die Straße endet an einem ehemaligen Gehöft, das einsam in einer herrlich ruhigen, sanften Hügellandschaft liegt.

Dag Hammarskjölds Sommerhaus Anf. Juni – Ende Aug. tgl. 12 – 17, Mai + Sept. Sa. + So. 12 – 17 Uhr. Eintritt.

Backåkra war von 1957 bis 1961 der **Landsitz von Dag Hammarskjöld**, der zwischen 1953 und seinem tragischen Unfalltod 1961 Generalsekretär der Vereinten Nationen in New York war. Nach dem Tode Hammarskjölds, dem 1961 auch der Friedensnobelpreis verliehen worden war, kam das Anwesen an den Schwedischen Touristenverein, dem es Hammarskjöld in seinem Testament vermacht hatte und der das Gut seitdem als Museum und Gedenkstätte pflegt. Hammarskjöld hatte in seinem Testament auch bestimmt, daß Backåkra jedes Jahr während zwei Monaten im Sommer Mitgliedern der Schwedischen Akademie als Ferienhaus zur Verfügung stehen soll. In den Räumen sind viele Erinnerungsstücke zu sehen, die Dag Hammarskjöld von seinen Reisen in alle Teile der Welt mitbrachte.

größte Schiffsetzung Skandinaviens **

Von Parkplatz am Ortsrand von **Kåseberga** kann man einen schönen Spaziergang (ca. 20 Minuten) auf eine freie, ebene Anhöhe über dem Ort machen. Dort liegt eines der interessantesten Altertümer Skånes, **Ales**

Burg Glimmingehus

Stenar, eine imposante Reihe von 57 uralten Steinmonolithen, die in der Form einer großen **Schiffsetzung** aufgestellt sind, die größte Schiffsetzung Skandinaviens übrigens. Die Wissenschaftler sind sich aber noch nicht ganz darüber einig, ob man in dem gewaltigen Steindenkmal hoch über der Küste ein Grabmonument für einen Wikingerfürsten, ein Seezeichen oder gar eine vorgeschichtliche Kultstätte zur Sonnenbeobachtung ähnlich der im englischen Stonehenge vor sich hat.

Die hohe, relativ steil nach Südwesten abfallende Küste bei Kåseberga bietet Drachenfliegern gute Voraussetzungen zur Ausübung ihres Sports. *Campingmöglichkeit* in **Löderups strandbad**, Anf. Apr. – Ende Sept.

→ **Route:** Von Kåseberga fahren wir nordwärts nach **Löderup** mit schöner Kirche und dort westwärts über **Valleberga** nach **Ystad**.

●

Die **Kirche von Valleberga,** ein architektonisch interessanter Bau, ging aus einer frühen Rundkirche hervor, die in den späteren Kirchenbau integriert wurde und deren Struktur man im Chorbereich noch erkennen kann. Die alte Rundkirche von Valleberga ist die einzige ihrer Art in Schonen. Zugänglich nur während der Gottesdienste.

Ystad ist eine alte Hafenstadt an der Südküste Schonens, mit heute annähernd 25.000 Einwohnern. Kaum eine andere Stadt in Südschweden hat in der Altstadt ihren mittelalterlichen Charakter so gut erhalten können wie Ystad. Mehrere hundert alte Fachwerkhäuser haben alle Feuersbrünste, Kriege und Belagerungen überstanden. Sie prägen noch heute das Altstadtbild mit. Eine wichtige Rolle spielte der Hafen von Ystad im 19. Jh. während der von Napoleon verhängten Kontinentalsperre. Hier wurden damals Waren umgeschlagen, mit denen die Blockade umgangen wurde.

Fähren nach Bornholm und Polen

Ab Ystad verkehren regelmäßig Autofähren nach Rönne auf der dänischen Insel Bornholm (Fahrtdauer zweieinhalb Stunden) und nach Swinoujscie in Polen. Nach Rönne gibt es außerdem schnelle Tragflügelboot-Verbindungen (Fahrtdauer eineinviertel Stunden).

Zentrum der historischen Altstadt ist der Stortorget. Mitten auf dem Platz liegt das **Alte Rathaus** aus dem Jahre 1840, das das ursprüngliche Rathaus von 1572 ersetzt. Westlich davon erhebt sich am Mattorget die **Ma-**

Ystads historische Altstadt **

rienkirche. Bis ins 16. Jh. endete hier das Stadtgebiet. Die Kirche ist Ystads ältestes Sakralgebäude. Im 17. und 18. Jh. war der Turm mit einem Turmwächter besetzt, der über die Stadt zu wachen hatte und mit seinem Kupferhorn nachts zwischen neun und drei Uhr viertelstündlich Signal gab, daß alles ruhig war. Der Platz an der Marienkirche ist von einem schönen Ensemble von Fachwerkhäusern umgeben.

Gehen Sie vom Stortorget durch die Garvaregränd nach Norden, vorbei am schönen Fachwerkgebäude des alten **Apothekerhofes** aus dem 16. Jh. und weiter durch die Klostergatan bis zum **Gråbröderkloster** (Graue Brüder oder Franziskanerkloster) mit der **St. Petri-Kirche**. Die Abtei ist neben dem Kloster von Vadstena die besterhaltene Klosteranlage in Schweden. Der älteste Teil des Kloster ist das Mittelschiff der St. Petri-Kirche, das aus dem Jahre 1267 stammt. Im Kircheninneren sieht man einen Taufstein aus dem 14. Jh. und etwa 80 Grabsteine und Epitaphe aus der Zeit von 1300 bis Ende des 18. Jh. Während der Reformationszeit wurde der Klosterbetrieb verboten, die Mönche wanderten ab und das Kloster diente nun als Armenhaus, Hospital, Schnapsbrennerei etc., also sehr weltlichen Zwecken. 1909 wurde das Kloster renoviert und beherbergt heute u.a. städtische Museen.

Das **Museum der Freiwilligen Feuerwehr** im alten Gerberhaus am Bäckahästgränd in der Nähe des Franziskanerklosters, zeigt alte Löschfahrzeuge, Wasserspritzen und diverses anderes Anschauungsmaterial, das einen guten Überblick über die 150jährige Geschichte der hiesigen Feuerwehr gibt. Eine der Kuriositäten des Museums ist der „Cederholmaren", ein dampfbetriebenes Fahrzeug, das als erstes Automobil Schwedens vorgestellt wird.

Man kann nun zurück bis zum Stortorget gehen und dort ostwärts (links) in die Store Östergatan (Fußgängerzone und Ystads größte Geschäftsstraße) einbiegen und ihr einen Häuserblock weit folgen. Rechts zweigt die Brorgränd ab. Das Eckhaus dort ist das sog. **Birgittahuset**, ein schöner Steinbau mit Treppengiebeln aus dem 16. Jh.. Das Gebäude war früher Teil des Bürgermeisterhofes und diente König Karl XII. bei seinen Aufenthalten in der Stadt als Residenz.

Über die Brorgränd und die Stickgatan gelangt man zum St. Knut-Platz gegenüber dem Fährhafen. Hier liegen das Touristenbüro und das **Kunstmuseum** von Ystad. Letzteres gilt als eines der größten regionalen Museen in Schweden. Ausgestellt sind Werke von Malern aus Schonen und Dänemark aus dem 19. und 20. Jh., wie z.B. Gerhard Wihlborg, dem ein eigener Raum gewidmet ist. Eine permanente Ausstellung zeigt Leihgaben des Stockholmer Nationalmuseums. Dem Kunstmuseum angeschlossen ist das **Dragonermuseum**.

Das **Museum Charlotte Berlin** ist in einem Bürgerhaus aus dem späten

19. Jh. in der Dammgatan nördlich vom St. Knut-Platz eingerichtet. Die Zimmer des ehemaligen Wohnhauses der Bürgermeisterstochter Charlotte Berlin sind im Stil des etablierten Bürgertums der damaligen Zeit eingerichtet.

Der **Per Hälsas-Hof**, das vielleicht schönste alte Fachwerkensemble in Ystad, wenn nicht ganz Schwedens, liegt im östlichen Teil der Altstadt in der Nähe des Österports Torg, fast neben dem neuen Rathaus. Der Hof besteht aus mehreren Gebäuden aus der Zeit vom 17. bis ins 19. Jh. und wurde als Kaufmannshof, als Brauerei, als Gerberei, als Schnapsbrennerei u.ä. genutzt.

Praktische Hinweise – Ystad

☎ Telefonvorwahl: 04 11

Ystads Turistbyrå, Sankt Knuts Torg, 27142 Ystad, Tel. 7 76 81, Fax 55 55 85. Ganzjährig geöffnet.

Ystad

☒ Hotels: **Anno 1793 Sekelgården**, 15 Zi., Stora Västergatan 9, Tel. 7 39 00, Fax 1 89 97, zentral, Parkmöglichkeit.
Continental, 52 Zi., Hamngatan 13, Tel. 1 37 00, Fax 1 25 70, zentral, Bahnhofsnähe, Restaurant, Pianobar, Parkmöglichkeit.
Prins Carl, 20 Zi., Hamngatan 8, Tel. 7 37 50, Fax 6 65 30, zentral, Bahnhofsnähe, Restaurant, Parkmöglichkeit.
Ystads Saltsjöbad, 108 Zi., Saltsjöbadsvägen 6, Tel. 1 36 30, Fax 55 58 35, östlich vom Hafen, am Strand, Restaurant, Bar, Parkmöglichkeit. – Und andere Hotels.

Hotels

Jugendherberge: **STF Vandrarhem Sandskogen**, Fritidsvägen, Ystad Sandskog, 50 m vom Meer, 80 Betten, Tel. 7 72 97.

Jugendherberge

▲ – **Sandskogens Camping ******, Tel. 1 92 70; Mitte Apr. – Mitte Sept.; ca. 3 km östl. von Ystad, an der Küstenstraße 9; Wald- und Wiesengelände am Meer; ca. 7 ha – 250 Stpl. + 150 Dau.; Standardausstattung; Laden. Fahrradverleih. 8 Miethütten.

Camping

Rund 10 km nördlich von Ystad liegt westlich der Straße 13 **Schloß Sövdeborg**. Es stammt aus dem 16. und 17. Jh. und wurde Mitte des 19. Jh. umfassend restauriert. Die Schloßanlage besteht im wesentlichen aus drei zweigeschossigen Backsteingebäuden und einem viergeschossigen Eckturm. Prunkstück des Schlosses ist der **Stensal** mit prächtiger Stuckdecke. Das Schloß kann nur von Gruppen nach vorheriger Vereinbarung besichtigt werden.

Wenn Sie sich länger in der Gegend aufhalten können, finden Sie nördlich von Ystad eine Reihe gepflegter **Landgasthöfe**, z.B. den in **Stora Herrestad** (besuchenswert ist hier auch das *Heimatmuseum* im alten Gerichtshaus aus dem Jahre 1802) oder den Gasthof **Sventorps Villa** weiter nordöstlich in der Nähe der sehenswerten **Burg Bollerup** mit Wandmalereien aus dem 16. Jh. und einer Kirche mit Rundturm.

➜ **Route:** Weiterreise nach Malmö entweder über die schnelle E65 oder südlich über die Küstenstraße 9 bis **Trelleborg** und dort über die E6/E22 nach **Malmö**. Auf der südlichen Strecke kommt man bei **Smygehuk** am südlichsten Punkt Schwedens vorbei. ●

Västre Vemmenhög an der Straße 101 westlich von Ystad ist Kennern der Geschichte des Nils Holgersson von Selma Lagerlöf wahrscheinlich in Erinnerung. Hier war der kleine Nils auf dem Hof seiner Eltern zu Hause und hier in Vemmenhög begann er seine abenteuerliche Reise mit den Wildgänsen durch ganz Schweden.

Schwedens südlichster Punkt

Trelleborg (ca. 37.000 Einw.) ist Schwedens südlichste Hafenstadt und wichtiger Fährhafen mit Verbindungen nach Travemünde und Saßnitz. Bis zum zweiten Weltkrieg war die Fährverbindung von Saßnitz nach Trelleborg die wichtigste Schiffsverbindung zwischen Deutschland und Schweden.

Zu den Sehenswürdigkeiten der Stadt zählen das **Stadtmuseum** (Heimatkunde, Archäologie) und die **Axel-Ebbe-Kunsthalle** mit Werken des Bildhauers Ebbe, der bis 1941 in Trelleborg tätig war.

Praktische Hinweise – Trelleborg

☎ Telefonvorwahl: 04 10

Trelleborgs Turistbyrå, Hamngatan 4, Garvaregården, 23142 Trelleborg, Tel. 4 21 20, Fax 1 34 86, Ganzjährig geöffnet.

Trelleborg Hotels

🏠 Hotels: **Stadshotellet**, 42 Zi., C.B. Friisgatan 3, Tel. 1 52 50, Fax 1 42 03, Restaurant, Garage. – Und andere Hotels.

Jugendherberge: **STF Vandrarhem Liljeborgskolen**, 23100 Trelleborg, Tel. 5 31 13, Mitte Juni – Anf. August..

Camping

▲ – **Dalabadets Camping ★★★★**, Tel. 1 49 05; 1. Jan. – 31. Dez.; östl. Trelleborg zwischen Straße 9 und Meer; Wiesengelände mit Buschwerk; ca. 6 ha – 220 Stpl. + 80 Dau.; einfache Standardausstattung. Laden, Imbiß, Bademöglichkeit. – Und andere Campingplätze.

Svaneholm Schloßmuseum, Restaurant
Mai – Aug. Di. – So. 11 – 17, übrige Zeit Mi. – So. 11 – 16 Uhr. Eintritt.

Schloß Svaneholm liegt nördlich der E65, unweit westlich von **Skurup** (*Johanna-Museum*, private Oldtimersammlung, T-Ford u.a., Spielzeugsammlung). Das Schloß aus dem 16. Jh. zählt zu einem der bemerkenswertesten Renaissancebauwerken in Südschweden. Bis 1816 war Svaneholm im Besitz von Rutger Maclean, der die Flurbereinigung in Schweden einführte. Im Schloß ist über vier Stockwerke ein Museum eingerichtet. Außerdem befindet sich im Schloß ein renommiertes Restaurant.

Auf dem Wege nach Malmö kann man von der E65 über Landstraßen einen Umweg nach Norden machen und das rund 15 km östlich von Malmö gelegene **Schloß Torup** besuchen. Dieser befestigte Landsitz mit dicken Mauern, Gräben und Türmen aus dem 16. Jh. kann im Sommer auf Führungen besichtigt werden. Kunstsammlung in der Empfangshalle.

MALMÖ, Schwedens drittgrößte Stadt mit weit über 230.000 Einwohnern, ist die unumstritten Metropole Schonens. Die betriebsame Hafen- und Industriestadt wird – wenn die Pläne, eine Brücke von Malmö über den Öresund nach Dänemark zu schlagen, verwirklicht sind – noch enger an das europäische Wirtschaftsleben gebunden sein.

Malmö lag schon immer etwas näher am Geschehen des europäischen Festlandes. Der Handel, mindestens seit der Hansezeit ein blühendes Gewerbe in der Stadt, brachte viele Impulse fremder Länder nach Malmö. Und es konnte nicht ausbleiben, daß Malmö heute einen weltoffeneren, kosmopolitischeren Eindruck beim Besucher hinterläßt, als die meisten anderen schwedischen Städte. Deutlich wird eine solche Vielfalt z.B. auch im Restaurantwesen der Stadt. Schonische Spezialitätenlokale findet man ebenso, wie Restaurants mit internationaler Küche, neben griechischen, italienischen u.a. Lokalen.

Sehenswertes findet man im alten Stadtzentrum, das – ähnlich wie in Göteborg – von Kanälen eingefaßt ist. Einer der zentralen Plätze in der Innenstadt ist der große Marktplatz **Stortorget** mit dem Reiterdenkmal König Karls X., der Schonen von den Dänen zurückgewann, und dem **Renaissancerathaus** von 1546. Den Platz umgeben noch einige weitere Bauwerke, deren Ursprünge im 16. Jh. liegen. So wurde z.B. die „Apoteket Lejonet", Stortorget 8, Malmös älteste Apotheke, schon 1571 gegründet. Im Jörgen Kock's Gård, einem anderen schönen Bau des 16. Jh., ist das Restaurant „Kockska Krogen" zu finden.

Sehenswertes in Malmö

Die **Sankt Petri-Kirche**, östlich vom Rathaus, stammt aus dem 14. Jh. und ist sehr wahrscheinlich das älteste aus jener Zeit erhaltene Bauwerk der Stadt. Das in der Manier Lübecker Backsteingotik aufgeführte Gotteshaus war das Zentrum des mittelalterlichen Malmö, das damals von einer rund 1.600 m langen und 5 m hohen Stadtmauer umgeben war.

Einige Straßenzüge weiter östlich findet man am Drottningtorget das **Fahrzeugmuseum**, mit einer schönen Ausstellung von Kutschen, Landauern u.ä. Bislang nur freitags von 9 bis 16 Uhr geöffnet.

An die Südwestecke des Stortorget schließt der Kleine Platz **Lilla Torget** an. Ihn umgeben einige hübsche alte Häuser aus dem 16. Jh. So ist z.B. im **Hedmanska Gården**, einem alten Kaufmannshof aus dem 16. Jh., heute das Zentrum Form und Design eingerichtet.

Malmöhus, die große Wasserburg westlich des alten Stadtkerns, wurde auf den Mauern einer Festung aus der Mitte des 15. Jh. zwischen 1536 und 1542 errichtet. Nachdem Skåne schwedisch geworden war, erweiterte man die Befestigungsanlagen, Bastionen und Verteidigungseinrichtungen. Mitte des 19. Jh. dann wurden die Mauern abgetragen, Malmöhus wurde Staatsgefängnis. Seit 1932 nun beherbergt die Festung, die inmitten eines weiten Parkgeländes liegt, das **Malmö Museum** mit Abteilungen über Stadtgeschichte, Kulturgeschichte, Kunst und Kunsthandwerk, Naturgeschichte und einem Aquarium.

Schloß Malmöhus Di. – So. 12 – 16 Uhr, Jun. – Aug. auch Mo., Eintritt.

Im ehemaligen Haus des Burgkommandanten, das am Malmöhusvägen außerhalb der eigentlichen Festungsanlage liegt, ist eine Ausstellung über die Militärgeschichte zu besichtigen. Ebenfalls im Malmöhusvägen findet man das **Technik- und Seefahrtsmuseum**.

Praktische Hinweise – Malmö

☎ Telefonvorwahl: 0 40

Malmö Turistbyrån, Centralstationen, Skeppsbron 2, 21120 Malmö, Tel. 30 01 50, Fax 23 55 20. Ganzjährig geöffnet.

Schnellboote „Flygbåtarna" sowie gewöhnliche Fähren verkehren regelmäßig und ganzjährig zwischen Malmö und Kopenhagen.
Außerdem gibt es einen schnellen Zubringer mit SAS Hovercraft Luftkissenbooten von Malmö zum Flughafen Kastrup (Kopenhagen). Die Boote verkehren ab Malmös zentrumsnaher Anlegestelle an der Skeppsbron im Inneren Hafen.

Malmö Fähren

Malmö
Restaurants

🍴 **Översten,** Regementsgatan 52A, Tel. 91 91 00, im 26. Stockwerk eines Hochhauses, prächtiger Stadtblick, teuer.

O'Yes, im Börshuset, Skeppsbron 2, Tel. 10 43 70, gilt als eines der namhaftesten Restaurants in Südschweden, gut und teuer.

Pers Krog, Limhamnsvägen 2, zählt zu den besten Lokalen der Stadt, Fischspezialitäten, teuer.

Kockska Krogen, Frans Suellsgatan 3, Tel. 7 03 20, Kellerlokal in einem historischen Gebäude am Stortorget, gut und teuer.

Rådhuskälleren, Stortorget, gutbürgerliches Lokal.

Einfach und nicht allzu teuer, aber gut ißt man im **Centralen** im Zentralbahnhof. Und das **Fågel Fenix** in der Isak Slaktaregatan 6 gilt als sehr gutes Vegetarierrestaurant. – Und andere Restaurants.

Hotels

🏠 Hotels **Baltzer,** 41 Zi., Södergatan 20, Tel. 7 20 05, Fax 23 63 75, gehobene Mittelklasse, zentral an Fußgängerzone und Einkaufsstraße.

City Hotel Anglais, 65 Zi., Stortorget 15, Tel. 6 60 95 50, Fax 6 60 95 59, Bahnhofsnähe, Parkplatz.

Garden, 167 Zi., Baltzarsgatan 20, Tel. 10 40 00, Fax 6 11 68 08, Restaurant, Garage.

Kramer Provobis, 45 Zi., Stortorget 7, Tel. 20 88 00, 12 69 41, zentral, renommiertes Stadthotel, Restaurant, Garage, Parkplatz.

Noble House, 128 Zi., Gustav Adolfs Torg 47, Tel. 6 64 30 00, Fax 6 64 30 50, zentral, Restaurant, Garage.

Radisson SAS Hotel, 221 Zi., Östergatan 10, Tel. 23 92 00, Fax 6 11 28 40, Haus der Luxusklasse, 3 Restaurants, Garage, SAS check-in.

Residens, 68 Zi., Adelgatan 7, Tel. 6 11 25 30, Fax 300 09 60, am Bahnhof. Restaurant, Garage.

Scandic St. Jörgen, 273 Zi., Stora Nygatan 35, Tel. 7 73 00, Fax 97 10 04, Restaurant, Garage.

Scandic Hotel Triangeln Malmö, 214 Zi., Triangeln 2, Tel. 7 40 00, Fax 23 20 20, Haus der Luxusklasse, im südl. Innenstadtbereich, Restaurants, Casino, Garage. – Und andere Hotels.

Jugendherberge

Jugendherberge: **STF Vandrarhem Södergården,** 174 Betten, Backavägen 18, 214 32 Malmö, Tel. 8 22 20, Bus 36 ab Zentralbahnhof.

Camping

▲ – **Sibbarp Camping ****,** Tel. 15 51 65; 1. Jan. – 31. Dez.; ca. 5 km südwestl. des Stadtzentrums von Malmö, im Stadtteil Limhamn; weitläufiges, meist ebenes Wiesengelände mit Laubbaumgruppen, beim öffentl. Strandbad; ca. 7 ha – 700 Stpl. + 50 Dau.; Standardausstattung, Laden, Imbiß. Fahrradverleih. 18

Quick Stop

Miethütten. **Quick Stop!**

UMWEG ÜBER LUND

➜ **Route:** Das nur 56 km nordwestlich von Malmö gelegenen Helsingborg ist über die autobahnähnlich ausgebaute Straße E6/E20 rasch zu erreichen.

Der Weg unserer Hauptroute – besonders den an Kirchenbaukunst Interessierten zu empfehlen – führt von Malmö über die E22 zunächst gut 30 km nach Nordosten bis **Lund.** ●

Die Stadt **Lund** ist eines der historischen Zentren, ein Mittelpunkt des Kirchen- und Universitätslebens in Schweden. Lund bildet seit 1974 zusammen mit Dalby, Genarp, Södra Sandby und Bevberöd ein Großgemeinde mit 85.000 Einwohnern.

Svend Gabelbart, der dänische Wikingerkönig, Herrscher über Dänemark und England, soll Lund ausgangs des ersten nachchristlichen Jahrtausends an der Stelle eines alten Thingplatzes gegründet haben. Somit wäre Lund Schonens älteste Stadt.

1145 wurde der romanische Dom eingeweiht und Lund zum ersten Erzbistum in Skandinavien erhoben. Der Einfluß der Erzbischöfe von Lund reichte weit über Schweden hinaus, nach Dänemark (das auf Betreiben des Dänenkönigs Erichs des Immergrauen dem Erzbistum Hamburg-Bremen entzogen worden war), nach Norwegen, Schweden-Finnland, Island und bis nach Grönland. Im Laufe der Zeit entstanden in der Stadt nicht weniger als 27 Kirchen. Acht Klöster siedelten sich an. Lund entwickelte sich zu einem wichtigen Zentrum des katholischen Geisteslebens. 1668 konnte die Universität ihren Betrieb aufnehmen. Seitdem hat die Stadt ihre landesweit bekannte Position auf dem Gebiet der Forschung und Lehre immer weiter ausgebaut.

Zu den kulturhistorisch größten Sehenswürdigkeiten der Stadt Lund zählt **der Dom zu Lund** zweifellos ihr **Dom**. 1104 wurde auf Veranlassung von Erzbischof Asker ****** und König Niels der Grundstein zu dem romanischen Bau gelegt. Als  erster Baumeister ist der aus Italien stammende Donatus erwähnt. Es entsteht eine dreischiffige Kreuzkirche, deren ältester Teil die Krypta unter dem Ostteil des Kirchenbaus ist. Sehr schön ist die Außenansicht der halbrunden Altarabsis, die den imposanten Sandsteinbau im Osten abschließt. 1145 konnte der Kirchenbau von Erzbischof Eskil eingeweiht werden. St. Laurentius und die Jungfrau Maria sind die Schutzpatrone des Doms. Kaum hundert Jahre nach der Einweihung wurde der Dom durch einen Brand schwer geschädigt. Den Wiederaufbau übertrug man dem westfälischen Baumeister Adam von Düren, von dem auch einige Skulpturen im Kircheninneren stammen.

Als Mitte des 16. Jh. die Reformation in Dänemark Wirkung zeigte, begann das Erzbistum in Lund seine politische Unterstützung und einen Großteil seines Einflusses zu verlieren. Der kurz vor der Weihe stehende Erzbischof wurde im August 1538 unversehens abgesetzt, die Kirchen des Erzbistums geschlossen. Aus dem Dom zu Lund wurde eine einfache Pfarrkirche. Nach dem Frieden von Roskilde kam das Bistum an Schweden.

Ende des 19. Jh. und noch einmal um 1960 wurde der Dom umfassend restauriert.

Sehenswert im Dom zu Lund sind vor allem das **Westportal** mit seinen Bronzereliefs, dann die **astronomische Uhr** „Horologium Mirabile Lundense" aus dem 14. Jh., die **Renaissance-Kanzel**, der **siebenarmige Leuchter** und schließlich das gotische, reichgeschnitzte **Chorgestühl.**

Nördlich des Doms liegt am Rande des hübschen Parks Lundagård das rote Backsteingebäude des **Kungshuset**, das Mitte des 16. Jh. als Residenz für König Fredrik II. von Dänemark erbaut worden ist. Später diente der Kungshuset als Universitätsgebäude.

Gehen Sie durch die Adelgatan, eine der hübschesten Straßen in Lund, vom Park Lundagård ein Stück nach Osten. Sie kommen dann zum **Freilichtmuseum Kulturen**, eines der schönsten, gewiß aber eines der ungewöhnlichsten Freilichtmuseen des Landes, denn es liegt mitten in der Stadt. Man sieht eine stattliche Sammlung von alten Bauernhöfen, Pfarr-

und Stadthäusern, die mit Sorgfalt aus Südschweden zusammengetragen wurden. Dem Museum ist ein Volkskunstmuseum mit Glas-, Porzellan, Silber- und Textilsammlungen angegliedert.

Einen Besuch lohnen schließlich der morgendliche Markt auf dem Mårtenstorget, dann das **Kunstmuseum** von Lund in der Finngatan oder das **Antiken-Museum** in der Sölvegatan mit Keramik, Münzen und Skulpturen aus dem Altertum.

Lund
Hotels

Jugendherberge

Praktische Hinweise – Lund

☎ Telefonvorwahl: 0 35

Lunds Turistbyrå, Kyrkogatan 11, 22200 Lund, Tel. 35 50 40, Fax 12 59 63. Ganzjährig geöffnet.

⌂ Hotels: **Grand,** 80 Zi., Bantorget 1, Tel. 2 11 70 10, Fax 14 73 01, am Bahnhof, Restaurant, Garage, Tanzbar.
Lundia, 97 Zi., Knut den Stores Gata 2, Tel. 12 41 40, Fax 14 19 95, Bahnhofsnähe, Restaurant, Garage. – Und andere Hotels.

Jugendherberge: **STF Vandrarhem Tåget,** Vävaregatan 22, Bjeredsparken, 222 37 Lund, Tel. 14 28 20.

➔ **Route:** Wir verlassen Lund auf der E22 in nordöstlicher Richtung bis zum Abzweig der Straße 23 nach Hässleholm. Ihr folgen wir ca. 8 km und biegen beim Golfplatz ab zum **Schloß Bosjökloster.** ●

Schloß
Bosjökloster
Ende Apr. – Anf.
Okt. tgl. 10 – 18
Uhr. Eintritt.
Führungen.
Gärten 8 – 20 Uhr.

Schloß Bosjökloster ist auch bekannt als „Weißes Schloß am Ringsjön". Im Jahre 1080 wurde hier vom Benediktinerorden eine Abtei als Nonnenkloster gegründet. Damals lag das Kloster *Bosie* noch auf einer Insel, woher auch der Name Bosie Ö (Insel Bos) rührt. Einige hundert Jahre später allerdings sank der Wasserspiegel des Sees und das Klostergut lag nun auf einer mit dem Festland verbundenen Halbinsel.

Das prosperierende Klosterleben fand 1536 ein Ende, als in Dänemark die Reformation einkehrte und Bosjökloster von der Protestantischen Kirche konfisziert wurde. Das letzte katholische Kirchenoberhaupt im Kloster war der Erzbischof von Lund, Torben Bille, der hier seinen Lebensabend verbringen konnte und 1552 im Kloster starb.

Sehenswert ist die romanische **Klosterkirche** aus dem 12. Jh.. Sie ist der Jungfrau Maria und dem hl. Nikolaus geweiht. Zu den Kunstdenkmälern in der Kirche zählen der wunderschöne Flügelaltar mit dem Motiv der Kreuzabnahme, der um 1515 von einem deutschen oder niederländischen Meister gearbeitete wurde und das Triumphkreuz aus dem 15. Jh. im Schiff.

Der **Stensaal** stammt aus der Zeit, als das Anwesen als Schloß genutzt wurde. Dort werden wechselnde Kunstausstellungen gezeigt. Das Anwesen von Bosjökloster ist noch heute im Besitz der Adelsfamilie Bonde af Björnö.

In einem Gebäudeteil des ehemaligen Klosters ist das Restaurant „Klostermuren" eingerichtet

Beim Kloster liegt ein hübscher Rosen- und ein Kräutergarten. Außerdem gibt es einen schönen Park mit einer 1000-jährigen Eiche.

➔ **Route:** Der weitere Verlauf unserer Route führt südwärts nach **Eslöv** und dort
über die Straße 17 Richtung
Landskrona. ●

Etwa 6 km westlich von Eslöv
passiert man **Schloß Trollenäs**.
Das Gut Näs war bis ins 14. Jh.
Sitz des alten schonischen
Adelsgeschlechts der Thotts.
Nachdem Schonen an Schwe-
den gefallen war, kam das An-
wesen 1682 an die Familie Trol-

*in Schonen trifft
man immer
wieder auf einla-
dende Gasthöfe*

le. Im 18. Jh. erhielt das Schloß dann offiziell den Namen Trollenäs.
Die Parkanlagen können zwischen Mai und September besichtigt werden, das Schloß selbst nur auf Führungen und in Gruppen.

Landskrona an der Küste des Öresund gelegen, ist bekannt für seinen
tiefen natürliche Hafen. Erik von Pommern erkannte diesen Vorteil und
ließ 1413 bei dem alten Fischerstädtchen Södra Säby eine Stadt namens
Landskrona gründen. Der Hafen, damals und bis 1658 dänisch, sollte ein
Handelszentrum in Schonen werden, das den mächtigen hanseatischen
Verbindungen im Ostseeraum endlich Paroli bieten sollte. Christian III.
ließ die Stadt Mitte des 16. Jh. stark befestigen. Es entstand die berühmte Zitadelle von Landskrona, die noch heute einen guten Teil des Stadtbildes beherrscht. Später im 17. Jh., als Landskrona schwedisch geworden war – am 7. März 1658 wurden Karl X. Gustav von den Bürgern feierlich die Stadtschlüssel übergeben, als der „Befreier Schonens" mit Pomp
und unter Salutschüssen in Landskrona einzog – hatte man wieder große Pläne mit der Stadt. Universitätsstadt und Bischofsitz sollte sie werden. Die mittelalterliche Wasserburg wurde abgerissen und zu einer der
größten Festungen im Norden ausgebaut. Man veränderte selbst das
Stadtbild, riß auf einen Beschluß des schwedischen Reichstags von 1747
hin die alten Straßenzeilen ab und baute neu im französisch-klassizisti-
schen Stil. U.a. wurde der Baumeister und Stadtarchitekt Carl Hårlemans
mit der Stadtsanierung beauftragt.

Neben den **Stadtbauten** aus dem 18. und 19. Jh. am Rathausplatz mit
dem **Rathaus** von 1884, der **Adolf Fredriks-Kaserne** aus der Zeit um
1755 und dem historischen Baudenkmal des **Zeughauses** am Kasernplan
ist es die **Zitadelle** aus dem 16. Jh., die zu den Sehenswürdigkeiten der
Stadt zählen.

*Sehenswertes in
Landskrona*

Einen Besuch lohnt das **Landesmuseum**, das in der Adolf Fredriks-
Kaserne am Rathausplatz eingerichtet ist. Man sieht Frühgeschichtliches,
Volkskundliches und Kunsthistorisches aus Schonen, darunter authenti-
sche Werkstatt- und Ladeneinrichtungen. Großer Raum wird den Arbeiten des schwedischen Flugpioniers *Enoch Thulin* eingeräumt. Thulin gründete 1914 ein Flugzeugwerk und konstruierte 15 Flugzeuge. Am 14. Mai
1919 stürzte er noch in jungen Jahren bei Flugversuchen tödlich ab.

*Landesmuseum
tgl. 12 – 16, Do. bis
21 Uhr.*

Selma Lagerlöfs Schule

Südwestlich des Rathausplatzes liegt in der Nähe des Stadthauses (Haus der Stadtverwaltung) das **Haijska Huset** am Selma Lagerlöfs Weg. Der Bau stammt aus der Mitte des 18. Jh. und diente zwischen 1871 und 1915 als Mädchenschule. In dieser Schule arbeitete die spätere Schriftstellerin und Nobelpreisträgerin Selma Lagerlöf von 1885 bis 1897 als Lehrerin. In jenen Jahren begann sie hier in Landskrona an ihrem Erstlingswerk „Gösta Berling" zu arbeiten. Selma Lagerlöf schreibt in ihrer frühen Zeit in Landskrona über die hiesige Strandpromenade: „Ach mein schöner Freund, wenn ich nur Romane schreiben könnte, dann würdest Du der Schauplatz für wunderbare Episoden." 1897, als sich erste literarische Erfolge einstellen, verläßt Selma Lagerlöf den Schuldienst und zieht nach Falun.

Landskrona Camping

Praktische Hinweise – Landsrona

☎ Telefonvorwahl: 04 18

Landskrona - Vens Turistbyrå, Rådhusgatan 3, 26131 Landskrona, Tel. 17 82 00, Fax 7 82 02. Ganzjährig geöffnet.

▲ – **Borstahusens Camping *****, Tel. 1 08 37; Anf. Apr. – Anf. Sept.; ca. 2 km nördl. Landskrona, E6-Abfahrt Landskrona Nord Richtung Borstahusen; Wiesengelände am Öresund; ca. 6 ha – 300 Stpl. + 150 Dau.; Standardausstattung; Laden, Imbiß; Fahrradverleih. 7 Miethütten.

AUSFLUG ZUR INSEL VEN

Ven, die kleine Insel vor der schwedischen Küste mitten im Öresund, auf der Höhe etwa zwischen Landskrona und Helsingborg gelegen, war die Insel des großen Astronomen **Tycho Brahe**. Der aus Dänemark stammende Brahe lebte zwischen 1546 und 1601, studierte u.a. in Deutschland und führte in der zweiten Hälfte des 16. Jh. seine aufsehenerregende Sternwarte „Stjerneborg" auf seinem Schloß Uranienborg auf der Insel Ven.

Tycho Brahe Museum
15. Mai – 15. Sept.

Brahes Observatorium „Stjärneborg" ist rekonstruiert worden. Außerdem erinnert das kleine **Tycho Brahe Museum** an die Arbeiten des großen Wissenschaftlers.

Fähren nach Bäckviken auf der Insel Ven verkehren ganzjährig ab Landskrona und im Sommer auch ab Råå, Fahrzeit ca. 25 Minuten. Autos können von Besuchern auf die kaum 5 km lange Insel mit 332 Einwohnern nicht mitgebracht werden. Es gibt Fahrradverleihs in Bäckviken, Norreborg und Kyrkbacken.

➔ **Route:** Etwa 25 km weiter nördlich liegt **Helsingborg.** ●

HELSINGBORG (Provinz Skåne) taucht als Hafenname schon im 10. Jh. in der Nial-Saga auf und wird 1085 erstmals urkundlich erwähnt. König Waldemar I. ließ im 12. Jh. Schloß Helsingborg errichten, von dessen später abgeänderten Form der 36 Meter hohe Burgturm „Kärnan" noch erhalten ist. Bis zu Zeiten Eriks von Pommern war Schloß Helsingborg Residenz der dänischen Könige. Hier fanden Reichstage, Treffen der Ritterschaften und Versammlungen der Reichsräte statt. Mitte des 14. Jh. fiel das Schloß an die Hanse. Im 17. Jh. wurden große Teile der Stadt zerstört. Die Festung wechselte nun mehrfach den Besitzer. 1788 zer-

störten russische Flottenverbände südliche Teile der Stadt und den damals noch separat gelegenen Fischerhafen Råå.

Heute ist Helsingborg mit seinen rund 115.000 Einwohnern Schwedens
viertgrößte Hafen- und eine der wichtigsten Industriestädte des Landes.
Gemessen an seinem stark frequentierten Fährhafen ist Helsingborg sogar die zweitwichtigste Stadt Schwedens. Außerdem nimmt Helsingborg
für sich in Anspruch, Schwedens erste Stadt zu sein, die in ihrem Zentrum eine Fußgängerzone einrichtete.

*Helsingborg,
Rathaus*

Stadteinwärts wird der zentrale Platz Stortorget mit seinem Reiterstandbild des schwedischen Heerführers Stenbock abgeschlossen durch die
von zwei mächtigen Rundtürmen flankierten „Terrassen", Teil der früheren Stadtbefestigung. Dahinter erkennt man den dominierenden Turm-
bau **Kärnan** , den Rest der alten Stadtfestung von Helsingborg. Im linken
Turm der „Terrassen" befindet sich ein Fahrstuhl nach oben, der aber
zuletzt wegen Restaurierungsarbeiten geschlossen war.

**Aussicht vom
Kärnan ***

Konzipiert war der fast 40 m hohe Turm, der in seiner heutigen Form
Mitte des 14. Jh. auf Veranlassung von König Waldemar Attertag entstand, in erster Linie natürlich als Wehrbau, aber auch als Zufluchtsstätte
des Königs im Verteidigungsfalle. Neben einem Keller, der nur durch eine
Falltür im Erdgeschoß und einen schrägen Schacht zugänglich war und
wohl als Verließ herhalten mußte, gab es ursprünglich ein Erdgeschoß,
dessen Zugang 6 m hoch über dem Erdboden liegt und fünf weitere Etagen. Die einzelnen Stockwerke waren nur über den angebauten fünfecki-
gen Treppenturm zu erreichen. In den überaus starken, bis zu 4,5 m dik-
ken Mauern, die die Zentralräume umgeben, sind kleine Nebenräume
eingebaut. Etwa ab der Mitte des 15. Jh., als der Turm mit der Einführung
des Pulvers an strategischer Bedeutung verlor, wurden die vier obersten
Stockwerke in zwei hohe Geschosse zusammengefaßt.

Helsingborg

Abgeschlossen wird der Turm mit der **Aussichtsplattform** (bis ins 17. Jh. Geschützbastion), die aber erst in den letzten Jahren des 19. Jh. ihr heutiges Aussehen erhielt. Es lohnt, den Turm zu besteigen. Die Aussicht von ist prächtig und reicht von der Stadt über den Öresund bis weit hinüber nach Dänemark.

Nördlich vom Turm Kärnan erstreckt sich die kleine Parkanlage *Slottshagen* und der angrenzende Rosengarten.

Wir gehen zurück zum Stortorget und wenden uns gleich rechts in die Norra Storgatan. Dort finden sich noch einige der ältesten Häuser der Stadt.

Stadtmuseum

Bei längerem Aufenthalt ist ein Besuch im **Stadtmuseum** in der Södre Storgatan Nr. 31. interessant. Zu sehen sind eine ständige Ausstellungen zur Stadtgeschichte und wechselnde Ausstellungen unterschiedlicher Themen wie z.B. Kunsthandwerk fremder Länder.

Freilichtmuseum

Im östlichen Stadtbereich von Helsingborg findet man des **Frederiksdals Friluftmuseum**. In diesem Freilichtmuseum sind Gehöfte, Stadt- und Herrenhäuser aus Schonen aus dem 18. Jh. zu sehen. Angeschlossen ist ein Botanischer Garten, ein Theater und ein Museum für Grafik.

Praktische Hinweise – Helsingborg

☎ Telefonvorwahl: 0 42

Helsingborg

Helsingborgs Turistbyrå, Knutpunkten, Kungstorget, 25278 Helsingborg, Tel. 12 03 10, Fax 12 78 76. Ganzjährig geöffnet.

Hotels

⌂ Hotels: **Högvakten**, 42 Zi., Stortorget 14, Tel. 12 03 90, Fax 12 00 95.

Marina Plaza Best Western, 180 Zi., Kungstorget 6, am Bahnhof und Fährhafen, Tel. 19 21 00, Fax 14 96 16, Restaurant, Tanzbar, Garage.
Minotel Viking, 41 Zi., Fågelsångsgatan 1, Tel. 14 44 20, Fax 18 43 20, Restaurant, Parkplatz.
Mollberg Best Western, 100 Zi., Stortorget 18, Tel. 12 02 70, Fax 14 96 18, in Bahnhofsnähe, Restaurant, Parkplatz, Garage.
Radisson SAS Grand Hotel, 130 Zi., Stortorget 8 – 12, Tel. 12 01 70, Fax 21 88 33. – Und andere Hotels.

Jugendherberge

Jugendherberge: **Thalassa,** Helsingborg, Dag Hammerskölds väg, nordwestl. der Stadt, in Küstennähe, Tel. 11 03 84, 1. 9. bis 1. 6. nur nach Vorausreservierung.

Camping

▲ – **Camping Råå Vallar ***,** Tel. 10 76 80; 1. Jan. – 31. Dez.; ca. 5 km südöstl. vom Stadtzentrum, ab Zentrum Richtung Råå, gut beschildert; Übernachtungsplatz, langgestreckt, eben, durch Hecken und Bäume in mehrere große Felder unterteilt, parzelliert, an Industrieanlage grenzend; zwischen Straße und Strand; ca. 9 ha – 350 Stpl.; einfache Standardausstattung; Laden, Imbiß; Schwimmbad. **Quick Stop!**

Quick Stop
Stellplätze

➔ **Route:** Weiterreise mit der **Fähre nach Helsingør** in Dänemark und weiter über **Hillerød/Frederiksborg** nach **Roskilde** (Route 34, Helsingør – Roskilde). ●

DÄNEMARK

34. HELSINGØR – ROSKILDE

⊙ **Entfernung:** Rund 110 km, ohne Abstecher.

➔ **Strecke:** Über die Straße 6 und über **Hillerød** bis **Slangerup** – Straße 53 über **Frederikssund** und Straße 155 bis **Roskilde**.

⊕ **Reisedauer:** Mindestens ein Tag.

⌘ **Höhepunkte:** Das **Schloß Kronborg **** in Helsingør – das **Schloß Fredensborg *** – das **Schloß Frederiksborg ***** – das Schloß **Jægerspris *** – der **Dom zu Roskilde ***** – die **Wikingerschiffshallen *** in Roskilde.

SCHLÖSSERTOUR DURCH SEELAND

Diese Etappe durch Nordseeland könnte man durchaus auch als „Schlössertour" bezeichnen. Nicht weniger als drei der bedeutendsten Königsschlösser Dänemarks liegen auf dem Wege.

Die Stadt **Helsingør** existiert seit 1281. Sie wurde schon in Dokumenten zur Zeit König Waldemars des Großen erwähnt. Seit alters her ist Helsingør wichtiger Fährpunkt an der schmalsten Stelle des Øresunds nach dem nur 4 km entfernten Schweden. 1426 erhielt der Hafen Stadtrechte und schon drei Jahre später fiel dem damals regierenden König Erik von Pommern ein probates

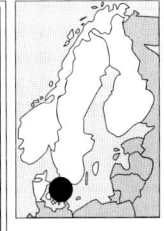

Route 34

HELSINGØR – ROSKILDE

0   15   30 km

Mittel ein, der Stadt und dem Staatssäckel eine feine Einnahmequelle zu sichern – er führte den Sundzoll ein. Erst 1857 schaffte man ihn wieder ab.

Autofähren verkehren über den Sund nach Helsingborg in Schweden heute laufend rund um die Uhr. Fahrzeit ca. 20 Minuten.

SCHLOSS
KRONBORG

1 Eingang
2 Königinturm
3 Fahnenbastion
4 Nordflügel
5 Ostflügel
6 Kakkelburg
7 Kirchenflügel
8 Petersturm
9 Westflügel
10 Nordbastion
11 Königin
  Louise Bastion
12 Prinz Ferdi-
  nand von Württ.
  Schanze
13 Kronværk Tor
14 Prinz Christian
  Bastion

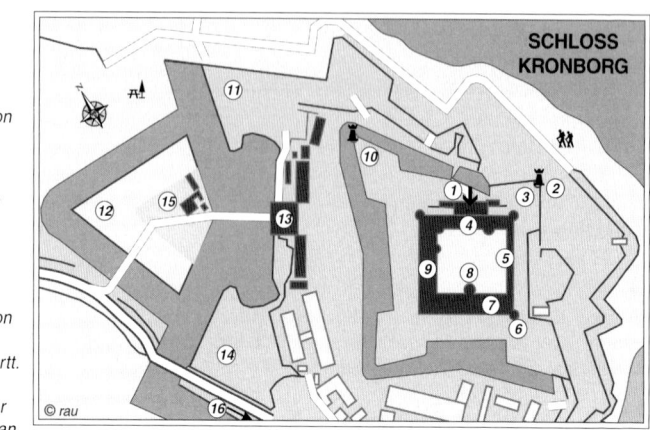

SCHLOSS
KRONBORG

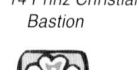

**das „Hamlet-
Schloß" Kronborg
****
10 – 17 Uhr.
Eintritt.

Schloß Kronborg, das „Hamlet-Schloß" an der Hafenausfahrt, wird zu den schönsten Renaissanceschlössern in Nordeuropa gezählt.

Nach der Einführung des Sundzolls, der der Krone Unsummen einbrachte, wurde die alte Festung am Hafen von Frederik II. um 1575 zu einem Prunkschloß ausgebaut. Geld war durch die reichlich fließende Seemaut ja vorhanden. Schließlich mußte jedes Schiff, das das Nadelöhr des Øresunds passierte, bezahlen.

Selbst die Spuren der Brandkatastrophe von 1629, die große Teile des Schlosses in Schutt und Asche legte, konnten dank des Wasserzolls rasch wieder beseitigt werden, so daß sich uns der vierflügelige, von Schanzanlagen und Basteien umgebene Komplex heute noch komplett und unversehrt präsentiert.

Die alljährliche Besucherschar aus aller Welt wäre bestimmt um ein Wesentliches kleiner, wäre im 16. Jh. der große Dramatiker vom Avon, William Shakespeare, nicht auf die Idee gekommen, die Handlung seiner berühmten Tragödie „Hamlet" in Helsingør und auf Kronborg spielen zu lassen. Seitdem lebt Helsingør mit dem Ruf – sicher recht gern – die Stadt des tragischen dänischen Sagenprinzen Hamlet zu sein, der im Bestreben, seinen gemeuchelten Vater zu rächen, selbst dramatisch zu Tode kam.

Noch ein anderer Geist einer dänischen Sagengestalt, „Holger Danske", soll in riesigen Kasematten unter dem Schloß umgehen.

Während der Besichtigungstour werden neben zahlreichen Räumen des Schlosses, ausgestattet mit schönen Gobelins, Kaminen und Mobiliar, auch der riesige, 62 m lange Rittersaal gezeigt. Auch wird ein Rundgang durch das Labyrinth der düsteren Kasematten gemacht.

Nicht versäumen sollte man die prächtige **Schloßkirche**, die aus dem 16. Jh. unverändert erhalten ist.

Ebenfalls im Schloß untergebracht ist das große **Seefahrts- und Handelsmuseum**. In 27 Räumen auf zwei Etagen wird die Entwicklung der Handelsseefahrt gezeigt, darunter Indien-, China- und Afrikaabteilungen, Schiffsmodelle, Navigations- und Rettungseinrichtungen, Gemälde u.a. Separater Eintritt für Schloß und Museum.

Schloß Kronborg

In der Stadt Helsingør selbst sind eine ganze Reihe alter Häuser restauriert und unter Denkmalschutz gestellt worden. Besonders die Gebäude in der Strandgade Nr. 93 – 95, zwei herrschaftliche Stadthäuser, verdienen in diesem Zusammenhang Erwähnung.

Eines der schönsten und besterhaltenen Klöster mit Kreuzgang im Norden Europas ist das **Karmeliterkloster** aus dem Jahre 1430 mit der **Marienkirche**. Es liegt in der St. Annagade unweit des Fährhafens. Führungen nur um 11, 14 und 15 Uhr. Eintritt.

Schloß Marienlyst in der Marienlyst Allee in der Stadtmitte, wurde im 16. Jh. als königliche Sommerresidenz in einem Lustgarten erbaut. Heute ist es eine Dependence des Stadtmuseums. Gezeigt werden Gegenstände zu den Themen „Sundzoll" und „Hamlet", sowie Kunsthandwerk. Schönes Louis XVI.-Inventar. Im Park ein Granit-Sarkophag der als „Hamlets Ehrengrab" bekannt ist.

Sehenswert außerdem das **Stadtmuseum**, Hestemöllestraede 1 (tgl. 12 – 16 Uhr) und **Dänemarks Technisches Museum**, Ndr. Strandvej 23 (tgl. 10 – 16 Uhr, Eintritt).

Praktische Hinweise – Helsingør

☎ **Helsingør Turistbureau**, Havnepladsen 3, 3000 Helsingør, Tel. 49 21 13 33, Fax 49 21 15 77.

Helsingør Hotels

⌂ Hotels: **Hamlet,** 36 Zi., Bramstræde 5, Tel. 49 21 05 91, Fax 49 26 01 30, angenehmes Stadthotel, Fisch- und Steakhaus-Restaurant.
Marienlyst, 220 Zi., Nordre Strandvej 2, Tel. 49 20 20 20, Fax 49 21 49 00, traditionsreiches Haus der gehobenen Klasse, am Meer, Zimmer teils mit Blick zum Schloß Kronenborg, Restaurant, Sauna, Schwimmbad, Kasino.
Skandia, 43 Zi., Bramstræde 1, Tel. 49 21 09 02, Fax 49 26 54 90.

Jugendherberge

Jugendherberge: **Helsingør Vandrerhjem „Villa Moltke",** Tel. 49 21 16 40; Ndr. Strandvej 24; gut ausgestattete Jugend- und Familienherberge in der früheren Villa des Grafen Moltke, Cafeteria, Feb. – Sept.; 200 Betten.

Camping

▲ – **Grønnehave Camping **,** Tel. 49 21 58 56; 1. Jan. – 31. Dez.; stark besuchter Durchgangsplatz im Norden der Stadt zwischen Bahn und Strand; ca. 2 ha – 100 Stpl.; Standardausstattung.

➔ **Route:** Von Helsingør rund 15 km nach Südwesten nach **Fredensborg,** das man auf der Straße 6 schnell und bequem erreicht.

Landschaftlich reizvoller aber ist der Weg auf Nebenstraßen über **Schloß Gurre** (westlich Helsingør), dann südwärts am Gurre See vorbei und schließlich über **Jonstrup** und **Endrup** am Esrum See nach **Fredensborg.** ●

Schloß Fredensborg
nur im Juli zu besichtigen

Schloß Fredensborg ist die Sommerresidenz der königlichen Familie. Der Öffentlichkeit sind Schloß und Gärten nur im Juni auf halbstündlichen Führungen zwischen 13 und 17 Uhr zugänglich. Der Besucher ist beeindruckt vom reichen Interieur und der kostbare Möblierung. Der Schloßpark ist ganzjährig zugänglich.

Schloß Fredensborg entstand während der Regentschaft von König Frederik IV. (1699 – 1730) ganz in der Nähe des Sees Esrum. Esrum Sø ist übrigens der zweitgrößte Süßwassersee Dänemarks, nach dem Arresø, der wenige Kilometer westlich liegt.

„Friedensburg", so die Übersetzung des Schloßnamens, erinnert an das Ende des Krieges gegen Schweden während König Frederiks IV. Regentschaft.

1719 wurde der Architekt Johan Cornelius Krieger mit dem Bau beauftragt. Zwar wurden 1722 schon die ersten Gemächer bezogen, aber den letzten Schliff und das gegenwärtige Aussehen erhielt Fredensborg erst 44 Jahre nach dem ersten Spatenstich. Das Resultat ist eine überaus harmonische Schloßanlage mit 28 Gebäuden, der der Festungscharakter von Kronborg oder Frederiksborg völlig fehlt.

Vom Eisentor geht man durch ein von Dienstgebäuden und Stallungen gesäumte Baumallee auf das Hauptgebäude zu, dem ein achteckiger, von Gebäudeflügeln begrenzter Platz vorgelagert ist. An der Ostseite schließen sich die Damengemächer und die Schloßkapelle, eine lange Reihe von Stallungen und die Herrengemächer an.

Sehr schön ist ein Spaziergang durch den herrlichen, nach Versailler Vorbild angelegten Park hinunter zum See. Einer der strahlenförmig verlaufenden Wege zum See wird von zwei schönen, lauschigen Pavillons abgeschlossen.

Unter den vielen Skulpturen im Park fällt die etwas abseits gelegene Gruppe von 69 Sandsteinfiguren auf, die das „Norwegische Volk" darstellen soll.

Fredensborg Information

Praktische Hinweise – Fredensborg

☎ **Fredensborg Turistbureau,** Jernebanevej 16, 3480 Fredensborg, Tel. 42 28 21 00.

Fredensborg
Hotels

☒ Hotels: ☑ *Mein Tip!* **Hotel Store Kro**, 49 Zi., Slotsgade 6, Tel. 48 48 00 47, Fax 48 48 45 61. Gastliche Tradition seit 275 Jahren im ehemaligen Gästehaus des Schlosses, in Sichtweite von Schloß Fredensborg, gepflegtes Ambiente, vorzügliches Restaurant.

Pension Bondehuset, 15 Zi., Sørupvej 14, Sørup, Tel. 42 28 01 12., Fax 48 48 03 01, geöffnet 1.4. – 15.10., gemütliches, strohgedecktes Haus, der Hotelgarten reicht bis zum Esrum-See; Restaurant. – Und andere Hotels.

Jugendherberge: **Danhostel Fredensborg Vandrerhjem** ***, Østrupvej 3, 3480 Fredensborg, Tel. 48 48 03 15,

▲ – Höjsager Camping **, Tel. 42 19 44 48; 1. Apr. – 30. Sept.; ca. 2 km östl. Fredensborg; ca. 2 ha – 100 Stpl.; Standardausstattung; 3 Miethütten.

Jugendherberge

Camping

➜ **Route:** Kaum 6 km weiter, südwestlich von Fredensborg, kommen wir auf der Straße 6 nach **Hillerød**. ●

Mitten in **Hillerød,** der Stadt auf drei kleinen Inseln am Westufer des Schloßsees, liegt **Schloß Frederiksborg**, wohl das imposanteste und prächtigste Renaissanceschloß in Dänemark.

Schloß Frederiksborg ***
1.5. - 30.9. tgl. 10 - 17 Uhr. Übrige Zeit tgl. 10 - 16 Uhr. Eintritt.

Den Grundstein zu Schloß Frederiksborg in seiner heutigen Form legte der baufreudige König Christian IV. im Jahre 1602. Er ließ an der Stelle, an der schon früher ein Herrensitz lag, den Christians IV. Vater, König Frederik II., 1560 vom dänischen Seehelden Herulf Trolle erwarb, das Schloß erbauen.

Der eigentliche richtige Zugang zum Schloß führt über die südliche Brücke und durch das „**Stadttor**" **(1)** von 1600 auf die erste der drei Inseln. „Eigentlicher Zugang" deshalb, weil die Besucher heute meist durch den Westflügel, das sog. **Haus des Schloßherrn (9)**, auf der mittleren Insel die Anlage betreten.

Nach dem „Stadttor" geht man durch die sog. **Stallgasse (2)** zum **Tor Christians VI. (6)** von 1736. Die Stallgasse wird flankiert von den ältesten noch vorhandenen Gebäuden – rechts der **Herulf Trolls Turm (3)** und anschließend der **Husarenstall (4)** von 1575 (Wohntrakt des Schloßgesindes), auf der linken Seite der **Königsstall (5)** von 1575. An der Nordseite wird die erste Insel abgeschlossen von den beiden gedrungenen, runden **Türmen (7) Frederiks II.** von 1562. Sie tragen das Motto des Königs: „Meine Hoffnung an Gott allein".

Über die S-Brücke (8) gelangt man durch den hohen **Torturm (9)** (oder Kerkerturm) von 1620 mit schöner Giebelhaube auf die mittlere Insel. Die Brücke in der Form eines „S" wurde deshalb nötig, da Christian IV. die von Frederik II. begonnene bauliche Achse nicht beibehielt. So standen sich das Portal auf der Südinsel und der Torturm auf der Mittelinsel nicht genau gegenüber.

Der große freie Platz wird in der Mitte von dem herrlichen **Neptunbrunnen (10)** von 1622, rekonstruiert 1888, beherrscht. Obenauf der Gott des Meeres mit dem Dreizack, darunter allegorische Figuren.

Der **Westflügel** links (11) wird als „Haus des Schloßherrn" (1614) bezeichnet. Er war einst Wohnsitz des Lehnsmanns. Rechts das „**Kanzleigebäude**" **(12)** von 1618.

Von dem großen, gepflasterten Platz auf der Mittelinsel aus sieht man den dreiflügeligen Komplex des eigentlichen Schlosses vor sich liegen.

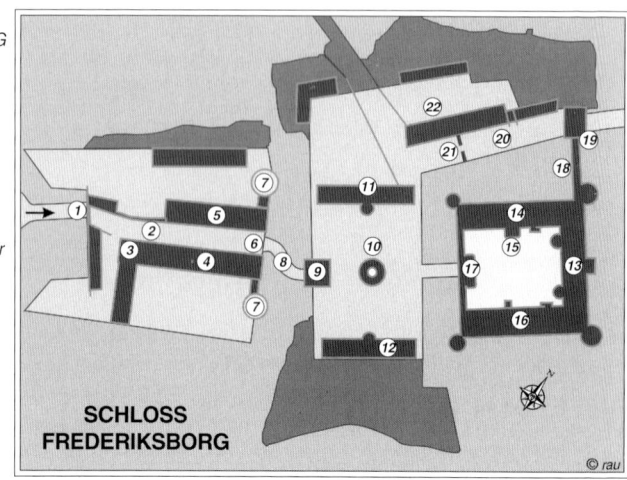

SCHLOSS
FREDERIKSBORG

1 Stadttor
2 Stallgasse
3 Herulf Trolls
Turm
4 Husarenstal-
lungen
5 Königliche
Stallungen
6 Christian VI.-Tor
7 Frederik II.-
Türme
8 S-Brücke
9 Kerkerturm
10 Neptuns-
brunnen
11 West- oder
Schloßherren-
flügel
12 Kanzleige-
bäude
13 Königsflügel
14 Kirchenflügel
15 Uhrturm
16 Prinzessinflügel
17 Hauptportal
und Arkaden
18 Brückenbau
19 Audienzsaal
20 Turnierplatz
21 Karusseltor
22 Magazine

Zahlreiche Türme, Erker, geschwungene Giebel und unterbrochene Fassaden verleihen dem Ganzen ein lockeres Aussehen.

Der sog. Mittlere Flügel mit großen, figurengeschmückten Galerien, ist der **Königsflügel (13)** mit den königlichen Gemächern im 1. Stock. Er entstand 1602 als erster Teil des neuen Schlosses unter Christian IV. Vier Jahre später wohl folgte der westliche Kirchenflügel (14), unschwer am Uhrturm (15) zu erkennen.

Der Ostflügel oder **Prinzessinflügel(16)** schließlich trägt am Giebel oben die Jahreszahl 1608. An der Südseite schließt die sog. Terrasse (– 17 – figurengeschmückte Arkaden), mit dem Hauptportal in der Mitte, den inneren Schloßhof ab. Das Hauptportal wird von den königlichen Wappen und der Jahreszahl 1609 geschmückt.

Von der Westseite des Königsflügels führt ein zweistöckiger **Brückenbau (18)**, der sog. „geheime Gang" in den **Audienzsaal (19)** von 1680. An seiner Südseite das prächtig gestaltete, mit freistehenden Säulen versehene Münzportal.

Im Winter 1859 erlebte Schloß Frederiksborg, damals Residenz König Frederik VII., eine furchtbare Brandkatastrophe. Das Feuer zerstörte in der Nacht zum 18. Dezember den größten Teil des Hauptflügels, den Seitenflügel und große Bestände der kostbaren Portraitgalerie. In der Kirche stürzten mehrere Gewölbe ein.

Unter dem Eindruck der als nationale Tragödie empfundenen Feuersbrunst wurde ein Komitee zur Restaurierung des Schlosses gegründet. Allen voran stiftete J. C. Jacobsen, der damalige Eigentümer der Carlsberg Brauerei, große Summen. Er war es auch, der anregte, das Schloß nach dem Wiederaufbau zum **„Nationalmuseum für die Geschichte Dänemarks"** zu ernennen. Dies geschah dann am 5. April 1878 und seit 1882 hat die Öffentlichkeit Zutritt zu Schloß Frederiksborg. Der Besuch ist sehr lohnend. Und selbst wer nur wenig Zeit hat, sollte sich zumindest die prunkvoll ausgestattete Kirche mit der Meisterorgel von 1610 von Esaias Compenius und den nicht weniger prächtigen Rittersaal ansehen. Orgel-

spiel donnerstags 13.30 bis 14 Uhr. Glockenspiel zu jeder vollen Stunde. In eben dieser Kirche heiratete 1995 der dänische Kronprinz Joachim die neue dänische Prinzessin Alexandra.

Schloß Frederiksborg

Nördlich des Schlosses erstreckt sich – man gelangt durch ein großes Torgebäude seitlich des Schlosses dahin – ein herrlicher **Barockgarten**, mit Terrassen, Kaskaden, Brunnen und Zierteichen. Willkommen auf den langen Besichtigungsrundgängen durch Schloß und Gärten ist da das „Havehuset" im Barockgarten, in dem man sich im Sommer bei Kaffee und Kuchen auf neue Taten vorbereiten kann, z. B. auf einen Spaziergang durch den Waldpark unweit westlich des Barockgartens und dort zum **Schlößchen Badstue**, einem Lustschloß aus dem Jahre 1580, das sich Frederik II. im Renaissancestil erbauen ließ.

In **Hillerød** selbst lohnt ein Besuch des **Nordsjælandsk Folkemuseum**, des Heimatmuseums von Nordseeland im Park Jägerbakken, am Nordostufer des Schloßsees. Die Ausstellungen sind in einem alten, dreiflügeligen, strohgedeckten Bauernhaus untergebracht.

In der Slotsgade 38 kann man eine schöne **Münzsammlung** besichtigen und bei längerem Aufenthalt lohnt ein Besuch im **Klostermuseum Æbelholt,** das ein gutes Stück nordwestlich von Hillerød liegt. Das 1175 gegründete Augustinerkloster war vor allem im Mittelalter auch ein bedeutendes Hospiz. Um 1940 wurden Reste des Klosters ausgegraben. Die Grabungsfunde sind im Klostermuseum zu sehen. Mittelalterlicher Heilkräutergarten.

Schließlich kann man während der Sommermonate vom Marktplatz Torvet aus eine **Dampferfahrt** mit dem Ausflugsboot „MF Frederiksborg" auf dem Schloßsee unternehmen. Und wenn Ihnen der Sinn weniger nach Museen steht, bummeln Sie einfach durch das preisgekrönte, überdachte **Einkaufszentrum** „Schloßarkaden".

Hillerød

Hotels

Camping

Praktische Hinweise – Hillerød

☎ **Hillerød Turistbureau**, Slotsgade 52, 3400 Hillerød, Tel. 42 26 28 52, Fax 42 26 28 06.

☒ Hotels: **Hotel Hillerød**, 62 Zi., Milnersvej 41, Tel. 42 24 08 00, Fax 48 24 08 74; Restaurant, Cafeteria, Schwimmbad, Sauna.
Hotel Store Kro, Slotsgade 6, Tel. 48 48 00 47, Fax 48 48 45 61, zentral, in Schloßnähe, Restaurant. – Und andere Hotels.

▲ – **Hillerød Camping *****, Tel. 42 26 48 54; 1. Mai – Anf. Sept.; im südl. Stadtgebiet; 2 ha – 100 Stpl.; Standardausstattung; Laden; 7 Miethütten.

➜ Weiterfahrt auf der Straße 6 bis **Slangerup** und dort westwärts auf die Straße 53 nach **Frederikssund** ab. ●

Frederikssund am Roskilde Fjord hat ein umfangreiches **Museum** mit Werken des dänischen Expressionisten J. F. Willumsen.
An der Westseite des Roskilde Fjord liegt der Ort **Jægerspris** (Kro, Jugendherberge) mit dem gleichnamigen Schloß.

Schloß
Jægerspris
1. 5. - 30.9. tgl. 10
– 12, 13 – 16 Uhr.
Eintritt. Führungen
obligatorisch,
jeweils zur vollen
Stunde.

Das im Mittelalter entstandene **Schloß Jægerspris** wurde zuletzt von König Frederik VII. bewohnt. Er vermachte Jægerspris seiner Frau, Gräfin Danner. Die wiederum gründete auf Schloß Jægerspris ein Pensionat für bedürftige Mädchen. Heute ist das Anwesen vor allem eine Erinnerungsstätte an Gräfin Danner, die ja als Bürgerliche geboren und erst später von ihrem königlichen Gemahl in den Adelsstand erhoben wurde.

➜ **Route:** Im weiteren Verlauf unserer Route durchqueren wir auf der Straße 53 die landschaftlich sehr reizvolle **Halbinsel Hornsherred** zwischen Isefjord und Roskilde Fjord in südlicher Richtung und treffen nach 25 km bei **Ungelstrup** auf die Autobahn, die wir aber meiden und auf der Landstraße 155 Richtung Roskilde fahren. Schon nach 5 km zweigen wir bei **Kornerup** südwärts ab Richtung **Lejre**. Nach 3 km kann man einen Abstecher zum **Schloß Ledreborg** machen. ●

Schloß
Ledreborg
Juli 11 - 17 Uhr.
Übrige
Sommermonate
nur So. 11 - 17
Uhr. Eintritt.

rekonstruiertes
Eisendorf **
10 - 17 Uhr.
Eintritt.

Schloß Ledreborg stammt im wesentlichen aus dem 18. Jh. Vom Hauptflügel fällt ein schöner Terrassengarten zu einem kleinen See hin ab. Im Inneren Kuppelsaal, Kapelle sowie Kunstgegenstände, Gemälde und Mobiliar aus der Entstehungszeit der Schloßanlage.

Bei **Lejre** liegt in unmittelbarer Nähe von Schloß Ledreborg das **Historisch-Archäologische Versuchszentrum**. So akademisch der Name auch klingt, so unterhaltsam ist der Besuch dieses rekonstruierten Dorfes aus der Eisenzeit. Unter anderem gibt es ein Webhaus, ein Töpferhaus und eine Schmiede, wo noch nach alter Väter Sitte das jeweilige Handwerk betrieben wird. Ein rekonstruiertes Tanzlabyrinth zeigt, daß auch die Altvorderen sich zu unterhalten wußten.
Etwas abseits gelegen, sind die Häuser und Katen einer Landarbeiterfamilie aus dem 18. Jh. wieder aufgebaut worden. Schließlich geben Filme und Diavorträge Einblick in die Eiszeit, die Entstehung der Gletscher und eine Übersicht über die Arbeit des Versuchszentrums.

Den Weg nach Roskilde, das nur 9 km östlich entfernt ist, sollte man so wählen, daß man über Øm auf die nach Roskilde führende Straße 14 gelangt. Zwischen Lejre und Øm liegt nämlich eines der besterhaltenen **Ganggräber** in Dänemark. Das ca. 5000 Jahre alte Grab „Jættestue" stammt aus der Jungsteinzeit. 15 Seitensteine und 4 mächtige Deckensteine formen eine 7 m lange und knapp 2 m breite Kammer. Für Besucher zugänglich. Taschenlampe nicht vergessen!

*„Jættestue", 5000 Jahre altes Ganggrab ***

ROSKILDE, die historische Domstadt, liegt am Südende des Roskilde Fjords. Der Sage nach soll Roskilde um das Jahr 600 von einem Wikingerkönig namens Roar gegründet worden sein. Bewiesen wurde das bis heute allerdings nicht. Sicher hingegen ist, daß Harald Blauzahn als erster getaufter König Dänemarks an der Stelle des heutigen Doms im Jahre 960 eine Holzkirche errichten ließ. Die eigentliche Stadtgeschichte Roskildes beginnt um das Jahr 990.

Damals war Roskilde Königsresidenz und entwickelte sich dank seiner Lage am Schnittpunkt von Land- und Wasserwegen rasch zu einem wichtigen Handelsplatz. 1020 wird Roskilde zum Bischofsitz erhoben und baut damit seine Stellung als geistliches Zentrum in Dänemark aus. In seiner klerikalen Blütezeit zählte die Stadt nicht weniger als acht Klöster, zwölf Kirchen und zahlreiche Stifte.

Bischof Absalon, der Kopenhagen-Gründer, legte 1170 den Grundstein zum Dom von Roskilde, der seit dem Mittelalter die Grabkirche der dänischen Könige ist und heute die Sehenswürdigkeit der Stadt schlechthin darstellt. Die Zeit nach der Reformation war für Roskilde alles andere als eine Blütezeit. Es dauerte lange, bis die Stadt wirtschaftlich wieder Fuß faßte. Aber spätestens mit dem Bau der ersten Bahnlinie in Dänemark, von Kopenhagen nach Roskilde, gewann die Stadt wieder an Bedeutung. Die Universitätsstadt ist vor allem auf den Gebieten Landwirtschafts- und Energieforschung sehr rührig. So sieht man z.B. im Norden der Stadt nahe der Straße 6 eine ganze Batterie von Windrädern stehen. Sie dienen zur Erforschung der rationellsten Nutzung der Windkraft. Tatsächlich hat sich Dänemark auf diesem Gebiet schon einen ganz hervorragenden Ruf erworben. 1998 feierte Roskilde sein 1.000-jähriges Bestehen.

Die bedeutendsten Sehenswürdigkeiten:

Roskilde Sehenswertes

Neben dem Rathaus liegt der **Stændertorvet**, Marktplatz (2) und Zentrum der Stadt. Nach Jahrhunderte alter Tradition wird hier jeden Mittwoch und Samstag vormittags Markt abgehalten.

Hinter dem Marktplatz erhebt sich der **Dom(2)** mit den beiden spitzen Turmhauben. Der rote Ziegelsteinbau ist eines der bedeutendsten Kirchenbauwerke des Landes.

der historische Dom * (2)**
Mo. - Fr. 9 - 17.45 Uhr. Sa. + So. 12.30 - 17.45 Uhr. Eintritt.

In der Bauweise des über 800 Jahre alten Doms sind sowohl romanische als auch gotische Stilelemente sichtbar. Obwohl das 84 m lange und etwa 24 m hohe Schiff um 1300 zwar fertiggestellt war, wurde in den späteren Jahren doch immer wieder um- und angebaut. So wurde im frühen 14. Jh. die erste königliche Grabkapelle für König Christian I. hinzugefügt, der noch andere folgten. Insgesamt ruhen unter dem Chor und in den prächtigen Sarkophagen aus Marmor und Alabaster in den Seitenkapellen 38 Könige und Königinnen. Die beiden Turmspitzen wurden übrigens erst 1635 hinzugefügt.

Roskilde mit dem Dom

An der Ostseite des Doms, und durch den Ab-salon-Bogen aus dem 13. Jh. mit diesem verbunden, liegt am Marktplatz das sog. **Palais.** Es entstand 1733 an der Stelle des alten Bischofspalais und diente als Residenz für Personen von Hofe auf Reisen oder bei Beisetzungen. Heute enthält das Palais das **Museet for Samtidskunst** (Museum für Zeitgenössische Kunst, wechselnden Ausstellungen). Nebenan findet man das Museum **Palæsamlingerne** (Palaissammlungen). Dort sind kostbare Möbel, Kunsthandwerk sowie eine schöne Gemäldesammlung mit Werken aus dem 18. und 19. Jh. zu sehen.

Palaissammlung
15. 5. - 15. 9. tgl.
11 - 16 Uhr. Übrige
Zeit Sa. + So. 13 -
15 Uhr.

Zwei Straßen weiter nördlich, in der St. Ols Gade 15, befindet sich das **Roskilde Museum**. Das kulturhistorische Museum zeigt u.a. Altertumssammlungen, sowie Abteilungen über Brauchtum, Trachten und Bauernkultur. Zudem gibt es wechselnde Sonderausstellungen.

Roskilde Museum
tgl. 11 - 16 Uhr.
Eintritt.

Etwa 1 km vom Marktplatz entfernt liegen in der Nähe des Hafens am Roskilde Fjord die **Wikingerschiffshallen**. In diesem modernen Museum sind die Reste von 5 Wikingerschiffen zu sehen.

sehenswerte
**Wikingerschiffs-
hallen** *
1.4. - 31.10. tgl. 9 -
17 Uhr. Sonst 10 -
16 Uhr. Eintritt.

Zwischen 1957 und 1959 wurden bei Unterwassergrabungsarbeiten im Roskildefjord ca. 20 km nördlich von Roskilde 5 Wikingerschiffe freigelegt. Die Holzboote wurden ums Jahrs 1000 versenkt, wahrscheinlich um die Fahrtrinne zu blockieren und Roskilde vor Angriffen norwegischer Wikinger zu schützen.

Nach der Ausgrabung gestaltete sich die Konservierung des wasserdurchtränkten Holzes als sehr langwierig und schwierig. Wäre das Holz ausgetrocknet, wäre es für alle Zeit zerfallen. Aber mit Hilfe der in der Zwischenzeit unrühmlich bekannt gewordenen Chemikalie Glykol konnten die Holzporen in einem jahrelangen Prozeß gefüllt und damit der Zerfall der Holzfragmente verhindert werden.

1996 und 1997 wurde das Museumsgelände erweitert, die Museumsinsel vergrößert. Bei Grabungsarbeiten zur Entwässerung des Terrains stieß man völlig überraschend auf sage und schreibe 9 weitere, sehr alte Wikingerschiffe. Eines davon ist das größte bislang gefundene Wikingerschiff der Welt, wie es heißt. Das Schiff ist von den Wissenschaftlern nach ercten Analysen auf die Zeit um 1020 datiert worden. Es soll als Kriegsschiff gedient haben und von einer 100-köpfigen Besatzung, darunter mindestens 76 Ruderer, die auch Krieger waren, geführt worden sein. Alle neun Schiffe, oder besser das, was von ihnen erhalten ist, wurden zwischenzeitlich geborgen und werden nach der Konservierungsphase im Museum zu bestaunen sein.

Im Kino des Museums werden laufend Filme über Ausgrabung, Konservierung und Aufstellung der Roskilde-Schiffe gezeigt.

Geht man vom Museum durch die Parkanlage zum Hafen und von dort stadteinwärts, sieht man kaum 200 m entfernt etwas erhöht die **St. Jørgens Kirche** *in Roskildes* (7) am Rande eines kleinen Parks liegen. Der Weg dorthin lohnt, nicht *Wikingerschiff-* nur der Kirche wegen, sondern auch wegen des Blicks auf Hafen und *museum* Fjord. Der Stadtteil St. Jørgensberg, in dem die Kirche liegt, war früher ein eigenständiges Fischerdorf. Noch heute trifft man hier auf alte, niedere Häuser und idyllische Winkel.

Von St. Jørgensberg Richtung Innenstadt kommt man an der **Glasgalleriet**, Skt. Ibsvej 12, vorbei. In dem Verkaufsatelier können Sie Glasbläsern bei ihrer Arbeit zusehen.

Etwas südlich des Stadtzentrums findet man an der Ringstedgade das **Håndværksmuseet**. Auf dem Gelände des Ledreborg Tømmerhandel" (Ledreborg Holzhandlung) findet man das kleine, private Handwerksmuseum, das sich vor allem mit der Zimmermannskunst, dem Schreiner- und Küferhandwerk, der Holzbearbeitung allgemein und den dazugehörigen Werkzeugen befaßt.

Handwerks-museum
Mo. - Fr. 7 - 16.30, Sa. 8 - 12.30 Uhr.

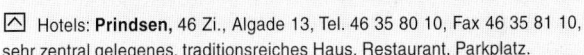

Praktische Hinweise – Roskilde

☎ **Roskilde-Egnens Turistbureau**, Gullandsstræde 15, 4000 Roskilde, Tel. 46 35 27 00, Fax 46 35 14 74. Geöffnet 1.4. - 30.6. Mo. - Fr. 9 - 17, Sa. 10 - 13 Uhr. 1.7. - 31.8. Mo. - Fr. 9 - 18, Sa. 9 - 15, So. 10 - 14 Uhr. Winterhalbjahr Mo. - Do. 9 - 17, Fr. 9 - 16, Sa. 10 - 13 Uhr.

Roskilde

⌂ Hotels: **Prindsen**, 46 Zi., Algade 13, Tel. 46 35 80 10, Fax 46 35 81 10, sehr zentral gelegenes, traditionsreiches Haus, Restaurant, Parkplatz.
Scandic, 98 Zi., Søndre Ringvej 33, Tel. 46 32 46 32, Fax 46 32 02 32, südlich der Innenstadt, Restaurant, Sauna.
Svogerslev Kro, 18 Zi., Hovedgaden 45, Tel. 46 38 30 05, Fax 46 38 30 14, gemütlicher Gasthof in einem hübschen, strohgedeckten Fachwerkhaus, ca. 4 km westlich von Roskilde. – Und andere Hotels.

Hotels

Jugendherberge: **Danhostel Roskilde Hørgården**, Hørhusene 61, ca. 3 km außerhalb, Bus 601 bis Låddenhøj und noch 800 m; Tel. 46 35 21 84; geöffnet 1. Mai bis 1. Oktober.

Jugendherberge

▲ – **Roskilde Camping** ***, Tel. 46 75 79 96; Anf. Apr. – Mitte Sept.; 4 km nördl. Roskilde abseits der Straße 6; recht weitläufiges Gelände, hügelige Wiesen mit Waldanteil am Roskilde Fjord, relativ ruhig und ansprechend gelegen, vom Strand Blick zur Stadt, nur wenig wirklich ebene, feste Stellplätze für Wohnmobile; ca. 25 ha – 300 Stpl. + 100 Dau.; einfache Standardausstattung; Laden, Imbiß; 10 Miethütten. Fahrradverleih.

Camping

35. KOPENHAGEN

🕐 **Reisedauer:** Mindestens zwei Tage.

✠ **Höhepunkte:** Das **Nationalmuseum** *** und die **National-galerie** ** – das **Schloß Christiansborg** ** – das **Schloß Amalienborg** * – das **Schloß Rosenborg** ** – die **Ny Carlsberg Glyptotek** ** – **Meermaid** und **Tivoli.**

➔ **Route: Kopenhagen** liegt auf unserer Route ca. 30 km östlich von Roskilde und ist auf der Autobahn 21 rasch zu erreichen. ●

KOPENHAGEN, seit 1471 die Hauptstadt Dänemarks, wurde 1043 erstmals in einer Urkunde erwähnt. Damals war Kopenhagen wohl nicht mehr als eine Handvoll Fischerhütten am Øresund. Und Kopenhagen hieß es auch noch nicht.

Erst als 1167 der Bischof Absalon hier eine Schutzfestung errichtete – deren Grundmauern heute unter Schloß Christiansborg liegen – entwickelte sich rasch eine Stadt. Und Bischof Absalon ist für alle Zeiten als Gründer von Kopenhagen in die Annalen eingegangen.

Bald wurde die königliche Residenz nach Kopenhagen verlegt und Erik von Pommern erhob Kopenhagen zur Hauptstadt. 1479 gründete man die Universität – Dänemarks älteste.

Zwischen dem 16. und 17. Jh. setzte während der Regierungszeit König Christians IV. eine rege Bautätigkeit ein. Viele der repräsentativen Bauten der Stadt entstanden damals, darunter die Börse und das Schloß Rosenborg.

Zwischenzeitlich wurde Kopenhagen auch seinem Namen – nämlich ein reger Kaufmannshafen (København) zu sein – gerecht. Längst wucherte die Stadt über die Grenzen der mittelalterlichen Befestigung hinaus. Wo sich heute der Vergnügungspark Tivoli erstreckt, begrenzten früher Wälle und Bastionen den Stadtbezirk. Heute ist Kopenhagen eine moderne Großstadt mit annähernd 1,7 Mio. Einwohnern (Großraum mit allen Vororten), Verkehrsknotenpunkt und Wirtschaftsmetropole in Nordeuropa, aber auch beliebtes und lebhaftes Touristenziel.

Die beiden folgenden Rundgänge sollen einen ersten Eindruck von der Kopenhagener City vermitteln. Zumindest den ersten Rundgang sollte man unternehmen und sich dafür einen ganzen Tag Zeit lassen. Bei eingehender Besichtigung aller beschriebenen Sehenswürdigkeiten auf dem ersten Weg wird man mindestens noch einen weiteren Tag einplanen müssen!

Tips zur Stadtbesichtigung
Wer Kopenhagen sehr intensiv besichtigen, viele Museen und Sehenswürdigkeiten besuchen will, sollte den Erwerb der **Copenhagen Card** in Erwägung ziehen. Ausgesprochen „billig" ist die Karte, die für eine Gültigkeit von 24, 48 oder 72 Stunden gekauft werden kann, nicht gerade. Aber immerhin können mit ihr mehr als 60 Museen und Sehenswürdigkeiten kostenlos besucht und alle Busse und Bahnen im Großraum Kopenhagen umsonst benutzt werden. Für die Fähren nach Schweden gibt

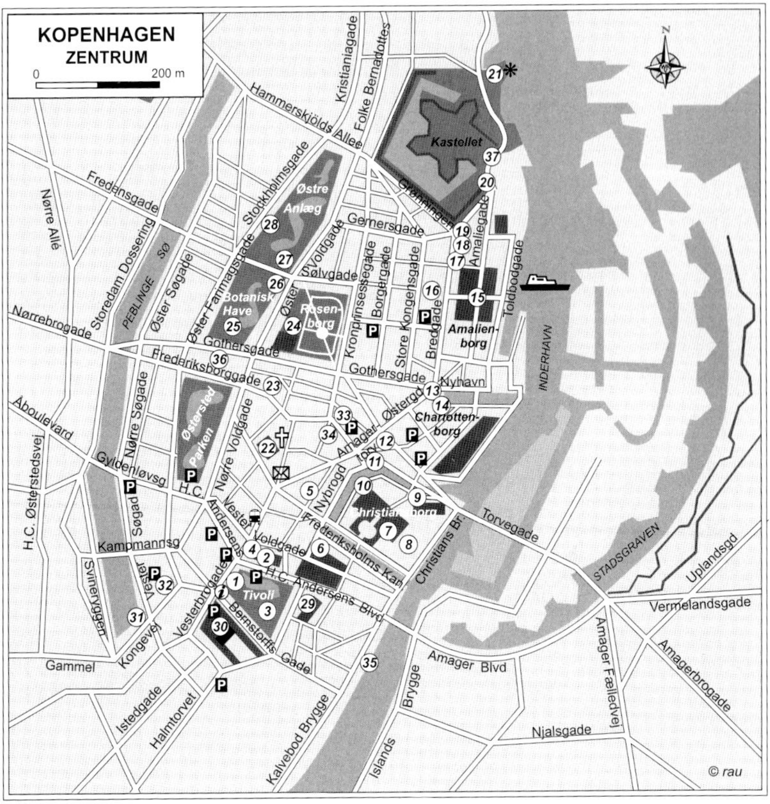

KOPENHAGEN ZENTRUM

0 ————— 200 m

Kastellet

Østre Anlæg

Botanisk Have

Rosenborg

Østre Parken

Tivoli

Christiansborg

INDERHAVN

STADSGRAVEN

© rau

KOPENHAGEN ZENTRUM

1 Information
2 Rathaus
3 Tivolipark, Tivoli-museum
4 Lurenbläsersäule
5 Jugendinfo
6 Nationalmuseum
7 Schloß Christians-borg
8 Zeughaus
9 Alte Börse
10 Thorvaldsen Mus.

11 Kanal- u. Hafen-rundfahrten
12 Nikolaj Kirche
13 Kongens Nytorv
14 Königl. Theater
15 Schloß Amalien-borg
16 Frederikskirche
17 Medizinhistori-sches Museum
18 St. Ansgarkirche
19 Kunstindustrie-museum
20 Freiheitsmuseum

21 Kl. Meerjungfrau
22 Vor Frue Kirke
23 Rundturm
24 Schloß Rosen-borg
25 Botan. Garten
26 Geologisches Museum
27 Staatliches Kunst-museum
28 Kunstsammlung Hirschsprung
29 Ny Carlsberg Glyptotek

30 Hauptbahnhof
31 Tycho Brahe Planetarium
32 Zirkus Benneweis Gebäude
33 Museum Erotica
34 Post- u. Telefon-Museum
35 Autocamperplads (Wohnmobilstellplätze)
36 Arbeitermuseum
37 Gefionbrunnen

es Ermäßigungen. Und ein Gratis-Handbuch gibt es auch dazu, das auf-zeigt, was man mit der Copenhagen Card alles erleben kann.

☑ *Mein Tip!* Wie in vielen anderen Großstädten macht man auch in Kopenhagen eine Stadtbesichtigung tunlichst zu Fuß oder bedient sich öffentlicher Verkehrsmittel. Kopenhagen bietet eine freundliche Besonderheit, die sportlichen Besuchern ihren Weg durch die dänische Metropole erleichtert. In der Innenstadt von Kopenhagen stehen in den Straßen und Gassen 1.700 ziemlich neue **Stadtfahrräder zum kostenlosen Gebrauch** für jedermann zur Verfügung. Und so geht's: Man steckt zum Aufschließen eine 20-Kronen-Münze als Kaution in den Automaten am Fahrradstand. Nach Gebrauch stellen Sie das Fahrrad an einem der dafür vorgesehenen Fahrradständer wieder ab und erhalten die Münze automatisch zurück. Im Prinzip funktionierts ähnlich wie bei den Einkaufswagen im Supermarkt.

Übrigens: Wenn Sie nicht ganz sicher mit den Wetteraussichten sind, werfen Sie einen Blick auf einen Turm am Rathausplatz. Sind die Aussichten gut, erscheint dort ein vergoldetes Mädchen auf einem Fahrrad in der Turmöffnung. Sieht es eher nach Regen aus, trägt das Mädchen einen Schirm.

STADTBESICHTIGUNG

Wir beginnen mit unserem Stadtrundgang am **Wonderful Copenhagen Touristeninformationsbüro (1)** in der Bernstorffsgade 1, ganz in der Nähe des Hauptbahnhofs. Im Touristenbüro findet man auch die zentrale Zimmervermittlung der Stadt Kopenhagen. Vom Informationsbüro gehen

Rathaus (2)
Mo. - Fr. 10 - 16 Uhr, Sa. 10 - 13 Uhr. Eintritt.

wir über die breite Vesterbrogade zum Rathausplatz und zum **Rathaus (2)** am H. C. Andersens Boulevard.

Das Rathaus ist durch seinen viereckigen, hohen Uhrturm nicht zu verkennen. Der etwas düster wirkende Backsteinkomplex stammt aus der Jahrhundertwende und wird hauptsächlich durch Elemente des italienischen Renaissancestils aufgelockert. Im Inneren ein wahres Meisterwerk des Uhrmacherhandwerks, die berühmte **astronomische Uhr** von Jens Olsen.

Gegenüber vom Rathaus ist in einem schönen Stadtpalais, dem sog. H.C. Andersen Schloß, an der Nordostseite des Tivoliparks, das „**Louis Tussaud Wachsfigurenkabinett**" untergebracht.

Vergnügungspark Tivoli (3)
Apr. - Mitte Sept. tgl. 10 - 24 Uhr. Eintritt.

Der weltbekannte Vergnügungspark **Tivoli (3)** mit schönen Parkanlagen, Seen, altem Baumbestand und gepflegten Blumenbeeten ist 1843 eröffnet worden. Der Park mit Unterhaltung für Groß und Klein bietet neben 26 Vergnügungsattraktionen (Fahrgeschäfte, Geisterbahnen, Riesenrädern etc. etc.) auch 29 Restaurants. Auf den Show- und Freilichtbühnen treten Artisten, Stars und Künstler von internationalem Rang auf. Und jedes Jahr sollen hier annähernd 150 Konzerte stattfinden, darunter Promenadenkonzerte und Paraden der Tivoligarde.

Im **Tivoli Museum** wird auf drei Stockwerken anhand von Plakaten, Gegenständen, Bildern, Modellen, Filmen und Klangdokumenten die 150-jährige Geschichte des Vergnügungsparks lebendig.

An der Nordostseite des Rathausplatzes findet man das Kuriositätenmuseum **Ripley's Believe It Or Not!**

Wir überqueren den Rathausplatz. Rechts in der Vester Voldgade, vor dem Hotel Palace, sieht man die **Lurenbläser-Säule (4)**. Hier ist der Startpunkt für Stadtrundfahrten.

Wir biegen aber in die **Frederiksberggade** ein. Diese von Geschäften aller Art gesäumte Fußgängerzone zieht sich fast 2,5 km – die Namen wechselnd – und vorbei an der Helligåndskirken (Amagertorv), am **Ge-**

org **Jensen Museum** (Amagertorv
6, Kunstgewerbe, Silberschmiedekunst) und am **Tobaksmuseet W. Ø.
Larsen** (Amagertorv 9, im Erdgeschoß eines über 130 Jahre alten
Tabakgeschäfts, tabakgeschichtliche
Raritäten sowie Pfeifen aus aller Welt)
bis zum Platz **Kongens Nytorv**.
Wir gehen aber nicht den ganzen
Weg bis zum Kongens Nytorv, sondern wenden uns schon am Nytorv
(nicht zu verwechseln mit erwähntem
Kongens Nytorv!) nach Süden in die
rechts abzweigende Rådhusstræde.
Dort ist in Nr. 13 die **Jugend-
information „Use it!"** untergebracht.

Die Verlängerung der Rådhusstræde
ist Frederiksholms Kanal. Rechts,
Ecke Ny Vestergade, stößt man auf
das **Nationalmuseum (6)**. Die verschiedenen Sammlungen sind ein
Kulturspiegel Dänemarks von der
Steinzeit bis in die Neuzeit. Bei begrenzter Zeit sollte man die „Dänische
Abteilung" den nachgenannten vor-
ziehen. U.a. sieht man dort den be-
rühmten **Sonnenwagen** aus der Bronzezeit, dann eine der ältesten
Bronzeluren und natürlich zahlreiche Zeugnisse aus der Wikingerzeit.
Außerdem wird die **Königliche Münzen- und Medaillensammlung**
gezeigt, ein Leckerbissen für Numismatiker; dann eine **Antikensamm-
lung** mit ägyptischen, westasiatischen, griechischen und römischen Exponaten und schließlich eine **Ethnographische Sammlung** (Zugang
über die Ny Vestergade 10) über außereuropäische Kulturen und Völker.
Einen Schwerpunkt bildet hier die Kultur der Eskimos. Außerdem gehören zum Museum ein **Spielzeug- und Kindermuseum**.
Zudem kann man das **Nationalmuseets Klunkehjem** besichtigen, eine
Stadtwohnung, die im opulenten „Plüschstil" des ausgehenden 19. Jh.
eingerichtet ist und einen ausgezeichneten Einblick in das Milieu jener
Epoche gewährt.

Gegenüber dem Nationalmuseum, auf der Ostseite des Kanals, erhebt
sich **Schloß Christiansborg (7)** auf der sog. Schloßinsel Slotsholmen.
Man erreicht das Schloß über die schöne Marmorbrücke. Seit der ersten
Burganlage des Bischofs Absalon von 1167 wurden hier nicht weniger
als vier schöne Schloßanlagen errichtet.
Absalons Burg wurde 1369 abgerissen. Erik von Pommern wollte eine
schönere. Die immerhin stand bis 1732. Dann aber wünschte Christian
IV., Dänemarks baufreudiger Monarch, keine Burg mehr, sondern ein
prächtiges Renaissanceschloß. Ein Feuer 1794 vernichtete dieses aber
wieder bis auf den Südflügel, die sog. Reitbahn.

*Kopenhagens
markanter
Rathausturm*

**Nationalmuseum
*** (6)**
tgl. a. Mo. 10 - 17
Uhr. Eintritt. Bus
Nr. 1, 2, 5, 6, 10.

**Schloß
Christiansborg ***
(7)

Stadtbesichtigung

Der Wiederaufbau, der einen neoklassizistischen Kuppelbau als Kirche mit einschloß, war 1838 beendet, blieb aber nur knapp 50 Jahre unbehelligt – bis zu einem neuerlichen Brand 1884.

Mit dem Bau des heutigen Schlosses begann man 1907 und hatte nach neunjähriger Bauzeit einen repräsentativen Komplex geschaffen, der heute das Folketing, Dänemarks Parlament, dann das Außenministerium, den Obersten Gerichtshof und die königlichen Empfangsräume beherbergt. Das Reiterstandbild im Schloßhof stellt Frederik VII. dar, den „Vater der dänischen Verfassung".

Auf Führungen können besichtigt werden:

Die **Ruinen der Burg Absalons** unter dem heutigen Schloß; 1. Juni – 31. Aug., tgl. 10 – 16 Uhr; sonst So. – Fr. 10 – 16 Uhr. Eintritt.

Die **Königlichen Repräsentationsräume** mit Thronsaal und Rittersaal; Führungen 1. Juni – 31. Aug. tgl. 11, 13, 15 Uhr. Übrige Zeit 11 u. 15 Uhr. Eintritt.

Die **Königlichen Stallungen** (Christiansborg Ridebane 12) mit Sammlungen von Kutschen und Prunkzaumzeug; 1. Mai – 30. Sept., Fr., Sa. + So. 14 – 16 Uhr. Eintritt.

Das **Theatermuseum** im ehemaligen königlichen Hoftheater von 1766, ist das Museum für dänische Theatergeschichte; 1. Juni – 30. Sep., Fr. + So. 12 – 16 Uhr, Mi. 14 – 16 Uhr. Eintritt. Bitte beachten: Alle angegebenen Öffnungszeiten können sich ändern!

Zeughausmuseum (8)
tgl. a. Mo. 12 - 16 Uhr. Eintritt.

Auf der Südseite von Schloß Christiansborg, in der Töjhusgade 3, befindet sich das **Töjhusmuseet (8),** das Zeughausmuseum, das in einem Gebäude aus dem späten 16. Jh. untergebracht ist. Gezeigt werden Waffen, Fahnen, Uniformen und Kriegsgerät.

der markante Turm der Börse (9)

Wir gehen um die Ostseite des Schlosses herum. Östlich des Schloßplatzes sieht man das niedere, aber langgestreckte Renaissancegebäude der **Börse (9)** von 1624. Den markant gewundenen Turm bilden vier Drachenleiber. Nicht zugänglich.

Gegenüber auf der anderen Kanalseite liegt die **Holmens Kirche** von 1619, die Kirche des Königshauses.

Thorvaldsen Museum (10)
tgl. a. Mo. 10 - 17 Uhr.

An der Nordwestseite des Schlosses findet man in der Porthusgade 2 das 1848 eröffnete **Thorvaldsen Museum (10),** das Skulpturen, Skizzen, Zeichnungen und Modelle von Bertel Thorvaldsen zeigt. Thorvaldsen lebte zwischen 1770 und 1844, zählt zu den bekanntesten Künstlern Dänemarks und gilt als einer der größten Bildhauer des Landes. Zu den Exponaten zählt auch eine Sammlung von griechischen, ägyptischen, etruskischen und römischen Gegenständen.

Bootsrundfahrten

Gegenüber, unterhalb der Brücke über dem Kanal an der Uferstraße Gammel Strand, ist der Abfahrtspunkt der **Kanal- und Hafenrundfahrten (11).** Zwischen 1. Mai und 15. Sept. ab 10 Uhr halbstündliche Abfahrten. Boote zur „Meerjungfrau", Langelinie.

☑ *Mein Tip!* zur Zeiteinteilung auf diesem Rundgang: Wer sich die Wachablösung – tgl. um 12 Uhr – vor dem Schloß Amallenborg nicht entgehen lassen will, wird ab Christiansborg Slotsplads einen Bus der Linien 1 oder 6 bis in die Nähe von Amalienborg nehmen und die eingehende Besichtigung von Schloß Christiansborg auf später verlegen.

am Nyhavn

Setzt man den Rundgang zu Fuß fort, geht man über die erwähnte Brükke am Gammel Strand nordwärts bis zum **Højbro Plads** und rechts, entweder über die Lille Kongensgade und vorbei an der **Nikolaj Kirche** (–
12 –, Ausstellungen), oder über die Fußgängerzone Østergade zum Platz
Kongens Nytorv (13). Dort liegt das **Königliche Theater (14)** mit 2
Bühnen. Ballett, Oper und Schauspiel werden hier geboten. Das Motto
des Hauses: „Ej blot til lyst – Nicht nur zum Vergnügen".

Zu besichtigen gibt es in der Østergade 16 westlich vom Platz das
Guinness World of Records Museum, mit der Dokumentation der selt-
samsten Rekorde aus dem bekannten Guinnessbuch der Rekorde.

An der Ostseite des Kongens Nytorv endet der Nyhavn-Kanal, **Anlegestelle (11)** der Kanal- und Hafenrundfahrtboote. Ab 10 Uhr halbstündlich
Abfahrten.

Die Nordseite des Nyhavn ist das **alte Seemannsviertel** von Kopenhagen, mit schönen alten Häusern und einigen sog. „Seemannskneipen", in
denen aber mehr Touristen als wirkliche Seeleute verkehren. Das älteste
Haus ist Nr. 9. Es stammt aus dem Jahre 1681.

Am Nyhavn entlang (rechts, ostwärts) bis zur Tolbodgade und links bis
zum **Schloß Amalienborg (15)**. Von den Kaianlagen östlich vom Schloß
verkehren Schiffe nach Bornholm, Malmö und Oslo.

Schloß Amalienborg, bestehend aus vier Rokoko-Palais aus dem 18. Jh.,
die sich um einen runden Platz gruppieren, entstand nach Plänen des
dänischen Hofarchitekten Nicolai Eigtved. Damals, Mitte des 18. Jh., war
das Terrain noch im Besitz der Grafen Levetzau und Moltke, dem Baron
Brockdorff und dem Geheimrat Løvenskold. Die Herren hatten das Grund-
stück vom König geschenkt bekommen. Nach dem Brand von 1794 im
Schloß Christiansborg erwarb König Christian VI. Amalienborg und machte
das Anwesen zur neuen Königsresidenz. Noch heute ist das Schloß die

**Schloß
Amalienborg ***
1. 6. 31. Aug. tgl.
10 - 16 Uhr. Mai,
Sept. und bis 19.
Okt. tgl. 11 - 16
Uhr. Übrige Zeit
Mo. geschlossen.
Eintritt. Führungen.

Stadtbesichtigung

Winterresidenz der königlichen Familie. In der Mitte des achteckigen Platzes sieht man ein Reiterstandbild von König Frederik V. von 1770. Besucher können diverse Gemächer, das Arbeitszimmer von König Christian IX., den Salon der Königin Louise, einen Raum mit Kostümen und den sog. „Guldburet", den „Goldenen Käfig" mit kostbaren Exponaten besichtigen. Kurzfristige Schließungen sind möglich.

Wachablösung um 12 Uhr

Busladungen von Touristen rollen jedesmal an, wenn täglich **um 12 Uhr die Wachablösung** zelebriert wird. Wenn „niemand zu Hause" ist, Königin Margrethe II. – die 1997 ihr 25-jähriges Jubiläum als regierende Monarchin feiern konnte – also nicht im Schloß weilt, geschieht das ohne großes Zeremoniell. Ist die Königinmutter, Königin Ingrid, anwesend, erfolgt die Wachablösung mit Musik. Und nur wenn sich Königin Margrethe II. in Kopenhagen aufhält, findet die Wachablösung mit ganzer Prachtentfaltung statt. Wenn dann die bärenfellbemützte Leibgarde der Königin aufzieht – normalerweise in blauen Jacken, bei Galaanlässen in roten Jacken – marschiert sie um 11.30 Uhr von Schloß Rosenborg ab und über Gothersgade, Nørrevoldgade, Frederiksborggade, Købmagergade, Østergade, Kongens Nytorv, Bredgade und Frederiksgade zum Schloß Amalienborg.

Über die Frederiksgade gehen wir nach Westen und treffen bald auf die Bredgade. Auf der gegenüberliegenden Straßenseite erhebt sich die barocke Marmorkirche oder **Frederikskirche (16)** von 1894 mit einer gewaltigen, 45 m hohen, runden Kuppel.

Wir folgen der Bredgade rechts, nordostwärts, passieren das **Medizinhistorische Museum (17),** die katholische **St. Ansgarkirche (18)** daneben und schließlich das **Kunstindustriemuseet (19),** Bredgade 68. Das Museum für Kunst und Gewerbe zeigt dänisches und ausländisches Kunstgewerbe und Design vom Mittelalter bis zur Gegenwart. Glas-, Silber- und Keramikobjekte. Möbel, Textilien u.ä.

Kunsthandwerk- u. Industriemuseum tgl. 13 - 16 Uhr. Eintritt.

An der Esplanade gehen wir rechts, gleich darauf am **Freiheitsmuseum (20)** links, durch den Churchillpark, vorbei am **Gefion Brunnen** und über die Seepromenade Langelinie bis zur **Kleinen Meerjungfrau (21),** „Den lille Havfrue", dem Wahrzeichen Kopenhagens. Die lebensgroße Frauengestalt mit Nixenleib aus Bronze wurde 1913 aufgestellt. Das gerade mal 135 cm hohe zierliche Persönchen war verschiedentlich Ziel rüder und mutwilliger Attacken. 1964 verschwand über Nacht ihr Kopf und 1984 trennten irgendwelche Wirrköpfe einen Arm ab. Natürlich ist längst alles wieder spurlos rekonstruiert.

imposanter Gefion Brunnen * (20)

Kopenhagens Wahrzeichen * (21)

Der Gefion-Brunnen, den wir kurz vorher passierten, ist übrigens nach der Göttin aus der nordischen Sagenwelt benannt, der angeblich die Existenz der Insel Seeland zu verdanken ist. Der Sage nach soll der schwedische König der Göttin Gefion soviel Land versprochen haben, wie sie an einem Tag mit vier Ochsen umpflügen konnte. Kurzerhand verzauberte Gefion ihre vier Söhne in vier kräftige Zugochsen (Motiv der Monumentalskulptur auf dem Brunnen) und pflügte so ausgiebig und so tief, bis Seeland von Schweden abgetrennt und mit dem Ochsengespann „weggezogen" war.

Der gesamte Weg vom Rathaus bis zur „Meerjungfrau" ist etwa 4 km lang.

Den Rückweg vom Langeliniepavillon (Meerjung-frau) zum Rathausplatz legt man mit dem zwischen Anfang Juni und Ende August verkehrenden Direkt-bus Nr. 50 zurück. In der übrigen Zeit nimmt man am einfachsten die S-Bahn ab *Østerport Station*, westlich des Kastellet-Parks bis zur Vesterport Sta-tion nahe Rathausplatz, oder ab Østerport Station den Bus Nr. 29 bis Rathaus.

2. STADTRUNDGANG

Den **zweiten Rundgang** beginnen wir am **Rat-haus (2)**, queren den Rathausplatz, gehen die Vester Voldgade links hinauf und wenden uns rechts in die Studie Stræde, die uns genau bis zum **Dom Vor Frue Kirke (22)** bringt. Der neoklassizistische Bau stammt aus dem frühen 19. Jh. Im Inneren Ar-beiten von Thorvaldsen, u.a. die marmorne Chri-stusfigur am Altar und die zwölf Apostel.

Nun links am Dom vorbei und durch die Fußgän-gerzone Frue Plads und St. Kannikestræde zur Købmagergade. An der Nordseite der Købmagergade sieht man links den 36 m hohe **Rundturm (24)** von 1642. König Christian IV. ließ den Rund-bau an die anschließende Dreifaltigkeitskirche anbauen. Im Inneren führt eine spiralenförmige Rampe hinauf zur Aussichtsplattform. Es heißt, daß Zar Peter der Große während einer Staatsvisite die Rampe mit dem Pferd hochgaloppiert sein soll, im Gefolge seine Gemahlin in der Kutsche. Astro-nomische Ausstellung.

Würde man die Købmagergade ein Stück nach Osten gehen, käme man zu zwei weiteren Kopenhagener Museen, zum *Museum Erotica*, Købmagergade 24, und zum *Post- und Telegrafen Museum*, Købmagergade 37, siehe unten unter „Weitere Sehenswürdigkeiten in Kopenhagen".

Weiter durch die Landemærket und jenseits der Gothersgade durch den herrlichen Schloßpark Kongenshave oder auch **Rosenborg Have**. An seinem Westrand, an der Hauptstraße Øster Voldgade, liegt der Eingang zum **Schloß Rosenborg (25)**. Erbaut wurde Rosenborg – ein schöner Renaissancebau in roten Ziegeln aufgeführt – in den Jahren 1607 bis 1633 von König Christian IV. Neben einer Reihe prächtig möblierter Ge-mächer sind im Untergeschoß die **Kronjuwelen** und andere Schätze des dänischen Königshauses zu sehen. Getrennte Abteilung (Eingang Gothersgade) mit Waffen- und Uniformsammlung der Leibgarde.

Auf der Westseite der Øster Voldgade erstreckt sich der **Botanische Garten (26)** mit Palmenhaus. Eingang Gothersgade/Ecke Øster Voldgade oder Sølvgade.

Ecke Sølvgade und Øster Voldgade findet man das **Geologische Muse-um (27)** mit Mineralien, Versteinerungen, Meteoriten und geologischen Sammlungen aus Dänemark und Grönland.

Die Parkanlage dehnt sich nordöstlich des Botanischen Gartens aus und heißt nun **Østre Anlæg**. Dort gibt es noch zwei weitere Museen:

die Kleine Meerjungfrau

Stadtblick vom Rundturm * (23)
1.6. - 31.8. tgl. 10 - 20 Uhr. Übrige Zeit 10 - 17 Uhr. Eintritt.

Schloß Rosenborg ** (25)
Juni - Aug. tgl. 10 - 16, übrige Zeit 11 - 15 Uhr. Eintritt.

Botanischer Garten (26)
Sommer tgl. 8.30 - 18 Uhr, Winter bis 16 Uhr.

Geologisches Museum (27)
tgl. a. Mo. 13 - 16 Uhr.

2. Stadtrundgang Nationalgalerie (28) **
tgl. 10 - 16.30 Uhr.
Eintritt.

Das **Staatliche Kunstmuseum (28)**, Eingang Sølvgade, die Nationalgalerie Dänemarks mit der Königlichen Gemälde- und Skulpturensammlung, mit Ausstellungen dänischer Kunst vom 17. Jh. bis heute, Sammlungen europäischer Maler des 14. bis 18. Jahrhunderts und moderne französische Kunst.

Kunstsammlung Hirschsprung (29)
tgl. a. Di. 10 - 16 Uhr, Mi. bis 21 Uhr. Eintritt.

Die **Sammlung Hirschsprung (29)**, in der Stockholmsgade 20, an der Westseite des Parks, zeigt dänische Kunst des 19. Jh. Die Sammlung stammt aus dem Nachlaß des Tabakfabrikaten Heinrich Hirschsprung, einem leidenschaftlichen Liebhaber zeitgenössischer Kunst.
Zurück zum Rathausplatz mit dem Bus 72 E ab Sølvgade.

WEITERE SEHENSWÜRDIGKEITEN IN KOPENHAGEN:

Arbeitermuseum (36)
tgl. 10 - 16 Uhr. Winterhalbjahr Mo. geschlossen. Eintritt.

Arbejdermuseet (36), Rømersgade 22. Das Museum befaßt sich mit der Kulturgeschichte der Arbeiterklasse in Dänemark seit 1870. Szenarios und Themen werden am Beispiel einer Familie Sørensen im Zeitraum von zwei Generationen nachgestellt. Es werden u.a. die sozialen Probleme der Industrialisierung in den Städten oder die Zeit der Wirtschaftskrise in den 20er und 30er Jahren dokumentiert. In einer im Stil des 19. Jh. rekonstruierten historischen Schankhalle können Sie Essen und Trinken aus jener Zeit probieren.

Museum für Moderne Kunst *
tgl. a. Mo. 10 - 17 Uhr, Mi. bis 22 Uhr. Eintritt.

Arken, Strandparken, Skovvej, in Ishøj, rund 20 km südwestlich der Innenstadt von Kopenhagen. S-Bahn bis Ishøj und Bus bis 128. **Museum für Moderne Kunst** in einem futuristisch anmutenden und an einen Schiffsbug erinnernden Gebäude aus Metall und weißem Beton. Ausgestellt sind Werke dänischer, nordischer und ausländischer Künstler, Skulpturensammlung. Konzertsaal, Filme, Konzerte, Café.

Brauereien: Carlsberg, Ny Carlsbergvej 140, Eingang am Elefantentor, Busse 6 und 18. Führungen Mo. – Fr. 11 und 14 Uhr. Siehe auch unter „*Carlsbergmuseet*".

Tuborg, Strandvejen 54, im nördlichen Stadtteil Hellerup, Busse 6 und 650 S. Führungen Mo. – Fr. 10, 12.30 und 14.30 Uhr. Siehe auch unter „*Experimentarium*".

Bredemuseet, I. C. Modewegs Vej, in Lyngby, rund 15 km nördlich der Innenstadt. Das Museum zeigt in der Ausstellung „Körper und Verkleidung" dänische Mode und Körpersprache von 1700 bis heute.

Carlsberg Museum u. Brauerei
Mo. - Fr. 10 - 15 Uhr.

Carlsbergmuseet, Valby Langgade 1, in Valby, etwa 3 km südwestlich der Innenstadt, Busse 6 und 18. Thema des Museums ist die Geschichte der Brauerei Carlsberg. Zum Museumsbesuch gehört auch eine Brauereibesichtigung.

Dänemarks Aquarium
Feb. - Okt. tgl. 10 - 18 Uhr. Sonst bis 16 Uhr. Eintritt.

Danmarks Akvarium, Jægersborg Allé 1, in Charlotenlund, ca. 5 km nördlich der Innenstadt, S-Bahn oder Bus 6. 90 große Aquarien mit ca. 3.000 Fischen. Meerestiere aus allen Ozeanen. Café mit schöner Aussicht. 17 Min. per S-Bahn ab Hauptbahnhof oder Busse 1 und 27.

Vergnügungspark Dyrehavsbakken
Ende Apr. - Ende Aug. tgl.

Dyrehavsbakken, Vergnügungspark in einem Waldgelände und Rotwildrevier ca. 6 km nördl. von Kopenhagen. S-Bahn bis **Klampenborg**. Ältester Vergnügungspark, vor 400 Jahren gegründet. Im Gegensatz zum Tivoli vergnügen sich hier lieber die Dänen selbst. Über 100 Vergnügungen, nahezu 40 Restaurants, Musik- und Tanzlokale.

Man kann in dem weitläufigen Parkgelände einen längerer Spaziergang oder eine Kutschfahrt zum königlichen **Jagdschloß Eremitage** unternehmen. Kein Zutritt, aber Aussicht auf den Øresund.

Arken, Kopenhagens neues Museum für Moderne Kunst
Foto: Ted Fahn, Dänisches Fremdenverkehrsamt

Experimentarium, Tuborg Havnevej 7, in **Hellerup**, rund 7 km nördlich der Innenstadt. Zu erreichen mit der S-Bahn bis Hellerup und weiter mit Bussen der Linie 21, 23 oder 650S, oder mit Bussen Linien 6 und 650S ab Innenstadt. Besonders etwas für regnerische Tage mit Kindern. Das Experimentarium ist in der alten Abfüllhalle der Tuborg Brauerei nach des Tuborg Hafens eingerichtet. Schwerpunkte der Ausstellungen liegen sowohl auf Wissenschaft und Technik, als auch auf Umwelt und Gesundheit. U.a. gibt es Abteilungen zu Themen wie „Der Körper in Aktion", „Ton und Hören" oder „Licht und Sehen". Hier können Sie auch selbst experimentieren oder mit Maschinen spielen um endlich zu erfahren, was Sie schon lange über Technik, Mensch und Natur wissen wollten.

Experimentarium
Mo. - Fr. 9 - 17 Uhr, Di. bis 21 Uhr. Sa. + So. 11 - 17 Uhr. Eintritt.

Frilandsmuseet, Kongevejen 100, in **Lyngby-Sorgenfri**, rund 15 km nördlich der Innenstadt, S-Bahn bis Station Sorgenfri, oder Busse 184 und 194. Freilichtmuseum in einem schönen, großen Park mit wieder aufgebauten Bauernhöfen und Häusern aus verschiedenen Gegenden Dänemarks. Im Sommer Folkloreveranstaltungen.

Freilichtmuseum *
1. 4. - 30. 9. tgl. a. Mo. 10 - 17 Uhr. Eintritt.

Museum Erotica, Købmagergade 24, ein recht seriöses Museum, das sich mit dem Thema Erotik im Wandel der Zeit von der Antike bis zur Gegenwart beschäftigt, wie es in den Kunstformen der Malerei, der Fotografie oder des Films verarbeitet wurde.

Erotikmuseum
Sommer tgl. 12 - 22 Uhr. Winter bis 20 Uhr. Eintritt.

Københavns Bymuseum, Vesterbrogade 59, etwa 1 km westlich vom Rathaus. Modelle, Bilder, Gemälde, Tondokumenten und andere Exponate schildern die mehr als 800-jährige Geschichte und die Entwicklung der Stadt Kopenhagen. Ton-Bildschau über Kopenhagen von 1167 bis

Stadtmuseum
Mai - Sept. tgl. 10 - 16 Uhr. Winterhalbjahr Mo. geschlossen.

heute. Zum Museum gehört auch die Søren-Kirkegaard-Sammlung.

Carlsberg Glyptotek (30)
tgl. a. Mo. 10 - 16 Uhr. Eintritt.

Ny Carlsberg Glyptotek (30), Dantes Plads, östlich des Tivoliparks. Kunst des Altertums von den Etruskern bis zu den Ägyptern, von den Griechen bis zu den Römern, sowie französische Impressionisten und dänische Maler. Gegründet vom Brauer Carl Jacobsen.

Tycho Brahe Planetarium (31), Gamle Kongevej 10, mit Ausstellungen zur Astronomie vom Mittelalter bis zur modernen Raumfahrt. Benannt ist das Planetarium nach dem großen Astronomen **Tycho Brahe**, der im 16. Jh. lange auf der Insel Ven vor Schweden im Øresund lebte und arbeitete (siehe auch Route 33, Sölvesborg – Helsingborg). Der aus Dänemark stammende Brahe wurde 1546 geboren, studierte u.a. in Deutschland und führte in der zweiten Hälfte des 16. Jh. seine aufsehenerregende Sternwarte „Stjerneborg" auf seinem Schloß Uranienborg auf der Insel Ven. Brahe hatte die Insel Ven 1576 vom dänischen König Frederik II. zum Lehen erhalten und residierte auf der Insel fürstlich und recht selbstherrlich.

Im Anschluß an das Planetarium findet man ein **Omnimax-Theater**, in dem Weltraum- und Naturfilme präsentiert, sowie der Sternenhimmel auf einer 1.000 qm großen kuppelförmigen Leinwand gezeigt werden.

Zirkus Benneweis (32), Jernbanegade 8. Einziges und ältestes Zirkusgebäude in Nordeuropa.

Zoologischer Garten, Roskildevej 32, Busse 27, 28, rund 3 km westlich des Rathausplatzes. Einer der bedeutendsten Zoos in Europa. 2.000 Tiere der verschiedensten Arten aus allen Erdteilen. Aussichtsturm.

Und wer sich für die technischen Details der rasant dem Bauende zustrebenden neuen Verkehrsstrasse über den Øresund nach Schweden interessiert, sollte einen Besuch in der **Øresund Ausstellung** in Kastrup nicht versäumen.

Kopenhagen Information

Praktische Hinweise

☎ **Wonderful Copenhagen Turist Information**, Zimmernachweis, Bernstorffsgade 1, am Haupteingang zum Tivoli, Nähe Hauptbahnhof, 1577 Kopenhagen K, Tel. 33 11 13 25, Fax 33 93 49 69. Hotelbuchungen: Tel. 33 12 28 80. Internet: http://www.woco.dk
Geöffnet: 1. Mai - 15. Sept. tgl. 9 - 21 Uhr. Übrige Zeit Mo. - Fr. 9 - 17 Uhr, Sa. 9 - 14 Uhr.

„Use it", Informationszentrum für Jugendliche, Rådhusstræde 13, 11466 Kopenhagen, Tel. 33 15 65 18. 15. Geöffnet: Juni – 14. Sept. tgl. 9 – 19, übrige Zeit Mo. – Fr. 10 – 16 Uhr. Eine Info-Stelle für jugendliche Traveller. Hier erfährt man, wo man billig übernachten und essen kann, wohin es Mitfahrgelegenheiten gibt, etc.

Feste, Folklore, Veranstaltungen

❖ **Feste, Folklore, Veranstaltungen: Flohmärkte,** im Sommer, jeden Samstag um 8 bis 14 Uhr, auf Gl. Strand, Israels Plads.
Copenhagen Marathon, im Mai.
Königin Margrethes Geburtstag, am 16. April, man gratuliert auf dem Schloßplatz vor Amalienborg.
Traditionelles **Copenhagen Jazz Festival,** jedes Jahr Anfang/Mitte Juli.
Copenhagen Filmfestival, im September.

Hotels

⌂ Hotels: In Kopenhagen ist immer Saison. Rechtzeitige Zimmerreservierungen sind daher nicht nur in der Urlaubszeit empfehlenswert!

Absalon, 253 Zi., Helgolandsgade 15, Tel. 31 24 22 11, Fax 31 24 34 11, zentral, Bahnhofsnähe.

Alexandra, 63 Zi., H.C. Andersens Boulevard 8, Tel. 33 14 22 00, Fax 33 14 02 84, zentral.

D'Angleterre, 130 Zi., Kongens Nytorv 34, Tel. 33 12 00 95, Fax 33 12 11 18, günstige Stadtlage, renommiertes, komfortables Firstclass Hotel, oberste Preisklasse, Restaurant, Garage.

Copenhagen Admiral, 365 Zi., Toldbodgade 24 – 28, Tel. 33 11 82 82, in einem restaurierten ehemaligen Speicherhaus eingerichtetes Hotel der gehobenen Mittelklasse, Nähe Schloß Amalienborg, Restaurant, Sauna.

Copenhagen Crown, 80 Zi., Vesterbrogade 41, Tel. 31 21 21 66, Fax 31 21 00 66, zentrales Stadthotel, mittlere Preislage.

Grand, 151 Zi., Vesterbrogade 9 A, Tel. 31 31 36 00, Fax 31 31 33 50, obere Preisklasse, zentral, am Bahnhof, Restaurant.

Kong Frederik, 110 Zi., Vester Voldgade 25, Tel. 33 12 59 02, Fax 33 93 59 01, zentral, teuer, Restaurant, Garage.

Palace, 159 Zi., Rådhuspladsen 57, Tel. 33 14 40 50, Fax 33 14 52 79, zentral, teuer, Restaurant, Garage.

Hotel 71 Nyhavn, 84 Zi., Nyhavn 71, Tel. 33 11 85 85, Fax 33 93 15 85, obere Preisklasse, eingerichtet in einem restaurierten Hafenspeicherhaus, Restaurant. – Zahlreiche weitere Hotels und Pensionen aller Preisklassen.

Jugendherbergen: **Copenhagen Danhostel Amager** ***, Vejlands Allé 200, 2300 København S, Tel. 32 52 29 08; 15. Jan. – 30. Nov.; Bus 46 ab Hauptbahnhof oder S-Bahn bis Sydhavn, dann Bus 46.

Copenhagen Danhostel Bellahøj ***, Herbergvejen 8, 2700 København-Brønshøj, Tel. 38 28 97 15; 1. März – 15. Jan.; Bus 2 ab Rathaus.

☐ – **Autocamperplads Euro Park** – Für Wohnmobilfahrer stehen Stellplätze auf dem Parkplatz an der Kalvebod Brygge im südöstlichen Innenstadtbereich am Kanal Sydhavnen zur Verfügung.

▲ – **Kopenhagen City Camp,** Fisketorvet/Vasbygade, Kopenhagen V, Tel. 21 42 53 84; 15. Juni – 31. Aug.; von der E20 nordwärts, über Sjaellandsbroen nach rechts auf Scandiagade, weiter nach Vasbygade, an der ersten Ampel rechts. 100 Stellplätze. Keine Zelte! Entsorgung für Wohnmobilabwässer.

– **DCU-Camping Absalon** **, Tel. 31 41 06 00; 1. Jan. – 31. Dez.; im südwestl. Stadtbereich nahe der E47/E55, **Ausfahrt Rødovre**; ausgedehntes Wiesengelände am Roskildevej, durch Hecken und hohe Baumreihen mehrfach unterteilt; ca. 12 ha – 600 Stpl.; Standardausstattung; Laden, Imbiß, 33 Miethütten; nahes Freibad und Hallenbad.

– **FDM-Camping Tangloppen** ***, Tel. 43 54 07 67; Mitte Apr. – Mitte Sept.; südwestlich das Stadtzentrums im **Ishøj Havn**, einem Freizeit- und Sporthafen; Zufahrt über die Autobahn E20/47/55; auf einer länglichen, künstlich aufgeschütteten Insel, ebenes Gelände, am Rande mit Hecken; ca. 2,5 ha – 100 Stpl.; Standardausstattung; Laden, Imbiß, 10 Miethütten.

Nærum

– **DCU-Camping Nærum** ***, Tel. 42 80 19 57; Ende März – Ende Sept.; ca. 15 km nördl. Kopenhagen an der E44/E55 Richtung Helsingør; Wiese zwischen Bahn, Autobahn und Wald, ziemlich laut; ca. 5 ha – 300 Stpl. + Dau.; Standardausstattung. 15 Miethütten.

Tåstrup

– **DCU-Camping Metropolitan I** **, Tel. 43 99 98 25; Ende März – Ende Sept.; ca. 20 km westlich von Kopenhagen Zentrum, etwa auf halbem Wege zwischen Kopenhagen und Roskilde, an der Straße 156 Richtung Roskilde beschildert; einfacher Übernachtungsplatz, ebene Wiesen, durch Hecken mehrfach in rechteckige Felder unterteilt; ca. 5 ha – 250 Stpl. + Dau.; Standardausstattung. – Und andere Campingplätze.

36. KOPENHAGEN – RØDBYHAVN

⊙ **Entfernung:** Rund 250 km + 1 Fähre.

→ **Strecke:** Über die E47/E55 und über **Køge** bis **Vordingborg** – Straße 59 bis **Møns Klint** – Straße 287 bis **Stubbekøbing** – Straße 271 über **Nysted** bis **Rødbyhavn**.

🕐 **Reisedauer:** Mindestens ein Tag.

⌘ **Höhepunkte:** Das **Schloß Vallø** – die Kreidefelsen **Møns Klint ** – das **Aalholm Automuseum ** bei Nysted.

Kirche von Køge
10 - 12, Sommer
auch 14 - 16 Uhr

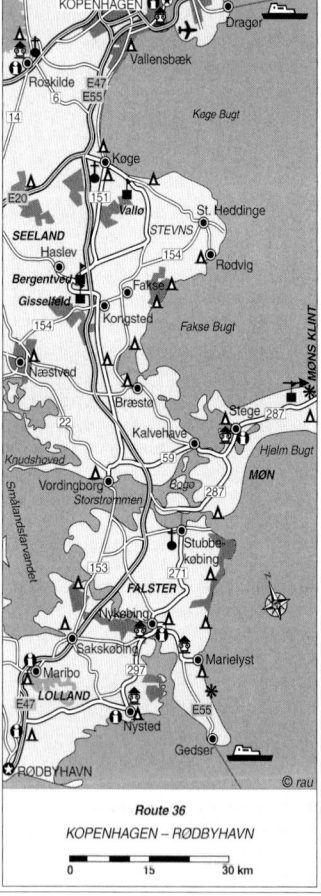

Route 36
KOPENHAGEN – RØDBYHAVN

0   15   30 km

→ **Route:** Dänemarks Hauptstadt verlassen wir über die Autobahn E47/E55 in südlicher Richtung. Nach ca. 20 km nehmen wir die Ausfahrt Lellinge/Køge und fahren 3 km ostwärts bis **Køge**.

●

KØGE hat eine interessante gotische Kirche aus dem 13. Jh., die **Nikolaj Kirche**. Sie ist dem Heiligen Nikolaus von Myra geweiht. Auffallend ist der mächtige Turm mit Treppengiebel, der früher auch als Wehr- und Leuchtturm diente. In Inneren Fresken aus dem 14. Jh., eine geschnitzte Kanzel im Stil der Spätrenaissance, spätgotisches und Renaissancegestühl, sowie ein Altaraufsatz von 1652 mit Schnitzwerk von Lorentz Jörgensen.

Schöne **alte Fachwerkhäuser** findet man in der Vestergade, z.B. Haus Nr. 6 oder Haus Nr. 7. Haus Nr. 16 dort ist der **Richters Gaard**, ein prächtiger Fachwerkbau aus dem Jahre 1644, der heute ein gemütliches Restaurant im Stil eines urigen Landgasthauses beherbergt. Auch in der Langshusgade, der alten Zunfthausstraße, sind noch alte, sehenswerte Bauwerke erhalten. Und in der Kirkestræde Nr. 20 findet man eines der ältesten

Fachwerkgebäude in Dänemark . Es stammt aus dem Jahre 1527.

Das **Stadtmuseum** von Køge ist in der Nørregade im alten „Spinnhof" untergebracht. Stolz ist man im Museum vor allem auf den „Silberschatz". Er ist 9 kg schwer und besteht aus 322 Münzen aus ganz Europa. Die älteste Münze ist ein „Pfälzer Taler", der 1548 geprägt wurde. Bei Bauarbeiten an einem Keller am Torvet wurde der „Schatz" entdeckt, den wohl jemand in den Wirren des Schwedenkrieges hier vergraben hatte. Im Hof des Museums wurde der alte „Schlachterhof" von ca. 1500 wieder aufgebaut. Er stand früher am Torvet 18.

„Silberschatz" im Stadtmuseum

Für Interessierte lohnt sicher auch ein Besuch im **Kunstmuseum von Køge,** Nørregade 29, mit einer bemerkenswerten Skizzensammlung. Außerdem sieht man Skulpturen, Modelle u.ä.

Praktische Hinweise – Køge

☎ **Køge Turistbureau,** Vestergade 1, 4600 Køge, Tel. 53 65 58 00, Fax 53 65 59 84.

☒ Hotels: **Centralhotellet**, 12 Zi., Vestergade 3, Tel. 53 65 06 96.
Hvide Hus, 126 Zi., Strandvejen 111, Tel. 53 65 36 90, Fax 53 66 33 14, Restaurant, Sauna, Garage.
Niels Juel, 51 Zi., Toldbodvej 20, Tel. 56 63 18 00, Fax 56 63 04 92, am alten Hafen von Køge, das Haus ist einem historischen Speicherhaus nachempfunden, Restaurant, Sauna.
– Und andere Hotels.

Jugendherberge: **Danhostel Køge Vandrerhjem „Lille Køgegaard"** ***, Vamdrupvej 1; Tel. 56 65 14 74; 1. Apr. – 15. Dez.; 100 Betten.

▲ – **Køge Sydstrand Camping **,** Tel. 53 65 07 69; Mitte Apr. – Ende Sept.; am südl. Stadtrand in Strandnähe; unvorteilhafte Umgebung landseitig, Tankanlage in der Nachbarschaft; durch Hecken mehrfach unterteilte, ebene Wiesen; ca. 3,5 ha – 120 Stpl. + Dau.; Standardausstattung, Laden.
– **Vallø Stifts Camping ***,** Tel. 53 65 28 51; 1. März – 31. Okt.; südl. der Stadt an der Küstenstraße 261; ausgedehntes Waldgelände; ca. 10 ha – 300 Stpl. + 250 Dau.; Standardausstattung; Laden; Fahrradverleih; 25 Miethütten.

Køge Information

Hotels

Jugendherberge

Camping

Ca. 10 km südlich Køge liegt **Schloß Vallø.** Es stammt aus dem 16. Jh., wurde 1737 von Königin Sophie Magdalena, der Gemahlin Christian VI., in ein „Königliches Stift für fürstliche und adelige Fräulein" (man könnte auch sagen, in ein Altersheim für „ausgediente" Hofdamen) verwandelt und nach einem Brand im Jahre 1893 etwas verändert in der heutigen Form wieder aufgebaut. Zutritt zum Park.

➜ Route: Wir machen nun auf der Straße 151 einen Sprung von 53 km nach Süden bis **Vordingborg**. ●

Auf dem Weg liegt – 5 km südlich von Haslev und 2 km westlich von Ulse – das **Renaissanceschloß Gisselfeld** aus dem 16. Jh. Nur der Park ist zugänglich. Er ist 44 ha groß und einer der schönsten Schloßparks in ganz Dänemark, mit Seen, Brunnen, Grotten, Wasserfall, herrlichem altem Baumbestand und Gewächshaus.

Park von Schloß Gisselfeld *
1.6. - 15.8. 10 - 19 Uhr, sonst bis 16 Uhr. Eintritt.

Ebenfalls sehenswert ist das ganz in der Nähe von Haslev gelegene **Schloß Bregentved.**

Vordingborg, am Südende der Insel Seeland, hat in seinem Zentrum noch einige Reste (Fundamente, Wehrmauer und Turm) der alten Burg von Valdemar dem Großen aus dem 12. Jh. erhalten. Historischer Burggarten mit Arzneikräutern, Gewürz- und Zierpflanzen.

Praktische Hinweise – Vordingborg

☎ **Sydsjællands Turistcenter**, Algade 96, 4760 Vordingborg, Tel. 55 34 11 11, Fax 55 34 03 08.

Vordingborg
Hotels

⌂ Hotels: **Kong Valdemar**, 65 Zi., Algade 101, Slotstorvet, Tel. 53 77 00 95, Fax 53 77 07 95, Restaurant, Sauna.

Camping

▲ – **Øre Strand Camping ****, Tel. 53 77 06 03; 1. Jan. – 31. Dez.; Zufahrt von der Straße 22 beschildert, westl. der Stadt am Sund mit schmalem Strand; fast ebene Wiesen, durch Hecken in mehrere lange Felder unterteilt; ca. 3 ha – 150 Stpl. + Dau.; Standardausstattung, Laden, Imbiß, Restaurant (Saison); 12 Miethütten.

lohnender
Umweg über die
Insel Møn

➜ **Route:** Der weitere Verlauf unserer Route folgt von Vordingborg der Straße 59 über **Langebæk** nach Osten. Bei **Kalvehave** gelangen wir über die Ulvsundbrücke auf die **Insel Møn**. Weiter über **Stege** und **Magleby** bis an die Ostküste zu den **Klippen Møns Klint**. ●

sehenswerte
Kirchen in
Keldby und
Elmelunde

Unterwegs kann man in **Stege** das **Møns Museum** in der Storegade 75 besichtigen. Und in **Keldby** ist die **Kirche** sehenswert, ebenso der **Museums-Gutshof Keldbylille** (Skullebjergvej 15, Mai bis Okt. tgl. a. Mo. 10 – 16 Uhr), während in **Elmelunde** die markante mittelalterliche **Dorfkirche**, die älteste Kirche auf der Insel Møn übrigens, mit bemerkenswerten Fresken von Interesse ist.

die imposanten
Kreidefelsen
Møns Klint ***

Östlich von Magleby endet die Straße am großen, in einem ausgedehnten Waldgebiet gelegenen **Parkplatz „Store Klint"** mit Cafeteria, Hotel, Toiletten und Informationstafeln. Von dort führen markierte Spazierwege zu den berühmten Klippen **Møns Klint**. Auf eine Länge von 8 km fällt hier das Steilufer aus Kreidefelsen ca. 130 m senkrecht ins Meer. Die weißen Kreideklippen von Møn zählen zu den großen Natursehenswürdigkeiten in Dänemark. Einer der nächstgelegenen Aussichtspunkte über dem Steilufer der Klippen ist der 128 m hohe **Dronningstolen**.

das Lustschlöß-
chen Liselund
Mai - Okt. Di. - Sa.
Führungen 10.30,
11, 13.30, 14 Uhr.
So. auch 16 + 16.30
Uhr. Eintritt.

Nicht allzu weit nördlich der Klippen, über Magleby und Sømarke zu erreichen, findet man das **Schlößchen Liselund**. Es wurde 1795 als Lustschloß erbaut und liegt in einem romantischen Waldpark mit drei lauschigen Pavillons, dem Chinesischen Lusthaus, der Schweizer Hütte und dem Norwegerhaus.

Praktische Hinweise – Insel Møn

☎ **Møns Turistbureau**, Storegade 2, 4780 Stege, Tel. 55 81 44 11, Fax 55 81 48 46.

Insel Møn
Hotels

⌂ Hotels: **Præstekilde Kro & Hotel**, 46 Zi., Klintevej 116, Keldby, Tel. 55 81 34 43, Fax 55 81 36 34, Restaurant, Sauna, Schwimmbad.
Hotel Stege Bugt, 27 Zi., Langelinie 48, Tel. 55 81 54 54, Fax 55 81 58 90, Restaurant. – Und andere Hotels und Pensionen.

Jugendherberge:
Danhostel Møns Klint Vandrerhjem Hunosøgård
*, Langebjergvej 1, 4791 Borre, Tel. 55 81 20 30; u.a. 29 Familienzimmer. Geöffnet 1. Mai – 1. Okt.

▲ – Stege
– Camping Mønbroen **, Tel. 55 81 40 70; 1. Apr. – 15. Sept.; am Südende der Sundbrücke an der Stege Bucht; ca. 2 ha – 100 Stpl. + zahlr. Dau.; einfache Standardausstattung.
– Ulvshale Camping **, Tel. 55 81 53 25; 1. Apr. – 30. Sept.; nördl. Stege; Gemeindeplatz; ca. 2,5 ha – 50 Stpl. + zahlr. Dau.; Standardausstattung.
– Møns Familie Camping **, Tel. 55 81 34 56; 1. Apr. – 15. Sept.; östl. Stege bei Keldby; von hohen Hecken eingefriedetes Wiesengelände; ca. 3 ha – 100 Stpl. + Dau.; Standardausstattung; Laden, Imbiß, Schwimmbad, Fahrradverleih; 10 Miethütten.
Borre
– Møns Klint Camping **, Tel. 55 81 20 25; 1. Apr. – 31. Okt.; an der Ostseite der Insel; naturbelassenes, hügeliges Gelände, teils Lichtungen im Wald, teils auch terrassierte Wiesen; ca. 12 ha – 400 Stpl. + Dau.; gute Standardausstattung; Laden, Tennis; Schwimmbad, Fahrradverleih.
Askeby
– Vestmøn Camping *, Tel. 55 81 75 95; Anf. Mai – Anf. Sept.; am Südende der Insel Møn, südwestl. Hårbølle am Grønsund; recht einfacher Platz, aber ruhig an einem schmalen Sandstrand gelegen; ca. 2 ha – 80 Stpl. + Dau.; einfache Standardausstattung; Laden (Saison).

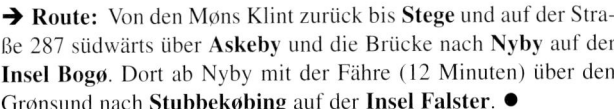

die Kreidefelsen Møns Klint

➜ Route: Von den Møns Klint zurück bis **Stege** und auf der Straße 287 südwärts über **Askeby** und die Brücke nach **Nyby** auf der **Insel Bogø**. Dort ab Nyby mit der Fähre (12 Minuten) über den Grønsund nach **Stubbekøbing** auf der **Insel Falster**. ●

Man kann versuchen, den Turm der **Kirche von Stubbekøbing** zu besteigen, was aber nur in Anwesenheit des Kirchendieners möglich ist. Gelingt es, hat man einen herrlichen Blick auf die Inselwelt.

Schöne lange **Strände** findet man an der Südostküste von Falster.

schöne Sandstrände an Falsters Südostküste

das Mittelalter
Zentrum von
Nykøbing *
15. 5. - 30. 9. tgl.
10 - 16 Uhr.
Eintritt.

Nykøbing liegt am Guldborg Sund an der Westküste der Insel Falster. Besichtigen kann man das **Middelaldercentret**, Ved Hamborgskoven 2. In diesem Freilichtmuseum werden Lebensweise und Technik des Mittelalters anschaulich gezeigt und von mittelalterlich gewandeten Interpreten demonstriert. U. a. sieht man eine historische Schmiede, eine Schneiderwerkstatt, ein Lederer-Haus, Gärten, eine nachempfundene Schiffswerft, einen Turnierplatz, altes Kriegsgerät wie Bögen, Armbrüste oder Katapulte und vieles mehr.

Ein gutes Stück südöstlich von Nykøbing liegt bei **Væggerløse** auf dem Wege nach Marielyst das Museum **Marielyst Sportscars**, ein Automobilmuseum mit alten Sportwagen, ganzjährig geöffnet.

Nykøbing/Falster
Hotels

Camping

Praktische Hinweise – Nykøbing/Falster

☎ **Nykøbing/F Turistbureau,** Østergågade 7, 4800 Nykøbing F, Tel. 54 85 13 03, Fax 54 85 10 05.

⌂ **Nykøbing/Falster**
Hotel Falster, 69 Zi., Skovelléen, Tel. 54 85 93 93, Fax 54 82 21 99, Restaurant, Sauna.
Motel Liselund, 25 Zi., Lundevej 22, Tel. 54 85 15 66, Fax 54 85 15 14, Restaurant. – Und andere Hotels.

▲ **– Stubbekøbing**
– Stubbekøbing Camping **, Tel. 54 4 10 57; Mitte Apr. – 14. Sept.; kleiner netter Platz der Gemeinde am Strand westl. der Stadt, ansprechend und relativ ruhig gelegen; ca. 1,2 ha – 60 Stpl.; Standardausstattung; Laden; 4 Miethütten.
Nykøbing/Falster
– Nykøbing Camping **, Tel. 54 85 45 45; 1. Mai – 15. Sept.; Gemeindeplatz am südöstl. Stadtrand; ca. 4 ha – 100 Stpl. + zahlr. Dau; Standardausstattung; 9 Miethütten.
Jugendherberge sowie 6 weitere **Campingplätze** zwischen Marielyst und Gedser an der Ostküste.

➔ **Route:** In Nykøbing/Falster queren wir auf der Frederik IX.-Brücke den Guldborg Sund, sind nun auf der **Insel Lolland** und nehmen außerhalb der Stadt die Straße 297 südwärts ins 17 km entfernte **Nysted.** ●

sehenswertes
Automobilmuseum
in Nysted **
Juni, Juli + Aug. tgl.
10 - 16.30 Uhr.
Übrige Zeit Do., Sa.
+ So. 11 - 16 Uhr.
Eintritt.

Nysted ist die südlichste Gemeinde mit Stadtrechten in Dänemark. Zu besichtigen gibt es das **Aalholm Automobil Museum**, ein wohl sortiertes Oldtimermuseum, mit gut 300 wunderschön restaurierten Straßenveteranen aus der Zeit vor dem 2. Weltkrieg. Zu den Schmuckstücken des besuchenswerten Museums zählen u.a. ein Daimler von 1889, Renaults von 1907 oder von 1925, ein Detroit Electric von 1920, ein Rolls Royce von 1911, ein Bugatti von 1931, aber auch ein Volkswagen Amfibie von 1939, ein Horch 8 305 Tourer von 1928 oder ein Maybach Zeppelin V12 8 Liter von 1939, um nur einige zu nennen. In der Nähe des Museums liegt **Schloß Ålholm**. Es dürfte einer der ältesten hochherrschaftlichen Sitze in Dänemark sein und stammt wahrscheinlich aus dem 13. Jh. Schöner Park. Bei unserem letzten Besuch war zu erfahren, daß das Schloß im Privatbesitz und für die Öffentlichkeit nicht mehr zugänglich ist.

Der letzte Teil der hier beschriebenen Rundreise durch Skandinavien führt von Nysted nach **Rødbyhavn**. Der Fährhafen ist nur noch 27 km entfernt. Fähren nach Puttgarden auf Fehmarn verkehren laufend.

Praktische Hinweise – Nysted

☎ **Nysted Turistbureau,** Adelgade 65, 4880 Nysted, Tel. 53 87 19 85, Fax 53 87 19 60.

⌂ Hotels: **The Cottage**, 21 Zi., Skansevej 19, Tel. 53 87 16 00, Restaurant.

Nysted
Hotels
Camping

▲ – **Nysted Camping *****, Tel. 53 87 14 11; 1. Apr. – 14. Sept.; südl. der Stadt an der Bucht; Platz der Gemeinde mit Strand, durch Waldstücke windgeschützt; ca. 2 ha – 100 Stpl. + Dau.; Standardausstattung; Laden, Imbiß; 7 Miethütten.

☎ **Rødbyhavn Turistbureau**, Færgestationsvej 6, 4970 Rødbyhavn Tel. 54 60 45 46, Fax 54 60 45 47.

Rødbyhavn
Information

⌂ Hotels: **Danhotel,** 39 Zi., Havnegade 2, Tel. 54 60 53 66, Fax 54 60 43 26, Restaurant. – Weitere Hotels in Rødby.

Hotels

▲ – **Rødby Lystkov Camping ****, Tel. 54 60 12 16; 1. Apr. – 1. Sept.; im nördl. Stadtbereich von **Rødby**, an der Straße 153 nach Maribo; einfacher Übernachtungsplatz; ca. 1,5 ha – 90 Stpl.; Standardausstattung; Laden; 4 Miethütten.

Camping

Dänemarks Küche, auch ein Grund, in Dänemark Urlaub zu machen
Foto: Lennard, Dänisches Fremdenverkehrsamt

PRAKTISCHE UND NÜTZLICHE INFORMATIONEN VON A BIS Z

ANSCHRIFTEN

Fremdenverkehrsämter

Dänisches Fremdenverkehrsamt, Glockengießerwall 2, 20095 Hamburg, Tel. 0 40/32 02 10, Fax 0 40/32 02 11 11. Internet: www.dt.dk, www.visitdenmark.com

Norwegisches Fremdenverkehrsamt, Postfach 11 33 17, 20433 Hamburg, Tel. 01 80/500 15 48, Fax 0 40/22 71 08 15. Internet: www.norwegeninfo.com Oslo: www.oslopro.no

Schweden-Werbung für Reisen + Touristik, Lilienstraße 19, 20095 Hamburg, Tel. 00800/30 80 30 80, Fax 0 40/32 55 13 33. Internet: www.schweden-urlaub.de www.visit-sweden.com Stockholm: www.stoinfo.se

Finnische Zentrale für Tourismus, Lessingstr. 5, 60325 Frankfurt/Main, Tel. 0 69/719 19 80, Fax 0 69/724 17 25. Internet: www.finland-tourism.com/de

Weitere Touristeninformationsbüros sind in den Routenbeschreibungen der einzelnen Länder unter den jeweiligen Orten aufgeführt.

Informationen aller möglicher Art über die **skandinavischen Länder** finden Sie, in deutscher Sprache, unter: http://www.skandinavien.de

Konsularische Vertretungen Nordische Botschaften Berlin, Rauchstr. 1, 10787 Berlin, www.nordischebotschaften.org DK Tel. 030-5050-2000, Fax -2050 N Tel. 030-5050-50, Fax -55 S Tel. 030-5050-60, Fax -6789 SF Tel. 030-5050-30, Fax -3333

Botschaft der Bundesrepublik Deutschland, Stockholmsgade 57, DK-2100 **Kopenhagen**, Tel. 00 45-35 26 16 22, Fax 00 45-35 26 71 05.

Deutsches Generalkonsulat in Aabenraa, Tel. 00 45-74 62 14 64.

Botschaft der Bundesrepublik Deutschland, Forbundsrepublikken Tysklands Ambassade, Oscarsgate 45, N-0258 **Oslo** 2, Tel. 00 47-22 55 20 10, Fax 00 47-22 44 76 72.

Botschaft der Bundesrepublik Deutschland, Krogiuksentie 4, FIN-00340 **Helsinki**, Tel. 00 358-9-45 85 80, Fax 45 85 82 58.

Botschaft der Bundesrepublik Deutschland, Skarpögatan 9, S-11527 **Stockholm**, Tel. 00 46 - 8 - 670 15 00, Fax 00 46 - 8 - 670 15 72.

Automobilclubs

FDM – Forende Danske Motorejere, Firskovvej 32, DK-2800 Langby, Tel. 00 45-70 13 30 40, Fax 27 09 93, www.fdm.dk

NAF – Norske Automobilforbund, Storgata 2, N-0105 Oslo, Tel. 00 47-22 34 14 00, Fax 22 33 13 72, www.naf.no.

KNA – Kongelig Norsk Automobilklubb, Parkveien 68, N-0105 Oslo, Tel. 00 47-22 56 26 90.

MA – Motorförernes Avholdsforbund, St. Olavsgt. 26, N-0166 Oslo, Tel. 00 47-22 11 22 55.

Motormännens Riksförbund (M), Sveavägen 159, S-10248 Stockholm, Tel. 00 46-8-690 38 00, www.motormannen.se.

Autoliitto (Automobil und Touring Club von Finnland), Hämeentie 105 A, FIN-00550 Helsinki, Tel. 00 358-9-72 58 44 00, www.autoliitto.fi.

Busunternehmen

Deutsche Touring GmbH, Am Römerhof 17, 60486 Frankfurt/Main, Tel. 0 69/79 03 50, www.touring.de.

Schiffahrtslinien
Bornholm Ferries, Dornholmstrafikken – Fährhafen Sassnitz, 18546 Sassnitz-Mukran, Tel. 038 392/3 52 26, Fax 038 392/3 52 21, www.bornholmferries.dk

Color Line GmbH, Norwegenkai, 24143 Kiel-Gaarden, Tel. 04 31/7 30 00, Fax 04 31/7 30 04 00. www.color-line.de

Finnlines Passagierdienst, Große Altefähre 24 - 26, 23552 Lübeck, Tel. 04 51/ 15 07 443, Fax 04 51/15 07 444, www.finnlines.de.

Fjord Line A/S, c/o Karl Geuther GmbH, Martinistr. 58, 28195 Bremen, Tel. 04 21/ 1 76 03 62, www.fjordline.com.

Hurtigruten, c/o NSA-Norwegische Schiffahrts-Agentur GmbH, Postfach 11 08 33, 20408 Hamburg, Tel. 0 40/37 69 30, Fax 0 40/36 41 77.

www.hurtigruten.com

DFDS Seaways, Van der Smissen Str. 4, 22767 Hamburg 50, Tel. 0 40/3 89 03-155, Fax 0 40/3 89 03-120,

www.dfdsseaways.de.

Scandlines, Fährcenter Rostock, Tel. 03 81/673 12 17, Fax 03 81/673 12 13. www.scandlines.de

Silja Line GmbH, Zeißtr. 6, 23560 Lübeck, Tel. 04 51/58 99-22, Fax 04 51/58 99-243, www.siljaline.de.

Stena Line, Schwedenkai 1, 24103 Kiel, Tel. 04 31/90 99, Fax 04 31/90 92 00. www.stenaline.de

Superfast Ferries, c/o Euronautic, Fürther Str. 46, 90429 Nürnberg, Tel. 0700/70 07 10 70, Fax 0911/26 89 83, www.superfast.com

TT-Line, Mattentwiete 8, 20457 Hamburg, Tel. 0 40/3 60 12 11, Fax 0 40/3 60 12 65. www.TTLine.de

Viking Line, Skandinavienkai, 23570 Lübeck-Travemünde, Tel. 04 502/86 80-0, Fax 04 502/8680-77.

www.vikingline.de

Jugendherbergen

Deutsches Jugendherbergswerk, Bismarckstr. 8, 32756 Detmold, Tel. 0 52 31/74 01 36, Fax 0 52 31/74 01 67.

Norske Vandrerhjem, Dronningensgate 26, N-0154 Oslo 1, Tel. 23 13 93 00.

Svenska Turistföreningen Vandrarhem (Schwedischer Jugendherbergsverband), Box 25 A, Drottninggatan 31-33, S-101 20 Stockholm, Tel. 08/463 21 00.

Kanusport

DK – Århus Amt, Stenvey 23, DK-8270 Højbjerg, Tel. 00 45 - 89 44 66 66, für Informationen über Kanuwandertouren auf der Gudenå, Dänemarks längstem Fluß.

N – Norges Kajakkforbund, Hauger Skolevei 1, N-1351 Rud, Tel. 00 47 - 67 56 88 00.

S – Svenska Kanotförbundet, Idrottens Hus, S-12387 Farsta, Tel. 00 46 - 86 05 65 48, Fax 00 46 - 86 05 65 65.

SF – Finnish Canoe Association, Finnischer Kanuverband, Olympiastadion, Eteläkaarre, FIN-00250 Helsinki, Tel. 00 358 - 9- 46 44 95, Fax 00 358 - 9-4990 70.

CAMPING

THEMA STELLPLATZ

Immer häufiger wird der Wunsch an uns heran getragen, doch bitte auch Stellplätze für Wohnmobile in unseren Reiseführern zu beschreiben. Wir sind diesem Wunsch natürlich sehr gerne nachgekommen und haben auf unseren jüngsten Recherchereisen speziell Ausschau gehalten nach Stellplätzen für Wohnmobilfahrer.

Alle offiziell eingerichteten Stellplätze, die wir finden konnten, oder von denen wir erfahren haben, wurden registriert und erscheinen in diesem Reiseführer.

Ausdrücklich hinweisen wollen wir, dass es sich bei diesen Stellplätzen, die wir aufführen, NICHT um "wilde" Stellplätze handelt! Wildes campen ist in Skandinavien nicht mehr erlaubt. Städte, Gemeinden und Privatpersonen wurden hier zunehmend mit Problemen konfrontiert.

Unsere Erfahrung mit Stellplätzen allgemein ist so, dass wir nicht gerade in helle Begeisterung darüber ausbrechen. In vielen Fällen steht man so beengt wie auf einem ganz normalen Parkplatz. Und auch die Lage mancher Stellplatzareale in Städten ist nicht gerade berauschend. Dennoch werden Stellplätze von vielen Wohnmobilfahrern mit Begeisterung angefahren. Oft stehen auf den Stellplätzen Entnahmestellen für Frischwasser und Entsorgungsstellen für Abwässer und Chemikaltoiletten zur Verfügung. Sanitäranlagen mit Duschen oder Stromanschlüsse dürfen aber nicht immer und überall erwartet werden. Positiv zu vermerken ist, dass die Übernachtungsgebühren vieler Stellplätze oft erheblich unter denen von Campingplätzen liegen. Näheres über die Stellplatzsituation in Skandinavien finden Sie nachstehend unter den einzelnen Ländern.

DÄNEMARK

Kaum ein anderes Land in Europa bietet seinen Gästen ein so dichtes Netz an gut ausgebauten Campingplätzen wie Dänemark. Gut 550 Anlagen, klassifiziert mit ein bis fünf Sternen, verteilen sich auf das Inselreich. Man muß nirgends lange nach einem Campingplatz suchen. Hat man dann noch den offiziellen Campingführer von Dänemark "Camping Danmark" zur Hand, kann man rasch seine Wahl treffen. Dänemark bietet Plätze für jeden Geschmack, vom Komfortplatz mit Sauna, erstklassigen Sanitäranlagen, Schwimmbad oder Tennisplatz bis zum naturnahen und ruhigen Platz. Auch das gibt es zur Genüge. Nur eines darf man in Dänemark nicht: Wild campen. Auch das Übernachten im Auto, Wohnmobil, Zelt oder Caravan auf Park- und Rastplätzen ist nicht erlaubt.

Viele dänische Campingplätze setzen Maßstäbe, sei es im Sanitärbereich, im Bereich des Freizeitangebots oder bei Einrichtungen für die kleinen Gäste. Warmwasser in den Waschbecken, die fast immer durch Sichtblenden voneinander abgeschirmt sind (ein Detail, das nur auf dänischen Plätzen so häufig zu finden ist), gehört ebenso zur Standardausrüstung, wie Warmduschen oder Geschirr- und Wäschewaschbecken mit Warmwasser und Waschmaschinen. Kaum ein Platz, der nicht mit einem Aufenthalts- oder Fernsehraum aufwartet. Für Kinder steht fast immer ein Spielplatz zur Verfügung. Häufig wurden richtige Abenteuerspielplätze errichtet, mit Trampolins, Indianerforts, Spielhütten und großen Klettergerüsten.

Auch für das leibliche Wohl wird gesorgt. Einen Lebensmittelladen, auf großen Plätzen nicht selten einen richtiggehenden Supermarkt, bietet fast jede Campinganlage. Und obendrein gibt es häufig Kochgelegenheiten, ein Restaurant oder eine Imbißtheke.

Natürlich hält jeder Campingplatz gegen Gebühr Stromanschlüsse für Caravans bereit. Und sollten Sie einmal keine Lust haben, Ihr Zelt aufzuschlagen, dann suchen Sie sich einfach einen Platz aus, der auch Campinghütten oder Mietcaravans anbietet.

Ein besonderer Service wird gerade in Dänemark Müttern mit Kleinkindern geboten. Sehr viele Plätze haben spezielle Babywickelräume eingerichtet mit Wickeltisch, Waschgelegenheit und nicht selten gleich mit eigener Kinderdusche.

Den Damen steht gelegentlich eine weitere Einrichtung zur Verfügung – der Frisierraum, mit großen Spiegeln und Trockenhaube oder zumindest Steckdosen für den eigenen Föhn.

Ganz besonders zu erwähnen sind die Bemühungen vieler dänischer Campingplatzhalter, die Platzeinrichtungen, hier besonders die Sanitäranlagen, auch körperbehinderten Feriengästen zugänglich zu machen. Immer mehr Plätze bieten speziell für Rollstuhlfahrer konzipierte Sanitärräume an.

Übrigens, auf Verständigungsprobleme werden Sie in Dänemark nicht stoßen, man versteht fast überall deutsch. Die Platzzufahrten sind gewöhnlich sehr gut beschildert.

Etwa ein Zehntel der dänischen Campinganlagen ist ganzjährig geöffnet, der überwiegende Rest steht zwischen dem 1. Mai und dem 1. September zur Verfügung. Allerdings muß auf vielen Plätzen ab Mitte August mit eingeschränktem Service gerechnet werden.

Alle offiziellen dänischen Campingplätze verlangen zur Anmeldung die Vorlage des CCI (Camping Carnet International). Hat man kein CCI, kann man auf den dänischen Campingplätzen ein befristetes

Campingplätze sind, wie hier in Norwegen, überall in Skandinavien gut beschildert

Carnet für Ausländer erwerben.
Im Internet findet man Information über die Campingsituation in Dänemark unter www.campingraadet.dk.

Stellplätze: Dänemark weist eine noch relativ kleine Anzahl offizieller Stellplätze für Wohnmobile aus. Gewöhnlich sind dies spezielle "Quick Stop"-Areale bei Campingplätzen oder es handelt sich um schlichte Stellmöglichkeiten in Freizeithäfen. In der Mehrheit handelt es sich aber um Stellplätze bei Bauernhöfen.

Wir haben einige der Plätze für Sie ausgewählt, die an der in diesem Reiseführer beschriebenen Route durch Dänemark liegen.

Ein sog. "Camper Guide", eine vollständige Liste aller Stellplätze in Dänemark, ist beim **Dänischen Reisemobil Club DACF**, Dansk Autocamper Forening in Odense, Insel Fünen, gegen Gebühr zu erhalten, Fax 0045-6617-0726. Man kann den "Camper Guide" auch bei "Tourist Info", Frøslev Grenze Deutschland/Dänemark oder in einigen Touristeninformationsbüros in Dänemark erwerben, wie uns die Präsidentin der Dansk Autocamper Forening mitteilte.

NORWEGEN

Annähernd 1.400 Campinganlagen sind in Norwegen zu finden, wobei die Konzentration und Dichte von Süd nach Nord deutlich abnimmt. Die Plätze sind in offizielle Kategorien klassifiziert, die durch ein bis fünf Sterne symbolisiert werden.

Die Zufahrten sind in aller Regel sehr gut und deutlich beschildert, führen aber abseits der Hauptverkehrsstraßen oft über unbefestigte Wege.

Das Gelände, fast immer Wiesengelände, gelegentlich mit Waldanteil, ist bei der Mehrzahl der Plätze naturbelassen. Viele Campinganlagen zeichnen sich durch eine landschaftlich schöne Lage aus.

Noch ist der Anteil von Dauercampern auf norwegischen Campingplätzen – abgesehen von einigen Gebieten an der Südküste und im Einzugsbereich der großen Städte – angenehm gering.

Das Herrliche an vielen, vor allem den kleinen, etwas abseits der Hauptreiserouten gelegenen Plätzen ist ihre sympathische Einfachheit und ihre Naturnähe. Andererseits muß auch bemerkt werden, daß manche Anlagen in den touristischen Ballungszentren wie Oslo, an der Südküste, bei

Loen, Geiranger, Voss oder Trondheim im Hauptreisemonat Juli gelegentlich südländische Belegungsdichten aufweisen, mit entsprechenden Auswirkungen auf die Platzeinrichtungen.

Infos zu Campingplätzen in Norwegen erhalten Sie im Internet unter www.camping.no oder auch vom Norwegischen Automobilclub NAF unter www.nafcamp.com.

Das Übernachten auf Rastplätzen und Reichsstraßen in Caravans oder Wohnmobilen ist nicht erlaubt! Benutzen Sie, vor allem auch als Wohnmobilfahrer, wenn immer irgend möglich, Campingplätze. Es hilft nicht nur der Natur und der Umwelt, sondern sicher auch dem nicht nur in Norwegen bereits ziemlich lädierten Image der Wohnmobilisten.

Stellplätze: Bislang haben ganz wenige Städte Stellplätze für Wohnmobile eingerichtet, wenn man einmal von den Stellmöglichkeiten auf dem Parkplatz des Nordkapplateaus absieht. Aber es kommt Bewegung in die Angelegenheit. Nun gibt es endlich auch bei Oslo einen Stellplatz. Und im südlichen Norwegen gestatten einzelne Gemeinden das Übernachtparken von Wohnmobilen auf gewissen Parkplätzen. Wir weisen an den entsprechenden Stellen im Buch darauf hin.

Geradezu vorbildlich ist in Norwegen das dichte, im ganzen Lande gut und deutlich beschilderte Netz von **Entsorgungsstellen für Wohnmobilabwässer** ausgebaut. In jedem größeren Ort findet man einen dieser Automaten, die meist bei Tankstellen installiert sind, dort mitunter aber ein etwas verstecktes Dasein fristen. Die Automaten sind mit Geldmünzen zu betätigen. Zum Aufnehmen von Frischwasser ist es oft nützlich, einen eigenen Schlauch dabei zu haben.

SCHWEDEN

In ganz Schweden stehen annähernd 750 Campingplätze zur Verfügung, die offiziell registriert sind und vom Schwedischen Amt für Tourismus überprüft werden. Die offizielle Klassifizierung wird durch ein bis drei Sterne angegeben. Die meisten Campinganlagen sind von 1. Mai bis 1. September geöffnet. Eine ganze Reihe von Plätzen, vor allem in touristischen Ballungsgebieten oder an beliebten Küstenstrichen, sind aber auch ganzjährig geöffnet. Mit geöffneten Läden, Restaurants, Schwimmbädern, Tennisplätzen, Tanzböden u.ä. auf Campingplätzen kann aber nur in der Hochsaison gerechnet werden. Übrigens: Zur Mittsommernacht und am darauffolgenden Wochenende geht es rund in Schweden, auch auf Campingplätzen. Die Übernachtungspreise werden an diesen Tagen oft erheblich angehoben.

Öffentliche Strandbäder und Campingplätze bilden in vielen schwedischen Gemeinden eine Einheit, sind also nicht getrennt oder abgegrenzt. Der Zugang zum Strand führt für die Tagesgäste dann nicht selten durch das Campinggelände.

Stellplätze: Spezielle Stellplätze für Wohnmobilfahrer sind in Schweden bislang – bis auf den Wohnmobilplatz "Autocamper Stockholm" auf der Insel Långholmen in Stockholm – noch unbekannt. Aber: Seit einiger Zeit bieten manche Campingplätze Inhabern der Camping Card sog. "**Quick Stops**" an. Darunter sind Stellplätze auf einem eigens dafür ausgewiesenen Areal (meist außerhalb vor dem eigentlichen Campingplatz) zu verstehen, die von Wohnmobilfahrern, die nur ein Nacht bleiben wollen, nicht vor 21 Uhr ankommen, nicht nach 9 Uhr abreisen und kein Vorzelt aufstellen, zu einem ermäßigten Preis benutzt werden können. Die Ermäßigung beträgt meist so um die 30 Prozent. Nicht immer sind Quick-Stop-Stellplätze mit Stromanschlüssen ausgestattet. Stromanschlüsse werden zum Normaltarif berechnet.

Fast alle Campingplatzverwaltungen verlangen bei der Anmeldung die Vorlage der schwedischen **Campingkort** oder der Camping Card Scandinavia. Am besten fordert man die Campingkort *mindestens drei Wochen* vor Reiseantritt beim Schwedischen Campingverband an: *Sveriges*

Campingvärdars Riksvörbund, SCR, Box 255, S-45117 Uddevalla, Schweden. Fax 0046-522-642430. Internet: http:// www.camping.se. Die Karte selbst ist kostenlos. Auf dem ersten schwedischen Campingplatz, den Sie ansteuern, müssen Sie dann aber eine Wertmarke für die Campingkort kaufen (2003 SEK 90,-, dieser Preis schließt noch keine Campinggebühren ein). Hat man einen solchen Ausweis nicht, kann man ihn gegen Gebühr beim Campingplatz erwerben. Der Campingausweises CCI – Camping Carnet International hilft hier nicht weiter.

Bei Vorlage sog. **Campingschecks** gewähren bestimmte Campingplätze verbilligte Übernachtungspreise. Diese Schecks sind nur außerhalb Schwedens zu erwerben, z.B. bei vielen Reedereien, die Fährverbindungen nach Schweden haben.

Eine Vorbildfunktion erfüllen etwa ein Drittel aller schwedischer Campingplätze in Bezug auf ihre **Behindertenfreundlichkeit.** Etwa 150 Plätze sind mit speziellen Toilettenanlagen ausgestattet, bei 200 weiteren sind zumindest behindertengerechte Zugänge zu den Einrichtungen vorhanden.

Das einmalige Übernachten im Wohnmobil oder Caravan auf öffentlichen Rast- oder Parkplätzen in Schweden ist gestattet. Wildes campen wird toleriert, solange die Rechte privater Anrainer nicht verletzt und die Natur nicht geschädigt wird. Wildes campen sollte also, schon aus Umweltgründen, nur praktiziert werden, wenn absolut keine Alternative zur Verfügung steht.

Beachten Sie unbedingt, daß offene Feuer im Gelände strikt verboten sind. Machen Sie niemals auf Felsen, in den Schären z.B., Feuer. Die Gefahr, daß die Steine springen und Splitter wie Geschosse Verletzungen verursachen, ist sehr groß und unberechenbar!

FINNLAND

In Finnland stehen dem Besucher etwa 350 Campingplätze zur Verfügung. Auch in Finnland ist es so, daß die Dichte des Campingplatznetzes nach Süden hin zunimmt. Über die Hälfte aller Campingplätze sind dem Finnischen Fremdenverkehrsverband angeschlossen und alle Campinganlagen unterliegen amtlicher Kontrolle. Ähnlich wie in den skandinavischen Nachbarländern gibt es eine Einstufung der Qualität der Campinganlagen in amtliche Kategorien, die mit ein, zwei oder drei Sternen angezeigt werden.

Die meisten Campingplätze sind zwischen Juni und August geöffnet. Etwa 70 Plätze ist ganzjährig zugänglich. Am Wochenende um Mittsommer ist auf den Campingplätzen mit recht turbulentem und lautem Betrieb zu rechnen.

Immer mehr Plätze verlangen bei der Anmeldung die Vorlage des Camping Carnet International (CCI) oder einer skandinavischen Campingkarte. Wer nicht im Besitz eines solchen Campingausweises ist, kann sich auf einem finnischen Campingplatz eine auf Finnland beschränkte Campingkarte kaufen (2003 EUR 5,- pro Familie). Im Internet erfährt man Anga-ben zur Campingsituation in Finnland unter www.camping.fi.

Außerhalb offizieller Campingplätze ist das Campen und vor allem das Entzünden offener Feuer nicht erlaubt, es sei denn, man erhält die ausdrückliche Erlaubnis des Grundeigentümers.

Stellplätze: Speziell für Wohnmobilfahrer eingerichtete Übernachtungsplätze sind in ganz Finnland noch unbekannt, auch in der Hauptstadt Helsinki. Auch gibt es keine Einrichtungen seitens des Campingplatzbetreiber, die den Quick-Stops in Schweden zum Beispiel vergleichbar wären.

CAMPINGHÜTTEN

Wer nicht mit Zelt, Wohnwagen oder Wohnmobil durch Norwegen reist, oder auf einer Radtour abends ein festes Dach über dem Kopf vorzieht, dennoch aber nicht in Hotels oder Gasthäusern übernachten will, findet auf fast jedem Campingplatz in Dänemark, Norwegen, Schweden und Finnland sog. Campinghütten. Sie sind in ganz

Skandinavien sehr verbreitet und bieten eine recht komfortable, wenn auch rustikale, aber für Skandinavien relativ preiswerte Übernachtungsmöglichkeit. Vor allem auf einer Rad- oder Motorradtour werden Sie bei Schlechtwetterperioden eine gemütliche Hütte schätzen lernen.

Die aus Holz, oft in Blockhausmanier errichteten Häuschen bieten Platz für zwei bis sechs Personen. Sie sind in aller Regel recht zweckmäßig eingerichtet. Die Ausstattung, bei der fast immer reichlich Holz verwendet wird, reicht von der spartanischen Version mit Tisch, Stuhl und Bett bis zum komfortabel ausgestatteten und stilvoll möblierten Ferienhäuschen mit Dusche und WC, Heizung, Kochgelegenheit mit Kühlschrank und Wohnecke. Oft ist eine kleine überdachte Veranda vorgebaut. Bettwäsche ist mitzubringen, kann aber gelegentlich auch geliehen werden. Saubermachen muß man selbst und auch für des eigene leibliche Wohl muß man selbst sorgen. Einfachere Campinghütten haben keine eigenen Sanitäreinrichtungen, man bedient sich dann der Einrichtungen des Campingplatzes.

Auch Campinghütten sind in offizielle Qualitätskategorien unterteilt, die durch Sternsymbole angezeigt werden. Eine Hütte mit einem Stern soll z.B. außer dem notwendigsten Mobiliar (Tisch, Bett) auch einen Stromanschluß haben und eine 3-Sterne-Hütte zusätzlich mit fließend Wasser, Dusche und WC, Kochgelegenheit, Bettwäsche und abgetrenntem Schlafraum ausgestattet sein.

Vor allem im Hauptreisemonat Juli sollten Hütten unbedingt vorbestellt, oder sehr früh am Tage angefahren werden, da in dieser Zeit die Nachfrage überaus groß ist!

HINWEISE ÜBER ANGABEN ZU CAMPINGPLÄTZEN

Bei den in diesem Reiseführer aufgelisteten Campingplätzen folgen dem **Platznamen** die **Telefonnummer** mit Vorwahl, dann **Öffnungszeit** und die Lokalisierung oder **Zufahrt**. Bei der Beschaffenheit des **Geländes** wird die Form angegeben, die überwiegt, z. B. Wiesengelände. Die **Größe des Platzgeländes** wird in Hektar (ha), die Aufnahmekapazität in Stellplätzen (Stpl.), ggf. mit Belegung durch Dauercamper (Dau.), angegeben. Die Angabe **Miethütten** (evtl. mit Anzahl) deutet auf das Vorhandensein von mietbaren Campinghütten hin.

Es wird versucht, die Platzeinrichtungen, so wie sie beim Besuch vorgefunden wurden, in etwa zu charakterisieren, wobei Zustand und Pflege der Gebäude und Installationen auch von Bedeutung waren. Die Übergänge zwischen den drei als grobe Anhaltspunkte geschaffenen Kategorien sind fließend.

Mindestausstattung: Einfacher Platz mit bescheidenen, veralteten oder vernachlässigten Einrichtungen, die außer WC's, Kaltwasserwaschbecken und evtl. Duschen keine oder völlig unzeitgemäße Einrichtungen für Hygiene und Körperpflege aufweisen.

Standardausstattung, mit den Varianten *einfache* oder *gute Standardausstattung*: Der Durchschnittscampingplatz mit WC's, Kaltwasserwaschbecken und Duschkabinen in den Waschräumen, evtl. mit Warmwasser, Kochgelegenheit, Geschirrspül- und Wäschewaschbecken teils mit Warmwasser. Ordentlicher Gesamteindruck, einige Stromanschlüsse für Caravans.

Komfortausstattung, mit der Variante *gehobene Komfortausstattung*: Außer ausreichend WC's, Waschbecken mit Warmwasser und Warmduschen in zeitgemäßen, gepflegten Sanitäranlagen, werden auch Geschirr- und Wäschewaschbecken mit Warmwasser, Waschmaschine und Trockner, Küche und Aufenthaltsraum, Chemikalausgüsse für Campingtoiletten und Stromanschlüsse für Caravans in ausreichender Zahl erwartet. Das Terrain soll durch Wege erschlossen sein und im Gelände verteilte Müllbehälter und Wasserzapfstellen, sowie Restaurant oder Cafeteria, Einkaufsmöglichkeit und möglichst Freizeit- oder Sporteinrichtungen aufweisen.

JEDERMANNSRECHT

Ein sehr tolerantes, großzügiges, traditionsreiches Recht in Norwegen, Schweden und Finnland ist das **Jedermannsrecht**, dessen Maxime lautet: *Nicht stören, nichts zerstören und den Hausfrieden respektieren.* In Norwegen kennt man es als "**Allemannsretten**", in Schweden als "**Allemannsrätten**". In Dänemark gilt dieses Jedermannsrecht nicht! Und in Schweden fällt Caravaning ausdrücklich nicht unter das Allemannsrätten!

Überall in den drei genannten skandinavischen Ländern wird das Jedermannsrecht hoch geschätzt und von den Bürgern mit größter Verantwortung wahrgenommen. Das Jedermannsrecht erlaubt im Prinzip jeder Einzelperson (aber nicht Gruppen), sich auf öffentlichen Grund und Boden, an Küsten, Stränden, in staatlichen Wäldern, Berg- und Grünlandgebieten, frei zu bewegen, solange weder Mensch noch Natur gestört oder geschädigt werden. Auch der ausländische Besucher kommt in den Genuß dieses Rechts. Die Entwicklungen in den vergangenen Jahren führten allerdings dazu, daß Autofahrer und Wohnmobilisten dieses Jedermannsrecht nicht mehr für sich in Anspruch nehmen dürfen, solange sie mit ihren Gefährten und nicht zu Fuß unterwegs sind.

Natürlich gibt es ein paar Spielregeln, an die man sich zu halten hat, wie z. B. an das strikte Verbot von offenen Feuern zwischen 15. April und 15. September. Respektieren Sie Fischgewässer, Jagdgebiete und geschützte Pflanzen und vor allem, schonen Sie die Natur, besonders im hohen Norden. Allgemein ist übrigens motorisierter Verkehr (Geländewagen, Motorrad, Wohnmobile etc.), aber auch das Fahren mit Mountainbikes im freien Gelände abseits der Fahrwege grundsätzlich nicht erlaubt. Die Natur im hohen Norden reagiert sehr empfindlich auf Verwüstung, Störung oder Verschmutzung. Regene-rierungsprozesse gehen hier – wenn überhaupt – um ein Vielfaches langsamer vonstatten.

Leider wurde dieses Recht von einigen Touristen – und hier oft von Campern, die wild campen, wo es ihnen gerade gefällt – in der Vergangenheit gelegentlich so strapaziert, daß das Verhalten das Mißfallen und den Protest der Einheimischen provozierte. Bedauerlicherweise wird von manchen gedankenlosen Feriengästen oft vergessen, daß solche Freiheiten in erster Linie Verantwortungsbewußtsein von Jedermann (nicht Verbrauch durch Jedermann) voraussetzen. Sonst können Freiräume wie dieses "Recht auf den Gebrauch durch Jedermann" nicht von Bestand sein, zumal in einer Zeit, in der die Natur auch in Skandinavien durch Umwelteinflüsse geschädigt wird.

EINREISEBESTIMMUNGEN

Einreise mit dem Auto

Private Kraftfahrzeuge können von Besuchern vorübergehend zollfrei eingeführt werden. Gültiger nationaler Führerschein und Kraftfahrzeugschein sind ausreichend. Die Internationale „Grüne Versicherungskarte" ist nicht zwingend vorgeschrieben, ihre Mitführung wird aber empfohlen. Das Nationalitätskennzeichen „D", „A", „CH" o. a. muß am Auto angebracht sein.

Haustiere

Gegen Tollwut geimpfte Hunde und Katzen dürfen nach **Dänemark** (Ausnahme Pit-Bull-Terrier und Tosa) und nach **Finnland** mitgebracht werden. Die Tollwutimpfung muß in einem tierärztlichen Zeugnis attestiert sein. Sie muß mindestens 30 Tage und darf höchstens 12 Monate alt sein. Finnland verlangt zudem eine Bescheinigung über eine tierärztliche Behandlung gegen Fuchsbandwurm.

Das Mitnehmen von Hunden und Katzen nach **Schweden** und **Norwegen** ist seit einigen Jahren bei Erfüllung bestimmter Voraussetzungen (Einfuhrantrag, Identitätsmarkierung, Impfungen) möglich. Die notwendigen Unterlagen gibt es bei den Fremdenverkehrsämtern.

Norwegen war bislang noch tollwutfrei. Entsprechend scharf gehen die Behörden bei Verstößen und illegalen Einfuhren von Haustieren vor!

Die Einfuhr bestimmter Hunderassen wie z. B. Pit Bull Terrier ist verboten.

Es empiehlt sich dringend und sehr rechtzeitig vor Reiseantritt sich bei den Fremdenverkehrsämtern nach dem neuesten Stand der Vorschriften zu erkundigen!

Auf den Fähren müssen Haustiere während der Überfahrt im Auto bleiben. Fußpassagiere müssen ihr Haustier in den auf den Fähren dafür vorgesehenen Käfigen unterbringen. Sind die Käfige belegt, kann das Haustier in aller Regel nicht mitgenommen werden! Unbedingt vorher bei der Reederei nach neuesten Stand der Vorschriften erkundigen!

Persönliche Dokumente

Dank der „Nordischen Paßunion" zwischen Dänemark, Norwegen, Schweden und Finnland gelten die Staatsgebiete der vier nordischen Staaten als einheitliches Paßgebiet. Zudem haben die fünf nordischen Länder (inkl. Island) Ende 1996 das Schengener Abkommen über Passfreiheit und politische Zusammenarbeit unterzeichnet. Die EU-Mitglieder Dänemark, Schweden und Finnland sind Vollmitglieder des Abkommens, Norwegen und Island gingen eine Kooperationsabsprache ein. Zur Einreise in die skandinavischen Länder als Tourist benötigen Bürger aus EU-Ländern, aus der Schweiz, Liechtenstein und Norwegen lediglich einen gültigen Personalausweis oder Reisepaß. Für Kinder unter 16 Jahren ist ein Kinderausweis oder der Eintrag im Paß der Eltern notwendig. Der vorläufige Aufenthalt ist auf insgesamt drei Monate beschränkt.

Zollbestimmungen (Auszug)

Persönliche Gegenstände und alle auf der Reise benötigten Artikel wie Sportgeräte können zollfrei eingeführt werden. Medikamente, die ausschließlich für den Gebrauch durch die Reisenden bestimmt sind, können mitgeführt werden. Über Medikamente (in Schweden Ration für max. fünf Tage), die Rausch- oder Betäubungsmittel enthalten, auf die der Reisende aber aus medizinischen Gründen nicht verzichten kann, ist eine ärztliche Bescheinigung

mitzuführen, aus der eindeutig diese Notwendigkeit hervorgeht.

Freigrenzen für Reisende aus EU-Ländern:

Dänemark – Alle Waren für den persönlichen Gebrauch während des Urlaubs können aus einem anderen EU-Land zollfrei eingeführt werden. Mengenbegränzungen lediglich bei hochprozentigen Alkoholika über 22 Vol. %. Personen über 17 Jahre dürfen einmal pro 24 Std. zoll- und abgabenfrei einführen: 1,5 Liter Alkohol (über 22 Vo. %) und 300 Zigaretten oder 150 Zigarillos oder 75 Zigarillos oder 400 g Tabak. Bei der direkten Einreise aus einem Nicht-EU-Land gelten andere Bestimmungen.

Fahrzeuge ausländischer Touristen dürfen nicht an Einheimische verliehen werden.

Norwegen – Reisenden ab 18 Jahren ist die zollfreie Einfuhr erlaubt von: 200 Zigaretten oder 250 g andere Tabakwaren, 2 l Bier und 2 l Wein (bis 22 Vol. %). Reisende ab 20 Jahren können statt der 2 l Wein 1 l Wein und 1 l Spirituosen einführen.

Pro Person dürfen 3 kg aus EWR-Ländern stammendes und entsprechend gekennzeichnetes Fleisch (Fleischwaren) zum eignen Verbrauch eingeführt werden.

Einem Einfuhrverbot unterliegen u. a. Pflanzen, Eier, Kartoffeln, Rauschgifte, Waffen, Medikamente. Wer unterwegs auf Medikamente angewiesen ist, sollte sich diese von zu Hause mitbringen, ggf. mit einer Bescheinigung des Arztes, falls die Medikamente auf der Einfuhrverbotsliste stehen (vorher beim Norwegischen Fremdenverkehrsamt erkundigen). Besonderen Einfuhrbestimmungen unterliegen auch bestimmte Fischfanggeräte (u. a. Angelnetze, Ausrüstung für den Krebsfang).

Schweden – Reisende aus EU-Ländern über 18 Jahre dürfen abgabenfrei einführen: 400 Zigaretten oder 150 Zigarillos oder 75 Zigarren oder 400 g Tabak, Reisende über 20 Jahre zusätzlich 1 Liter Spirituosen (über 22 Vol. %), oder über 3 Liter Starkwein und 20 Liter Wein und 24 Liter Bier (über 3,5 Vol. %). Die Höchstmengen werden bis bis 2004 auf EU-Niveau angeglichen.

Von außerhalb der EU dürfen kein Fleisch und keine Meiereiprodukte, keine Eier und Pflanzen eingeführt werden.

Finnland – Reisende aus EU-Ländern ist die Einfuhr besteuerter Waren für den eigenen Bedarf oder zur Weitergabe als Geschenk in unbegrnzter Menge erlaubt mit Ausnahme von Alkohol- und Tabakwaren. Dafür gelten folgende Begrenzungen, in Klammern die Mengen für Nicht-EU-Länder: 1 (1) Liter Spirituosen (über 22 Vol. %, erlaubt nur für Personen ab 18 Jahren) und 3 (2) Liter Schaumwein und 5 (2 Liter sontige Weine und 15 (15) Liter Bier. 300 (200) Zigaretten oder 400 g (250 g) andere Tabakwaren.

Reisende, die aus einem Nicht-EU-Land einreisen, dürfen außer Gegenständen für den eigenen Bedarf Waren bis zum Wert von ca. EUR 185,- (ehem. FIM 1.100) nach Finnland einführen.

ESSEN UND TRINKEN

Daß **Dänemark** ein ausgesprochenes Agrarland ist, wurde eingangs schon erwähnt. Was Wunder also, daß die ausgezeichneten landwirtschaftlichen Rohprodukte auch in Dänemarks Küche erfreuliche, sprich wohlschmeckende „Spuren" hinterlassen. Und daß das allseits von Meeren umgebene Inselreich mit seiner lebhaften Fischereiindustrie seinen Gastronomen unter dem Stichwort „Fischgericht" auf den Speisekarten eine lange Litanei ermöglicht, ist nicht verwunderlich.

Auf einen Nenner gebracht: Die Chancen in Dänemark gut zu essen, sind gegeben. Wer allerdings lieber mehr von Gemüsen oder Salaten lebt, als von Fleisch und Fisch, wird sich etwas einschränken müssen. Grünzeug ist das Stiefkind in Dänemarks Küchen.

Eine typische, echt dänische Spezialität gibt es eigentlich nicht. Nein, auch Smørre-brød, diese appetitlich belegten Butterbrote, sind keine ausschließlich dänische, sondern eher eine skandinavische

Smørrebrød, eine leckere Spezialität
Foto: Lennard, Dänisches Fremdenverkehrsamt

Besonderheit. Aber etwas muß dänische Köche doch berühmt gemacht haben, so berühmt, daß einer ihrer Vertreter sogar als „Muppet" auf den Bildschirmen der ganzen Welt Stammgast war und in Amerika eine Gebäckart gar *Danish Pastry* heißt. In kaum einem anderen Land werden die Schweinebraten, Hacksteak, Scholle und Dorsch so variantenreich zubereitet, wie auf den dänischen Inseln. Gerichte solcher Art findet man auf fast jeder Speisekarte, so daß man geneigt sein könnte, von typisch dänischen Gerichten zu reden. Essen gehen, und noch dazu gut essen gehen, ist in allen skandinavischen Ländern eine recht teure Angelegenheit. Relativ preiswert kann man sich in Cafeterias, Snackbars, Selbstbedienungsrestaurants oder in den Restaurants der Warenhäuser verköstigen. In aller Regel gut und gepflegt, aber eben mit den entsprechend „gepflegten" Preisen, ißt man in Restaurants und Hotels.

Der dänische Landgasthof

Besondere Erwähnung verdient an dieser Stelle der **Kro**, der dänische Landgasthof. Dort ist man wirklich in Dänemark. Viele der Gasthöfe haben lange Tradition und oft sind sie in netten alten Häusern untergebracht, die alleine schon das Einkehren lohnen. Natürlich wird man da nicht unbedingt jedesmal auf ein erstklassiges Geheimtip-Lokal stoßen. Aber in aller Regel ist man im Kro zum Essen und Trinken immer gut aufgehoben. Hier wird man am ehesten noch auf typisch dänische Kochkunst und lokale Spezialitäten stoßen.

Gefrühstückt wird in Dänemark (jedenfalls in Hotels) gewöhnlich zwischen 7.30 und 10 Uhr. Normalerweise besteht das Frühstück aus den gleichen Zutaten, die landläufig als kontinentales Frühstück bekannt sind, nämlich: Kaffee, Tee, verschiedene Brotarten, evtl. ein Gebäckstück, Konfitüre, Butter. Ein echt dänisches „Morgenmad" ist dagegen wesentlich reichhaltiger und zu dem schon Erwähnten mit Eierspeisen, Wurst, Käse und mehreren Gebäcksorten bereichert.

Das Mittagessen, auf dänisch „Lunch" und auch „Frukost" genannt, wird gewöhnlich zwischen 12 und 14 Uhr serviert.

Für die Dänen ist das Mittagessen nicht die Hauptmahlzeit. Entsprechend sind die Mittagsgerichte in Restaurants eher Smørrebrød, kalte und kleine warme Gerichte und die beliebte Platte, ein Büfett im kleinen. Je nach Gütegrad des Lokals kann der Fisch zu Lachs, die Wurst zu Leberpastete, die Bulette zu Schweinefilet oder Entenbrust und der Käse zur dänischen Käseauswahl werden.

Smørrebrød, Smørrebrød

Was in Dänemark alles aufs **Smørrebrød** gezaubert wird, ist auf dieser Seite nicht wiederzugeben. Und Smørrebrøds einfach als bescheidene Butterbrote zu bezeichnen, was der Übersetzung entspräche, ginge an der Wahrheit weit vorbei. Smørrebrøds sind kulinarische Kreationen, können „Gedichte" sein, zum Reinbeißen appetitlich angerichtet. In großen Städten gibt's eigens Geschäfte, die nur Smørrebrøds zum Mitnehmen verkaufen. Verschiedentlich findet man in Restaurants mittags wie abends ein Buffet, an dem man sich zu einem Pauschalpreis nach Herzenslust bedienen darf.

Das Abendessen nennen die Dänen „Middag". Middag ißt man zwischen 18 und 20 Uhr und das gerne und reichlich, schließlich ist es des Dänen Hauptmahlzeit.

Nun sind die Speisekarten vollgeschrieben mit Suppen, Brühen, Cremes, mit Vorspeisen, Filets, Schweine-, Kalbs- oder Rindfleisch, gebraten, gegart, gedünstet, geschmort und am liebsten gehackt. Gehacktes Beefsteak mit Spiegelei und Zwiebeln nimmt man allerorten besonders gern. Natürlich gibt es auch Steaks, amerikanisch oder auch anders. Und Fisch fehlt auf keiner guten Speisekarte. Dänischer Käse ist bekannt ob seiner Qualität. Auch im Königreich zwischen Ost- und Nordsee schließt er den Magen.

Die Wahl unter den Nachspeisen wird einem zwischen Crepes, Eis, Kompott, Obst, roter Grütze mit Sahne, verschiedenen Beeren usw. usw. auch nicht eben leicht gemacht.

Ja, und was trinkt man?

Zum kalten Büfett und zum Smørrebrød natürlich Bier und Aquavit. Beides in Dänemark in bester Qualität, aber bestimmt nicht billig zu bekommen. Weine aus den großen europäischen Anbaugebieten stehen in der Gunst der Gäste weit hinter Bier und Aquavit.

Unter den nichtalkoholischen Getränken nehmen neben Kaffee (weniger Tee),

Fruchtsäften und Limonaden jeder Art, Milch und Milchgetränke einen breiten Raum ein. Uns haben es immer die nirgends so gut schmeckenden Frucht-Milchmixgetränke angetan. Man findet sie in jedem besseren Supermarkt bei den Molkereiprodukten. Im Sommer sind diese Getränke herrlich erfrischend und unterwegs ein guter Ersatz, wenn das Mittagessen mal ausfällt.

Selbstversorger haben in allen skandinavischen Ländern wahrlich keine Probleme etwas in ihre Töpfe zu bekommen. Überall finden sie ein ausgezeichnetes Angebot aller nur erdenklichen Lebensmittel in bester Qualität.

Essen und Trinken in Schweden kann zum Erlebnis werden. Aber, und das muß deutlich gesagt werden, es ist in aller Regel ein sehr teures Erlebnis, wenn man etwas mehr als einen einfachen Imbiß oder ein schnelles Tellergericht erwartet. Wahr ist auch, daß einige Lokale der gehobenen Klasse in jüngster Zeit schließen mußten, weil die Gäste die Preise nicht mehr bezahlen konnten oder wollten und ausblieben. Rechnungen über 50 Euro und mehr für zwei sehr einfache Gerichte ohne Vorspeisen und ohne Nachtisch und zwei Glas Bier in einem ganz gewöhnlichen Lokal sind leider keine Ausnahme.

Von einer „schwedischen Küche" kann man eigentlich nicht sprechen, wie man etwa von der französischen oder der italienischen Küche spricht. Vielmehr sind es die lokalen Spezialitäten, vor allem aus Schonen (Skåne) und Südschweden und die *Husmanskost* (Hausmannskost), die den Reiz der schwedischen Kochkunst ausmachen. Oft sind Fische und Schalentiere die Basis der Gerichte.

Es heißt, daß man in Schweden nirgends so gut und so gerne ißt wie in Skåne. Die „Skåningar" haben ihre eigene Flagge, eine harmonische Mischung der dänischen und der schwedischen Farben – gelbes Kreuz auf rotem Grund – sie haben ihren eigenen Aquavit und sie machen kalte Büfetts, die ein Augen- und

Gaumenschmaus sind. Darüber hinaus haben viele ihrer Gasthäuser, von denen eine ganze Reiche schon im 17. und 18. Jahrhundert auf königlichen Befehl eingerichtet wurden, je nach Jahreszeit ihre Spezialitäten.

Im Spätsommer z. B. gibt es Aal, auf die verschiedensten Arten köstlich zubereitet. Da gibt es Aalsuppe, gekochten Aal mit Reis und Curry, Räucheraal oder – als besondere Spezialität – wacholdergeräucherten „luad"-Aal. Zum Aal trinkt man gerne Bier und natürlich ein Gläschen Aquavit oder Schnaps, der bei keinem guten Essen fehlen darf. In fröhlicher Runde läßt man den „schwedischen Landwein" oft mit dem Spruch hochleben: „Ein Hoch dem Norrland, ein Hoch dem Swealand und ein Hoch dem Kartoffelland, das uns den Branntwein schenkt".

Auch im Frühling findet man in guten Gaststätten Spezialitäten, die einem das Wasser im Munde zusammenlaufen lassen, z. B. frischen Lachs mit Dill und neuen Kartoffeln. Dazu findet man in den Lokalen bestimmt einen leichten Wein von Rhein oder Mosel, denn die Schonen wissen was gut ist.

Mitte August ist die Zeit der Krebse, die in verschiedenen köstlichen Varianten zubereitet werden. Wundern Sie sich nicht, wenn Sie um diese Jahreszeit ein Lokal betreten und an den Tischen Gäste mit lustigen Hütchen auf dem Kopf und Lätzchen um den Hals in ausgelassener Fröhlichkeit ihre Krebsgerichte verzehren sehen. Natürlich fehlen auch hier Bier und ein gut gefülltes Glas Schnaps nicht.

Im Spätsommer endlich wird der Gast mit Waldbeeren und Pilzgerichten verwöhnt und der Herbst schließlich ist die Zeit köstlicher Gänsebraten.

Und natürlich findet man in guten Gasthäusern das weltberühmte **Smörgåsbord**, ein Meer aus Delikatessen. 30 verschieden Gerichte und mehr sind keine Ausnahme, darunter sind geschmorter Rotkohl, Spanferkel und Mandelpudding schonische Spezialitäten.

In aller Regel ist es der Geldbeutel, der dafür sorgt, daß man nicht jeden Tag am üppigen Büfett kämpfen muß.

Unterwegs wird man eher ein Café oder eine Bar frequentieren. Keine Sorge, es ist nicht schonwieder die Rede von Aquavit. Aber als „Bar" sind in Schweden oft Selbstbedienungsrestaurants gekennzeichnet, die allerdings keine Schanklizenz haben, wenigsten nicht in der Regel. Und wenn Sie Kaffeedurst bekommen, dann gehen Sie nicht in ein „Café", was ja naheliegend wäre, denn dort gibt es „Öl", meist Leicht-Öl. Nein, Sie sind nicht in einer Tankstelle. „Öl", man spricht es auch genauso aus, ist in Schweden Bier. Kaffee gibt es in der Konditorei. Ist doch ganz einfach, oder?

Die **finnische Küche** ist zumindest im Bereich der sog. Hausmannskost nicht ohne russischen Einschlag, ein Überbleibsel aus der Zarenzeit. Der gehobene Bürgerstand und hochherrschaftliche Häuser hatten damals nicht selten einen russischen Koch.

Die gängige, in Restaurants und Hotels heute angebotene Speisefolge ist aber eher der sog. internationalen und in manchen Bereichen und auf dem Gebiet der Rôtisserie der französischen Küche zuzurechnen. Richtig finnisch wird es bei den Nachtischen und Süßspeisen.

Die Finnen gelten als Weltmeister im Kaffeetrinken. Alkoholische Getränke aus einheimischer Produktion sind vor allem Liköre aus Wildbeeren.

Alkoholische Getränke

Dänemark ist das einzige der skandinavischen Länder, in dem alkoholische Getränke, auch hochprozentige, im Supermarkt zu haben sind. Die Preise allerdings sind ziemlich gesalzen.

In **Norwegen** erhält man lediglich sog. Leichtbier in normalen Geschäften und Supermärkten. Weine und höherprozentige Alkoholika sind ausschließlich in den staatlichen Verkaufsstellen, den „Vinmonopol", zu bekommen. Solche Verkaufsstellen findet man aber nur in größeren Orten und groß ausgeschildert sind sie auch nicht. Alkoholische Getränke sind sehr teuer. Fast alle Restaurants verfügen über eine Schanklizenz.

Auch in **Schweden** sind alkoholische Getränke ausschließlich in lizensierten staatlichen Monopolgeschäften, den „Systembolaget", zu bekommen. Alkohol wird dort nur an Personen ab 20 Jahren abgegeben. In Supermärkten bekommt man lediglich Leichtbier, das man dort als „Lättöl" oder „Folkeöl" kennt.

Weine und jede Art von Spirituosen werden in **Finnland** ausschließlich in den staatlichen Monopolläden „Alko" verkauft. Die Steuer auf Alkohol ist gewaltig. Entsprechend teuer sind alkoholische Getränke. In Lebensmittelgeschäften und Supermärkten ist nur alkoholfreies Bier oder Leichtbier zu bekommen.

FREIZEITAKTIVITÄTEN

ANGELN

In allen Gewässern **Dänemarks** ist das Angeln nur mit dem dänischen Angelschein erlaubt. Er ist obligatorisch für Personen im Alter von 18 bis 67 Jahren. Man erhält den Angelschein gegen Entrichtung einer Gebühr (Tagesgebühr z. B. DKK 25,-) bei den Postämtern oder bei den Fremdenverkehrsbüros.

Wer in **Norwegen** angeln möchte und über 16 Jahre alt ist, benötigt die staatliche Angellizenz „fiskeavgift" nur noch für Lachs, Meerforelle und Meersaibling (anadrome Salmoniden). Derzeitiger Preis ca. NOK 90,- für Seen und Flüsse, ca. NOK 180,- für Lachsangeln, jeweils gültig für ein Jahr. NOK 45,- für Wochenkarten. Zahlbar auf Postämtern. Damit nicht genug. Zudem wird eine „fiskekort", ein Angelschein, benötigt, der für ein bestimmtes Fischwasser gültig ist. Die „fiskekort" kann man in Touristenbüros, in Hotels, auf Campingplätzen oder Sportgeschäften der jeweiligen Region kaufen. Die Preise sind je nach Gültigkeitsdauer und Qualität der Fischgewässer ganz unterschiedlich. Interessierte sollten die spezielle Angelbroschüre vom Norwegischen Fremdenverkehrsamt anfordern.

Ohne besondere Lizenz kann in **Schweden** mit einfachen Handgeräten in folgenden Gewässern geangelt werden: An den Küsten Norrlands, an der schwedischen Westküste, mit Einschränkungen an der Süd- und Südostküste, sowie in den großen Seen Vänern, Vättern, Hjälmaren und Mälaren. In allen anderen Gewässern, die der Allgemeinheit zugänglich und nicht privat sind, ist Angeln nur mit der *Fiskekort* erlaubt, einem Angelschein, der als Tages-, Wochen- oder Saisonkarte gekauft werden kann. Man erhält die Karten in Touristeninformationsbüros oder in Sportgeschäften zum Preis zwischen ca. SEK 25 bis ca. SEK 200 pro Tag.

Erste Hauptsaison fürs Angeln in Südschweden ist von Mai bis Juni. Beste Fangzeit für Meeresforellen sind August und September, beste Lachszeit ist von Ende August bis Anfang September. Lachsforellen, die, wie es heißt, vor allem an den Küsten gut beißen, können mit Ausnahme der Hochsommermonate, das ganze Jahr über geangelt werden. Im Hochsommer ist im hohen Norden die beste Fangzeit für Saibling und Äsche. Sehr beliebt in Schweden ist das winterliche Eisangeln, bei dem vor allem auch Hechte beißen.

An der schwedischen West- und Südwestküste werden Hochseeangeltouren angeboten. Dorsch, Lengfisch und Hundshai werden dabei in erster Linie gefangen.

Die staatliche Forstverwaltung veranstaltet in verschiedenen Teilen des Landes sog. *Kronofiske*. Teilnehmen können alle, die sich fürs Angeln interessieren, ob Anfänger oder Experte. Neben Angeltips erhält man auch fachmännischen Rat über Angelgeräte und man kann den Fang gleich wiegen und einfrieren lassen.

Angeln ist in den fischreichen Gewässern **Finnlands** eine überaus beliebte Freizeitbeschäftigung, im Sommer wie im Winter. Ausländische Besucher, die in Finnland angeln wollen, brauchen ab dem Alter von 18 Jahren einen Angelschein. Diesen bekommt man bei Postämtern für EUR 5. Darüber hinaus ist eine Angelerlaubnis des Eigentümers des jeweiligen Fischgewässers notwendig. Für gewisse Gewässer erteilen Angelverbände, Campingplätze, die Forstverwaltungen oder Informationsbüros diese Genehmigung. Eingehende Information in den Verkehrsbüros vor Ort über die genauen Lizenz- und Genehmigungsverhältnisse rechtzeitig vor der Angeltour ist dringend anzuraten.

RADFAHREN

Die vielen Fahrradwege (über 3.000 km ausgeschilderte Radwege) und die ungezählten Möglichkeiten sich seinen Weg über kaum befahrene Nebenstraßen zu suchen, machen eine **Radtour durch Dänemark** zur Erholung. Aber nicht nur das, auch das überwiegend flache Terrain trägt dazu bei, daß ein Ausflug auf zwei

Rädern nicht zur übermäßigen Anstrengung ausartet - auch wenn der Wind manchmal steif entgegen bläst.

Die Fremdenverkehrsämter vieler Orte im Seengebiet Jütlands und auf den Inseln geben Broschüren heraus, die viele schöne Radwanderwege beschreiben.

Selbst wenn Sie den eigenen Drahtesel nicht mitnehmen wollen, brauchen Sie auf einen Radausflug nicht zu verzichten. Einige Campingplätze und viele Verkehrsbüros geben Auskunft, wo Fahrräder zu mieten sind oder vermieten gar selbst. Bei Fahrradmieten wird eine Kaution verlangt und der Personalausweis muß vorgelegt werden.

Es gibt aber auch fertig geplante und bestens ausgearbeitete Fahrrad-Pauschaltouren, inklusive Fahrrad, Packtaschen, detaillierten Routenbeschreibungen, Kartenmaterial und vorgebuchten Übernachtungen in Hotels, Jugendherbergen oder in einem Kro. Die Etappen sind nie länger als 50 bis 60 km und sind so angelegt, daß man pro Tag kaum mehr als 5 oder 6 Stunden fahren muß. Vorschlag einer Radtour siehe bei Silkeborg.

Eine Radtour durch **Norwegen**, mit seinem bergigen ja gebirgigen Terrain, ist sicher etwas für Spezialisten und trainierte Biker. Auf jeden Fall empfiehlt es sich, die Tour voraus zu planen. Denn auf vielen Gebirgsstraßen führen durch Tunnels, die oft sehr lang sind und durch die Radfahrer nicht fahren dürfen. Und nicht immer ist eine Umgehung der Tunnels, etwa auf der alten, nicht mehr benutzten Trasse, möglich. Dazu kommt, daß viele Bergstraßen, vor allem kleiner Nebenstraßen, oft bis weit in den Sommer hinein (Juni) wegen Schnee gesperrt sind. Um keine allzu großen Enttäuschungen zu erleben, empfiehlt sich vor einer ausgedehnten Radtour durch Norwegen ein Blick in einen speziellen Radführer.

Finnland und **Schweden** eignen sich vorzüglich für ausgedehnte Radtouren. Vor allem in Süden Schwedens findet man ein gutes Netz an ausgeschilderten Radwegen. In Finnland ist das Radfahren in den Naturschutzgebieten und Nationalparks nicht erlaubt. Viele Hotels und Campingplätze verleihen Fahrräder.

Mountainbiking ist auch in Skandinavien eine überaus beliebte Freizeitbeschäftigung. Wenn Sie mit Ihrem Mountainbike im Norden Skandinaviens unterwegs sind, sollten Sie unbedingt auf den Wegen bleiben! Die Natur im hohen Norden ist sehr empfindlich und regeneriert sich wesentlich langsamer als in unseren Breiten etwa. Grobstollige Fahrradreifen zerstören z.B. nachhaltig die dünne Vegetationsdecke.

WASSER- UND KANUSPORT

In **Dänemark** haben Wassersportler ja nun wirklich die Qual der Wahl. **Windsurfer** finden nicht nur an den Gestaden der Nord- und Ostsee vorzügliche Bedingungen. Ein wahres Surfparadies sind vor allem auch die Seen des Limfjord-Gebietes im Nordwesten Jütlands und andere nur durch schmale Landzungen von der Nordsee getrennte, dadurch ruhige, aber keineswegs windstille Gewässer.

Ebenfalls in Jütland und zwar ziemlich genau in der Mitte der Halbinsel, liegt ein wahres Eldorado für Anfänger des Kanusports und des **Wasserwanderns**. Die Seen und das Flüßchen Gudenå dort sind wirklich ein Paradies für gemütliche Kanufahrten. Anregungen und Vorschläge dazu finden Sie in diesem Führer bei Silkeborg.

Baden, ob an der Ostsee- oder Nordseeküste, ist für viele der Hauptgrund, in Dänemark Urlaub zu machen. Die Voraussetzungen dazu sind ausgezeichnet.

Von Römö bis Skagen zieht sich an der Westküste Jütlands der Strand fast ununterbrochen hin. Bis zu 300 m breit, teils mit dem Auto befahrbar (was in der Ferienzeit leider viel zu häufig ausgenutzt wird), zieht er sich Kilometer um Kilometer hin. Dahinter erheben sich die hohen, mit Strandhafer bewachsenen und den Badenden Windschutz bietenden Dünengürtel.

Natürlich gibt es auch an der Ostküste Jütlands und rund um die Inseln gute Strände und Bademöglichkeiten.

Bei aller Freude über die vielen Bademög-

Kanuwandern in Skandinavien

lichkeiten sollte man nicht vergessen, daß vor allem die Nordsee ihre Tücken hat. Gezeitenwechsel, Meeresströmungen längs der Küsten, Unterströmungen, hoher Wellengang u.a. sollten wirklich nicht unterschätzt werden. Die Behörden warnen immer wieder davor, auf keinen Fall mit Luftmatratzen oder Gummibooten aufs Meer zu fahren oder mit Kleinbooten ohne Rettungswesten in See zu stechen. Übrigens sind Rettungseinsätze keineswegs in jedem Fall kostenlos. Man glaubt es kaum, denn die Wirklichkeit läßt das nicht vermuten, aber Nacktbaden ist in Dänemark keineswegs vom Gesetzgeber erlaubt. Es wird nur großzügig toleriert. Man erwartet aber auch vom Feriengast Rücksicht und die Respektierung eventueller Verbotsschilder.

Die ruhigen, weitverzweigten Seen besonders in **Finnland**, aber auch in **Schweden**, sind ein wahres Eldorado für den Kanusport und für Paddeltouren. Man kann außerhalb bewohnter Gebiete eigentlich überallhin paddeln, solange man keine Privatgewässer durchquert bzw. an Privatstränden anlegen will. Hier ist grundsätzlich die vorherige ausdrückliche Erlaubnis des Eigentümers einzuholen. Dies gilt um so mehr, wenn man vorhat am Ufer zu lagern, zu zelten oder gar ein Lagerfeuer zu entfachen.

WANDERN

Wer in **Dänemark** gerne wandern möchte braucht nach Möglichkeiten nicht lange zu suchen. Im ganzen Land sind in vielen der „Plantagen" genannten Staatsforsten markierte Wege angelegt. Darüber gibt es die ausgezeichnete Broschüre „Wanderungen in den staatlichen Wäldern" mit detailgenauer Wanderkarte. Sie geben die Wegführung, Parkmöglichkeiten, Aussichtspunkte, Sehenswertes und die benötigte Gehzeit an. Außerdem wird alles erklärt, was es rechts und links des Weges zu sehen gibt. Man sollte in den Informationsbüros der örtlichen Verkehrsämter nach diesen Broschüren, die oft auch in deutscher Sprache erhältlich sind, Ausschau halten. Wandervorschläge durch Mitteljütland finden Sie in diesem Führer bei Silkeborg.

Schließlich sei nicht vergessen, daß man entlang den Stränden und vor allem an den kilometerlangen, breiten Sand- und Dünengestaden an der Westküste Jütlands stundenlang herrliche Strandspaziergänge unternehmen kann. Ein erholsames Vergnügen nicht nur bei schönem Wetter.

Norwegen weist ganz ausgezeichnete Wandergebiete auf. Vor allem auf den Hochflächen der Viddas, in den Berg- und Gletscherregionen und in den Weiten der Finnmark sind zahlreiche ausgedehnte, mehrtägige Touren möglich. Nicht selten sind die Routen so anspruchsvoll, daß sie nur geübten, gut trainierten Wanderern empfohlen werden können. In vielen Fällen ist der Umgang mit Karte und Kompaß nötig.

Alle großen Wanderregionen wurden durch Bergwandervereine (z.B. vom DNT) einem breiten Publikum erschlossen. Viele Routen wurden markiert, Schutzhütten und Berggasthöfe entlang den Wegen, oder Brücken und Stege in unwegsamem Gelände angelegt.

Einige der größten Wandergebiete liegen in den Nationalparks Hardangervidda, Jotunheimen, Rondane, Dovrefjell, Övre Dividalen, Stabbursdalen und Övre Pasvik. Wandertouren sollten gut vorbereitet und geplant und nur mit perfekter, den hohen Anforderungen entsprechender Ausrüstung angetreten werden.

Einige Anhaltspunkte für Wandertouren in der Hardangervidda oder im Jotunheimen sind in diesem Reiseführer an entsprechender Stelle skizziert.

Wichtige einschlägige Infos, Detailkarten, Routenvorschläge, Anmeldungen für Hüttenschlüssel etc. erteilt der DNT, der Norwegische Bergwander- und Touristenverein.

Wandern in **Schweden** ist im Sommer wie im Winter eine erlebnisreiche Möglichkeit, Ferien zu gestalten. Die Spanne der Anforderungen reicht dabei vom leichten Wanderweg bis zur Wildniswanderung, die Erfahrung, Kondition und gute Kenntnisse im Umgang von Karte und Kompaß voraussetzt.

Einer der bekanntesten und meistbegangenen Fernwanderwege ist der schon fast legendäre **Kungsleden**, der Königsweg, von Abisko im Norden nach Hemavan im Süden. Der annähernd 500 km lange Wanderweg ist durchweg gut markiert und präpariert. Die Anforderungen an einen trainierten Wanderer halten sich in Grenzen. Schwierige Wasserläufe sind überbrückt, durch Sumpfgebiete führen Bretterstege und über größere Seen gibt es Fährdienste oder es stehen Ruderboote zur Verfügung. Höchster Punkt des Kungsleden ist der Tjäktja Pass mit 1.150 m. Entlang des Fernwanderweges findet man auf den Abschnitten zwischen Abisko und Kvikkjokk und dann wieder zwischen Ammarnäs und Hemavan im Abstand zwischen 8 und 21 km Berg- und Schutzhütten, die teilweise bewirtschaftet sind, teils lediglich Kochgelegenheit, Geschirr und Betten zur Verfügung stellen. Keine Hütten findet man auf dem Zwischenstück von Kvikkjokk nach Ammarnäs, das durch den Pieljakaise Nationalpark und durch das Vindelfjäll Naturreservat führt.

Als beste Zeit den Weg zu begehen, werden vom Schwedischen Touring Club die Wochen im August bis Anfang September genannt. Die Wege sind dann am trockensten und die Stechmücken am wenigsten lästig. Auf keinen Fall sollte man an eine Tour vor Anfang Juli denken. Skitouren unternimmt man in den Bergen am besten von Mitte März bis Anfang Mai.

Aber auch in Mittel- und Südschweden findet man ausreichend Möglichkeit, auf markierten Wegen zu wandern.

Da gibt es in Schonen den 220 km langen **Skåneleden**, bei Oskarshamn führt entlang der Ostküste durch Wiesen- und Weideland der 160 km lange **Ostkustleden**. Einer der längsten Wanderwege verläuft südlich von Stockholm. Es ist der 500 km lange und in 38 Tagesetappen eingeteilte **Sörmlandsleden**.

In Dalsland kann man auf dem **Pilgrimsleden** auf den Spuren früherer Pilger wandern, die einst nach Nidaros (Trondheim) in Norwegen gingen. Und in Dalarna ist vor allem der insgesamt 340 km lange **Siljansleden** beliebt, der das Gebiet um den Siljansee erschließt.

Auskünfte über die schwedischen Fernwanderwege (Vandringsleder) sind zu erhalten bei: Svenska Turistföreningen (STF), Box 25, S-101 20 Stockholm, Tel. 08/7 90 31 00.

Wandern in **Finnland** ist ein Erlebnis, wenn man sich die richtige Zeit aussucht, gute Kondition mitbringt und mit dem Umgang von Karte und Kompaß gut vertraut ist. In den Weiten der finnischen Wälder und in der lappländischen Einsamkeit verliert der Ungeübte sehr rasch die Orientierung. Kommen dann noch Schlechtwetterabschnitte und Sichtbehinderungen durch Nebel, Schneetreiben oder Regen hinzu helfen nur noch Karte und Kompaß und Erfahrung im Umgang mit diesen unerläßlichen Hilfsmitteln weiter. Überaus wichtig ist bei längeren Touren eine zweckmäßige Ausrüstung.

Besonders schöne Wanderrouten führen durch die 25 Nationalparks in Finnland. An einigen vielbegangenen Wegen findet man sog. Wildmarkhütten. Diese Schutzhütten sind abgeschlossen. Schlüssel zu den Hütten – die sich ggf. mehrere Wandergruppen teilen müssen – erhält man gegen Gebühr an den Ausgangspunkten der Wege oder in nahegelegenen Ferienzentren.

Bei Wanderungen im grenznahen Gebiet zu Rußland sollte man sich strikt an das Fotografierverbot im Grenzgebiet halten! Und niemals sollte man die **Waldbrandgefahr** unterschätzen, eine ständige Gefahr in allen waldreichen nordischen Ländern! Offenes Feuer darf auf Wanderungen nur an den dafür vorgesehen Stellen entzündet werden. Bei sehr trockenem Wetter gilt ein allgemeines Verbot für offene Feuer. Nehmen Sie auf Wanderungen also einen Kocher mit.

MÜCKENSCHUTZ

Es läßt sich nicht leugnen, die summenden, blutsaugenden Plagegeister können Aktivitäten in freier Natur und den Spaß daran schon arg verleiden. Vor allem in windgeschützten, waldreichen Seengebieten oder in feuchten Niederungen können Stechmückenschwärme im Sommer den Aufenthalt im Freien für den Unvorbereiteten zum Martyrium werden lassen. Einziger kleiner Trost: Die in Skandinavien auftretenden Stechmücken übertragen keine Malaria wie es heißt. Im Prinzip hilft nur, sich rechtzeitig vorher mit wirksamen Mitteln eincremen oder einsprühen. Die Sportgeschäfte und Apotheken in Skandinavien halten da recht wirksame Mittelchen bereit. Im Normalfall sollte das genügen. Ist man allerdings im Sommer in Nordskandinavien oder in der seendurchsetzten Tundra auf Wander- oder Kanutour, wird eincremen alleine nicht genügen. Kleidung aus festem Stoff mit dichten Bünden an den Ärmeln und Hosenbeinen, spezielle Hemden, ein Hut mit Moskitonetz, Handschuhe u.ä. sind dann fast unerläßlich. Machen Sie sich vorher in einschlägiger Outdoor-Literatur kundig, was Spezialisten zu diesem Thema zu sagen haben.

☑ *Mein Tip!* Machen Sie es wie die Kenner der Verhältnisse und verschieben Sie ihre Wandertour auf den Spätsommer bzw. Frühherbst, wenn in Nordskandinavien bereits die ersten leichten Nachtfröste eingesetzt haben, die Tage aber noch herrlich sonnig und warm sind. Dann ist die Mückenplage in aller Regel kein Thema mehr, die Landschaft in ihrer beginnenden Herbstfärbung aber noch traumhafter!

GESETZLICHE FEIERTAGE

Neben kirchlichen Feiertagen wie Dreikönig, Karfreitag, Ostern, Christi Himmelfahrt, Pfingsten, Allerheiligen und Weihnachten, gelten folgende Feiertage, an denen Geschäfte, Banken und Büros meist geschlossen bleiben:

Dänemark: 1. Januar – Neujahrstag; 5. Juni – Grundlovsdag (Verfassungstag).

Norwegen: 1. Januar – Neujahrstag, 1. Mai – Tag der Arbeit; 17. Mai – Tag der Verfassung, Nationalfeiertag. Ende Juni St. Hans Tag und Mittsommerfest. Ende Juli – Olsokfest.

Schweden: 1. Januar – Neujahrstag; 1. Mai – Tag der Arbeit; 6. Juni – Nationalfeiertag; Ende Juni Mittsommerfest; 31. Oktober – Reformationstag. Wichtige weitere, aber nicht gesetzliche Feiertage sind die Walpurgisnacht am 30. April, oder das Luciafest am 13. Dezember.

Finnland: 1. Januar – Neujahrstag; 1. Mai; Ende Juni – Mittsommerfest; 6. Dezember – Unabhängigkeitstag.

HOTELS UND ANDERE UNTERKÜNFTE

DÄNEMARK

In dem relativ kleinen Land bieten rund 1.000 Hotelbetriebe, vom einfachen Garnihaus bis zur Luxusherberge, ihre Dienste an. Moderne Hotelhochbauten wird man (außer in der Hauptstadt vielleicht) vergeblich suchen. Man beläßt die Hotels gerne in ihren alten, traditionsreichen Häusern – oft genug sind diese restauriert und modernisiert.

Eine offizielle Einteilung der Hotels in Qualitätskategorien gibt es in Dänemark nicht. Einziger Gradmesser sind hier die Preise und ganz allgemein kann man schon davon ausgehen, daß ein hoher Preis auch ein komfortables Zimmer verheißt. Allerdings sind natürlich auch andere Faktoren wie Saisonzeit, Lage (Feriengebiet, Großstadt) und Service (Schwimmbad, Sauna, Fernseher im Zimmer, Bar, etc.) ausschlaggebend.

In den Übernachtungspreisen sind das Serviceentgelt und die Mehrwertsteuer (MOMS) enthalten, oft ist auch ein Frühstück eingeschlossen.

Wer's urig und gemütlich haben möchte, wird zum Übernachten gerne in Dänemarks Landgasthöfen den **Kroer** absteigen. Da in den meist kleinen Häusern nur wenig Zimmer vorhanden sind, empfiehlt sich, zumindest in der Hauptreisezeit Juli, eine rechtzeitige Reservierung.

Als Quartier für einen ganzen Sommerurlaub ist das **Ferienhaus** oder das Appartementhotel beliebt. Die meisten Ferienhäuser liegen natürlich in Strand- und Meeresnähe. Sie bieten Platz für bis zu sechs Personen und reichen in ihrer Bauweise und Ausstattung vom einfachen Blockhaus bis zur komfortablen Strandvilla mit Kamin und Reetdach. Es versteht sich, daß sich die Preise nach Größe, Ausstattung und Lage des Ferienhauses richten. Aber unter 1.500 DKK pro Woche wird auch das einfachste Häuschen nicht zu haben sein.

Verzeichnisse der Hotels, Kros, Ferienhäuser und aller anderer Unterkunftsmöglichkeiten gibt es beim Dänischen Fremdenverkehrsamt.

Nicht nur Jugendlichen, auch älteren Semestern und Familien, ob zu Fuß, mit dem Fahrrad oder gar mit dem Auto unterwegs, bieten in Dänemark die **Jugendherbergen** (Ungdomsherberger) eine preiswerte Übernachtungsmöglichkeit. 95 gut eingerichtete und geleitete Häuser stehen zur Verfügung. Notwendig ist ein Jugendherbergsausweis, der in Deutschland beim Jugendherbergsverband in Detmold zu haben ist. Man kann aber auch noch in Dänemark eine Gästekarte kaufen.

Männer und Frauen schlafen in getrennten Unterkünften. Die Zeiten sind aber längst vorbei, in denen in riesigen Schlafsälen zwanzig, dreißig Leute nächtigten. Oft haben die Zimmer heute nur vier oder sechs Betten. Für Familien können in manchen Fällen (nach rechtzeitiger Reservierung) auch Familienzimmer zur Verfügung gestellt werden. Bettzeug muß mitgebracht (genehmigter JuHe-Leinenschlafsack), kann oft auch gemietet werden.

Viele Jugendherbergen bieten Frühstück und Mahlzeiten zu wirklich günstigen Preisen an. Man kann aber in der Gästeküche auch selbst kochen, muß aber dann Teller und Besteck mitbringen. Daß man in der Jugendherberge selbst mithelfen muß, ist aus der Jugendzeit evtl. noch bekannt.

NORWEGEN

Alle in Norwegen betriebenen Hotels bedürfen einer behördlichen Genehmigung. Der Begriff „Hotel" ist gesetzlich geschützt.

das einladende, traditionsreiche Hotel Dalen

Nicht jeder Zimmerwirt kann also sein Haus als Hotel bezeichnen. Die Hotelanlage und ihr Management müssen bestimmte Voraussetzungen erfüllen, um als „Hotel" zu firmieren. Häuser die sich „*Høyfjellshotell*" oder „*Turisthotell*" nennen, müssen besondere Bedingungen erfüllen, die ebenfalls staatlicher Kontrolle unterliegen. U.a. zählen zu diesen Bedingungen eine besondere landschaftliche Lage, Einrichtungen zur Freizeitgestaltung wie Wanderwege, Schwimmbad etc. Solche Ferienhotels haben in aller Regel auch eine Schanklizenz.

Ein umfangreiches Angebot an Hotels und Pensionen (Gjestgiveri) verschiedener Qualität und Preislagen sind in den Großstädten und in den touristisch stark frequentierten Fjord- oder Gebirgsregionen anzutreffen. Auf dem „flachen Lande" ist das Angebot schon deutlich geringer, mit nach Norden hin abnehmender Tendenz. Dringend anzuraten sind deshalb bei Rundreisen auf Hotelbasis im Sommer rechtzeitige Zimmerreservierungen.

Norwegische Hotelbetriebe zählen nicht gerade zu den billigen und preiswertesten Übernachtungsstätten. Andererseits ist der Qualitätsstandard vieler Häuser dafür überdurchschnittlich hoch. Viele Hotelketten bieten Touristen ein *Schecksystem* an (siehe weiter unten), die dem Reisenden Übernachtungen zu ermäßigten Preisen gestattet.

Jugendherbergen gibt es über das ganze Land verstreut, bislang 90 Häuser. Norwegische Jugendherbergen (*Ungdomsherberger* oder *Vandrerhjem*) kennen kaum noch die Schlafsäle früherer Art. Häufiger sind individuelle Zimmer, oft mit eigener Dusche und WC, mit zwei, vier oder sechs Betten. Aufnahme finden nicht nur Jugendliche, sondern auch Familien. Oft werden Mahlzeiten angeboten, oder es steht eine Küche zur Verfügung.

Eine ganz besondere, typisch Art an den Küsten Nordnorwegens zu übernachten ist ein Aufenthalt in **„Rorbuer",** alten, ausgedienten Fischerhütten, oder solchen nachempfundene Strandhäuser.

Der Ursprung der Rorbuer geht darauf zurück, daß die Fischerhütten an der Küste Westnorwegens in der Regel früher nur in der winterlichen Fangsaison von Fischern bewohnt waren und so im Sommer an Gäste vermietet werden konnten. Wirklich alte Rorbuer bieten gewöhnlich wenig Luxus, dafür aber meist eine herrliche, oft recht abgeschiedene Lage in wunderschönen Küstenlandschaften.

Heute sind die meisten Touristenrorbuer zeitgemäßen Wohnbedürfnissen angepaßt. Rorbuer werden gewöhnlich nicht nur für eine Übernachtung vermietet.

SCHWEDEN

Zumindest in größeren Städten, Ferien- und Wintersportgebieten findet man Hotels verschiedener Preis- und Ausstattungskategorien. Leider sind Hotels in Schweden nicht in offizielle, durch Sternchen gekennzeichnete Kategorien eingeteilt, die eine erste Zuordnung in Preis-Leistungs-Klassen erleichtern würde. Ob privat geführt, oder einer Hotelkette angehörend, wie Scandic oder Best Western o.a., in aller Regel kann man mit sauberen, gepflegten und gut geführten Unterkünften mit ordentlichem Service rechnen. Allerdings sind Hotelunterkünfte in Schweden nicht eben billig. Sonderraten werden – meist in Stadthotels – an Wochenenden oder im Juli und in den ersten Augustwochen angeboten. Außerdem bieten verschiedene Hotelketten im Hochsommer Ermäßigungen in Form von *Hotelschecks* (siehe auch weiter unten), *Preispaketen* o.ä. an.In Großstädten wie Stockholm, Göteborg oder Malmö können diese Hotelschecks auch ein sog. *Stadtpaket* beinhalten, mit dem in gewissen Zeiträumen öffentliche Verkehrsmittel, Stadtrundfahrten, Museen u.ä. kostenlos oder ermäßigt benutzt bzw. besucht werden können.

Sehr beliebt und für einen Ferienaufenthalt gut geeignet sind **Ferienhäuser**, die in ganz Schweden sehr zahlreich vorhanden sind und in allen möglichen Ausstattungsvarianten gemietet werden können. Ferienhäuser liegen häufig landschaftlich sehr reizvoll, nicht selten recht abgeschieden und fast immer an einem See, einem Fluß oder in Strandnähe. Oft machen die Chalets einen sehr rustikalen Eindruck, Komfort und Innenausstattung sind jedoch in aller Regel von hohem Niveau. Platz ist

gewöhnlich für sechs Personen. Man findet ein Wohnzimmer, zwei bis drei Schlafzimmer, eine gut eingerichtete Küche, Dusche und Toilette. Küchengerätschaften, Decken und Kissen sind in der Regel vorhanden. Mitzubringen sind lediglich Bettwäsche und Handtücher.

In Schweden gibt es rund 280 offizielle **Jugendherbergen** des Schwedischen Touristenvereins (STF). Die Herbergen (Vandrarhem) oder Gästehäuser sind oft in interessanten Behausungen eingerichtet, so z.B. in Bauernhäusern, in restaurierten alten Eisenbahnwagen in Nora oder auf Segelschiffen wie in Stockholm. In schwedischen Jugendherbergen besteht keine Altersgrenze. Sie sind also nicht nur für jugendliche Traveller, sonder auch für junggebliebene ältere Semester oder als verhältnismäßig preiswerte Unterkunftsalternativen z.B. für Familien anzusehen. Es gibt spezielle Familienzimmer mit zwei bis vier Betten, Kinderrabatte und in fast allen Häusern stehen den Gästen Küchen für Selbstverpflegung zur Verfügung. Soweit möglich sind die Gästehäuser behindertengerecht ausgestattet. Auch Reisende, die nicht Mitglied einer Jugendherbergsorganisation sind, können – wenn auch gegen einen geringfügig höheren Preis – in Jugendherbergen übernachten.

FINNLAND

Hotels in Finnland sind in aller Regel moderne, zeitgemäß ausgestattete und gut geführte Häuser. Bad und/oder Dusche, WC, Telefon, Radio und Fernseher sind in den Zimmern fast immer zu finden und nahezu jedes Haus hat seine Sauna, sein Schwimmbad und ein Restaurant. Die meisten Hotels außerhalb der Hauptstadt schließen in den Zimmerpreis ein Frühstück mit ein.

Von 1. Juni bis 31. August findet man in Finnland sog. *Sommerhotels*. Sie sind in Studentenwohnheimen, die in jener Zeit leer stehen, eingerichtet. Sommerhotels sind billiger als normale Hotels. Die Zimmer bieten aber alle notwendigen Einrichtungen wie Dusche, WC und Kochnische.

Oft sind im Haus ein Café oder ein Restaurant zu finden.

Über 250 Hotels in Finnland haben sich ein Hotelscheck-System (siehe weiter unten) angeschlossen, das den Gästen ermäßigte Übernachtungspreise einräumt. In Finnland gibt es rund 160 **Jugendherbergen** *(Retkailymayat)* und Familienherbergen (Finnhostels). Sie sind gewöhnlich nur zwischen Mai und August geöffnet. Gut ein Drittel der Häuser ist aber ganzjährig zugänglich. Man übernachtet in 2- oder 4-Bett-Zimmern. Familien stehen besondere Zimmer zur Verfügung. Bei der Anmeldung zur Übernachtung wird die Vorlage des Internationalen Jugendherbergsausweises verlangt. Hat man diesen nicht, kann vor Ort eine Gastkarte kaufen. Es gibt Herbergen, die keine Mahlzeiten anbieten. Andere bieten Frühstück oder gar Vollpension an. In den meisten Häusern stehen Selbstversorgern Küchen zur Verfügung.

Wenn Sie eine Rundreise durch Skandinavien auf Hotelbasis planen, sollten Sie sich vorher nach den diversen **Scheck- und Rabattsystemen** erkundigen. Das momentan am weitesten und in ganz Skandinavien verbreitete Schecksystem für ermäßigte Zimmerpreise stellen die Hotel-Schecks von *ProSkandinavia* dar. Dem System sind z. Zt. mehr als 400 Hotels angeschlossen. Infos zu den detaillierten Konditionen der Hotelscheck-Systeme, die sich immer wieder etwas ändern, sowie Hotelverzeichnisse gibt es bei den Fremdenverkehrsämtern der skandinavischen Länder.

KLIMA UND DURCHSCHNITTS- TEMPERATUREN

DÄNEMARK

Gemäßigtes ozeanisches Klima. Oft rasch wechselnde Wetterlage. Regenschauer sind auch im Sommer nichts ungewöhnliches. Lange, beständige Wetterperioden sind selten. Am ehesten kann in der Zeit zwischen Mai und Juni/Juli mit Schönwetterperioden gerechnet werden. Zumindest an den Küsten ständiger Wind. Im Sommer liegen die Durchschnittstemperaturen am Tage um 20 Grad, die Meerestemperatur bei 18 Grad. Der wärmste Mo-

Durchschnittstemperaturen in Dänemark, im Sommerhalbjahr:

Ort	Mai °C	Juni °C	Juli °C	August °C	Sept. °C
Ålborg	10,5	14	16,5	16	13
Esbjerg	10	13,5	16	16	14
Fredericia	11	14,5	16,5	16,5	13,5
Gedser	10	14,5	17,5	17	14
Kopenhagen	12	15,5	18	17	14
Langeland	11	15	17	17	14
Odense	11,5	15	17	16,5	13
Rønne	9,5	14	16,5	17	14
Skagen	10,5	14	16,5	16,5	13,5
Thisted	11	14	16,5	16	13

Wassertemperaturen

Ort	Juni °C	Juli °C	August °C
Ålborg	15,5	18	17
Kopenhagen	14,5	17,5	17,5
Langeland	14	17	17

nat ist gewöhnlich der Juli, der kälteste der Februar.

NORWEGEN

Man muß schon zweimal hinschauen, wenn man liest, daß Norwegen eines der wärmsten Länder der Erde ist – allerdings im Verhältnis zu seiner geographischen Lage gesehen.

Verantwortlich für diesen erstaunlichen Umstand ist der Golfstrom. Die größte und augenfälligste Auswirkung haben die warmen Wasserströmungen allerdings auf die Häfen des Landes, die alle während des langen Winters eisfrei bleiben.

Um so erstaunlicher klingt dann die Tatsache, daß nur rund 130 km Luftlinie von der Küste entfernt, im Inneren der Finnmark bei Kautokeino, winterliche Temperaturen weit unter −40°C keine Seltenheit sind. Andererseits werden dort im Sommer mitunter Höchstwerte von 30°C und mehr gemessen. Im allgemeinen Landesdurchschnitt bewegen sich die Sommertemperaturen zwischen 15°C und 21°C.

SCHWEDEN

Die Auswirkungen des warmen Golfstroms im Atlantik beeinflussen selbst noch das Klima Schwedens. Dadurch liegen die Durchschnittstemperaturen im Lande höher, als sie es ohne Golfstrom wären. Geprägt wird das Klima von atlantischen Tiefausläufern, die die skandinavische Halbinsel von Westen her überqueren. Die Folge sind häufige Wetterwechsel und Niederschläge.

Die durchschnittlichen Temperaturen betragen im Sommer in Nordschweden ca. 13 Grad Celsius, auf der Höhe Stockholms ca. 18°C und in Südschweden rund 17°C. Im Winter liegen die Durchschnittswerte im Norden bei −13°C, auf der Höhe Stockholms bei ca. −3°C und in Südschweden bei rund −1°C.

FINNLAND

Selbst Finnland profitiert noch vom Golfstrom, der dem Land ein gemäßigtes Klima verschafft. Allerdings hat das finnische Klima spürbar kontinentalen Charakter.

Durchschnittstemperaturen in Norwegen, im Sommerhalbjahr:

Ort	Mai °C	Juni °C	Juli °C	Aug. °C	Sept. °C
Bergen	10	12	19	17	12
Bodø	7	12	14	15	10
Karasjok	5	12	15	12	6
Lillehammer	11	12	18	16	11
Oslo	12	13	20	19	11
Stavanger	10	12	19	16	12
Tromsø	5	12	13	13	7
Trondheim	8	12	17	16	11
Vardø	4	8 1	1	12	7

Durchschnittstemperaturen in Schweden, im Sommerhalbjahr:

Ort	Mai °C	Juni °C	Juli °C	Aug. °C	Sept. °C
Göteborg	15,5	19	21	20	16
Kiruna	6,5	14	17,5	15	9
Malmö	16	19,5	21	20,5	17
Östersund	12,5	16	20	18	12,5
Stockholm	14,6	19	22	20	15,3
Visby	13,5	18	20,5	20	16

Durchschnittstemperaturen in Finnland, im Sommerhalbjahr:				
Ort	Juni °C	Juli °C	Aug. °C	Sept. °C
Helsinki	14	17	16	11
Ivalo	10	13,5	11	6
Punkaharju	14	17,5	16	10
Turku	13,5	17	15,5	11
Vaasa	12,5	16	14,5	9

Das zeigt sich in lang anhaltenden, konstanten Wetterperioden im Sommer wie im Winter. Als wärmster Monat gilt der Juli. In Lappland werden dann Temperaturen bis +32°C gemessen. Kältester Monat ist der Februar.

MEDIKAMENTE, ÄRZTLICHE VERSORGUNG

Wer unterwegs auf bestimmte Medikamente angewiesen ist, sollte sich diese von zu Hause mitbringen. Wichtig ist dabei aber, daß man dann tunlichst eine Bescheinigung des Arztes mitführt, die aussagt, daß man auf diese Medikamente aus medizinischen Gründen nicht verzichten kann. Eine solche Bescheinigung ist um so wichtiger, wenn die Medikamente Stoffe enthalten, die unter das Betäubungsmittelgesetz fallen.

Ganz allgemein kann festgestellt werden, daß der Medikamentenverkauf in den skandinavischen Ländern strenger geregelt ist als bei uns.

Obwohl zwischen der BRD und den skandinavischen Ländern Sozialversicherungsabkommen bestehen und in Dänemark und Norwegen darüber hinaus das E111-Formular der deutschen Krankenkassen akzeptiert wird, der Reisende dadurch im Krankheitsfall oder bei einem Unfall eine gewisse krankenversicherungstechnische Absicherung genießt, sollte man dennoch auf eine Auslandskrankenschutzversicherung nicht verzichten.

MIT DEM AUTO DURCH SKANDINAVIEN

Ein dichtes, gut ausgebautes und ausgezeichnet beschildertes Straßennetz durchzieht ganz Dänemark und die skandinavische Halbinsel bis in den hohen Norden. In allen skandinavischen Ländern gilt die **Anschnallpflicht** auf Vorder- und Rücksitzen. Das **Abblendlicht** (Fahrlicht) muß **auch am Tage** eingeschaltet sein! Standlicht genügt nicht! Die Strafen bei Verstößen gegen Verkehrsregeln oder bei Alkohol am Steuer sind empfindlich! Wer in Norwegen z.B. ein Rotlicht überfährt und erwischt wird, wird mit stattlichen DM 455,- (nicht Kronen!) zur Kasse gebeten und wer etwa in Stockholm falsch parkt, wird um mindestens DM 100,- erleichtert!

DÄNEMARK

Das dänische Straßennetz, ob Landstraßen oder Fernverbindungsstraßen, ob auf den Inseln oder auf Jütland kann nicht anders als vorzüglich bezeichnet werden. Selbst der kleinste Schleichweg ist geteert. Für Radfahrer ist häufig eine Fahrspur oder ein eigener Fahrweg vorgesehen. Die wenigen Autobahnstücke sind gebührenfrei. Auch die Straßen- und Verkehrsbeschilderung ist ausgezeichnet. Einschränkend muß hier allerdings gesagt werden, daß in ländlichen Gebieten Wegweiser mit Ortsnamen nur in Kniehöhe und ohne Vorwegweiser unmittelbar am Abzweig angebracht sind. Wenn dann noch das Gras oder Getreide etwas hoch steht, sind sie vom Autofahrer leicht zu übersehen.

Im Sommer ist ein **Notrufdienst** für deutschsprachige Touristen eingerichtet: ADAC, c/o FDM-Huset, Firskovvej 32, DK-2800 Lyngby, Tel. 45 93 17 08.

Verkehrsregeln und Verkehrszeichen entsprechen den in Europa üblichen. Besondere Vorsicht und Rücksicht ist allerdings auf Fußgänger und Radfahrer zu nehmen. Vor allem beim Abbiegen nach rechts ist unbedingt auf geradeausfahrende Rad- oder Mopedfahrer zu achten. Fußgänger, die die Straße überqueren wollen, ob auf Zebrastreifen oder nicht, haben immer das Vorrecht (Achtung beim Rechtsabbiegen!). Weiße Dreiecke, sog. „Haifischzähne" auf der Fahrbahn bedeuten soviel wie Achtung! Vorfahrt gewähren! Ein Warndreieck muß mitgeführt werden. **Anschnallpflicht.** Spikes sind erlaubt zwischen 1.10. und 30. 4.

Motorradfahrer müssen einen Schutzhelm tragen und bei Fahrten am Tage das Abblendlicht einschalten. **Promillegrenze:** 0,5. Alkohol und Medikamente am Steuer werden streng bestraft.

Bei Mißachtung des Park- und Halteverbots (Parkering/Standsning Forbudt) werden auch ausländische Besucher zur Kasse gebeten. Für einige Parkzonen (beschildert) ist die Parkscheibe vorgeschrieben. Ist Parken nur zu bestimmten Zeiten erlaubt, wird das durch schwarze oder rote Zahlen angegeben: Schwarz bedeutet montags bis freitags, in Klammern samstags; Rot bedeutet sonn- und feiertags. Für Parkuhren sind 1 Krone- oder 25 Öre-Münzen notwendig.

Uns fremd ist *Datostop/Datoparkering*. Es besagt, daß Halten/Parken an Tagen mit geradem Datum nur an der Straßenseite mit geraden Hausnummern, an ungeraden Daten nur vor ungeraden Hausnummern erlaubt ist.

Übrigens: Telefonieren mit dem Handy im Auto während der Fahrt, kann in Dänemark teuer werden. Wer erwischt wird, muß mit einem Bußgeld von umgerechnet DM 100,- rechnen.

Zulässige **Höchstgeschwindigkeiten:** Innerorts (ab Schild mit Ortssilhouette) 50 km/h, Abweichungen sind ausgeschildert. Pkw und Wohnmobile bis 3,5 t außerorts 80 km/h, auch auf Schnellstraßen; auf Autobahnen 110 km/h. Pkw mit Anhänger höchstens 70 km/h.

Wichtig für Caravan-Gespannfahrer: Anhänger hinter Pkw dürfen nicht länger als 12 m und nicht breiter als 2,5 m sein. Ist der Hänger mehr als 20 cm breiter als das Zugfahrzeug, sind vordere Begrenzungslichter am Anhänger vorgeschrieben.

Für **Radfahrer** ist in Dänemark eine besondere Regelung zu ihrem Schutze beim Linksabbiegen an Kreuzungen eingeführt worden. Um aus den gefahrenträchtigen Fahrbahnen der Autos soweit wie möglich herauszubleiben, ordnet man sich zum Linksabbiegen nicht links ein, sondern fährt an der rechten Straßenseite oder auf dem Radweg weiter bis zur gegenüberliegenden Ecke, wartet dort ab bis die Straße frei ist oder die Ampel Grün zeigt und überquert nun die Straße in der neuen Fahrtrichtung.

NORWEGEN

Vor ein paar Jahren und nochmals im Mai 1997 erhielten wichtige Straßen **neue Straßennummern**. Die neuen Nummern wurden soweit irgend möglich in diesem Reiseführer erfaßt. Große Anstrengungen wurden Norwegen in der Vergangenheit unternommen, um Engpässe im Straßennetz, z.B. im Fjordgebiet oder in den Gebirgsregionen, zu entschärfen. Ganz erstaunliche Tunnelanlagen wurden angelegt, wie der 11,4 km lange Gudvangentunnel oder der Tunnel vom Aurlandsfjord nach Hol z.B.. Brücken verbinden Inseln mit dem Festland oder mit Nachbarinseln wie bei Runde, bei Kristiansund oder auf den Vesterålen. Ganz neue Trassen wurden angelegt wie bei Tosbotn in Nord-Trøndelag, nördlich von Fauske an der E6, oder die neue Paßstraße bei Lysbotn in Rogaland. Große, ehrgeizige Tunnel- und Brückenprojekte sind im Fjordgebiet zwischen Stavanger und Haugesund vorgesehen.

Viele Straßen wurden verbreitert, befestigt, Kurven oder riskante Engstellen durch Tunnels entschärft etc. etc. Selbst zum Nordkap rollt man längst auf einem Asphaltband. Und seit 1. Juni 1999 gelangt der Autofahrer durch ein Untersee- und Land-

unterwegs in der Polarkreisregion

tunnel-System schnell und bequem auf die Nordkapinsel Magerøya.

Trotz dieser gravierenden Verbesserungen sind in den straßenbautechnisch oft schwierig zu meisternden Fjordregionen manche Straßenabschnitte immer noch relativ schmal (4 – 5 m).

Aber die Streckenanteile an den Hauptlandesstraßen, an den Fjorden oder über Gebirgspässe, die vom Norwegischen Straßenbauamt für Caravangespannfahrer als „grundsätzlich abzuraten" eingestuft sind, sind auf wenige kurze Teilstücke geschrumpft. Nach wie vor aber findet man in den Regionen des Hardangerfjords oder Sognefjords längere Straßenabschnitte, die das Straßenbauamt „ausschließlich geübten und guten Caravan-Fahrern" empfiehlt.

Caravangespannfahrer sollten bei ihrer Routenplanung die Karte und die Informationen in der Campingbroschüre des Norwegischen Fremdenverkehrsamtes studieren. Dort sind besonders schmale Straßenpartien angegeben und es sind auch die Vorschriften für die Benutzung von Wohnwagen auf norwegischen Straßen aufgeführt, wie max. Caravanbreite von 2,3 m,

bzw. 2,5 m (mit Einschränkungen).

Im ganzen Land gibt es deutliche beschilderte **Wohnmobil-Abwasserentsorgungsstellen** (s. u. Camping). Sie sind meist bei Tankstellen zu finden.

Mit unbefestigten Straßen muß nur noch in entlegenen Landesteilen abseits der Durchgangsstraßen gerechnet werden. Dort sind die Straßen oft nur einspurig (3 m), aber mit häufigen Ausweichstellen versehen.

Für die Benutzung gewisser, besonders aufwendiger Tunnel- oder Brückenbauten und Straßenabschnitte wird Maut erhoben. Ebenso sind die Zufahrten in die Städte Oslo, Bergen und Trondheim mautpflichtig. Außerdem werden für entlegene Bergstraßen, die oft Privatstraßen sind (z.B. zum Nigardsgletscher, zum Raubergstulen, nach Kjenndal u.a.) Maut erhoben.

Zwischen 20. Juni und Ende August sind Straßenwachtfahrzeuge des norwegischen Automobilklubs NAF auf den Hauptverkehrsstraßen und auf kritischen Paßstraßen unterwegs, um notfalls **Pannenhilfe** leisten zu können. Die **Pannen-Notruf-Nummer** der NAF Alarmzentrale in Oslo ist 22 34 16 00.

In Norwegen gelten die international üblichen **Verkehrsregeln**. Kreisverkehr hat immer Vorfahrt! Mobiltelefone dürfen vom Fahrer während der Fahrt ohne Freisprecheinrichtung nicht benutzt werden! Rauchverbot am Steuer innerhalb geschlossener Ortschaften! Auch tagsüber ist **Abblendlicht** einzuschalten.

Die erlaubten **Höchstgeschwindigkeiten** betragen innerhalb geschlossener Ortschaften 50 km/h. Für Pkw und Wohnmobile bis 3,5 t gelten außerhalb geschlossener Ortschaften 80 km/h, auf Autobahnen 90 km/h. Für Pkw mit Anhänger (Caravan) gelten außerorts max. 80 km/h mit gebremstem Anhänger und 60 km/h mit ungebremstem Anhänger. **Anschnallpflicht**. Die **Promillegrenze** ist auf 0,2 Promille festgesetzt. Vergehen gegen die Promillebeschränkung werden mit empfindlichen Strafen belegt. Spikes sind erlaubt zwischen 1. November und Ostern, in Nordnorwegen von 17. Oktober bis 31. April. **Wildwechselbeschilderung** ernst nehmen! Mitunter halten sich Schafe oder Rentiere in den Straßentunnels auf, was vor allem in unbeleuchteten Tunnels zu unliebsamen Überraschungen führen kann.

SCHWEDEN

Das schwedische Straßennetz ist recht dicht, vor allem in südlichen Provinzen, und fast überall hervorragend in Stand.

Notruf Pannendienst: 020-91 20 12.

Die allgemeinen **Straßenverkehrsregeln** gleichen den in Europa allgemein gültigen. Seit 1967 wird auch in Schweden rechts gefahren.

Beachten Sie die Verkehrsregeln und vor allem die Parkverbotsbeschilderungen. Strafmandate für falsches Parken kosten, z. B. in Stockholm, nicht unter umgerechnet DM 100.-! Halteverbot wird auch durch eine durchgehende gelbe Linie, Parkverbot durch eine gestrichelte oder gezackte gelbe Linie am Fahrbahnrand signalisiert. Auch am Tage **Abblendlicht** einschalten. Nebelschlußleuchten dürfen nicht eingeschaltet werden. **Anschnallpflicht**. Die **Promillegrenze** ist auf 0,2 festgesetzt.

Schon geringfügig Verstöße werden hart geahndet bis hin zur Einziehung der Fahrerlaubnis!

Beachten Sie besonders aufmerksam – vor allem in den Morgenstunden und in der Abenddämmerung – **Wildwechselbeschilderungen**. Elche und in nördlichen Regionen vor allem auch Rentiere queren gelegentlich völlig überraschend die Fahrbahn.

Ein striktes Fahrverbot gilt im Gelände außerhalb befestigter Wege!

Die **Höchstgeschwindigkeiten** betragen in Wohngebieten 30 km/h, in geschlossenen Ortschaften 50 km/h. Für Pkw und Wohnmobile bis 3,5 t gelten außerhalb geschlossener Ortschaften je nach Beschilderung zwischen 70 und 90 km/h und auf Autobahnen zwischen 90 und 100 km/h. Für Pkw Anhänger (Wohnwagen) gelten auf Landstraßen und Autobahnen 80 km/h.

In Schweden sind zwischen 1. November und 30. April Spikes erlaubt.

FINNLAND

Dem Autofahrer steht ein besonders in den südlichen Landesteilen dichtes und vorzüglich gepflegtes Straßennetz zur Verfügung. Von den rund 80.000 Straßenkilometern ist gut die Hälfte geteert. Vor allem in nördlichen Landesteilen kann man gelegentlich auf unbefestigte oder mit Öl-Sand (Vorsicht bei Nässe!) bedeckte Straßen stoßen. In Finnland gibt es keine Straßenbenutzungsgebühr. Kurze Binnenautofähren sind kostenlos.

In Finnland ist „leiser Straßenverkehr" Vorschrift. Es gelten die in Europa allgemein gültigen **Verkehrsregeln**. Abblendlicht auch am Tage.

Die **Höchstgeschwindigkeiten** betragen – falls nicht anders ausgeschildert – innerorts 50 km/h. Für Pkw und Wohnmobile bis 3,5 t gelten außerhalb von Orten 80 km bis 100 km/h (je nach Beschilderung), auf Autobahnen bis 120 km/h. Pkw mit Anhänger (Caravan) auf Landstraßen und Autobahnen 50 km/h mit ungebremstem und 80 km/h mit gebremstem Anhänger.

Abblendlicht auch am Tage. **Anschnall-**

pflicht. Die **Promillegrenze** liegt bei 0,5 Promille. Für Caravans und Wohnmobile gilt eine max. Breite von 2,6 m. Spikes sind erlaubt von 1. November bis 30. April.

Wildwechselbeschilderung unbedingt beachten (siehe auch oben unter Schweden)! Ein ausgewachsener Elchbulle bringt ohne weiteres ein Gewicht von 600 bis 800 kg auf die Waage. Unfallfolgen können also nicht nur für das Tier sondern auch für Auto und Insassen schlimmste Folgen haben. Nach einem Unfall mit Elch oder Rentier unbedingt sofort die nächste Polizeistation verständigen!

Übrigens: In Norwegen, wie in ganz Skandinavien, gibt es neben der Entfernungsangabe in Kilometern, eine weitere – wenn auch nur noch selten gebrauchte, inoffizielle Angabe in *„Meilen"* (mil). Bei Weg-auskünften kann es u.U. noch vorkommen, daß es heißt: „Noch 10 Meilen". Es handelt sich dann aber nicht etwa um 16 km (entsprechend 10 englischen Meilen), sondern um 100 km. 1 skandinavische Meile entspricht nämlich 10 km.

Kraftstoffpreise

Tankstellen aller gängigen Marken sind in einem dichten Netz über das ganze Land verteilt, außer an dänischen Autobahnen. Dort wird man vergeblich nach Tankstellen suchen.

Selbstbedienung an den Zapfsäulen ist üblich. Vielfach sind Automaten angebracht, die in Dänemark und Schweden nur 20 Kronen-Scheine akzeptieren, manchmal auch 100 Kronen-Scheine. Man sollte also immer einen entsprechenden Vorrat an solchen Banknoten bei sich haben, be-

MITTERNACHTSSONNE UND POLARNACHT

In dieser Zeit kann man die Mitternachtssonne bzw. die Polarnacht erleben (siehe auch Kurzessay „Mitternachtssonne und Polarnacht bei Route 18):

Ort	Mitternachtssonne von – bis	Polarnacht von – bis
Norwegen		
Bodø	03. Juni – 10. Juli	
Svolvær	28. Mai – 15. Juli	
Harstad	23. Mai – 22. Juli	
Tromsø	19. Mai – 25. Juli	25. Nov. – 18. Jan.
Alta	17. Mai – 26. Juli	24. Nov. – 18. Jan.
Hammerfest	14. Mai – 29. Juli	21. Nov. – 22. Jan.
Vardø	16. Mai – 29. Juli	22. Nov. – 20. Jan.
Nordkap	12. Mai – 01. Aug.	18. Nov. – 24. Jan.
Svalbard (Spitzbergen)	20. Apr. – 24. Aug.	Nov. – Febr.
Schweden		
Kebnekaise	23. Mai – 22. Juli	
Kiruna	26. Mai – 18. Juli	
Gällivare	01. Juni – 12. Juli	
Porjus	09. Juni – 04. Juli	
Abisko	12. Juni – 14. Juli	
Finnland		
Utsjoki	18. Mai – 25. Juli	26. Nov. – 16. Jan.
Ivalo	24. Mai – 19. Juli	05 Dez. – 09. Jan.
Sodankylä	31. Mai – 12. Juli	18. Dez. – 24. Dez.
Pello	04. Juni – 07. Juli	
Rovaniemi	06. Juni – 05. Juli	
Kuusamo 1	5. Juni – 27. Juni	

sonders nachts, wenn man auf die Tank-
automaten angewiesen ist.

Die meisten Tankstellen akzeptieren Kreditkarten. Tankstellen sind gewöhnlich zwischen 7 und 21 Uhr geöffnet.

Bei der Kraftstoffversorgung und den Ben-
zinpreisen auf der skandinavischen Halbinsel gilt, wie bei fast allen anderen Gütern auch: Im Süden reichlich, im hohen
Norden dünner gesät und etwas teurer.
Dennoch ist es kein Fehler, vor allem bei
Reisen in Nordskandinavien, einen gefüll-
ten Reservekanister mitzuführen.

Preise pro Liter:

Dänemark:
Normal bleifrei (95) DKK ca. 8,70
Super bleifrei (98) ca. DKK 8,10
Diesel ca. DKK 6,90

Norwegen:
Normal bleifrei (95) ca. NOK 10,41
Super bleifrei (98) ca. NOK 10,17
Diesel ca. NOK 8,00

Schweden:
Normal bleifrei (95) ca. SEK 10,34
Super bleifrei (98) ca. SEK 10,07
Diesel ca. SEK 8,54

Finnland: Normal bleifrei (95) ca. EUR 1,16
Super bleifrei (98) ca. EUR 1,10
Diesel ca. EUR 0,77

ÖFFNUNGSZEITEN

DÄNEMARK

Geschäfte Montag – Freitag 9/10 – 17.30/
18 Uhr.
Donnerstag oder Freitag bis 19/20 Uhr.
Samstag 9 – 12 oder 14, teils 21 Uhr.
Sonntag geschlossen, außer Bäckereien
und viele Kioske.
Mittagspause teils zwischen 12 und 14 Uhr.
Auf Grund eines sehr liberalen
Ladenschlußgesetztes können die Öff-
nungszeiten, vor allem im Sommer oder
in Feriengebieten, stark variieren.

Banken Montag – Freitag 9.30 – 16 Uhr.
Donnerstag bis 18 Uhr.

Postämter Montag – Freitag 9/10 – 17/18
Uhr.

Samstag 10 – 12 Uhr. Kopenhagen, Hauptpostamt längere, tägliche Öffnungszeiten.
Regionale Unterschiede möglich.

NORWEGEN

Geschäfte Kein allgemein verbindliches
Ladenschlußgesetz, keine einheitlichen
Öffnungszeiten. Generell schließt man vor
allem im Sommer recht früh!
Montag – Mittwoch ca. 15 Uhr, Don-
nerstag und Freitag länger.
Samstag ca. 9 – ca. 13 Uhr.
Supermärkte sind oft bis 19 oder 20 Uhr,
Kioske auch an Samstagen und Sonnta-
gen geöffnet.

Banken Montag – Freitag 8.30 – 15 Uhr.
Donnerstag 8.15 – 17 (18) Uhr.

Postämter Montag – Freitag 8 (8.30) – 16
(16.30) Uhr,
Samstag 8 – 13 Uhr.
Die Zeiten in Klammern gelten im Sommer.

SCHWEDEN

Geschäfte Montag bis Freitag 09.30 –
18.00 Uhr,
Warenhäuser teilweise bis 20.00 oder
22.00 Uhr.
Samstag 09.30 – 14.00/16.00 Uhr.
Sonntag Warenhäuser 12.00 – 16.00 Uhr.

Tankstellen schließen in ländlichen Gebieten oft schon zwischen 17.00 und 18.00
Uhr.

Banken Montag bis Freitag 09.30 – 15.00
Uhr, in großen Städten bis 17.30 Uhr. Donnerstag bis 18 Uhr.
Banken und Wechselstellen auf den Flughäfen Stockholm-Arlanda und Göteborg-
Landvetter, auf den Hauptbahnhöfen in
Stockholm, Göteborg und Malmö sowie in
den Häfen von Helsingborg, Ystad und Trelleborg sind bis 21 bzw. 20 Uhr und auch
am Wochenende geöffnet.

Postämter Montag bis Freitag 09.00 –
18.00 Uhr.
Samstag 09.00 – 12.00 Uhr.

FINNLAND

Geschäfte Montag – Freitag 9 – 18, teils
bis 21 Uhr.

Samstag 9 – 14, teils bis 18 Uhr.
Geschäfte in der Einkaufspassage unter dem Hauptbahnhof in Helsinki sind täglich bis 22 Uhr geöffnet.

Banken Montag – Freitag 9.15 – 16.15 Uhr.
Bankschalter auf dem Flughafen Helsinki-Vantaa sind täglich von 6.30 bis 23 Uhr geöffnet.

Postämter Montag – Freitag 9 – 17 Uhr.
Helsinki Hauptpostamt, Mannerheimintie 11F,
Montag – Freitag 8 – 21 Uhr,
Samstag 9 – 18 Uhr,
Sonntag 11 – 21 Uhr.

POST UND TELEFON

DÄNEMARK

Porto in EG-Länder: Postkarte und Standardbrief bis 20 g DKK 5,-.

Telefonieren: Vollautomatisches Telefonnetz. In Dänemark gibt es Telefonnummern mit acht Ziffern. Die Ortsvorwahl ist in die Rufnummer integriert!
Selbstwählferngespräche sind auch von öffentlichen Fernsprechern möglich. Anfangs nur geringen Betrag einwerfen, da keine Münzrückgabe bei Nichtzustandekommen des Gesprächs. Allerdings muß auch erwähnt werden, daß eingeworfene Münzen bei Nichtzustandekommen eines Gesprächs zunächst als Guthaben gespeichert werden. Man kann also noch einmal wählen.

Notruf (Polizei, Ambulanz, Feuerwehr): **112**, gebührenfrei, von Telefonzellen aus ohne Münzeinwurf erreichbar!

Vorwahlen:
Für **Dänemark: 00 45** (danach achtstellige Rufnummer).
Für **Deutschland: 00 49** (danach Ortsvorwahl ohne erste Null, dann Rufnummer).
Für **Österreich: 00 43** (danach Ortsvorwahl ohne erste Null, dann Rufnummer).
Für die **Schweiz: 00 41** (danach Ortsvorwahl ohne erste Null, dann Rufnummer).

NORWEGEN

Porto nach Deutschland: Postkarte oder einen Standardbrief bis 20 g NOK 9,00.

Telefonieren ist im ganzen Land von Telefonämtern, Telefonzellen (natürlich auch von Privatanschlüssen, Hotelzimmern etc.) möglich. Verbreitet sind rückrufbare öffentliche Telefonzellen, in denen Sie sich anrufen lassen können.
In Norwegen gibt es Telefonnummern mit acht Ziffern. Die Ortsvorwahl ist in die Rufnummer integriert!
Notruf: Feuerwehr **110**, Polizei **112**, Ambulanz **113**.
Allg. Telefonauskunft: 01 80.

Vorwahlen:
Für **Norwegen: 00 47** (danach achtstellige Rufnummer).
Für **Deutschland: 00 49** (danach Ortsvorwahl ohne erste Null, dann Rufnummer).
Für **Österreich: 00 43** (danach Ortsvorwahl ohne erste Null, dann Rufnummer).
Für die **Schweiz: 00 41** (danach Ortsvorwahl ohne erste Null, dann Rufnummer).

SCHWEDEN

Außer Fernsprechdienste bieten die Postämter die üblichen Postdienste.

Porto innerhalb Europas: Postkarte oder Standardbrief bis 20 g SEK 8,00.

Gewöhnliche Postämter *verfügen nicht* über öffentliche Fernsprecheinrichtungen.
Ferngespräche führt man von Telefonzellen oder von Telefonbüros (*Tele* oder *Telebutik*) aus.

Die internationale **Vorwahl von Schweden ins Ausland** ist **0 09**. Es folgt die Vorwahl für das gewünschte Land, für Deutschland z.B. 49, für Österreich 43 oder für die Schweiz 41. Danach ist ein **Signalton** abzuwarten bevor man weiterwählt. Beim Weiterwählen läßt man die erste Null der Ortskennzahl weg.

Notruf (Polizei, Ambulanz, Feuerwehr): **112**. Die bisherige Notrufnummer **90 000** behält aber weiterhin ihre Gültigkeit.
Öffentliche Fernsprechzellen sind mit einem Notrufknopf ausgerüstet, den man

drückt und die Notrufnummer dann gebührenfrei wählen kann.

Pannendienst (Larmtjänst), landesweit, 24-Stunden-Bereitschaft: **0 20 - 91 00 40**.

Vorwahlen:
Für **Schweden: 00 46** (danach Ortsvorwahl ohne erste Null, dann Rufnummer).
Für **Deutschland: 009 49** (Signalton, dann Ortsvorwahl ohne erste Null, dann Rufnummer).
Für **Österreich: 009 43** (Signalton, danach Ortsvorwahl ohne erste Null, dann Rufnummer).
Für die **Schweiz: 009 41** (Signalton, danach Ortsvorwahl ohne erste Null, dann Rufnummer).

Öffentliche Telefone, die mit Kreditkarten betrieben werden können, sind verbreitet und mit „CCC" gekennzeichnet.

Übrigens – nicht nur in Schweden ist Telefonieren von öffentlichen Fernsprechern in aller Regel wesentlich billiger als vom Hotelzimmer aus!

Der Telefonservice *Country Direct* bietet dem Anrufer von Schweden aus Gelegenheit, sog. R-Gespräche mit Teilnehmern in Deutschland zu führen. Für nur eine Gebühreneinheit kann man praktisch von Schweden nach Hause telefonieren. Man wählt die Nummer **0 20/79 90 49**, erreicht damit eine deutschsprechende Vermittlung und läßt sich zur Teilnehmernummer weiterverbinden. Die Gebühren werden dem Gesprächspartner belastet.

FINNLAND

Porto in europäische Länder: Postkarten und Briefe bis 20 g EUR 0,60.

Telefonieren kann man im Selbstwählverkehr von Postämtern, Telefonzellen, Hotels und natürlich von Privatanschlüssen im ganzen Lande und mit 192 Ländern der Erde. Von Finnland ins Ausland wählt man zunächst 990 (Tele), 999 (Finnet International) oder 994 (Telivo), danach die Landeskennzahl (49 für BRD, etc.).
Bei Inlandsgesprächen wählt man zunächst die Regionalnetzkennzahl (es gibt 13 Regionalnetzkennzahlen in Finnland) mit einer Null vorweg und danach die Nummer des Teilnehmers – Beispiel Helsinki Vorwahl 09.

Notruf (Polizei, Ambulanz, Feuerwehr): **112**.

Auslandsauskunft: 00 358-8-00 83 53.

Vorwahlen:
Für **Finnland: 00 358** (danach Regionalkennzahl ohne erste Null, dann Rufnummer).
Für **Deutschland: (00) 49** (danach Ortsvorwahl ohne erste Null, dann Rufnummer).
Für **Österreich: (00) 43** (danach Ortsvorwahl ohne erste Null, dann Rufnummer).
Für die **Schweiz: (00) 41** (danach Ortsvorwahl ohne erste Null, dann Rufnummer).

Finnland ist dabei, sein gesamtes Telefonnetz umzustellen! Ein großer Teil der Rufnummern wird sich in den nächsten Jahren ändern! Notfalls hilft die Auskunft weiter, in Finnland 118, oder 100 13).

Übrigens: Namen die mit **Æ**, **Å**, **Ä**, **Ø** oder **Ö** beginnen, finden Sie in dänischen, norwegischen, schwedischen und finnischen Telefonbüchern **am Ende des Alphabets**!

REISEN IM LANDE

DÄNEMARK

Per Flugzeug
Knoten- und Ausgangspunkt des innerdänischen Flugverkehrs ist der **Flughafen Kopenhagen-Kastrup**. Von dort werden im Inlandsverkehr sternförmig folgende Städte angeflogen: Århus, Aalborg (ca. 8 mal täglich, Flugzeit 60 Minuten), Thisted/Hanstholm (ca. 2 mal täglich, 60 Minuten), Esbjerg (3 mal täglich, 60 Minuten), Billund/Jütland (Direktflüge ab Frankfurt, Wien und Zürich), Odense (4 mal täglich, 30 Minuten), Sønderborg (bis 5 mal täglich, 45 Minuten), Rønne (5 mal täglich, 40 Minuten). Querverbindungen, z.B. von Odense nach Ålborg, bestehen nicht.
Viele der Flugplätze sind so gelegen, daß sie zwei oder drei Städten als Flughafen

dienen können. Zu den Flugplätzen gibt es Zubringerdienste.

Per Bahn und Bus

Ein dichtes Bahnnetz überzieht Jütland und die dänischen Inseln, so daß alle wichtigen Orte mit den schnellen und pünktlichen Zügen der Dänischen Staatsbahnen (DSB) und einigen Privatbahnen erreicht werden können. Das Streckennetz wird komplettiert und verdichtet durch ein gutes Angebot an Busverbindungen der DSB. Zwischen allen größeren Städten auf Jütland und Fünen und Kopenhagen verkehren Intercity-Schnellzüge im Stundenintervall. Besonders wichtige Strecken werden außerdem von sog. Blitzzügen (Lyntog) bedient. Zwingend vorgeschrieben sind Platzreservierungen für alle Züge über den Großen Belt (Korsör – Nyborg). Durch die kurzen Entfernungen im Lande sind die Bahnfahrzeiten nicht lange. Aufgrund dessen führen die Züge auch keine Speise- oder Schlafwagen und nur auf den längsten Strecken Liege- oder Buffetwagen.

Fahrkarten – auch für anschließende Fährschiffe – gibt es auf den Bahnhöfen. Busfahrkarten kauft man im Bus direkt. Es gibt keine Rückfahrermäßigung auf Bahnfahrkarten.

„ScanRail Ticket" – Für unbegrenztes Reisen mit der Bahn in Dänemark, Norwegen, Schweden und Finnland haben die Bahngesellschaften der vier nordischen Länder das **ScanRail-Ticket** kreiert. Man erhält bis zu 50% Ermäßigung auf zahlreichen Fähr- und Busverbindungen in und zwischen den skandinavischen Ländern. Außerdem gibt's mit dem ScanRail-Ticket günstige Preise in den Scan Class Hotels, Top International Hotels und in den Gästehäusern. Die Tickets gibt es für die erste und für die zweite Klasse mit unterschiedlichen Gültigkeitsdauern (z.B. 15 Tage oder 30 Tage), für Kinder, Jugendliche, Erwachsene und Senioren

Per Mietauto

In allen größeren Städten, auf den Flughäfen und wichtigen Bahnstationen können von international operierenden Firmen Autos gemietet werden. Mindestalter ist 25 Jahre. Manche Verleihfirmen setzen ein Mindestalter von 25 Jahren voraus. Benötigt werden Führerschein und Personalausweis. Bei Vertragsabschluß muß eine Anzahlung geleistet werden. Viele Firmen verlangen die Vorlage einer internationalen Kreditkarte.

Per Schiff

Natürlich sind nicht alle der 500 zu Dänemark gehörenden Inseln mit Autofähren zu erreichen. Zu den wichtigsten aber bestehen ganzjährig gute Verbindungen mit mehreren Abfahrten täglich.

Jütland – Seeland

Ebeltoft – Sjællands Odde, bis 10 mal täglich, 1 1/2 Stunden;
Århus – Kalundborg, bis 6 mal täglich, 3 Stunden;

Seit Mitte 1998 besteht für den Autoverkehr zwischen Nyborg (Fünen) und Korsør (Seeland) eine imposante **Brückenverbindung über den Großen Belt**. Die Fahrzeit zwischen Fünen und Seeland wird dadurch erheblich verkürzt.

NORWEGEN

Per Flugzeug

Drehscheiben des inländischen Flugverkehrs sind Oslo, Bergen, Bodø und Tromsø. Das Luftliniennetz in Norwegen wird vor allem von den Gesellschaften SAS, Braathens SAFE, Widerøe, Norsk Air und kleineren Carriern bedient. Im ganzen Land werden rund 26 Städte regelmäßig angeflogen. Bis zu dreimal täglich bestehen z.B. Verbindungen von Oslo über Tromsø nach Kirkenes. Rege Frequenzen auch zwischen Oslo und Bergen (bis zu 15 Abflüge täglich). Die Flugzeiten betragen von Oslo nach Kirkenes z.B. rund 4 Stunden, von Oslo nach Trondheim rund 1 Stunde 20 Minuten, oder von Oslo nach Bergen rund 50 Minuten. Sondertarife werden auf Inlandslinien angeboten. Es besteht ein Rauchverbot auf allen Inlandflügen der SAS.

Per Bahn

Die wichtigsten Städte des Landes sind per Bahn zu erreichen. Auch im Bahnverkehr ist Oslo der zentrale Knotenpunkt, von dem die Strecken sternförmig ausgehen.

Die nördlichste mit den *Norwegischen Staatsbahnen (NSB)* erreichbare Stadt in Norwegen ist Bodø. Die wichtigsten Bahnstrecken sind die *Sørland-Bahn* (Oslo-Kristiansand-Stavanger), die *Bergen-Bahn* (Oslo-Myrdal-Voss-Bergen), eine der interessantesten Strecken des Landes, von der aus der Abstecher mit der berühmten *Flåmbahn* möglich ist, dann die wichtige Nord-Süd-Verbindung *Dovre-Bahn* (Oslo-Dombås-Trondheim) und die weiterführende *Nordland-Bahn* (Trondheim-Fauske-Bodø). Durch sehr reizvolle Landschaft führt die *Rauma-Bahn* von Dombås nach Åndalsnes.

Von Oslo nach Bergen verkehren täglich bis zu vier Züge (Fahrtdauer rund 7 1/2 Stunden), nach Stavanger bis zu vier Züge (Fahrtdauer rund 8 Stunden), nach Trondheim bis zu fünf Züge (Fahrtdauer rund 7 bis 9 Stunden, je nach Strecke). Die Bahnfahrt von Oslo über Trondheim nach Bodø dauert rund 20 Stunden. **ScanRail-Ticket** siehe unter Dänemark.

Per Bus

Ein recht dichtes Netz von Buslinien, die auf allen wichtigen Fernstraßen des Landes verkehren, komplettieren und erweitern die Bahn- und Schiffsstrecken. Wichtige Buslinien sind u.a. die durch das Setesdal (Kristiansand – Haukeligrend), die Strecke Skien – Haugesund, die von Trondheim über Molde nach Ålesund und die Linie der Nord-Norge-Bussen von Fauske über Narvik nach Kirkenes.

Mit dem **NOR-WAY BusPass** fährt man preisgünstiger auf dem innernorwegischen Busstrecken. Den BusPass gibt es für einen Gültigkeitszeitraum von 7 oder 14 Tagen.

Infos bei: *NOR-WAY Bussekspress AS, N-0154 Oslo, Karl-Johans-gate 2, Tel. 81 54 44 44, Fax 23 00 24 49, www.nor-way.no*

Per Mietauto

Pkw's können in allen großen Städten des Landes gemietet werden, z.B. in Oslo, Larvik, Kristiansand, Egersund, Stavanger,

Bergen, Trondheim, Bodø, Tromsø, Kirkenes.

Ein gültiger Führerschein muß vorgelegt werden. Einige Unternehmen vermieten nur an Personen, die älter als 25 Jahre sind.

Per Schiff

Ein sehr dichtes Netz von Autofähren stellt die Verbindung in den Fjorden und zu den vielen Inseln an der westnorwegischen Küste her.

Auf allen wichtigen Strecken sind die Abfahrten so häufig, daß der Autofahrer nicht mit unkalkulierbar langen Wartezeiten rechnen muß. Reservierungen sind auf den Fjordfähren in aller Regel nicht möglich. Fahrkarten werden direkt auf den Schiffen verkauft. Angaben zu Fähren sind im Routenteil bei den entsprechenden Fährstationen angegeben.

Personenschnellboote verkehren außerdem von Bergen in den Sognefjord, nach Norheimsund im Hardangerfjord, über Haugesund nach Stavanger und in den Nordfjord.

Ein Norwegenerlebnis besonderer Art sind Reisen mit den ganzjährig und täglich verkehrenden Küstenschiffen der **Hurtigruten**. Die Hurtigrutenschiffe verkehren zwischen Bergen und Kirkenes und laufen auf der sieben Tage dauernden Seereise alle wichtigen Hafenstädte an der Westküste an. Die Rückreise dauert abermals 7 Tage. Häfen die auf der Nordfahrt am Tage angelaufen wurden, werden auf der Rückfahrt nachts bedient.

Den Passagieren stehen bequeme Kabinen und Bordrestaurants zur Verfügung. Zumindest auf den großen, neueren, recht komfortablen Schiffen wie MS „Nordnorge", MS „Polarlys" oder MS „Nordkapp", die Platz für etwa 480 Passagiere bieten, sind alle Kabinen mit Dusche und WC ausgestattet. Man kann auch nur Teile der Gesamtstrecke buchen. Auf den oben erwähnten Schiffen können bis zu 50 Personenwagen befördert werden. Die zu befördernden Autos dürfen auf den neueren Schiffen folgende Werte nicht überschreiten: Gesamtgewicht 5.000 kg, max. Höhe 2,50

Talstation der Flåmbahn

m, max. Länge 6,50, max. Breite 2,45 m. Detaillierte Informationen über Routenverlauf, Abfahrtszeiten, Preise und Reservierungen sind bei NSA in Hamburg zu bekommen. Das Norwegische Fremdenverkehrsamt gibt eine kostenlose Broschüre über Schiffs-, Bahn-, Flug- und Busverbindungen heraus.

SCHWEDEN

Per Flugzeug

Scandinavian Airlines System (SAS) und *Linjeflyg* bieten regelmäßige Flugverbindungen innerhalb Schwedens zwischen allen größeren Städten des Landes. Wichtigste Drehscheibe ist auch im nationalen Flugverkehr Stockholms Flughafen Arlanda.

Auf Inlandsflügen können Fahrräder als Luftfracht mitgenommen werden. Fahrradsack (kann bei Linjeflug gekauft werden) notwendig. Allerdings werden die Räder nicht immer auf dem gleichen Flug wie der Passagier befördert. Es besteht ein Rauchverbot auf allen Inlandflügen der SAS.

Per Bahn und Bus

Die *Schwedischen Staatsbahnen (SJ)* bieten ein modernes, zuverlässiges Transportsystem und ein Schienennetz, das alle Teile des Landes bedient. Entsprechend der Bevölkerungsdichte sind die Verbindungen im Süden des Landes und zwischen den Ballungsgebieten dort dichter als in den nördlichen Regionen. Auf einigen Strecken verkehren die Hochgeschwindigkeitszüge X2000, die die Fahrzeiten erheblich verkürzen. Sie bewältigen z.B. die Strecke von Stockholm nach Göteborg in nur drei Stunden.

Züge auf Langstrecken führen Speise-, Liege- und Schlafwagen. Betten in Liege- bzw. Schlafwagen gibt es in der 1. und in der 2. Klasse. Für „R"- bzw. „C"-Züge, die in den Fahrplänen besonders gekennzeichnet sind, sind Platzreservierungen (Aufpreis) notwendig.

Sondertarife mit bis zu 50%iger Ermäßigung werden für verschiedene Züge und Abfahrten angeboten. Außerdem gibt es ermäßigte Sondertarife für Reisende im Alter zwischen 12 und 25 Jahren. **ScanRail-Ticket** siehe unter Dänemark.

Mit modernen **Bussen** bedienen die Gesellschaften *Swebus* (Kungsgatan 29, Tel. 08/7 62 35 00) und *Linjebuss* (Torsgatan 8, Tel. 08/6 26 87 65) in Stockholm fast

1.500 Zielorte im ganzen Land. Die 300 wichtigsten Städte des Landes werden außerdem mit Expressbussen bedient.

Autoreisezüge der *Schwedischen Staatsbahnen (SJ)* verkehren zwischen Anfang Juli und Mitte August von Malmö und Göteborg über Västerås in Mittelschweden nach Luleå und Kiruna mit Anschlußverbindungen nach Narvik in Norwegen. Es gibt eine Abfahrt pro Woche in jede Richtung. Die Fahrt z.B. von Malmö nach Luleå dauert 24 Stunden. Es werden Pkw und Motorräder, aber keine Anhänger befördert. Die Höhe der Autos ist inkl. Dachlast auf 1,5 m, die Länge auf 6 m beschränkt. Autoreisezüge führen sechs Autowaggons, zwei Schlafwagen, drei Liegewagen, einen Speisewagen und zwei Klubwagen. Die Preise schließen Autofracht, Passage für den Fahrer, Frühstück und Platz im Liege- oder Schlafwagen ein. Die Schlafwagenabteile bieten Platz für ein bis drei Erwachsene und sind mit Dusche und WC im Abteil ausgestattet. Für Kinder gibt es Spielabteile.

Per Schiff

Noch vor gut hundert Jahren war es eine Sensation auf dem **Götakanal** zu reisen. Die Bequemlichkeit und vor allem die Schnelligkeit, mit der die Reise vom Kattegatt an der Westküste an die Ostsee zu bewältigen war, galten damals als einmalig.

Durch die bezaubernde südschwedische Landschaft windet sich die Wasserstraße von Göteborg bis Söderköping in Östergotlands Län, wo sie in eine der unzähligen Ostseebuchten mündet. 398 km lang ist das „Blaue Band Schwedens", das ungefähr zu einem Drittel aus Kanälen besteht. Den Rest machte man sich Seen und Flüsse zunutze. Schaut man sich eine Reliefkarte dieses Landstriches an, so scheint eine Überwindung der Distanz auf dem Wasserwege unmöglich. Doch die Konstrukteure schreckten vor dieser Aufgabe keineswegs zurück und lösten das Problem mit nicht weniger als 65 Schleusen.

Drei Kanaldampfer, *M/S Juno* (Baujahr

1874), die *M/S Wilhelm Tham* (Baujahr 1912) und *M/S Diana* (Baujahr 1931) verkehren zwischen Mitte Mai und Anfang September auf dem Kanal zwischen Göteborg und Stockholm. Bis zu zwei Abfahrten pro Woche in beiden Richtungen. Infos bei: *Rederiaktiebolaget Göta Kanal, Postfach 272, S-401 24 Göteborg, Tel 0046 - 31 - 80 63 15.*

FINNLAND

Per Flugzeug

Ausgehend von Helsinki als wichtigste Drehscheibe im innerfinnischen Flugverkehr bedienen die Fluggesellschaften Finnair, Karair und Finnaviation ganzjährig und regelmäßig alle größeren Städte des Landes. Ivalo ist die nördlichste von Linienmaschinen angeflogene finnische Stadt. Ein Flug von Helsinki nach Ivalo zum Beispiel dauert 1 Stunde und 30 Minuten. Es gibt verbilligte Sondertarife und Ermäßigungen für Jugendliche, Studenten, Gruppen oder Rentner. Einzelheiten darüber bei den Airlines.

Per Bahn

Ein Schienennetz von annähernd 6.000 km Länge, das etwa zu einem Viertel elektrifiziert ist, verbindet alle wichtigen Küstenhäfen, Städte und Industriezentren des Landes. In den vergangen Jahren wurden Anstrengungen unternommen, um die technischen Voraussetzungen für schnellere Züge zu schaffen. Kolari an der Grenze zu Schweden ist der nördlichste per Bahn erreichbare Punkt.

Zügen, die im Fahrplan mit EP oder IC gekennzeichnet sind, sind zuschlagpflichtig und können nur mit gebührenpflichtigen Platzkarten benützt werden.

Die meisten Fernzüge führen auf Nachtfahrten zuschlagpflichtige Schlafwagen in der ersten und in der zweiten Klasse. Eine Bahnfahrt von Helsinki nach Rovaniemi zum Beispiel dauert rund 10 Stunden.

Reisende, die den **Finnrail-Pass** erwerben (gültig für 3, 5 oder 10 Tage), können die Züge der Finnischen Eisenbahnen beliebig oft benutzen. Der Pass kann auf jedem Bahnhof in Finnland gekauft werden.

Autoreisezüge verkehren täglich von Helsinki nach Oulu, Rovaniemi und Kontiomäki und von Turku und von Tampere aus nach Rovaniemi. Zu gewissen Zeiten verkehren Autoreisezüge von Helsinki nach Kolari. Maximale Fahrzeughöhe 2,6 m.

Per Bus

Fern- und Expressbusse verkehren im ganzen Lande und zwischen den Ballungszentren. Die Busfahrpläne sind in aller Regel mit denen von Bahn oder Schiffahrt abgestimmt, so daß man mit Bussen wirklich jeden bewohnten Teil des Landes erreichen kann. So gibt es z.B. zwischen Helsinki und Turku täglich 32 Busabfahrten (Fahrtdauer 2 1/2 Stunden), zwischen Helsinki und Kuopio täglich sieben Busabfahrten (Fahrtdauer 6 1/2 Stunden) und nach Rovaniemi fährt täglich einmal ein Bus, Fahrtdauer 15 Stunden.

Per Schiff

Ein reger Binnenschiffsverkehr besteht im Sommer im Gebiet der westlichen Seen auf der Saimaa-Seenplatte und auf dem Pielinen See. Betriebssaison für die Binnenschiffahrt ist zwischen Anfang Juni und Mitte August. Die wichtigsten Verbindungen bestehen auf den westlichen Seen zwischen Hämeenlinna, Tampere und Virra und zwischen Lahti und Jyväskylä, auf der Saimaa-Seenplatte zwischen Lappeenranta, Savonlinna, Varkaus und Kuopio und schließlich auf Pielinen See zwischen Joensuu und Nurmes.

REISEZEIT UND KLEIDUNG

Als beste Zeit für eine Reise quer durch **Dänemark** ist wohl die Spanne zwischen Ende Mai und Anfang August geeignet. In aller Regel ist dann mit den sonnigsten und wärmsten Wetterabschnitten zu rechnen und alle touristischen Einrichtungen sind in Betrieb.

Eine Rundreise, weniger ein Badeaufenthalt, kann aber auch noch später, etwa bis Mitte Oktober mit Aussicht auf ansprechendes Reisewetter (wenn auch mit einigen Abstrichen) unternommen werden. Man sollte aber berücksichtigen, daß dann manche Campingplätze und andere touristische Einrichtungen wie z.B. Informationsbüros in kleineren Orten schon geschlossen sind oder nur noch einen eingeschränkten Service bieten. Außerdem macht sich im Herbst die nördliche Lage Dänemarks durch merklich kürzere Tage bemerkbar.

Wärmende, wind- und regenabweisende Kleidung sollten aber nie im Gepäck fehlen, weder im Sommerurlaub noch auf einer Reise in der Nebensaison.

Die beste Zeit für eine Reise durch **Norwegen** dürfte die Zeit von Ende Mai bis Anfang Juli sein. Nicht zuletzt der Mitternachtssonne wegen, die ja ein bodenloses und typisches Nordlanderlebnis ist und gerade in dieser Zeit nördlich des Polarkreises am eindrucksvollsten erlebt werden kann, bietet sich die erwähnte Zeitspanne an.

Wer aber nach Norwegen fährt, um in erster Linie in der Finnmark zu wandern, wird sich den Frühherbst aussuchen. Und wer des Angelns wegen nach Norden reist, dem wird die für ihn günstigste Reisezeit von spezifischen Faktoren vorgegeben.

Bis Ende Mai kann man ab und zu Neuschnee erleben, dann aber nur noch in sehr hohen Lagen und ohne Beständigkeit. Zum Ende des Monats Mai hin ist bereits mit angenehmen Temperaturen zu rechnen. Das Wetter ist in aller Regel beständiger und die Sicht oft klarer als im Juli etwa. Allerdings ist um diese relativ frühe Reisezeit Ende Mai/Anfang Juni bei der Routenplanung darauf zu achten, ob die Wintersperren über bestimmte Bergpässe (gewöhnlich Mitte Oktober bis Ende Mai) schon aufgehoben sind.

Die turbulenteste Reisezeit ist erfahrungsgemäß der Monat Juli. Es ist der Urlaubsmonat der Norweger schlechthin. Alles was vier Räder hat ist dann unterwegs. Dazu kommen jedes Jahr größer werdende Scharen ausländischer Touristen. In dieser Zeit kann es durchaus passieren, daß in touristisch stark frequentierten Regionen, wie etwa an der südlichen Küste um Kristiansand, im Gebiet des Geirangerfjords, bei Voss, im Gebiet Loen/Stryn und entlang der E6, der wichtigsten Nord/Süd-Verbindung des Landes, Campingplätze vollbelegt und Hotels ausgebucht sind. In dieser Zeit ohne Anmeldung eine Campinghütte zu bekommen, kann Schwierigkeiten bereiten. Wer es einrichten kann, dem sei ans Herz gelegt, nicht in der Hauptreisezeit Juli zu fahren!

Die zweite Augusthälfte gehört in Norwegen, zumindest in nördlichen Landesteilen, schon zum Herbst. Es wird kühler und vor allen Dingen, die Tage werden rapide kürzer. Auf der Höhe von Kristiansand z.B. lassen sich in den letzten Augusttagen merkliche „Tagesverkürzungen" von rund 15 Minuten feststellen.

Anfang September kann man in der Finnmark mit den ersten Frösten rechnen. Diese frühe Herbstperiode ist die mit Abstand am besten geeignete Zeit für Wanderungen in der Finnmark. Die Laubfärbung der Birken und der zaghafte erste Schnee auf den Hügelköpfen lassen Fußmärsche in dieser Zeit unvergeßlich werden. Außerdem wird dann das Wandererlebnis nicht mehr von den im Sommer gelegentlich lästigen Stechmücken beeinträchtigt.

Als beste Reisezeit können für das südliche **Schweden** die Zeit zwischen Ende Mai und Anfang September und im nördlichen Schweden die Monate Ende Juni bis Mitte August angegeben werden. Zum Wandern eignen sich im Norden allerdings am besten die Wochen von Anfang August bis Mitte September.

Die beste Zeit für eine Reise durch **Finnland** wird die Zeitspanne etwa zwischen Ende Juni und Mitte August sein. Zum Wandern in Lappland bietet sich die farbenprächtige Ruskazeit an.

Ähnlich wie die Norweger machen die meisten Finnen im Juli Sommerurlaub. Viele Betriebe fahren in dieser Zeit nur mit einer Notbelegschaft. Wer kann, vermeidet als Tourist diesen Monat. Wem das nicht möglich ist, der muß dank der Größe des Landes eigentlich nur in den Zentren des Tourismus (Saimaa-Seen-Gebiet, südliche Badeküsten, Inari-Region) mit Gedränge rechnen. In dieser Zeit sollte man auch Wartezeiten in den Fährhäfen an der Ostsee einkalkulieren.

Zur **Kleidung** – eine individuelle Frage, die sich ja ganz nach persönlichen Vorlieben oder geplante Urlaubsaktivitäten richten wird – für eine Urlaubsreise durch Skandinavien sei lediglich erwähnt, daß auch im Sommer dicke Wollpullover, winddichte Jacken und vor allem eine gute Regenbekleidung mit Gummistiefeln (mit denen es sich übrigens vorzüglich über die morastigen Hochebenen wandern läßt) im Reisegepäck nicht fehlen sollten.

WÄHRUNG UND DEVISEN

In den skandinavischen Ländern gibt es bei der Ein- und Ausfuhr inländischer wie ausländischer Währung keinerlei Beschränkungen.

Die dänische Währung ist die **Dänische Krone** (DKK) zu 100 Øre.

1 EUR = ca. DKK 7,43.

Die norwegische Währungseinheit ist die **Norwegische Krone** (NOK) zu 100 Öre.

1 EUR = ca. NOK 8,20.

Die schwedische Währung ist die *Krona* oder **Schwedische Krone** (SEK). Eine Krone unterteilt sich in 100 Öre.

1 EUR = ca. SEK 8,99.

Finnlands Währung ist seit 1. 1. 2002 nicht mehr die *Markka*, sondern der EURO. Die Wechselkurse unterliegen Schwankungen.

International bekannte **Reiseschecks** und die gängigen **Kreditkarten** werden in vielen Geschäften, Tankstellen, Hotels, Restaurants etc. als Zahlungsmittel akzeptiert.

Geldautomaten für EC-Karten sind in allen skandinavischen Ländern üblich, vor allem in den größeren Städten.

Euroschecks mit Scheckkarte werden

von den Banken **immer seltener** akzeptiert! Als Zahlungsmittel in Geschäften etc. sind Euroschecks nicht gebräuchlich. Die kostenintensive Bearbeitung der Schecks und immer öfter auftauchende Fälschungen vermiesen den Banken das Geschäft mit Euroschecks. Im Klartext: Euroschecks immer häufiger von Banken nicht mehr akzeptiert! Schweden z.B. hat den Umgang mit Euroschecks im Frühjahr 1998 ganz eingestellt! Verlassen Sie sich also keinesfalls ausschließlich auf Euroschecks, um in Skandinavien Landeswährung einzutauschen u können!

Sehr verbreitet sind in Dänemark, Schweden und Finnland **Geldautomaten**, an denen Sie mit Ihrer EC-Karte oder Kreditkarte mit der geheimen PIN-Nummer rund um die Uhr Geld bekommen können. In Norwegen sind diese Automaten noch nicht so sehr verbreitet.

ZEITUNTERSCHIED

Finnland, in dem im Gegensatz zu unserer Mitteleuropäischen Zeit (MEZ) Osteuropäische Zeit (OEZ) gilt, ist unserer Zeit „voraus". Es besteht das ganze Jahr über, also auch während der Sommerzeit, ein Zeitunterschied von plus einer Stunde zu den mitteleuropäischen Ländern. Beispiel: Deutschland 12.00 Uhr = Finnland 13.00 Uhr.

BESUCHEN SIE UNS IM INTERNET!

Mehr über unser Buchprogramm und über RAU'S REISEBÜCHER, die individuellen Auto-Reiseführer aus der neuen Reihe MOBIL REISEN, finden Sie unter:

http://www.rau-verlag.de

ZEICHENERKLÄRUNG

Durch die nachstehenden Symbole und Angaben, zusammen mit der Kartenskizze vor jeder Teilstrecke, haben Sie die wichtigsten Informationen über die jeweilige Etappe auf einen Blick zusammen. Sie können – ohne die ganze Etappe durchblättern zu müssen – abschätzen, was Sie auf dieser Strecke erwartet. Beispiel:

⊙ **Entfernung:** Rund .... km.

➔ **Strecke:** Über E20 bis **Sorø** .....

🕐 **Reisedauer:** Mindestens ein Tag.

⌘ **Höhepunkte:** Die **Storebælt-brücke** *** – die **Wikingerfestung Trelleborg** ....

Mit folgender **Hervorhebung im Text, beginnend mit einem Pfeil und endend mit einem Punkt**

➔ **Route:** Weiterreise nach .... ●

soll die eigentliche Route/Fahrstrecke von den Beschreibungen der Städte, Landschaften und Sehenswürdigkeiten optisch unterschieden und der Wiedereinstieg in die Route bei der Weiterfahrt erleichtert werden.

☑ *Mein Tip!* – **Dieser Hinweis** ist eine subjektive Einschätzung durch den Autor. Damit sind Sehenswürdigkeiten, Hotels, Restaurants, Ausflüge o. ä. gekennzeichnet, die während der Recherchenreisen einen besonders starken und positiven Eindruck hinterlassen haben. Oder es werden damit wichtige Reisetips markiert.

Piktogramme am Seitenrand:

 die Route

 archäol. Sehenswürdigkeit

 Wandermöglichkeit

 Umweg, Alternativroute

 Stadtrundgang

 Radtouren

 Abstecher, Ausflug

 Schloß, histor. Gebäude

 Information

 Autofähre

 Campingplatz Stellplatz

 Restaurant

 Sehenswürdigkeit

 „Mein Tipp"

 Hotels

In Karten und Stadtplänen verwendete Symbole:

═══	die Routen	♦✝	Kirche, Kathedrale	⌂	hist. Haus, Hotel
▬▬	Schnellstraßen, Autobahn	▲△	Campingplatz	⌘	archäol. Stätte
▬	Verbindungsstraßen	🔦	Leuchtturm	✳	Sehenswürdigkeit
⊛	Hauptstadt	🚲	Radtouren	🏰	Burg, Festung
◉	Routenzielort	🚶	Wanderwege	⊠	Postamt
◉	Stadt, Ort unterwegs	⚞	Picknickplatz	P	Parkplatz
🏛	Rathaus, öffentl. Gebäude	☰	Windmühle	🚌	Busbahnhof
⚱	Schloß, Museum	△	Berg, Höhenzug	✚	Hospital
		❶	Informationsbüro		© rau

Wichtige, am Rande vermerkte Sehenswürdigkeiten sind ihrer Bedeutung entsprechend mit ein, zwei oder drei Sternchen versehen:

* = sehenswert
** = sehr sehenswert
*** = ein „Muß" auf der Reise

MOBIL REISEN

Praktische Führer für das erlebnisreiche Reisen auf eigene Faust.

Die schönsten Reisewege neu erfahren.

Freude am Touring mit Auto, Motorrad, Caravan oder Wohnmobil.

Mobil Reisen: SCHWEDEN

Mit Inseln Öland und Gotland

22 sorgfältig ausgewählte, vor Ort getestete Reise(mobil)routen und Autotouren durch die schönsten Landschaften, Städte und Regionen. Mit vielen Reisetipps und Informationen über Sehenswertes vom südlichen Schonen bis Lappland. Mit ausführlichem Stockholm-Teil, Stadtrundgänge u.a. durch Helsingborg, Göteborg, Uppsala, Kalmar, sowie die Inseln Öland und Gotland.

332 S., zahlr. s/w.- u. Farb-Abb., Kartenskizzen, Stadtpläne, Hotels, viele Infos und die schönsten Campingplätze.

ISBN 3-926145-13-7

Mobil Reisen: DÄNEMARK

Mit Insel Bornholm

Handlich und praktisch für erlebnisreiches Auto-, Motorrad- oder Wohnmobil-Touring. Auf 15 handverlesenen Urlaubsrouten zu den schönsten Städten und Küsten in Jütland, Fünen, Seeland und Bornholm. Ausführlicher Teil über "wonderful, wonderful Copenhagen".

272 S., zahlr. s/w.- u. Farb-Abb., Kartenskizzen, Stadtpläne, Hotels, viele Infos, die schönsten Camping- u. Stellplätze.

ISBN 3-926145-02-1

Mobil Reisen: NORWEGEN

Reisewege zum Nordkap

In besonders für den Individual-Autoreisenden aufbereiteter, praktischer und übersichtlicher Form wird das Land von Oslo durch die schönsten Täler und Fjordlandschaften Süd- und Westnorwegens, über die Lofoten und Vesterålen-Inseln bis zum Nordkap mit allem Sehenswerten rechts und links des Weges anhand zuverlässiger Routenvorschläge vorgestellt.

388 S., Stadtrundgänge, Wandervorschläge, zahlr. s/w.- u. Farb-Abb., Kartenskizzen, Stadtpläne, Hotels, viele Infos und die schönsten Camping- u. Stellplätze.

ISBN 3-926145-07-2

Mobil Reisen: BRETAGNE

Ein individueller Reiseführer mit Routenvorschlägen, ausgesuchten Touren und praktischen Reisetipps für eine Reise von Nantes bis ans „Ende der Welt", der Finistère, und an die bretonische Atlantikküste. Historisches, Amüsantes, Kulinarisches und natürlich viele praktische Reisetipps. NEU: Jetzt auch mit Wohnmobil-Stellplätzen. PLUS: Anreise über die schönsten Schlösser an der Loire.
428 S., zahlr. s/w.- u. Farb-Abb., Kartenskizzen, Stadtpläne, Hotels, viele Infos und die schönsten Campingplätze.
ISBN 3-926145-20-X

Mobil Reisen: LOIRETAL

Die schönsten Reisewege durch das Herz Frankreichs, der Landschaft, in der es sich leben lässt „wie Gott in Frankreich". Nicht umsonst entstanden hier die prächtigsten Schlösser Frankreichs. Aber auch wer weniger das Historische als viel mehr kulinarische Erlebnisse sucht, wird in der Gegend um das Loiretal auf seine Kosten kommen. Und dieser Reiseführer sagt Ihnen wo's lang geht. NEU: Jetzt auch mit Wohnmobil-Stellplätzen.
zahlr. s/w.- u. Farb-Abb., Kartenskizzen, Stadtpläne, Hotels, viele Infos und die schönsten Campingplätze.
ISBN 3-926145-27-7.

Mobil Reisen: IRLAND – Mit Nordirland

Der ideale Urlaubsführer für alle, die den Charme der "Grünen Insel" auf eigene Faust entdecken wollen. Ausgesuchte Routenvorschläge fürs Auto-Touring von den südlichen Counties über die imposante Westküste bis hinauf ins abgeschiedene Donegal und durch Nordirland. Ausführlicher Dublin-Teil mit detaillierten Rundgängen. Kultur, Folklore, Tipps zu Pubs, Wandermöglichkeiten.
408 S., viele s/w- u. Farb-Fotos, Kartenskizzen, Stadtpläne, Hotels, viele Infos und die schönsten Campingplätze
ISBN 3-926145-01-3

Mobil Reisen: SCHOTTLAND

Schottland auf neuen Wegen erleben. Eine variantenreiche Rundreise – von den Borders bis zu den Highlands, von den Western Isles bis zu den Orkneys. Detaillierte Beschreibung von Edinburgh, Glasgow, allen wichtigen Städten, Schlössern und Landschaften.
Außerdem Essen und Trinken, Whisky, Clans, Tartans und Dudelsäcke, Wandern u.v.m.
364 S., zahlr. s/w- u. Farb-Abb., Kartenskizzen, Stadtpläne, Hotels, viele Infos und die schönsten Campingplätze.
ISBN 3-926145-08-0

Mobil Reisen: PORTUGAL

Gesamt Portugal, vom grünen Norden bis zur sonnigen Algarveküste, vom kargen, ursprünglichen Alto Alentejo bis zu den Seebädern am Atlantik beschreibt dieser Band auf leicht nachvollziehbaren Touren, die einen kompletten Eindruck von diesem überaus interessanten Reiseland vermitteln. Besonders ausführlich die Weinstadt Porto und natürlich Lissabon, eine der schönsten Hauptstädte Europas.
280 S., zahlr. s/w- u. Farb-Abb., Kartenskizzen, Stadtpläne, Hotels, viele Infos und die schönsten Campingplätze.
ISBN 3-926145-04-8

Mobil Reisen: SPANIEN – Der Süden

Eine gelungene Mischung aus Kunst, Kultur, Information und Reisetipps. Ein kompletter Reiseführer, der mehr als nur Routen und Touren bietet. Vom Mittelmeer ins Herz Kastiliens, auf den Spuren der Conquistadores, weiße Dörfer, maurische Paläste und der sonnige Süden Andalusiens.
Mobil Reisen Plus: Madrid City Guide.
324 S., zahlreiche s/w- u. Farb-Fotos, Karten, Stadtpläne, Stadtspaziergänge, Hotels, Paradores, Campings u. v. m.
ISBN 3-926145-25-0

Mobil Reisen: SPANIEN – Der Norden

Spaniens Norden von den Stränden der Costa Brava über die Pyrenäen, durch das grüne Galicien mit dem Pilgerziel Santiago de Compostela bis ins Herz Kastiliens mit den Hochburgen von Kunst, Kultur und Geschichte wie Salamanca oder Segovia. Ausführlich: Der Jakobsweg und ein Madrid City Guide.
360 S., viele s/w- u. Farb-Fotos; Karten, Stadt- u. Lagepläne, Stadtspaziergänge, Hotels und die schönsten Campingplätze.
ISBN 3-926145-24-2

Mobil Reisen: TOSKANA & UMBRIEN

Wiege der Renaissance, altes Zentrum von Kunst, Kultur und Wissenschaft und natürlich Eldorado für Weinliebhaber und ein wahres Paradies für kulinarische Entdecker. Ein Autoführer mit bequem zu kombinierenden Reiserouten durch die gesamte Toskana, mit Elba, und durch Umbrien.
Großer Florenz-Teil sowie alle wichtigen Städte, Landschaften und Sehenswürdigkeiten.
365 S., zahlr. s/w- u. Farb-Abb., Hotels, Restaurants, Camping- u. Stellplätze, Kartenskizzen, Stadtpläne und viele Infos.
ISBN 3-926145-09-9

Mobil Reisen: KROATIEN

Istrien, die Dalmatinische Küste und Kroatiens herrliche Adriainseln auf den schönsten Reisewegen erleben. Dieses praktische Reisehandbuch sagt Ihnen, wo's lang geht. Eine Fülle an Reisetipps, Infos zu Hotels und Campings.
228 S., zahlreiche s/w- u. Farb-Fotos, Karten, Stadtpläne, Stadtspaziergänge u. v. m.
ISBN 3-926145-26-9

Mobil Reisen: GRIECHENLAND

Aus der Reisepraxis für die Reisepraxis geschrieben. Ein Reisehandbuch mit Routen, Touren und Reisetipps fürs Auto-, Motorrad-, Caravan- oder Wohnmobil-Touring. Eine Fülle von Routenvorschlägen führt durch alle Regionen Festlandgriechenlands, von den Badestränden der Chalkidiki-Halbinsel bis in den Süden des Peloponnes und natürlich zu allen archäologischen Stätten.
262 S., viele s/w- u. Farb-Fotos; Karten, Stadt- u. Lagepläne, Stadtspaziergänge, Hotels und die schönsten Campingplätze.
ISBN 3-926145-05-6

TOURING AFRIKA

Mobil Reisen: MAROKKO

Mehrfach vor Ort getestete Reiserouten vom Mittelmeer bis zur Sahara und detaillierte Pistenbeschreibungen für Off-Roader. Komplett überarbeitete Neuausgabe!
436 S., zahlr. s/w- u. Farb-Fotos, Karten, Stadtpläne, Hotels, Campingplätze.
Edith Kohlbach
ISBN 3-926145-12-9

Mobil Reisen: NAMIBIA

Ausgewählte Touren erschließen grandiose Landschaften mit einer einzigartigen Tier- u. Pflanzenwelt.
Umfassender Serviceteil und viele praktische Tipps.
Ca. 300 S., viele s/w- u. Farb-Fotos, Karten, Hotels, Campingmöglichkeiten.
Klaus Assmann
ISBN 3-926145-22-6

TOURING AMERIkA

Die individuellen Touring-Guides für Ihre Traumtour durch die schönsten Gegenden in den USA und Kanada.

Mobil Reisen: WESTKANADA

Informiert reisen heißt auch mit Vergnügen reisen. Auto-, Motorrad- und Wohnmobil-Tourer finden in diesem Band neben den schönsten Reiserouten eine Fülle an Reisetipps und Infos.
Von Klaus Assmann. 352 S., zahlr. s/w.- u. Farb-Fotos, Hotels, Camping, Karten.
ISBN 3-926145-21-8

Mobil Reisen: NEUENGLAND – *Plus* New York City

Dieser neu konzipierte, kompetente Reiseführer geleitet Sie in ein ganz anderes Amerika, als Sie es vielleicht von den Klischee- und Reklamebildern aus Amerikas Westen her kennen. Neuengland, das "alte" Amerika, ist ein herrliches Reiseziel vor allem zum Indian Summer im Herbst.
Mit großem **Extra**: Umfangreicher New York City Guide.
432 S., zahlr. s/w.- u. Farb-Fotos, Hotels, Campingplätze, Karten, Stadtpläne und viele Reisetipps und Infos.
ISBN 3-926145-18-8

Weitere Titel sind in Vorbereitung!

Fragen Sie im Buchhandel nach unseren aktuellen Neuerscheinungen.
Oder besuchen Sie uns im Internet:

http://www.rau-verlag.de

WERNER RAU VERLAG, Feldbergstraße 54, D - 70569 Stuttgart
e-mail: RauVerlag@aol.com

Mobil Reisen: SKANDINAVIEN, Reiseziel Nordkap
© Werner Rau, Stuttgart 1993
Vorliegend: Überarbeitete 6. Auflage 2004/05